KB058132

자본시장과 금융투자업에 관한 법률에 의한

회사법과 등기

편찬 : 대한실무법률연구회

대한민국 법률지식의 중심

법문 북스

머 리 말

자본시장과 금융투자업에 의해 변화된 금융환경에 따라 회사설립에도 많은 변화가 이루어지고 있다.

이러한 사정에 기인하여 오늘날 회사법과 설립의 종류와 그 방식은 상당히 다양한 모습을 보이고 있으며, 그 실행에 필요한 서식 또한 그 양이 방대하여 이를 일목요연하게 정리하여 이해하기란 수월한 일이 아니다. 뿐만 아니라 관련 법령의 내용이나 판례 또는 서식의 개정으로 인하여 등기를 실행할 때 이에 필요한 자료를 일일이 찾아 업무에 적용한다는 것은 대단히 어려운 일이다. 여간 어려운 일이 아니다. 본서는 이러한 사정을 감안하여 등기에 필요한 관련 자료를 누구든 편리하고 용이하게 검색하여 이를 등기 실무에 적용할 수 있도록 하고자 하는 취지에서 집필되었다. 즉, 본서는 상업등기에 관한 최신의 법령과 판례, 기재례 및 필요한 부수적인 각종 자료들을 집대성한 것으로서, 등기 실무에서 접할 수 있는 모든 곤란한 점을 해결할 수 있는 유용한 자료들로 구성되어 있는 것이다.

본서는 다음과 같은 점들을 그 특징으로 삼을 수 있다.

첫째, 본서는 최근의 법령과 판례 등을 모두 수록하고 있다. 즉, 법령과 판례는 물론이고, 등기예규, 등기선례, 등기기재례, 각종의 서식 및 상업 관련 각종 고시·공고 등을 수록하고 있으며, 관련 서적이나 연구자료 등도 폭넓게 수록하고 있다.

둘째, 본서에는 등기사항 및 관련 법령에 대한 효율적인 색인작업이 이루어져 있다. 이에 따라 기본적이고 핵심적인 사항 하나만으로도 관련되어 있는 모든 자료들에 대한 종합적이고 체계적인 확인이 가능하게 되는 것이다.

셋째, 본서는 회사법과 설립에 관련된 풍부한 판례 자료들을 담고 있다. 이에 의하여 상업등기에 관한 관련 판례의 내용을 유형적으로 파악할 수 있으며, 그 흐름을 쉽게 파악할 수 있게 된다. 특히 쟁점질의·유권해석·이견있는 등기에 관한 법원판단·핵심사항 등 중요한 자료들을 수록하여 등기업무와 지식을 업그레이드될 수 있게 하였다.

넷째, 본서는 회사법과 설립에 직접·간접적으로 관련을 갖는 유용한 자료들을 폭넓게 수록하고 있다. 상업등기에 관한 기본적인 서적뿐만 아니라 관련 논문, 논문집, 자료집, 법률관련잡지, 그리고 각종의 고시나 공고 등 참고자료를 수록함으로써 실무에서 상업등기 업무에 활용할 수 있도록 하였다.

본서를 집필함에 있어서는 회사법과 설립에 관한 한 국내 최대의 자료를 담고자 노력하였다. 그리고 사항별·내용별로 유형화하여 본서를 이용하는 사람들이 쉽고 간편하게 관련 정보를 얻을 수 있도록 배려하였다. 작업의 방대함으로 인하여 몇몇 오류가 눈에 띌 수도 있으나, 앞으로 계속하여 바로 잡아 나갈 것을 약속하며 강호제현의 가르침을 바라는 바이다. 모쪼록 본서가 회사설립의 관련 실무에 큰 도움이 되기를 진심으로 기원한다.

2013.
편저자.

차 례

제1편 상업등기 총론

제1장 총 칙

제 2 장 등기절차 총론

제 3 장 등기관의 처분에 대한 이의 등

제2편 회사의 등기

제 1 장 주식회사의 등기

◆ **핵심판례** ◆

■ 구 상법상 주식병합에 있어서 일정한 기간을 두어 공고와 통지의 절차를 거치도록 한 취지 및 사실상 1인 회사가 주식병합을 하면서 위와 같은 절차를 거치지 않은 경우, 그 주식병합이 무효로 되는지 여부(소극) ··· 351

제1편 상업등기 총론

제 1 장   총   칙

Ⅰ. 상업등기의 기본개념

> **◾ 핵 심 사 항 ◾**
>
> 1. 상업등기의 의의 : 상법 및 기타 법령에 따라 상인에 관한 일정한 사항을 등기부에 기록하는 것이나 그 기록 자체를 의미한다.
> 2. 상업등기의 대상 : 상업등기의 대상에는 당연상인과 의제상인과 같은 상인과 상행위 기타 영리를 목적으로 하여 설립한 법인인 상법상 회사가 있다.
> 3. 상업등기제도의 취지 : 거래의 안전과 원활을 도모함과 아울러 상인 자신의 신용을 유지하기 위한 제도이다.

1. 상업등기의 의의

(1) 상업등기의 개념

상업등기는 상법 및 기타 법령에 따라 상인에 관한 일정한 사항을 등기부에 기록하는 것 또는 그 기록 자체를 말한다(상업등기법 제2조 1호).

1) 등기기록

등기기록이란 하나의 회사·상호, 한 사람의 무능력자·법정대리인·지배인의 등기사항을 기록한 각각의 것을 말한다(동조 2호).

2) 등기부

등기부란 등기기록을 저장한 보조기억장치(자기디스크·자기테이프, 그 밖에 이와 유사한 방법에 의하여 일정한 등기사항을 기록·보관할 수 있는 전자적 정보저장매체를 말한다)를 말한다(동조 3호).

(2) 다른 등기와의 구별

상업등기는 상법 또는 상사특별법령에 따라 상인에 관한 일정한 사항을 등기하는 것이어서 민법에 의한 부동산등기나 민법법인등기(민법 제33조, 49조 내지 52조의2), 특별법에 의한 특수법인등기(은행, 농업협동조합등기 등) 등은 상업등기에 포함되지 않는다. 그리고 선박등기는 상법의 규정에 의하여 등기할 사항으로 되어 있으나(상법 제743조) 그 성질이 부동산등기와 유사하여 선박등기법, 선박등기처리규칙에 의하여 선박등기부에 등기되고 있으므로 상업등기가 아니다.

반면 자본시장과 금융투자업에 관한 법률(이하 '자본시장법'이라 한다) 제5편 제2장 제2절에서 규정하고 있는 회사형태의 집합투자기구에 관한 규정은 상사특별법령에 해당하고, 투자회사(동법 제194조), 투자유한회사(동법 제207조), 투자합자회사(동법 제213조)는 상법상 주식회사, 유한회사, 합자회사의 형태로 설립되기 때문에(동법 제9조 제18항 2호 내지 4호) 이에 관한 등기는 상업등기에 해당한다. 그러나 자본시장법 제294조에 의하여 설립된 한국예탁결제원은 상법상 주식회사와 그 형태가 비슷하고, 동법 또는 동법 시행령에 특별한 규정이 있는 경우를 제외하고는 상법 중 주식회사에 관한 규정을 준용한다고 규정(동법 제300조)하고 있지만, 회사 형태로 설립되는 것이 아니라 자본시장법에 의한 특수법인 형태로 설립되고, 설립등기시에 '상호'가 아닌 '명칭'을 등기(동법 제294조 제2항, 제3항, 동법 시행령 제311조)하도록 하고 있기 때문에 상인에 해당하지 않는다. 따라서 이에 관한 등기는 상업등기가 아니다.

2. 상업등기의 대상

상업등기의 대상에는 자연인인 상인과 상법상의 회사가 있다.

(1) 상 인

상인이란 자기의 이름으로 상기업(영업)을 경영하는 법률상의 주체를 말한다. 자연인인 상인에는 미성년자 또는 한정치산자가 법정대리인의 허락을 얻어 영업을 하는 경우를 포함한다(상법 제6조, 민법 제8조).

상인은 당연상인과 의제상인으로 나뉘어지는데, 상인자격은 당연상인과 의제상인의 자격을 갖춤으로써 취득한다.

1) 당연상인

당연상인이란 자기의 이름으로 상행위를 하는 자를 말한다(상법 제4조). 그 요소를 살펴보면 '자기명의'와 '상행위'로 정리할 수 있다.

'자기명의'란 자기가 그 상행위에서 생기는 권리의무의 귀속주체가 된다는 것을 의미한다.

'상행위'란 법률상 상행위라고 규정되어 있는 것을 뜻한다. 이러한 상행위에는 상법 제46조에서 열거하고 있는 기본적 상행위와 신탁법 제4조, 담보부사채신탁법 제23조 제2항에서 규정하고 있는 특별법상의 상행위가 있다. 이 중 상법 제46조에서 규정하고 있는 22가지의 기본적 상행위는 '영업성'과 '기업성'을 그 개념요소로 요구하고 있다.

2) 의제상인

점포 기타 유사한 설비에 의하여 상인적 방법으로 상행위 이외의 영업을 하는 자 및 상행위 이외의 영업을 하는 회사를 말한다(상법 제5조).

점포 기타 유사한 설비에 의하여 상인적 방법으로 상행위 이외의 행위를 영업으로 하는 자는 설비상인이라고 부른다(상법 제5조 제1항). 즉, 상업장부, 상호와 같은 물적 설비와 상업사용인 등의 인적 설비를 갖추고, 상인적 방법으로 영업을 하는 경우가 이에 해당한다. 다만, 예술활동, 학문활동, 진문직업인의 활동 등은 연혁적인 이유로 영업개념에서 제외되고 있는데, 전문직업인의 경우 그 한계가 명확하지는 않지만 전통적으로 의사, 치과의사, 변호사, 세무사, 공인회계사 등은 상인에 속하지 않는다는 것이 일반적이다[1].

---

1) 상업등기실무(법원공무원교육원, 2012), 5면

【쟁점질의와 유권해석】

<변호사나 법무사를 상법 제5조 제1항의 의제상인으로 볼 수 있는지 여부 및 등기관은 변호사나 법무사의 상호등기신청을 수리하여야 하는지 여부>

[1] 변호사는 그 직무수행과 관련하여 의제상인에 해당한다고 볼 수 없고, 조세정책적 필요에 의하여 변호사의 직무수행으로 발생한 소득을 사업소득으로 인정하여 종합소득세를 부과한다고 하여 이를 달리 볼 것은 아니며, 변호사가 상인이 아닌 이상 상호등기에 의하여 그 명칭을 보호할 필요가 있다고 볼 수 없으므로 등기관이 변호사의 상호등기신청을 각하한 처분이 적법하다고 한 사례(대법원 2007.7.26. 자 2006마334 결정).

[2] 법령에 의하여 상당한 정도로 그 영리추구 활동이 제한됨과 아울러 직무의 공공성이 요구되는 법무사의 활동은 상인의 영업활동과는 본질적인 차이가 있고, 법무사의 직무 관련 활동과 그로 인하여 형성된 법률관계에 대하여 상인의 영업활동 및 그로 인하여 형성된 법률관계와 동일하게 상법을 적용하지 않으면 안 될 특별한 사회·경제적 필요 내지 요청이 있다고 볼 수도 없으므로, 법무사를 상법 제5조 제1항이 규정하는 '상인적 방법에 의하여 영업을 하는 자'라고 볼 수는 없다. 따라서 법무사의 상호등기 신청을 각하한 등기관의 처분은 정당하고, 법무사 합동법인의 경우 법무사법 제33조 이하에서 그 명칭의 등기를 허용하고 있다거나, 상호의 등기를 허용하는 다른 일부 전문 직종에서 관계 법령에 공익적 목적의 제한규정을 두고 있는 경우가 있다는 사정만으로 부당한 차별에 해당하여 위법하다고 볼 수는 없다(대법원 2008.6.26. 자 2007마996 결정).

또한 상행위 이외의 행위를 하는 회사도 의제상인에 속한다(상법 제5조 제2항). 이러한 회사를 민사회사라고 하는데 이러한 민사회사는 그 설립 및 각종 법률관계에 있어서 상사회사에 관한 규정이 준용되므로(민법 제39조) 상사회사와 구별할 실익은 없다고 본다[2].

3) 상업등기에 관한 상법규정의 적용범위

상업등기에 관한 상법의 규정은 소상인, 즉 자본금이 1,000만원 미만의 상인으로서 회사 아닌 자에게는 적용되지 않는다(상법 제9조). 여기의 자본금은 상법상의 자본금을 의미하는 것이 아니고, 영업재산의 현재가격으로 볼 수 밖에 없다. 그리고 합명회사와 합자회사는 자본금에 대한 제한이 없고 소상인에 포함하지 아니하므로 자본금이 1,000만원 미만이어도 등기하여야 한다.

---

2) 정찬형, 상법강의(상)(박영사)

소상인에 대해서는 지배인, 상호, 상업장부와 상업등기에 관한 규정을 적용하지 않는다(상법 제9조). 따라서 소상인이 상호의 등기를 했다고 하더라도 상호의 등기에 따른 상법상의 보호를 받을 수 없다. 즉, 상호를 먼저 등기한 자가 소상인인 경우에는 상호사용폐지청구의 소에 있어서 소상인의 상호와 동일한 상호를 후 등기한 피고는 자신에게 부정한 목적이 없음을 입증할 필요 없이 단지 원고가 소상인임을 입증하기만 한다면 소상인은 상호의 등기에 따른 상법 제23조와 같은 상법상 보호를 받을 수 없기 때문에 소상인인 원고의 청구는 기각될 수밖에 없는 것이다.[3]

(2) 상법상 회사

상법상 회사란 '상행위나 그 밖의 영리를 목적으로 하여 설립한 법인'을 말한다(상법 제169조). 종전에는 상법상 회사란 '상행위 기타 영리를 목적으로 하여 설립한 사단'을 말한다고 규정하고 있었으나, 2011년 4월 14일 개정 상법은 회사의 의의에 관한 규정인 상법 제169조에서 '사단'이라는 용어를 삭제하였다.

3. 상업등기제도의 취지

상업등기제도는 상거래에 있어서 신용의 바탕이 되는 회사 기타 상인의 실체를 상업등기부에 기재하여 공시함으로써 거래의 안전과 원활을 도모하고 나아가 상인 자신의 신용을 유지하기 위한 제도이다.

4. 상업등기에 관한 법규

(1) 종전의 상업등기 관련 법규

상업등기의 실체적 법률관계 및 중요한 절차사항에 관하여는 상법에 규정하고 기타 상업등기절차에 관한 상세한 사항은 비송사건절차법(제3편 상사비송사건, 제4장 상업등기) 및 상업등기처리규칙에 규정되어 있었다.

(2) 상업등기법의 제정·시행

2007. 8. 3. 법률 제8582호로 제정·공포된 상업등기법이 2008. 1. 1.부터 시행되게 되었다. 또한 상업등기법에서 위임한 사항과 그 시행에 필요한 사항을 규정하는 상업등기규칙도 제정되어 2008. 1. 1.부터 시행된다.

---

3) 상업등기실무(법원공무원교육원,2012), 7면~8면

1) 전산정보처리조직에 의한 등기신청 가능

상업등기법은 상업등기사무의 전산화사업이 완료됨에 따라 변화된 환경에 맞추어 상업등기사무의 처리절차 및 방법등을 정비하고, 기업의 등기편의를 위하여 전산정보처리조직에 의하여 등기를 신청할 수 있도록 하였다.

2) 등기절차의 간소화

회사의 설립·이전 및 합병 등에 있어서의 등기절차를 간소화함으로써 기업 활동에 있어 편의를 증진하고자 하였다.

3) 상업등기에 관한 단일법률의 제정

비송사건절차법 및 대법원규칙 등에서 규정하고 있는 상업등기에 관한 규정을 통합하여 상업등기에 관한 단일법률을 제정함으로써 상업등기사무의 적정성과 효율성을 높이고 상업등기의 기능을 보다 충실하게 하고자 하였다. 따라서 종전에 비송사건절차법 중 상업등기 관련 규정은 분리되어 상업등기법에 규정되었다.

Ⅱ. 등기의 종류

▣ 핵 심 사 항 ▣

1. 등기의 목적에 의한 분류
(1) 기입등기 : 새로운 등기원인에 의하여 등기용지를 새로이 개설하거나 기존의 등기용지에 등기사항을 새로이 기입하는 등기.
(2) 변경등기 : 등기되어 있는 사항에 변경이 생긴 경우 이를 일치시키기 위한 협의의 변경등기와 등기와 실체 사이에 당초의 착오 또는 유루로 인한 불일치가 있는 경우 이를 일치시키기 위한 경정등기가 있음.
(3) 말소등기 : 기존의 등기사항을 말소하기 위해 하는 등기.
(4) 회복등기 : 멸실회복등기와 말소회복등기가 있음.
2. 등기부에 의한 분류
상호의 등기, 무능력자의 등기, 법정대리인의 등기, 지배인의 등기, 주식회사의 등기, 합명회사의 등기, 합자회사의 등기, 유한회사의 등기, 외국회사의 등기 등.

1. 등기의 목적에 의한 분류

(1) 기입등기

새로운 등기원인에 의하여 등기용지를 새로이 개설하거나 이미 개설되어 있는 등기용지에 등기사항을 새로이 기입하는 등기로서 지배인선임, 상호신설, 회사설립, 지점설치, 청산인선임 등의 등기가 이에 속한다.

(2) 변경등기

이미 등기되어 있는 사항에 변경이 생겼거나 등기 당초의 착오 또는 유루로 인하여 등기와 실체 사이에 불일치가 있는 경우에 이를 일치시키기 위한 등기로서 전자를 협의의 변경등기, 후자를 경정등기라 한다.

(3) 말소등기

기존의 등기사항을 말소하기 위해 하는 등기이다. 상업등기는 실체의 존재를 전제로 하는 것이므로 실체관계와 부합하지 아니하는 등기는 말소할 필요가 있다. 적법하게 성립한 실체관계가 후에 이르러 소멸된 경우와, 당초부터 실체관계와 부합하지 아니한 부적법한 경우의 등기가 말소의 대상이 된다.

(4) 회복등기

등기부의 전부 또는 일부가 멸실된 경우에 그 등기를 회복하기 위한 멸실회복등기와, 등기사항의 변경 또는 말소로 인하여 말소하는 기호를 기록된 등기를 회복하기 위한 말소회복등기의 두 가지가 있다.

2. 등기부에 의한 분류(상업등기법 제5조, 상업등기규칙 제11조 제1항)[4]

---

[4] 2011년 4월 14일 개정 상법(법률 제10600호, 2012. 4. 15. 시행)에 합자조합(상법 제86조의2 내지 86조의9)과 유한책임회사(상법 제287조의2 내지 287조의45)가 도입되었다. 이에 따라 2011년 12월 28일 정부가 국회에 상업등기법 일부개정법률안을 제출하였고, 동 제출안에는 합자조합등기부와 유한책임회사등기부가 등기부의 종류에 추가되고, 합자조합과 유한책임회사의 등기사항과 등기절차를 구체적으로 정하고 있었다. 그러나 2012년 5월 29일 제18대 국회가 임기만료가 됨으로써 동 개정안은 처리되지 못하고 폐기되었다. 다만, 2012년 4월 15일 개정되어 시행되고 있는 상업등기규칙에서 개정상법을 반영하여 새로운 기업 형태인 합자조합

① 상호의 등기(상업등기법 제30조 ～ 제46조)

② 무능력자의 등기(동법 제47조 ～ 제49조)

③ 법정대리인의 등기(동법 제50조 ～ 제52조)

④ 지배인의 등기(동법 제53조 ～ 제55조)

⑤ 주식회사의 등기(동법 제79조 ～ 제102조)

⑥ 합명회사의 등기(동법 제56조 ～ 제76조)

⑦ 합자회사의 등기(동법 제77조 ～ 제78조)

⑧ 유한회사의 등기(동법 제103조 ～ 제110조)

⑨ 외국회사의 등기(동법 제111조 ～ 제113조)

⑩ 합자조합의 등기(동규칙 제11조 제1항 1호)

⑪ 유한책임회사의 등기(동규칙 제11조 제1항 2호)

Ⅲ. 등기사항

▣ 핵 심 사 항 ▣

1. 등기사항의 의의 : 상법 및 상업등기법 등의 법령의 규정에 의하여 상업등기부
에 등기하도록 정하여진 사항을 의미함.
2. 분류
(1) 절대적 등기사항과 상대적 등기사항 : 등기할 것이 강제되어 있는지의 여부에
따른 분류이다.
(2) 설정적 등기사항과 면책적 등기사항 : 법률관계의 설정을 목적으로 하는지 아
니면 법률관계의 해소를 목적으로 하는지에 의한 분류이다.
(3) 본점의 등기사항과 지점의 등기사항 : 지점의 등기사항은 본점의 등기사항에
비하여 간략화되어 있어 이에 따라 구분되는 등기사항이다.

1. 의 의

과 유한책임회사의 등기부를 추가하고 등기기록 양식에 이를 반영하고 있다.

등기사항이란 상법 및 상업등기법 등의 법령의 규정에 의하여 상업등기부에 등기하도록 정하여진 사항을 말한다. 상법은 기업의 신용을 유지하고 제3자를 보호하는데 중요한 사항을 등기사항으로 규정하고 있다. 그러므로 상법 및 상업등기법 등기사항으로 규정된 것이 아닌 사항은 등기할 수 없고 잘못하여 등기가 된 경우에도 등기의 효력이 발생하지 않는다.

2. 등기사항의 분류

(1) 절대적 등기사항과 상대적 등기사항

등기사항 중에는 반드시 등기를 해야 하는 사항, 즉 등기할 것이 강제되어 있어 이를 해태한 경우에는 상법상 과태료의 제재(상법 제635조 1항)가 따르는 사항과 등기를 할 것인지 여부를 당사자가 결정할 수 있는 사항이 있다. 전자를 절대적 등기사항, 후자를 상대적 등기사항이라고 한다. 대부분의 등기사항은 절대적 등기사항이며 상대적 등기사항이라도 일단 등기를 한 후에는 그 변경 또는 소멸에 따른 등기는 반드시 해야 한다(상법 제40조). 상대적 등기사항에는 개인상인의 상호·지점·등기, 영업양수인의 면책등기 등이 있다.

【쟁점질의와 유권해석】

<상법 제1편에 규정된 지배인에 관한 등기의 해태에 대해서 과태료 제재가 있는지 여부>

상법상 지배인의 등기를 해태한 것은 과태료 부과대상이 아니므로(상법 제635조 제1항 제1호는 상법 제3편 회사편에 정한 등기를 해태한 경우에 적용됨) 과태사항 통지를 하지 아니한다(출처 : 상업등기 및 법인등기에 있어서의 과태사항 통지에 관한 예규 등기예규 제1452호 2012.04.24 개정).

(2) 설정적(창설적) 등기사항과 면책적 등기사항

설정적 등기사항이란 법률관계의 설정을 목적으로 하는 등기사항으로, 등기사항 중 회사의 설립등기(상법 제172조), 지배인의 선임등기(상법 제13조, 제393조), 상호의 선정등기(상법 제22조, 제23조) 등이 여기에 해당된다. 면책적 (해소적) 등기사항이란 법률관계의 해소를 목적으로 하는 등기사항으로 회사의 해산등기(상법 제228조), 지배인의 해임등기(상법 제13조, 제393조), 상호의 폐지등기(상법 제27조, 제40조) 등이 여기에 해당된다.

(3) 본점의 등기사항과 지점의 등기사항

상인이 동일한 영업에 관하여 수개의 영업소를 가지는 경우에, 주된 영업소를 본점이라 하고, 종적인 지위를 가지는 영업소를 지점이라 한다.

1) 본점의 등기사항과 지점의 등기사항의 구분

상법 제35조는 본점 소재지에서 등기할 사항은 다른 규정이 없으면 지점 소재지에서도 등기하여야 한다고 규정하고 있다. 그러나 '법인의 등기사항에 관한 특례법' 제3조는 본점에서 등기한 사항이라 하더라도 지점의 등기사항으로 위 특례법 및 시행규칙이 정한 사항이 아니면 지점에서 등기할 사항이 아니라고 규정하고 있다(동법 제3조). 이에 따라 지점의 등기사항이 간략화 되면서 본점의 등기사항과 지점의 등기사항으로 구분되게 되었다.

2) 지점소재지에서의 등기

지점이 있는 경우, 상법에 다른 규정이 없으면 본점의 소재지에서 등기할 사항은 지점의 소재지에서도 등기하여야 한다(상법 제35조). 이 경우 등기할 사항은 절대적 등기사항을 말하는 것으로, 개인상인의 상호 등의 상대적 등기사항은 지점소재지에서 반드시 등기하지 않아도 된다. 그러나 절대적 등기사항이라도 상법에 다른 규정이 있는 경우인 지배인의 선임과 대리권의 소멸에 관한 등기는 그 지배인을 둔 본점 또는 지점 소재지에서만 등기하면 된다(상법 제13조).

지점은 본점의 지휘명령을 따르지만 하나의 영업소인 이상 대외적으로 독립적인 영업활동을 할 수 있는 인적 조직을 갖추어야 한다. 그러나 지점의 영업은 본점과 더불어 하나의 영업을 구성하는 것이므로 본점과 다른 영업을 하는 것은 지점이 아니다.

【쟁점질의와 유권해석】

<본 · 지점의 지휘 · 감독 아래 제한된 보조적 사무만을 처리하는 영업소를 상법상 영업소라 볼 수 있는지 여부>

단순히 본 · 지점의 지휘감독아래 기계적으로 제한된 보조적 사무만을 처리하는 영업소는 상법상의 영업소라 볼 수 없으므로 보험회사의 영업소의 소장은 상법 제14조 제1항 소정의 표현지배인으로 볼 수 없다(대판 1978. 12. 13. 78다1567).

Ⅳ. 상업등기의 효력

■ 핵 심 사 항 ■

1. 상업등기의 일반적 효과
(1) 의의 : 설립등기, 합병등기와 같은 창설적 등기 이외의 등기에 대한 등기 전, 후의 대항력.
(2) 소극적 효력 : 등기 전의 대항력을 의미하는 것으로서 등기 전에는 악의의 자에게만 대항가능.
(3) 적극적 효력 : 등기 후의 효력으로서 등기 존재시 선의의 제3자에게 대항가능하나 제3자에게 정당한 사유가 있는 경우에는 대항불가.
2. 특수한 효력
(1) 의의 : 제3자의 선, 악의 불문하고 등기 자체만으로 발생하게 되는 효력.
(2) 창설적 효력 : 등기에 의하여 새로운 법률관계가 형성 또는 설정되는 효력.
(3) 보완적 효력 : 법률관계에 존재하는 하자가 등기로 인해 치유되는 효력.
(4) 해제적 효력 : 등기에 의해 면책의 기초가 되거나 일정한 제한이 해제되는 효력.

1. 일반적 효력

(1) 소극적 공시력

등기할 사항은 그 실체가 성립되고 존재하는 경우라 하더라도 이를 등기하지 아니하면 선의의 제3자에게 대항하지 못한다(상법 제37조 1항). 이를 등기의 소극적 공시력이라 한다. 여기서 등기사항은 절대적 등기사항뿐 아니라 상대적 등기사항도 포함한다. 선의란 등기사항을 등기하지 아니하여 그 존재를 알지 못하는 것을 말하고, 제3자란 등기당사자 이외의 자로서 거래의 상대방을 비롯하여 등기사항에 관하여 정당한 이해관계를 갖는 자를 말한다. 대항하지 못한다는 것은 등기당사자가 선의의 제3자에 대하여 등기사항의 내용인 사실을 주장할 수 없다는 뜻이다.

【쟁점질의와 유권해석】

<국가도 상법 제37조의 제3자에 해당하는지 여부>

'등기할 사항은 등기후가 아니면 선의의 제3자에게 대항할 수 없다'는 상법 제37조 소정의 제3자라 함은 대등한 지위에서 하는 보통의 거래관계의 상대방을 말한다 할 것이고 조세권에 기하여 조세의 부과처분을 하는 경우의 국가는 여기에 규정된 제3자라 할 수 없다(대판 1990. 9. 28. 90누4235).

(2) 적극적 공시력

1) 제3자의 악의 의제

등기할 사항을 등기한 때에는 악의의 제3자는 물론 선의의 제3자에게도 대항할 수 있다. 즉 등기를 한 후에는 대항력이 확장되어 제3자의 악의가 의제되는 것이다(악의의제설). 이를 적극적 공시력 또는 적극적 공시주의라 한다. 또 동일한 특별시, 광역시, 시·군에서 동종 영업으로 타인이 등기한 상호를 사용한 자는 부정한 목적으로 사용하는 것으로 추정한다(상법 제23조 4항).

2) 예 외

등기할 사항을 등기한 후라도 제3자가 정당한 사유로 이를 알지 못한 때에는 그 등기사항으로써 제3자에게 대항하지 못한다(상법 제37조 2항). 제3자가 정당한 사유로 등기사항을 알지 못한 경우까지 제3자의 악의를 의제한다는 것은 불합리하기 때문이다. 여기서 '정당한 사유'란 등기를 알 수 없는 객관적 장애를 말하며 당사자의 장기여행이나 질병 등의 주관적·개인적 사유는 포함되지 않는다. 또 정당한 사유로 인한 부지는 이를 주장하는 제3자가 입증하여야 한다.

2. 특수한 효력

(1) 창설적 효력

창설적 효력 또는 설정적 효력이란 회사의 설립, 회사의 합병, 유한회사의 증자 등과 같이 등기에 의하여 비로소 권리관계가 형성되는 경우 즉, 등기가 권리관계 발생의 성립요건 내지 효력발생요건이 되는 경우의 효력을 말한다.

이 효력은 상법 제37조에 의한 효력이 아니고 상법 제172조 또는 제234조 등에 의한 효력이므로 제3자의 선의·악의를 불문하고 모든 제3자에게 주장할 수 있다.

상업등기의 창설적 효력은 다수인과의 권리관계를 획일적으로 확정할 필요가 있는 경우에 인정되고 있다.

(2) 보완적 효력

등기에 의하여 등기의 전제요건이 되는 법률사실의 하자가 보완되어 그 하자를 주장할 수 없게 되는 경우의 효력을 말한다. 즉 회사 성립 후에는 주식인수인은 주식청약서 요건의 흠결을 이유로 그 인수의 무효를 주장하거나 사기·강박·착오를 이유로 그 인수를 취소할 수 없게 되며(상법 제320조 1항) 신주발행으로 인한 변경등기가 있은 후 1년이 경과한 때에는 주식인수의 무효나 취소를 주장할 수 없게 되는 것(상법 제427조) 등이 이에 속한다.

(3) 추정력

상업등기부에 등기된 사항은 일단 진실하다는 사실상의 추정을 받게되지만 등기된 사항이 적법하다는 법률상의 추정력은 없다는 것이 통설이다. 그러나 예외적으로 법률상의 추정력을 인정하고 있는 경우가 있다. 즉 동일한 특별시, 시·군에서 동종영업으로 타인이 등기한 상호를 사용하는 자는 부정한 목적으로 사용하는 것으로 추정하고 있으므로(상법 제23조 4항) 상호의 등기에는 법률상의 추정력이 인정된다고 할 수 있다.

■ 핵 심 판 례

■ 법률상 추정력이 인정된 사례

피고는 서울특별시에서 동종 영업으로 원고가 먼저 등기한 상호인 "株式會社 유니텍"과 확연히 구별할 수 없는 상호인 "주식회사 유니텍전자"를 사용하고 있으므로 위 상호를 부정한 목적으로 사용하는 것으로 추정된다(대판 2004. 3. 26. 선고 2001다72081).

(4) 지점에 있어서의 효력

상업등기의 효력은 등기한 영업소를 기준으로 하여 지역적 제한을 받게 된다. 즉 지점의 거래에 관하여는 본점소재지에서의 등기와는 관계없이 지점소재지에서 한 등기만을 기준으로 한다. 따라서 지점소재지에서 등기를 하기 전에는 본점소재지에서 등기를 하였더라도 지점과 거래한 제3자가 악의인 경우가 아니면 등기사항으로써 대항할 수 없다(상법 제38조).

(5) 배타적 효력

타인이 등기한 상호는 동일한 특별시·광역시·시·군에서 동종영업의 상호로 등기하지 못한다(상법 제22조, 상업등기법 제30조). 즉, 상호를 등기하면 일정한 지역 내에서 동일·유사상호를 배척할 수 있는 배타적 효력이 생긴다.

이 효력은 제3자의 선의·악의에 관계없이 인정되는 효력이다.

(6) 면책적 효력

합명회사 및 합자회사의 사원은 본점소재지에서 퇴사등기를 한 때로부터 2년(상법 제225조·제269조), 회사해산등기를 한 때로부터 5년(상법 제267조·제269조)이 경과하면 그 책임을 면한다. 이와 같이 사원의 등기는 면책의 기준이 되는 경우가 있으며, 이 경우의 효력을 면책적 효력이라 한다.

따라서 상법 제269조, 제225조의 반대해석상 합자회사에서 퇴사한 무한책임사원은 본점소재지에서 퇴사등기를 하기 전에 발생한 회사의 채무에 대하여는 등기후에 2년이내에는 다른 무한책임사원과 동일한 책임이 있으므로, 합자회사에 변제의 자력이 있으며 집행이 용이하다는 사실을 주장입증하지 못하는 한 책임을 면할 수 없다(대판 1975. 2. 10. 74다1727).

(7) 계속거래 허용의 효력

외국회사가 국내에서 영업을 하고자 할 때에는 대한민국에서의 대표자를 정하고 영업소를 설치하여야 하며, 그 영업소 소재지에서 국내에서 설립되는 동종 또는 가장 유사한 회사의 지점과 동일한 등기를 하여야 한다(상법 제614조). 이 등기를 하기 전에는 국내에서 계속하여 거래를 하지 못한다(상법 제616조 제1항). 따라서 외국회사의 영업소설치등기는 대한민국 내에서의 계속거래의 허용요건이 된다.

(8) 공신력의 유무

등기가 진실한 권리관계에 부합하지 않더라도 그 등기를 진실한 것으로 믿은 경우에 이를 보호하는 것이 등기의 공신력이다.

부동산등기에 관해서는 공신력을 인정하지 않는다(대판 1969. 6. 10. 68다 199).

상업등기도 객관적 사실을 공시하여 그 효력을 확보하는 제도이므로, 객관적 사실과 상위한 사항을 등기하더라도 원칙적으로 아무런 효력이 생기지 않는다. 즉 상업등기에서 공신력은 인정되지 않으므로, 진실과 다른 등기사항을 믿고 거래한 제3자는 보호를 받지 못하게 된다.

그러나 부실등기의 원인이 등기신청인 자신에게 있는 경우에는 그것을 믿고 거래한 제3자를 보호해 줄 필요가 있다. 따라서 상법은 "고의 또는 과실로 인하여 사실과 상위한 사항을 등기한 자는 그 상위를 선의의 제3자에게 대항하지 못한다(상법 제39조)."고 규정하여 등기신청인에게 귀책사유가 있는 부실등기에 대하여는 그 등기를 신뢰한 제3자를 보호하고 있다(상업등기의 제한적 공신력).

■ 이견있는 등기에 대한 견해와 법원판단 ■

〔등기의 일반적 효력규정과 표현책임규정과의 관계〕
1. 문제점 : 제3자는 외관주의법리에 따른 보호를 주장하는 반면 영업주는 상업등기의 적극적 공시력에 따라 선의의 제3자에 대해서도 대항할 수 있음을 주장하는 경우 양자 가운데 어느 것을 우선하는지의 문제이다.
2. 학설
(1) 이차원설 : 표현책임규은 외관주의상 인정되므로 적용차원이 다르다고 보는 견해.
(2) 예외규정설 : 거래의 안전과 신속을 위해 상법 제37조에 대한 예외로서 표현책임을 규정한 것으로 보는 견해.
3. 판례
상법 제395조와 상업등기와의 관계를 헤아려 보면, 본조는 상업등기와는 다른 차원에서 회사의 표현책임을 인정한 규정이라고 해야 옳으리니 이 책임을 물음에 상업등기가 있는 여부는 고려의 대상에 넣어서는 아니된다고 하겠다. 따라서 원판결이 피고회사의 상호변경등기로 말미암아 피고의 상호변경에 대하여 원고의 악의를 간주한 판단은 당원이 인정치 않는 법리위에 선 것이라 하겠다(대법원 1979.2.13. 선고 77다2436 판결). 즉, 대법원은 이차원설의 입장을 취하고 있다.

3. 부실등기의 효력

(1) 의의

고의 또는 과실로 인하여 사실과 상위한 사항을 등기한 자는 그 상위를 선의의 제3자에게 대항하지 못한다(상법 제39조). 이러한 효력을 부실등기의 효력이라고 한다. 즉, 상법은 상업등기의 효력과 관련하여 상업등기에 공신력이 인정되지 않음으로써 야기될 수 있는 제3자 보호의 약화 및 거래의 안전을 도모하고자 하는 상업등기제도의 효용 감소라는 문제점을 해결하기 위하여 등기의무자 측에 귀책사유가 있는 부실등기에 대해서는 객관적 사실과의 상위를 선의의 제3자에게 대항하지 못하도록 규정하고 있는 것이다.

(2) 요건

부실등기의 효력을 인정하기 위해서는 사실과 상위한 사항이 등기되었어야 한다.

【쟁점질의와 유권해석】

<주식회사의 대표이사로 선임되어 등기된 자를 제3자가 회사의 적법한 대표이사로 믿고 거래를 한 후에 이사들을 선임한 주주총회의 결의 부존재 확인판결이 확정된 경우에 회사는 선의의 제3자에게 거래의 효력을 부인할 수 있는지 여부>

이사 선임의 주주총회의 결의에 대한 취소판결이 확정되어 그 결의가 소급하여 무효가 된다고 하더라도 그 선임 결의가 취소되는 대표이사와 거래한 상대방은 상법 제39조의 적용 내지 유추적용에 의하여 보호될 수 있으며, 주식회사의 법인등기의 경우 회사는 대표자를 통하여 등기를 신청하지만 등기신청권자는 회사 자체이므로 취소되는 주주총회결의에 의하여 이사로 선임된 대표이사가 마친 이사 선임 등기는 상법 제39조의 부실등기에 해당된다(대판 2004. 2. 27. 2002다19797).

또한 사실과 상위한 등기가 이루어진 데 대해 등기신청권자에게 귀책사유(고의 또는 과실)가 있어야 한다. 이와 관련하여 제3자에 의해 이루어진 부실등기를 방치한 경우에도 부실등기의 효력을 인정할 수 있는지 문제되는데 등기신청권이 없는 제3자가 문서를 위조하는 등의 방법으로 부실등기를 마쳤다고 하더라도 등기신청권자에게 그 부실등기의 신청이나 존속에 대해 귀책사유가 있는 경우에는 상법 제39조에 따른 책임을 물을 수 있다고 본다. 판례도 같은 입장이다5).

핵 심 판 례

■ 등기신청권자가 스스로 등기를 하지 아니하였음에도 상법 제39조에 의한 불실등기 책임을 부담하는 경우

등기신청권자에게 상법 제39조에 의한 불실등기 책임을 묻기 위해서는, 원칙적으로 등기가 등기신청권자에 의하여 고의·과실로 마쳐진 것임을 요하고, 주식회사의 경우 불실등기에 대한 고의·과실의 유무는 대표이사를 기준으로 판정하여야 하는 것이지만, 등기신청권자가 스스로 등기를 하지 아니하였다 하더라도 그의 책임 있는 사유로 등기가 이루어지는 데에 관여하거나 불실등기의 존재를 알고 있음에도 이를 시정하지 않고 방치하는 등 등기신청권자의 고의·과실로 불실등기를 한 것과 동일시할 수 있는 특별한 사정이 있는 경우에는, 등기신청권자에 대하여 상법 제39조에 의한 불실등기 책임을 물을 수 있다(대법원 2011.7.28. 선고 2010다70018 판결).

또한 등기신청권자가 법인인 경우에 누구를 기준으로 귀책사유를 판단해야 하는자 문제되는데 이에 대하여 대법원은 합명회사의 경우에는 그 대표사원을 기준으로 한다고 판시하였다6). 등기신청권자가 주식회사라면 주식회사의 대표기관인 대표이사를 기준으로 판단하게 될 것이다.

그리고 부실등기를 신뢰한 제3자는 등기내용이 사실과 다름을 알지 못하였어야 한다.

(3) 효과

이러한 요건이 충족되면 부실등기를 한 자는 그 등기가 사실과 상위함을 선의의 제3자에게 대항하지 못한다. 즉, 제3자가 등기의 내용을 주장하는 경우 그 등기가 사실과 다름을 주장하지 못한다.

V. 상업등기의 관할

---

5) 대법원 2011.7.28, 2010다70018판결
6) 대법원1981.1.27, 79다1618·1619판결

◼ 핵 심 사 항 ◼

1. 관할등기소 : 상업등기에 관하여는 당사자의 영업소 소재지를 관할하는 지방법원·그 지원 또는 등기소를 관할등기소로 한다(상업등기법 제3조 1항).
2. 관할의 전속 : 행정구역의 변경, 등기소의 설치와 그 관할구역에 관한 규칙의 개정 등으로 인하여 관할구역 일부가 다른 등기소의 관할구역으로 되는 것을 말한다. 이 경우 해당 등기소는 그 부분에 속하는 등기기록과 인감에 관한 기록을 신소재지를 관할하는 등기소에 보내야 한다.

---

1. 관할등기소 및 사무위임

(1) 관할등기소

상업등기에 관하여는 당사자의 영업소 소재지를 관할하는 지방법원·그 지원 또는 등기소를 관할등기소로 한다(상업등기법 제3조 1항). 등기소의 관할구역은 '등기소의 설치와 관할구역에 관한 규칙'에 의하여 대체로 행정구역을 기준으로 정하여져 있다[7].

상업등기신청시 관할을 위반한 경우에는 상업등기법 제27조 1호에 의하여 각하되고, 이를 간과하고 등기된 경우에는 무효의 등기에 해당하여 말소의 대상이 된다(상업등기법 제116조 제1항 1호, 제117조 제1항, 제119조).

(2) 사무의 위임

대법원장은 어느 등기소의 관할에 속하는 사무를 다른 등기소에 위임할 수 있다(상업등기법 제3조 2항).

상호의 동일성 내지 유사성 판정 등 상업등기사무의 원활을 기하기 위하여 동일 특별시, 광역시 시·군 내에 수개의 등기소가 있는 경우에는 그 중 하나의 등기소에 상업등기사무를 위임하고 있다.

(3) 등기사무의 정지

등기소에서 그 사무를 처리할 수 없는 사유가 생긴 때에는 대법원장은 기간을 정하여 그 정지를 명할 수 있다(상업등기법 제3조 3항).

---

7) 등기소의 설치와 관할구역에 관한 규칙 제3조 별표 참조.

2. 관할의 전속

(1) 의 의

관할의 전속이란 행정구역의 변경, '등기소의 설치와 관할구역에 관한 규칙'의 개정 등으로 인하여 어느 등기소의 관할구역 일부가 다른 등기소의 관할구역에 속하게 된 것을 말한다. 예컨대 '갑'등기소의 관할구역 일부가 '을'등기소의 관할구역으로 되는 것을 말한다. 이 때에 '갑'등기소는 그 부분에 속하는 등기기록과 인감에 관한 기록을 등기소에 전산정보처리조직을 이용하여 보내야 한다(상업등기규칙 제4조).

(2) 관할전속절차

1) 회사 본점등기기록의 관할전속(轉屬) 절차(상업등기규칙 제4조)

① 관할전속 전 등기소(이하 "갑 등기소"라 한다)는 관할전속의 대상이 되는 본점등기기록과 인감에 관한 기록을 전산정보처리조직을 이용하여 관할전속 후 등기소(이하 "을 등기소"라 한다)에 송부하여야 한다.

② 갑 등기소에 지점등기기록이 존속하여야 할 필요가 있는 경우에는 관할전속의 대상이 되는 본점등기기록에서 현재 효력이 있는 등기사항을 기록한 지점등기기록을 개설하고 그 해당란에 회사성립연월일과 등기기록의 개설사유 및 연월일을 기록한 후 제1항의 절차에 따른다.

③ 을 등기소는 송부받은 등기기록에 새로운 등기번호를 기록하여야 하고, 기타사항란에 관할전속의 원인, 갑 등기소로부터 관할전속된 뜻과 그 연월일을 기록하여야 한다.

④ 을 등기소에 지점등기기록이 개설되어 있는 경우에는 제3항의 등기를 한 때에 그 지점등기기록을 폐쇄한다. 다만, 지점등기기록에 지배인에 관한 사항이 있는 경우에는 송부받은 본점등기기록에 이를 등기하여야 한다.

⑤ 을 등기소는 관할전속한 본점등기기록에 등기할 필요가 없는 사항이 있는 경우에는 관할전속으로 말소하는 뜻을 기록하고 말소하는 기호를 기록하여야 한다.

2) 회사 지점등기기록의 관할전속 절차(상업등기규칙 제5조)

① 갑 등기소는 관할전속의 대상이 되는 지점등기기록과 인감에 관한 기록

을 전산정보처리조직을 이용하여 을 등기소에 송부하여야 한다.

② 갑 등기소에 지점등기기록 또는 본점등기기록이 존속하여야 할 필요가 있는 경우에는 지점등기기록 또는 본점등기기록에서 현재 효력이 있는 등기사항(갑 등기소의 등기기록에만 기록하여야 할 등기사항은 제외한다)과 등기기록의 개설 사유 및 연월일과 회사성립연월일을 기록하여 관할전속의 대상인 지점등기기록을 개설하고, 그 지점등기기록과 지배인의 인감에 관한 기록을 전산정보처리조직을 이용하여 을 등기소에 송부한다.

③ 을 등기소에 이미 등기기록이 개설되어 있는 경우에는 갑 등기소는 을 등기소에 전산정보처리조직을 이용하여 관할전속 구역에 소재하는 지점과 그 지점의 지배인에 관한 등기정보를 통지하고, 해당 지배인의 인감에 관한 기록을 송부하여야 한다. 이 경우 갑 등기소에 등기기록이 존속할 필요가 없는 때에는 그 등기기록을 폐쇄하여야 한다.

④ 을 등기소는 제1항 및 제2항에 따라 등기기록을 송부받은 경우에는 상업등기규칙 제4조 제3항과 동일하게 처리하고, 제3항의 통지를 받은 경우에는 그 통지받은 지점 및 지배인에 관한 사항을 등기하여야 한다.

⑤ 갑 등기소는 존속하는 본점등기기록 또는 지점등기기록에 등기할 필요가 없는 사항이 있는 경우에는 관할 전속으로 말소하는 뜻을 기록하고 말소하는 기호를 기록하여야 한다.

3) 상호등기기록 등의 관할전속 절차(상업등기규칙 제6조)

상호등기기록, 무능력자등기기록, 법정대리인등기기록, 지배인등기기록, 외국회사등기기록의 관할전속 절차에 관하여는 규칙 제5조를 준용한다.

Ⅵ. 등기관

1. 등기관의 지정

등기사무는 지방법원, 그 지원 또는 등기소에 근무하는 법원서기관·등기사무관·등기주사 또는 등기주사보 중에서 지방법원장(등기소의 사무를 지원장이 관장하는 경우에는 지원장)이 지정한 사람(등기관)이 처리한다(상업등기법 제4조 1항).

등기소장은 별도로 등기관으로 지정한다는 명령이 없다하더라도 등기소장의 지정에 그 뜻이 당연히 내포된 것으로 보아야 한다.

등기관을 지정하는 때는 1일 평균 70~80건마다 1인의 등기관을 지정할 수 있으며(등기예규 제772호), 법원주사보나 법원행정고등고시 출신 사무관은 1년 이상 근무한 자를 지정함이 원칙이다(대법원 행정예규 제384호).

등기관으로 지정되었던 자가 전임·퇴직 등의 사유로 당해 관직을 이탈한 때, 휴직 또는 정직의 경우에는 등기관 지정이 취소된 것으로 본다.

2. 등기관의 권한과 책임

(1) 직무권한의 독립성

등기관은 등기소의 규모에 따라 1인 또는 수인이 있게 되며, 그 직무권한은 독립성을 가진다.

다만, 이 독립성이란 자기명의로 단독으로 등기사무를 처리하는 것을 뜻함에 불과하다, 그러므로 등기관도 법원직원의 일원으로서 당연히 상사의 지휘 감독에 복종하고 일반행정지시에 따라야 한다. 등기관은 각기 자기 책임하에 등기사건을 처리하며 위법 부당한 사건처리에 대하여는 처리자가 책임을 진다(등기예규 제220호).

(2) 등기관의 제척

사건관계에 중대한 영향을 미치는 등기사무의 성질상 등기관의 직무집행에는 공평·엄정을 요하므로 일정한 등기사건에 관하여는 등기관의 제척규정을 두고 있다.

① 등기관은 자신이나 그의 배우자 또는 4촌 이내의 친족이 신청인인 때에는 그의 배우자 또는 4촌 이내의 친족이 아닌 성년자 2인 이상의 참여가 없으면 등기를 할 수 없다. 친족의 경우에는 친족관계가 끝난 후에도 또한 같다(상업등기법 제4조 2항).

② 위 ①의 경우에 등기관은 조서를 작성하여 그 등기에 참여한 사람과 함께 기명한 후 서명 또는 날인하여야 한다(동조 3항).

(3) 등기관의 책임

등기관이 고의·과실로 인하여 등기의 과오 등 부당한 처분을 함으로써 사인에게 손해를 준 경우에는 국가배상법의 규정에 의하여 국가가 배상책임을 지며, 등기관에게 고의 또는 중대한 과실이 있는 때에는 국가가 등기관에 대하여 구상권을 가진다(국가배상법 제2조).

Ⅶ. 상업등기부 및 등기에 관한 장부

1. 상업등기부

(1) 등기부의 종류와 양식

1) 등기부의 종류[8]

---

[8] 2011년 4월 14일 개정 상법(법률 제10600호, 2012. 4. 15. 시행)에 합자조합(상법 제86조의2 내지 86조의9)과 유한책임회사(상법 제287조의2 내지 287조의45)가 도입되었다. 이에 따라 2011년 12월 28일 정부가 국회에 상업등기법 일부개정법률

등기소에서 편성하여 관리하는 등기부는 다음과 같다(상업등기법 제5조 1항, 상업등기규칙 제11조 제1항). 이들 등기부는 영구히 보존하여야 한다(동조 2항).

① 상호등기부

② 무능력자등기부

③ 법정대리인등기부

④ 지배인등기부

⑤ 합명회사등기부

⑥ 합자회사등기부

⑦ 주식회사등기부

⑧ 유한회사등기부

⑨ 외국회사등기부

⑩ 합자조합등기부

⑪ 유한책임회사등기부

2) 등기기록의 편성

등기기록은 그 종류에 따라 전산정보처리조직에 의하여 별지 제1호부터 제7호까지 양식의 각 란에 기록한 등기정보로 편성한다. 다만, 외국회사 등기기록은 대한민국에서 설립되는 동종 또는 유사한 회사의 등기기록의 예에 의하여 편성한다(상업등기규칙 제11조 1항).

① 동일한 당사자로부터 여러 개의 상호등기 신청이 있는 때에는 각 상호를 다른 등기기록에 등기하여야 한다(상업등기규칙 제74조).

안을 제출하였고, 동 제출안에는 합자조합등기부와 유한책임회사등기부가 등기부의 종류에 추가되고, 합자조합과 유한책임회사의 등기사항과 등기절차를 구체적으로 정하고 있었다. 그러나 2012년 5월 29일 제18대 국회가 임기만료가 됨으로써 동 개정안은 처리되지 못하고 폐기되었다. 다만, 2012년 4월 15일 개정되어 시행되고 있는 상업등기규칙에서 개정상법을 반영하여 새로운 기업 형태인 합자조합과 유한책임회사의 등기부를 추가하고 등기기록 양식에 이를 반영하고 있다.

② 상법 제42조(상호를 속용하는 양수인의 책임) 제2항의 등기는 당해 상호의 등기기록에 하여야 한다. 다만, 회사가 영업의 양도인 또는 양수인인 때에는 양수인의 상호의 등기기록 또는 양수인인 회사의 등기기록에 이를 하여야 한다(동규칙 제75조).

③ 상법 제22조의2(상호의 가등기) 제1항부터 제3항까지의 규정에 따른 상호의 가등기는 별지 제8호부터 제12호까지의 양식 중 해당 양식의 각 란에 해당하는 상호가등기에 관한 등기정보를 기록하는 방법으로 한다(동규칙 제76조).

3) 등기부의 보관·관리

상업등기사무가 전산화됨으로써 현재는 종이등기부를 전제로 상업등기사무를 처리하던 종전과 달리 관할등기소가 아니라 법원행정처에 설치한 등기정보중앙관리소 및 등기정보관리소가 전산화된 상업등기부를 보관, 관리하고 있다(상업등기법 제5조 제3항, 상업등기규칙 제7조, 제12조 참조). 한편 등기부는 보조기억장치로 그 부본자료를 작성하여 법원행정처장이 저정하는 장소에 보관하여야 한다(상업등기규칙 제13조).

상업등기법 제5조 1항의 상업등기부는 전쟁·천재지변이나 그 밖에 이에 준하는 사태를 피하기 위한 경우를 제외하고는 그 장소밖으로 옮겨서는 아니된다(상업등기법 제5조 3항).

폐쇄등기부의 보관·관리에 관하여는 등기부의 보관 등에 관한 상업등기규칙 제12조 제1항·제2항을 준용한다(상업등기규칙 제12조 제3항).

(2) 등기기록의 폐쇄

1) 폐쇄한 등기기록의 보관

폐쇄한 등기기록은 법령에 다른 규정이 있는 경우를 제외하고는 보조기억장치에 기록하여 보관한다. 폐쇄한 등기기록은 폐쇄한 날부터 50년간 보존하여야 한다(상업등기법 제14조 1항·2항).

2) 각종 등기기록을 폐쇄하는 경우

등기기록을 폐쇄하는 때에는 기타사항란에 그 뜻과 연월일을 기록하여야 한다(상업등기규칙 제72조 1항). 현재 등기기록을 폐쇄하는 경우는 다음과 같다.

가. 해산한 회사의 등기기록 폐쇄

해산의 등기를 한 후 또는 해산된 것으로 된 후 10년이 지난 회사의 등기기록은 폐쇄할 수 있다(상업등기법 제15조).

① 상업등기법 제15조 또는 상업등기규칙 제73조 제2항에 의하여 등기기록을 폐쇄한 경우에 회사가 본점소재지를 관할하는 등기소에 청산을 종결하지 아니하였다는 뜻을 신고한 때에는 등기관은 그 등기기록을 부활하여야 한다. 그러나 그 등기기록이 상업등기법 제14조 제2항의 보존기간을 경과한 때에는 그러하지 아니하다(상업등기규칙 제73조 1항).

② 위 ①의 신고로 등기기록이 부활된 때부터 5년이 지난 때에는 등기관은 다시 그 등기기록을 폐쇄할 수 있다(동규칙 2항).

③ 위 ①에 따라 등기기록을 부활하거나 상업등기법 제15조 또는 상업등기규칙 제73조 제2항에 따라 등기기록을 폐쇄한 때에는 전산정보처리조직을 이용하여 지체없이 그 뜻을 지점소재지의 등기소에 통지하여야 한다. 이 경우 통지를 받은 지점소재지의 등기관은 지체 없이 해당 지점 등기기록을 부활 또는 폐쇄하여야 한다(동규칙 3항).

나. 상호등기기록의 폐쇄

다음 각호의 등기는 기타사항란에 하여야 하고, 이를 등기한 때에는 등기기록을 폐쇄하여야 한다(상업등기규칙 제82조).

① 상호폐지의 등기

② 회사의 상호 이외의 상호의 말소등기

③ 상호가등기의 말소등기

④ 무능력자 또는 법정대리인에 관한 소멸의 등기

⑤ 회사 이외의 영업주가 설치한 지배인의 대리권 소멸의 등기

⑥ 상호의 등기를 한 자, 무능력자 또는 법정대리인의 영업소를 다른 등기소의 관할구역으로 이전한 경우에 구 소재지에서 하는 영업소 이전의 등기(종전 등기소의 관할구역 내에 다른 영업소가 있는 경우는 제외)

⑦ 지배인을 둔 영업소를 다른 등기소의 관할구역으로 이전한 경우에 구 소재지에서 하는 영업소 이전의 등기(종전 등기소의 관할구역 내에 그 지배인을 둔 다른 영업소가 있는 경우는 제외)

다. 회사등기기록의 폐쇄

다음 각 호의 등기는 기타사항란에 하여야 하고, 이를 등기한 때에는 그 등기기록을 폐쇄하여야 한다(상업등기규칙 제94조). 이 규정은 합명회사·합자회사·주식회사·유한회사·외국회사 모두에게 준용된다(상업등기규칙 제95조, 제104조 1항, 제105조, 제106조).

① 본점을 다른 등기소의 관할구역으로 이전한 경우에 구소재지 관할 등기소에서 하는 본점이전등기

② 지점을 다른 등기소의 관할구역으로 이전한 경우에 구소재지 관할 등기소에서 하는 지점이전 등기(구소재지 관할 등기소의 관할구역 내에 본점 또는 다른 지점이 있는 경우는 제외)

③ 지점 폐지의 등기(당해 등기소의 관할구역 내에 본점 또는 다른 지점이 있는 경우는 제외)

④ 청산종결의 등기(이 경우 본점등기기록이 폐쇄된 후 3년이 경과한 경우, 등기관은 그 회사의 지점등기기록을 폐쇄할 수 있다)

⑤ 합병, 합병무효나 조직변경으로 인한 해산등기

또한 '채무자 회생 및 파산에 관한 법률'에 따른 회생절차가 진행 중인 회사의 경우 회생계획에 따른 해산등기와 회생절차종결등기를 한 때에 청산절차가 필요 없거나 청산절차가 종료되었음이 회생계획인가결정서, 회생절차종결결정서 등에 나타나면 등기관은 해당 회사의 등기기록을 직권으로 폐쇄하여야 한다(「채무자 회생 및 파산에 관한 법률」에 따른 법인등기 사무처리지침 등기예규 제1162호 13조 3항). 다만, 회생절차종결결정서에 당해 회사의 청산이 종결되지 않아 채권의 추심과 채무의 변제, 잔여 재산의 분배 등 청산사무가 남아 있음이 나타나면 등기관은 그 등기기록을 폐쇄하지 않는다[9]. 그리고 등기관은 파산폐지 및 파산종결의 등기를 한 경우에는 당해 등기부를 폐쇄하여야 하는데, '채무자 회생 및 파산에 관한 법률' 제538조의 동의에 의한 파산폐지의 등기를 한 경우에는 등기부를 폐쇄하지 아니하고, 직권으로 파산선고의 등기, 파산관재인, 파산관재인대리에 관한 등기를 말소하여야 한다(동 예규 제1162호).

(3) 등기기록의 부활

폐쇄한 등기기록에 다시 등기를 할 필요가 있는 경우에는 그 기록을 부활

---

9) 2007.1.26. 공탁상업등기과-110 질의회답

하여야 한다(상업등기규칙 제72조 2항). 등기기록을 부활하는 경우에는 등기기록 중 기타사항란에 그 뜻과 연월일을 기록하고 등기기록을 폐쇄한 뜻과 그 연월일의 등기를 말소하는 기호를 기록하여야 한다(동규칙 제72조 3항).

해산의 등기를 한 후 또는 해산된 것으로 된 후 10년이 경과한 회사의 등기기록을 폐쇄한 경우(상업등기법 제15조)에 회사가 본점소재지를 관할하는 등기소에 청산을 종결하지 아니하였다는 뜻의 신고를 한 때에는 등기기록을 부활하여야 한다. 그러나 그 등기기록이 보존기간(50년 : 상업등기법 제14조 2항)이 경과한 때에는 그러하지 아니한다(동규칙 제73조 1항).

등기기록을 부활한 때에는 전산정보처리조직을 이용하여 지체없이 그 뜻을 지점소재지의 등기소에 통지하여야 한다. 이 경우 통지를 받은 지점소재지의 등기관은 지체없이 지점등기기록을 부활하여야 한다(동규칙 제73조 3항).

한편 청산을 종결하지 아니하였다는 회사의 신고로 등기기록이 부활된 때부터 5년이 지난 때에는 등기관은 다시 그 등기기록을 폐쇄할 수 있다(동규칙 제73조 2항). 이 경우에도 회사는 다시 청산을 종결하지 아니하였다는 뜻을 신고하여 등기기록을 부활시킬 수 있다(동규칙 제73조 1항).

2. 인감부

상업등기법 제11조 및 제24조에 따라 제출된 인감 및 인감제출자에 관한 정보는 보조기억장치(이를 "인감부"라 한다)에 기록한다(상업등기규칙 제14조 1항). 인감부의 보관·관리에 관하여는 등기부의 보관(동규칙 제12조) 및 등기부 부본자료의 보관(동규칙 제13조)에 관한 규정을 준용한다(동규칙 제14조 2항).

3. 제장부

등기소는 등기부와 인감부 외에 다음의 장부를 비치하고 있다. 그 양식은 상업등기사무의양식에관한예규(예규 제1233호)로 정하여져 있다.

(1) 등기소에 비치할 장부

등기소에는 다음 각 호의 장부를 비치하여야 한다. 이 장부들은 매년 별책으로 하여야 한다. 다만, 필요에 따라 분책할 수 있다. 그리고 이들 장부는 보조기억장치로 작성할 수 있다(상업등기규칙 제22조).

① 신청서 기타 부속서류 편철장 : 등기사건의 신청서, 촉탁서, 통지서, 등

기참여조서 및 기타 부속서류는 접수번호의 순서에 따라 신청서 기타 부속서류 편철장에 편철하여야 한다(상업등기규칙 제24조).

② 결정원본 편철장

③ 이의신청서류 편철장

④ 인감신고서류 편철장

⑤ 인감카드발급신청서류 등 편철장

⑥ 전자증명서발급신청서류 등 편철장

⑦ 사용자등록신청서류 등 편철장

⑧ 부속서류열람신청서류 편철장

⑨ 기타문서 접수장

⑩ 각종 통지부

⑪ 신청서 기타 부속서류 송부부

⑫ 그 밖에 대법원예규로 정하는 장부

(2) 상업등기신청서 접수장

등기소는 등기신청에 관한 접수정보를 기록할 상업등기신청서 접수장을 매년 편성하여야 한다. 상업등기신청서 접수장은 보조기억장치로 작성한다(동규칙 제23조).

(3) 등기부 및 장부의 보존기간(상업등기법 제5조·제14조, 상업등기규칙 제25조)

1) 보존기간

다음 각 호의 장부는 각각 아래 기간동안 보존하여야 한다(상업등기규칙 제25조 1항).

① 인감부 : 영구

② 기타문서접수장, 결정원본 편철장, 이의신청서류 편철장 : 10년

③ 전자증명서발급신청서류 등 편철장, 사용자등록신청서류 등 편철장 : 10년

④ 상업등기신청서 접수장, 신청서 기타 부속서류 편철장, 인감신고서류 편
철장 : 5년

⑤ 신청서 기타 부속서류 송부부 : 5년

⑥ 인감카드발급신청서류 등 편철장 : 3년

⑦ 각종 통지부, 부속서류열람신청서류 편철장 : 1년

2) 보존기간의 기산

위 가.의 ② ~ ⑦의 장부의 보존기간은 당해 연도의 다음 해부터 기산한다
(상업등기규칙 제25조 2항).

3) 장부 등의 폐기

① 보존기간이 종료된 종이 형태의 장부 등은 지방법원장의 인가를 받아 보
존기간이 종료되는 해의 다음 해 3월 말까지 폐기한다(상업등기규칙 제
26조 1항).

② 보조기억장치로 작성된 보존기간이 종료된 장부 등의 경우에는 법원행정
처장의 인가를 받아 보존기간이 종료되는 해의 다음 해 3월 말까지 폐기
한다(동규칙 제26조 2항).

Ⅷ. 등기의 공시

▣ 핵 심 사 항 ▣

1. 등기사항의 일반 공개 및 열람 : 등기된 사항은 일반인에게 공개되어 누구든지
수수료를 납부하고 등기부에 기록되어 있는 사항의 전부 또는 일부의 열람과
이를 증명하는 서면의 교부를 청구할 수 있으며, 이해관계있는 부분에 한하여
등기부 부속서류의 열람을 청구할 수 있다(상업등기법 제10조 1항).
2. 인터넷으로 제공하는 서비스의 종류(등기예규 제1424호)
(1) 등기기록 열람
(2) 등기사항증명서 발급
(3) 등기신청사건 진행상태 확인
(4) 법인 등기사항증명서 다량발급 예약
(5) 상호검색

(6) 법인인감증명서 발급내역 확인
(7) 등기사건 접수 및 처리사실 전자우편 고지
(8) 등기기록 발급 확인
(9) 인감증명서 발급예약

1. 등기사항의 일반 공개 및 열람

(1) 의 의

등기된 사항은 일반인에게 공개되어 누구든지 수수료를 납부하고 등기부에 기록되어 있는 사항의 전부 또는 일부의 열람과 이를 증명하는 서면의 교부를 청구할 수 있으며, 이해관계있는 부분에 한하여 등기부 부속서류의 열람을 청구할 수 있다(상업등기법 제10조 1항). 여기서의 등기사항증명서는 다른 법령에서 규정하고 있는 등기부의 등본 또는 초본으로 본다(동법 제10조 3항). 폐쇄등기부의 경우도 같다.

열람 및 교부청구는 관할등기소가 아닌 등기소에 대하여도 할 수 있다(상업등기법 제10조 2항).

(2) 열람 및 각종 증명서 등의 청구 방식(상업등기규칙 제27조)

① 등기기록 또는 부속서류의 열람을 청구하거나 등기사항증명서 또는 인감증명서의 교부를 청구하는 자는 신청서를 작성하여 제출하여야 한다.

② 대리인이 부속서류의 열람 또는 인감증명서의 교부를 청구할 때는 신청서에 그 권한을 증명하는 서면을 첨부하여야 한다.

③ 등기기록 또는 전자문서로 작성된 부속서류의 열람, 등기사항증명서 또는 인감증명서의 교부 청구는 관할 등기소가 아닌 다른 등기소에 대하여도 할 수 있다.

(3) 인터넷 및 무인발급기에 의한 교부 등

인터넷이나 무인발급기(신청인이 스스로 교부대상 정보를 입력하여 증명서를 교부받을 수 있게 하는 장치를 말한다)에 의하여 열람 및 각종 증명서 등을 교부하는 경우에는 상업등기규칙 제3장(열람 및 증명 등)의 규정 중 그 성질에 적합하지 아니한 사항은 적용하지 아니한다(동규칙 제28조).

현재 인터넷등기소(http://www.iros.go.kr)를 통해 등기기록 열람서비스를 제공하고 있다. 인터넷등기소를 통한 등기기록(전산폐쇄등기기록을 포함한다. 이하 이 "나."에서 같다)의 열람은 컴퓨터모니터 화면으로 보는 방식 또는 등기사항증명서에 준하는 양식의 서면으로 등기사항을 출력하는 방식으로 할 수 있다. 열람을 위하여 출력하는 서면에는 열람용임을 표시하여야 한다. 그리고 등기신청사건 처리 중인 등기기록에 대하여 열람신청이 있는 경우 등기신청사건 처리 중이라는 사실을 미리 알려주고 열람하도록 한다(법인 등의 등기사항증명서 발급 등에 관한 업무처리지침 등기예규 제1453호).

(4) 열람의 청구

   ① 등기기록 또는 부속서류의 열람신청서에는 다음 각 호의 사항을 기재하여야 한다(상업등기규칙 제29조 1항).

      ㉠ 열람을 청구하는 등기기록 또는 그 부속서류

      ㉡ 폐쇄한 등기기록의 열람을 청구하는 때에는 그 뜻

   ② 부속서류의 열람신청서에는 이해관계를 명백히 하는 사유를 기재하거나 이를 기재한 서면을 첨부하여야 한다(동규칙 제29조 2항).

(5) 열람의 방법

   ① 등기기록의 열람은 등기기록에 기록된 등기사항을 전자적 방법에 의하여 그 내용을 보게 하거나 그 내용이 기재된 서면을 교부하는 방법에 의한다.

   ② 부속서류의 열람은 등기소 담당직원이 보는 앞에서 하여야 한다. 다만, 부속서류가 전자문서로 작성된 경우에는 제1항의 방법에 의한다(동규칙 제30조).

2. 등기사항증명서의 작성·교부 절차

2008. 1. 1.부터 시행되는 상업등기법에서는 등기부 등·초본을 등기사항증명서라고 한다. 즉 상업등기법 제10조 3항은 등기사항증명서는 대법원규칙이 정하는 바에 따라 다른 법령에서 규정하고 있는 등기부의 등본 또는 초본으로 본다

고 규정하고 있다.

(1) 등기사항증명서의 종류 및 내용(상업등기규칙 제31조)

① 등기사항의 일부 또는 전부증명서의 종류는 다음 각 호로 한다.

㉠ 증명서 교부를 청구하는 현재 등기기록의 유효한 사항을 기재한 "현재사항증명서"

㉡ ㉠의 사항과 말소하는 기호가 기록된 등기사항을 기재한 "말소사항포함증명서"

㉢ 폐쇄한 등기기록의 등기사항을 기재한 "폐쇄사항증명서"

② 등기사항일부증명서에는 등기번호, 등록번호, 상호, 본점 및 청구한 부분을 기재하여야 한다. 이 경우 등기사항일부증명서로 청구할 수 있는 범위는 대법원예규로 정하도록 되어 있는데, 이에 대해서는 등기예규 제1453호 '법인 등의 등기사항증명서 발급 등에 관한 업무처리지침'에서 규정하고 있다. 그 내용은 다음과 같다(법인 등의 등기사항증명서 발급 등에 관한 업무처리지침 등기예규 제1453호).

(ㄱ) 등기사항일부증명서는 등기사항전부증명서의 양식 중 등기번호, 등록번호, 상호(명칭), 본점(주된 영업소·주사무소) 등 해당 등기기록을 특정할 수 있는 사항에 관한 란과 그 외의 사항(공고방법, 자본에 관한 사항, 목적, 임원에 관한 사항, 기타사항, 지점에 관한 사항, 지배인에 관한 사항, 전환사채, 주식매수선택권 등) 중 신청인이 청구한 사항에 관한 란으로 작성한다.

(ㄴ) 임원(사원, 조합원, 업무집행자, 청산인, 직무대행자, 관리인 등을 포함한다. 다음부터 같다)·지점·지배인에 관하여는 위 (ㄱ)에도 불구하고 해당 사항의 란에서 특정 임원·지점·지배인을 선택하여 청구할 수 있으며, 이때 등기사항일부증명서는 상호 등 해당 등기기록을 특정할 수 있는 사항에 관한 란과 신청인이 청구한 부분(특정 임원·지점·지배인)만 기재된 해당 사항의 란으로 작성한다.

(ㄷ) 전환사채 등 사채에 관한 등기사항일부증명서는 상호 등 해당 등기기록을 특정할 수 있는 사항에 관한 란과 신청인이 청구한 특정 사채에 관한 란으로 작성한다.

(2) 등기사항증명서의 작성 및 교부(상업등기규칙 제32조)

1) 등기사항증명서의 작성

① 등기사항증명서에는 그 종류를 명시하고 등기기록의 내용과 틀림없음을 증명하는 내용의 증명문, 증명의 연월일과 중앙관리소 전산운영책임관의 직명 및 성명을 기재한 후 전자이미지관인을 기록하여야 한다.

② 등기사항증명서가 여러 장으로 이루어진 경우에는 그 연속성을 확인할 수 있는 조치를 취하여 교부한다.

③ 회사의 등기기록에 대한 등기사항전부증명서의 경우, 신청인이 지점 및 지배인에 관한 증명을 따로 청구하지 아니한 때에는 그 기재를 생략할 수 있다.

2) 등기사항증명서의 교부

가. 개인정보 공시의 제한

등기기록 열람 및 등기사항증명서 교부의 경우에 등기기록에 기록된 임원 또는 지배인 등의 주민등록번호 일부를 대법원예규로 정하는 바에 따라 공시하지 아니할 수 있다(상업등기규칙 제33조).

나. 무인발급기에 의한 등기사항증명서의 교부(상업등기규칙 제34조)

① 등기사항증명서의 교부업무는 무인발급기를 이용하여 처리할 수 있다. 무인발급기로는 현재사항 또는 말소사항포함 등기사항전부증명서만 발급하고 등기사항일부증명서는 발급하지 아니한다. 또한, 등기사항증명서의 매수가 16장 이상인 경우 등과 같이 무인발급기로 발급하기에 적당하지 아니한 때에는 무인발급기로 발급하지 아니한다(법인 등의 등기사항증명서 발급 등에 관한 업무처리지침 등기예규 제1453호).

② 무인발급기는 등기소 이외의 장소에도 설치할 수 있다.

③ 제2항의 설치장소는 법원행정처장이 정한다.

④ 법원행정처장이 지정하는 국가기관이나 지방자치단체 또는 그 밖의 자는 그가 관리하는 장소에 무인발급기를 설치하여 일반인으로 하여금 등기사항증명서를 교부받게 할 수 있다.

⑤ 무인발급기의 설치·관리의 절차 및 비용의 부담 등 필요한 사항은 대법원예규로 정한다. 이에 관하여 등기예규 제1442호 '등기소 외부에의 무인등본발급기 설치 및 운영에 관한 지침'이 정하고 있다.

(3) 인터넷에 의한 증명(상업등기규칙 제35조)

① 등기기록의 열람 또는 등기사항증명서의 교부업무 등은 인터넷에 의하여 처리할 수 있다.

② ①의 업무는 중앙관리소에서 처리하며, 중앙관리소 전산운영책임관이 담당한다.

③ ①에 의한 열람 또는 교부의 범위, 절차 및 방법 등 필요한 사항은 대법원예규로 정한다. 이에 관하여 등기예규 제1424호 '인터넷에 의한 등기기록의 열람 등에 관한 업무처리지침'에서 규정하고 있다.

【쟁점질의와 유권해석】

<폐쇄된 등기부의 발급을 받을 수 있는지 여부>

폐쇄등기부이미지 전자화가 완료된 등기소에서는 장부식등기부와 카드식으로 작성된 폐쇄등기부도 발급받을 수 있다.

등기소별 폐쇄등기부발급 서비스 개시일 이후에 민원인의 폐쇄등기부의 발급요청이 있을 경우에 등기소 발급공무원은 유인발급기에 설치된 웹기반등기업무시스템에 접속하여 유인발급기로 폐쇄등기부를 발급하며, 수수료는 기존 등기부와 동일하다.

(4) 등기사항증명서(등기부 등·초본)의 위조·변조를 막기 위한 조치

① 등기부등·초본은 그 진위 여부를 등기과(소)에서 또는 인터넷으로 확인할 수 있도록 발급확인번호 12자리를 부여한다.

② 등·초본의 매 장마다 등기정보를 암호화하여 저장한 2차원의 바코드가 인쇄되어 있고, 이를 스캐너 등으로 복원할 수 있다.

③ 발급받은 등기부등·초본을 복사기 등을 이용하여 복사하는 경우에 사본임을 인식할 수 있도록 매 장마다 복사방지 장치를 한다.

【쟁점질의와 유권해석】

<해산간주된 회사의 등기부등본의 발급의 가부>

상법 부칙 제4조 2항 및 제24조 2항의 규정에 의하여 「해산간주 된 회사에 대한 등기사무처리지침」에 의하여 해산간주 된 회사라 하더라도 등기부등본을 발급할 수 있다. 그러나 등기부초본은 발급할 수 없다.

3. 인터넷으로 제공하는 서비스의 종류(등기예규 제1424호 참조)

(1) 등기기록 열람

민원인은 등기기록에 기록되어 있는 내용의 전부 또는 일부를 인터넷을 통하여 볼 수 있다.

1) 열람의 종류

열람은 등기사항전부증명서 또는 등기사항일부증명서 형태로 나누어 제공한다.

① 등기사항전부증명서 형태의 열람 : 등기기록에 기록되어 있는 모든 내용을 볼 수 있다. 다만, 등기사항전부증명서(현재 유효사항) 형태의 열람에 있어서는 열람 당시 효력이 있는 등기사항 및 그와 관련된 사항만을 볼 수 있다.

② 등기사항일부증명서 형태의 열람 : 부동산등기부의 경우에는 특정인지분·현재소유현황·지분취득이력, 법인등기부의 경우에는 임원란·지배인란·지점란 등 특정부분의 내용만을 볼 수 있다.

2) 재열람 및 추가열람

① 재열람 : 최초의 열람후 1시간 이내에는 재열람을 할 수 있으며, 이때 서비스시간이 종료되었으면 다음 업무일 서비스 개시후 1시간 이내에 재열람을 할 수 있다. 재열람의 대상은 재열람 당시의 등기기록이다.

② 추가열람 : 열람후 전산이기의 오류 등이 발견된 등기기록에 대해서는 해당 등기기록의 열람자가 경정을 요청한 때에, 직권경정후 1월 이내에 1회의 추가열람을 할 수 있다.

(2) 등기사항증명서 발급

민원인은 등기기록에 기록되어 있는 내용의 전부나 일부를 증명하는 서면을 인터넷을 통하여 발급받을 수 있다.

1) 등기사항증명서 발급에 관한 업무처리

인터넷에 의하여 발급하는 등기사항증명서에는 「상업등기규칙」 제32조 제1항, 제2항의 규정에 따른 조치를 취하여야 한다. 즉, 등기사항증명서에는 그 종류를 명시하고 등기기록의 내용과 틀림없음을 증명하는 내용의 증명문, 증명의 연월일과 중앙관리소 전산운영책임관의 직명을 기재한 후 전자이미지관인을 기록하여야 한다. 또한 등기사항증명서가 여러 장으로 이루어진 경우에는 그 연속성을 확인할 수 있는 조치를 취하여 교부한다.

2) 등기사항증명서발급확인

타인으로부터 등기사항증명서를 교부받은 자는 인터넷으로 등기사항증명서의 진위 여부를 확인할 수 있다. 등기사항증명서의 진위 여부 확인은 인터넷 열람 등 서비스 화면의 안내에 따라 등기사항증명서에 기재된 발급확인번호를 입력하거나, 위 변조 방지를 위한 안전장치를 스캐너 등에 의하여 복원하는 경우에 제공되는 등기기록 내용을 교부받은 등기사항증명서의 내용과 비교하는 방식에 의한다. 발급확인번호에 의하여 등기사항증명서의 진위 여부를 확인하는 경우에는 확인 당시의 등기기록 내용을 확인할 수 있으며, 발급일로부터 3월 이내에 5회에 한한다.

(3) 등기신청사건 진행상태 확인

민원인은 자신의 등기신청사건에 대하여 그 진행상태(접수중, 기입중, 보정중, 완료 등)를 인터넷을 통하여 확인할 수 있다.

(4) 법인 등기사항증명서 다량발급 예약

민원인은 1등기기록에 대하여 30통 이상의 법인 등기사항증명서의 발급을 신청하는 경우 사전에 인터넷을 통하여 예약할 수 있다.

1) 발급등의 절차

신청인 또는 수령인(이하 이 둘을 합하여 '수령인'이라 한다)은 수령 예정일에 예약시 입력한 수령인임을 확인할 수 있는 증명서(주민등록증, 여권, 운전면허증 등)를 발급 등기소에 제시하여야 한다. 발급 등기소에서는 수령인임을 확인한 후 법인 등기사항증명서 다량발급예약대장에 의하여 미리 발급, 비치된 법인 등기사항증명서를 교부하고, 수령인으로 하여금 교부된 사실을 위 대장 해당란에 확인(날인 또는 서명)하도록 하여야 한다. 수령 예정일부터 1월이 경과할 때까지 예약 발급된 법인 등기사항증명서에 대한 수령 청구가 없을 때에는 해당 등기사항증명서를 폐기한다.

2) 법인 등기사항증명서 다량발급예약대장의 작성, 관리

발급 등기소에서는 법인 등기사항증명서 다량발급예약대장을 작성하고 관리하여야 한다. 이러한 법인 등기사항증명서 다량발급예약대장은 1년간 보관한다.

(5) 상호검색

민원인은 사용하고자 하는 상호가 이미 등기되어 있는지의 여부를 인터넷을 통하여 확인할 수 있다.

(6) 법인인감증명서 발급내역 확인

민원인은 타인으로부터 교부받은 법인인감증명서의 발급에 관한 사실을 인터넷을 통하여 확인할 수 있다.

(7) 등기사건 접수 및 처리사실 전자우편 고지

민원인은 자신과 관련된 등기사건의 접수 및 처리사실을 전자우편으로 고지받을 수 있다.

(8) 등기기록 발급 확인

민원인은 타인으로부터 교부받은 등기사항증명서의 진위 여부를 인터넷을 통하여 확인할 수 있다.

(9) 인감증명서 발급예약

전자증명서를 발급받은 사람은 인터넷을 이용하여 인감증명서 발급예약을 한 후 등기소에서 인감증명서의 교부 청구를 할 수 있다.

(10) 서비스 제공시간

인터넷 열람 등의 서비스 제공 시간은 다음과 같다.

1) 인터넷 열람 등의 서비스(상호검색 제외)는 365일 24시간 제공하는 것을 원칙으로 한다.

2) 상호검색 서비스의 제공시간은 아래와 같다.

- 월요일 ~ 금요일 : 07:00 ~ 23:00

- 토요일·일요일 및 법정 공휴일 : 09:00 ~ 21:00

3) 등기업무전산시스템 점검 및 변경 작업시에는 필요한 범위내에서 서비스를 제공하지 아니할 수 있다

4. 신청에 관한 특칙

① 인터넷에 의한 등기기록의 열람 및 등기사항증명서 발급과 법인 등기사항증명서 다량발급예약 및 인감증명서 발급예약의 경우에는 신청서의 제출을 요하지 아니한다.

② 인터넷에 의한 등기기록의 열람 및 등기사항증명서 발급의 신청과 법인 등기사항증명서 다량발급예약 신청은 신청인이 인터넷 열람 및 등기사항증명서 발급등의 서비스 화면의 안내에 따라 신청인의 인적사항과 법원행정처장이 지정하는 카드사의 신용카드의 번호, 지정 금융기관의 예금계좌의 번호, 지정 전자화폐 발행업체의 전자화폐의 번호와 열람 및 등기사항증명서 발급 또는 예약하고자 하는 등기기록, 등기사항 전부 또는 일부증명서의 구분 등 필요한 사항을 입력하는 방식에 의한다.

③ 인터넷에 의한 등기사항증명서 발급의 경우에는 위 ②이외에 발급받고자 하는 등기사항증명서의 통수를 입력하여야 한다.

④ 법인 등기사항증명서 다량발급예약의 경우에는 위 ②이외에 발급을 받고자 하는 등기사항증명서의 통수와 발급·교부받을 등기소(이하 '발급 등기소'라 한다) 및 수령 예정일 등을 입력하여야 하며, 수령인을 따로 지정하는 경우에는 수령인의 성명, 주민등록번호를 입력하여야 한다.

⑤ 신용카드의 결제, 예금계좌의 이체, 전자화폐의 결제 등으로 수수료의 결제가 끝난 경우에는 그 열람 및 등기사항증명서 발급 신청 또는 법인 등기사항증명서 다량발급예약, 인감증명서 발급예약 신청은 수수료를 결제한 당일에 한하여 전부에 대해서만 철회할 수 있다. 다만, 예약에 따라 등기소에서 인감증명서 작성이 완료된 후에는 당일에도 철회할 수 없다.

5. 수수료액 등

(1) 수수료의 액수

등기기록 등의 열람 또는 등기사항증명서의 교부 청구를 하는 자는 수수료를 납부하여야 한다(상업등기법 제10조 제1항). 이 때 수수료 금액은 '등기사항증명서 등 수수료규칙(2012.11.30, 일부개정, 2012.12.1시행)'에서 정하고 있다.

1) 등기사항증명서의 교부 수수료

① 등기사항증명서의 교부수수료는 1통에 대하여 20장까지는 1,200원으로 하고, 1통이 20장을 초과하는 때에는 초과 1장마다 50원의 수수료를 납부하여야 한다. 다만, 수수료 중 100원 미만의 단수가 있을 때에는 그 단수는 계산하지 아니한다.

② 무인발급기나 인터넷에 의한 등기사항증명서의 교부수수료는 1통에 대하여 1,000원으로 한다.

2) 등기기록이나 신청서 기타 부속서류의 열람에 대한 수수료

① 등기기록이나 신청서 기타 부속서류의 열람에 대한 수수료는 1등기기록 또는 1사건에 관한 서류에 대하여 1,200원으로 하되, 열람 후 등기사항을 출력한 서면 또는 신청서 기타 부속서류의 복사물을 교부하는 경우에 20장을 초과하는 때에는 초과 1장마다 50원의 수수료를 납부하여야 한다. 다만, 수수료 중 100원 미만의 단수가 있을 때에는 그 단수는 계산하지 아니한다.

② 인터넷을 통한 등기기록의 열람에 대한 수수료는 1등기기록에 관하여 700원으로 한다.

(2) 수수료의 결제방법

수수료는 현금으로 납부하여야 하며, 등기관은 등기사항증명서 또는 제증명서 인증문 여백 또는 열람신청서 여백에 소정수수료의 영수필증을 첨부하여 소인하거나 기기에 의하여 그 영수필의 취지를 표시하여야 한다. 다만, 무인발급기에 의한 등기사항증명서의 교부수수료는 현금 또는 고주파송수신칩이 내장된 매체에 의한 결제방식으로 납부할 수 있고, 인터넷을 이용하여 등기기록을 열람하거나 인감증명서 발급을 예약하는 경우에는 그 수수료를 신용카드, 금융기관계좌이체, 전자화폐 등의 결제방식으로 납부하여야 한다.

(3) 법인 등기사항증명서 다량발급예약시의 특칙

법인 등기사항증명서 다량발급예약의 경우에는 예약 신청시에 수수료를 납부하여야 한다.

제 2 장　　등기절차 총론

Ⅰ. 등기신청절차

▣ 핵 심 사 항 ▣

1. 등기신청의 기본원칙
 (1) 신청주의 : 등기의 신청을 등기절차 개시의 원칙으로 하고 있는 주의.
 (2) 당사자출석주의 : 원칙적으로 신청인 또는 그 대리인이 출석하여야 한다. 다만, 대리인이 변호사 또는 법무사인 경우에는 대법원규칙으로 정하는 사무원이 출석하여 신청할 수 있다.
 (3) 서면주의 : 등기신청은 서면 또는 대법원규칙으로 정하는 바에 따라 전자문서로 할 수 있다.
 (4) 강제주의 : 회사에 관한 등기는 강제되어 있다.
2. 신청인 : 상업등기는 등기를 신청할 의무가 있거나 정당한 자격이 부여된 등기신청적격자가 한다. 또한 등기신청은 대리인에 의하여도 할 수 있다.
3. 등기청구권 : 부동산등기의 경우 등기의무자가 협력하지 않는다면 등기권리자는 단독으로 등기를 신청할 수 없으므로 등기의무자에 대하여 등기신청에 협력할 것을 요구하는 권리를 의미한다. 상업등기는 이와 달리 신청의무자가 법정되어 있고 또 그의 단독 신청에 의함을 원칙으로 하는 것이나, 등기신청의무자로 하여금 등기신청을 할 것을 청구할 수 있는 권리가 인정되어야 할 경우도 존재한다.

1. 등기신청의 기본원칙

(1) 신청주의

1) 의 의

　　신청주의는 등기의 신청을 등기절차 개시의 원칙으로 하고 있는 주의를 말한다.

상업등기는 법령에 다른 규정이 있는 경우를 제외하고는 당사자의 신청 또는 관공서의 촉탁이 없으면 하지 못한다(상업등기법 제17조 1항). 당사자의 신청에 의하는 경우(상법 제34조, 제40조) 외에 법원 기타 관공서의 촉탁에 의하는 경우도 있으나, 이 경우는 신청에 의한 등기에 관한 규정이 준용(상업등기법 제17조 3항)되고, 당사자의 신청에 갈음하는 기능을 하고 있어 신청의 한 모습이라 할 수 있다. 이와 같이 상업등기는 신청주의를 원칙으로 하고 법령에 다른 규정이 있는 경우에 등기관이 직권으로 등기하는 경우와 등기관의 처분에 대한 이의에 관한 법원의 결정에 의해 등기하는 경우를 예외적으로 인정한다.

2) 법원 기타 관공서의 촉탁에 의한 등기

가. 법원의 촉탁에 의하여 등기하는 경우

① 회사의 해산을 명한 재판이 확정된 때(비송 제93조)

② 회사설립을 무효로 하는 재판이 확정된 때(비송 제98조)

③ 회사의 합병을 무효로 하는 재판이 확정된 때(비송 제99조)

④ 회사의 청산인의 해임의 재판이 있는 때(비송 제107조 제1호)

⑤ 합명회사·합자회사 또는 유한회사의 설립을 취소하는 판결이 확정된 때(비송 제107조 제2호)

⑥ 합명회사 또는 합자회사의 사원의 제명 또는 그 업무집행권한이나 대표권상실의 판결이 확정된 때(비송 제107조 제3호)

⑦ 주식회사의 이사·감사·대표이사 또는 청산인이나 유한회사의 이사·감사 또는 청산인의 직무를 일시 행할 자를 선임한 때(비송 제107조 제4호)

⑧ 주식회사의 이사 또는 감사나 유한회사의 이사의 해임의 판결이 확정된 때(비송 제107조 제6호)

⑨ 주식회사의 창립총회 또는 주주총회나 유한회사의 사원총회가 결의한 사항의 등기가 된 경우에 결의취소·결의무효확인·결의불존재확인 또는 부당결의의 취소나 변경의 판결이 확정된 때(비송 제107조 제7호)

⑩ 주식회사의 신주발행 또는 자본감소의 무효의 판결이 확정된 때(비송 제107조 제8호)

⑪ 주식회사의 주식의 교환 또는 이전의 무효판결이 확정된 때(비송 제107조 제9호)

⑫ 유한회사의 자본증가 또는 자본감소의 무효의 판결이 확정된 때(비송 제107조 제10호)

나. 법원사무관등의 촉탁에 의하여 등기하는 경우

① '채무자 회생 및 파산에 관한 법률'에 의한 등기

법인인 채무자에 대하여 다음의 어느 하나에 해당하는 사유가 있는 경우에는 법원사무관 등은 직권으로 등기를 촉탁하여야 한다(동법 제23조 1항)

㉠ 회생절차개시 또는 파산선고의 결정이 있는 경우

㉡ 회생절차개시결정취소, 회생절차폐지 또는 회생계획불인가의 결정이 확정된 경우

㉢ 회생계획인가 또는 회생절차종결의 결정이 있는 경우

㉣ 「채무자 회생 및 파산에 관한 법률」 제266조의 규정에 의한 신주발행, 제268조의 규정에 의한 사채발행, 제269조의 규정에 의한 주식의 포괄적 교환, 제270조의 규정에 의한 주식의 포괄적 이전, 제271조의 규정에 의한 합병, 제272조의 규정에 의한 분할 또는 분할합병이나 제273조 및 제274조의 규정에 의한 신회사의 설립이 있는 경우

㉤ 파산취소·파산폐지 또는 파산종결의 결정이 있는 경우

㉥ 「채무자 회생 및 파산에 관한 법률」 제43조의 보전관리인등기, 제74조의 관리인등기, 제76조의 관리인대리의 등기, 제355조의 파산관재인등기, 제362조의 파산관재인대리의 등기, 제636조의 국제도산관리인등기, 제637조의 국제도산관리인대리의 등기

② 법인의 대표자 그 밖의 임원으로 등기된 사람에 대하여 직무의 집행을 정지하거나 그 직무를 대행할 사람을 선임하는 가처분을 하거나 그 가처분을 변경·취소한 때(민사집행법 제306조)

3) 등기관이 직권으로 등기하는 경우

① 등기의 직권말소(상업등기법 제119조)

② 직권경정등기(동법 제115조)

③ 휴면회사의 해산등기·청산 종결 등기(상업등기법 제100조, 상법 제520조

2항)

④ 미성년자가 성년이 됨으로 인한 무능력자 소멸의 등기(상업등기법 제48조)

⑤ 상호가등기의 직권말소(상업등기법 제44조)

4) 법원의 명령에 의하여 등기하는 경우

등기관의 처분에 대한 이의가 이유있다고 인정한 때에 관할법원이 등기관에게 상당한 처분을 명하는 결정을 하였을 경우에 하는 등기를 말한다(상업등기법 제126조, 제128조).

(2) 당사자출석주의

1) 원 칙

가. 신청인 또는 그 대리인의 출석

등기의 신청은 신청인 또는 그 대리인이 등기소에 출석하여 이를 하여야 한다. 다만, 대리인이 변호사 또는 법무사(법무법인·법무법인(유한)·법무조합 또는 법무사 합동법인을 포함한다)인 경우에는 대법원규칙으로 정하는 사무원을 등기소에 출석하게 하여 이를 신청할 수 있다(상업등기법 제18조 1항).

나. 법무사 등의 사무원의 출석(상업등기규칙 제53조)

① 법 제18조 제1항 단서에 따라 등기소에 출석하여 등기신청서를 제출할 수 있는 자격자대리인의 사무원은 자격자대리인의 사무소 소재지를 관할하는 지방법원장이 허가하는 1인으로 한다. 다만, 법무법인·법무법인(유한)·법무조합 또는 법무사합동법인의 경우에는 그 구성원 및 구성원이 아닌 변호사 또는 법무사 수만큼의 사무원을 허가할 수 있다.

② 자격자대리인이 ①의 허가를 받고자 할 때에는 지방법원장에게 허가신청서를 제출하여야 한다.

③ 지방법원장이 ①의 허가를 한 때에는 당해 자격자대리인에게 등기소 출입증을 교부하여야 한다.

④ ①의 사무원이 그 업무를 함에 있어 위법행위를 한 경우 등 상당하다고 인정되는 때에는 지방법원장은 그 허가를 취소할 수 있다.

2) 예 외

관공서가 등기를 촉탁하는 경우와 전자문서에 의한 등기 및 회사의 본점과 지점소재지에서 등기할 사항에 관하여 지점소재지에서 등기를 신청하는 경우에는 출석의무가 면제된다(상업등기법 제18조 3항). 이는 본점에서 등기를 할 때에 이미 그 진정이 확보되었기 때문이다. 다만, 본점에는 등기할 필요없이 당해 지점에서만 등기를 하여야 하는 등기(예 : 지배인등기)를 신청하는 경우에는 그러하지 아니하다.

【쟁점질의와 유권해석】

<본점 소재지에서 지점설치등기를 한 후 지점 소재지에서 지점설치등기를 신청할 경우 당사자가 출석하여야 하는지 여부>

주식회사의 이사회가 지점설치 결의를 하고 본점 소재지에서 지점설치등기를 한 후 그 지점 소재지에서 지점설치등기를 신청하는 경우에는 상업등기법 제18조 3항에 따라 당사자 또는 그 대리인이 등기소에 출석하지 않아도 무방하다.

(3) 서면주의

등기신청은 서면 또는 대법원규칙으로 정하는 바에 따라 전산정보처리조직을 이용한 전자문서로 할 수 있다. 이 경우 전자문서로 등기를 신청하는 당사자 또는 그 대리인은 대법원규칙으로 정하는 바에 따라 미리 사용자등록을 하여야 한다(상업등기법 제18조 2항). 관공서가 등기를 촉탁하는 경우에도 같다(상업등기법 제17조 3항). 따라서 구술이나 전화, 전보 등에 의한 등기신청은 전혀 인정되지 않는다.

1) 전자표준양식(e-Form)에 의한 등기신청(상업등기규칙 제57조)

서면으로 등기를 신청하는 경우에는 대법원 인터넷등기소에서 제공하는 전자표준양식을 이용하여 전산정보처리조직에 신청정보를 입력·저장한 다음, 저장된 신청정보를 출력하여 그 출력물로써 할 수 있다.

이러한 전자표준양식에 의한 신청은 신청인이 직접 등기소에 출석하여야 하는 점에 있어서는 서면신청과 동일하지만 신청서 접수시에 e-Form번호를 입력하면 신청서 작성시에 전산정보처리조직에 입력한 정보를 이용하여 자동으로 접수가 될 뿐만 아니라 별도의 조처 없이 신청서 작성시에 입력한 정보가 등기전산정보처리조직에 자동으로 기입되는 점에서는 전자신청과 유사하다[10].

---

10) 상업등기실무(법원공무원교육원,2012), 53면

2) 전자신청(2008. 4. 1.부터 시행)

가. 전자신청의 방법(상업등기규칙 제61조)

상업등기법 제18조 제2항의 전산정보처리조직을 이용한 등기신청을 전자신청이라 한다.

① 신청권자 : 당사자가 직접하거나 자격자대리인이 당사자를 대리하여 할 수 있다(제1항).

② 신청방식

ⅰ) 전자신청을 하는 당사자 또는 자격자대리인은 상업등기법 제19조 또는 그 밖의 법령에 따라 등기신청서에 기재하여야 할 정보(이하 "신청정보"라 한다)를 전자문서로 송신하여야 한다(제2항).

ⅱ) 전자증명서·공인인증서 등의 송신 : 신청정보를 송신할 때에는 상업등기규칙 제48조의 전자증명서를 함께 송신하여야 한다. 다만, 등기기록에 등기되어 있지 않은 등기신청권자가 신청하는 경우에는 「전자서명법」 제15조의 공인인증서(이하 "공인인증서"라 한다)와 사용자등록번호를, 관공서가 촉탁하는 경우에는 대법원예규로 정하는 전자인증서를, 법인이 아닌 자격자대리인이 신청하는 경우에는 공인인증서와 사용자등록번호를 송신하여야 한다(제3항).

ⅲ) 송신할 사용자등록번호 : 위 ⅱ)의 경우 송신할 사용자등록번호는 상업등기법 제18조 제2항과 상업등기규칙에 의하여 발급받은 것뿐만 아니라 부동산등기규칙 제68조에 따라 발급받은 것도 관계없다(제4항).

ⅳ) 전자증명서를 발급받아 송신하거나 관공서가 전자인증서를 송신한 경우 또는 부동산등기규칙 제68조에 의하여 사용자등록을 한 경우 상업등기법 제18조 제2항의 사용자등록을 한 것으로 본다(제5항).

나. 전자신청의 경우 첨부정보의 제출방법(상업등기규칙 제62조)

① 전자신청을 하는 경우 법령에 의하여 등기신청서에 첨부하여야 하는 서면에 해당하는 정보(이하 "첨부정보"라 한다)는 전자문서로 송신하여야 한다. 다만, 대법원예규로 정하는 바에 따라 첨부서면을 스캐닝하여 전자적 이미지 정보로 송신하거나 그 밖의 방법으로 제출할 수 있다(상업등기규칙 제62조 1항).

② 첨부정보를 전자문서로 송신할 때에는 작성명의인의 공인인증서를 함께 송신하여야 한다. 다만, 작성명의인이 법인인 경우에는 그 법인대표자의 전자증명서를, 관공서인 경우에는 대법원예규로 정하는 전자인증서를 송신하여야 한다(동규칙 제62조 2항).

③ 자격자대리인이 그 권한을 증명하는 정보를 송신할 때에는 위임인의 전자증명서를 송신하여야 한다. 다만, 설립등기·대표자변경등기 등에 의하여 비로소 등기기록에 등기신청권자로 기록되는 사람의 위임에 의하여 그 설립등기 또는 대표자 변경등기 등을 신청하는 경우에는 그 위임하는 사람의 공인인증서를 송신하여야 한다(동규칙 제62조 3항).

3) 사용자등록

가. 사용자등록의 신청(상업등기규칙 제63조)

① 상업등기법 제18조 제2항 후단에서 규정하는 사용자등록을 신청하는 당사자 또는 자격자대리인은 등기소에 출석하여 다음 각 호의 사항을 기재한 신청서를 제출하여야 한다.

　　㉠ 성명, 주민등록번호, 주소, 전화번호, 전자우편주소

　　㉡ 자격자대리인인 경우에는 그 자격을 증명하는 정보와 사무소의 소재지

② 사용자등록신청서에는 「인감증명법」에 의하여 신고한 인감을 날인하고 그 인감증명서를 첨부하여야 한다.

③ 사용자등록신청서에 ① ㉡의 정보를 기재한 경우에는 그 자격을 증명하는 서면의 사본을 첨부하여야 한다.

나. 사용자등록의 유효기간(상업등기규칙 제64조)

① 사용자등록의 유효기간은 3년으로 한다.

② ①의 유효기간이 경과한 경우에는 상업등기규칙 제63조에 따라 사용자등록을 다시 하여야 한다.

③ 사용자등록의 유효기간 만료일 3개월 전부터 만료일까지 그 유효기간의 연장을 신청할 수 있다. 이 경우 연장기간은 3년으로 한다.

④ ③의 유효기간 연장은 전자문서로 신청할 수 있다.

다. 사용자등록의 효력정지 등(상업등기규칙 제65조)

① 상업등기규칙 제63조에 따라 사용자등록을 한자는 사용자등록의 효력정지, 효력회복 또는 해지를 신청할 수 있다.

② 사용자등록의 효력정지 및 해지의 신청은 전자문서로 할 수 있다.

③ 등기소를 방문하여 사용자등록의 효력정지, 효력회복 또는 해지를 신청한 경우에는 신청서에 기명날인 또는 서명을 하여야 한다.

라. 사용자등록정보 변경 및 재등록(상업등기규칙 제66조)

① 사용자등록 후 사용자등록정보가 변경된 경우에는 대법원예규로 정하는 바에 따라 그 변경된 사항을 등록하여야 한다.

② 사용자등록번호를 분실한 때에는 상업등기규칙 제63조에 따라 사용자등록을 다시 하여야 한다.

(4) 강제주의

상업등기, 특히 회사에 관한 등기는 강제되어 있다. 개인상인에 관한 등기는 강제되어 있지 않지만 일단 등기가 된 이후에는 그 변경 등에 따른 등기는 이를 강제하고 있다(상법 제40조). 회사의 등기신청의무자가 상법에 정한 등기를 해태한 때에는 500만원 이하의 과태료에 처하게 된다(상법 제635조 1항).

(5) 등기의 동시신청

1) 요 건

동일한 등기기록에 대한 여러 개의 등기신청은 일괄하여 하나의 신청서로 할 수 있다. 다만, 다른 등기소 관할구역으로 본점을 이전하는 등기를 신청하는 경우에는 그러하지 아니하다(상업등기규칙 제54조 1항).

2) 서류첨부방법

동일한 등기소에 동시에 여러 개의 등기신청서를 제출하는 경우에 각 신청서에 첨부하여야 할 서류 중 내용이 동일한 것이 있을 때에는 하나의 신청서에만 첨부하면 된다. 이 경우 다른 신청서에는 그 뜻을 기재하여야 한다. 그러나 전자신청의 경우에는 그러하지 아니하다(동규칙 제54조 2항·3항).

3) 등록세와 등기신청수수료

수개의 등기사항을 일괄하여 하나의 등기신청서로써 하는 경우에는 각 등기의 목적에 따른 소정의 신청수수료를 합산한 금액을 등기신청수수료로 납부하여야 한다(등기신청수수료 징수에 관한 예규 3. 다.). 예컨대 회사의 상호·본점·목적·공고방법 등의 변경등기를 일괄하여 하나의 등기신청서로써 하는 경우에는 각각의 등기신청수수료를 합산한 금액을 납부하여야 한다.

(6) 신청서의 간인(상업등기규칙 제55조)

신청서가 여러 장인 때에는 신청인 또는 그 대표자나 대리인은 간인을 하여야 한다. 이 경우 신청인 또는 그 대표자나 대리인이 2인 이상인 때에는 그 중 1인이 간인을 하면 된다.

2. 신청인

(1) 신청인

상업등기는 등기를 신청할 의무가 있거나 정당한 자격이 부여된 등기신청 적격자가 한다. 보통 상인자신이 신청인이 되지만 무능력자등기에 있어서 영업 허락의 취소로 인한 소멸의 등기 등을 법정대리인이 신청하는 경우 등과 같이 예외적인 경우도 있다(상업등기법 제48조 2항). 회사의 등기는 그 대표자가 이를 신청한다(동법 제17조 2항). 외국회사의 등기는 대한민국에서의 대표자가 외국회사를 대표하여 이를 신청한다(상업등기법 제111조).

【쟁점질의와 유권해석】

<등기신청 적격이 있는지 여부가 문제되는 경우>

ㄱ) 정관에서 정한 직무대행자

정관에서 정한 대표이사 직무대행자는 상법상 등기사항이 아닐 뿐만 아니라[11] 인도 제출할 수 없으므로(상업등기법 제24조)[12], 등기사항이 아니고 등기신청인으로서의 적격도 없다.

ㄴ) 일시이사

일시이사는 본래의 이사와 그 권한이 같으므로(상법 제386조), 일시대표이사는 등기신청인이 될 수 있다.

ㄷ) 가처분에 의한 대표이사의 직무대행자

---

11) 2003.12.1.공탁법인3402-288질의회답 참조
12) 등기예규 제1311호 2.가. 참조

법원의 가처분결정에 의해 선임된 회사의 대표자의 직무대행자도 등기를 신청할 수 있다(상업등기법 제11조 제1항)[13]. 다만, 가처분에 의한 대표자의 직무대행자는 가처분명령에 다른 정함이 있거나 법원의 허가를 얻은 경우 외에는 회사의 상무에 속하지 않는 행위를 하지 못한다(상법 제200조의2, 제269조, 제408조 1항, 제567조). 따라서 원칙적으로 회사의 상무에 속하는 사항을 등기할 필요가 있는 경우에만 등기를 신청할 수 있다.

(2) 대리인에 의한 신청

등기신청은 대리인에 의하여 할 수 있다(상업등기법 제18조 1항).

1) 대리인의 자격

대리인의 자격에 관하여는 특별한 제한규정이 없다. 민법 제117조는 대리인은 행위능력자임을 요하지 아니한다고 규정하고 있다. 대리에서는 법률효과가 본인에게 귀속하기 때문에 무능력자제도의 취지에 어긋나지 않고, 또 본인이 적당하다고 인정하여 무능력자를 대리인으로 선정한 이상 그에 따른 불이익은 본인이 이를 감수하는 것이 타당하다는 이유에서이다. 그러나 대리인은 적어도 의사능력은 가지고 있어야 한다.

또 대리인은 반드시 변호사 또는 법무사일 필요도 없다. 회사의 다른 직원이든 제3자이든 상관이 없다. 다만, 법무사 또는 변호사가 아니면 등기신청의 대리를 대가를 받고 업으로 할 수는 없다(법무사법 제3조, 등기예규 제637호).

2) 대리자격을 증명하는 서면의 첨부

대리인에 의하여 등기신청을 하는 경우에는 신청서에 그 권한을 증명하는 서면을 첨부하여야 한다(상업등기법 제21조).

여기서 그 권한을 증명하는 서면으로서의 위임장에는 지점 소재지에서 하는 목적변경등기 등의 일정한 경우를 제외하고는 원칙적으로 관할등기소에 제출한 법인인감을 날인하여야 한다.

3. 등기청구권

(1) 등기청구권의 의의

---

13) 등기예규 제1311호 2.가. 참조

부동산등기는 등기권자와 등기의무자의 공동신청에 의하여 행하여 지는 것이 원칙이다(부동산등기법 제27조). 그러나 만일 등기의무자가 협력하지 않는다면 등기권리자는 단독으로 등기를 신청할 수 없으므로 등기제도의 원활한 운영을 위해서는 등기권리자가 등기의무자에 대하여 등기신청에 협력할 것을 요구하는 권리, 즉 등기청구권을 인정하는 것이 필요하다.

등기청구권은 등기신청권과 구별해야 한다. 등기신청권은 등기관이라는 국가기관에 대하여 국민이 등기를 신청하는 권리이며, 그것은 일종의 공권이다. 이에 대하여 등기청구권은 사인이 다른 사인에 대하여 등기의 신청에 필요한 협력을 요구하는 사법상의 권리이다.

(2) 상업등기에서의 등기청구권

상업등기는 부동산등기와 달리 신청의무자가 법정되어 있고 또 그의 단독신청에 의함을 원칙으로 하는 것이나, 퇴임한 사원 또는 이사가 그 퇴임등기가 되지 아니함으로 인하여 제3자로부터 문책 등 불이익을 받거나 그 퇴임등기로 인해서 직접 이익을 받을 수 있는 경우가 있으므로, 이 때에는 그들에게 등기신청의무자로 하여금 등기신청을 할 것을 청구할 수 있는 권리가 인정되어야 할 것이다. 따라서 등기신청의무자가 등기를 신청하지 아니할 경우에는 그 등기에 의하여 이익을 받을 자는 등기신청의무자에 대하여 등기할 것을 소구하여 그 판결을 받아 스스로 등기신청의무자를 대위하여 등기신청을 할 수 있다 할 것이다.

4. 등기신청서

(1) 기재사항

등기를 신청하기 위한 서면(전자문서 포함)에는 다음의 사항을 기록하고, 신청인 또는 그 대표자나 대리인이 기명날인(전자문서에 의한 신청시 전자서명 포함)하여야 한다. 다만, 경미한 사항의 등기에 대하여는 대법원규칙으로 다르게 정할 수 있다(상업등기법 제19조).

① 신청인의 성명과 주소(회사가 신청인인 때에는 그 상호 및 본점과 대표자의 성명 및 주소)

② 대리인에 의하여 신청할 때에는 그 성명 및 주소

③ 등기의 목적 및 사유

④ 등기할 사항

⑤ 법원 또는 행정기관 등의 허가가 필요한 사항의 등기를 신청하는 경우에는 허가서의 도달연월일

⑥ 등록에 대한 등록면허세액과 「지방세법」 제28조 제1항 제6호 가목부터 다목까지의 규정에 따른 등기의 경우에는 그 과세표준액

⑦ 등기신청수수료액

⑧ 신청연월일

⑨ 등기소의 표시

⑩ 상법 제514조의2 또는 제516조의7 규정에 의하여 외국에서 발생한 사항 등기에 있어서는 그 통지서 도달 연월일(상업등기규칙 제96조)

⑪ 이사·대표이사·감사 또는 감사위원회 위원의 취임연월일

본점을 다른 등기소의 관할구역으로 이전한 경우에 신소재지에서 하는 등기의 신청서에는 이사·대표이사·감사 또는 감사위원회 위원의 취임 연월일을 기재하여야 하고, 등기관은 이를 등기하여야 한다(상업등기규칙 제97조).

⑫ 등기신청과 관련하여 다른 법률에 의하여 부과된 의무사항(상업등기규칙 제56조)

⑬ 첨부서면의 표시(직접적인 규정은 없으나 일반적 기재사항임)

(2) 기재방식

1) 사용할 문자 등(상업등기규칙 제2조)

① 등기를 하거나 신청서, 그 밖의 등기에 관한 서면(전자서명법 제2조의 전자문서 포함)을 작성할 때에는 한글과 아라비아 숫자를 사용하여야 한다.

② 상호와 외국인 성명은 대법원예규로 정하는 바에 따라 한글 또는 한글과 아라비아숫자로 기록한 다음 괄호 안에 로마자, 한자, 아라비아숫자 그리고 부호를 병기할 수 있다. 이에 대하여 상업등기의 상호 및 외국인의 성명 등기에 관한 예규(등기예규 제1455호)에서 규정하고 있다. 또한 외국

인의 성명을 기재할 때에는 국적을 함께 기재한다(예컨대, 미합중국인 헨리키신저)[14].

③ 신청서의 첨부서면이 외국어로 작성된 경우에는 번역문을 첨부하여야 한다.

2) 부동산 소재지 및 등기명의인 등의 주소 표시

부동산 소재지 표시와 등기명의인, 법인의 본점, 지점 및 임원의 주소 표시는 행정구역 명칭 그대로 전부 기재하여야 하며, "서울특별시", "부산광역시" 등을 "서울", "부산" 등으로, "경기도", "충청남도" 등을 "경기", "충남" 등으로 약기하여서는 아니된다. 다만 지번의 경우에는 "번지"라는 문자를 사용함이 없이 108, 또는 108-1과 같이 기재한다[15].

3) 금액의 표시

금액의 표시는 아라비아숫자로 하되, 그 표시를 내국화폐로 하는 경우에는 "금10,000,000원"과 같이 기재하고, 외국화폐로 하는 경우에는 "미화 금10,000,000달러", "일화 금10,000,000엔", "홍콩화 금10,000,000달러"와 같이 그 외국화폐를 통칭하는 명칭을 함께 기재한다[16].

(3) 기명날인 또는 전자서명

1) 방 식

신청서에는 신청인 또는 그 대표자나 대리인이 기명날인하여야 한다. 전자정보처리조직을 이용한 전자문서로 신청하는 경우에는 기명날인에 갈음하여 전자서명을 할 수 있다(상업등기법 제18조·제19조).

신청서가 여러 장일 때에는 신청인 또는 그 대표자나 대리인은 간인하여야 한다. 이 경우 신청인 또는 그 대표자나 대리인이 2인 이상인 때에는 그 중의 1인이 간인하면 된다. 전자신청의 경우에는 간인하지 않아도 된다(상업등기규칙 제55조, 예규 제1091호 제3조).

2) 신청서 등에 날인하는 인감의 요건

신청서 또는 등기신청의 위임장에 날인하는 신청인(회사의 임원 또는 사원으로서 대표권이 없는 자 제외)의 인감은 등기소에 미리 제출한 인감이어야

---

14) 등기부의 기재문자에 대한 사무처리지침 등기예규 제1187호
15) 등기부의 기재문자에 대한 사무처리지침 등기예규 제1187호
16) 등기부의 기재문자에 대한 사무처리지침 등기예규 제1187호

한다(상업등기법 제24조).

3) 기명날인할 수 없는 사람이 있는 경우

2인 이상이 공동으로 신청하여야 할 경우에 정당한 사유로 인하여 신청서에 기명날인할 수 없는 자가 있는 때에는 그 밖의 자의 기명날인만으로 등기를 신청할 수 있고(상업등기법 제20조 1항), 이 경우에는 신청서에 그 사유를 증명하는 서면을 첨부하여야 한다(상업등기법 제20조 2항)[17]. 기명날인할 수 없는 사유의 증명은 사인의 증명이라 하더라도 무방하다.

5. 첨부서류

(1) 첨부서면에 관한 통칙

1) 첨부서면 등의 제출 면제

「전자정부법」 제2조 제2호의 행정기관이 작성 또는 관리하는 행정정보를 등기관이 그 행정기관으로부터 직접 수신할 수 있는 경우에는 첨부서면의 제출을 면제할 수 있다(상업등기규칙 제58조).

2) 신청서에 첨부하여야 할 정관 등의 요건

가. 정관·의사록

등기신청서에 첨부하여야 할 정관(주식회사·유한회사의 원시정관에 한한다) 및 의사록은 공증인법 제62조·제63조·제66조의2의 규정에 따라 공증인의 인증을 받은 것을 첨부하여야 한다. 다만, 자본금 총액이 10억원 미만의 주식회사를 발기설립하는 경우에 정관 및 의사록, 자본의 총액이 10억원 미만의 유한회사를 설립하는 경우에 정관은 그러하지 아니한다(등기예규 제1446호). 정관의 공증관할은 제한이 있고, 의사록공증은 관할의 제한이 없다.

나. 인감증명

등기신청서 또는 상업등기규칙 제63조 1항의 사용자등록신청서에 첨부하는 인감증명서는 발행일로부터 3개월 이내의 것이어야 한다(상업등기규칙 제59조 2항).

---

17) 2011.12.28. 정부가 국회에 제출한 상업등기법 일부개정법률안에는 이 규정이 삭제되었다. 그러나 2012년 5월 29일 제18대 국회가 임기만료가 됨으로써 동 개정안은 처리되지 못하고 폐기되었다.

3) 합명회사 · 합자회사

가. 정 관

　　정관에 규정이 없으면 효력이 없는 사항의 등기를 신청하는 경우에는 신청서에 정관을 첨부하여야 한다(상업등기법 제56조 1항, 제77조 : 2007. 8. 3. 제정).

나. 총사원등의 동의가 있음을 증명하는 서면

　　등기할 사항에 관하여 총사원 또는 어느 사원이나 청산인의 동의를 필요로 하는 경우에는 신청서에 그 동의가 있음을 증명하는 서면을 첨부하여야 한다(상업등기법 제56조 2항, 제77조).

4) 주식회사

가. 정관·법원의 허가서 또는 총주주의 동의서

　　정관의 규정 · 법원의 허가 또는 총주주의 동의가 없으면 효력이 없거나 취소할 수 있는 사항의 등기에 관하여는 신청서에 정관 · 법원의 허가서 또는 총주주의 동의서를 첨부하여야 한다(상업등기법 제79조 1항 : 2007. 8. 3. 제정).

나. 주주총회·이사회 등의 의사록

　　등기할 사항에 관하여 주주총회 · 이사회 또는 청산인의 결의를 필요로 하는 경우에는 신청서에 그 의사록을 첨부하여야 한다(상업등기법 제79조 2항).

5) 유한회사

가. 정관 · 법원의 허가서 또는 총사원의 동의서

　　정관의 규정 · 법원의 허가 또는 총사원의 동의가 없으면 효력이 없거나 취소할 수 있는 사항의 등기에 관하여는 신청서에 정관 · 법원의 허가서 또는 총사원의 동의서를 첨부하여야 한다(상업등기법 제103조 1항 : 2007. 8. 3. 제정).

나. 사원총회의 의사록 또는 이사나 청산인의 동의가 있음을 증명하는 서면

　　등기할 사항에 관하여 사원총회의 결의 또는 어느 이사나 청산인의 동의를 필요로 하는 등기신청에 있어서는 사원총회의 의사록 또는 그 이사나 청산인의 동의가 있음을 증명하는 서면을 첨부하여야 한다(상업등기법 제103조 2항 : 2007. 8. 3. 제정).

(2) 대리권한을 증명하는 서면

대리인에 의하여 등기를 신청하는 때에는 신청서에 그 권한을 증명하는 서면을 첨부하여야 한다(상업등기법 제21조 : 2007. 8. 3. 제정).

법정대리인의 경우에는 가족관계증명서, 임의대리인의 경우에는 위임장이 대리인의 권한을 증명하는 서면에 해당한다.

위임장에는 그 권한의 범위를 명백하고 구체적으로 기재하여야 한다. 즉 '○○주식회사의 상호변경, 이사취임과 후임자 선임의 등기신청에 관한 권한'과 같이 구체적으로 기재하여야 하고, '20○○년 ○월 ○일 주주총회의 결의에 의하여 발생한 일체의 등기사항의 등기신청에 관한 권한'과 같이 포괄적으로 기재하여서는 안된다. 그리고 원본환부와 취하가 필요한 경우에는 이에 관한 특별수권사항도 기재하여야 한다.

(3) 관청의 허가서

관청의 허가 또는 인가를 필요로 하는 사항의 등기를 신청할 때에는 신청서에 관청의 허가서 또는 그 인증이 있는 등본을 첨부하여야 한다(상업등기법 제22조 : 2007. 8. 3. 제정).

관청의 허가를 필요로 하는 사항에는 관청의 등록을 요하는 사항도 포함되므로 이러한 사항의 등기를 신청하는 경우에는 주무관청의 등록증을 첨부하여야 한다(선례 I 862).

【쟁점질의와 유권해석】

<관청의 허가를 필요로 하는 사항의 등기신청시 언제나 관청의 허가서를 첨부하여야 하는지 여부>

신청서에 첨부할 관청의 허가서(인가서) 또는 그 인증있는 등본은 당해 허가(인가)가 등기할 사항의 효력요건인 경우(예컨대 설립등기에 있어서는 상사법인의 설립에 있어 관청의 허가 또는 인가가 있어야 한다는 법령상의 근거가 있거나 설립 중인 회사에 대한 허가 또는 인가의 신청절차가 있는 경우)에 한하고 그 밖의 경우에는 인가서 등의 첨부를 요하지 아니한다(예규 제544호).

(4) 주소 등을 증명하는 서면

성명 또는 주소의 변경에 관한 등기를 신청할 때에는 신청서에 변경을 증명하는 서면을 첨부하여야 한다(상업등기법 제23조 : 2007. 8. 3. 제정).

주소·주민등록번호·생년월일을 등기하여야 하는 경우에는 등기신청서에 이를 증명하는 서면을 첨부하여야 한다. 이 서면은 발행일로부터 3개월 이내의 것이어야 한다(상업등기규칙 제59조 1항·3항).

(5) 임원·사원의 주민등록번호를 증명하는 서면

회사 임원·사원에 대한 등기를 신청할 때에는 그 주민등록번호를 증명하는 서면을 첨부하여야 한다. 다만, 그 임원이 주민등록번호가 없는 재외국민 또는 외국인인 경우에는 생년월일을 증명하는 서면을 첨부한다(법인등의등기사항에관한특례법 시행규칙 제2조 2항).

(6) 원본인 첨부서류의 반환(상업등기규칙 제60조)

① 등기신청인은 신청서에 첨부한 원본인 서류의 반환을 청구할 수 있다. 다만, 전자문서로 제출한 경우에는 그러하지 아니하다.

② 원본의 반환을 청구할 때에는 등기신청서에 그 원본과 같다는 뜻을 기재한 사본을 첨부하여야 한다.

③ 등기관이 원본을 반환하는 때에는 그 사본에 원본을 반환하였다는 뜻을 기재하고 날인하여야 한다.

④ 대리인이 ①의 청구를 하는 때에는 신청서에 그 권한을 증명하는 서면을 첨부하여야 한다.

(7) 기명날인할 수 없는 자가 있는 경우

2인 이상이 공동으로 등기를 신청할 경우에 정당한 사유로 인하여 신청서에 기명날인할 수 없는 자가 있는 때에는 그밖의 자의 기명날인만으로 등기신청을 할 수 있다. 하지만 이때에는 신청서에 기명날인할 수 없는 사유를 증명하는 서면을 첨부해야 한다(상업등기법 제20조).

6. 인감의 제출

(1) 인감의 제출

1) 인감을 제출하여야 하는 자

가. 등기신청서에 기명날인할 사람

① 등기신청서에 기명날인할 사람은 미리 그 인감을 등기소에 제출하여야 한다. 인감을 변경한 때에도 또한 같다(상업등기법 제24조 1항 : 2007. 8. 3. 제정). 회사의 임원 또는 사원으로서 대표권이 없는 자는 제외된다.

② 미리 인감을 제출하여야 한다고 규정하고 있으나 시간적으로 등기신청에 앞서 제출하라는 뜻은 아니므로, 최초의 등기신청과 동시에 제출하면 된다. 등기신청인의 인감을 미리 제출하게 하는 것은 신청서(또는 위임장)에 날인한 인감이 신청인 본인의 인감인가를 확인하기 위한 것이다.

나. 대리인에 의한 등기신청시 그 위임을 한 사람

대리인에 의하여 등기를 신청하는 경우에 그 위임을 한 사람도 인감을 미리 제출하여야 한다(상업등기법 제24조 2항 : 2007. 8. 3. 제정).

다. 지배인, 법인인 채무자의 보전관리인, 관리인, 파산관재인 등

지배인, 채무자회생및파산에관한법률상의 법인인 채무자의 보전관리인, 관리인, 관리인대리, 파산절차의 파산관재인, 파산관재인대리, 국제도산절차의 국제도산관리인 또는 국제도산관리인대리는 인감제출의무는 없으나, 인감을 제출한 때에는 그 증명을 받을 수 있다.

그러나 비법인인 종중의 대표자는 그 명의로 인감을 등록할 수 없다.

2) 인감을 제출하지 않아도 되는 경우

가. 촉탁에 의한 등기 등

촉탁에 의한 등기와 회사의 지점 소재지에서 등기를 신청하는 경우에는 인감제출의무가 없다(상업등기법 제24조 3항 : 2007. 8. 3. 제정).

나. 상호의 가등기 신청

주식회사 또는 유한회사의 설립에 관계된 상호의 가등기 및 본점이전에 관계된 상호의 가등기에 관한 신청의 경우에는 등기소에 인감을 제출할 필요가 없다(상업등기법 제43조 4항).

3) 인감제출방식

① 인감 또는 개인감(改印鑑)의 제출은 인감제출자에 관한 사항을 기재하고

사용할 인감을 날인한 인감신고서 또는 개인(改印)신고서를 관할 등기소에 제출하는 방법으로 한다(상업등기규칙 제36조 1항).

② 인감신고서 또는 개인신고서는 인감을 제출하는 본인 또는 그 대리인이 등기소에 출석하여 제출하여야 한다. 다만, 대법원예규로 정하는 경우에는 인터넷을 이용하여 제출할 수 있다(동규칙 제36조 2항). 이에 대하여 인감의 제출·관리 및 인감증명서 발급에 관한 업무처리지침(등기예규 제1456호)에서 규정하고 있다.

③ 등기소에 출석하여 제출하는 인감신고서 또는 개인신고서에는「인감증명법」에 따라 신고한 인감을 날인하고 그 인감증명서(발행일로부터 3개월 이내의 것에 한함)를 첨부하거나 등기소에 제출한 유효한 종전 인감을 날인하여야 한다(동규칙 제36조 3항).

4) 인감증명에 갈음하는 보증서면의 경우

① 지배인이 제출하는 인감신고서 또는 改印신고서에는 상업등기규칙 제36조 3항의 방법 대신 영업주가 지배인의 인감임이 틀림없음을 보증하는 서면(그 서면에는 영업주가 등기소에 제출한 인감을 날인하여야 한다)을 첨부하여야 한다(동규칙 제36조 4항).

② 관리인대리, 파산관재인대리 또는 국제도산관리인대리가 인감발급을 위하여 인감신고서 또는 改印신고서를 제출하는 경우에는, 그 인감이 틀림없음을 보증하는 관리인, 파산관재인 또는 국제도산관리인의 서면을 첨부하여야 하고, 그 서면에는 관리인, 파산관재인 또는 국제도산관리인이 등기소에 제출한 인감을 날인하여야 한다(예규 제1126호 제7조 3항).

③ 등기신청서에 날인할 자가 외국인으로서 인감을 제출하는 경우에는 인감신고서의 서명이 본인의 것임을 확인하는 본국관공서나 본국공증인의 증명서를 첨부함으로써 인감증명법에 의한 인감증명의 첨부에 갈음할 수 있다(예규 제740호).

④ 인감제출자가 무능력자·법정대리인 또는 지배인인 때에는 그 성명을 인감표의 상호란에 기재하여야 한다.

5) 수인의 대표이사 등이 인감을 제출하는 경우

수인의 대표이사 또는 공동대표이사·지배인이 인감을 제출하는 경우에는 그 인영이 각자 달라야 하고 1개의 인감으로 공용할 수는 없다.

6) 인감의 계속사용

임원 또는 사원이 중임한 경우에는 중임전에 사용하던 인감을 중임후에도 계속 사용할 수 있다.

7) 인감의 크기

인감은 대조에 적당하고 가로·세로 2.4센티미터의 정사각형 안에 들어갈 수 있는 것이어야 하며, 가로·세로 1센티미터의 정사각형 안에 들어가는 것이 아니어야 한다(상업등기규칙 제36조 5항).

8) 인감의 문자

인감의 문자에 관하여는 법령에 특별한 규정이 없으므로 인감에는 반드시 회사의 상호나 제출자의 자격 등이 기재되어 있을 필요는 없으며, 제출자의 개인성명 또는 성명이 아닌 다른 문자나 형상을 새긴 인감을 제출하는 것도 무방하지만 대조에 적합한 인감이어야 한다(선례Ⅱ675).

9) 인감의 기록

등기관은 신분증명서, 즉 주민등록증·운전면허증·주민등록번호 및 주소가 기재된 장애인등록증·여권·외국인등록증 등에 의하여 인감신고서 또는 개인신고서를 제출하는 자의 신분을 확인한 후 제출된 인감 및 인감제출자에 관한 사항을 인감부에 기록하여야 한다(상업등기규칙 제37조).

10) 개인 등의 청구

등기신청서 등에 찍힌 인감이 제출된 인감과 대조하기 어려운 때에는 등기관은 개인이나 그 밖에 상당한 조치를 취할 것을 요구할 수 있다(상업등기규칙 제38조).

(2) 인감카드의 발급

인감증명서의 교부를 청구하는 자는 인감카드를 제시하여야 한다(상업등기규칙 제42조 1항).

1) 인감카드발급신청서 제출

인감카드를 받고자 하는 자는 인감제출자에 관한 사항을 기재하고 등기소에 제출한 인감을 날인한 인감카드발급신청서를 작성하여 등기소에 제출하여야 한다(상업등기규칙 제40조 1항).

2) 인감카드의 효력정지, 효력회복, 폐지신청

① 인감카드의 효력정비, 효력회복, 폐지신청을 할 때에는 인감카드사건신고
서를 작성하여 등기소에 제출하여야 한다. 다만, 효력정지는 대법원예규
로 정하는 바에 따라 전자문서로 신청할 수 있다(동규칙 제40조 2항).

② 위 ①의 인감카드사건신고서에는 등기소에 제출한 인감을 날인하거나
「인감증명법」에 따라 신고한 인감을 날인하고 그 인감증명서(발행일로
부터 3개월 이내의 것에 한함)를 첨부하여야 한다. 다만, 신고서에 인감
카드 비밀번호를 기재하여 효력정지를 신고하는 경우에는 그러하지 아니
하다(동규칙 제40조 3항).

3) 인감카드의 발급 등을 하는 등기소

인감카드의 발급·재발급 청구 및 인감카드 사건신고에 관하여는 관할등기
소가 아닌 등기소에 대하여도 할 수 있다(동규칙 제40조 4항).

4) 인감카드의 재발급(상업등기규칙 제41조)

① 인감카드를 분실하거나 인감카드가 훼손되어 인감카드를 재발급받고자
하는 자는 인감카드의 재발급을 신청하여야 한다. 이 경우 상업등기규칙
제40조 제1항을 준용한다. 즉, 인감카드를 재발급 받고자 하는 자는 인감
제출자에 관한 사항을 기재하고 등기소에 제출한 인감을 날인한 인감카
드재발급신청서를 작성하여 등기소에 제출하여야 한다.

② 위 ①의 인감카드재발급신청서에는 「등기사항 증명서 등 수수료 규칙」
으로 정하는 인감카드 재발급수수료를 납부하여야 한다[18]. 다만, 재발급
신청과 동시에 기존의 인감카드를 반환하는 경우에는 그러하지 아니하
다.

(3) 개인감(改印鑑)의 제출

1) 의 의

[18) 등기와 관련된 수수료의 납부방법에서 대법원등기수입증지를 폐지하기로 함
에 따라 이를 반영하기 위하여 상업등기규칙이 2012.12.3.개정되었고, 동 규정은
2013.5.1.부터 시행된다.

개인감(改印鑑)의 제출이란 구인감의 분실·마모·훼손 등으로 대조불능의 경우에 새로운 인감을 제출하는 것을 말한다. 등기신청서 등에 찍힌 인감이 제출된 인감과 대조하기 어려운 때에는 등기관은 개인(改印)이나 그 밖에 상당한 조치를 취할 것을 요구할 수 있다(상업등기규칙 제38조).

2) 개인감의 제출절차

개인감의 제출절차는 인감의 제출절차와 동일하다(상업등기규칙 제36조·제37조).

3) 인감부

상업등기법 제11조(인감증명) 및 제24조(인감의 제출)에 따라 제출된 인감 및 인감제출자에 관한 정보는 보조기억장치(이를 "인감부"라 한다)에 기록한다(상업등기규칙 제14조 1항).

인감부의 보관·관리에 관하여는 등기부 등의 보관, 등에 관한 상업등기규칙 제12조 및 제13조를 준용한다(동규칙 제14조 2항).

(4) 인감에 관한 기록의 폐쇄(상업등기규칙 제39조)

① 인감을 제출한 자가 그 자격을 상실하거나 개인 또는 폐인(廢印)신고를 한 경우 등기관은 인감에 관한 기록을 폐쇄하여야 한다.

② 위 ①에 따라 폐쇄된 인감에 관한 기록은 폐쇄일부터 5년간 보존하여야 한다.

(5) 인감증명

1) 인감증명의 교부청구

가. 인감증명의 청구권자

상업등기법 제24조에 따라 인감을 등기소에 제출한 사람, 지배인, 채무자회생및파산에관한법률에 따른 파산관재인·관리인·파산관재인대리·보전관리인·관리인대리·국제도산관리인 및 국제도산관리인대리로서 그 인감을 등기소에 제출한 사람은 수수료를 납부하고, 대법원규칙으로 정하는 바에 따라 그 인감에 관한 증명서의 교부를 청구할 수 있다(상업등기법 제11조 1항 : 2007. 8. 3. 제정).

【쟁점질의와 유권해석】

<인감증명의 교부청구를 할 수 없는 자>

① 직무집행정지의 등기가 된 주식회사 또는 유한회사의 대표이사

② 등기부상 존립기간이 만료된 법인의 대표자

③ 해산간주된 주식회사 또는 유한회사의 대표이사

④ 본점이전등기의 신청 중에 있는 법인의 대표자

나. 인감증명서의 교부청구의 방법

① 인감카드의 제시 : 인감증명서의 교부를 청구하는 자는 인감카드를 제시하여야 한다. 부동산매도용 인감증명서의 경우에는 매수자의 성명(상호 또는 명칭), 주소(본점 또는 주사무소), 주민등록번호(법인등록번호)를 함께 제시하여야 한다(상업등기규칙 제42조 1항).

② 전자증명서의 제시 : 상업등기규칙 제48조의 전자증명서를 발급받은 자는 대법원예규로 정하는 바에 따라 인감카드 대신 전자증명서를 제시하거나 인터넷을 이용하여 인감증명서 발급을 예약한 후 등기소에서 인감증명서의 교부를 청구할 수 있다(동규칙 제42조 2항).

③ 인감카드 등의 제시의 효과 : 인감카드 또는 전자증명서를 제시하거나 인감증명서 발급예약증 또는 발급예약번호를 제시하면 인감제출자 본인 또는 인감증명서의 교부 청구에 관하여 대리권을 수여받은 대리인임을 확인함이 없이 인감증명서의 교부 청구에 관한 권한 또는 인감증명서의 수령에 관한 권한이 있는 것으로 본다(동규칙 제42조 3항)

2) 인감증명서의 작성(상업등기규칙 제43조)

① 인감증명서에는 등기소에 제출된 인감 및 인감제출자에 관한 사항과 증명문을 부기하고 증명의 연월일과 중앙관리소 전산운영책임관의 직명 및 성명을 기재한 다음 전자이미지관인을 기록하여야 한다.

② 부동산매도용 인감증명서에는 위 ①의 사항외에도 매수자에 관한 상업등기규칙 제42조 제1항 후단의 사항을 기재하여야 하고, 매수자에 관한 사항을 별지 목록으로 작성할 때에는 별지목록과 인감증명서의 연속성을 확인할 수 있는 조치를 취하여야 한다.

3) 전자증명서

등기소에 인감을 제출한 인감증명의 청구권자(상업등기법 제11조 1항에 기재된 사람)는 전자서명 또는 자격에 관한 증명을 청구할 수 있다. 이 경우 그 증명은 대법원규칙으로 정하는 방법에 따라 증명내용을 휴대용 저장매체에 저장하여 교부하거나 그 밖의 방법에 따른다.

전자서명 및 자격에 관한 증명은 등기신청 외의 용도에는 사용하지 못한다 (상업등기법 제12조 1항·2항 : 2008. 4. 1.부터 시행).

가. 전자증명서의 발급을 청구할 수 있는 자

등기소에 인감을 제출한 사람, 지배인, 채무자회생 및 파산에 관한 법률에 따른 파산관재인·파산관재인대리·관리인·보전관리인·관리인대리·국제도산관리인 및 국제도산관리인대리로서 그 인감을 등기소에 제출한 사람은 전자서명 및 자격에 관한 증명을 청구할 수 있다(상업등기법 제12조 1항 본문).

나. 전자증명서의 발급 제한

상업등기법 제12조 제1항에도 불구하고 다음 각 호의 자에게는 전자증명서를 발급하지 아니한다(상업등기규칙 제45조).

① 직무집행정지의 등기가 된 법인의 대표자

② 「채무자 회생 및 파산에 관한 법률」에 의하여 보전관리, 회생절차개시 또는 파산선고의 등기가 된 법인의 대표자 및 지배인

③ 등기기록상 존립기간이 만료된 법인의 대표자 및 지배인

④ 그 밖에 같은 자격으로 이미 유효한 전자증명서를 발급받은 사람, 등기소에 인감을 제출한 자의 성명, 주민등록번호, 자격이나 법인의 상호 또는 명칭, 법인등록번호에 변경을 가져오는 등기신청이 접수되어 처리 중에 있는 해당 법인의 인감제출자[19]

다. 전자증명서의 발급청구

① 출석주의·대리신청

전자증명서의 발급청구는 당사자가 직접 등기소에 출석하여 신청하거나 변호사나 법무사[법무법인·법무법인(유한)·법무조합·법무사합동법인을 포함한다. 이하 "자격자 대리인"이라 한다.]가 당사자를 대리하여 할 수 있다. 이 경우 상업등기규칙 제27조 제3항을 준용한다(상업등기규칙 제

---

19) 전자증명에 관한 업무처리지침 등기예규 제1263호

46조 1항).

② 전자증명발급신청서 제출

전자증명서의 발급을 청구하는 자는 전자증명서발급신청서를 작성하여 등기소에 제출하여야 하며, 전자증명서발급신청서에는 등기소에 제출한 인감을 날인하고 「등기사항증명서 등 수수료규칙」으로 정하는 전자증명서 발급수수료를 납부하여야 한다(동규칙 제46조 2항)[20].

③ 지배인이 전자증명서의 발급을 청구하는 경우

지배인이 전자증명서의 발급을 청구하는 경우에는 전자증명서발급신청서에 영업주가 그 발급 청구를 확인하는 뜻을 기재하고 등기소에 제출한 인감을 날인하여 제출하여야 한다(동규칙 제46조 3항).

라. 전자증명서 발급 청구의 심사

① 등기관은 상업등기규칙 제37조의 신분증명서(주민등록증, 운전면허증, 주민등록번호 및 주소가 기재된 장애인등록증, 여권, 외국인등록증 등)에 의하여 전자증명서 발급을 청구한 자의 신분을 확인하여야 한다(상업등기규칙 제47조 1항).

② 다음 각 호의 어느 하나에 해당하는 사유가 있는 경우에는 전자증명서 발급신청을 수리하지 아니한다(동규칙 제2항).

㉠ 위 ①에 따른 신분확인이 불가능한 경우

㉡ 전자증명서발급신청서가 방식에 적합하지 아니한 경우

㉢ 전자증명서발급신청서에 기재된 내용이 등기기록에 기록된 내용과 불일치하는 경우

㉣ 신청자격이 없는 자 또는 발급이 제한되는 상업등기규칙 제45조 각 호의 자가 신청한 경우

㉤ 전자증명서발급신청서에 날인된 인감이 등기소에 제출된 인감과 다른 경우(전자증명에 관한 업무처리지침 등기예규 제1263호)

마. 전자증명서의 발급

---

[20] 등기와 관련된 수수료의 납부방법에서 대법원등기수입증지를 폐지하기로 함에 따라 이를 반영하기 위하여 상업등기규칙이 2012.12.3.개정되었고, 동 규정은 2013.5.1.부터 시행된다.

① 발급의 방식

전자증명서는 대법원예규로 정하는 바에 따라 휴대용 저장매체에 저장하여 발급한다(상업등기규칙 제48조 1항).

② 전자증명서에 기록할 사항

전자증명서에는 다음 각 호의 사항을 기록하여야 한다(동규칙 제48조 2항).

㉠ 인감제출자의 성명, 주민등록번호, 자격

㉡ 인감제출자가 회사의 대표이사, 대표사원 또는 지배인인 경우에는 상호와 법인등록번호, 상호사용자인 경우에는 상호

㉢ 전자증명서의 증명기간(증명기간은 3년으로 한다), 일련번호, 전자서명검증정보

㉣ 전자서명의 방식

㉤ 그 밖에 전자증명서의 기능 수행 및 유지에 필요한 정보(전자증명에 관한 업무처리지침 등기예규 제1263호)

③ 이용등록

발급받은 전자증명서를 사용하기 위해서는 대법원예규로 정하는 방법에 따라 인터넷등기소에서 공인인증서 등에 의한 이용등록 절차를 거쳐야 한다(동규칙 제48조 2항).

바. 전자증명서의 폐지, 효력정지, 효력회복

① 신청에 의한 경우

㉠ 전자증명서를 발급받은 자는 전자증명서의 폐지, 효력정지 또는 효력정지된 전자증명서의 효력회복을 신청할 수 있다(상업등기규칙 제49조 1항).

㉡ 위 ㉠의 신청은 전자증명서사건신고서를 작성하여 등기소에 제출하는 방법으로 하며, 이 경우 상업등기규칙 제46조 1항을 준용한다. 다만, 전자증명서의 효력정지는 대법원예규로 정하는 바에 따라 전자문서로 신청할 수 있다(동규칙 제49조 1항)

② 직권에 의한 경우

다음 각 호의 어느 하나에 해당하는 사유가 발생한 경우에는 직권으로

전자증명서의 효력을 정지하여야 하고(상업등기규칙 제50조 1항), 다음 각 호의 등기신청 또는 등기촉탁이 취하되거나 각하된 때에는 직권으로 전자증명서의 효력을 회복하여야 한다(동규칙 제50조 2항).

    ㉠ 전자증명서에 기록된 사항에 변경이 발생하는 등기의 신청서 또는 촉탁서를 접수한 때

    ㉡ 상업등기규칙 제45조의 전자증명서 발급 제한사유에 해당하는 등기의 신청서 또는 촉탁서를 접수한 때

사. 전자증명서의 변경 발급

① 변경등기에 의하여 등기기록의 내용과 전자증명서에 기록되는 상업등기규칙 제48조 제2항의 내용이 달라진 경우 전자증명서를 변경 발급받아야 한다.

② 전자증명서의 증명기간 만료일 3개월 전부터 만료일까지는 전자증명서를 갱신 발급받을 수 있다.

③ 전자증명서를 분실하거나 전자증명서가 훼손되어 사용할 수 없게 된 때에는 기존의 전자증명서는 폐지하고 최초의 발급절차에 의하여 전자증명서를 다시 발급받아야 한다. 이 경우 상업등기규칙 제41조 제2항을 준용한다.

아. 전자증명서의 효력 소멸

다음 각 호의 어느 하나에 해당하는 사유가 발생한 경우 전자증명서의 효력은 소멸된다(상업등기규칙 제52조).

① 전자증명서의 발급 제한사유에 해당하는 등기가 된 경우

② 증명기간(3년)이 지난 경우

③ 상업등기규칙 제49조에 의하여 전자증명서가 폐지된 경우

④ 변경등기에 의하여 전자증명서 발급청구권자가 그 지위를 상실한 경우

4) 인감의 발급

가. 무인발급기에 의한 인감증명서의 교부(상업등기규칙 제44조)

① 인감증명서의 교부업무는 무인발급기를 이용하여 처리할 수 있다.

② 무인발급기의 설치·관리의 절차 및 비용의 부담 등 필요한 사항은 대법원예규로 정한다.

나. 매수자정보를 이용한 발급

부동산매도용 인감증명의 발급신청시 별지를 첨부하여 신청한 경우에는 인감증명신청의 부동산매수자의 인적 사항을 전부 기재하여 발급하는데, 인터넷으로 사전발급예약을 한 경우에는 매수자정보를 이용하여 인감발급을 한다.

다. 자동으로 전산인감발급이 가능한 경우

① 직무집행정지등기, 회생개시결정등기 또는 파산등기를 말소하는 기호를 기록한 때

② 존립기간이 만료된 법인의 경우 계속등기를 한 때

③ 본점이전등기신청의 경우 신소재지로부터 등기완료 또는 각하의 통지를 받은 때

④ 해산간주회사에 대하여 해산등기를 한 때

라. 인감증명서를 발급할 수 없는 경우

보전관리, 회생절차개시 또는 파산선고의 등기를 한 경우, 법인의 대표자, 지배인, 대리인의 인감증명서는 발급할 수 없다. 다만 「채무자 회생 및 파산에 관한 법률」 제74조 제4항에 의하여 채무자인 법인의 대표자가 관리인으로 간주되는 경우에는 새로운 인감을 등기소에 제출한 후에 인감에 관한 증명서의 교부청구할 수 있고, 이 경우 인감증명서에는 "채무자 회생 및 파산에 관한 법률 제74조 제4항에 의하여 관리인으로 간주"라는 표시를 하여 발급하여야 한다(예규 제1126호 제7조 4항).

7. 등기기간

(1) 등기기간의 의의

등기기간이란 일정한 법정기간 내에 등기하도록 정하여진 기간을 말한다.

개인상인에 관한 등기에 있어서는 그 등기를 할 것인가의 여부를 당사자의 임의에 맡기고 있으나 회사에 관한 등기에 있어서는 등기기간을 정하여 그 기간 내에 등기할 것을 강제하고 있다.

(2) 등기신청기간

① 설립의 등기 : 주식회사 설립등기 중 발기설립의 등기신청기간은 상법 제299조(검사인의 조사, 보고)와 제300조(법원의 변경처분)가 종료한 날로부터 2주간 내에, 모집설립의 경우에는 창립총회를 종료한 날 또는 변태설립사항이 있고 이에 대한 이의가 있는 경우에는 이의에 따른 변경절차를 종료한 날로부터 2주간 내에 이를 하여야 한다(상법 제317조). 유한회사의 경우에는 상법 제548조의 납입 또는 현물출자의 이행이 있은 날로부터 2주간 내에 하여야 한다(상법 제549조).

② 합명회사와 합자회사, 유한책임회사의 설립등기신청기간은 정함이 없다.

③ 본점이전의 등기 : 회사가 본점을 이전하는 경우에는 2주간 내에 구소재지에서는 신소재지와 이전연월일을, 신소재지에서는 설립의 등기사항을 등기하여야 한다(상법 제182조 1항, 제269조, 제317조 4항, 제549조 3항).

④ 지점이전의 등기 : 회사의 지점을 이전한 경우에는 이전한 날로부터 본점소재지와 신·구지점소재지에서 2주간 내에 그 등기를 하여야 한다(상법 제182조 2항, 제269조, 제317조 3항 제549조 3항).

⑤ 지점 설치의 등기 : 회사가 설립과 동시에 지점을 설치하는 경우에는 설립등기 후 2주간 내에 그 등기를 하여야 하고, 회사의 성립 후에 지점을 설치하는 경우에는 본점소재지에서 2주간 내에, 그 지점소재지에서는 3주간 내에 그 등기를 하여야 한다(상법 제181조, 제269조, 제317조 3항, 제549조 3항).

⑥ 등기사항의 변경등기 : 등기사항의 변경이 있는 때에는 그 사유가 발생한 날로부터 본점소재지에는 2주간, 지점소재지에는 3주간 내에 그 등

기를 하여야 한다(상법 제183조, 제269조, 제317조 3항, 제549조 3항).

그 외 청산, 해산등기 등 각종등기의 등기기간은 모두 본점소재지에서는 2주간, 지점소재지에서는 3주간 내에 등기를 하도록 규정하고 있다.

(3) 등기기간의 계산

1) 민법의 기간계산법에 의한 계산

기간계산에 관하여는 상법에 특별한 규정이 없으므로 민법의 규정에 의한다(상법 제1조). 따라서 초일을 산입하지 아니하고 기간말일의 종료로 기간이 만료한다.

초일이 오전 영시로부터 시작되는 때에는 초일을 산입한다(민법 제157조, 제159조). 예컨대 이사·감사 등이 예선되어 미리 그 취임승낙을 한 경우 등에는 초일을 산입하여야 한다. 기간의 말일이 공휴일인 때에는 그 다음날에 만료된다(민법 제161조).

2) 관청의 허가를 요하는 등기의 등기기간 기산

관청의 허가를 요하는 등기에 관하여는 그 서류가 도달한 날로부터 등기기간을 기산한다(상법 제177조).

3) 외국회사의 등기사항이 외국에서 생긴 때

외국회사에 관한 등기사항이 외국에서 생긴 때에는 그 통지가 도달한 날로부터 등기기간을 기산한다(상법 제615조).

【쟁점질의와 유권해석】

<주식회사 대표이사의 퇴임으로 인하여 정관에서 정한 대표이사의 정원을 채우지 못하는 경우 그 대표이사의 퇴임등기기간의 기산일>

주식회사·유한회사의 대표이사·이사·감사가 임기만료나 사임에 의하여 퇴임함으로 말미암아 법률 또는 정관에서 정한 대표이사·이사·감사의 정원을 채우지 못하게 되는 경우에는 그 대표이사·이사·감사의 퇴임등기기간은 후임 대표이사·이사·감사의 취임일부터 기산한다(대결 2005. 3. 8. 2004마800).

---

8. 과태료

(1) 과태료통지 대상

등기관은 그 직무상 과태료 부과대상이 있음을 안 때에는 지체 없이 그 사건을 관할 지방법원 또는 지원에 통지하여야 한다(상업등기규칙 제113조). 그런데 2009.1.30, 상법의 일부개정으로 인해 과태료에 처할 상법 제635조에 규정된 상법위반 행위 중 상법 제635조 제1항 제1호의 '이 편21)에서 정한 등기를 게을리한 경우'를 제외한 나머지 상법위반 행위와 제636조 위반행위에 대한 과태료는 법무부장관이 해당 위반행위를 조사·확인한 후 위반사실, 과태료 금액, 이의제기방법, 이의제기기간 등을 구체적으로 밝혀 과태료를 낼 것을 과태료 처분 대상자에게 서면으로 통지(상법시행령 제44조)하는 방식으로 징수하기 때문에(상법 제637조의2 제1항), 등기관은 등기사건의 처리와 관련하여 등기해태 사실을 발견한 때에만 관할 지방법원 또는 지원에 통지하면 된다22). 이러한 상법의 개정 전에는 법무부장관의 부과·징수절차 없이 상법 제635조 및 제636조의 상법위반 행위 전부에 대하여 비송사건절차법상 과태료사건 절차(비송사건절차법 제247조 내지 제250조 참조)에 따라 이유를 붙인 법원의 과태료 재판을 통하여 과태료를 부과하고, 검사의 명령으로써 과태료 재판을 집행하는 방식으로 징수하였기 때문에, 등기관은 '등기해태(상법 제635조 제1항 1호)'외에 '법률 또는 정관에 정한 이사 또는 감사의 원수를 궐한 경우에 그 선임절차를 해태한 때(상법 제635조 제1항 8호)'에도 상업등기규칙 제113조에 따라 관할 지방법원 또는 지원에 과태사항을 통지하였는데, 위 상법의 개정 후에는 선임절차 해태를 이유로 법원에 과태사항 통지를 하여서는 안된다23).

(2) 과태료처분대상자의 고의·과실의 요부

등기의 해태에 대한 과태료처분은 원칙적으로 위반자의 고의·과실을 요하지 않으나, 그것을 정당시할 수 있는 사정이 있을 때에는 부과할 수 없다는 것이 다수설과 판례(대판 2000. 5. 26. 98두5972)의 입장이다. 따라서 등기관은 고의·과실여부에 대한 심사를 할 필요가 없으며, 당해 등기신청이 기간

---

21) 상법 '제3편 회사'편을 의미한다.
22) 상업등기 및 법인등기에 있어서의 과태사항 통지에 관한 예규(등기예규 제1452호) 2. 가.
23) 상업등기실무(법원공무원교육원,2012), 195면

을 도과하였을 때에는 그것만으로 관할법원에 과태료통지를 하여야 한다.

(3) 과태료의 재판

1) 관할법원

과태료사건은 다른 법령에 특별한 규정이 있는 경우를 제외하고는 과태료에 처할 자의 주소지의 지방법원의 관할로 한다(비송사건절차법 제247조). 같은 사항에 관하여 주소를 달리하는 수인의 대표이사 등이 처벌을 받은 경우에는 각각 다른 관할 지방법원에서 관할한다.

【쟁점질의와 유권해석】

<회사의 등기 해태에 따른 과태료 부과 대상자 및 등기해태 기간 중 대표자의 지위를 상실한 경우 과태료의 책임 범위>

회사의 등기는 법령에 다른 규정이 있는 경우를 제외하고는 그 대표자가 신청 의무를 부담하므로(상업등기법 제17조), 회사의 등기를 해태한 때에는 등기 해태 당시 회사의 대표자가 과태료 부과 대상자가 되고, 등기 해태 기간이 지속되는 중에 대표자의 지위를 상실한 경우에는 대표자의 지위에 있으면서 등기를 해태한 기간에 대하여만 과태료 책임을 부담한다(대법원 2009.4.23. 자 2009마120 결정).

과태료대상자의 주소가 외국으로 기재된 경우로서, 거소를 아는 경우에는 그 거소를 관할하는 지방법원, 거소를 알지 못하는 경우에는 대법원소재지를 관할하는 지방법원이 관할한다.

2) 재판절차

과태료의 재판은 이유를 붙인 결정으로 하고, 재판을 하기 전에 당사자의 진술을 듣고 검사의 의견을 구하여야 한다(비송사건절차법 제248조 1항·2항).

3) 과태료부과

등기해태 등 상법상의 의무위반에 대하여는 500만원 이하의 과태료에 처한다(상 제635조 1항 1호).

4) 과태료재판에 대한 불복방법

당사자의 진술을 듣고 한 과태료의 재판에 대하여는 즉시항고로써 불복을 신청할 수 있고, 이 항고는 집행정지의 효력이 있다(비송사건절차법 제248조 3항).

법원은 필요하다고 인정하는 경우에는 당사자의 진술을 듣지 아니하고 과태료재판을 할 수 있고 이 약식재판에 대하여는 그 고지일로부터 1주일 이내에 이의로써 불복을 신청할 수 있으며, 적법한 이의에 의하여 약식재판은 효력을 상실하고, 이 때에는 법원이 당사자의 진술을 듣고 다시 재판하여야 한다(비송사건절차법 제250조).

【쟁점질의와 유권해석】

<과태료처벌권에 관하여 금전채권의 소멸시효에 관한 규정이 적용되는지 여부>

예산회계법 제96조 제1항은 "금전의 급부를 목적으로 하는 국가의 권리로서 시효에 관하여 다른 법률에 규정이 없는 것은 5년간 행사하지 아니할 때에는 시효로 인하여 소멸한다."고 규정하고 있으므로, 과태료결정 후 징수의 시효, 즉 과태료 재판의 효력이 소멸하는 시효에 관하여는 국가의 금전채권으로서 예산회계법에 의하여 그 기간은 5년이라고 할 것이나, 위반행위자에 대한 과태료의 처벌권을 국가의 금전채권과 동일하게 볼 수는 없으므로 예산회계법 제96조에서 정해진 국가의 금전채권에 관한 소멸시효의 규정이 과태료의 처벌권에 적용되거나 준용되지는 않는다(대결 2000. 8. 24. 2000마1350).

9. 등기의 촉탁절차

등기의 촉탁절차에 관하여는 법령에 특별한 규정이 있는 경우를 제외하고는 등기의 신청절차에 준한다(상업등기법 제17조 3항 : 20007. 8. 3. 제정). 그러나 출석주의가 적용되지 아니하여 촉탁자 또는 그 대리인이 등기소에 출석함을 요하지 아니하며 촉탁자의 인감을 제출할 필요가 없다(동법 제18조 1항, 제24조 3항 : 2007. 8. 3. 제정).

촉탁등기는 당사자의 신청에 의한 등기와는 달리 본점과 지점소재지에서 등기할 사항을 대하여도 본점소재지에서 먼저 등기를 마친 다음 그 등기를 증명하는 서면을 첨부하여 지점소재지에 등기를 촉탁하여야 하는 것이 아니라 본점과 지점에 각각 재판서의 등본을 첨부하여 촉탁하여야 한다(비송 제108조 후문).

첨부서류도 법령에 규정(비송 제108조 등)이 있는 것을 제외하고는 그 제출이 생략된다.

10. 등록면허세, 지방교육세, 농어촌특별세, 등기신청수수료

상업등기신청서에는 소정의 등록면허세와 지방교육세, 농어촌특별세, 등기신청수수료 등을 납부하여야 하며, 등기관은 등기신청인이 등기사건을 접수하면 즉시 접수장에 등재한 후 등기신청서를 조사하여야 한다. 상업등기의 신청과 관련하여 지방세법의 규정에 따른 등록에 대한 등록면허세 또는 상업등기법 제17조 제4항에 따른 등기신청수수료를 납부하지 아니하거나 등기신청과 관련하여 다른 법률에 따라 부과된 의무를 이행하지 아니하였다면 신청인이 신청 당일 이를 보정하지 아니하는 한 등기관은 그 신청을 각하하여야 한다(상업등기법 제27조 제17호). 이 때 전부 납부하지 아니한 경우뿐만 아니라 필요액보다 부족하게 납부한 경우에도 각하의 대상이 된다.

(1) 등록면허세

1) 등록면허세의 의의

2010.3.31. 지방세법의 개정으로 등록세 중 취득과 관련된 과세대상을 취득세로 통합하였고, 등록세 중 저당권·전세권 등기 등 취득의 전제 없이 이루어지는 등기·등록과 면허·인가·허가 등에 과세되는 면허세를 등록면허세로 통합하였다. 즉, 지방세법에 따른 등록면허세는 '등록에 대한 등록면허세'와 '면허에 대한 등록면허세'로 구분되는데, 이하에서 '등록면허세'를 언급할 때는 '등록에 대한 등록면허세'를 의미하는 것으로 한다.

2) 등록면허세의 납세의무자

상업등기와 관련하여 등기의 당사자가 이를 납부하여야 하므로, 회사의 등기는 회사가, 개인상인의 등기는 상인 자신이 등록면허세를 납부하여야 한다.

3) 등록면허세의 납세지(지방세법 제25조)

회사의 등기는 등기에 관련되는 본점·지점 또는 주사무소·분사무소 등의 소재지에서, 개인상인의 상호 등기는 상인의 영업소 소재지에서, 기타 상업등기는 관할 등기소의 소재지에서 납부하여야 한다. 이 경우 납세지가 분명하지 아니한 경우에는 관할등기소의 소재지에서 납부하여야 한다.

4) 등록면허세 납세의무의 성립

상업등기와 관련한 등록면허세는 등기를 하는 자가 등기를 하기 전까지 지방세법 제28조 제1항 제6호 등에 따른 세율을 적용하여 산출한 세액을 납세지를 관할하는 지방자치단체의 장에게 신고하고, 납부하는 신고납부가 원칙이므로 납부의무자가 납부할 등록세의 과세표준액과 세액을 신고함과 동시에 신고한 등록세를 납부한다(지방세법 제30조 제1항). 즉, 납세의무자가 과세표준과 세액을 지방자치단체의 장에게 신고한 때에 그 세액이 확정되어 납세의무가 확정되는 것이다.

5) 납부절차

가. 등기신청시 등록세 납부

등기신청시에 등록세를 납부하지 않은 경우는 물론이고 필요한 액보다 부족한 경우에도 등기는 허용되지 않고, 상업등기법 제27조 17호에 의해 그 등기신청은 각하된다.

나. 등록세의 납부방법

① 2006. 8. 7.(접수일자 기준)부터 정액등록세의 경우에도 종래의 수기납부제도를 폐지하고 대신 인터넷등기소(www.iros.go.kr)등에서 제공하는 정액등록세납부서식을 이용하고, 등록세영수필통지서도 우편송부를 하지 아니하며 전산정보처리조직을 이용한 전송방식으로 처리하므로, 등록세영수필확인서만 제출하면 된다(예규 제1372호 제5조 1항).

② 등기소에서 등록세정보(시·도, 등록세납세번호, 등록세납부금액)을 접수 또는 기입단계에서 입력하면 교합후 다음 날 해당 과세관청으로 자동송부되므로, 등록세영수필통지서는 제출할 필요가 없다.

【쟁점질의와 유권해석】

<금융기관이 등록세를 수납한 후 발행한 영수증을 등기신청시 사용할 수 있는지 여부>

금융기관이 등록세를 수납한 후 임의적으로 발행한 영수증은 지방세법 및 동법시행령에서 인정하지 않는 서식이며, 위변조 가능성이 있어 등기와 관련하여 사용할 수 없다(2006. 7. 31. 등기호적심의관 - 1553).

또한 금융기관에서 발행한 영수증은 금융기관의 등록세영수사실을 증명할 뿐이며, 「지방세법시행령」 제91조에 근거한 등록세영수필확인서(등기소보관용)에 갈음할 수 없기 때문이다.

다. 등기신청시 사용할 수 있는 등록세납부서식

등기신청시 사용할 수 있는 등록세납부서식은 원칙적으로 ① 납세지관할 시·군에서 발행한 등록세납부서식(OCR고지서), ② 인터넷을 이용하여 납세지 관할 시·군에 등록세를 납부하고 출력한 등록세납부서식으로 등록세납부번호, 등록세납부세액, 납세자 등 등록세정보가 기재되어 있는 경우(서울시 지방세 납부시스템(ETAX)등)만이 인정된다. ③ 정액등록세의 경우에는 대법원 인터넷등기소(www.iros.go.kr)의 '정액등록세납부서 작성기능'을 이용하여 작성한 정액등록세납부서식도 사용할 수 있다.

등록세납세번호가 없는 수기납부서는 2006. 07. 03.부터 사용하지 못한다.

6) 법인등기의 등록세(지방세법 제28조 제1항 6호)

가. 상사회사 기타 영리법인의 설립 또는 합병으로 인한 존속법인

① 설립과 납입 : 납입한 주식금액이나 출자금액 또는 현금 외의 출자가액의 1천분의 4(단, 세액이 7만5천원 미만인 때에는 7만5천원으로 한다)

② 자본증가 또는 출자증가 : 납입한 금액 또는 현금 외의 출자가액의 1천분의 4(단, 세액이 7만5천원 미만인 때에는 7만5천원으로 한다)

나. 비영리법인의 설립 또는 합병으로 인한 존속법인

① 설립과 납입 : 납입한 출자총액 또는 재산가액의 1천분의 2(단, 세액이 7만5천원 미만인 때에는 7만5천원으로 한다)

② 출자의 총액 또는 재산의 총액의 증가 : 납입한 출자 또는 재산가액의 1천분의 2(단, 세액이 7만5천원 미만인 때에는 7만5천원으로 한다)

다. 자산재평가적립금에 의한 자본 또는 출자금액의 증가 및 출자총액 또는 자산총액의 증가(「자산재평가법」에 따른 자본전입의 경우는 제외한다)

증가한 금액의 1천분의 1(단, 세액이 7만5천원 미만인 때에는 7만5천원으로 한다)

라. 설립 및 자본증가에 대한 최저세액

위 가~다의 세액이 75,000원 미만일 때에는 이를 75,000원으로 한다.

마. 본점 또는 주사무소의 이전

본점 또는 주사무소의 이전의 등록세는 매 1건당 75,000원이다.

바. 지점 또는 분사무소의 설치

지점 또는 분사무소의 설치에 대한 등록세는 매 1건당 23,000원이다.

사. 그 밖의 등기

건당 2만3천원이다.

7) 상호 및 지배인등기의 세율(지방세법 제28조 제1항 7호)

가. 상호의 설정 또는 취득(상호의 가등기 포함)

매 1건당 45,000원

나. 지배인의 선임 또는 대리권의 소멸

매 1건당 6,000원.

법인이 아닌 개인의 지배인등기 및 상호등기에 대하여는 지방세법 제139조를 적용하여 1건당 6,000원을 납부하면 되나, 회사의 지배인은 지방세법 제137조 제1항 제6호를 적용하여 지배인의 선임 및 해임 등의 등기에는 등록세로 23,000원을 납부하여야 한다. 다만, 회사지배인의 경우에는 1건 수명의 지배인을 선임하거나 해임하여도 1건으로 본다.

다. 선박관리인의 선임 및 대리인의 소멸등기

매 1건당 6,000원

8) 기타 등기의 세율(지방세법 제28조 제1항 14호)

매 1건당 6,000원을 납부하여야 한다.

【쟁점질의와 유권해석】

<대도시 지역내의 법인등기를 하는 때에 등록세가 일반세율의 3배로 중과되는 경우>

ㄱ) 대도시에서 법인을 설립(설립 후 또는 휴면법인을 인수한 후 5년 이내에 자본 또는 출자액을 증가하는 경우를 포함한다)하거나 지점이나 분사무소를 설치함에 따른 등기

ㄴ) 대도시 밖에 있는 법인의 본점이나 주사무소를 대도시로 전입(전입 후 5년 이내에 자본 또는 출자액이 증가하는 경우를 포함한다)함에 따른 등기. 이 경우 전입은 법인의 설립으로 보아 세율을 적용한다.

위 ㄱ), ㄴ)은 지방세법 제28조 제2항에 근거한 것인데, 이 규정은 지방세법 제28조 제1항 제6호 '바'목(기타 변경등기의 세율)의 경우에는 적용하지 아니한다(지방세법 제28조 4항).

(2) 지방교육세

등록면허세 납부의무자는 그 등록면허세납부액의 100분의 20을 등록면허세를 납부할 때 지방교육세로 함께 납부하여야 한다(지방세법 제150조 2호, 제151조 1항 2호).

(3) 농어촌특별세

농어촌특별세는 국세로서, 농어업의 경쟁력강화와 농어촌산업기반시설의 확충 및 농어촌지역개발사업에 필요한 재원을 조달하기 위하여 1994년 7월 1일부터 향후 10년간 한시적으로 적용하기 위하여 농어촌특별세를 신설하였었다. 그 후 2003.12.31. 농어촌특별세법의 일부개정을 통하여 운용기간이 연장되었다. 즉, 농·어업의 경쟁력강화와 농어촌산업기반시설의 확충 및 농어촌지역개발사업에 필요한 재원을 확보하기 위하여 1994년부터 10년간 운용하고 있는 농어촌특별세의 과세시한이 2004년 6월 30일 만료되므로 이에 따라 예상되는 농업관련 다자간협상 및 자유무역협정체결 등에 따른 농어업시장의 추가개방으로 인한 손실 보전과 농어업경쟁력강화를 위한 안정적 재원확보를 위하여 동 과세시한을 2014년 6월 30일까지 10년간 연장하고, 농어촌특별세를 관리하는 농어촌특별세관리특별회계의 운영기간도 2014년 12월 31일까지 10년간 연장하기 위하여 개정이 이루어졌었다.

농어촌특별세법에 의하면 조세특례제한법, 관세법, 지방세법, 지방세특례제한법에 의하여 소득세, 법인세, 관세, 취득세, 등록에 대한 등록면허세가 부과되지 아니하거나 경감되는 경우에 그 감면세액에 대하여 일정한 비율로 농어촌특별세를 부과한다(농어촌특별세법 제2조, 제5조).

2) 납세의무자

농어촌특별세법 제2조에 규정된 법률인 조세특례제한법, 관세법, 지방세법, 지방세특례제한법에 의하여 소득세, 법인세, 관세, 취득세 또는 등록에 대한 등록면허세의 감면을 받은 자, 「개별소비세법」 제1조 제2항의 물품 중 같은 항 제1호가목1)·2), 같은 호 다목, 같은 항 제2호나목1)·2)의 물품 또는 같은 조 제3항제4호의 입장행위에 대한 개별소비세 납세의무자, 「증권거래세법」 제3조 제1호에 규정된 증권거래세 납세의무자, 「지방세법」에 따른 취득세 또는 레저세의 납세의무자, 「종합부동산세법」에 따른 종합부동산세의 납세의무자가 농어촌특별세의 납세의무자가 된다. 따라서 지방세법, 관세법, 조세특례제한법,

지방세특례제한법이 아닌 다른 화의법, 파산법 등 특별법에서 등록세를 면제하는 경우에는 농어촌특별세도 납부하지 아니한다.

3) 납세지

농어촌특별세의 납세지는 본세(등록세, 소득세, 법인세, 관세, 취득세 등)의 납세지이다.

4) 과세표준

상업등기에 있어서 농어촌특별세의 과세표준은 조세특례제한법, 관세법, 지방세법, 지방세특례제한법에 의하여 감면을 받은 소득세, 법인세, 관세, 취득세 또는 등록에 대한 등록면허세의 감면세액이고, 세율은 과세표준의 100분의 20이다(농어촌특별세법 제5조).

예컨대 지방세법 제274조 등에 의하여 등록세를 감면받는 경우에 그 감면세액이 과세표준이고, 그 과세표준의 100분의 20이 농어촌특별세이다.

(4) 등기신청수수료

등기를 하려는 사람은 대법원규칙으로 정하는 바에 따라 수수료를 납부하여야 한다(상업등기법 제17조 4항 : 2007. 8. 3. 제정).

1) 납부방법

가. 등기신청서에의 등기수입증지의 첨부제도 폐지(2013.5.1.시행)

개정 전 '등기사항증명서 등 수수료 규칙'에 의하면 등기신청수수료는 등기수입증지를 등기신청서에 첨부하여 제출하는 방법으로 할 수 있었다. 그러나 등기 관련 각종 수수료 납부에 사용되는 등기수입증지의 부정한 재사용을 방지하고 수수료 납부에 관한 국민의 편의와 업무 효율 제고를 위하여 대법원 등기수입증지를 폐지하고 전면적인 현금납부 및 전자납부제도를 시행하기 위하여 2012.11.30. 동 규칙에 대한 개정이 있었고, 해당규정은 2013.5.1.부터 시행되게 되었다.

나. 현금납부

2012.11.30, '등기사항증명서 등 수수료 규칙'의 개정으로 등기신청수수료의 일정 조건부 현금납부 의무화 규정을 삭제하여 전면적인 현금납부가 가능하게 되었다(2013.5.1.시행). 등기신청인은 법원행정처장이 지정하는 금융기관에

현금으로 납부한 후 이를 증명하는 서면을 등기신청서에 첨부하여 제출하는 방법으로 하고, 등기관은 납부액의 상당 여부를 조사한 다음 납부를 증명하는 서면에 소인하여야 한다(등기사항증명서 등 수수료 규칙 제6조 제3항).

다. 신용카드, 금융기관계좌이체, 전자화폐 결제양식

2012.11.30. '등기사항증명서 등 수수료 규칙'의 개정으로 인하여 2013.5.1.부터 등기신청수수료의 납부는 그 수수료 상당액을 전자적 방법으로 납부할 수 있게 되었다(동 규칙 제6조 제3항 참조).

전자신청을 하는 경우의 수수료는 신용카드, 금융기관 계좌이체 또는 전자화폐 등의 결제방법으로 납부하여야 하고(동 규칙 제6조 제5항), 전자표준양식에 의한 등기신청을 하는 경우의 수수료는 전자적 방법으로 납부할 수 있다(동 규칙 제6조 제6항).

2) 등기신청수수료의 면제(등기사항증명서 등 수수료 규칙 제7조 제3항)

① 다른 법률에 수수료를 면제하는 규정이 있는 경우

② 국가에 대한 수수료 면제 : 등기부등·초본등수수료규칙 제7조 3항의 규정에 의하여 등기신청수수료가 면제되는 국가가 자기를 위하여 하는 등기라 함은 다음 각 호의 1에 해당하는 경우를 말한다.

　ㄱ) 국가가 등기권리자로서 신청하는 등기

　ㄴ) 위 ㄱ)의 등기 중 국가가 공권력의 주체로서 촉탁한 등기의 말소등기

　ㄷ) 국유재산을 관리, 보존하기 위한 등기

③ 법원의 촉탁에 의한 등기 : 법원의 촉탁에 의한 등기는 등록면허세를 납부하여야 하는 경우에도 등기신청수수료는 면제된다.

④ 멸실회복등기 : 멸실회복기간이 경과한 후에 등기신청을 하는 경우에 등록면허세는 납부하여야 하나 등기신청수수료는 면제된다.

⑤ 행정구역, 지번의 변경, 주민등록번호(또는 부동산등기용등록번호)의 정정, 등기관의 과오로 인한 등기의 착오 또는 유루를 원인으로 하는 경정 및 변경등기

⑥ 「채무자 회생 및 파산에 관한 법률」에 의한 경우

법원사무관등이 '채무자 회생 및 파산에 관한 법률' 제23조, 법 제25조 제

2항, 제3항에 의한 등기 등 회생절차·파산절차·국제도산절차와 관련하여 등기를 촉탁하는 경우 등록세 및 등기신청수수료가 면제된다. 그리고 회생계획의 수행에 따른 동법 제266조의 규정에 의한 신주발행, 제268조의 규정에 의한 사채발행, 제269조의 규정에 의한 주식의 포괄적 교환, 제270조의 규정에 의한 주식의 포괄적 이전, 제271조의 규정에 의한 합병, 제272조의 규정에 의한 분할 또는 분할합병이나 제273조 및 제274조의 규정에 의한 신회사의 설립이 있는 경우에, 법원사무관등이 그 등기를 촉탁하는 경우에는 등록세 및 등기신청수수료가 면제된다.

그러나 위의 이러한 등기를 제외하고는 회생계획의 수행이나 법의 규정에 의한 등기(예를 들어, 법 제265조의 규정에 의한 신주발행에 따른 등기 등)를 법원사무관등이 촉탁하는 경우에도 다른 법령에 특별한 규정이 없으면 등록세는 면제되지 아니한다(「채무자 회생 및 파산에 관한 법률」에 따른 법인등기 사무처리지침, 등기예규 제1162호).

3) 상업등기신청수수료액

대법원은 2012년 11월 30일자로 '등기사항증명서 등 수수료 규칙'을 개정하여 등기신청수수료 중 일부를 인상하고, 이를 2012년 12월 1일부터 시행하게 되었다. 이는 등기특별회계의 주된 수입원인 수수료 수입이 부동산 거래의 침체, 인터넷 열람·발급 증가, 전자신청 및 전자표준양식신청 증가 등으로 인하여 큰 폭으로 감소하는데 반하여 지출요인은 물가상승 등으로 인하여 지속적으로 증가하고 있으므로 등기특별회계를 재원으로 하는 사업의 적정한 수행을 위하여 종전 활성화를 위해 대폭 할인되었던 전자신청 및 전자표준양식신청수수료의 할인폭과 일부 신청수수료를 조정하고, 인터넷 열람·발급수수료를 인하 전 가격으로 환원하기 위함이다.

가. 상업등기 신청 수수료(등기사항증명서 등 수수료 규칙 제5조의3)

① 상업등기중 다음의 어느 하나에 해당하는 회사의 등기의 신청수수료는 매 건마다 30,000원으로 한다(동 규칙 제5조의3 1항).

  1. 회사 또는 합자조합의 설립등기(합병·분할·분할합병 및 조직변경으로 인한 설립등기와 외국회사의 영업소설치등기를 포함한다)

  2. 본점(합자조합의 주된 영업소 및 외국회사의 영업소를 포함한다)을 다른 등기소 관할구역으로 이전하는 경우의 신소재지에서 하는 본점이전등기

② 위①에서 살펴본 경우를 제외한 나머지 상업등기의 신청수수료는 매 등기의 목적마다 6,000원으로 한다. 다만, 다음의 경우에는 그 신청수수료를 받지 아니한다(동 규칙 제5조의3 2항).

1. 법원의 촉탁에 의한 등기

2. 멸실회복등기

3. 행정구역·지번의 변경, 주민등록번호(또는 부동산등기용등록번호)의 정정, 등기관의 과오로 인한 등기의 착오 또는 유루를 원인으로 하는 경정 및 변경등기

나. 전자신청 등에 의한 등기신청수수료의 특례(등기사항증명서 등 수수료 규칙 제5조의5 3항, 4항, 5항)

① 위 '가'의 ①에 해당하는 상업등기를 전자신청하는 경우의 신청수수료는 매 건마다 20,000원으로, 전자표준양식에 의하여 신청하는 경우의 신청수수료는 매 건마다 25,000원으로 한다(동 규칙 제5조의5 3항).

② 동 규칙 제5조의3 제2항 본문에 해당하는 상업등기를 전자신청하는 경우의 신청수수료는 매 등기의 목적마다 2,000원으로, 전자표준양식에 의하여 신청하는 경우의 신청수수료는 매 등기의 목적마다 4,000원으로 한다(동 규칙 제5조의5 4항).

③ 민법법인등기, 특수법인등기 및 외국법인등기를 전자신청 또는 전자표준양식에 의하여 신청하는 경우에도 ①, ②와 같다(동 규칙 제5조의5 5항).

다. 수 개의 등기사항을 일괄하여 하나의 신청서로써 하는 등기신청의 경우 등기신청수수료 산정의 기준(등기신청수수료 징수에 관한 예규, 등기예규 제1479호)

2개 이상의 등기사항을 일괄하여 하나의 신청서로써 등기신청을 하는 경우에는 각 등기의 목적에 따른 소정의 신청수수료를 합산한 금액을 등기신청수수료로 납부하여야 한다.

그 구체적인 기준은 다음과 같다.

(1) 변경등기의 경우

회사 또는 합자조합의 상호·본점·목적·임원 등의 변경등기를 일괄하여 하나

의 등기신청서로써 신청할 때에는 각각의 등기신청수수료를 합산한 금액을 납부하여야 한다. 다만, 동일한 등기목적에 따른 2개 이상의 변경사항이 있는 경우(예 : 2인 이상 임원의 취임·퇴임·주소변경 등)에는 1건의 수수료만 납부한다.

(2) 지배인선임 또는 지점설치등기의 경우

하나의 신청서로써 2인 이상의 지배인선임등기를 신청하거나 2개 이상의 지점설치등기를 신청하는 경우에는 이를 하나의 지배인선임등기 또는 지점설치등기신청으로 본다.

(3) 변경등기신청과 함께 지배인선임등기 등 변경등기 이외의 등기신청을 하나의 신청서로써 하는 경우에는 각각의 신청수수료를 합산한 금액을 등기신청수수료로 납부하여야 한다.

4) 등기신청수수료의 반환

등기신청이 취하된 경우에는 납부된 등기신청수수료를 신청인 또는 그 대리인에게 반환하되, 그 반환방법은 등기수입증지가 첨부되어 있는 등기신청서를 환부하는 방법에 의한다. 그러나 등기신청이 각하되면 이미 납부된 수수료는 이를 반환하지 아니한다(등기사항증명서 등 수수료규칙 제6조 7항)

5) 등기신청수수료의 환급(등기신청수수료의 현금수입 등에 따른 사무처리지침, 등기예규 제1402호)

환급할 금액은 과오납한 금액 전액(수납금융기관의 수수료 포함)으로 한다.

환급절차는 다음과 같다.

① 납부 당일 금융기관의 수납마감 전 환급신청

신청인등은 영수증(영수필통지서 및 확인서 포함)을 첨부하여 수납금융기관에 환급신청을 하여야 하고, 수납금융기관은 납부한 전액을 환급하여야 한다.

② 금융기관의 수납마감 이후(수입징수관계정에 입금된 후)

(가) 신청인등은 환급신청서를 작성하여 관할 등기소장에게 환급을 신청할 수 있다. 다만, 등기신청 전에 환급을 신청하는 때에는 수납금융기관으로부터 교부받은 영수증(영수필통지서 및 확인서 포함)의 원본을 첨부하여야 한다.

(나) 환급신청을 받은 등기소장은 환급대상여부 및 환급할 금액을 확인한

후, 환급확인서를 작성하여 이를 관할 지방법원 수입징수관에게 송부하여야
한다.

(다) 등기소장은 환급신청서의 송부 및 환급절차에 따른 비용(특수우편물
우송료 등)등을 신청인등으로부터 받아야 한다.

(라) 관할 지방법원 수입징수관은 환급신청서 및 환급확인서 등을 확인한
후 신청서에 기재된 계좌로 환급금액을 입금하여야 한다.

(마) 수입징수관은 환급결정 후 수납금융기관에 환급결정통지를 하여야 하
고, 수납금융기관은 환급결정 통지를 받는 즉시 환급금에 따른 금융기관의
수수료 납부인에게 반환하여야 한다.

• 구체적인 상업등기신청수수료액은 다음 표와 같다.

	등기의 목적	수수료	비고
1. 합명·합자·주식·유한회사 및 외국회사의 등기	가. 회사 설립등기	30,000원	
	나. 본점을 다른 등기소 관할구역 내로 이전하는 경우의 신소재지에서 하는 본점이전등기	30,000원	이에 부수하여 다른 등기를 신청하는 경우에는 그 등기신청에 따른 수수료는 별도로 납부하여야 함.
	다. 신설합병에 있어 신설회사에 대한 설립등기	30,000원	소멸회사에 관한 해산등기의 신청수수료 6,000원은 별도로 납부하여야 함.
	라. 조직변경에 있어서의 설립등기	30,000원	조직변경으로 인한 해산등기의 신청수수료 6,000원은 별도로 납부하여야 함.
	마. 상호, 본점, 목적, 공고방법, 존립기간, 1주의 금액, 발행할 주식의 총 수 등의 변경등기	6,000원	각 등기의 목적마다 신청수수료를 납부하여야 함.
	바. 경정 및 주소, 성명 등의 변경등기	6,000원	위와 같음. 다만, 등기관의 과오로 인한 착오 또는 유루발견 및 행정구역·지번변경, 주민등록번호정정 등을 원인으로 하는 경우에는 신청수수료 없음.
	사. 지점설치 및 이전등기, 동일 등기소 관할구역 내의 본점이전등기, 전환사채의 등기, 해산의 등기청산인에 관한 등기 등 위에서 열거한 등기 이외의 기타 등기	6,000원	위와 같음. 멸실회복등기의 경우에는 신청수수료 없음.

2. 상호등기 · 상호가등기 및 그 등기의 변경, 말소등기 등 일체의 등기	6,000원	위와 같음.
3. 무능력자와 법정대리인등기 및 그 등기의 변경, 말소등기 등 일체의 등기		
4. 지배인등기 및 그 등기의 변경, 말소등기 등 일체의 등기		

Ⅱ. 등기의 실행절차

▣ 핵 심 사 항 ▣

1. 등기관의 심사의 범위에 대한 입법주의
(1) 형식주의 : 등기관은 등기신청사항의 적법성에 관하여 형식적으로만 심사할 수 있을 뿐이고 등기사항의 실질적 진실성은 심사할 권한도 의무도 없는 입법주의.
(2) 실질주의 : 등기관은 형식적 적법성뿐만 아니라 실질적 진실성까지 심사할 권한과 의무를 가지는 입법주의.
(3) 절충주의 : 원칙적으로는 형식적 적법성만 심사할 권한과 의무가 있으나, 등기사항의 진실성을 의심할 만한 사정이 있는 때에는 그 진실성을 심사할 권한과 의무가 있다는 입법주의.
(4) 우리나라의 경우 : 대법원은 형식적 심사주의를 취하고 있다(94마535).
2. 등기신청의 각하사유 : 상업등기법 제27조에서 각하사유를 제한적으로 열거하고 있다.
3. 등기신청의 취하 : 등기를 신청한 당사자 또는 권한 있는 대리인은 등기관이 등기기록에 등기신청정보를 기록하고 상업등기규칙 제9조의 등기관의 식별부호를 기록하기 전까지 취하할 수 있다(상업등기규칙 제70조 1항).

1. 등기신청서의 접수

(1) 상업등기신청서접수장에의 기록

등기관이 등기신청서(전자문서를 포함한다)를 받은 때에는 다음 각 호의 사항을 보조기억장치로 작성되는 상업등기신청서접수장에 기록한다(상업등기규칙 제67조 1항).

① 등기의 목적

② 신청인의 성명 또는 상호

③ 접수의 연월일시와 접수번호

④ 대리인의 성명 및 자격

⑤ 등기신청수수료, 등록면허세

(2) 전산신청의 경우

신청인이 제공하는 신청서의 정보를 대법원규칙이 정하는 바에 따라 접수하여야 한다. 등기신청정보가 전산정보처리조직에 전자적으로 기재된 때에 접수된 것으로 본다(상업등기법 제25조 : 2007. 8. 3. 제정).

보조기억장치로 작성되는 상업등기신청서접수장에 등기신청정보(등기의 목적·신청인의 성명 또는 상호)가 기록된 때에 등기신청서가 접수된 것으로 본다(상업등기규칙 제67조 2항).

(3) 접수번호의 갱신

등기관은 접수번호의 순서에 따라 등기를 하여야 한다(상업등기법 제26조 : 2007. 8. 3. 제정). 접수번호는 매년 새로 부여하여야 한다(상업등기규칙 제67조 3항).

2. 등기신청의 심사

(1) 신청서의 조사(상업등기규칙 제68조)

① 신청서가 접수된 때에는 등기관은 지체 없이 신청에 관한 모든 사항을 조사하여야 한다.

② 등기소에 제출되어 있는 인감과 등기기록에 관한 사항은 전산정보처리조직을 이용하여 조사하여야 한다.

③ 상업등기법 제27조 단서의 보정 요구는 신청인에게 말로 하거나, 전화, 팩시밀리 또는 인터넷을 이용하여 할 수 있다.

핵 심 판 례

■ 등기관이 구 비송사건절차법 제159조 제10호에 정한 등기할 사항에 관하여 무효 또는 취소의 원인이 있는지 여부를 심사하는 방법

원칙적으로 등기공무원은 등기신청에 대하여 실체법상의 권리관계와 일치하는지 여부를 심사할 실질적 심사권한은 없고 오직 신청서 및 그 첨부서류와 등기부에 의하여 등기요건에 합당하는지 여부를 심사할 형식적 심사권한밖에는 없다. 따라서 등기관이 구 비송사건절차법(2007. 7. 27. 법률 제8569호로 개정되기 전의 것) 제159조 제10호에 의하여 등기할 사항에 관하여 무효 또는 취소의 원인이 있는지 여부를 심사할 권한이 있다고 하여도 그 심사방법에 있어서는 등기부 및 신청서와 법령에서 그 등기의 신청에 관하여 요구하는 각종 첨부서류만에 의하여 그 가운데 나타난 사실관계를 기초로 판단하여야 하고, 그 밖에 다른 서면의 제출을 받거나 그 외의 방법에 의해 사실관계의 진부를 조사할 수는 없다(대법원 2008.12.15. 자 2007마1154결정)

【쟁점질의와 유권해석】

<등기신청에 대한 등기관의 심사의 범위>

등기관이 등기신청의 적법여부를 심사함에 있어서 어느 정도까지 심사할 수 있는 권한 내지 직무를 가지는가에 관하여는 입법주의가 나뉘어지고 있다.

ㄱ) 입법주의

형식주의는 등기관은 등기신청사항의 적법성에 관하여 형식적으로만 심사할 수 있을 뿐이고 등기사항의 실질적 진실성은 심사할 권한도 의무도 없는 것으로 하고, 실질적 심사주의에서는 등기관은 형식적 적법성뿐만 아니라 실질적 진실성까지 심사할 권한과 의무를 가진다. 절충주의에서는 등기관은 원칙적으로 형식적 적법성만 심사할 권한과 의무가 있으나, 등기사항의 진실성을 의심할 만한 사정이 있는 때에는 그 진실성을 심사할 권한과 의무가 있다.

ㄴ) 판례

판례는 일관해서 형식적 심사주의를 취하고 있다. 즉 대법원은 '등기관은 등기신청에 대하여 실체법상의 권리관계와 일치하는 여부를 심사할 실질적 심사권한은 없고, 오직 신청서 및 그 첨부서류와 등기부에 의하여 등기요건에 합당하는지 여부를 심사할 형식적 권한 밖에는 없다'고 판시하고 있다(대결 1995. 1. 20. 94마535).

(2) 등기신청의 각하사유

상업등기법 제27조는 17가지의 등기신청 각하사유를 제한 열거하고 있다.

1) 사건이 그 등기소의 관할에 속하지 아니한 때(제1호)

가. 관할등기소

상업등기에 관하여는 당사자의 영업소소재지를 관할하는 지방법원·동지원 또는 등기소를 관할등기소로 한다. 그러나 대법원장은 어느 등기소의 관할에 속하는 상업등기사무를 다른 등기소에 위임할 수 있으므로(상업등기법 제3조 1항·2항 : 2007. 8. 3. 제정), 이 때에는 그 사무위임을 받은 등기소만이 관할 등기소가 된다(법인등기 제외).

나. 본 호의 각하사유에 해당하는 경우

관할등기소가 아닌 다른 등기소에 대한 등기의 신청, 즉 등기의 신청을 당사자의 영업소소재지를 관할하는 등기소가 아닌 등기소에 신청하거나, 영업소소재지 관할등기소라 하더라도 그 등기소의 상업등기사무가 다른 등기소에 위임된 경우에 그 위임을 받은 등기소에 신청하지 아니하고 영업소 소재지 관할등기소에 신청한 때에는 본 호의 각하사유에 해당된다.

회사의 본점이전등기신청을 구소재지 관할등기소를 경유하지 아니하고 직접 신소재지 관할등기소에 신청한 때에는 본 호의 각하사유에 해당하는 것이 아니라 11호의 각하사유에 해당된다.

다. 각하사유를 간과하고 실행한 등기의 효력

본 호의 각하사유를 간과하고 실행한 등기는 말소의 대상이 된다(상업등기법 제116조 : 2007. 8. 3. 제정).

2) 사건이 등기할 사항이 아닌 때(제2호)

등기의 신청이 등기할 사항 이외의 사항의 등기를 목적으로 하는 때의 등기는 허용할 수 없는 것이어서 그 신청은 각하될 수밖에 없다. 등기할 사항이란 상법·상업등기법 등의 법령의 규정에 의하여 등기하여야 할 의무가 부과되어 있는 사항(절대적 등기사항)과 등기할 의무는 없지만 등기할 수 있는 사항(상대적 등기사항)으로 되어 있는 사항을 말한다.

본 호에 위반된 등기도 말소의 대상이 된다(상업등기법 제116조).

【쟁점질의와 유권해석】

<등기할 사항이 아닌 경우>

ㄱ) 지배인 이외의 상업사용인에 관한 등기신청

ㄴ) 전환사채나 신주인수권부사채가 아닌 보통의 사채에 관한 등기신청

ㄷ) 합명(합자)회사의 업무집행사원에 관한 직무집행정지 가처분의 등기촉탁

ㄹ) 본점이전금지가처분 결정에 의한 가처분등기촉탁

ㅁ) 신주발행효력정지의 가처분등기촉탁

ㅂ) 법률의 근거 없이 설립등기된 법인등기

ㅅ) '신청인의 피신청인을 상대로 한 이사회결의 무효확인등 청구사건의 본안판결 확정시까지 신청인은 피신청인의 공동대표이사의 지위에 있음을 임시로 정한다.'는 내용의 가처분(지위보전 가처분) 촉탁등기

3) 사건이 그 등기소에 이미 등기되어 있는 때(제3호)

동일 사항에 관하여 이미 등기가 되어 있는 때에는 동일 등기소에 대하여 뒤에 한 등기신청은 이중등기를 목적으로 한 것으로서 각하된다.

가. 이중등기의 의의

이중등기란 동일 등기소에 대하여 기존의 등기와 동일 내용의 등기신청을 한 경우를 말한다. 따라서 본점소재지에서 한 등기와 동일 내용의 등기신청을 지점소재지에서 한 경우에는 여기에 해당하지 않는다. 또한 일부의 등기사항이 동일하고 다른 등기사항이 다를 때에도 이중등기에 해당하지 않는다.

지배인은 영업소단위로 선임하는 것이므로 동일인을 다른 영업소의 지배인으로 선임하는 등기신청은 그 다른 영업소가 동일등기소의 관할구역내에 있는 경우라도 이중등기에 해당하지 않는다.

이미 등기한 사항에 관하여 동일한 등기신청을 다시 하였을 경우(예컨대 퇴임하여 말소된 이사에 대한 퇴임등기를 다시 신청한 경우, 주소변경등기가 이미 경료된 대표이사 등의 주소변경등기를 다시 신청한 경우 등)에는 본호에 해당한다는 견해와 제9호(신청서와 그 첨부서면 및 이와 관련된 등기기록의 각 내용이 서로 맞지 아니한 때)에 해당한다는 견해가 대립된다. 생각건대 이미 말소되어버린 등기를 다시 말소신청할 경우에는 본호에 해당하고, 현재 효력있는 등기의 변경등기를 다시 신청한 경우에는 제9호에 해당한다고 새기

는 것이 타당하다고 본다.

나. 본호에 위반한 등기의 효력

본 호에 위반한 등기도 말소의 대상이 된다(상업등기법 제116조 : 2007. 8. 3. 제정).

4) 사건이 신청권한 없는 사람의 신청에 의한 때(제4호)

등기신청의 진정을 보장하기 위하여 등기신청서에 날인할 자(대표권이 없는 자 제외)는 미리 그 인감을 등기소에 제출하도록 규정하고 있고(상업등기법 제24조 : 2007. 8. 3. 제정), 등기신청을 할 수 있는 자는 상법·비송사건절차법 기타 법령에서 개별적 또는 통칙으로 규정하고 있으므로, 이에 해당하는 사람만이 등기신청을 할 수 있는 것이며, 그 이외의 자는 등기를 신청할 수 없다. 따라서 신청인이 아닌 자가 한 등기신청은 각하하여야 한다. 신청권한이 있느냐의 여부는 그 자가 신청인적격이 있는가 또는 신청인적격자의 대표자나 대리인인가의 여부에 따라 결정된다.

일반적으로 등기할 당사자가 신청인 적격자이나, 상호의 폐지등기(상업등기법 제17조 : 2007. 8. 3. 제정)·무능력자의 등기(동법 제48조) 등에 관하여는 당사자가 아닌 자도 등기신청 적격자가 될 수 있는 경우가 있다.

회사의 등기에 있어서는 회사가 신청적격자이지만 회사의 대표자가 신청인을 대표하여 등기신청을 할 권한을 가진다(동법 제17조). 회사의 합병으로 인한 해산등기의 신청에 관하여는 특칙은 없으나 존속회사 또는 신설회사의 대표자도 소멸회사의 해산등기를 신청할 권리가 있다고 새겨야 할 것이다.

법원 기타 관공서가 촉탁할 등기를 당사자가 신청하거나 반대로 당사자가 신청할 등기를 촉탁한 경우 또는 공동대표 중의 한사람이 신청을 한 경우에도 본 호에 의하여 각하하여야 한다.

5) 당사자 또는 그 대리인등의 출석이 필요한 경우에 출석하지 아니한 때 (제5호)

가. 출석주의의 원칙

등기는 당사자 또는 그 대리인(법정대리인과 임의대리인을 포함한다)이 등기소에 출석하여 신청하는 것이 원칙이다(상업등기법 제18조 1항 : 2007. 8. 3. 제정). 따라서 당사자 또는 그 대리인이 출석하지 아니한 경우 그 등기신청은 각하된다.

나. 출석주의가 적용되지 않는 경우

전자문서에 의한 등기신청 및 촉탁에 따른 등기를 신청하는 경우와 회사의 본점과 지점소재지에서 등기할 사항에 관하여 지점소재지에서 등기를 신청하는 경우에는 당사자 출석주의가 적용되지 아니하므로(상업등기법 제18조 3항 : 2007. 8. 3. 제정), 이 경우 당사자 또는 대리인이 불출석하였더라도 이 조항에 의하여 각하할 수 없다.

등기소의 관할이 다른 경우의 신본점소재지에서의 본점이전등기신청 및 합병으로 인한 해산등기신청은 동시신청을 하는 등기소에 당사자 또는 대리인이 출석하면 되고, 다시 신본점소재지등기소 또는 해산회사 관할등기소에 출석할 필요는 없다.

등기신청서를 우편 등에 의하여 신청하였거나, 출석한 자가 당사자 또는 대리인이 아닌 때에는 원칙적으로 본 호에 의하여 각하된다.

6) 신청서가 방식에 적합하지 아니한 때(제6호)

등기신청은 서면 또는 전자문서에 의하여야 하며 상업등기법 제19조 1항 각호의 사항을 기록하고 신청인 또는 그 대표자나 대리인이 기명날인(전자문서에 의한 신청시에는 전자서명)하여야 한다. 그리고 서면으로 등기를 신청하는 경우에는 대법원인터넷등기소에서 제공하는 전자표준양식을 이용하여 전산정보처리조직에 신청정보를 입력·저장한 다음, 저장된 신청정보를 출력하여 그 출력물로써 할 수 있다(상업등기규칙 제57조). 이러한 방식을 갖추지 아니하였거나 서면 또는 전자문서에 의하지 아니한 등기신청을 한 때에는 본 호에 의하여 각하된다. 예컨대 구두에 의한 신청, 신청인 또는 그 대리인의 기명날인이 누락되었거나 신청서의 기재사항 또는 기재문자가 법규에 어긋난 때 등이 이에 해당된다.

【쟁점질의와 유권해석】

<상업등기신청서의 양식에 관한 예규에 정한 등기양식과 다른 양식으로 등기신청을
한 경우 각하되는지 여부>

2004. 12. 16. 제정된 등기예규 제1091호(상업등기신청서의 양식에 관한 예규)에 의
한 등기신청서의 양식은 모든 신청양식을 정한 것이 아니고 등기신청인의 편의를
위하여 일응의 양식을 제정한 것으로, 등기예규와 다른 사항에 대한 등기신청은 그
예규에 따라 신청할 수 없으므로, 등기관으로서는 등기양식과 다르다는 이유로 상업
등기법 제27조 제6호의 규정을 근거로 등기신청서를 각하할 수 없다.

7) 상업등기법 제24조에 따른 인감의 제출이 없거나, 신청서·위임에 따른
대리인의 권한을 증명하는 서면 또는 상업등기법 제33조 1항에 따른
양도를 증명하는 서면이나 제34조 2항에 따른 승낙서에 찍힌 인감이
제24조에 따라 제출된 인감과 다른 때(제7호)

신청인의 인감을 제출케 하는 것은 등기신청서가 신청권한 있는 자에 의하
여 작성된 것임을 등기관에게 확인시킴으로써 등기신청의 진정을 담보하려는
데 목적이 있으므로, 신청서 또는 신청의 대리권을 수여하는 위임장에 미리 제
출한 인감을 날인하지 아니하거나 최초의 등기신청시에 인감을 제출하지 아니
하는 경우에는 본 호에 위반되는 것으로서 각하 된다.

상호양도의 등기 및 영업양도의 경우 면책등기는 양도증서 및 면책승낙서를
첨부하여 양수인이 신청하는 것이므로(상업등기법 제33조, 제34조 : 2007. 8. 3.
제정), 그 신청의 진정을 보장하기 위하여 양도증서 및 면책승낙서에는 양도인
이 미리 등기소에 제출한 인감을 찍어야 된다. 이와 다른 인감을 날인한 양도
증서 등에 의한 신청은 본 호에 의하여 각하 된다.

8) 신청서에 필요한 서면을 첨부하지 아니한 때(제8호)

신청서에 필요한 서면은 상업등기법(제22조~제24조, 제56조, 제77조, 제79조,
제103조), 상업등기처리규칙(제59조), 등기예규 등에서 규정하고 있다. 이러한
서면은 제출하지 않으면 그 등기신청은 각하된다. 신청내용의 진실을 증명하는
서면으로 관청의 허가를 필요로 하는 사항의 등기를 신청할 경우 그 허가서
또는 인증있는 등본(상업등기법 제22조 : 2007. 8. 3. 제정), 무능력자의 영업에
대한 등기를 신청할 경우의 법정대리인의 허락을 얻었음을 증명하는 서면 등
(동법 제49조), 상호의 양도·상속에 의한 변경등기를 신청할 경우의 양도증서

등(동법 제33조)을 제출하지 아니한 경우도 본 호에 해당된다.

법인등의등기사항에관한특례법(1993. 1. 1. 시행) 시행 당시의 회사가 법 시행 이후 최초로 등기를 신청하는 경우에는 임원 등의 주민등록번호를 증명하는 서면을 제출하여야 하나(예규 제794호) 이 서면을 제출하지 아니한 경우라도 그 사유만으로는 등기신청을 각하할 수 없다고 할 것이다. 다만, 이 법 시행규칙 제2조에 의하여 당해 임원 등에 대한 등기를 신청할 때에 주민등록번호 또는 생년월일을 증명하는 서면을 제출하지 아니한 경우에는 본 호의 각하 사유에 해당된다고 할 것이다.

상업등기는 부동산등기와는 달리 도면을 첨부하는 경우란 있을 수 없다.

9) 신청서와 그 첨부서면 및 이와 관련된 등기기록(폐쇄한 등기기록 포함)의 각 내용이 서로 맞지 아니한 때(제9호)

가. 신청서와 등기기록(폐쇄한 등기기록 포함)의 내용이 서로 맞지 아니한 때

예컨대 신청서에는 갑 이사가 사임한 것으로 기재되어 있는데 등기부에는 갑이 등기되어 있지 않고 을이 이사로 기재되어 있는 경우가 여기에 해당된다.

나. 신청서와 첨부서면의 내용이 서로 맞지 아니한 때

예컨대 신청서에는 갑을 이사로 선임한 뜻의 기재가 있는데, 첨부서면인 주주총회의사록에는 을을 이사로 선임한 뜻의 기재가 있는 경우가 여기에 해당된다. 그러나 주주총회의사록에 의하여 이사 5명이 선임된 것으로 기재되어 있는데도 그 중 3명만 취임등기신청을 하였을 경우에는 본 호의 각하사유에 해당하지는 않고, 취임등기를 신청하지 아니한 이사에 관하여 등기해태만 문제될 뿐이다.

다. 첨부서면의 내용과 등기부(등기기록)의 내용이 서로 맞지 아니한 때

예컨대 첨부서면인 주주총회의사록 기재의 발행주식총수와 등기부상의 발행주식 총수가 다른 경우가 여기에 해당된다. 다만, 행정구역 또는 그 명칭의 변경이나 구획의 변경이 있는 때에는 등기부에 기재한 행정구역 또는 그 명칭은 당연히 변경된 것으로 보고(상업등기법 제29조 : 2007. 8. 3. 제정), 등기관은 직권으로 그 변경이 있는 것을 기재할 수 있으므로(규칙 제50조), 이 경우에는 등기부가 변경된 것과 같이 취급된다.

라. 첨부서면의 내용이 서로 맞지 아니한 때

예컨대 첨부서면인 주식청약서에 기재된 납입은행과 납입금보관증명서의 발행은행이 다른 경우가 여기에 해당된다.

10) 등기할 사항에 관하여 무효 또는 취소의 원인이 있는 때(제10호)

가. 의 의

이는 실체에 관계되는 각하사유로서, 등기할 사항의 성립절차 내지 발생원인에 하자가 있는 경우이다. 등기할 사항에 관하여 무효 또는 취소의 원인이 있는지의 여부는 등기부, 신청서와 첨부서면만을 자료로 심사하여야 한다. 등기할 사항이 부존재하는 경우도 이에 해당한다 할 것이다.

나. 등기할 사항에 무효 또는 취소의 원인이 있어도 본 호에 의해 각하할 수 없는 경우

등기할 사항에 관하여 소로써만 주장할 수 있는 무효 또는 취소의 원인이 있는 경우에 그 소가 제기기간 내에 제기되지 아니한 때에는 본호를 적용하지 아니한다(상업등기법 제28조 1항 : 2007. 8. 3. 제정). 이 경우에는 그 소가 제기기간 내에 제기되지 아니한 사실을 증명하는 서면과 등기할 사항의 존재를 증명하는 서면을 첨부하여 등기신청을 할 수 있다(동조 2항).

11) 거쳐야 할 등기소를 거치지 아니하고 신청한 때(제11호)

구소재지관할등기소를 거치지 아니하고 신본점소재지등기소에 본점이전등기를 신청한 때(상업등기법 제58조 : 2007. 8. 3. 제정), 합병으로 인한 해산등기를 합병으로 인하여 신설 또는 존속하는 회사의 관할등기소를 거치지 아니하고 소멸회사관할등기소에 신청한 때(동법 제72조) 등이 이에 해당된다.

12) 동시에 신청하여야 하는 다른 등기를 동시에 신청하지 아니한 때(제12호)

이는 전제되는 등기를 먼저 신청하지 아니하거나 동시에 산정하지 아니하여 각하되는 경우이다. 다음과 같은 경우가 여기에 해당된다.

① 해산의 등기를 먼저 신청하지 아니하고 청산인의 등기를 신청한 경우

② 신본점소재지의 본점이전등기를 구본점소재지에 동시에 신청하지 아니한 경우(상업등기법 제58조 : 2007. 8. 3. 제정)

③ 합병으로 인하여 소멸하는 회사에 대한 해산등기와 합병으로 인하여 설립하는 회사의 설립등기 또는 존속하는 회사의 변경등기를 동시에 신청

하지 아니한 경우(동법 제72조)

④ 조직변경으로 인한 변경전 회사의 해산등기와 변경 후 회사의 설립등기
를 동시에 신청하지 아니한 경우(동법 제76조, 제78조, 제102조, 제108조)

2개 이상의 등기를 동시에 신청하여야 할 경우에 그 중 하나의 신청에
각하사유가 있는 때에는 각하사유가 없는 나머지 다른 등기신청도 이것
을 이유로 함께 각하한다(동법 제59조, 제73조, 제76조).

13) 사건이 상업등기법 제30조에 따라 등기할 수 없는 상호의 등기 또는
가등기를 목적으로 한 때(제13호)

동일한 특별시·광역시·시·군내에서는 동일한 영업을 위하여 다른 사람이
등기한 것과 동일한 상호는 등기할 수 없다(상업등기법 제30조 : 2009. 5. 개
정). 이에 위반한 상호신설(회사설립포함)·상호변경의 등기 및 본점이전(영업
소 이전)의 등기는 각하 된다. 목적을 변경함에 따라 이 조항에 위반되는 결과
로 되는 경우에도 또한 같다(예규 제598호).

14) 사건이 법령의 규정에 따라 사용이 금지된 상호의 등기 또는 가등기
를 목적으로 한 때(제14호)

상법 제20조의 규정에 위반하여 회사 아닌 자가 회사라는 표시를 한 상호의
등기를 신청하거나, 기타 특별법(은행법 제14조, 보험업법 제8조 2항, 신탁업법
제7조 2항 등)의 규정에 의하여 사용이 금지된 상호를 등기목적으로 한 때를
말한다.

15) 상호등기가 말소된 회사의 경우 상호의 등기에 앞서 다른 등기를 신
청한 때(제15호)

상법 제27조의 규정에 의하여 상호만 말소된 회사는 다시 상호를 설정하여
등기하기 전에는 다른 등기를 신청할 수 없으므로 이에 위반한 경우에는 이
조항에 의하여 각하된다. 그러나 상호의 신청과 동시에 신청한 다른 등기의 신
청은 본 호 사유에 해당하지 아니한다. 상호가 말소된 회사라 하더라도 회사의
법인격은 여전히 존속하고 상호만 없는 상태로 된다.

16) 사건이 상업등기법 제38조 3항, 제39조 2항 또는 제40조 1항 단서를
위반한 때(제16호)

본 호는 2007. 8. 3. 상업등기법 제정시 신설된 조항이다.

가. 상호의 가등기에 있어서 본등기를 할 때까지의 기간을 2년을 초과하여 등기신청한 때

주식회사 또는 유한회사의 설립에 관계된 상호의 가등기에 있어서는 본등기를 할 때까지의 기간도 등기하여야 하는데, 그 기간은 2년을 초과할 수 없다(상업등기법 제38조 3항).

따라서 2년을 초과하는 기간을 상호의 본등기를 할 때까지의 기간으로 하여 등기를 신청하면 본호에 의하여 각하된다.

나. 본점이전 등에 관계된 상호의 가등기에 있어서 본등기를 할 때까지의 기간을 2년 또는 1년을 초과하여 등기신청한 때

본점이전 등에 관계된 상호의 가등기에 있어서는 본등기를 할 때까지의 기간을 등기하여야 하는데, 그 기간은 본점이전과 관계된 상호의 가등기의 경우에는 2년을, 상호나 목적 또는 상호와 목적변경에 관계된 상호의 가등기의 경우에는 1년을 각각 초과할 수 없다(상업등기법 제39조 2항 : 2007. 8. 3. 제정).

따라서 이에 위반하여 본등기를 할 때까지의 기간을 2년 또는 1년을 초과하여 등기신청을 한 때에는 본호에 의하여 각하된다.

다. 본등기까지의 예정기간과 그 연장기간이 법정기간을 초과한 때

상호의 가등기를 한 발기인 등이나 회사는 상업등기법 제38조 2항 5호(상호의 가등기시 본등기를 할 때까지의 기간) 또는 제39조 1항 8호(본점이전 등에 관계된 상호의 가등기시 본등기를 할 때까지의 기간)의 기간(이를 예정기간이라 한다)의 연장과 등기를 신청할 수 있다. 다만, 종전의 예정기간과 연장기간을 합한 기간이 제38조 3항(2년) 및 제39조 2항(1년)의 기간을 각각 초과할 수 없다(상업등기법 제40조 1항). 이에 위반하면 본호에 의하여 등기신청이 각하된다.

17) 등록면허세 또는 상업등기법 제17조 4항에 따른 수수료를 납부하지 아니하거나 등기신청과 관련하여 다른 법률에 의해 부과된 의무를 이행하지 아니한 때

등록세면허를 전액 납부하지 아니한 경우는 물론, 그 납부액에 부족이 있는 때 등이 이에 해당한다.

3. 등기신청의 각하와 취하

(1) 등기신청의 각하

등기관은 등기신청에 관한 모든 사항을 조사하여 상업등기법 제27조 각 호의 어느 하나에 해당하는 각하사유가 있는 때에는 이유를 기재한 결정으로써 신청을 각하하여야 한다. 그러나 신청의 흠결이 보정될 수 있는 경우 신청인이 당일 이를 보정한 때에는 그 신청을 수리하여야 한다(상업등기법 제27조 : 2007. 8. 3 제정).

보정요구는 신청인에게 말로 하거나 전화·팩시밀리 또는 인터넷을 이용하여 할 수 있다(상업등기규칙 제68조 3항).

종전의 비송사건 절차법 제159조는 신청일의 다음날까지 이를 보정할 수 있도록 하였으나 2007. 8. 3. 제정된 상업등기법은 신청일 당일에 보정할 수 있는 것으로 하였다.

(2) 등기신청의 취하

1) 취하시기

등기를 신청한 당사자 또는 권한 있는 대리인은 등기관이 등기기록에 등기신청정보를 기록하고 상업등기규칙 제9조의 등기관의 식별부호를 기록하기 전까지 취하할 수 있다(상업등기규칙 제70조 1항).

2) 취하방법

등기신청의 취하는 당사자 또는 그 대리인이 등기소에 출석하여 취하서를 제출하는 방법에 의하여 한다. 다만, 전자신청의 경우에는 전자문서로 하여야 한다(동규칙 제70조 2항).

4. 등기의 실행

(1) 전산정보처리조직에 의한 상업등기업무처리로의 전환

상업등기의 전산완료 전에는 등기부 또는 카드식의 등기용지에 소정의 등기사항을 기입하였으나, 현재는 전국의 모든 등기소의 현재 효력 있는 상업등기부를 전산으로 전환 완료하여 전산에 의한 상업등기업무를 처리하고 있다.

전산정보처리조직에 의하여 등기사무를 처리하는 경우에는 등기사항이 기재된 자기디스크(자기테이프 기타 이와 유사한 방법에 의하여 일정한 등기사항을 확실하게 기록·보관할 수 있는 것을 포함)를 등기부로 본다.

(2) 등기의 순서

상업등기는 부동산등기와는 달리 등기의 순위는 없으나 상호의 등기(설립등기 포함)에 있어서는 등기신청의 전후에 의하여 그 등기를 할 수 없는 경우가 있을 뿐만 아니라 실체관계에 있어서도 상호의 폐지 또는 말소청구를 당하는 경우가 있으므로 등기는 접수번호의 순서에 따라서 하여야 한다(상업등기법 제26조).

(3) 등기의 방법

등기의 기록은 자기디스크 장치에 등기데이타를 축적하는 것으로 이루어진다. 그러므로 종전 방식의 등기의 기입, 기재라는 개념은 수정되어, 등기용지는 '등기기록'으로, 기재는 '기록'으로, 날인은 '등기관의 식별부호를 기록'으로, 주말은 '말소하는 기록'으로 변경되었다.

1) 기록할 사항

등기를 할 때에는 상업등기규칙에서 따로 정하는 경우를 제외하고는 등기기록 중 해당란에 등기사항, 등기원인 및 그 연월일, 등기연월일을 기록하고 동규칙 제9조의 등기관의 식별부호를 기록하여야 한다(동규칙 제69조 1항).

2) 촉탁에 따라 등기를 하는 경우

법원의 촉탁에 따라 등기를 하는 때에는 법원의 명칭, 사건번호 및 재판의 확정연월일 또는 재판연월일을 기록하여야 한다(동규칙 제69조 2항).

3) 변경의 등기를 하는 경우

변경의 등기를 하는 때에는 변경된 등기사항을 말소하는 기호를 기록하여야 한다(동규칙 제69조 3항).

III. 등기의 경정과 말소

▣ 핵 심 사 항 ▣

1. 등기의 경정
(1) 의의 : 신청인 또는 등기관의 착오로 처음부터 등기가 잘못 기재(기록)된 경우에
이를 시정하는 것.
(2) 등기의 경정절차
 1) 신청에 의한 경정 : 등기에 착오가 있거나 빠진 것이 있는 때에는 당사자는 그
등기의 경정을 신청할 수 있다(상업등기법 제114조 1항).
 2) 직권경정 : 등기관은 등기를 한 후 그 등기에 착오가 있거나 빠진 것이 있음을
발견한 때에는 지체없이 등기를 한 사람에게 그 뜻을 통지하여야 한다. 다만,
그 착오와 빠진 것이 등기관의 잘못으로 인한 것인 때에는 지체없이 등기의 경
정을 한 후 그 취지를 지방법원장에게 보고하고 등기를 한 사람에게 통지를 하
여야 한다(상업등기법 제115조).
2. 등기의 말소
(1) 의의 : 등기사항에 무효원인이 있거나 이에 부합하는 실체관계가 없는 경우에,
이미 행하여진 등기를 말소하는 것.
(2) 등기의 말소절차
 1) 말소의 사유 : 상업등기법 제116조는 등기의 말소사유를 제한적으로 열거하고 있다.
 2) 말소신청절차 : 당사자는 등기를 한 후 그 등기가 상업등기법 제116조 1항 각
호의 규정에 해당하는 때에는 관할등기소에 그 말소신청을 할 수 있다(상업등기
법 제116조).
 3) 직권말소 : 등기관은 등기를 한 후 그 등기가 상업등기법 제116조 1항 각 호의
1(등기의 말소사유)에 해당하는 것을 발견한 때에는 등기를 한 자에게 1월 이
내에 기간을 정하여 그 기간 내에 서면으로 이의를 진술하도록 하고 이의진술
자가 없거나 이의를 각하한 때에는 이를 직권으로 말소하여야 한다(상업등기법
제117조 1항).

1. 의 의

등기가 되더라도 그 등기가 실체관계에 부합하지 아니하는 경우에 그 등기를
실체관계에 부합시키기 위하여 하는 것이 등기의 경정 또는 말소이다. 양자 모
두 등기를 시정하기 위한 제도이다.

(1) 등기의 경정

등기의 경정이란 신청인 또는 등기관의 착오로 처음부터 등기가 잘못 기재

(기록)된 경우에 이를 시정하는 것으로서, 등기관은 등기의 착오 또는 유루가 등기관의 착오로 인한 것임을 발견한 때에는 지체없이 이를 경정하여야 한다. 등기의 경정은 실체관계의 존재를 전제로 하여 등기가 이에 부합되지 않기 때문에 이를 시정하는 등기이다.

(2) 등기의 말소

등기의 말소란 등기사항에 무효원인이 있거나 이에 부합하는 실체관계가 없는 경우에, 이미 행하여진 등기를 말소하는 것을 말한다. 등기의 말소는 당초부터 무효 또는 존재하지 아니하는 실체관계를 등기한 후에 이를 시정하는 등기이다.

【쟁점질의와 유권해석】

<폐쇄등기부에 기재된 이미 효력을 상실한 사항도 경정 또는 변경할 수 있는지 여부>

전산등기부에 이기 당시 효력이 있는 부분만을 이기하고 기존의 등기부를 폐쇄한 경우, 폐쇄등기부에 이미 효력을 상실한 사항에 대하여 경정 또는 변경등기는 할 수 없다.

2. 등기의 경정절차

(1) 신청에 의한 경정

1) 경정의 사유

등기에 착오가 있거나 빠진 것이 있는 때에는 당사자는 그 등기의 경정을 신청할 수 있다(상업등기법 제114조 1항 : 2007. 8. 3. 제정).

그 착오·유루는 신청인의 착오에 기인한 것이든, 등기관의 과오에 기인한 것이든 이를 불문한다.

등기의 경정은 현재의 사실과 등기가 불일치하는 경우에만 인정되는 것으로, 등기 당시에는 사실과 부합하지 아니하더라도 그 후 실체관계의 변동으로 인하여 현재 그 등기가 사실과 부합하는 때에는 이를 경정할 수 없고, 또 경정 전후를 통하여 객관적으로 등기의 동일성이 인정되는 경우에만 경정이 인정된다.

2) 경정등기신청서의 첨부서면

신청서에는 일반적인 기재사항을 기재하며, 착오가 있거나 빠진 것이 있음을 증명하는 서면을 첨부하여야 한다(상업등기법 제114조 2항 : 2007. 8. 3. 제정). 신청서 및 그 첨부서면에 의하여 등기에 착오 또는 빠진 것이 있음이 명백할 때에는 경정등기신청서에 착오 또는 빠진 것이 있음을 증명하는 서면을 첨부하지 아니할 수 있다. 이 경우에는 경정등기신청서에 그 뜻을 기록하여야 한다(상업등기규칙 제108조).

(2) 직권경정

1) 절 차

등기관은 등기를 한 후 그 등기에 착오가 있거나 빠진 것이 있음을 발견한 때에는 지체없이 등기를 한 사람에게 그 뜻을 통지하여야 한다. 다만, 그 착오와 빠진 것이 등기관의 잘못으로 인한 것인 때에는 지체없이 등기의 경정을 한 후 그 취지를 지방법원장에게 보고하고 등기를 한 사람에게 통지를 하여야 한다(상업등기법 제115조 : 2007. 8. 3. 제정).

2) 방 법

상업등기법 제115조 제2항에 따라 등기관이 직권으로 경정등기를 하는 경우에는 경정서를 작성하고 등기신청서의 접수방법에 따라 접수한 후 경정등기를 하여야 한다(상업등기규칙 제109조).

(3) 경정등기의 방법

등기를 경정하는 경우에는 경정할 등기에 대하여 말소하는 기호를 기록하고 그 등기로 인하여 말소된 등기사항이 있는 때에는 회복하여야 한다(상업등기규칙 제110조).

(4) 행정구역 등의 변경

등기부에 기록된 행정구역 또는 그 명칭이 변경된 때에는 등기관은 직권으로 변경사항을 등기할 수 있다(상업등기규칙 제71조).

3. 등기의 말소절차

(1) 말소의 사유

상업등기법 제116조는 등기의 말소사유를 제한적으로 열거하고 있다.

① 그 등기소의 관할에 속하지 아니한 등기를 한 때

② 사건이 등기사항이 아닌 사항을 등기한 때

③ 사건이 그 등기소에 이미 등기되어 있는 사항을 다시 등기한 때

④ 등기된 사항에 관하여 무효의 원인이 있는 때(소로써만 그 무효를 주장할 수 있는 경우는 제외)

회사설립의 무효·신주발행의 무효·자본감소의 무효·합병의 무효 등과 같이 소로써만 그 무효를 주장할 수 있는 경우에는 판결에 의하여 그 무효임이 확정되기까지에는 일단 실체관계는 존재하는 것이고 또 실체관계에 무효원인이 있다 하더라도 이를 기초로 법률관계가 형성되는 것이므로 말소신청을 할 수 없다.

(2) 말소신청절차

당사자는 등기를 한 후 그 등기가 상업등기법 제116조 1항 각 호의 규정에 해당하는 때에는 관할등기소에 그 말소신청을 할 수 있다(동법 제116조 : 2007. 8. 3. 제정).

등기사항에 관하여 무효의 원인을 이유로 등기의 말소를 신청하는 경우에는 그 신청서에 무효의 원인이 있음을 증명하는 서면을 첨부하여야 한다(동법 제116조 2항).

등기의 말소신청에 관하여는 상업등기규칙 제108조를 준용하므로, 말소등기신청서 또는 첨부서면에 의하여 등기사항에 관하여 무효의 원인이 있음이 명백할 때에는 무효의 원인이 있음을 증명하는 서면을 첨부하지 아니할 수 있다. 이 경우에는 말소등기신청서에 그 뜻을 기록하여야 한다(동규칙 제111조 3항).

【쟁점질의와 유권해석】

<무효의 원인을 증명하는 서면에 해당되는지 여부가 문제되는 경우>

ㄱ) 등기사항의 기초가 된 법률관계가 무효임을 확인하는 확정판결

  이는 무효의 원인을 증명하는 서면에 해당된다.

ㄴ) 이의신청에 대한 제1심의 결정

  아직 확정되지 않은 이의신청에 대한 제1심 결정은 무효원인증명서면이 될 수 없다.

ㄷ) 유죄 확정판결의 이유 중에 등기가 부실기재라는 내용이 설시되어 있는 경우

  위조된 이사회 회의록으로 임원 변경등기가 경료 된 경우에, 그 등기에 관해 공정증서원본불실기재죄의 유죄 확정판결이 있고, 그 판결 이유 중에 그 등기가 불실기재라는 내용이 설시되어 있다면, 무효의 원인이 있음을 증명하는 서면으로서 위 판결등본을 첨부하여 말소등기를 신청할 수 있다.

(3) 직권말소

1) 직권말소 사유 및 절차

  등기관은 등기를 한 후 그 등기가 상업등기법 제116조 1항 각 호의 1(등기의 말소사유)에 해당하는 것을 발견한 때에는 등기를 한 자에게 1월 이내에 기간을 정하여 그 기간 내에 서면으로 이의를 진술하도록 하고 이의진술자가 없거나 이의를 각하한 때에는 이를 직권으로 말소하여야 한다(상업등기법 제117조 1항).

  본점과 지점의 소재지에서 등기한 사항을 직권말소함에는 말소통지는 본점의 등기에 대하여서만 하고 지점의 등기는 본점에서 직권말소한 통지에 의하여 말소한다(상업등기법 제120조). 그러나 지점소재지에서 한 등기에 한하여 말소의 사유가 있는 때에는 지점소재지에서 말소통지를 하여야 한다(상업등기법 제120조).

  상업등기에 있어서 말소에 대한 등기상의 이해관계인이 없으므로 그 통지절차가 생략되는 점은 부동산등기와 다르나, 등기한 자의 주소 또는 거소를 알 수 없는 때에는 통지에 갈음하여 1월 이내의 기간을 정하여 등기소의 게시장에 공고를 하여야 하는 점(상업등기법 제117조 2항) 및 직권말소에 관한 나머지 절차는 부동산등기와 같다.

2) 이의에 대한 결정

등기의 말소에 관하여 이의를 진술한 사람이 있는 때에는 등기관은 그 이의에 대한 결정을 하여야 한다(상업등기법 제118조).

3) 등기의 직권말소

이의를 진술한 사람이 없는 때 또는 그 이의를 각하한 때에는 등기관은 직권으로 등기를 말소하여야 한다(상업등기법 제119조).

4) 지점소재지에서의 등기의 말소

상업등기법 제117조부터 제119조까지의 규정은 회사의 본점과 지점소재지에서 등기할 사항의 등기에 관하여는 본점소재지에서 한 등기의 경우에 한하여 적용한다. 다만, 지점소재지에서 한 등기에 한하여 말소의 사유가 있는 때에는 그러하지 아니하다(상업등기법 제20조 1항).

(4) 말소등기의 방법(상업등기규칙 제111조)

① 등기를 말소하는 경우에는 말소할 등기에 대하여 말소하는 기호를 기록하고 그 등기로 인하여 말소된 등기사항이 있는 때에는 회복하여야 한다. 다만, 등기의 말소로 인하여 등기기록을 폐쇄하여야 할 때에는 그러하지 아니하다.

② 등기의 직권말소(상업등기법 제119조) 또는 상업등기법 제120조 3항에 따라 등기를 말소하는 경우에는 그 뜻을 기록하여야 한다.

제 3 장　　등기관의 처분에 대한 이의 등

Ⅰ. 이의신청절차

▣ 핵 심 사 항 ▣

1. 관할법원 : 등기관의 결정 또는 처분에 이의가 있는 사람은 관할 지방법원에 이의신청을 할 수 있다(상업등기법 제121조).
2. 이의신청권자 : 등기상 직접적인 이해관계를 가진 자에 한하고, 제3자는 이의신청을 할 수 없다.
3. 이의신청의 사유 : 등기관의 결정 또는 처분이 부당한 것이어야 한다.
4. 이의신청의 방법 : 구술로 할 수 없고 등기소에 이의신청서를 제출함으로써 하여야 한다(상업등기법 제122조).
5. 항고 : 관할 지방법원이 이의신청의 전부 또는 일부를 각하한 경우에는 이의신청인은 비송사건절차법에 따라 보통항고로써 불복할 수 있고(상업등기법 제126조), 또 항고법원의 결정에 대하여 불복하는 때에는 재항고를 할 수 있다(비송사건절차법 제23조).

1. 관할법원

등기관의 결정 또는 처분에 이의가 있는 사람은 관할 지방법원에 이의신청을 할 수 있다(상업등기법 제121조).

2. 이의신청권자

등기관의 처분이 부당하다고 하여 이의신청을 할 수 있는 자는 등기상 직접적인 이해관계를 가진 자에 한하고(대결 1987. 3. 18. 87마206), 제3자는 이의신청을 할 수 없다.

등기상 이해 관계를 가진 자란 등기관의 당해 처분에 의하여 불이익을 받게 되는 자로서, 이의신청이 허용됨으로써 그 불이익을 제거할 수 있는 처지에 있는 자를 말한다.

3. 이의신청의 사유

등기관의 결정 또는 처분이 부당한 것이어야 한다. 여기서 '등기관의 결정'은 등기신청의 각하결정을 말하고, '처분'은 등기신청의 접수, 등기의 실행, 등기부의 열람, 등기부등·초본 또는 등기에 관한 제증명의 교부 등 등기관의 권한에 속하는 모든 처분을 말한다

등기관의 처분이 소극적 부당일 때, 즉 신청한 등기를 실행하여야 함에도 불구하고 신청을 각하하거나, 일정한 직권등기를 실행하여야 함에도 불구하고 이를 게을리 하고 있는 경우에는 신청한 등기 또는 일정한 직권등기를 실행하라는 이의신청을 할 수 있다. 그러나 적극적 부당일 때, 즉 등기신청을 각하하여야 함에도 불구하고 이를 접수하여 등기하거나, 직권에 의하여 실행할 수 없는 등기를 직권으로써 실행한 경우에, 이를 직권 말소함으로써 원상으로 회복할 수 있는 경우가 아니면 이의신청을 할 수 없다.

그러므로 실행한 등기에 직권말소사유가 있는 경우, 즉 ① 그 등기소의 관할에 속하지 아니하는 등기를 한 경우, ② 등기사항 이외의 사항을 등기한 경우, ③ 이미 등기된 사항에 관하여 중복하여 등기한 경우, ④ 등기된 사항에 무효의 원인이 있는 경우(다만, 소만에 의하여 그 무효를 주장할 수 있는 경우는 제외된다)에 한하여 이의신청을 할 수 있는 것이며(상업등기법 제116조), 그 외의 사유를 들어 이의신청을 할 수는 없다.

4. 이의신청의 방법

이의신청은 구술로 할 수 없고 이의신청은 등기소에 이의신청서를 제출함으로써 하여야 한다(상업등기법 제122조). 이의는 새로운 사실이나 증거방법으로써 하지 못한다(동법 제123조).

등기관의 결정 또는 처분의 당부는 그 처분 당시를 기준으로 판단하여야 하므로 그 당시에 제출하지 않았던 신사실이나 신증거방법을 내세워 이의를 할 수 없도록 한 것이다.

이의는 집행정지의 효력이 없다(동법 제125조).

서면에 의하기만 하면 반드시 직접 출석을 요하지 않으며, 이의할 수 있는 기간에도 제한이 없다.

이의신청서의 기재사항에 대하여는 명문규정이 없으나, 이의신청인의 성명·주소, 이의신청의 대상인 처분, 이의신청의 취지와 이유, 신청연월일, 관할법원의 표시 등을 기재하고 신청인이 기명날인하면 될 것이다.

등기관의 결정 또는 처분의 당부는 그 처분 당시를 기준으로 판단하여야 하므로 그 당시에 제출하지 않았던 신사실이나 신증거방법을 내세워 이의를 할 수 없도록 한 것이다.

5. 등기관의 조치

(1) 이의가 이유 없다고 인정한 때

등기관은 이의가 이유 없다고 인정한 때에는 이의신청이 있은 때부터 3일 이내에 의견서를 첨부하여 이의신청서를 관할 지방법원에 보내야 한다(상업등기법 제124조 1항).

(2) 이의가 이유 있다고 인정할 때

이 경우에는 상당한 처분을 하여야 한다(동법 제24조 2항). 상당한 처분이란 각하한 등기신청을 수리하여 실행하는 것과 같은 처분을 말한다.

(3) 등기 완료 후에 이의신청이 있는 경우

이 경우에는 등기를 한 사람에게 이의신청 사실을 통지하고 이의신청이 있은 때부터 3일 이내에 의견서를 첨부하여 이의신청서를 관할 지방법원에 보내야 한다(동법 제124조 3항).

6. 이의에 대한 결정

관할지방법원은 이의에 대하여 이유를 붙인 결정을 하여야 한다. 이 경우 이의가 이유 있다고 인정한 때에는 등기관에게 상당한 처분을 명하고 그 뜻을 이의신청인과 등기를 한 사람에게 통지하여야 한다(상업등기법 제126조 1항).

상당한 처분이라 함은 등기관의 처분을 취소하거나 등기신청의 수리를 명하는 것이 아니고 등기관에 대하여 직접 구체적인 등기신청의 말소를 명하는 것이라 볼 수 있다.

이의에 대한 결정에 대하여는 비송사건절차법에 따라 항고할 수 있다(동법 제126조 2항).

7. 항 고

관할 지방법원이 이의신청의 전부 또는 일부를 각하한 경우에는 이의신청인은 비송사건절차법에 따라 보통항고로써 불복할 수 있고(상업등기법 제126조 : 2007. 8. 3. 제정), 또 항고법원의 결정에 대하여 불복하는 때에는 재항고를 할 수 있다(비송사건절차법 제23조).

등기신청을 각하한 등기관의 처분에 대하여 이의신청을 한 결과 관할법원이 이의가 이유있다고 인정하여 등기관에게 그 등기신청에 따른 처분을 명함으로써 등기관이 이에 따라 등기부에 기입을 마친 경우, 등기신청에 대한 등기관의 각하처분은 이미 존재하지 아니하므로 등기관의 등기신청 각하처분의 당부를 판단한 법원의 결정에 대해서는 이를 다툴 항고의 이익은 없게 된다(대결 1996. 12. 11. 96마1954).

【쟁점질의와 유권해석】

<이의신청을 인용한 결정에 대해 등기상 이해관계인이 항고할 수 있는지 여부>

이의신청을 인용한 결정에 대하여는 이의신청인은 항고를 할 수 없음은 당연하나, 비송사건절차법은 재판으로 인하여 권리를 침해당한 자는 그 재판에 대하여 항고를 할 수 있다고 규정하고 있어 등기상 이해관계인이 항고를 할 수 있는가가 문제이다.

ㄱ) 관할법원 명령에 따른 등기를 하기 전

등기의 효력은 등기를 한 때에 발생하므로 관할법원의 기입명령에 의하여 등기를 하기 전에는 등기상 이해관계인이 있을 수 없으므로 누구도 항고의 이익이 있는 경우가 없어 항고를 할 수 없다.

ㄴ) 등기관이 등기를 실행한 후

그러나 등기관이 관할법원의 기입명령에 의하여 등기를 실행한 경우에는 등기관의 각하처분은 이미 존재하지 아니하므로 이에 대하여는 항고할 수 없고, 실행된 등기가 상업등기법 제27조 1호 내지 3호에 해당하는 경우에 한하여 이를 이유로 등기관의 처분에 대한 이의의 방법으로 말소를 구하여야 하고, 그 등기가 상업등기법 제27조 4호 이하에 해당하는 경우에는 별개의 소송으로 그 등기의 효력을 다투어야만 한다.

ㄷ) 관할법원 등기말소 명령을 한 경우 말소의 대상이 된 당해 등기의 권리자 등의 항고의 가부

등기관이 등기를 완료한 처분에 대한 이해관계인의 이의에 대하여 관할법원이 이를 인용하여 그 등기의 말소를 명한 경우에는 말소의 대상이 된 당해 등기의 등기권리자와 등기의무자는 그 등기의 당사자로서 항고를 할 수 있다.

Ⅱ. 관할법원의 명령에 의한 등기의 방법 및 관련조치

1. 등기의 방법

등기관이 상업등기법 제126조 1항에 따라 관할지방법원의 명령에 따른 등기를 하는 때에는 명령을 한 지방법원, 명령의 연월일, 명령에 따른 등기를 한다는 뜻과 등기의 연월일을 등기하여야 한다(동법 제128조).

2. 해당 법인의 등기부 등·초본 등의 발급 정지

관할지방법원의 기재명령의 결정등본이 등기관에게 송달되면, 그 결정등본은 접수연월일과 접수번호를 부여하여 등기사건접수장에 기재하여야 하며, 이 경우에는 다른 신청사건의 접수와 동일하게 그 처리시(또는 기입시)까지 해당 법인의 등기부 등·초본이나 인감증명의 발급이 정지된다고 보아야 할 것이다. 즉 등기부 등·초본의 발급은 해당사건이 교합될 때까지 정지되고 인감증명의 발급도 우선은 기입시까지 정지하되, 인감자료를 변경하는 내용인 경우에는 더 나아가 교합시까지 정지된다고 보아야 할 것이다(선례 200305-14).

3. 말소된 등기의 회복절차

1심 결정에 의하여 말소된 등기의 회복과 관련하여, 법원의 기재명령에 의하여 말소된 등기는 그 회복등기도 법원의 기재명령에 의하여 행하여져야 한다. 즉, 실행한 등기를 1심법원의 명령에 의하여 말소한 경우 그 회복등기도 항고심의 구체적인 기재명령에 따르거나, 1심결정이 부당한 것으로 확정되는 결정(대법원 결정)이 있는 경우 1심결정에 따른 등기관의 등기는 부적법한 것이 되므로 말소된 등기는 등기관의 직권에 의하여 회복하여야 할 것이며 항고심결정을 첨부한 당사자의 신청에 의해서 회복할 수는 없다[24].

---

24) 2003.5.3.공탁법인 3402-107 질의회답

제2편 회사의 등기

제 1 장   주식회사의 등기

【2011년 4월 14일 상법 개정의 주요 내용(시행 2012년 4월 15일)】

1. 개정이유

기업경영의 투명성과 효율성을 높이기 위하여 자금 및 회계관련 규정을 정비하고, 정보통신 기술을 활용하여 주식·사채(社債)의 전자등록제를 도입하며, 합자조합과 유한책임회사 등 다양한 기업 형태를 도입함으로써 국제적 기준에 부합하는 회사법제로 재편하는 한편, 이사의 자기거래 승인 대상범위를 확대하고 이사의 회사기회 유용금지 조항을 신설하여 기업경영의 투명성을 높임으로써 활발한 투자 여건을 조성하고 급변하는 경영환경에 기업이 적절히 대응할 수 있는 법적 기반을 마련하기 위하여 2011년 4월 14일 상법의 일부개정이 있었고, 동 개정법률은 2012년 4월 15일부터 시행되었다.

2. 주요내용

가. 새로운 기업 형태 도입(제86조의2부터 제86조의9까지 및 제287조의2부터 제287조의45까지 신설)

최근 인적 자산의 중요성이 높아짐에 따라 인적 자산을 적절히 수용(收用)할 수 있도록 공동기업 또는 회사 형태를 취하면서 내부적으로는 조합의 실질을 갖추고 외부적으로는 사원의 유한책임이 확보되는 기업 형태에 대한 수요가 늘어나고 있다. 이에 개정법률은 업무집행조합원과 유한책임조합원으로 구성된 합자조합을 신설하고, 사원에게 유한책임을 인정하면서도 회사의 설립·운영과 기관 구성 등의 면에서 사적 자치를 폭넓게 인정하는 유한책임회사를 신설하였다. 이와 같은 유한책임회사제도를 도입함으로써 사모(私募)투자펀드와 같은 펀드나 벤처 기업 등 새로운 기업 형태에 대한 수요에 부응할 것으로 기대된다.

나. 회사 설립의 편의 제고(제291조, 제329조 및 제546조)

액면주식은 액면미달 발행 및 주식 분할에 어려움이 있고, 아이디어나 기술은 있으나 자본이 없는 사람이 회사를 설립하는 경우 최저자본금제는 진입장벽으로 작용할 수 있다. 이에 따라 개정법률은 무액면주식(無額面株式)을 도입하여 회사가 액면주식과 무액면주식 중 한 종류를 선택하여 발행할 수 있도록 하고, 최저자본금제도를 폐지하였다. 이와 같이 무액면주식제도를 도입함으로써 주식발행의 효율성 및 자율성이 높아지고 소규모기업의 원활한 창업이 확대될 것으로 기대된다.

다. 다양한 종류의 주식 도입(제344조, 제345조 및 제346조, 제344조의2부터 제344조의3까지 신설)

개정전 상법에서는 주주평등의 원칙상 법에서 정한 주식만 발행하도록 허용하고 있었으나, 이러한 주식의 종류만으로는 급변하는 시장 환경에 대응하여 효율적으로 자금을 조달하는 데에 어려움이 있었다. 이에 개정법률은 주식회사가 특정 사항에 관하여 의결권이 제한되는 주식 등 다양한 주식을 발행할 수 있도록 하였다. 이와 같이 무의결권주 발행한도를 확대하고, 시장 상황에 따라 다양한 종류주식을 발행할 수 있도록 함으로써 자금조달을 원활하게 할 수 있을 것으로 기대된다.

라. 주식 및 사채의 전자등록제 도입(제356조의2 및 제478조제3항 신설)

발달된 정보통신 기술을 주식 및 사채 제도에 반영하고, 세계적 추세인 유가증권의 무권화(無券化) 제도를 도입할 필요가 있었다. 이에 개정법률은 주권과 사채권을 실물로 발행하지 아니하고 전자등록기관에 등록한 후 증권을 소지하지 아니하고도 권리의 양도, 담보의 설정 및 권리행사가 가능하도록 주식 및 사채의 전자등록제를 도입하였다. 이에 따라 앞으로 주식과 사채를 전자등록한 기업은 실물 발행의 부담을 덜고, 주주나 사채권자는 손쉽게 권리행사를 할 수 있을 것으로 기대된다.

마. 소수주식의 강제매수제도 도입(제360조의24부터 제360조의26까지 신설)

특정주주가 주식의 대부분을 보유하는 경우 회사로서는 주주총회 운영 등과 관련하여 관리비용이 들고 소수주주로서는 정상적인 출자회수의 길이 막히기 때문에 대주주가 소수주주의 주식을 매입함으로써 그 동업관계를 해소할 수 있도록 허용할 필요가 있었다. 이에 개정법률에서는 발행주식총수의 95퍼센트 이상을 보유하는 지배주주가 소수주주의 주식을 공정한 가격에 매입할 수 있도록 하는 한편, 소수주주도 지배주주에게 주식매수청구권을 행사할 수 있게 하여 소수주주 보호방안을 마련하였다. 이와 같은 소수주식의 강제매수제도를 통하여 회사의 주주 관리비용이 절감되고 경영의 효율성이 향상될 것으로 기대된다.

바. 회사의 사업기회 유용금지제도 신설(제397조의2 신설)

이사가 직무상 알게 된 회사의 정보를 이용하여 개인적인 이익을 취득하는 행위를 명확히 규제할 필요가 있었다. 이에 따라 개정법률에서는 이사가 직무를 수행하는 과정에서 알게 된 정보 또는 회사가 수행하고 있거나 수행할 사업과 밀접한 관계가 있는 사업기회를 제3자에게 이용하도록 하는 경우에도 이사회에서 이사 3분의 2 이상 찬성으로 승인을 받도록 하였다. 이와 같이 사업기회 유용금지제도를 도입함으로써 이사의 회사 사업기회 유용에 대한 인식을 새롭게 하고 이사의 관련 위법행위에 대한 책임 근거로 활용될 것으로 기대된다.

사. 이사의 자기거래 승인대상 확대(제398조)

이사가 본인의 이익을 위하여 이사의 친인척이나 그들이 설립한 개인 회사 등을 이용하여 회사와 거래하는 경우 회사의 이익을 희생시킬 가능성이 많으므로 적절한 통제가 필요하다. 개정법률은 이사와 회사 간 자기거래의 요건을 더욱 엄격히 규정하여 이사뿐만 아니라 이사의 배우자, 이사의 직계존비속, 이사의 배우자의 직계존비속과 그들의 개인회사가 회사와 거래하는 경우까지 이사회에서 이사 3분의 2 이상 찬성으로 승인을 받도록 규정하고, 거래의 내용이 공정하여야 한다는 요건을 추가하였다. 이와 같이 이사의 자기거래 승인대상을 확대함으로써 이사나 이사와 밀접한 관계에 있는 자가 자기거래를 통하여 회사의 이익을 침해하면서 부당한 이득을 취하는 행위를 방지할 수 있을 것으로 기대된다.

아. 이사의 책임 감경(제400조제2항)

유능한 경영인을 쉽게 영입하여 보다 적극적인 경영을 할 수 있도록 하기 위하여 이사의 회사에 대한 책임을 완화할 필요성이 있으나, 개정전 「상법」

은 총주주의 동의로 면제하는 것 외에는 책임감면 규정이 없었다. 이에 개정 상법은 회사에 대한 이사의 책임을 고의 또는 중대한 과실로 회사에 손해를 발생시킨 경우를 제외하고는 이사의 최근 1년간의 보수액의 6배(사외이사는 3배) 이내로 제한하고, 이를 초과하는 금액에 대하여는 면제할 수 있도록 이 사의 책임제도를 개선하였다. 이와 같이 이사의 책임제도를 개선함으로써 유 능한 경영인을 쉽게 영입하고 이사의 진취적 경영이 활성화될 것으로 기대 된다.

자. 집행임원제도 도입(제408조의2부터 제408조의9까지 신설)

대규모 상장회사(上場會社)의 경우 실무상 정관이나 내규로 집행임원을 두 고 있으나 이를 뒷받침할 법적 근거가 없어 많은 문제가 발생하고 있었다. 이에 개정상법은 이사회의 감독 하에 회사의 업무 집행을 전담하는 기관인 집행임원에 대한 근거 규정을 마련하되, 제도의 도입 여부는 개별 회사가 자 율적으로 선택할 수 있도록 하였다. 이와 같이 집행임원제도의 법적 근거를 마련함으로써 대내적으로 경영의 안정성을 확보하고 대외적으로 거래의 안 전을 도모할 수 있을 것으로 기대된다.

차. 「상법」상 회계 관련 규정과 기업회계기준의 조화(제446조의2 신설, 제 447조 및 제447조의4 개정, 제452조, 제453조, 제453조의2, 제454조부터 제457조까지 및 제457조의2 삭제)

근래 기업회계기준은 국제적인 회계규범의 변화에 맞추어 꾸준히 변모하고 있으나 상법의 회계규정은 이를 제대로 반영하지 못하여 기업회계기준과 「상법」의 회계규정 사이에 상당한 차이가 있었다. 이에 개정상법은 회사의 회계는 일반적으로 공정·타당한 회계관행에 따르도록 원칙 규정을 신설하는 한편, 구체적인 회계 처리에 관한 규정들은 삭제하고, 대차대조표와 손익계산 서를 제외한 회계서류는 대통령령으로 규정하여 회계규범의 변화에 신속하 게 대응하도록 하였다. 앞으로 「상법」의 회계규정과 기업회계기준의 불일 치가 해소되어 회계규범이 이원화되는 현상을 방지할 수 있을 것으로 기대 된다.

카. 법정준비금제도 개선(제460조, 제461조의2 신설)

준비금의 채권자보호 역할이 감소되었을 뿐만 아니라 이익준비금의 적립한도가 주요 선진국에 비하여 지나치게 높게 설정되어 있으며, 준비금의 운용이 지나치게 경직되어 있었다. 이에 개정상법은 자본금의 150퍼센트를 초과하는 준비금에 대하여는 주주총회의 결의에 따라 준비금을 배당 등의 용도로 사용할 수 있도록 허용하였다. 이에 따라 자본전입과 감자절차(減資節次)를 거칠 필요 없이 과다한 준비금을 주주에게 분배할 수 있게 되고, 이익준비금과 자본준비금의 신축적인 사용이 가능하게 되었다.

타. 배당제도 개선(제462조제2항, 제462조의4 신설)

정기 주주총회에서 배당액을 결정하므로 배당 기준일인 사업연도 말일부터 정기 주주총회까지는 배당액이 확정되지 아니하여 투자자들이 주식가치를 판단하기 어려우며, 금전배당 외에 회사가 보유하는 주식과 같은 현물로 배당할 필요가 있었다. 이에 개정상법은 정관에서 배당에 관한 결정 권한을 이사회에 부여할 수 있도록 하고, 금전배당 외에 현물배당도 허용하였다. 앞으로 회사의 자금조달을 결정하는 기관인 이사회가 배당도 결정하게 되어 자금운용의 통일성을 기할 수 있고, 배당에 관한 선택의 폭이 넓어져 재무관리의 자율성이 높아질 것으로 기대된다.

파. 사채제도의 개선(제469조 및 제481조부터 제485조까지 개정, 제470조부터 제473조까지 삭제, 제480조의2 및 제480조의3 신설)

사채의 발행한도 제한이 비현실적이고 법에서 허용하는 사채 종류가 지나치게 제한적이며 현행 수탁회사제도는 사채권자 보호에 미흡하다는 지적이 있었다. 이에 개정상법은 사채의 발행총액 제한 규정을 폐지하고, 이익배당참가부사채 등 다양한 형태의 사채를 발행할 수 있도록 법적 근거를 마련하며, 수탁회사의 권한 중 사채관리 기능 부분을 분리하여 사채관리회사가 담당하도록 하였다. 이와 같이 사채제도를 개선함으로써 회사의 사채발행에 대한 자율성이 증대되고, 사채권자를 효과적으로 보호할 수 있을 것으로 기대된다.

하. 준법지원인 제도 도입(제542조의13 신설)

「은행법」에 따라 금융기관에는 준법감시인이 설치되어 있으나, 대규모 기업에도 준법경영을 위한 제도가 미비하여 윤리경영이 강화되고 있는 세계적 추세에 맞지 않는다는 지적이 있었다. 이에 개정상법은 자산 규모 등을 고려하여 대통령령으로 정하는 상장회사는 준법통제기준을 마련하도록 하고, 이

기준의 준수에 관한 업무를 담당하는 준법지원인을 1인 이상 두도록 하였다. 준법지원인 제도가 도입됨으로써 기업의 준법경영과 사회적 책임이 강화될 것으로 기대된다.

거. 유한회사에 대한 각종 제한 규정 철폐(제545조 삭제, 제556조, 제571조 및 제607조 개정)

유한회사는 폐쇄적으로 운영되는 소규모 기업을 전제로 하고 있으나, 폐쇄적 운영을 위한 규정들은 유한회사에 대한 각종 제한으로 작용하여 유한회사의 이용에 불편을 초래하고 있다는 지적이 있었다. 이에 개정상법은 유한회사의 사원 총수 제한 규정을 삭제하고, 유한회사 사원의 지분 양도를 원칙적으로 자유롭게 하되 정관으로 지분 양도를 제한할 수 있도록 하며, 사원총회 소집방법으로 서면에 의한 통지 외에도 각 사원의 동의를 받아 전자문서로 통지를 발송할 수 있도록 하고, 유한회사를 주식회사로 조직을 변경하는 사원총회 결의 요건을 정관에서 완화할 수 있도록 하였다. 이와 같이 유한회사에 대한 대표적인 제한 규정들을 폐지함으로써 유한회사제도의 이용이 증대될 것으로 기대된다.

【2009년 5월 상법 개정의 주요 내용】

1. 개정이유

경제활성화를 위하여 최저자본금제도를 폐지해 초기 자본금 부담을 크게 줄이며, 소규모회사의 창업이 용이하도록 회사 설립시 자본금의 규모나 설립형태를 불문하고 정관에 대하여 일률적으로 공증인의 인증을 받게 하던 것을 발기설립시 정관에 대한 인증의무를 면제하고, 주주총회의 소집절차를 간소화 하는 등 창업절차를 간소화 하며, 전자주주명부, 전자문서에 의한 소수주주의 주주총회소집청구를 인정하여 기업경영의 IT화를 실현하는 등 기업 활동의 편의를 도모하기 위하여 2009년 5월 상법의 일부 조항의 개정이 있었다.

2. 주요내용

가. 주식회사 설립 시의 최저자본금제도의 폐지(제329조 제1항 삭제)

종전 규정에 의하면 주식회사의 자본은 5천만원 이상이어야 했다. 그러나 이러한 최저자본금제도로 인하여 아이디어나 기술은 있으나 자본이 없는 사람이 회사를 설립하는 경우 최저자본금제는 진입 장벽으로 작용할 수 있는 문제가 있었다.

이를 해결하기 위하여 개정법에서는 주식회사 설립시 현행 5천만원 이상으로 규정되어 있는 최저자본금제도를 폐지해 초기 자본금 부담을 크게 줄였다.

나. 소규모 회사를 발기설립하는 경우 정관에 대한 공증의무 면제(제292조)

종전 규정에 의하면 회사를 설립하는 경우에는 자본금의 규모나 설립 형태를 불문하고 설립등기 시에 첨부하는 정관에 대하여 일률적으로 공증인의 인증을 받도록 강제하고 있어 창업에 불필요한 시간과 비용이 드는 경우가 있었다.

이러한 문제점을 해결하기 위하여 자본금 총액이 10억원 미만인 회사를 발기설립하는 경우에는 창업자들의 신뢰관계를 존중하여 발기인들의 기명날인 또는 서명이 있으면 공증인의 인증이 없더라도 정관에 효력이 발생하도록 하였다. 이와 같이 공증의무를 면제함으로써 신속하고 저렴한 창업을 가능하게 하여 활발한 투자 여건이 조성될 것으로 기대된다.

다. 소규모 주식회사 설립 시 주금납입금 보관증명서를 잔고증명서로 대체(제318조)

종전 규정에 의하면 소규모 주식회사를 설립하는 경우에도 금융기관이 발행한 주금납입금 보관증명서를 제출하여야 하는데 그 발급절차가 번거로워 신속한 창업에 지장을 초래하는 경우가 있었다.

이를 해결하기 위하여 자본금 10억원 미만인 주식회사를 발기설립하는 경우 주금납입금 보관증명서를 금융기관의 잔고증명서로 대체할 수 있도록 허용하였다. 이에 따라 소규모 주식회사의 발기설립 절차가 간소화될 것으로 기대된다.

라. 소규모 주식회사의 주주총회 소집절차 간소화(제363조)

가족기업처럼 운영되는 소규모 주식회사에 대하여 복잡한 주주총회 소집절차를 준수하도록 요구하는 것은 회사의 운영에 과도한 부담으로 작용하였다.

따라서 개정법에서는 자본금 10억원 미만 주식회사의 주주총회 소집통지기간을 10일 전으로 단축하고, 주주 전원이 동의하면 소집절차를 생략할 수 있도록 허용하며, 서면에 의한 주주총회 결의도 허용하였다. 이와 같이 주주총회 소집절차를 간소화함으로써 소규모 주식회사의 주주총회 개최와 관련된 비용 및 시간이 절약될 것으로 예상된다.

마. 주주총회의 전자투표제 도입(제368조의4 신설)

정보통신 환경의 발달로 전자적 방법에 의한 주주총회 개최가 가능해졌으나, 이를 입법적으로 뒷받침하지 못하고 있었다. 이에 개정법에서는 주주가 주주총회에 출석하지 아니하고도 전자적 방법으로 의결권을 행사할 수 있도록 전자투표제를 도입하여 2010년 5월부터 시행토록 하였다. 이와 같이 전자투표제를 도입함으로써 주주총회 개최 비용이 절감되고, 주주총회 운영의 효율성이 향상될 것으로 기대되며, 소수주주의 주주총회 참여가 활성화될 것으로 기대된다.

바. 소규모 회사의 감사 선임의무 면제(제409조)

종전 규정에 의하면 회사를 설립하는 경우에는 반드시 감사를 선임해야만 하므로 창업 시 드는 비용과 시간이 증가되는 문제가 있었다.

이에 개정법에서는 자본금 총액이 10억원 미만인 회사를 설립하는 경우에는 감사 선임 여부를 회사의 임의적 선택사항으로 하고, 감사를 선임하지 아니할 경우에는 주주총회가 이사의 업무 및 재산상태에 관하여 직접 감독·감시하도록 하고, 이사와 회사 사이의 소송에서 회사, 이사 또는 이해관계인이 법원에 회사를 대표할 자를 선임하여 줄 것을 신청하도록 하였다. 이와 같이 회사의 사정에 따라 감사 선임 여부를 탄력적으로 결정할 수 있도록 함으로써 창업에 필요한 시간과 비용이 절감될 것으로 기대된다.

【주식회사와 관련한 2009년 1월 30일 상법 개정의 주요 내용】

1. 개정이유

「자본시장과 금융투자업에 관한 법률」이 제정(법률 제8635호, 2007. 8. 3. 공포, 2009. 2. 4. 시행)됨에 따라 폐지될 예정인 「증권거래법」의 상장법인의 지배구조에 관한 특례규정을 상법 회사편에 포함시켜 법적용의 계속성을 유지하고 회사법제의 완결성을 추구하기 위하여 상법의 일부 조항의 개정이 있었다.

2. 주요내용

가. 상장회사의 경우 주식매수선택권을 그 회사 외에 관계회사 이사 등에게도 부여할 수 있도록 하고, 부여범위도 발행주식총수의 100분의 10 이하에서 100분의 20 이하로 확대하며, 주주총회 결의 없이 이사회 결의만으로도 발행주식총수의 100분의 10 이하 범위에서 주식매수선택권을 부여할 수 있도록 하였다(제542조의3 신설).

나. 일정한 지분율 이하의 소수주주에 대하여는 일간신문에 공고하거나 전자적 방법에 의한 공고로 주주총회 소집통지에 갈음할 수 있도록 하였다(제542조의4 신설).

다. 주주총회 소집청구권과 검사인선임청구권을 위한 소수주주의 지분율을 1천분의 30에서 1천분의 15로 낮추는 한편, 상장회사의 주식을 6개월 이상 보유한 자만 행사할 수 있도록 하였다(제542조의6 신설).

라. 대통령령으로 정하는 대규모 상장회사에 대한 집중투표 청구권의 행사요건을 완화하는 한편, 집중투표를 도입하거나 배제하려는 경우에는 의결권 없는 주식을 제외한 발행주식총수의 100분의 3을 초과하는 주식에 대해서는 의결권을 행사할 수 없도록 하였다(제542조의7 신설).

마. 상장회사 중 대통령령으로 정하는 경우를 제외하고는 사외이사가 이사 총수의 1/4 이상이 되도록 하고, 대통령령으로 정하는 대규모 상장회사의 사외이사는 3명 이상으로 하되, 이사 총수의 과반수가 되도록 사외이사 설치를 의무화하였다(제542조의8 신설).

바. 상장회사는 주요주주 등 특수관계인을 상대방으로 하거나 그를 위하여 신용공여를 할 수 없도록 하되, 일정한 규모 이하의 거래나 약관 등에 의하

여 정형화된 거래는 이사회 승인을 받거나 사후에 주주총회에 보고하도록 하는 방식으로 거래를 허용하고, 이를 위반하는 경우 형벌에 처하도록 하였다(제542조의9 및 제624조의2 신설).

사. 대통령령으로 정하는 상장회사에 대하여는 1명 이상의 상근감사를 두어야 하고, 대통령령으로 정하는 대규모 상장회사에 대하여는 감사위원회를 의무적으로 설치하도록 하였다(제542조의10 및 11 신설).

아. 감사위원회 위원의 선임·해임권이 주주총회에 있음을 명문으로 규정하고, 선임방식을 일괄선출방식으로 통일하며, 위원 선임시 의결권없는 주식을 제외한 발행주식총수의 100분의 3을 초과하는 주식에 대하여는 의결권을 제한하였다(제542조의12 신설).

Ⅰ. 총 설

> ▣ 핵 심 사 항 ▣
>
> 1. 주식회사의 의의 : 주식으로 나누어진 일정한 자본을 가지고 전 사원(주주)이 주식의 인수가액을 한도로 하는 출자의무를 부담할 뿐, 회사채무에 대하여는 아무런 책임을 부담하지 아니하는 전형적인 물적회사를 말한다.
> 2. 주식의 의의 : 주식은 상법상 주식회사의 자본구성단위로서의 금액과 주주의 회사에 대한 권리·의무를 내용으로 하는 지위(주주권)의 두 가지 의미가 있다.

1. 주식회사의 의의

주식회사는 주식으로 나누어진 일정한 자본을 가지고 전 사원(주주)이 주식의 인수가액을 한도로 하는 출자의무를 부담할 뿐, 회사채무에 대하여는 아무런 책임을 부담하지 아니하는 전형적인 물적회사이다. 주식회사의 법적 특징은 주식, 자본, 주주의 유한책임이다.

주식회사는 최고의 의사결정기관인 주주총회, 업무집행에 관한 결정을 하는 이사회, 업무를 집행하고 회사를 대표하는 대표이사, 회사의 업무와 회계를 감사하는 감사를 상설기관으로 두며, 회사가 해산한 경우에는 이사회에 갈음하여 청산인회가 청산사무에 관한 결정을 하고 대표이사에 갈음하여 대표청산인이 회사를 대표한다.

주식회사에 있어서 등기의 대부분이 발기인총회, 창립총회, 주주총회, 이사회 또는 청산인회의 결의에 의하여 발생한다.

【쟁점질의와 유권해석】

<주주들이 동의하면 주주들도 회사채무를 부담하는지 여부>

상법 제331조의 주주 유한책임의 원칙은 주주의 의사에 반하여 주식의 인수가액을 초과하는 새로운 부담을 시킬 수 없다는 취지에 불과하고, 주주들의 동의 아래 회사채무를 주주들이 부담하는 것가까지 금지하는 취지는 아니다(대판 1989. 9. 12, 89다카890).

2. 주 식

(1) 주식의 개념

1) 주식의 의의

주식은 상법상 주식회사의 자본구성단위로서의 금액과 주주의 회사에 대한 권리·의무를 내용으로 하는 지위(주주권)의 두 가지 의미가 있다. 여기서는 자본구성단위로서의 금액의 의미로 쓰인다.

액면주식 1주의 금액은 100원 이상이어야 하며(상 제329조 3항), 주주총회의 결의로 최저발행가액을 정하여야 하고 회사설립 후 2년이 지난 후에는 주주총회 정관변경의 특별결의와 법원의 인가를 받아 액면미달의 가액으로 주식을 발행할 수 있다(상 제417조, 제434조).

회사는 이익의 배당, 잔여재산의 분배, 주주총회에서의 의결권의 행사, 상환 및 전환 등에 관하여 내용이 다른 종류의 주식(이하 "종류주식"이라 한다)을 발행할 수 있다. 이 경우 정관으로 각 종류주식의 내용과 수를 정하여야 한다. 또한 회사가 종류주식을 발행하는 때에는 정관에 다른 정함이 없는 경우에도 주식의 종류에 따라 신주의 인수, 주식의 병합·분할·소각 또는 회사의 합병·분할로 인한 주식의 배정에 관하여 특수하게 정할 수 있다(상 제344조).

2) 주식의 분류

① 기명주식과 무기명주식

주권과 주주명부에 주주의 성명이 기재되는지에 의한 분류이다. 상법은 기명주식을 원칙으로 한다. 따라서 무기명주식을 발행하기 위해서는 정관에 규정이 있어야 한다. 이때에도 주주는 언제든지 무기명주식을 기명주식으로 할 것을 회사에 청구할 수 있다(상 제357조). 무기명식의 주권을 가진 자는 그 주권을 회사에 공탁하지 아니하면 주주의 권리를 행사하지 못한다(상 제358조).

② 액면주식과 무액면주식

정관과 주권에 1주의 금액이 기재되는지에 따른 분류이다. 개정전 상법에서는 무액면주식을 인정하지 않았었다. 그러나 2011년 상법 개정시에 무액면주식을 도입하여, 정관에 규정이 있는 경우 회사가 주식 전부를 무액면주식으로 발행할 수 있게 하였다. 다만, 무액면주식을 발행하는 경우에는 액면주식을 발행할 수 없다(상 제329조 제1항). 그리고 회사는 정관으로 정하는 바에 따라 이미 발행된 액면주식을 무액면주식으로 전환하거나 무액면주식을 액면주식으로 전환할 수 있다(상 제329조 제4항). 이때 전환을 함에는 구주권을 실효시키는 절차를 거쳐야 한다(상 제329조 제5항, 제440조, 제441조).

개정상법이 무액면주식을 도입하게 된 것은 무액면주식이 회사의 재무관리에 있어 장점을 가지고 있기 때문이다. 즉, 주식의 액면가가 없기 때문에 신주의 액면미달발행의 제한을 받지 않는다는 점(상 제417조 참조), 신주를 발행하지 않고서도 자본금을 증가시킬 수 있다는 점, 주식의 분할, 소각이 용이하다는 점 등을 들 수 있다[25].

③ 유상주와 무상주

신주를 발행함에 있어 주금을 납입시키고 발행하는 주식을 유상주라고 하고(상 제416조, 제421조), 회사가 법률의 규정에 따라 적립한 준비금을 자본금으로 전입하면서 주주에게 무상으로 발행하는 신주를 무상주라고 한다(상 제461조).

(2) 주식의 종류(종류주식)

1) 종류주식의 개념

종류주식이란 소정의 권리에 관하여 특수한 내용을 부여한 주식을 뜻한다. 상법이 인정하는 종류주식은 이익배당이나 잔여재산의 분배에 관한 종류주식(상 제344조 제1항, 제344조의2), 의결권의 행사에 관한 종류주식(상 제344조

---

25) 최완진, 상법학강의(법문사) ; 이철송, 2011 개정상법 축조해설(박영사)

제1항, 제344조의3), 상환에 관한 종류주식(상 제344조 제1항, 제345조), 전환에 관한 종류주식(상 제344조 제1항, 제346조)이 있다.

주의할 것은 액면주식, 무액면주식, 기명주식, 무기명주식은 종류주식이 아니다. 이는 주주권의 표창방법이 다름에 불과한 것이기 때문이다.

2011년 개정전 상법에서는 이익이나 건설이자의 배당 또는 잔여재산의 분배에 관해서만 종류주식을 인정하였고, 상환주식, 전환주식, 무의결권주식은 종류주식으로 다루지 않았었다. 그러나 2011년 개정상법에서는 이들 주식도 종류주식으로 분류하였다(상 제344조 제1항). 종류주식을 이처럼 다양화한 것은 기업 측에 대해서는 자금조달의 편의성을 제공하고, 투자자에게는 다양한 투자상품을 제시하며, 나아가 금융투자업자에게는 취급할 수 있는 금융상품을 다양화함으로써 자본시장을 발전시킨다는 정책의 표현이라고 할 수 있다[26].

2) 종류주식의 발행

회사가 종류주식을 발행할 때에는 반드시 각 종류주식의 내용과 수를 정관으로 정하여야 한다(상 제344조 제2항). 또한 회사는 종류주식에 관한 내용을 등기하고 주권과 주식청약서에도 기재하여 대외적으로 공시해야 한다.

3) 이익배당 또는 잔여재산분배에 관한 종류주식

회사는 이익배당 또는 잔여재산분배에 관하여 내용이 다른 종류주식을 발행할 수 있다. 이때 정관에 그 종류주식의 주주에게 배당 또는 분배하는 재산의 종류, 그 재산의 가액을 결정하는 방법, 그리고 배당 또는 분배에 관한 그 밖의 내용을 정해야 한다(상 제344조의2). 개정전 상법에서는 이와 같이 이익배당이나 잔여재산분배에 차등을 둔 주식을 종류주식(수종의 주식)이라고 했었다. 이를 이익배당 또는 잔여재산분배의 순서를 기준으로 보통주, 우선주, 후배주, 혼합주로 나눌 수 있다.

특정 종류의 주식이 이익이나 이자의 배당, 잔여재산의 분배 또는 이 양자에 관하여 다른 종류의 주식에 대하여 우선적 지위가 인정된 주식을 우선주라고, 열후적 지위가 주어진 주식을 劣後株, 後配株, 後取株라고 하며, 표준인 주식을 보통주라고 한다.

이익배당에서는 보통주에 우선하고, 잔여재산분배에서는 뒤떨어진 것처럼 어느 점에서는 우선하고 다른 점에서는 열후적 지위에 있는 주식을 혼합주라고

---

26) 법무부 개정상법 해설, 90면.

한다.

현재 후배주와 혼합주는 별로 이용되지 않고 우선주는 많이 발행된다.

우선주의 우선권 또는 열후주의 열후권에는 해제조건 또는 終期를 정할 수 있다. 이 경우에는 조건이 성취되거나 기한이 도래하면 특별한 절차를 거치지 않고 우선권이나 열후권이 소멸되어 보통주로 된다.

처음부터 해제조건이나 終期를 정하지 않는 경우에도 주주총회에서 정관변경의 결의를 함으로서 우선권이나 열후권을 제거하여 보통주로 만들 수 있다. 다만, 이 경우에 이에 의하여 손해를 입은 종류의 종류주식총회의 결의가 필요하다(상 제435조 1항).

4) 의결권의 제한에 관한 종류주식

① 일반법인

회사는 정관이 정한 바에 따라 주주총회에서의 의결권의 행사에 관하여 내용이 다른 종류주식을 발행할 수 있다(상 제344조 제1항, 제2항). 회사가 의결권이 없는 종류주식이나 의결권이 제한되는 종류주식을 발행하는 경우에는 정관에 의결권을 행사할 수 없는 사항과, 의결권행사 또는 부활의 조건을 정한 경우에는 그 조건 등을 정하여야 한다. 이러한 의결권의 제한에 따른 종류주식의 총수는 발행주식총수의 4분의 1을 초과하지 못한다. 이 경우 의결권이 없거나 제한되는 종류주식이 발행주식총수의 4분의 1을 초과하여 발행된 경우에는 회사는 지체 없이 그 제한을 초과하지 아니하도록 하기 위하여 필요한 조치를 하여야 한다(상 제344조의3).

② 주권상장법인

상법상 회사의 의결권 없는 주식의 발행은 주식의 4분의 1을 초과할 수 없다(상법 제344조의3). 그러나 상법 제370조제2항[27]에 따른 의결권 없는 주식의 총수에 관한 한도를 적용할 때 주권상장법인(주권을 신규로 상장하기 위

---

27) 2011년 상법 개정시 제370조는 삭제되었다. 즉, 종류주식으로서 의결권 없는 주식 및 의결권제한주식이 신설됨에 따라 개정전 상법에서 우선주에 한해 인정하던 무의결권주식제도는 폐지된 것이다. 그러나 '자본시장과 금융투자업에 관한 법률'은 아직 개정상법을 반영하지 못하고 개정전 상법의 조문을 그대로 유지하고 있다. 이에 대한 개정이 있을 것으로 예상된다.

하여 주권을 모집하거나 매출하는 법인을 포함한다)이 다음 각 호의 어느 하나에 해당하는 경우에 발행하는 의결권 없는 주식은 그 한도를 계산할 때 산입하지 아니한다(자본시장과 금융투자업에 관한 법률 제165조의 15 제1항).

1. 대통령령으로 정하는 방법에 따라 외국에서 주식을 발행하거나, 외국에서 발행한 전환사채·신주인수권부사채 및 그 밖에 주식과 관련된 증권의 권리행사로 주식을 발행하는 경우

2. 국가기간산업 등 국민경제상 중요한 산업을 경영하는 법인 중 대통령령으로 정하는 기준에 해당하는 법인으로서 금융위원회가 의결권 없는 주식의 발행이 필요하다고 인정하는 법인이 주식을 발행하는 경우

이 가운데 어느 하나에 해당하는 의결권 없는 주식과 상법 제370조제2항에 따른 의결권 없는 주식을 합한 의결권 없는 주식의 총수는 발행주식총수의 2분의 1을 초과하여서는 아니 된다(동법 제165조의 15 제2항).

의결권 없는 주식 총수의 발행주식총수에 대한 비율이 4분의 1을 초과하는 주권상장법인은 발행주식총수의 2분의 1 이내에서 대통령령으로 정하는 방법에 따라 신주인수권의 행사, 준비금의 자본전입 또는 주식배당 등의 방법으로 의결권 없는 주식을 발행할 수 있다(동법 제165조의 15 제3항).

5) 주식의 상환에 관한 종류주식

종류주식을 발행한 회사는 그 종류주식의 일부를 회사의 이익으로써 소각할 수 있는 것으로 정할 수 있는데, 이와 같이 이익으로 소각되는 종류주식을 상환종류주식이라고 한다. 2011년 개정전에는 우선주만 상환주식으로 발행할 수 있었으나, 개정상법에서는 우선주 외의 종류주식도 상환주식으로 발행 할 수 있도록 하였다. 또한 개정전에는 회사가 상환할 권리를 갖는 주식만 발행할 수 있었으나, 개정법에서는 주주가 상환할 권리를 갖는 주식도 발행할 수 있게 하였다. 또한 개정법은 상환주식을 별도의 종류주식으로 다루고 있으므로 상환주식의 주주의 종류주주총회도 가능하게 되었다[28].

상환종류주식은 종류주식(상환 또는 전환종류주식은 제외)을 대상으로 해서만 발행할 수 있고(상 제345조 제5항), 정관이 규정이 있어야 한다(상 제345조 제1항).

상환종류주식의 상환은 정관의 규정에 의한다. 즉, 정관에 정한 상환기간에,

---

28) 이철송, 2011 개정상법 축조해설(박영사) 108면

정관에 정한 상환가액으로, 정관에 정한 상환방법에 따라, 정관에 정한 주식의 수만큼 상환해야 한다(상 제345조 제1항, 제3항).

회사는 주식의 취득의 대가로 현금 외에 유가증권(다른 종류주식은 제외한다)이나 그 밖의 자산을 교부할 수 있다. 다만, 이 경우에는 그 자산의 장부가액이 상법 제462조에 따른 배당가능이익을 초과하여서는 아니 된다(상 제345조 제4항).

6) 주식의 전환에 관한 종류주식

회사가 종류주식을 발행한 경우에 정관으로 정하는 바에 따라 주주가 인수한 주식을 다른 종류주식으로 전환할 것을 청구하거나, 혹은 일정한 사유가 발생할 때에 회사가 주주의 인수 주식을 다른 종류주식으로 전환할 수 있음을 정관으로 정할 수 있는데(상 제346조), 이러한 주식을 전환종류주식이라고 한다.

전환종류주식을 발행하기 위해서는 정관에 규정이 있어야 한다(상 제346조). 전환으로 인하여 신주식을 발행하는 경우에는 전환전의 주식의 발행가액을 신주식의 발행가액으로 한다(상 제348조).

주식의 전환을 청구하는 자는 청구서 2통에 주권을 첨부하여 회사에 제출하여야 하고, 이 청구서에는 전환하고자 하는 주식의 종류, 수와 청구년월일을 기재하고 기명날인 또는 서명하여야 한다(상 제349조).

(3) 주주의 권리행사와 강제집행

기명주식의 주주는 주주명부에 명의개서를 함으로써(상 제337조 1항), 무기명주식의 주주는 주권을 회사에 공탁하고 주주권을 행사할 수 있다(상 제358조).

주식의 소각, 병합, 분할, 전환이 있는 때에는 이로 인하여 종전의 주주가 받을 금전이나 주식에 대하여도 종전의 주식을 목적으로 한 질권을 행사할 수 있다(상 제339조).

발행주식총수의 100분의 1 이상에 해당하는 주식을 가진 주주는 회사에 대하여 대표소송제기권을 행사할 수 있다. 이는 기업 경영의 투명성을 제고하고 이사의 경영책임을 강화하기 위한 것으로, 이유를 붙인 서면으로 회사에 대하여 청구할 수 있고, 회사가 이 청구를 받은 날로부터 30일 내에 소를 제기하지 아니한 때에는 위 소 제기를 청구한 주주는 위 기간경과로 인하여 회사에 회복할 수 없는 손해가 생길 염려가 있을 때에는 즉시 회사의 본점 소재지를 관할하는 법원에 소를 제기할 수 있다.

이 대표소송제기권은 단독주주로는 허용하지 않으며, 대표소송제기권의 특수요건은 제소시에만 충족하면 되고 변론종결시까지 일부 주주의 이탈이 있어도 제소의 효력에 영향을 미치지 아니한다.

이 소를 제기한 후에는 법원의 허가를 얻지 않고는 소의 취하, 청구의 포기, 화해를 할 수 없다.

주식에 대한 강제집행은 주권이 발행되어 채무자의 점유하에 있는 경우에는 그 주권이 배서가 금지된 것이 아니면 그 주권을 대상으로 유체동산에 대한 강제집행절차에 의하고, 배서가 금지된 것일 때에는 채권에 대한 강제집행절차에 의하여 환가한다.

(4) 소수주주권

주주의 권리에는 주주가 회사로부터 경제적인 이익을 취하기 위한 권리인 자익권과 주주가 회사의 지배나 경영에 관여하는 권리인 공익권이 있다. 공익권 중에서 일정비율 이상의 주식을 보유한 주주만이 행사할 수 있는 권리를 소수주주권이라고 한다. 이는 필요한 일정비율에 따라 다음과 같이 구분할 수 있다.

① 발행주식총수의 100분의 3이상의 주식을 필요로 하는 소수주주권

주주제안권(상 제363조의2), 임시총회소집청구권(상 제366조), 집중투표청구권(상 제382조의2), 이사해임판결청구권(상 제385조 제2항), 회계장부열람권(상 제466조), 업무와 재산상태의 조사를 위한 검사인선임청구권(상 제467조 제1항) 등은 발행주식총수의 100분의 3이상으로 규정되어 있다.

② 발행주식총수의 100분의 1이상의 주식을 필요로 하는 소수주주권

위법행위유지청구권(상 제402조), 대표소송권(상 제403조), 총회절차의 조사를 위한 검사인선임청구권(상 제367조 제2항)은 발행주식총수의 100분의 1이상으로 규정되어 있다.

③ 발행주식총수의 100분의 10이상의 주식을 필요로 하는 소수주주권

회사해산판결청구권(상 제520조)은 발행주식총수의 100분의 10이상으로 규정되어 있다.

1) 임시주주총회소집청구권

발행주식총수의 100분의 3 이상에 해당하는 주식을 가진 (소수)주주는 회의의 목적사항과 소집의 이유를 기재한 서면 또는 전자문서를 이사회에 제출하여 임시총회의 소집을 청구할 수 있다(상 제366조 제1항). 회의의 목적사항이 주주총회의 권한에 속하는 결의사항이어야 함은 물론이다. 소집의 이유는 결의의 필요성을 소명하면 되고, 이사의 부정이나 재무제표의 부당과 같이 이사나 감사의 책임추궁에 한정되는 것은 아니다.

소수주주의 청구가 있을 때에는 이사회는 지체 없이 주주총회소집의 절차를 밟아야 한다. 이 경우에도 이사회의 소집결정을 요한다. 소집이유의 정당성을 검토해야 하기 때문이다. 소집의 이유가 상당하지 못하면 소집절차를 밟을 필요가 없음은 물론이다.

소수주주의 청구가 있음에도 불구하고 이사회가 소집절차를 밟지 않을 때에는 소집을 청구한 주주는 법원의 허가를 얻어 소집할 수 있다(상 제366조 제2항). 법원의 소집허가결정에 대하여는 불복하지 못한다. 이 경우 소수주주가 회사의 일시적 기관으로서 주주총회를 소집한다고 보아야 하므로, 기준일의 설정, 통지, 공고 등 총회소집을 위해 필요한 절차를 모두 소수주주가 취할 수 있으며, 회사에 대하여 소집비용을 청구할 수 있다.

2) 이사·감사·청산인의 해임청구권

이사가 그 직무에 관하여 부정행위 또는 법령이나 정관에 위반한 중대한 사실이있음에도 불구하고 주주총회에서 그 해임을 부결한 때에는 발행주식의 총수의 100분의3 이상에 해당하는 주식을 가진 주주는 총회의 결의가 있은 날부터 1월내에 그 이사의 해임을 법원에 청구할 수 있다(상 제385조 제2항). 감사에 대해서도 이와 같다(상 제415조, 상 제385조 제2항).

또한 청산인이 그 업무를 집행함에 현저하게 부적임하거나 중대한 임무에 위반한 행위가 있는 때에는 발행주식의 총수의 100분의 3이상에 해당하는 주식을 가진 주주는 법원에 그 청산인의 해임을 청구할 수 있다(상 제539조 제2항).

3) 위법행위의 유지청구권

이사가 법령 또는 정관에 위반한 행위를 하여 이로 인하여 회사에 회복할 수 없는 손해가 생길 염려가 있는 경우에는 감사 또는 발행주식의 총수의 100분의 1 이상에 해당하는 주식을 가진 주주는 회사를 위하여 이사에 대하여 그 행위를 유지할 것을 청구할 수 있다(상 제402조).

4) 대표소송

① 대표소송의 의의 : 회사가 이사에 대한 책임추궁을 게을리 할 경우 주주가 회사를 위하여 이사의 책임을 추궁하기 위해 제기하는 소이다(상 제403조). 주주의 대표소송은 이사 외에도 발기인(상 제324조), 감사(상 제415조), 청산인(상 제542조 제2항) 등의 책임을 추궁하기 위하여도 제기할 수 있다. 또한 불공정한 가액으로 신주를 인수한 자(상 제424조의2), 주주권의 행사와 관련하여 이익을 공여 받은 자(상 제467조의2)에 대한 회사의 권리를 실현하기 위하여도 제기할 수 있다.

② 소제기 청구 : 발행주식의 총수의 100분의 1이상에 해당하는 주식을 가진 소수주주는 먼저 대표소송을 제기하기 전에 이유를 기재한 서면으로 회사에 대하여 이사의 책임을 추궁할 소를 제기할 것을 청구할 수 있다. 이 청구는 주주의 권리인 동시에 대표소송 제기의 요건이기도 하다. 회사가 이 청구를 받은 날로부터 30일 내에 소를 제기하지 아니한 때에는 소수주주는 즉시 회사를 위하여 소를 제기할 수 있다. 그러나 이 기간의 경과로 인하여 회사에 회복할 수 없는 손해가 생길 염려가 있는 경우에는 회사에 대해 청구하지 아니하고, 또 청구를 했더라도 30일을 기다릴 필요 없이 즉시 소를 제기할 수 있다. '회복할 수 있는 손해가 생길 염려'가 있다 함은 곧 시효가 완성한다든지, 이사가 도피하거나 재산을 처분하고자 한다든지 하여 법률상 또는 사실상 이사에 대한 책임추궁이 불가능 또는 무익해질 염려가 있는 경우를 뜻한다.

③ 고지와 참가 : 주주가 대표소송을 제기한 때에는 지체없이 회사에 대하여 소송의 고지를 하여야 한다(상 제404조 제2항). 일반적으로 소송고지는 고지자의 자유이나 대표소송의 고지는 법상의 의무이다. 회사의 소송참가를 위해서이다. 주주가 고지를 하지 아니한 경우 주주는 회사에 대하여 손해배상책임을 진다. 회사는 주주의 대표소송에 참가할 수 있다(상 제404조 제1항). 참가 역시 이사를 상대로 한 소송행위이므로 감사가 회사를 대표한다.

④ 제소주주의 권리와 의무 : 대표소송에서 주주가 승소한 때에는 회사에 대하여 소송비용의 지급을 청구할 수 있다(상 제405조 제1항). 대표소송에서 주주가 패소하였다고 하더라도 원칙적으로 회사에 대하여 손해배상책임을 지지 않는다. 그러나 주주가 악의인 경우에는 회사에 대하여 손해배상책임을 진다(상 제405조 제2항). 따라서 승산 없는 소송임을 알고 제기한 경우는 물론이고, 성실하게 소송을 수행하여 패소로 이끈 경우에도 손해배상책임 있다고 보아야 한다.

5) 회계장부열람권

발행주식의 총수의 100분의 3 이상에 해당하는 주식을 가진 소수주주는 이유를 붙인 서면으로 회계의 장부와 서류의 열람 또는 등사를 청구할 수 있다. 회사는 주주의 청구가 부당함을 증명하지 아니하면 이를 거부하지 못한다(상 제466조).

6) 업무·재산상태의 검사권

회사의 업무집행에 관하여 부정행위 또는 법령이나 정관에 위반한 중대한 사실이 있음을 의심할 사유가 있는 때에는 발행주식의 총수의 100분의 3이상에 해당하는 주식을 가진 주주는 회사의 업무와 재산상태를 조사하게 하기 위하여 법원에 검사인의 선임을 청구할 수 있다(상 제467조).

7) 주주제안권

의결권 없는 주식을 제외한 발행주식총수의 100분의 3 이상에 해당하는 주식을 가진 주주는 이사에게 주주총회일(정기주주총회의 경우 직전 연도의 정기주주총회일에 해당하는 그 해의 해당일. 이하 이 조에서 같다)의 6주 전에 서면 또는 전자문서로 일정한 사항을 주주총회의 목적사항으로 할 것을 제안(이하 '주주제안'이라 한다)할 수 있다(상 제363조의2).

소수주주가 이사에 대하여 주주제안권을 행사한 경우에, 이사회는 주주제안의 내용이 법령 또는 정관에 위반되는 경우 기타 대통령령이 정하는 경우를 제외하고는 이를 주주총회의 목적사항으로 상정하여야 하며, 주주제안한 자의 요청이 있는 경우에는 주주총회에서 당해의안을 설명할 수 있는 기회를 주어야 한다.

'기타 대통령령이 정하는 경우'라 함은 주주제안의 내용이 ① 주주총회에서 의결권의 100분의 10 미만의 찬성밖에 얻지 못하여 부결된 내용과 같은 내용의 의안을 부결된 날부터 3년 내에 다시 제안하는 경우, ② 주주 개인의 고충에 관한 사항인 경우, ③ 주주가 권리를 행사하기 위하여 일정 비율을 초과하는 주식을 보유해야 하는 소수주주권에 관한 사항인 경우, ④ 임기 중에 있는 임원의 해임에 관한 사항[법 제542조의2제1항에 따른 상장회사만 해당한다]인 경우, ⑤ 회사가 실현할 수 없는 사항 또는 제안 이유가 명백히 거짓이거나 특정인의 명예를 훼손하는 사항인 경우를 말한다(상법 시행령 제12조).

주주제안을 하고자 하는 자는 주주총회일 6주 전까지 서면 또는 전자문서에 의하여 이를 하여야 한다고 규정하여 주주제안권 행사의 기간과 방법에 관한 제한을 두고 있으므로 주의를 요한다.

8) 상장회사에 대한 특례

2009년 개정상법은 상장회사에 대한 특례규정을 신설하여 몇몇 소수주주권에 대해서는 보유기간의 제한을 가하고 있다(상 제542조의6). 이는 회사의 경영에 지속적으로 참여하는 것이 아니라 일시적으로 개입할 목적으로 단기간 주식을 취득하는 자들로부터 상장회사의 경영의 안정성을 보호할 필요가 있으며, 주주의 입장에서도 어느 정도의 기간을 통해 회사와의 이해가 안착된 자만이 이러한 공익권을 행사할 실익이 있다고 본 것이다[29]. 그 내용은 다음과 같다.

① 임시총회소집청구권(상 제366조), 검사인선임청구권(상 제467조)

6개월 전부터 계속하여 상장회사 발행주식총수의 1천분의 15 이상에 해당하는 주식을 보유한 자는 제366조(제542조에서 준용하는 경우를 포함한다) 및 제467조에 따른 주주의 권리를 행사할 수 있다.

② 주주제안권(상 제363조의2)

6개월 전부터 계속하여 상장회사의 의결권 없는 주식을 제외한 발행주식총수의 1천분의 10(대통령령으로 정하는 상장회사의 경우에는 1천분의 5) 이상에 해당하는 주식을 보유한 자는 제363조의2(제542조에서 준용하는 경우를 포함한다)에 따른 주주의 권리를 행사할 수 있다.

③ 이사해임판결청구권(상 제385조), 청산인해임판결청구권(상 제539조)

6개월 전부터 계속하여 상장회사 발행주식총수의 1만분의 50(대통령령으로

---

29) 이철송, 회사법강의(박영사), 2005, 408면 참조

정하는 상장회사의 경우에는 1만분의 25) 이상에 해당하는 주식을 보유한 자는 제385조(제415조에서 준용하는 경우를 포함한다) 및 제539조에 따른 주주의 권리를 행사할 수 있다.

④ 회계장부열람권(상 제466조)

6개월 전부터 계속하여 상장회사 발행주식총수의 1만분의 10(대통령령으로 정하는 상장회사의 경우에는 1만분의 5) 이상에 해당하는 주식을 보유한 자는 제466조(제542조에서 준용하는 경우를 포함한다)에 따른 주주의 권리를 행사할 수 있다.

⑤ 위법행위유지청구권(상 제402조)

6개월 전부터 계속하여 상장회사 발행주식총수의 10만분의 50(대통령령으로 정하는 상장회사의 경우에는 10만분의 25) 이상에 해당하는 주식을 보유한 자는 제402조(제408조의9 및 제542조에서 준용하는 경우를 포함한다)에 따른 주주의 권리를 행사할 수 있다.

⑥ 대표소송권(상 제403조)

6개월 전부터 계속하여 상장회사 발행주식총수의 1만분의 1 이상에 해당하는 주식을 보유한 자는 제403조(제324조, 제408조의9, 제415조, 제424조의2, 제467조의2 및 제542조에서 준용하는 경우를 포함한다)에 따른 주주의 권리를 행사할 수 있다.

다만, 상장회사는 정관에서 위 ①부터 ⑥까지 규정된 것보다 단기의 주식 보유기간을 정하거나 낮은 주식 보유비율을 정할 수 있다.

(5) 주식의 양도

주식은 정관이 정하는 바에 따라 이사회의 승인을 얻어 양도할 수 있다. 이는 1995년 상법개정시 인정된 것이다.

주권발행 전의 주식의 양도는 회사에 대하여 효력이 없으므로 회사가 양도를 승인하고 명의개서까지 하여도 무효이나, 회사성립 후 또는 신주의 납입기일 후 6월이 경과하도록 주권을 발행하지 아니한 때에는 효력이 있으므로 6월 경과 전의 주식양도라도 회사가 주권을 발행하지 아니하고 6월이 경과하면 하자가 치유되어 유효하게 된다(상 제335조 2항).

핵 심 판 례

■ 회사와 경쟁관계에 있거나 분쟁 중에 있어 그 회사의 경영에 간섭할 목적을 가지고 있는 자에게 주식을 양도한 사정만으로 그 주식양도를 반사회질서 법률행위라고 할 수 있는지 여부(소극)

상법 제335조 제1항 본문은 "주식은 타인에게 이를 양도할 수 있다"고 하여 주식양도의 자유를 보장하고 있으므로 회사와 경쟁관계에 있거나 분쟁 중에 있어 그 회사의 경영에 간섭할 목적을 가지고 있는 자에게 주식을 양도하였다고 하여 그러한 사정만으로 이를 반사회질서 법률행위라고 할 수 없다(대법원 2010.7.22. 선고 2008다37193 판결).

주식양도제한은 주주 사이의 인적관계를 중시하는 작은 규모의 가족회사 또는 폐쇄회사에서 정관에 그 정함을 둔 경우에만 인정되며, 공개회사 또는 상장회사의 경우에는 이를 허용할 수 없다고 하여야 할 것이다. 그러므로 상법이 정관의 정함에 따라 양도제한을 받은 주식은 기명주식과 무기명주식 전부가 된다. 주식의 양도에 있어서는 주권을 교부하여야 한다.

【쟁점질의와 유권해석】

<주주권을 표창하는 문서를 작성하여 주주가 아닌 제3자에게 교부한 경우 그 문서가 주권으로서 효력을 갖는지 여부>

주권발행은 소정의 형식을 구비한 문서를 작성하여 이를 주주에게 교부하는 것을 말하고 위 문서가 주주에게 교부된 때에 비로소 주권으로서의 효력을 발생한다고 해석되므로, 주주권을 표창하는 문서를 작성하여 이를 주주가 아닌 제3자에게 교부해주었다 하더라도 위 문서는 주권으로서의 효력을 갖지 못한다고 보아야 할 것이다.

3. 검사인

검사인은 주식회사 설립시 변태설립사항과 재산상태를 조사하는 임시적 감사기관이다(상 제299조). 회사설립 후에는 자본증가시 현물출자에 대한 조사를 할 때 필요하다(상 제422조).

검사인은 법원에서 선임하며, 그 직무의 성질상 당해 회사의 이사·감사 및 지배인 기타 사용인은 겸할 수 없다 할 것이다.

　　주의할 것은 모집설립의 경우에 설립경과의 조사자를 위한 때에는 창립총회에 회사설립시에 발행하는 주식의 총수에 대한 인수의 정확여부, 납입과 현물출자의 이행의 정확여부를 확인하는 것은 이사·감사의 권한이다. 그러나 이사와 감사 중 발기인이었던 자 또는 회사성립 후 양수할 재산의 계약당사자인 자는 이 조사보고에 참가할 수 없으므로, 이 때에는 공증인으로 하여금 이 조사·보고를 하게 하여야 한다(상 제313조).

　　또한 발기설립의 경우에는 변태설립사항을 제외하고 회사설립에 관한 모든 사항이 정관 또는 법령에 위반되는지 여부를 이사·감사가 조사하여 발기인에게 보고하는 것이나, 이사·감사가 발기인, 현물출자자 등인 경우에는 공증인으로 하여금 조사·보고하도록 한다(상 제298조).

　　회사설립 후 자본증가시의 현물출자에 관한 조사를 할 때에도 검사인의 조사보고에 갈음하여 공증인의 조사보고 및 감정인의 감정결과로 갈음할 수 있다(상 제422조).

　　검사인은 임시적 기관에 불과하므로 등기사항이 아니다.

4. 주주총회

(1) 의의 및 권한

　　주주총회는 주주로 구성되어 회사의 의사를 결정하는 기관으로서 이사·감사의 선임·해임, 회사의 기본적 변경사항(정관변경, 자본감소, 해산, 합병)의 결의 및 재무제표의 승인 등 법정의 전속적 권한을 가진 필요적 기관이다. 주주총회는 회사의 최고기관이기는 하나 그 권한은 제한되어 법령 또는 정관에 정한 사항 이외의 사항에 관하여는 결의할 수 없다(상 제361조).

　　총회의 의사진행은 의장이 한다. 의장이 누구인가에 대하여 정관에 규정이 있으면 그에 따르면 되나, 정관에 규정이 없으면 총회에서 선임한다(상 제366조의2 1항).

　　의장은 의사진행에 필요한 권한을 가지며, 총회의 질서를 유지하고 의사를 정리한다(상 제366조의2 2항). 의장에게 표결의 가부동수인 경우에 결정권을 주는 것은 1주 1의결권 원칙에 어긋나므로 안된다(상 제369조 1항). 의사진행권한은 의사진행에 필요한 발언의 허용, 찬반표의 점검, 회의장의 질서유지 등이 그 중요한 내용으로서, 고의로 의사진행을 방해하기 위한 발언·행동을 하는 등 현저히 질서를 문란하게 하는 자에 대하여 그 발언의 정지 또는 퇴장을 명할 수 있다(상 제366조의2 3항).

(2) 총회의 소집절차

1) 주주총회의 소집권자

주주총회를 소집함에는 이사회 또는 청산인회에서 소집을 결정하고(상 제362조, 제542조 2항), 그 결정에 따라 대표이사, 대표청산인 기타의 대표자가 이를 소집하여야 한다.

이사가 1인인 회사는 이사회가 존재하지 아니하므로, 그 이사가 소집결정을 하고 직접 소지하여야 한다(상 제383조 6항).

제3차 개정상법은 감사의 조사나 이사의 보고에 따라 감사가 이사회에 적절한 조치를 촉구하여도 이사회에서 받아들여지지 않을 경우에 대비하여, 감사가 직접 임시총회의 소집을 이사회에 청구하여 대책을 강구할 수 있도록 감사의 감시총회소집청구권을 신설하였다(상 제412조의3).

이사회가 지체없이 소집절차를 밟지 않는 경우에는 감사는 법원의 허가를 얻어 총회를 소집할 수 있으며(상 제412조의3, 제366조 2항), 소수주주(발행주식의 100분의 3 이상)로부터 임시주주총회의 소집청구가 있음에도 불구하고 대표이사가 소집절차를 이행하지 아니한 때에는 그 주주가 법원의 허가를 얻어 소집할 수 있다(상 제366조 1항, 2항).

소집권한 없는 자에 의하여 소집된 주주총회는 전 주주가 모여 결의를 하였다 하더라도 법률상 주주총회라고 할 수 없고(대판 1960. 9. 8, 4292민상766), 주주총회를 소집할 권리가 없는 자들이 소집한 주주총회에서 이사를 선임한 결의와 그 주주총회에서 선임된 이사에 의한 이사회의 결의는 모두 존재하지 않는 것이거나 당연무효라고 보아야 할 것이다(상 제362조, 제389조, 대판 1990. 2. 9, 89누4642).

【쟁점질의와 유권해석】

<주주총회의 소집절차가 위법하더라도 그 주주총회의 결의를 유효하다고 본 사례>

1인 주주회사에 있어서는 소집절차가 위법한 것이라고 하더라도 그 주주가 참석하여 총회개최에 동의하고 아무 이의없이 결의한 경우에는 그 결의 자체를 위법한 것이라고는 할 수 없고(대판 1966. 9. 20, 66다1187, 1188), 또 소집절차에 하자가 있다 하더라도 주주 전원이 출석하여 만장일치로 결의한 경우에는 그 결의는 주주총회의 결의로서 유효하다는 판례도 있다(대판 1979. 6. 26, 78다1794, 1996. 10. 11, 96다 24309).

청산회사는 청산인회가 주주총회소집을 결정하고(상 제542조 2항, 제362조), 대표청산인이 소집절차를 집행하며, 정리회사는 회사사업의 경영과 재산의 관리·처분권이 관리인에게 전속하므로 관리인이 소집권한을 갖는다고 할 것이다.

2) 주주총회의 소집시기

주주총회는 소집의 시기에 따라 정기총회와 임시총회가 있다. 정기총회는 매년 1회 정관으로 정하여진 일정한 시기에 소집하여야 하나, 연 2회 이상의 결산기를 정한 회사는 결산기마다 소집하여야 한다.

정기총회는 재무제표를 승인하고 이익처분을 결정하기 위하여 개최하는 것으로 주주명부의 폐쇄기간 또는 기준일의 결정시간의 제한(상 제354조 2항, 3항)에 따라 매결산기 후 3개월 내에 개최하여야 한다.

임시총회는 필요에 의하여 수시 소집한다(상 제365조). 법원의 명령에 의한 때(상 제467조), 흡수합병의 보고총회(상 제526조), 분할합병보고총회(상 제530조의11, 제526조), 분할계획승인총회(상 제530조의3), 청산개시시 또는 청산종결시, 청산인이 재산관계서류의 승인을 요구한 때(상 제533조 1항, 제540조 1항) 등에는 임시총회소집이 강제된다.

3) 소집장소

주주총회는 정관에 다른 정함이 있는 경우를 제외하고는 본점소재지 또는 이에 인접한 지에 소집하여야 한다(상 제364조).

본점의 소재지란 정관에 기재하는 본점소재지와 같이 본점이 소재하는 장소가 속하는 최소행정구역을 뜻하며 그 인접지란 그 행정구역에 인접하는 최소행정구역을 뜻한다 총회소집의 통지에 소집장소의 기재가 없으면 본점을 소집장소로 해석함이 통설이다.

따라서 정관으로 주주총회 소집장소를 본점소재지 또는 그 인접지 외에 다른 장소를 정한 경우에는 공증인의 인증을 한 의사록을 제출하면 이를 수리하여야 할 것이다.

4) 주주총회 소집통지 및 공고

① 원칙

주주총회를 소집함에는 회일을 정하여 2주간 전에 결의권 있는 각 주주에 대하여 서면 또는 전자문서로 통지를 발송하여야 한다. 통지서에는 회의의 목적사항을 기재하여야 하며 통지는 주주명부에 기재된 주소 또는 그 자로부터 회사에 통지한 주소로 한다.

회사가 무기명의 주권을 발행한 경우에는 회일의 3주간 전에 총회를 소집하는 뜻과 회의의 목적사항을 공고하여야 한다(상 제363조, 제353조).

② 소규모회사의 경우

2009년 5월 상법 개정에 의하여 소규모 주식회사의 주주총회 소집절차가 간소화(상 제363조 4항, 5항)되었다. 즉, 종전 규정에 의하면 가족기업처럼 운영되는 소규모 주식회사에 대하여 복잡한 주주총회 소집절차를 준수하도록 요구함으로써 회사의 운영에 과도한 부담으로 작용한다는 문제가 있었다. 이에 개정 상법은 자본금 총액이 10억원 미만인 회사가 주주총회를 소집하는 경우에는 주주총회일의 10일 전에 각 주주에게 서면으로 통지를 발송하거나 각 주주의 동의를 받아 전자문서로 통지를 발송할 수 있고, 무기명식의 주권을 발행한 경우에는 주주총회일의 2주 전에 주주총회를 소집하는 뜻과 회의의 목적사항을 공고할 수 있도록 하였다(상 제363조 4항). 또한 자본금 총액이 10억원 미만인 회사는 주주 전원의 동의가 있을 경우에는 소집절차 없이 주주총회를 개최할 수 있고, 서면에 의한 결의로써 주주총회의 결의를 갈음할 수 있도록 하였다. 결의의 목적사항에 대하여 주주 전원이 서면으로 동의를 한 때에는 서면에 의한 결의가 있는 것으로 본다(상 제363조 5항). 이러한 서면에 의한 결의는 주주총회의 결의와 같은 효력이 있고(상 제363조 6항), 서면에 의한 결의에 대하여는 주주총회에 관한 규정을 준용한다(상 제363조 7항). 이와 같이 주주총회 소집절차를 간소화함으로써 소규모 주식회사의 주주총회 개최와 관련된 비용 및 시간이 절약될 것으로 예상된다.

그러나 이러한 주주총회의 소집의 통지, 공고에 관한 규정은 의결권 없는 주주에게는 적용하지 아니한다(상 제363조 8항).

③ 상장회사에 대한 특례

2009년 개정상법에서는 상장회사의 경우 소액주주에 대해서는 설명 기명주주라 하더라도 통지가 아닌 공고를 할 수 있는 특례규정을 신설하였다. 즉, 상장회사가 주주총회를 소집하는 경우 대통령령으로 정하는 수(의결권 있는 발행주식총수의 100분의 1)[30]이하의 주식을 소유하는 주주에게는 정관으로 정하는 바에 따라 주주총회일의 2주 전에 주주총회를 소집하는 뜻과 회의의 목적사항을 둘 이상의 일간신문에 각각 2회 이상 공고하거나 대통령령으로 정하는 바에 따라 전자적 방법으로 공고함으로써 제363조 제1항의 소집통지를 갈음할 수 있다(상 제542조의4 제1항).

【쟁점질의와 유권해석】

<일부 주주에게 소집통지를 하지 아니한 경우 그 주주총회결의의 효력 여부>

적법한 소집권자에 의하여 소집된 주주총회에서 총 주식의 반수를 넘는 주식을 소유한 주주가 참석하여 참석주주 전원의 찬성으로 결의가 있었으나, 일부 주주에게 소집통지를 하지 아니하였거나 법정기간을 준수한 서면통지를 하지 아니하여 그 소집절차에 하자가 있었다면 이 하자는 동 결정의 무효사유가 아니라 취소사유에 해당한다(대판 1981. 7. 28, 80다2745).

(3) 종류주주총회

종류주주총회는 특정한 주식을 가진 주주들만으로 구성된 주주총회를 말한다. 그 결의가 주주총회 결의의 효력발생을 위하여 부가적으로 요구되는 요건일 뿐, 그 자체가 주주총회는 아니며, 회사의 기관도 아니다. 종류주주총회의 결의는 다음의 세 가지 경우에 필요하다.

① 회사가 종류주식을 발행한 경우에 정관을 변경함으로써 어느 종류주식의 주주에게 손해를 미치게 될 때에는 주주총회의 결의 외에 그 종류주식의 주주의 총회의 결의가 있어야 한다(상 제435조 1항).

② 신주의 인수, 주식의 병합·분할·소각 또는 회사의 합병·분할로 인한 주식의 배정에 관하여 주식의 종류에 따라 특수하게 정할 때(상 제436조, 제344조 3항).

---

30) 상법 시행령 제31조.

③ 회사의 분할 또는 분할합병, 주식교환, 주식이전 및 회사의 합병으로 인하여 어느 종류의 주주에게 손해를 미치게 될 경우(상 제436조).

종류주주총회의 결의는 출석한 주주의 의결권의 3분의 2 이상의 다수와 그 종류의 발행주식의 총수의 3분의 1 이상의 다수로 하여야 하고(상 제435조 2항), 이 결의요건은 정관으로써도 경감하거나 가중할 수 없다. 주주총회에 관한 규정은 의결권 없는 종류의 주식에 관한 것을 제외하고는 종류주주총회에 준용된다(상 제435조 3항).

(4) 결의의 방법

주주총회 결의의 방법에는 보통결의와 특별결의, 그 이외의 결의가 있다.

결의가 성립하려면 먼저 일정한 수의 주식을 가진 주주가 출석하여 회의가 성립되어야 하고(정족수), 그 출석한 주주의 의결권 가운데 일정수 이상의 찬성이 있어야 한다(표결수).

1) 보통결의

보통결의는 원칙적인 의결방법이다. 이에 대하여 상법은 "상법 또는 정관에 다른 정함이 있는 경우를 제외하고는 출석한 주주의 의결권의 과반수와 발행주식총수의 4분의 1 이상의 다수로써 하여야 한다"고 규정하여 총회성립정족수에 대하여는 규정하고 있지 않으므로, 발행주식총수의 4분의 1 이상을 가진 주주의 출석으로 주주총회가 성립하고 그 만장일치로 결의가 가능하며, 반드시 발행주식의 총수의 과반수에 해당하는 주식을 가진 주주의 출석을 요하는 것은 아니다(상법 제368조).

이 때 주주는 대리인으로 하여금 그 의결권을 행사하게 할 수 있으며, 총회결의에 관하여 특별한 이해관계가 있는 자는 의결권을 행사하지 못한다(상 제368조).

즉, 주주수가 많고 대부분 주주가 주주총회에 참석하지 않는 공개회사의 경우에는 주주총회의 성립 자체가 어렵게 되므로, 출석한 주주들만으로써 결의할 수 있는 길을 열어준 것이다.

이 규정은 임의규정이므로 대부분의 주주가 회사의 경영에 관심을 가지고 주주총회에 참석하는 소규모의 주식회사나 비공개주식회사의 경우에는 개정전 상법의 규정과 같이 정관에 결의요건을 "발행주식총수의 과반수에 해당하는 주식을 가진 주주의 출석으로 그 의결권의 과반수로 한다"고 하여 정관으로 의결정족수를 가중할 수도 있고, 완화할 수도 있다(상 제368조 1항). 다만, 발행주식총수의 4분의1은 조리상 허용될 수 있는 단체결의의 최소한도의 요건을 규정한 것이므로 이를 가중할 수는 있으나 이보다 완화할 수는 없다는 견해도 있다[31].

의결권 없는 주식은 정족수의 기초가 되는 발행주식의 총수에 산입되지 아니한다(상 제371조 1항).

표결결과 가부동수인 경우에는 부결로 해석하여야 하며(통설), 이 경우 의장에게 결정권을 주는 내용의 정관규정은 1주 1의결권 원칙에 위반되어 무효이다. 특별이해관계인의 소유주식수는 정족수의 계산에 있어서는 발행주식총수에 산입되나 결의성립에 필요한 다수의결권의 수에는 산입되지 않는다(상 제371조 2항).

보통결의사항으로 상법은 이사·감사의 선임(상 제382조, 제409조), 정관으로 정한 때에는 대표이사의 선임(상 제389조 1항 단서), 이사·감사의 보수의 승인(상 제388조, 제415조), 검사인의 선임(상 제366조 3항, 제367조), 재무제표 등의 승인(상 제449조), 주식배당(상 제462조의2), 청산인의 선임·해임(상 제531조, 제539조), 및 보수의 결정(상 제542조 2항, 제388조), 청산의 승인(상 제540조) 등을 규정하고 있다.

이사에 대한 競業의 승인(상 제397조 1항)은 이사회의 권한으로 변경되었다.

【쟁점질의와 유권해석】

<주주총회가 성립하기 위한 정족수>

상법 제368조의 규정에 의하면 주식회사의 주주총회의 결의방법은 상법 또는 정관에 다른 정함이 있는 경우를 제외하고는 출석한 주주의 의결권의 과반수와 발행주식총수의 4분의 1 이상의 수로써 하여야 하고 총회성립정족수에 대하여는 규정하지 않고 있으므로, 발행주식 총수의 4분의 1 이상을 가진 주주의 출석으로 주주총회가 성립하고 그 만장일치로 결의가 가능한 것이며, 반드시 발행주식의 총수의 과반수에 해당하는 주식을 가진 주주의 출석을 요하는 것은 아니다.

---

31) 이철송, 회사법상의(박영사), 2005, 446면 참조.

【쟁점질의와 유권해석】

<적법한 소집절차가 없었지만 4인 주주 전원이 임시주주총회를 열어 전원합의로 기
존 임원 전원을 해임하고 자신들을 임원으로 선임하여 그 의사록을 공증받아 임원
변경등기신청을 한 경우 그 수리 여부>

상법 및 정관 소정의 소집절차를 흠결하였으나 주주명부상의 주주 전원이 주주총회
의 개최에 동의하고 출석하여 결의하는 이른바 전원주주총회에서의 결의는 유효하
다고 해석되므로, A주식회사의 임시주주총회에 있어서 상법 및 정관상 요구되는 이
사회의 결의, 소집권자의 소집 등 적법한 소집절차가 없었다고 하더라도, 당해 주식
회사의 주식을 각각 25%씩 소유하고 있는 4인 주주 전원이 임시주주총회를 열어
주주 전원의 합의로 소집절차와 방법에 아무런 이의없음을 확인한 다음, 기존의 임
원 전원을 해임하고 주주 자신들을 이사 및 감사로 선임하는 내용의 안건을 주식
수의 25% 기권, 75% 찬성으로 결의하여 그 의사록을 공증받았다면, 그 의사록을 첨
부하여 한 임원변경등기신청은 수리될 수 있다(96다24309 판결 참조).

2) 특별결의

영업용 재산의 처분으로 말미암아 회사영업의 전부 또는 일부를 양도하거나
폐지하는 것과 같은 결과를 가져오는 경우(대법원 1997.4.8, 선고 96다54249 판
결), 경영위임 등(상 제374조), 사후설립(상 제375조), 주주 이외의 자에 대한
전환사채의 발행(상 제513조 3항), 주주 이외의 자에 대한 전환사채 및 신주인
수권부사채의 발행(상 제513조 3항, 제516조의2 4항), 자본의 감소(상 제438조
1항), 해산(상 제518조), 회사의 계속(상 제519조), 합병(상 제522조 3항), 분
할·분할합병(상 제530조의3 2항), 설립위원의 선임(상 제175조 2항), 이사와
감사의 해임(상 제385조 1항, 제415조), 신설합병의 경우의 설립위원의 선임(상
제175조 2항), 주식의 할인발행(상 제417조 1항) 등에 있어서는 출석한 주주의
의결권의 3분의 2 이상의 다수와 발행주식 총수의 3분의 1 이상의 다수로 결
의하여야 하며(상 제434조), 정관에 의하더라도 정족수를 경감할 수 없다. 특별
결의의 정족수는 보통결의와 같으나, 완화하지 못하는 특징이 있다.

상법은 주주총회 특별결의의 정족수는 보통결의 정족수를 기초로 이를 가
증·조정하여 주주총회의 성원을 보장하고 특별결의 요건을 현실화하였다.

3) 특수결의

특별결의보다도 더 엄격한 결의요건이 정하여져 있는 경우가 있다. 즉, 이사·

감사 · 발행인의 책임면제(상 제400조, 제415조, 제324조) 및 주식회사를 유한회사로 조직변경(상 제604조 1항)하는 경우에는 총주주의 동의가 있어야 한다.

4) 결의의 효력발생

주주총회의 결의는 원칙적으로 결의성립과 동시에 그 효력을 발생한다. 그러나 총회의 결의에 있어서 그 결의에 조건 또는 기한을 붙일 수 있는 것이며, 이 때에는 조건의 성취 또는 기한의 도래에 의하여 효력이 발생한다. 다만, 그 조건 또는 기한을 붙이는 것이 법령, 정관에 위반하는 경우에는 그 결의 전체가 무효가 된다.

(5) 전자적 방법에 의한 의결권의 행사(상 제368조의4 신설)

2009년 5월 상법 개정에 의하여 2010년 5월부터 전자적 방법에 의한 의결권의 행사가 가능하게 되었다. 이는 정보통신 환경의 발달로 전자적 방법에 의한 주주총회 개최가 가능해졌으나, 이를 입법적으로 뒷받침하지 못하고 있던 것을 상법 개정을 통하여 보완한 것이다. 이에 따라 회사는 이사회의 결의로 주주가 총회에 출석하지 아니하고 전자적 방법으로 의결권을 행사할 수 있음을 정할 수 있다(상 제368조의4 1항). 회사는 상법 제363조에 따라 소집통지나 공고를 할 때에는 주주가 전자적 방법에 따른 방법으로 의결권을 행사할 수 있다는 내용을 통지하거나 공고하여야 한다(상 제368조의4 2항). 회사가 전자적 방법에 의한 의결권행사를 정한 경우에 주주는 주주 확인절차 등 대통령령으로 정하는 바에 따라 의결권을 행사하여야 한다. 이 경우 회사는 의결권행사에 필요한 양식과 참고자료를 주주에게 전자적 방법으로 제공하여야 한다(상 제368조의4 3항).

동일한 주식에 관하여 상법 제368조의4 제1항에 의한 전자적 방법 또는 제368조의3 제1항에 의한 서면으로 의결권을 행사하는 경우 전자적 방법 또는 서면 중 어느 하나의 방법을 선택하여야 한다(상 제368조의4 4항).

회사는 의결권 행사에 관한 전자적 기록을 총회가 끝난 날부터 3개월간 본점에 갖추어 두어 열람하게 하고 총회가 끝난 날부터 5년간 보존하여야 한다(상 제368조의4 5항). 그리고 주주 확인절차 등 전자적 방법에 의한 의결권행사의 절차와 그 밖에 필요한 사항은 대통령령으로 정한다(상 제368조의4 6항).

이와 같이 전자투표제를 도입함으로써 주주총회 개최 비용이 절감되고, 주주총회 운영의 효율성이 향상될 것으로 기대되며, 소수주주의 주주총회 참여가 활성화될 것으로 기대된다.

5. 이사회

(1) 의의 및 권한

이사회는 이사 전원으로 구성되고 회사의 업무집행에 관한 의사결정 및 이사의 직무집행의 감독을 행하는 주식회사의 필요상설기관이다.

회사의 업무집행은 법령 또는 정관에 의하여 주주총회의 권한으로 되어 있는 사항을 제외하고는 모두 이사회의 권한에 속하며, 대표이사가 회사업무를 집행함에 있어서도 이사회의 결정에 따라야 한다(상 제393조 1항).

그러나 이사가 1인인 때에는 이사회의 권한은 주주총회가 가지거나(이사의 자기거래승인, 신주 및 사채의 발행사항결정) 이사가 가지도록 규정하고 있다(상 제383조 1항).

이사회의 권한에 대하여 상법은 정관으로 정한 경우의 주식의 양도승인(상 제335조), 주식매수선택권 부여취소(상 제340조의3 1항), 주주총회의 소집(상 제362조), 지배인의 선임 및 해임과 지점의 설치·이전·폐지(상 제393조), 대표이사의 선임(상 제389조), 정관으로 이사회 내 위원회를 둔 경우 위원회의 설치와 그 위원의 선임 및 해임(상 제393조의2), 이사의 경업금지의 해제(상 제397조), 이사의 자기거래의 승인(상 제398조), 신주의 발행(상 제416조), 사채의 발행(상 제469조), 이사의 자기거래의 승인(상 제398조), 신주의 발행(상 제416조), 사채의 발행(상 제469조), 재무제표와 영업보고서의 승인(상 제447조, 제447조의2), 준비금의 자본전입(상 제461조), 전환사채 및 신주인수권부사채의 발행(상 제513조, 제516조의2), 명의개서대리인의 선임(상 제393조), 정관에서 최소행정구역까지만 정한 경우 본점소재지의 결정(상 제393조) 등을 규정하고 있다.

법률 또는 정관 등의 규정에 의하여 주주총회 또는 이사회의 결의를 필요로 하는 것으로 되어 있지 아니한 업무 중 이사회가 일반적·구체적으로 대표이사에게 위임하지 않은 업무로서 일상업무에 속하지 아니한 중요한 업무에 대하여는 이사회에게 그 의사결정권한이 있다(대판 1997. 6. 13, 96다

48282).

이사회는 이사의 직무집행을 감독할 권한이 있는 바(상 제393조 2항), 그 감독할 이사는 대표이사 및 기타의 이사이고, 감독하는 방법은 이사회를 소집하여 그 결의로써 한다.

주식회사의 업무집행기관은 업무집행의 의사결정기관인 이사회와 그 집행 및 회사를 대표하는 대표이사이다. 따라서 이사 개개인은 이사회의 구성원으로서 그 의사결정에 참여하는 동시에 대표이사로 선임될 수 있는 자격을 가질 뿐 그 자체로는 회사의 기관이 아니다.

대표이사는 대외적으로 회사를 대표하고 대내적으로 업무를 집행하는 주식회사의 필요상설기관이다. 대표이사는 이사회에서 선임되고 그 직무집행에 관하여 이사회의 감독을 받는다. 통상 주주총회의 의장이 대표이사가 된다.

(2) 이사회의 소집

1) 소집권자

① 이사

이사회의 소집권자로 대표이사를 정하는 경우가 많으나, 이사회의 결의로 소집할 이사를 특별히 정하지 아니한 때에는 각 이사가 소집할 수 있다(상 제390조 1항). 소집권자로 지정되지 않은 다른 이사는 소집권자인 이사에게 이사회 소집을 요구할 수 있다. 소집권자인 이사가 정당한 이유 없이 이사회 소집을 거절하는 경우에는 다른 이사가 이사회를 소집할 수 있다(동조 제2항).

② 감사

2011년 개정상법은 감사에게도 이사회소집권한을 부여하였다. 즉, 감사는 필요하면 회의의 목적사항과 소집이유를 서면에 적어 이사(소집권자가 있는 경우에는 소집권자)에게 제출하여 이사회 소집을 청구할 수 있다. 만약 이러한 청구를 하였는데도 이사가 지체 없이 이사회를 소집하지 아니하면 그 청구한 감사가 이사회를 소집할 수 있다(상 제412조의4).

③ 집행임원

2011년 개정상법에서는 집행임원제도가 신설되었다. 집행임원은 필요하면

회의의 목적사항과 소집이유를 적은 서면을 이사(소집권자가 있는 경우에는 소집권자)에게 제출하여 이사회 소집을 청구할 수 있다. 이러한 청구를 한 후 이사가 지체 없이 이사회 소집의 절차를 밟지 아니하면 소집을 청구한 집행임원은 법원의 허가를 받아 이사회를 소집할 수 있다. 이 경우 이사회 의장은 법원이 이해관계자의 청구에 의하여 또는 직권으로 선임할 수 있다(상 제408조7).

집행임원의 이사회 소집절차의 경우 이사가 소집을 지체하여 집행임원이 소집을 할 때에는 '법원의 허가'를 요한다는 점에서 감사의 경우와 구별된다(상 제412조의4, 제408조의7참조).

2) 소집절차

이사회를 소집함에는 회일을 정하여 그 1주간 전에 각 이사 및 감사에게 통지를 발송하여야 한다. 소집기간은 정관으로써 단축할 수 있고, 이사 및 감사 전원의 동의가 있는 때에는 소집절차 없이 언제든지 이사회를 개최할 수도 있다(상 제390조 3항, 4항).

이사회에 있어서도 주주총회와 같이 그 연기 또는 속행이 인정되며 이 경우에는 중복하여 소집절차를 이행할 필요는 없다 할 것이다(상 제392조).

핵 심 판 례

■ 주식회사 이사회 소집통지를 할 때 회의의 목적사항도 함께 통지하여야 하는지 여부(원칙적 소극)

이사회 소집통지를 할 때에는, 회사의 정관에 이사들에게 회의의 목적사항을 함께 통지하도록 정하고 있거나 회의의 목적사항을 함께 통지하지 아니하면 이사회에서의 심의·의결에 현저한 지장을 초래하는 등의 특별한 사정이 없는 한, 주주총회 소집통지의 경우와 달리 회의의 목적사항을 함께 통지할 필요는 없다(대법원 2011.6.24. 선고 2009다35033 판결).

(3) 결의방법

1) 일반적인 경우

이사회의 결의는 이사과반수의 출석과 출석이사 과반수의 찬성에 의하는 것이나 정관으로써 그 결의요건을 가중한 경우에는 그 정함에 따르며, 이를 완화할 수 없다(상 제391조 1항). 이사 총수 10명인 회사에서 5명만이 이사회에 참석하여 의결하였다면 이는 의결정족수를 충족하지 아니하여 무효가 된다.

각 이사는 1표의 의결권을 가지나 결의에 관하여 특별이해관계를 가진 이사는 의결권을 행사하지 못한다(상 제391조 3항, 제368조 4항). 이러한 특별이해관계인인 이사도 이사회의 소집통지를 받고 이사회에 출석하여 의견을 진술할 수 있으므로 이사회의 의사정족수에는 산입되지만, 의결정족수에는 산입되지 않는다(상 제391조 3항, 제371조 2항).

이사는 스스로 출석하여 의결권을 행사하여야 하며 대리인에 의하여 의결권을 행사할 수 없다. 따라서 이사가 타인에게 출석과 의결권을 위임할 수 없는 것이므로 이에 위반된 이사회의 결의는 무효이다(대판 1982. 7. 13, 80다2441). 일반전화나 서면에 의한 의결권의 행사도 인정되지 아니한다.

핵 심 판 례

■ 3명의 이사 중 대표이사와 특별이해관계 있는 이사 등 2명이 출석하여 대표이사 1인의 찬성으로 이사회결의가 이루어진 경우 그 결의의 적부(적극)

특별이해관계가 있는 이사는 이사회에서 의결권을 행사할 수는 없으나 의사정족수 산정의 기초가 되는 이사의 수에는 포함되고 다만 결의성립에 필요한 출석이사에는 산입되지 아니하는 것이므로 회사의 3명의 이사 중 대표이사와 특별이해관계 있는 이사 등 2명이 출석하여 의결을 하였다면 이사 3명중 2명이 출석하여 과반수 출석의 요건을 구비하였고 특별이해관계 있는 이사가 행사한 의결권을 제외하더라도 결의에 참여할 수 있는 유일한 출석이사인 대표이사의 찬성으로 과반수의 찬성이 있는 것으로 되어 그 결의는 적법하다(대법원 1992.4.14. 선고 90다카22698 판결).

【쟁점질의와 유권해석】

<감사 2인이 있는 주식회사의 이사회에 감사들이 모두 불출석한 경우에도 출석한 이사들만으로 이사회를 개최할 수 있는지 여부>

주식회사의 감사는 이사회에 출석하여 의견을 진술할 권리가 있으므로 회일 1주간 전에 감사에 대하여도 소집통지를 발송하여야 하지만, 주식회사의 이사회는 이사만으로 구성되고 감사는 그 구성원이라고 할 수 없으므로 감사 2인이 있는 주식회사의 이사회에 감사들이 모두 불출석한 경우에도 출석한 이사들만으로 이사회를 개최하고 이사회회의록을 작성할 수 있다(1997. 11. 24. 3402-908 질의회답).

2) 통신수단에 의한 결의

1995년 제5차 개정상법은 "정관에서 달리 정하는 경우를 제외하고 이사회는 이사의 전부 또는 일부가 직접 회의에 출석하지 아니하고 모든 이사가 동영상

'및' 음성을 동시에 송·수신하는 통신수단에 의하여 결의에 참가하는 것을 허용할 수 있다. 이 경우 당해 이사는 이사회에 직접 출석한 것으로 본다"라고 하며 통신수단에 의한 이사회 결의제도를 신설하였다(상 제391조 2항). 이 규정에 의해 사용할 수 있는 통신수단을 「동영상 "및" 음성을 동시에 송·수신하는 통신수단」이라고 표현했는데, 이는 동영상과 음성의 동시송수신을 아울러 구비한 장비로 제한하려는 취지라고 할 수 있다. 즉, 화상회의만을 허용하는 것이다. 그러나 이러한 장비는 보통 고가로서 영세한 회사로서는 큰 부담이 되는 것이 사실이었다. 이에 2011년 개정상법에서는 「음성을 동시에 송수신하는 원격통신수단」이라고 개정하여 동영상 없이 음성만 송수신하는 전화회의도 가능하게 하였다[32].

(4) 결의의 효력 등

이사회의 결의에 관하여 그것이 강행법규, 정관 또는 주식회사의 본질에 위반되지 않는 한 조건 또는 기한을 붙일 수 있다.

이사회의 결의는 그 내용이 법령 또는 정관에 위반한 경우는 물론 소집절차 또는 결의방법에 하자가 있는 경우에도 당연히 무효이며, 주주총회의 결의에 있어서와 같이 결의성립과정에 관한 하자와, 내용상의 하자(상 제376조, 제380조)로 구별하여 처리되지는 않는다.

【쟁점질의와 유권해석】

<주식회사의 대표이사가 이사회의 결의를 거쳐야 할 대외적 거래행위를 이를 거치지 않고 한 경우 그 행위의 효력 여부>

주식회사의 대표이사가 이사회의 결의를 거쳐야 할 대외적 거래행위에 관하여 이를 거치지 아니한 경우라도, 이와 같은 이사회 결의사항은 회사의 내부적 의사결정에 불과하다 할 것이므로, 그 거래 상대방이 그와 같은 이사회 결의가 없었음을 알았거나 알 수 있었을 경우가 아니라면 그 거래행위는 유효하다 할 것이고, 이 경우 거래의 상대방이 이사회의 결의가 없었음을 알았거나 알 수 있었음은 이를 주장하는 회사측이 주장·입증하여야 한다(상 제209조 2항, 제389조 3항, 대판 1999. 10. 8, 98다 2488).

6. 이사회 내 위원회

제5차 개정상법은 정관이 정하는 바에 의하여 이사회 내에 2인 이상의 이사로

---

32) 2011 개정상법 축조해설(이철송, 박영사) 147면~148면 참조.

구성되는 각종 위원회를 설치하여 이사회로부터 위임받은 권한을 행사할 수 있도록 하는 이사회 내 위원회 제도를 도입하였다(상 제393조의2).

이는 대규모회사의 운영의 효율성을 높이기 위하여 도입된 제도이다.

정관으로 이사회 내 위원회제도를 채택한 경우 이사회는 ① 주주총회의 승인을 요하는 사항의 제안, ② 대표이사의 선임 및 해임, ③ 위원회의 설치와 그 위원의 선임 및 해임, ④ 정관에서 정하는 사항을 제외하고는 그 권한을 위원회에 위임할 수 있다(상 제393조의2 2항).

이사회 내 위원회는 2인 이상의 이사로 구성하여야 하며, 다만, 감사위원회는 3인 이상의 이사로 구성하여야 한다(상 제415조의2 2항). 위원회는 결의된 사항을 각 이사에게 통지하여야 한다. 이 경우 이를 통지 받은 각 이사는 이사회의 소집을 요구할 수 있으며, 이사회는 위원회가 결의한 사항에 대하여 다시 결의할 수 있다(상 제393조의2 3항, 4항). 다만, 감사위원회의 결의에 대하여는 번복할 수 없다.

이사회 내 위원회를 소집함에는 회일을 정하고 그 1주간 전에 각 위원에 대하여 통지를 발송하여야 한다. 그 기간은 정관으로 단축할 수 있으며, 이사회 내 위원회는 각 위원 전원의 동의가 있는 때에는 통지절차 없이 언제든지 회의를 할 수 있다(상 제393조의2 5항, 제386조, 제390조).

이사회 내 위원회의 결의는 이사과반수의 출석과 출석이사의 과반수로 하여야 한다. 위원회의 결의에 관하여 특별한 이해관계가 있는 자는 의결권을 행사하지 못하고, 위원회의 결의에 관하여는 특별한 이해관계가 있는 자로써 의결권을 행사할 수 없는 의결권의 수는 출석한 이사의 의결권의 수에 산입하지 아니한다(상 제393조의2 5항, 제391조, 제368조 4항, 제371조 2항).

7. 집행임원제도

(1) 입법배경[33]

2011년 개정상법은 대표이사를 대신하는 업무집행기구로서 집행임원을 신설하였다(상 제408조의2~제408조의9). 이 제도의 도입배경과 관련하여 다음과 같은 설명이 있다.

---

33) 2011 개정상법 축조해설(이철송, 박영사) 165면 참조.

첫째, 정관이나 내규에 의하여 집행임원(비등기임원)을 두고 실제는 등기이사의 직무를 수행시키고 있으면서도 그 권한과 책임에 대하여 법률상 근거가 없어 문제가 되고 있기에 이를 법제화할 필요가 있다.

둘째, 집행임원의 의무와 책임 등을 명확히 하여 이에 대한 회사와 집행임원간에 야기되는 문제를 해소할 필요가 있다.

셋째, 이사회의 기능 중 업무집행기능을 집행임원에게 맡기고, 이사회는 업무감독기능에 충실하도록 한다.

(2) 선임

회사는 집행임원을 둘 수 있다. 이 경우 집행임원을 둔 회사는 대표이사를 두지 못한다(상 제408조의2 1항, 2항). 이러한 집행임원의 선임은 이사회의 결의로 하며(상 제408조의2 3항), 회사는 선임된 집행임원의 성명과 주민등록번호를 등기하여야 한다(상 제317조 2항 8호). 집행임원의 수는 특별한 제한이 없다. 다만 2명 이상을 선임한 경우에는 이사회의 결의로 그들의 직무분담 및 지휘·명령관계, 그 밖에 집행임원의 상호관계에 관한 사항의 결정하고(상 제408조의2 3항 5호), 이사회의 결의로 그들 중에서 회사를 대표할 집행임원을 선임한 후(상 제408조의5 1항) 대표집행임원의 성명과 주민등록번호를 등기해야 한다(상 제317조 2항 9호).

(3) 권한

집행임원은 다음과 같은 권한이 있다.

첫째, 집행임원은 집행임원 설치회사의 업무를 집행할 권한이 있다(상 제408조의4 1호).

둘째, 집행임원은 이사회 결의에 의하여 위임받았거나 정관의 규정으로 위임받은 업무의 집행에 관해서 의사를 결정할 권한을 가진다(상 제408조의4 2호).

셋째, 집행임원 설치회사는 대표이사를 두지 못하고 대표집행임원이 그 지위를 대신한다.

넷째, 집행임원은 필요하면 회의의 목적사항과 소집이유를 적은 서면을 이사(소집권자가 있는 경우에는 소집권자)에게 제출하여 이사회 소집을 청구할 수 있고(상 제408조의7 1항), 이사가 지체 없이 이사회 소집의 절차를 밟지 않으면 법원의 허가를 받아 이사회를 소집할 수 있다(동조 제2항).

(4) 의무

집행임원은 회사에 대하여 선관주의의무를 부담한다(상 제408조의2 2항). 그리고 상법상 이사가 부담하는 거의 대부분의 의무는 제408조의9에 의해 집행임원에게 준용되고 있다.

또한 집행임원은 3개월에 1회 이상 업무의 집행상황을 이사회에 보고하여야 한다. 집행임원은 이 외에도 이사회의 요구가 있으면 언제든지 이사회에 출석하여 요구한 사항을 보고하여야 한다. 이사는 대표집행임원으로 하여금 다른 집행임원 또는 피용자의 업무에 관하여 이사회에 보고할 것을 요구할 수 있다(상 제408조의6).

(5) 책임

집행임원이 고의 또는 과실로 법령이나 정관을 위반한 행위를 하거나 그 임무를 게을리한 경우에는 그 집행임원은 집행임원 설치회사에 손해를 배상할 책임이 있다(상 제408조의8 제1항).

또한 집행임원이 고의 또는 중대한 과실로 그 임무를 게을리한 경우에는 그 집행임원은 제3자에게 손해를 배상할 책임이 있다(동조 제2항).

집행임원이 집행임원 설치회사 또는 제3자에게 손해를 배상할 책임이 있는 경우에 다른 집행임원·이사 또는 감사도 그 책임이 있으면 다른 집행임원·이사 또는 감사와 연대하여 배상할 책임이 있다(동조 제3항).

(6) 종임

집행임원은 임기의 만료로 퇴임한다. 집행임원의 임기는 정관에 다른 규정이 없으면 2년을 초과하지 못한다(상 제408조의3 1항).

집행임원과 대표집행임원은 이사회의 결의로 해임될 수도 있다(상 제408조의2 제3항 1호).

8. 청산인회

회사가 해산한 때에는 이사의 그 지위가 상실되므로 이사회는 소멸하고 청산인이 청산사무를 담당한다.

상법은 청산인에 관하여서도 이사와 같이 청산인회를 예정하고 있다. 즉, 회사가 해산한 경우에 주주총회에서 청산인을 선임하지 아니하거나 정관에 다른 규정이 없는 때에는 이사가 청산인이 되며(상 제531조), 대표이사·이사회에 관한 규정을 청산인에 관하여 준용하고 있으므로(상 제542조), 청산인이 1인인 경우를 제외하고는 청산인회가 청산사무에 관한 의사결정을 하게 된다.

청산인회의 소집절차, 결의방법, 연기 또는 속행에 관하여는 이사회에 관한 규정을 준용한다(상 제542조).

대표청산인은 청산인회에서 선임하나(상 제542조 2항, 제389조 1항), 종전의 이사가 청산인으로 되는 경우에는 종전의 대표이사가 대표청산인이 되고, 법원이 수인의 청산인을 선임하는 때에는 대표청산인을 정하거나 공동대표청산인을 정할 수 있다(상 제542조 1항, 제255조 2항).

II. 설립의 등기

■ 핵 심 사 항 ■

1. 주식회사의 설립방법
(1) 발기설립 : 설립시에 발행하는 주식의 총수를 발기인이 인수하여 설립하는 방식.
(2) 모집설립 : 설립시에 발행하는 주식중 일부는 발기인이 인수하고 나머지는 주주를 모집하여 인수시켜 회사를 설립하는 방식.
2. 기능 : 일반적으로 발기설립은 소규모의 회사설립에 용이한 반면에 모집설립은 대규모의 자본을 조달하는 데 장점이 있음.
3. 기관구성 : 발기설립의 경우 이사와 감사를 발기인이 선임하는 반면에 모집설립의 경우에는 창립총회에서 이들 기관을 선임.
4. 설립경과조사절차
(1) 발기설립
  1) 이사와 감사가 설립경과를 조사하여 발기인에게 보고(상 제298조 1항)
  2) 변태설립사항이 있을 경우 이사가 법원에 검사인선임청구(상 제298조 4항)
  3) 검사인은 조사한 사항을 법원에 보고(상 제299조 1항)
  4) 부당한 변태설립사항에 대해 법원이 변경조치를 취함(상 제300조)

(2) 모집설립
1) 이사와 감사가 설립경과를 조사하여 창립총회에 보고(상 제313조 1항)
2) 변태설립사항이 있을 때에는 발기인이 법원에 검사인선임청구(상 제310조 1항)
3) 검사인은 조사한 사항을 창립총회에 보고(상 제310조 2항)
4) 부당한 변태설립사항에 대해 창립총회가 변경조치(상 제314조)

1. 주식회사 설립절차의 특징

(1) 주식회사 설립의 의의

주식회사의 설립이란 주식회사라는 하나의 영리사단법인을 새로이 성립시키는 일련의 절차를 말한다. 설립절차는 여러 가지 사실행위와 법률행위를 요소로 하는 여러 단계의 절차로 구성되어 있는데, 발기인에 의한 정관작성으로 시작되어 대표이사에 의한 설립등기로 종료된다.

(2) 설립절차의 특징

인적회사인 합명회사나 합자회사의 설립은 정관의 작성에 의하여 사원 및 출자액이 확정되고 기관의 구성을 위한 별도의 행위를 필요로 하지 않기 때문에 정관을 작성하고 등기를 함으로써 회사가 간단하게 성립된다. 그러나 주식회사는 개성이 없는 다수의 주주가 단순히 자본적으로만 결합되기 때문에 그 설립에 있어서는 단순히 회사의 설립을 목적으로 하는 계약의 성립만으로는 불충분하고 실체의 형성(정관의 작성, 사원의 확정, 기관의 구성)과 법인격 취득을 위한 등기절차가 필요하다.

주식회사의 자본금액은 개정 전 상법에 의하면 5,000만원 이상 이어야 했으나 2009년 5월 상법 개정을 통하여 이러한 최저자본금제를 폐지하였다(제329조 1항 삭제). 최저자본금제는 아이디어나 기술은 있으나 자본이 없는 사람이 회사를 설립하는 경우 진입 장벽으로 작용할 수 있다는 지적이 있어 상법 개정을 통하여 이를 폐지한 것이다.

2. 주식회사의 설립방법

주식회사의 설립방법에는 회사설립시에 발행하는 주식의 총수를 발기인이 모두 인수하여 회사를 설립하는 발기설립과 회사설립시에 발행하는 주식의 총수 중 발기인은 일부만을 인수하고 잔여부분에 대하여는 주주를 모집하는 모집설립 의 두 가지가 있다.

1995년 상법이 개정되기 전에는 발기설립의 경우에는 법원이 선임한 검사인에 의하여 그 설립경과를 엄격히 조사받도록 되어 있었다. 이러한 이유로 발기설립 의 방법은 거의 이용되지 않는 실정이었다. 그런데 1995년 상법이 개정되면서 발기설립의 경우에도 모집설립의 경우와 같이 원칙적으로 이사·감사가 자율적 으로 그 설립경과를 조사하도록 하여, 소규모 주식회사의 경우에는 발기설립이 많이 이용될 수 있게 되었다.

또한 2011년 개정상법은 발기설립시의 변태설립사항에 대한 규제를 완화하였 다(상 제299조 제2항). 즉, 현물출자와 재산인수의 목적인 재산의 총액이 자본금 의 5분의1을 초과하지 아니하고 대통령령[34]으로 정한 금액을 초과하지 아니하는 경우, 현물출자와 재산인수의 목적인 재산이 거래소에서 시세가 있는 유가증권 인 경우로서 정관에 적힌 가격이 대통령령[35]으로 정한 방법으로 산정된 시세를 초과하지 아니하는 경우, 기타 이에 준하는 것으로서 대통령령으로 정하는 경우 에 대해서는 각 각 검사인의 조사, 보고절차를 면제하였다.

---

34) 상법시행령 제7조
① 법 제299조제2항제1호에서 "대통령령으로 정한 금액"이란 5천만원을 말한다.
35) 상법시행령 제7조
② 법 제299조제2항제2호에서 "대통령령으로 정한 방법으로 산정된 시세"란 다음 각 호의 금액 중 낮은 금액을 말한다.
1. 법 제292조에 따른 정관의 효력발생일(이하 이 항에서 "효력발생일"이라 한다) 부터 소급하여 1개월간의 거래소에서의 평균 종가(終價), 효력발생일부터 소급하 여 1주일간의 거래소에서의 평균 종가 및 효력발생일의 직전 거래일의 거래소에 서의 종가를 산술평균하여 산정한 금액
2. 효력발생일 직전 거래일의 거래소에서의 종가
③ 제2항은 법 제290조제2호 및 제3호의 재산에 그 사용, 수익, 담보제공, 소유권 이전 등에 대한 물권적 또는 채권적 제한이나 부담이 설정된 경우에는 적용하지 아니한다.

【쟁점질의와 유권해석】

<회사를 설립함에 있어 모집설립의 절차를 취하였으나 발기인이 주식모집 전에 주식의 대부분을 인수하고 형식상 일반공중으로부터 주식을 모집함에 있어 타인의 명의를 모용하여 주식을 인수한 경우 이를 발기설립으로 보아야 하는지 여부>

회사를 설립함에 있어 모집설립의 절차를 갖추었으나 발기인이 주식모집 전에 주식의 대부분을 인수하고 형식상 일반공중으로부터 주식을 모집함에 있어 발기인이 타인의 명의를 모용하여 주식을 인수하였다면 명의모용자가 주식인수인이라 할 것이어서 결국 주식 전부를 발기인이 인수한 결과가 된다 할 것이므로 회사의 설립을 발기설립으로 보아야 한다(대판 1992. 2. 14, 91다1494)

■ 이견있는 등기에 대한 견해와 법원판단 ■

[설립중의 회사의 성립시기]

1. 문제점 : 설립중의 회사란 주식회사의 설립과정에서 발기인이 회사의 설립에 필요한 행위로 인하여 취득하게 된 권리의무가 회사의 성립 즉, 설립등기와 동시에 그 성립된 회사에 귀속되는 관계를 설명하기 위해 인정되는 강학상의 개념이다. 이와 관련하여 그 성립시기가 문제된다.

2. 학설

(1) 정관작성시설 : 정관작성시에 성립된다는 견해

(2) 발기인1주이상인수시설(다수설) : 정관이 작성되고 발기인이 1주이상의 주식을 인수한 때 성립된다는 견해

(3) 발행주식 총수인수시설 : 회사 설립시에 발행하는 주식의 총수 또는 최소한 설립무효가 되지 않을 정도의 주식의 인수가 확정된 때에 성립된다는 견해

3. 판례 : 발기인1주이상인수시설(93다50215)

■ 이견있는 등기에 대한 견해와 법원판단 ■

[설립중의 회사에 귀속된 권리의무가 성립후의 회사에 승계되지 못한 경우의 추인의 가부]

1. 문제점 : 발기인이 권한 범위 외의 행위를 하였거나 또는 정관에 기재하지 않고 재산인수를 하여 그 법률효과가 성립후의 회사에 승계되지 않는 경우에 있어서, 성립후의 회사가 원래의 계약당사자와 합의를 하지 않고 일방적으로 발기인의 행위를 추인함으로써 권리의무를 승계받을 수 있는가 문제된다.

2. 학설
(1) 추인긍정설 : 무권대리행위로 민법 제130조 이하에 의해 추인가능하다는 견해
이다. 추인방법에 대해서는 새로운 계약을 체결해야 한다는 견해와 사후설립
에 준하여 주주총회특별결의로 가능하다는 견해가 대립한다.
(2) 추인부정설 : 실정법상 근거가 없으며 변태설립사항을 규정한 상법 제290조의
취지위반을 이유로 추인을 부정하는 견해이다.
3. 판례 : 정관에 기재하지 않은 재산인수는 무효이다. 그러나 동시에 상법 제375
조의 사후설립요건에도 해당하는 경우에는 주주총회특별결의로 추인할 수 있다
(91다33087).

3. 모집설립

(1) 정관의 작성

정관은 실질적으로는 회사의 조직·활동에 관한 근본규칙을 말하며, 형식적
으로는 그 근본규칙을 기재한 서면을 말한다. 따라서 정관의 작성이란 회사
의 조직·활동에 관한 근본규칙을 규정한 후 이것을 서면으로 작성하는 것
을 말한다. 회사설립시 최초로 작성되는 정관을 '원시정관'이라 한다. 이후에
변경된 정관을 변경정관이라 한다.

정관은 반드시 국어로 작성하여야 하며 촉탁인의 요구가 있는 경우에 외국
어를 병기할 수는 있다. 이에 어긋나면 공증인의 인증을 받을 수 없다(공증
인법 제26조).

1) 작성자 : 발기인

정관은 1인 이상의 발기인이 작성하여야 한다(상 제288조). 발기인은 정관의
작성자로서 각 발기인이 정관의 말미에 기명날인 또는 서명하여야 한다(상 제
289조 1항).

따라서 발기인이란 주식회사의 원시정관에 발기인으로 기명날인 또는 서명
한 자를 말한다. 실질적으로 발기인으로서 회사의 설립에 관여하였다 하더라도
원시정관에 기명날인 또는 서명하지 아니하면 발기인이라 할 수 없다. 발기인
의 자격에 대한 법률상 특별한 제한은 없으므로 권리능력을 가지는 자는 누구
나 발기인이 될 수 있다. 자연인에 한하지 않고 회사 기타 법인이라도 상관없
으나 비영리법인은 법인의 목적·업무내용에 의하여 발기인이 될 수 없는 경

우가 있다. 자연인은 외국인이라도 무방하며, 미성년자와 한정치산자는 법정대리인의 동의를 얻어 발기인이 될 수 있으나 금치산자와 의사무능력자는 발기인이 될 수 없다.

2) 정관의 기재사항

정관의 기재사항에는 절대적 기재사항, 상대적 기재사항, 임의적 기재사항이 있다.

가. 절대적 기재사항(상 제289조 1항)

절대적 기재사항이란 기재가 없거나 위법한 때에는 정관은 무효가 되고, 나아가 회사설립이 무효로 되는 사항을 말한다.

① 목적 : 목적은 회사가 경영하려는 사업을 뜻하므로, 사회통념상 그 사업이 무엇인가를 알 수 있을 정도로 개별적·구체적으로 기재하여야 하고 '상업'·'물품판매업'·'제조업'·'수출입업'·'도소매업'   등과   같이 불분명하게 기재하여서는 안되며, '컴퓨터 및 주변기기도 소매업'과 같이 구체적으로 특정하여야 한다. 어떠한 사업을 목적으로 할 것인가는 원칙적으로 회사의 자유이지만 비영리사업이나(회사는 상행위나 그 밖의 영리를 목적으로 하여 설립한 법인이므로), 강행법규 또는 공서양속에 반하는 것을 회사의 목적으로 할 수 없다. 회사의 설립목적이 불법한 것일 때에는 법원이 해산을 명할 수 있다(상 제176조 제1항 1호).

특별법에 의하여 관청의 인·허가를 필요로 하는 경우에는 그 인·허가서가 등기신청서에 첨부하여야 한다.

② 상호 : 상호란 상인이 법률상 또는 영업상 자기를 나타내는 명칭으로서 성명처럼 문자로 기재할 수 있고 호칭을 할 수 있는 것이어야 한다. 외국어라도 무방하나 음역하여 한글로 표기하여야 한다. 등기를 하거나 신청서, 그 밖의 등기에 관한 서면(「전자서명법」 제2조의 전자문서를 포함한다)을 작성할 때는 한글과 아라비아숫자를 사용하여야 한다. 다만, 상호와 외국인 성명은 대법원예규로 정하는 바에 따라 한글 또는 한글과 아라비아숫자로 기록한 다음 괄호 안에 로마자, 한자, 아라비아숫자 그리고 부호를 병기할 수 있다(상업등기규칙 제2조). 다만 로마자 등의 병기에 관하여는 「상법」 제22조와 「상업등기법」 제30조를 적용하지 않는다[36].

상호 중에 반드시 '주식회사'라는 문자가 사용되어야 한다(상 제19조). 동일 특별시, 광역시, 시·군 내에서는 동일한 영업을 위하여 다른 사람이 등기한 것과 동일한 상호는 등기할 수 없다(상업등기법 제30조 : 2009. 5. 개정).

그러나 동일 특별시·광역시·시 또는 군내에 동종 영업을 위한 동일상호가 있다 하더라도 회사의 지점의 상호등기는 할 수 있다. 이는 지점의 등기는 강제되어 있고 지점의 상호에는 본점과의 종속관계가 표시되기 때문에 일반인이 혼동할 가능성이 없기 때문이다. 그러나 반대로 새로 회사를 설립하거나 본점을 이전하고자 하는 지역에 동일상호가 등기되어 있는 경우에 그 상호가 다른 회사의 지점의 상호인 경우에도 회사의 설립등기나 본점이전등기는 할 수 없다.

그리고 법령의 규정에 의하여 사용이 금지된 상호도 등기할 수 없다(상업등기법 제27조). 즉, 한국은행과 금융기관이 아닌 자는 그 상호 중에 '은행'이라는 문자를 사용할 수 없다(은행법 제14조).

③ 회사가 발행할 주식의 총수 : 회사가 발행할 수 있는 주식수의 한도로서 발행예정주식총수라고도 한다. 2011년 개정전 상법에서는 이사회에 지나치게 넓은 신주발행권한을 부여하는 것을 억제하기 위하여 설립시의 발행예정주식총수는 발행주식총수의 4배를 넘도록 하고 있었다(2011년 개정전 상법 제289조 제2항). 그러나 2011년 개정법에서는 자본조달의 기동성을 보장하기 위해 이런 제한을 철폐하였다[37]. 이에 의해 발행예정주식총수는 실제 발행하는 주식수와 무관하게 얼마든지 자유롭게 정할 수 있게 되었다. 발행예정주식총수 중 설립시에 발행하는 주식수를 공제한 나머지는 소위 수권주식(수권자본)으로서 원칙적으로 이사회의 결의에 의하여 수시로 신주를 발행하게 된다.

④ 액면주식을 발행하는 경우 1주의 금액 : 2011년 개정법은 무액면주식제도를 도입하였다. 즉, 회사는 정관에 규정을 두어 주식의 전부를 무액면주식으로 발행할 수 있다(상 제329조 1항). 그러므로 무액면주식을 발행하고자 할 경우에는 정관에 그 뜻을 규정하여야 한다. 이 경우 1주의 금액이 있을 수 없으므로 이러한 점을 반영하기 위하여 제289조 제1항 4호의 규정을 개정하여 '액면주식을 발행하는 경우'라는 표현을 추가한

---

36) 상업등기의 상호 및 외국인의 성명 등기에 관한 예규 등기예규 제1455호.
37) 상법 개정안 해설자료(법무부, 2008) 39면 참조.

것이다. 1주의 금액은 100원 이상이어야 하고(상 제329조 3항), 균일하여야 한다(상 제329조 2항). 회사가 수종의 주식을 발행하는 경우에도 같다. 1주의 금액은 설립시 발행하는 주식뿐만 아니라 장래에 발행하는 주식까지 포함한다.

그리고 자본시장과 금융투자업에 관한 법률 제194조에 의하여 상법상 주식회사의 형태로 설립되는 투자회사의 주식은 무액면 기명식으로 한다(자본시장법 제196조 1항). 따라서 1주의 금액은 정관의 기재사항도 아니고 등기사항도 아니다(동법 제194조 2항, 10항 참조).

⑤ 회사 설립시에 발행하는 주식의 총수 : 발행예정주식총수 중에서 회사의 설립시에 발행하는 주식의 총수를 원시정관에 기재하여야 한다. 이는 회사 설립당시의 자본적 기초와 회사 성립 후의 신주발행에 관한 이사회의 수권 범위를 병확히 하는데 그 취지가 있는 것이다. 앞에서 살펴본 바와 같이 2011년 개정전 상법에서는 회사의 설립시에 발행하는 주식의 총수는 회사가 발행할 주식의 총수의 1/4 이상이어야 한다는 제한이 있었다(개정전 상 제289조 2항). 그러나 2011년 개정상법에서는 이 규정을 삭제하여 제한을 없앴다.

한편 회사가 성립한 후에는 신주를 발행한 결과 '발행주식총수'에 변경이 있더라도 이는 등기사항에 불과할 뿐 정관을 변경할 사유가 아니다.

⑥ 본점의 소재지 : 본점이란 회사의 영업을 총괄하는 영업소이며 회사의 주소는 본점소재지에 있는 것으로 한다(상 제171조 2항). 본점의 소재지는 최소독립행정구역으로 표시함으로써 족하다. 행정구역이란 특별시, 광역시, 시·군을 말한다. 따라서 그 소재지번까지 구체적으로 표시할 필요는 없다. 본점의 소재지는 확정적으로 기재하여야 하며, 선택적 기재는 인정되지 않는다. 그러나 등기할 때의 본점소재지는 지번까지 구체적으로 표시하여야 한다.

⑦ 회사가 공고를 하는 방법 : 주식회사는 법률 또는 정관에 의하여 일정한 사항을 공고하여야 할 경우가 많으므로 주주 기타 이해관계인 등에게 이를 주지시키기 위하여 정관의 기재사항으로 하고 있다. 공고는 관보 또는 시사에 관한 사항을 게재하는 일간신문에 하여야 한다(상 제289조 3항). 시사에 관한 일간신문은 특정한 1개 또는 수 개의 신문을 기재하여야 하며 "경향신문 또는 중앙일보에 게재한다" 등과 같이 수 개의 신문을 선택적으로 기재하여서는 아니된다. 즉 "조선일보에 게재

한다" 또는 "한국일보와 동아일보에 게재한다"고 기재하여야 한다. 다만, 2009년 5월 상법 개정에 의하여 2010년 5월부터 회사는 그 공고를 정관에서 정하는 바에 따라 전자적 방법으로 공고할 수 있다(상 제289조 3항 단서). 회사는 이에 따라 전자적 방법으로 공고할 경우 대통령령으로 정하는 기간까지 계속 공고하고, 재무제표를 전자적 방법으로 공고할 경우에는 상법 제450조에서 정한 기간(정기총회에서 재무제표 등의 승인을 한 후 2년)까지 계속 공고하여야 한다. 다만, 공고기간 이후에도 누구나 그 내용을 열람할 수 있도록 하여야 한다(상 제289조 4항). 회사가 전자적 방법으로 공고를 할 경우에는 게시 기간과 게시 내용에 대하여 증명하여야 한다(상 제289조 5항). 이 외에 회사의 전자적 방법으로 하는 공고에 관하여 필요한 사항은 대통령령으로 정한다(상 제289조 6항).

【쟁점질의와 유권해석】

<출근시간을 전·후로 하여 지하철역 등에 무료로 배포하는 신문이 '시사에 관한 사항을 게재하는 일간신문'에 해당하는지 여부>

출근시간을 전·후로 하여 지하철역 등에 불특정인을 상대로 하여 무료로 배포되고 있는 신문은 발간·배포여부, 발간부수, 배포시간, 배포장소가 전적으로 그 신문사의 자의적 의사에 좌우되고 있어 상법상 공고방법으로는 불충분하므로, '시사에 관한 사항을 게재하는 일간신문'에 해당한다고 볼 수 없다(2005.8.1. 공탁법인과-359 질의회답[38]).

⑧ 발기인의 성명, 주민등록번호 및 주소 : 정관에 기명날인 또는 서명할 때에 그곳에 주소와 주민등록번호를 변기하면 된다. 발기인이 법인이면 상호, 등록번호, 본점소재지를 기재하면 된다.

나. 상대적 기재사항

상대적 기재사항이란 그 기재를 하지 않더라도 정관의 효력에는 영향이 없으나 정관에 이를 기재하지 않으면 회사의 법률관계로서 효력이 인정되지 아니하는 사항을 말한다.

① 변태설립사항(상 제290조)

상법 제290조의 변태설립사항은 정관에 기재하여야만 그 효력이 있고,

---

[38] 반대 : 서울중앙지방법원 2006.5.26.자 2005라421결정.

원칙적으로 법원이 선임한 검사인의 조사를 받아야 하며(상 제299조, 제310조), 그것이 부당한 때에는 발기설립의 경우 법원이, 모집설립의 경우는 창립총회에서 이를 변경할 수 있다(상 제310조, 제314조).

변태설립사항을 정관에 기재한 회사설립을 변태설립이라 한다. 모립의 경우에는 주식청약서에도 변태설립사항을 기재하여야 한다(상 제302조 제1항 1호).

i) 발기인이 받을 특별이익과 이를 받을 자의 성명(제1호)

발기인이 받을 특별이익이란 발기인에게 일반주주가 향유하는 이익에 비하여 일정한 재산상의 우선적 특권을 인정하는 것을 말한다. 특별이익은 보통 회사성립 후 계속적으로 주어지는 재산상의 이익이며, 이익배당 또는 잔여재산분배에 있어서의 우선권, 신주식의 우선인수권, 회사시설의 이용에 관한 특권 등을 인정하는 것 등이다.

특별이익은 발기인 전부에게 평등할 필요는 없으므로 그 일부에 대하여서만 부여하거나 그 종류, 내용이 상이하여도 상관없다. 그러나 발기인에게 이사·감사 등의 지위를 약속하는 것은 다른 주주의 의결권을 제약하는 것이므로 허용되지 않고, 발기인이 소유하는 주식에 대하여 일정한 이자의 지급이나 납입의 면제, 무상주의 교부 등 자본충실의 원칙에 위배되는 특별이익을 받을 것 또한 인정되지 않는다. 특별이익은 발기인 전부에게 평등할 필요는 없으며, 주주의 지위와는 상관없는 것이므로 정관에 다른 정함이 없는 한 특별이익만을 분리하여 양도 또는 상속할 수 있다.

핵심판례

■ 1주 1의결권의 원칙을 정한 상법 제369조 제1항이 강행규정인지 여부(적극)

상법 제369조 제1항에서 주식회사의 주주는 1주마다 1개의 의결권을 가진다고 하는 1주 1의결권의 원칙을 규정하고 있는바, 위 규정은 강행규정이므로 법률에서 위 원칙에 대한 예외를 인정하는 경우를 제외하고, 정관의 규정이나 주주총회의 결의 등으로 위 원칙에 반하여 의결권을 제한하더라도 효력이 없다(대법원 2009.11.26. 선고 2009다51820 판결).

ii) 현물출자를 하는 자의 성명과 그 목적인 재산의 종류·수량·가격

과 이에 대하여 부여할 주식의 종류와 수(제2호)

현물출자란 금전 이외의 재산으로써 하는 출자를 말한다. 현물출자의 목적이 될 수 있는 재산은 대차대조표에 자산으로 게재할 수 있는 것이면 동산·부동산·특허권·채권·유가증권·컴퓨터소프트웨어 등 무엇이든 가리지 않는다. 설립시의 현물출자를 정관의 변태설립사항으로 한 이유는 출자의 목적물을 과대평가하여 회사의 자본충실을 해할 수 있기 때문이다. 현물출자는 출자와 주식의 취득이 대가관계에 있으므로 단체법상의 유상쌍무계약이다. 그러나 주식회사에 있어서는 사원의 개성이 문제되지 않으므로 노무 및 신용은 출자의 목적이 될 수 없다. 회사설립시의 현물출자는 외자를 도입하는 경우가 아니더라도 발기인 이외의 자도 할 수 있다.

iii) 회사 성립 후에 양수할 것으로 약정한 재산의 종류·수량·가격과 그 양도인의 성명(제3호)

'회사 성립 후에 양수할 것을 약정'한다는 것은 이른바 재산인수로서, 발기인이 회사 성립을 조건으로 다른 발기인이나 주식인수인 또는 제3자로부터 금전 이외의 재산을 회사에서 양수할 것을 약정하는 계약을 의미한다. 재산인수는 금전 이외의 재산의 제공하는 점에서 현물출자와 비슷하지만 개인법상의 거래행위인 점에서 단체법상의 출자행위인 현물출자와 구별된다. 원시정관에 기재되지 않은 재산인수는 설립 후의 회사가 주주총회의 특별결의로써 이를 승인하더라도 무효이다(다수설). 다만 판례는 재산인수가 동시에 상법 제375조가 규정하는 사후설립에 해당하고 이에 대하여 주주총회의 특별결의에 의한 추인이 있다면 유효하다고 판시하였다(대법원 1992. 9. 14. 선고91다33087).

iv) 회사가 부담할 설립비용과 발기인이 받을 보수액(제4호)

설립비용이란 발기인에 설립중의 회사의 기관으로서 회사의 설립을 위하여 지출한 비용을 말한다. 설립사무소의 차임, 정관·주식청약서 기타 필요서류의 인쇄비, 광고비, 사무원의 급료 등이 이에 해당되고, 회사의 설립 자체를 위한 것이 아닌 개업준비금인 토지·공장매입비 등은 이에 포함되지 않는다.

발기인의 보수는 발기인이 회사설립을 위하여 진력한 노무에 대한 대가를 뜻하는 것으로 전술한 특별이익과는 다르다.

설립비용이나 발기인의 보수를 변태설립사항으로 규정한 것은 발기
인의 권한남용에 의한 과다한 비용이나 보수의 책정을 막기 위하여
원시정관에 기재하도록 한 것이다.

② 주식에 관한 사항

ⅰ) 종류주식을 발행하는 경우에 각 종류주식의 내용과 수(상 제344조 2
항)

ⅱ) 이익에 의한 주식의 소각(상 제343조, 제345조)

ⅲ) 무기명주권의 발행(상 제357조 1항)

ⅳ) 신주의 발행결의를 주주총회의 권한으로 할 취지(상 제416조)

ⅴ) 명의개서대리인의 설치(상 제337조 2항)

ⅵ) 주권불소지제도의 배제(상 제358조의2 1항)

ⅶ) 제3자에 대한 신주인수권의 부여(상 제418조)

ⅷ) 주식의 양도에 관하여 이사회의 승인을 얻도록 하는 경우(상 제335조)

ⅸ) 전환주식의 발행(상 제346조)

ⅹ) 공고를 요하지 아니하는 주주명부의 폐쇄와 기준일의 설정(상 제354
조 4항)

ⅺ) 주식매수선택권의 부여(상 제340조의2)

ⅻ) 전자주주명부의 작성(상 제352조의2 1항)

③ 주주총회에 관한 사항

ⅰ) 법정의 결의사항 이외의 것을 주주총회 결의사항으로 정하려는 경우
(상 제361조)

ⅱ) 본점소재지 또는 그 인접지 이외의 지에서 총회를 소집 취지(상 제
364조)

ⅲ) 정족수의 배제 기타 총회의 의결방법에 관한 다른 규정(상 제368조
1항)

ⅳ) 서면에 의한 주주의 의결권 행사(상 제368조의3)

ⅴ) 상장회사의 소수주주에 대한 주주총회소집의 통지방법(상 제542조의
4)

    ⅵ) 주주총회의 의장에 관한 사항(상 제366조의2 1항)

  ④ 이사・집행임원・감사・청산인에 관한 사항

    ⅰ) 이사의 자격주에 관한 사항(상 제387조)

    ⅱ) 이사회(청산인회)의 소집기간의 단축(상 제390조 2항)

    ⅲ) 이사회(청산인회) 결의요건의 가중(상 제391조 1항)

    ⅳ) 이사의 임기연장(상 제383조 3항)

    ⅴ) 대표이사를 주주총회에서 선임하기로 정하려는 경우(상 389조 1항)

    ⅵ) 감사선임의 경우에 의결권 제한비율의 인하(상 제409조 3항)

    ⅶ) 이사선임을 위한 집중투표의 배제(상 제382조의2 1항)

    ⅷ) 동영상 및 음성통신수단에 의한 이사회결의방법 배제(상 제391조 2항)

    ⅸ) 이사회 내 위원회 설치(상 제393조의 2 1항)

    ⅹ) 감사위원회 설치(상 제415조의 2 1항)

    ⅺ) 자본금의 총액이 10억원 미만으로 2명의 이사를 둔 회사가 대표이사를 선정하는 경우(상 제383조 6항)

    ⅻ) 집행임원 설치회사의 집행임원의 임기(상 제408조의3)

  ⑤ 기타의 상대적 기재사항

    ⅰ) 회사의 존립기간, 해산사유(상 제517조)

    ⅱ) 건설이자의 배당(상 제463조)

    ⅲ) 청산인의 정함에 관한 규정(상 제531조 1항)

    ⅳ) 중간배당에 관한 규정(상 제462조의3)

    ⅴ) 신주발행시, 준비금의 자본 전입시 등에 이사회가 결정할 사항을 주주총회의 결의사항으로 정하려는 경우

다. 임의적 기재사항

  임의적 기재사항이란 그 기재를 하지 않더라도 정관의 효력에 영향이 없으며, 회사의 법률관계로서도 효력이 없지 않으나(즉, 부속정관이나 사칙 등에서 정해도 무방하나) 편의상 기재하는 사항이다.

  ① 주권의 종류

② 주권 재발행의 절차

③ 주식의 명의개서의 절차

④ 질권의 등록 및 신탁표시에 관한 사항

⑤ 주주와 법정대리인의 주소, 성명, 인감의 신고

⑥ 정기주주총회의 소집시기

⑦ 주주총회의 의장·장소·의결권의 대리행사

⑧ 이사·감사의 원수

⑨ 이사·보선이사의 임기

⑩ 회사의 영업연도

⑪ 준비금·배당금의 청구기간

⑫ 이익의 처분방법

(2) 정관의 인증

1) 정관의 효력발생요건

정관은 발기인이 기명날인 또는 서명한 후(상 289조 1항), 공증인의 인증을 받음으로써 효력이 생긴다(상 제292조). 이 때 정관은 발기인이 회사설립시에 작성하는 원시정관을 의미한다. 정관을 공정증서로써 작성한 경우에는 인증이 필요없다. 다만, 2009년 5월 상법 개정에 의하여 자본금 총액이 10억원 미만인 회사를 제295조제1항에 따라 발기설립(發起設立)하는 경우에는 제289조제1항에 따라 각 발기인이 정관에 기명날인 또는 서명함으로써 효력이 생기는 것으로 하였다(상 292조 단서). 이는 종전 규정에 의할 때 회사를 설립하는 경우에는 자본금의 규모나 설립 형태를 불문하고 설립등기 시에 첨부하는 정관에 대하여 일률적으로 공증인의 인증을 받도록 강제하고 있어 창업에 불필요한 시간과 비용이 드는 경우가 있었다는 문제점을 해결하기 위하여 개정한 것이다. 즉, 자본금 총액이 10억원 미만인 회사를 발기설립하는 경우에는 창업자들의 신뢰관계를 존중하여 발기인들의 기명날인 또는 서명이 있으면 공증인의 인증이 없더라도 정관에 효력이 발생하도록 하였다. 이와 같이 공증의무를 면제함으로써 신속하고 저렴한 창업을 가능하게 하여 활발한 투자 여건이 조성될 것으로 기대된다.

【쟁점질의와 유권해석】

<회사설립 후에 정관을 변경한 경우에도 공증인의 인증을 받아야 하는지 여부>

회사설립 후에는 주주총회의 특별결의에 의하여 정관을 변경한 경우에는 그 결의만
으로 변경의 효력이 생긴다(상 제433조 1항). 정관을 변경할 경우에는 주주총회의
특별결의(상 제433조·434조)가 있으면 그 때 유효하게 정관변경이 이루어지는 것이
며, 서면인 정관이 고쳐지거나 변경내용이 등기사항인 때의 등기여부 내지 공증인의
인증여부는 정관변경의 효력발생에는 아무 소장이 없고, 또한 별도의 공증인의 인증
을 요하지 아니한다(예규 제334호).

2) 정관의 인증에 관한 사무의 취급기관

정관의 인증에 관한 사무는 회사의 주주총회 또는 이사회의 의사록에 대한
인증과 같이 회사의 본점소재지를 관할하는 지방검찰청 소속 공증인이 아니라
도 이를 취급할 수 있다. 2009년 공증인법이 개정되기 전에는 정관의 인증에
관한 사무는 회사의 본점소재지를 관할하는 지방검찰청 소속 공증인이 취급한
다고 규정하고 있었다(개정전 공증인법 제62조). 그러나 서울이 아닌 지방에서
회사를 설립하는 경우 본점소재지 내에 관할 지방검찰청 소속 공증인이 없는
경우가 많고, 본점소재지의 인근지역에 공증인이 있다고 하더라도 소속 지방검
찰청이 다르면 이용할 수가 없어 회사 설립시에 불편이 발생하는 문제가 있었
다. 이에 창업과정에서 정관의 인증과 관련하여 발생할 수 있는 기업의 불편을
개선하고자 2009년 공증인법 개정시 제62조를 삭제하였다.

회생절차에 의한 회사설립의 경우에는 정관인증은 공증인이 아니라 회생법
원이 한다(채무자회생및파산에관한법률 제273조 1항, 274조 3항).

공증인에 의한 정관의 인증은 촉탁인(발기인)으로 하여금 공증인의 면전에서
정관 각통의 서명 또는 기명날인을 자인케 한 후 그 사실을 기재함으로써 한
다.

인증을 받은 후에 그 정관을 변경한 때에는, 발기설립의 경우에는 그 변경부
분에 대하여 다시 공증인의 인증을 받아야 하지만, 모집설립의 경우 창립총회
에서 정관을 변경한 때에는 공증인의 인증을 요하지 아니한다.

3) 인증이 없는 정관의 효력

정관에 공증인의 인증을 요하는 경우 그 인증은 정관의 효력발생요건인 것

이므로, 인증이 없는 정관은 무효이다. 무효인 정관에 의하여 회사설립등기가 된 때에는 회사설립무효의 원인이 된다.

(3) 주식발행사항의 결정

회사가 발행할 주식의 총수, 액면주식을 발행하는 경우 1주의 금액, 회사 설립시에 발행하는 주식의 총수는 반드시 정관으로 정해야 하지만(상 제289조 1항 3호~5호), 그 외의 주식발행에 관한 사항은 정관에 다른 규정이 없는 한 발기인이 정할 수 있다. 이러한 결정은 원칙적으로 발기인의 과반수결의에 의한다. 그러나 다음의 세 가지 사항만은 정관에 다른 규정이 없으면 발기인 전원의 동의로 정하여야 한다(상 제291조).

① 주식의 종류와 수 : 정관에서 우선주식·후배주식·상환주식·전환주식·의결권 없는 주식 등을 정하고 있는 경우에는 그 범위 내에서 어느 종류의 주식을 각 몇 주씩 발행할 것인가를 정해야 하나, 정관에서 보통주식만을 발행할 것으로 정한 때에는 발기인이 따로 정할 사항은 없다.

② 액면주식의 경우 액면 이상의 주식을 발행하는 때에는 그 수와 금액 : 설립시에는 주식의 액면미달발행은 인정되지 아니하나(상 제330조, 제417조 1항), 액면 이상의 발행은 허용된다. 이를 액면초과발행 또는 프리미엄부 발행이라 한다. 설립시에 액면초과 발행을 하려는 경우, 정관을 작성할 당시에는 아직 그 금액을 확정하기 어려울 것이므로 상법은 이를 그 이후의 상황에 따라 발기인 전원의 동의로 정할 수 있게 하였다.

③ 무액면주식을 발행하는 경우 주식의 발행가액과 주식의 발행가액 중 자본금으로 계상하는 금액 : 2011년 상법개정으로 무액면주식의 발행이 가능해졌다. 무액면주식을 발행할 경우에는 발행가의 일부를 자본으로 계상해야 한다(상 제451조 2항). 따라서 제291조 3호는 설립시에 무액면주식을 발행할 경우 주식발행사항으로서 발행가와 자본에 계상할 금액을 정하도록 한 것이다.

(4) 발기인의 주식인수

발기인은 설립시에 발행하는 주식에 관하여 반드시 1주 이상을 서면에 의하여 인수하여야 한다(상 제293조). 이는 모집설립의 경우와 발기설립의 경우에 모두 적용된다.

(5) 주주의 모집

1) 모집방법

설립시에 발행하는 주식 중 발기인이 인수하고 남은 주식에 대하여 발기인은 주주를 모집하여야 한다(상 제301조). 모집의 방법에는 제한이 없으므로 공모이든 연고모집이든 관계없다. 주주를 모집함에 있어서 주식청약인을 보호하기 위하여 상법은 법정사항을 기재한 주식청약서에 의하여 주식인수의 청약을 하도록 하고 있다(상 제302조 : 주식청약서 주의). 따라서 주식청약서에 의하지 않은 주식인수의 청약은 무효이다. 주주의 모집을 위한 주식청약서용지는 발기인이 작성하고(상 제302조 2항). 이 청약서에는 상법 제289조 제1항과 제290조에 게기한 사항 등 10개항의 사항을 기재하여야 한다(상 제302조 2항 참조). 주식청액서에 기재하여야 할 10개의 항목은 다음과 같다.

1. 정관의 인증년월일과 공증인의 성명

2. 제289조제1항과 제290조에 게기한 사항

3. 회사의 존립기간 또는 해산사유를 정한 때에는 그 규정

4. 각발기인이 인수한 주식의 종류와 수

5. 제291조에 게기한 사항

5의2. 주식의 양도에 관하여 이사회의 승인을 얻도록 정한 때에는 그 규정

6. 삭제 <2011.4.14>[39]

7. 주주에게 배당할 이익으로 주식을 소각할 것을 정한 때에는 그 규정

8. 일정한 시기까지 창립총회를 종결하지 아니한 때에는 주식의 인수를 취소할 수 있다는 뜻

9. 납입을 맡을 은행 기타 금융기관과 납입장소

10. 명의개서대리인을 둔 때에는 그 성명·주소 및 영업소

주주를 공모하는 경우에는 일반투자자를 보호하기 위하여 자본시장과 금융투자업에 관한 법률상 특칙이 있다. 즉, 모집총액이 10억원 이상인 경우에는

---

39) 2011년 상법개정으로 상법 제302조 제2항 6호 건설이자제도가 폐지됨에 따라 주식청약서의 기재사항에서 삭제하였다.

그 모집에 관하여 신고서(증권신고서)를 금융위원회에 제출하여 수리된 날로부터 15일이 경과하여 신고의 효력이 발생한 때로부터 주주를 모집할 수 있다(자본시장법 119조 1항, 120조 1항, 동법 시행령 120조 1항, 동법 시행규칙 12조 1항 2호).

2) 모집설립에 있어서 주식의 인수방법

모집설립에 있어서 주식의 인수는 주식을 인수하고자 하는 자의 청약과 발기인의 배정에 의하여 성립한다. 주식인수의 청약을 하고자 하는 자는 주식청약서 2통에 인수할 주식의 종류, 수 및 주소를 기재하고 기명날인 또는 서명하여 발기인에 대하여 한다(상 제302조 1항).

주식인수의 청약에 대하여 발기인이 주식의 배정을 하게 된다. 발기인은 배정방법을 미리 공고하지 않은 이상 어떠한 주식청약자에 대하여 몇 주를 인수시킬 것인가를 자유로이 정할 수 있다. 발기인의 배정에 의하여 주식청약인은 주식인수인으로 확정되어 배정받은 주식의 수에 따라 인수가액을 납입할 의무를 진다(상 제303조). 그런데 일반적으로 주식인수의 청약자는 주식청약시에 주금액의 상당액을 청약증거금으로 미리 납부하므로, 그가 주식의 배정을 받으면 청약증거금이 주금의 납입으로 대체된다.

(6) 주식인수가액의 납입과 현물출자의 이행

1) 주식인수가액의 납입

회사 설립시에 발행하는 주식의 총수가 인수된 때에는 발기인은 지체없이 (납입기일을 정하여) 주식인수인에 대하여 주식에 대한 인수가액의 전액을 주식청약서에 기재하였던 납입장소(은행 기타 금융기관에한함)에 납입시켜야 한다(상 제305조). 만약 지정된 은행 기타 금융기관을 변경하고자 할 때에는 법원의 허가를 받아야 한다.

납입은 현금으로써 현실로 하여야 한다. 현실적 이행이 있어야 하므로 당좌수표로써 납입한 때에는 그 수표가 현실적으로 결재되어 현금화되기 전에는 납입이 있었다고 할 수 없다(대판 2001. 8. 21, 2000도5418).

【쟁점질의와 유권해석】

<주금납입의사 없이 일시적으로 주금을 납입하고 주금납입증명서를 받아 설립등기 등 절차를 마친 다음 바로 그 납입한 돈을 인출한 경우 납입가장죄 등이 성립하는지 여부>

당초부터 진실한 주금납입으로 회사의 자금을 확보할 의사 없이 형식상 또는 일시적으로 주금을 납입하고 이 돈을 은행에 예치하여 납입의 외형을 갖추고 주금납입증명서를 교부받아 설립등기나 증자등기의 절차를 마친 다음 바로 그 납입한 돈을 인출한 경우에는, 이를 회사를 위하여 사용하였다는 특별한 사정이 없는 한 실질적으로 회사의 자본이 늘어난 것이 아니어서 납입가장죄 및 공정증서원본불실기재죄와 불실기재공정증서원본행사죄가 성립하고, 다만 위와 같이 납입한 돈을 곧바로 인출하였다고 하더라도 그 인출한 돈을 회사를 위하여 사용한 것이라면 자본충실을 해친다고 할 수 없으므로 주금납입의 의사 없이 납입한 것으로 볼 수는 없다(대판 2004. 6. 17. 2003도7645 전원합의체).

2) 현물출자

현물출자를 하는 자는 금전출자의 납입기일에 출자의 목적인 재산의 전부를 인도하여야 하나, 등기·등록, 기타 권리의 설정 또는 이전을 요하는 재산은 이에 관한 서류를 완비하여 교부하면 된다(상 305조 3항, 295조 2항).

3) 납입기일에 주금을 납입하지 않는 경우의 효과

주식인수인이 납입기일에 납입을 하지 아니한 때에는 발기인은 일정한 기일을 정하여, 그 기일 내에 납입을 하지 아니하면 그 권리를 잃는 다는 뜻을 기일 2주간 전에 그 주식인수인에게 통지하여야 하고, 이 통지를 받은 주식인수인이 그 기일내에 납입을 이행하지 아니한 때에는 그 권리를 잃는다(상 제307조 1항, 2항).

(7) 변태설립사항의 조사

1) 조사절차

발기인은 회사의 창립에 관한 사항을 창립총회에 보고하여야 하는데, 그 보고서에는 주식의 인수와 납입에 관한 제반사항, 변태설립사항에 관한 실태를 명확히 기재하여야 한다(상 제311조 1항, 2항).

변태설립에 관한 사항은 발기인의 청구에 의하여 법원이 선임한 검사인에 의하여 조사를 받아야 한다. 검사인은 변태설립사항을 조사한 후 보고서를 작성하여 창립총회에 제출하여야 한다(상 제310조 1항, 2항). 그러나 변태설립사항

중 발기인이 받을 특별이익(상 제290조 1호)과 회사가 부담할 설립비용과 발기이
이 받을 보수액(상 제290조 4호)에 관하여는 공증인의 조사·보고로, 현물출자와
재산인수(상 제290조 2호, 3호) 및 현물출자의 이행에 관하여는 공인된 감정인의
감정으로 검사인의 조사에 갈음할 수 있다(상 제310조 3항, 제299조의2). 이 경우
공증인 또는 감정인은 조사 또는 감정결과를 창립총회에 제출하여야 한다. '공
인된 감정인'이란 현물출자된 각 재산의 유형에 따라 법률에 의하여 감정을 할
수 있는 자격이 부여된 감정인을 말한다. 감정평가사나 공인회계사 등이 이에
해당된다.

2) 벤처기업에 대한 특례

벤처기업에 관하여는 다음과 같은 특례가 있다(벤처기업육성에 관한 특례법
6조).

벤처기업에 대한 현물출자 대상에는 특허권·실용신안권·디자인권 그 밖에
이에 준하는 기술과 그 사용에 관한 권리(이하 이 조에서 "산업재산권등"이라
한다)를 포함한다. 대통령령이 정하는 기술평가기관이 산업재산권 등의 가격을
평가한 경우 그 평가내용은 상법 제299조의 2와 제422조의 규정에 의하여 공
인된 감정인이 감정한 것으로 본다.

3) 변태설립사항의 변경

변태설립사항이 부당하다고 인정한 때에는 창립총회는 이를 변경할 수 있다
(상 제314조 1항). 창립총회의 변경에 불복하는 발기인은 그 주식의 인수를 취소
할 수 있고(상 제314조 2항, 제300조 2항), 창립총회의 변경 통고가 있은 후 2주간
내에 주식의 인수를 취소한 발기인이 없는 때에는 정관은 변경통고에 따라 변
경된 것으로 본다(상 제314조 2항, 제300조 3항).

(8) 창립총회

1) 소집절차

출자이행절차가 완료된 때에는 발기인은 지체없이 주식인수인으로 구성되는
창립총회를 소집하여야 한다(상 제308조). 창립총회는 주식인수인으로 구성된
설립 중인 회사의 최고의사결정기구이고 주주총회의 전신이라고 할 수 있다.
그러므로 그 소집절차, 의결권, 결의의 하자 등에 대해서는 주주총회에 관한
규정이 준용된다. 따라서 창립총회를 개최함에는 발기인은 회일을 정하여 2주
간 전에 각 주식인수인에 대하여 서면으로 통지를 발송하여야 한다. 창립총회

의 결의는 출석한 주식인수인의 의결권의 3분의 2 이상이며 인수된 주식총수의 과반수에 해당하는 다수로써 하여야 한다(상 제309조).

창립총회는 최고의 의사결정기구이므로 그 권한은 회사설립에 관한 모든 사항에 미치지만 상법이 특히 규정을 둔 것은 아래와 같다.

2) 창립에 관한 보고청취(상 제311조)

발기인은 회사의 창립에 관한 사항을 서면에 의하여 창립총회에 보고하여야 하는데, 이 보고서에는 주식의 인수와 납입에 관한 제반사항, 변태설립사항에 관한 실태를 명확히 기재하여야 한다(상 제311조 1항, 2항). 발기인이 이러한 보고를 함에 있어서 부실한 보고를 하거나 사실은 은폐한 때에는 회사에 대하여 임무해태에 따른 손해배상책임을 지고(상 제322조), 형사처벌 또는 과태료의 제재가 가해진다(상 제625조 1항, 상 제635조 5항).

3) 이사, 감사 또는 감사위원회 위원의 선임(상 제312조, 제415조의2)

창립총회에서 이사와 감사를 선임한다(상 제312조). 이사는 3인 이상이어야 하지만 자본의 총액이 10억원 미만인 회사는 1인 또는 2인으로 할 수 있다(상 제383조 1항). 감사위원회를 두는 회사는 이사회결의로 이사 중에서 감사위원회 위원을 선임한다(상 제393조의2, 제415조의2).

다만, 최근 사업연도 말 현재 자산총액이 2조원 이상인 상장회사는 상법 제393조의2에도 불구하고 감사위원회위원을 선임하거나 해임하는 권한은 주주총회에 있다. 그러나 다음 각 호의 어느 하나에 해당하는 상장회사는 그러하지 아니하다(상 542조의12 제1항, 상법 시행령 제16조 제1항).

1. 「부동산투자회사법」에 따른 부동산투자회사인 상장회사

2. 「공공기관의 운영에 관한 법률」 및 「공기업의 경영구조개선 및 민영화에 관한 법률」의 적용을 받는 상장회사

3. 「채무자 회생 및 파산에 관한 법률」에 따른 회생절차가 개시된 상장회사

4. 유가증권시장 또는 코스닥시장에 주권을 신규로 상장한 상장회사(신규상장 후 최초로 소집되는 정기주주총회 전일까지만 해당한다). 다만, 유가증권시장에 상장된 주권을 발행한 회사로서 감사위원회를 설치하여야 하는 회사가 코스닥시장에 상장된 주권을 발행한 회사로 되는 경우 또는 코스닥시장에 상장된 주권을 발행한 회사로서 감사위원회를 설치하여야 하는 회사가 유가증권시장에 상장된 주권을 발행한 회사로 되는 경우

4) 설립경과의 조사

이사와 감사는 취임 후 지체없이 회사의 설립에 관한 모든 사항이 법령 또는 정관의 규정에 위반되지 아니하는지의 여부를 조사하여 창립총회에 보고하여야 한다(상 제313조). 조사·보고하여야 할 사항은 회사설립시에 발행하는 주식총수에 대한 인수의 정확여부 주식에 대한 납입과 현물출자의 이행의 정확여부, 변태설립사항에 대한 검사인·공증인·감정인의 조사보고서의 정확여부 등이다. 이때 이사와 감사 중에 발기인이었던 자, 현물출자 또는 회사성립 후 양수할 재산의 계약당사자인 자가 있는 경우에는 위의 조사보고에 참가하지 못하고, 이사와 감사의 전원이 이에 해당하는 때에는 이사는 공증인으로 하여금 위의 사항의 조사·보고를 하게 하여야 한다.

5) 변태설립사항의 변경

창립총회는 변태설립사항이 부당하다고 인정한 때에는 이를 변경할 수 있다(상 제314조 1항). 창립총회의 변경에 불복하는 발기인은 그 주식의 인수를 취소할 수 있고(상 제314조 2항, 제300조 2항), 창립총회의 변경 통고가 있은 후 2주간 내에 주식의 인수를 취소한 발기인이 없는 때에는 정관은 변경통고에 따라 변경된 것으로 본다(상 제314조 2항, 제300조 3항).

6) 정관변경 또는 설립폐지의 결의

창립총회에서는 정관의 변경 또는 설립의 폐지를 결의할 수 있는데, 소집통지서에 그 뜻의 기재가 없는 경우에도 이를 할 수 있다(상 제316조).

7) 대표이사의 선임

정관에 달리 정한 바가 없으면 창립총회에서 선임된 이사들이 이사회를 열어 대표이사를 선임한다. 수인의 대표이사를 선임하는 경우에는 공동대표를 할 것으로 결정할 수도 있다. 다만, 자본의 액면총액이 10억원 미만인 회사로서 이사가 1인 또는 2인인 경우에는 각 이사가 회사를 대표하므로 별도의 이사회를 개최하지 않는다(상 제383조 6항).

4. 발기설립

(1) 정관의 작성·인증 및 주식발행사항의 결정

모집설립의 경우와 같다.

(2) 주식의 인수와 납입, 현물출자의 이행

회사의 설립시에 발행하는 주식의 총수를 서면에 의하여 발기인이 전부 인수하여야 하며(상 제293조), 이 때에는 지체없이 각 주식에 대한 인수가액의 전액을 금전으로 납입하여야 한다. 이 경우 발기인은 납입을 맡을 은행 기타 금융기관과 납입장소를 지정하여야 한다(상 제295조 1항). 만약 제정된 은행 기타 금융기관을 변경하고자 할 때에는 법원의 허가를 얻어야 한다. 현물출자의 경우에는 그 발기인은 납입기일에 지체없이 출자의 목적인 재산을 인도하고, 등기·등록 기타 권리의 설정 또는 이전을 요할 경우에는 이에 관한 서류를 완비하여 교부하여야 한다(상 제295조 2항).

(3) 이사와 감사 또는 감사위원회 위원 등의 선임

발기인이 주식인수가액의 전액과 현물출자의 이행을 완료한 때에는 발기인은 지체없이 의결권의 과반수로써 이사와 감사를 선임하여야 한다. 발기인의 의결권은 그 인수주식 1주에 대하여 1개이다. 정관에 의하여 주주총회에서 대표이사를 선임할 것으로 정한 때에는 대표이사도 선임하여야 한다.

선임결의를 한 때에 발기인은 의사록을 작성하여 의사의 경과와 그 요령을 기재하고 기명날인 또는 서명하여야 한다(상 제297조). 이 의사록은 공증인의 인증을 받아야 하지만(공증인법 제62조·제63조·제66조의2 1항), 자본금의 총액이 10억원 미만인 회사를 상법 제295조 제1하에 따라 발기설립하는 경우 또는 대통령령으로 정하는 공법인이나 비영리법인의 경우에는 공증인의 인증을 받을 필요가 없다. 이는 2009년 5월 공증인법 제66조의2 제1항의 개정시 단서가 신설된 것으로서 법인 등기를 할 때 일률적으로 총회 등의 의사록을 공증인에게 인증받도록 하던 것을 자본금 총액이 10억원 미만인 소규모 회사를 발기설립하는 경우에는 창업자들의 신뢰관계를 존중하여 의사록에 대한 공증의무를 면제하여 소규모 회사를 신속하게 창업할 수 있도록 하려는 것이다.

대표이사를 주주총회에서 선임한다는 정관의 규정에 의하여 발기인회에서 대표이사를 선임한 경우를 제외하고는 이사회에서 대표이사를 선임하여야 한다(상 제389조).

정관으로 감사에 갈음하여 상법 제393조의2의 규정에 의한 이사회내 위원회로서 감사위원회를 설치하기로 정한 경우에는 발기인이 이사 중에서 3명 이상의 감사위원회 위원을 선임하여야 하고, 이 중 사외이사가 위원의 3분의 2 이상이 되어야 한다(상 제415조의2 7항, 제296조, 제415조의2 2항).

(4) 설립경과 조사

이사와 감사는 취임 후 지체없이 회사의 설립에 관한 모든 사항이 법령 또는 정관의 규정에 위반되지 아니하는지의 여부를 조사하여 발기인에게 보고하여야 한다(상 제298조 1항). 이 때 이사와 감사 중에 발기인이었던 자·현물출자자·회사성립 후 양수할 재산의 계약당사자인 자는 이러한 조사·보고에 참가하지 못하고(상 제298조 2항), 이사와 감사 전원이 이에 해당하는 때에는 이사는 공증인으로 하여금 이러한 조사·보고를 하게 하여야 한다(상 제298조 3항).

변태설립에 관한 사항과 현물출자의 이행은 원칙적으로 이사의 청구에 의하여 법원이 선임한 검사인이 조사하고(상 제298조 4항 본문, 제299조), 예외적으로 변태설립사항 중 발기인이 받을 특별이익, 회사가 부담할 설립비용과 발기인이 받을 보수액에 관하여는 공증인의 조사·보고로, 현물출자와 재산인수 및 현물출자의 이행에 관하여는 공인된 감정인의 감정으로 검사인의 조사에 갈음할 수 있다. 이 경우 공증인 또는 감정인은 조사 또는 감정결과를 법원에 보고하여야 한다(상 제299조의2). 여기서 공인된 감정인이란 현물출자된 각 재산의 유형에 따라 법률에 의하여 감정을 할 수 있는 자격이 부여된 감정인을 말한다(예 : 감정 평가사 및 공인회계사).

검사인은 변태설립사항과 현물출자의 이행에 관한 사항을 조사하여 조사보고서를 법원에 보고하여야 하고, 조사보고서의 등본을 지체없이 각 발기인에게 교부하여야 한다(상 제229조 1항, 2항). 변태설립사항을 공증인의 조사와 공인된 감정인의 감정으로 갈음하는 때에는 공증인의 조사보고서나 감정인의 감정서를 법원에 제출하여야 하고 공증인과 감정인은 각 발기인에게 조사보고서와 감정서의 등본을 교부하여야 한다. 검사인이나 공증인의 보고서 또는 감정인의 감정서에 사실과 상위한 사항이 있는 때에는 발기인은 이에 대한 설명서를 법원에 제출할 수 있다(상 제299조 3항).

법원은 검사인 또는 공증인의 조사보고서, 감정인의 감정서와 발기인의 설명서를 심사하여 변태설립에 관한 사항이 부당하다고 인정한 때에는 변태설립사항에 관한 정관의 규정을 변경하는 결정을 하여 각 발기인에게 통고한다(상 제300조 1항, 비송 제75조 1항, 2항).

검사인·공증인이 조사보고서를, 감정인이 감정서를 법원에 제출하는 때는 부본 1통을 첨부하고 송달료 2회분을 납부하여야 한다. 법원은 이를 심사하여 정당하다고 인정한 때에는 원본 및 부본 표지의 적당한 여백에 '20○○년 ○월 ○일 인가'라고 기재하고 재판장이 기명날인한 후 신청인에게 부본을 송달하고 부당하다고 인정하여 변경결정을 한 때에는 원본 및 부본표지의 적당한 여백에 '20○○년 ○월 ○일 변경결정'이라고 기재하여 재판장이 기명날인한 후 신청인에게는 부본과 변경결정등본을, 발기인에게는 변경결정등본을 송달한다(송무예규 제719호).

발기인이 법원의 변경결정을 승인하면 통고된 바에 따라 정관이 변경된다. 이 때에는 변경된 정관에 다시 공증인의 인증을 받을 필요는 없다. 발기인이 법원의 변경결정에 대하여 불복하는 경우에는 즉시항고에 의하여 법원의 결정을 다투든지(비송 제75조 3항) 2주간 내에 발기인이 인수한 주식의 전부 또는 일부를 취소할 수 있다(상 제300조 2항, 3항). 발기인이 주식의 인수를 취소한 때에는 회사설립시에 발행하는 주식총수에 인수가 없는 부분이 생기게 되는데, 이 때에는 다른 발기인이 취소된 주식을 인수하든지 필요한 정관변경(발행예정주식총수 또는 설립시에 발행하는 주식총수의 감소, 현물출자에 관한 규정의 삭제)을 하여 설립절차를 속행할 수 있다(상 제300조 2항).

법원의 변경통고가 있은 후 2주간 내에 주식의 인수를 취소한 발기인이 없는 경우에는 정관은 통고에 따라 변경된 것으로 본다(상 제300조 3항).

(5) 모집설립과 발기설립의 비교

	모 집 설 립	발 기 설 립
주식 인수	일부는 발기인이 인수하고 남은 부분을 인수할 주주 모집(상 제301조)	주식은 전부 발기인들이 인수함 (상 제295조 1항)
주금의 납입	주식청약서에 기재한 은행 기타 금융기관의 납입장소에 하여야 함 (상 제305조 2항, 제302조 2항)	발기인이 지정한 납입은행 기타 금융기관의 납입장소에 하여야 함 (상 제295조 1항 후단)
납입의 해태	실권절차가 있음(상 제307조)	일반원칙(채무불이행)에 의함
창립총회	필요(상 제308조~제316조)	불필요
이사·감사의 선임	창립총회에서 출석한 주식인수인 의결권의 2/3 이상, 인수된 주식총수의 과반수에 해당하는 다수로 선임(상 제309조, 제312조)	발기인의 의결권의 과반수로 선임 (상 제296조 1항)
변태설립사항의 조사	법원이 선임한 검사인 또는 공증인, 감정인이 조사하여 창립총회에 보고서를 제출(상 제310조), 창립총회에서는 이를 변경할 수 있음	법원이 선임한 검사인 또는 공증인, 감정인이 조사하여 법원에 보고, 법원은 이를 변경할 수 있음 (상 제299조, 제299조의2, 제300조)
설립경과의 조사	이사와 감사가 조사하여 창립총회에 보고(상 제313조 1항)	이사와 감사가 조사하여 발기인에게 보고(상 제298조 1항)
설립 전 원시정관의 변경	창립총회의 결의만으로 가능	발기인이 승인하여 변경. 변경된 정관에 대한 공증인의 재인증은 필요 없음.
설립 중의 회사의 구성원	발기인과 주식인수인	발기인

■ 이견있는 등기에 대한 견해와 법원판단 ■

[일시차입금에 의한 가장납입]

1. 문제점 : 위장납입이란 발기인이 보관은행 외의 제3자로부터 금전을 차입하여 주금액을 납입하고, 설립등기를 마친 후 즉시 이를 인출하여 차입금을 변제하는 것을 의미한다. 이러한 위장납입을 주식인수대금의 납입으로서 유효하다고 볼 수는 없는지 문제된다.

2. 학설

(1) 납입무효설(다수설) : 자본충실저해, 강행법규위반, 출자없는 주주권의 유지발생을 이유로 납입이 무효라는 견해

(2) 납입유효설 : 현실적 자금이동의 존재, 발기인의 자본충실책임으로 해결가능함을 이유로 납입이 유효라는 견해

3. 판례 : 납입유효설(82누522)

5. 설립등기절차

(1) 신청인

회사의 등기는 법령에 따른 규정이 있는 경우를 제외하고는 그 대표자가 신청한다(상업등기법 제17조 2항 : 2007. 8. 3. 제정). 따라서 주식회사의 경우도 설립등기를 대표이사가 신청한다. 자본액면금 총액이 5억원 미만인 회사로서 이사가 1인인 경우에는 그 이사가 회사를 대표하므로 그 자가 신청한다.

(2) 등기기간

합명회사나 합자회사는 설립등기에 기간의 정함이 없지만 주식회사와 유한회사에 있어서는 일정한 기간 내에 그 등기를 하도록 되어 있다(상 제317조 1항). 다만 등기기간을 어겨서 등기를 하더라도 그 등기는 유효하고, 이를 해태한 등기신청인이 과태료의 제재를 받게 된다.

1) 모집설립의 경우

가. 변태설립사항이 없거나 있더라도 창립총회에서 이를 변경하지 아니한 때

창립총회 종결일로부터 2주간 내에 등기를 하여야 한다(상 제317조 1항).

나. 창립총회에서 변태설립사항을 변경한 경우

① 발기인이 주식인수의 취소를 한 때 : 정관을 변경하여 설립절차를 속행한 후 창립총회 종결일로부터 2주간 내

② 발기인이 주식인수의 취소를 하지 아니한 때 : 변태설립사항변경을 결의한 창립총회일로부터 2주간이 경과한 날로부터 2주간 내

2) 발기설립의 경우

가. 변태설립사항이 없는 경우

이사와 감사 또는 공증인이 회사설립사항을 조사하여 발기인에게 보고한 날로부터 2주간 내에 등기를 신청하여야 한다(상 제298조, 제317조 1항 전문).

나. 변태설립사항이 있는 경우

① 변태설립사항에 관한 법원의 변경처분이 없는 때 : 법원의 검사종료의 통고를 받은 날로부터 2주간 내

② 변태설립사항에 관한 법원의 변경처분이 있는 때

  ⅰ) 발기인이 주식의 인수를 취소한 때 : 정관을 변경하여 공증인의 인증을 받은 날로부터 2주간 내

  ⅱ) 발기인이 주식의 인수를 취소하지 아니한 때 : 법원의 변경통고를 받은 날로부터 2주간이 경과한 날로부터 2주간 내

3) 회사의 설립과 동시에 지점을 설치한 경우

본점소재지에서 설립등기를 한 후 2주간 내에 지점소재지에서도 설립등기사항을 등기하여야 한다(상 제317조 4항, 제181조 1항). 그러나 본점소재지의 지점등기는 설립등기와 동시에 하여야 한다(상 제317조 4항, 제181조 1항). 지점소재지에서는 법인등의등기사항에관한특례법 제3조 및 시행규칙에 제3조에서 정한 사항 이외에는 등기할 필요가 없다.

(3) 등기사항

1) 일반적인 경우

설립등기에는 다음 사항을 등기하여야 한다(상 제317조 2항). 다만, 신청서에 기재하여야 할 '등기할 사항'은 설립되는 회사의 등기용지 양식과 같은 용지에

기재하고 이를 별지로 첨부하여 인용할 수 있다(예규 제749호).

① 목적

② 상호

③ 회사가 발행할 주식총수

④ 액면주식을 발행하는 경우 1주의 금액

⑤ 본점과 지점의 소재지

　　정관의 경우와 달리 그 소재지번까지 기재하여야 한다.

⑥ 회사가 공고를 하는 방법

※ 이상은 정관의 절대적 기재사항과 같다. 정관의 절대적 기재사항 중 회사의 설립시에 발행하는 주식의 총수와 발기인의 성명·주민등록번호 및 주소는 등기사항이 아니다. 회사가 공고를 하는 방법은 주식회사에서만 등기사항이다.

⑦ 자본금의 액 : 2009년 5월 상법 개정 전에는 주식회사의 자본은 5천만원 이상일 것을 요구하였으나 상법 개정을 통하여 이러한 최저자본금제를 폐지하였다(상 제329조 1항 삭제).

⑧ 발행주식의 총수와 그 종류와 각종 주식의 내용과 수

⑨ 회사의 존립기간 또는 해산사유를 정한 때에는 그 기간 또는 사유

　　법정해산사유는 등기할 것이 아니다.

⑩ 개업 전에 이자를 배당할 것으로 정한 때에는 그 규정<2011년 상법개정으로 삭제> : 건설이자배당제도가 폐지됨에 따라 동 규정을 삭제하였다.

⑪ 감사위원회를 설치한 때에는 감사위원의 성명과 주민등록번호

⑫ 주주에게 배당할 이익으로 주식을 소각할 것을 정한 때에는 그 규정

⑬ 전환주식을 발행하는 경우에는 주식을 다른 종류의 주식으로 전환할 수 있다는 뜻, 전환의 조건, 전환으로 인하여 발행할 주식의 내용, 전환을 청구할 수 있는 기간

⑭ 사내이사, 사외이사, 그 밖에 상무에 종사하지 아니하는 이사, 감사 및 집행임원의 성명과 주민등록번호

⑮ 회사를 대표할 이사 또는 집행임원의 성명과 주민등록번호 및 주소

⑯ 둘 이상의 대표이사 또는 대표집행임원이 공동으로 회사를 대표할 것을 정한 때에는 그 규정

⑰ 이사·대표이사, 감사 또는 감사위원회 위원의 취임 연월일(본점이전등기 신청의 경우 : 상업등기규칙 제97조)

⑱ 명의개서대리인을 둔 때에는 그 상호 및 본점소재지

⑲ 주식의 양도에 관하여 이사회의 승인을 얻도록 정한 때에는 그 규정

⑳ 주식매수선택권을 부여하도록 정한 때에는 그 규정

2) 자본시장과 금융투자업에 관한 법률상 투자회사의 경우

자본시장과 금융투자업에 관한 법률은 상법에 따른 주식회사 형태의 집합투자기구인 투자회사에 대하여 그 주식을 무액면 기명식으로 하여야 한다고 규정함으로써 무액면주식제도를 채택하고 있다(동법 제196조 1항).

무액면주식을 발행하는 투자회사는 설립등기시에 목적, 상호, 발행할 주식의 총수, 회사의 소재지, 그 투자회사가 유지하여야 하는 순자산액(자산에서 부채를 뺀 금액을 말한다)의 최저액, 공고방법, 정관으로 투자회사의 존속기간 또는 해산사유를 정한 경우 그 내용, 이사의 성명·주민등록번호(법인인 경우에는 상호·사업자등록번호)를 등기하여야 한다(동법 제194조 10항).

(4) 신청서의 기재사항

일반적인 기재사항 외에 다음 사항을 기재하여야 한다.

1) 등기할 사항이 외국에서 생긴 경우 신청서의 기재

「상법」 제514조의2(같은 법 제516조의7 제2항으로 준용하는 경우를 포함한다) 등에 의하여 외국에서 생긴 사항의 등기를 신청하는 때에는 신청서에 그 통지가 도달한 연월일을 기재하여야 한다(상업등기규칙 제96조).

2) 본점이전등기신청서의 기재

본점을 다른 등기소의 관할구역으로 이전한 경우에 신소재지에서 하는 등기의 신청서에는 이사, 대표이사, 감사 또는 감사위원회 위원의 취임 연월일을 기재하여야 하고, 등기관은 이를 등기하여야 한다(동규칙 제97조).

(5) 첨부서면(상업등기법 제80조 : 2007. 8. 3. 제정)

1) 통칙(상업등기법 제79조 : 2007. 8. 3. 제정)

가. 정관, 법원의 허가서 또는 총주주의 동의서 등

정관의 규정, 법원의 허가 또는 총주주의 동의가 없으면 효력이 없거나 취소할 수 있는 사항의 등기에 관하여는 신청서에 정관, 법원의 허가서 또는 총주주의 동의서를 첨부하여야 한다(제1항).

나. 주주총회 · 이사회 · 청산인회의 의사록

등기할 사항에 관하여 주주총회 · 이사회 또는 청산인 회의결의를 필요로 하는 경우에는 신청서에 그 의사록을 첨부하여야 한다(제2항).

【쟁점질의와 유권해석】

<신탁회사 설립등기시에 금융감독위원회의 인가서를 첨부하여야 하는 여부>

신탁업법 제3조의 규정에 의하면 신탁업을 영위하려면 일정규모 이상의 자본금을 갖추고 금융감독위원회의 인가를 받아야 한다고 되어 있는데, 이는 영업에 관한 인가로서 영업수행을 위한 요건이며 회사가 법인격을 취득하기 위하여 필요한 요건이 아니므로 회사설립등기시에 위 인가서를 첨부하거나 자본금 요건을 충족할 필요는 없다.

2) 모집설립의 경우

가. 정관(상업등기법 제80조 1호)

회사의 본점소재지를 관할하는 지방검찰청 소속 공증인의 인증을 받은 원시정관 또는 공증인이 인증한 등본을 첨부한다.

설립 중에 창립총회에서 원시정관을 변경한 경우에도 공증인의 인증을 받은 원시정관을 첨부하면 되고, 변경된 정관에 다시 공증인의 인증을 받을 필요는 없다.

나. 주식의 인수를 증명하는 서면(2호)

발기인은 서면에 의하여 1주 이상의 주식을 인수하여야 하므로(상 제293조), 주식의 인수를 증명하는 서면을 첨부하게 되는바, 발기인이 기명날인(서명)한 주식인수증이 여기에 해당하는 서면이다. 발기인이 인수한 주식수가 기재된 정관도 이에 해당하는 서면으로 볼 수 있다.

다. 주식청약서(3호)

주식청약서는 모집설립의 경우에만 첨부한다. 모집설립에 있어서는 발기인의 주식인수 이외에 주주를 모집하게 되는데, 이 때 주식인수의 청약은 발기인이 법정사항을 기재하여 작성한 주식청약서 2통에 주식인수의 청약을 하고자 하는 자가 인수할 주식의 종류 및 수와 주소를 기재하고 기명날인 또는 서명하여야 한다(상 제302조). 설립등기신청서에는 주식인수청약인의 주식청약서 1통을 첨부한다.

라. 발기인이 상법 제291조에 규정된 사항을 정한 때에는 이를 증명하는 서면 (4호)

회사설립시에 발행하는 주식의 종류와 수, 액면 이상의 주식을 발행하는 때에 그 수와 금액을 발기인 전원의 동의로 정한 경우에 이를 증명하는 서면으로서, 발기인 전원이 기명날인 또는 서명한 주식발행사항동의서가 이에 해당된다.

마. 이사와 감사 또는 감사위원회 및 검사인이나 공증인의 조사보고서와 그 부속서류 또는 감정인의 감정서와 그 부속서류(5호)

① 이사와 감사 또는 감사위원회 위원이 회사의 설립에 관한 모든 사항(회사 설립시에 발행하는 주식의 총수에 대한 인수의 정확여부, 인수주식의 납입에 관한 정확여부 등)을 조사하여 창립총회에 보고한 조사보고서와 그 부속서류를 첨부한다.

② 이사와 감사 전원이 발기인, 현물출자자, 회사성립 후 양수할 재산의 계약당사자이었던 관계로 공증인이 위 사항을 조사하였을 때에는 공증인이 조사보고서와 그 부속서류를 첨부한다.

바. 변태설립사항에 대한 검사인의 조사보고서 등

① 변태설립사항이 있는 경우에는 검사인이 변태설립사항(현물출자 등)에 관하여 조사하여 창립총회에 보고한 조사보고서와 그 부속서류

【쟁점질의와 유권해석】

<변태설립사항이 있는 경우 그 등기신청서에 반드시 법원이 선임한 검사인의 보고서와 그 부속서류를 첨부하여야 하는지 여부>

주식회사의 모집설립으로 인한 설립등기를 신청함에 있어 변태설립사항이 있는 경우 그 등기신청서에 반드시 법원이 선임한 검사인의 조사보고서와 그 부속서류를 첨부하여야 하는 것은 아니며, 이에 갈음하여 공증인의 조사보고서와 그 부속서류 또는 감정인의 감정서와 그 부속서류를 첨부할 수 있다.

② 변태설립사항에 관한 조사를 예외적으로 공증인이나 공인된 감정인이 하였을 때에는 공증인의 조사보고서와 그 부속서류 또는 감정인의 감정서와 그 부속서류

③ 위 ①항 검사인의 조사보고서와 ②항 공증인의 조사보고서 또는 감정인의 감정서는 선택적으로 첨부하면 된다(선례 V 830). 검사인·공증인의 조사보고서 또는 감정인의 감정서는 법원에 보고한 후 법원으로부터 송달받은 부본을 첨부한다(예규 제979호).

④ 외국투자가가 현물출자하는 경우에는 검사인의 조사보고서 대신 관세청장이 현물출자의 이행과 그 목적물의 종류·수량·가격 등을 확인한 현물출자완료확인서를 첨부하면 된다(외국인투자촉진법 제30조 3항).

【쟁점질의와 유권해석】

<외국투자가가 현물출자하여 주식회사를 설립하는 경우 설립등기신청서에 검사인의 조사보고서를 첨부하여야 하는지 여부>

외국투자가가 현물출자하여 주식회사를 설립하는 경우, 외국인투자촉진법 제30조 3항의 규정에 의하여 관세청장이 현물출자의 이행과 그 목적물의 종류, 수량, 가격 등을 확인한 현물출자완료확인서가 상업등기법 제80조 5호의 규정에 의한 검사인의 조사보고서로 간주되는 것이므로, 설립등기신청서에 관세청장 발행의 현물출자완료확인서 외에 별도로 검사인의 조사보고서를 첨부할 필요는 없으며, 관세청장이 발행한 현물출자확인서의 내용을 법원에 보고할 필요도 없다(1999. 3. 10. 등기 3402-242 질의회답).

사. 창립총회의사록(8호)

창립총회의사록은 모집설립의 경우에만 첨부한다.

① 창립총회는 주식인수인으로 구성되는 설립 중의 회사의 의결기관(최고의 의사결정기관)이다. 모집설립의 경우 주식인수인이 설립에 관한 보고를 받고 설립의 최종적인 마무리를 위하여 창립총회를 개최하게 되는 것이다.

② 창립총회는 인수된 주금액의 납입과 현물출자의 이행이 완료된 때에 발기인에 의하여 소집되고 소집절차, 의결권, 의사록의 작성 등에 대하여는 주주총회에 관한 규정을 준용한다(상 제308조).

③ 창립총회의 결의는 출석한 주식인수인 의결권의 3분의 2 이상이며 인수된 주식총수의 과반수에 해당하는 다수로 한다(상 제309조).

④ 창립총회는 창립에 관한 보고청취(상 제311조), 이사와 감사의 선임(상 제312조), 설립경과의 조사(상 제313조), 변태설립사항의 변경(상 제314조), 정관변경 또는 설립폐지의 결의(상 제316조) 등의 권한이 있다.

⑤ 창립총회의 의사에는 의사록을 작성하여야 하고, 의사록에는 의사의 경과요령과 그 결과를 기재하고 의장과 출석한 이사가 기명날인 또는 서명하여야 한다(상 제308조 2항, 제373조 1항). 창립총회의사록은 공증인의 인증을 받아야 한다.

⑥ 창립총회를 소집함에는 회일을 정하여 2주간 전에 각 주식인수인에게 통지를 발송하여야 하는데(상 제308조의 2항, 제363조의 1항), 창립총회의 소집기간을 단축한 경우에는 주식인수인 전원이 이에 동의하였음을 증명하는 서면(창립총회기간단축동의서)을 첨부하여야 한다(상업등기법 제79조 1항 : 2007. 8. 3. 제정). 다만, 주식인수인 전원이 창립총회에 출석하였을 때에는 이 서면을 첨부하지 않아도 된다.

아. 이사회의사록

① 이사회의 의사에 관하여는 의사록을 작성하여야 하고, 의사록에는 의사의 경과요령과 그 결과를 기재하고 출석한 이사 및 감사가 기명날인 또는 서명하여야 한다(상 제391조 3항). 주식회사의 이사회는 이사만으로 구성되고 감사는 그 구성원이라고 할 수 없으므로, 감사 2인이 있는 주식회사의 이사회에 감사가 불출석한 경우에도 출석한 이사들만으로 이사회를 개최하고 이사회의사록을 작성할 수 있다(선례 V 823).

② 이사회의 결의는 이사 과반수의 출석과 출석 이사의 과반수로 하여야

한다. 단, 정관으로 그 비율을 높게 정할 수 있다(상 제391조 1항).

③ 이사회의사록은 공증인의 인증을 받아야 한다(공증인법 제66조의2).

④ 등기할 사항에 관하여 이사회의 결의를 필요로 하는 경우에는 신청서에 이사회의사록을 첨부하여야 한다(비송 제202조 2항). 즉, 이사회에서 대표이사를 선임한 경우(상 제389조 1항), 정관상의 본점소재지표시가 최소독립행정구역(특별시, 광역시, 시·군)으로 기재된 때에 이사회에서 구체적인 본점소재장소를 정한 경우, 회사의 설립과 동시에 지점을 설치하기로 이사회에서 결정한 경우(상 제393조 1항), 정관에 명의개서대리인을 둘 것을 정하고 이를 특정하지 아니하여 이사회에서 이를 정한 경우(상 제337조 2항)

자. 이사·대표이사와 감사 또는 감사위원회 위원의 취임승낙을 증명하는 서면(9호)

① 이사와 감사는 선임기관의 선임결의만으로 피선임자가 그 지위를 취득하는 것은 아니고 선임결의에 따른 회사대표자의 청약과 이에 대한 피선임자의 승낙이 있어야 임용계약이 체결되어 비로소 그 지위를 취득하게 된다. 이사, 감사, 대표이사와 회사가 위임관계에 있기 때문이다. 이에 따라 상업등기법은 설립등기시의 첨부서면으로 그 취임승낙을 증명하는 서면을 요구하고 있는 것이다. 취임승낙을 증명하는 서면으로는 취임승낙을 하는 자가 그 뜻을 기재하고 기명날인한 서면뿐만 아니라 선임 즉시 취임승낙의 뜻이 기재된 창립총회, 이사회 등의 의사록도 이에 해당된다.

② 대표이사의 취임승낙을 증명하는 서면에는 인감증명법에 의한 인감을 날인하고, 인감증명법에 의하여 작성된 인감증명(발행일로부터 6월 이내의 것에 한함, 예규 제1091호 제7조)을 첨부하여야 한다(규칙 제81조, 제42조).

③ 대표이사가 아닌 이사·감사의 취임승낙을 증명하는 서면에도 인감증명법에 의한 인감을 찍고 그 인감증명을 첨부하여야 한다. 다만, 이 때에는 등기신청서에 첨부된 공증받은 의사록에 취임승낙의 뜻이 기재되고 그 의사록에 기명날인한 이사의 경우에는 인감증명의 첨부를 생략할 수 있다(예규 제752호).

④ 사내이사, 사외이사, 그 밖의 상무(常務)에 종사하지 아니하는 이사, 감

사의 취임승낙 등을 증명하는 서면에 날인할 자가 우리나라에 거주하는
외국인인 경우에는 인감증명을 첨부하는 대신 그 서면상의 서명이 본인
의 것임을 확인하는 우리나라 공증인의 증명서를 첨부하여도 무방하다
(선례Ⅲ 953).

차. 명의개서대리인을 둔 때에는 명의개서대리인과의 계약을 증명하는 서면(10호)

회사가 명의개서대리인을 둔 때에는 그 상호 및 본점소재지를 등기하여야
한다. 명의개서대리인은 명의개서를 대행하는 자로서 회사의 이행보조자 내
지 수임인의 지위를 가지므로 회사와 명의대리인간에 위임계약을 체결하여야
할 것이므로 그 계약을 증명하는 서면을 첨부하도록 하고 있다.

카. 주금의 납입을 맡은 은행, 그 밖의 금융기관의 납입보관에 관한 증명서(11호)

발기인 또는 이사의 청구에 의하여 납입금을 보관한 은행 기타 금융기관이
교부한 납입금보관금액에 관한 증명서를 가리킨다(상 제302조 2항 4호, 제318
조). 이 조문의 입법취지는 납입가장행위를 방지하려는 데 있다.

【쟁점질의와 유권해석】

<주금의 납입을 맡은 은행 기타의 금융기관에 해당하는지 여부가 문제되는 경우>

상업등기법 제80조 11호의 입법취지가 납입가장행위의 방지라는 점에 비추어 볼 때
납입금의 수납 및 보관사무를 처리할 수 있는 업무능력과 공적 신용을 갖춘 금융기
관이 이에 해당된다.

주금 납입 은행 기타의 금융기관에 해당하는 기관은 다음과 같다.

ㄱ) 상호저축은행법에 의한 상호저축은행

ㄴ) 농업협동조합법에 의한 지역농업협동조합·품목별협동조합

ㄷ) 수산업협동조합법에 의하여 설립된 지구별수산업협동조합과 1995. 6. 22. 이전에
설립된 업종별수산업협동조합 및 수산물가공수산업협동조합

ㄹ) 새마을금고법에 의한 새마을금고

ㅁ) 신용협동조합법에 의한 신용협동조합 등

그러나 자본시장 및 금융투자업에 관한 법률에 의한 집합투자업자(2009.2.4. 폐지되기
전의 구 간접투자자산운용업법에 의한 자산운용회사)는 주금의 납입을 맡은 은행 기
타의 금융기관으로 볼 수 없다.

타. 이사, 감사의 주민등록번호 또는 생년월일을 증명하는 서면

이사와 감사의 주민등록번호를 증명하는 서면(주민등록번호가 없는 재외국민 또는 외국인의 경우에는 생년월일을 증명하는 서면)에 해당되는 것으로는 주민등록표등·초본, 주민등록증 사본, 자동차운전면허증 사본 등이 있다(3월 이내의 것 - 예규 제1091호 제7조).

파. 정관에 건설이자의 배당에 관한 규정이 있는 때에는 이에 관한 법원의 인가서등본(상업등기법 제79조 1항)

건설이자의 배당에 관한 정관의 규정은 법원의 인가를 얻어야 하는 바(상 제463조 2항) 이 인가는 발기인 또는 이사의 공동신청에 의하여 회사의 설립등기 전에 받아야 한다(비송 제87조).

하. 위임장, 관청의 허가서, 총주주의 동의서

대리인에 의하여 등기를 신청할 때에는 그 권한을 증명하는 서면(위임장)을 첨부하여야 한다.

거. 기타 첨부서면

등기신청서류 중 외국어로 작성된 문서는 이를 번역하여 번역문을 첨부하여야 한다. 등기신청서에 첨부된 서류가 외국어로 된 경우에 첨부하는 번역문에는 그 번역의 정확성을 보장하기 위하여 번역인의 성명 및 주소를 기재하고 번역인이 서명 또는 기명날인하면 된다. 그러나 등기신청인의 서명 또는 기명날인은 필요없으며, 또한 번역인의 자격에는 그 제한이 없다(선례 V-44).

3) 발기설립의 경우

가. 모집설립의 첨부서면 중 발기설립의 경우에도 첨부하여야 하는 것

① 정관

② 주식의 인수를 증명하는 서면

③ 발기인이 상법 제291조(설립 당시의 주식발행사항의 결정)에 규정된 사항을 정한 때에는 이를 증명하는 서면

④ 주금의 납입을 맡은 은행, 그 밖의 금융기관의 납입금보관에 관한 증서(다만, 2009년 5월 상업등기법 제80조 11호의 개정으로 인하여 단서조항이 신설되었다. 즉, 자본금 총액이 10억원 미만인 회사를 상법 제295조 제1항

에 따라 발기설립하는 경우에는 은행이나 그 밖의 금융기관의 잔고증명서로 대체할 수 있다. 개정 전 규정에 의하면 소규모 주식회사를 설립하는 경우에도 금융기관이 발행한 주금납입금 보관증명서를 제출하여야 하는데 그 발급절차가 번거로워 신속한 창업을 지장을 준다는 문제점이 있었다. 이러한 문제점을 해결하기 위하여 자본금 총액이 10억원 미만인 주식회사를 발기설립하는 경우에는 주금납입금 보관증명서를 금융기관의 잔고증명서로 대체할 수 있도록 하는 내용으로 상법 제318조 제3항이 신설됨에 따라 주식회사의 설립등기를 신청할 때 첨부해야 할 서류를 정한 상업등기법의 해당 규정도 상법 개정에 맞추어 규정한 것이다. 이러한 개정으로 인하여 소규모 주식회사의 설립등기 절차가 간소화될 것으로 기대된다.

⑤ 이사회의사록

⑥ 이사·대표이사, 감사 또는 감사위원회 위원의 취임승낙을 증명하는 서면

⑦ 이사와 감사 등의 조사보고서와 그 부속서류

⑧ 명의개서대리인을 둔 때에는 명의개서대리인과의 계약을 증명하는 서면

⑨ 이사·감사의 주민등록번호 또는 생년월일을 증명하는 서면

⑩ 정관에 건설이자의 배당에 관한 규정이 있는 때에는 이에 관한 법원의 인가서등본

⑪ 위임장, 관청의 허가서, 총주주의 동의서

⑫ 기타 첨부서면

나. 발기설립의 경우에만 첨부하는 서면

① 검사인 또는 공증인의 조사보고나 감정인의 감정결과에 관한 재판이 있은 때에는 그 재판서의 등본(상업등기법 제80조 7호)

　주식회사의 설립 또는 변경등기신청서에 첨부되는 검사인·공증인의 조사보고서 또는 감정인의 감정서는 법원으로부터 송달받은 부본이어야 한다.

　발기설립의 경우 법원은 검사인의 조사보고서와 발기인의 설명서를 심사하여 정관상의 변태설립사항을 부당하다고 인정한 때에는 이를 변경하여 각 발기인에게 통고할 수 있는데(상 제300조 1항), 이 경우에는 법원의 재판서등본을 첨부하여야 한다.

② 발기인이 이사와 감사 또는 감사위원회 위원을 선임한 때에는 그에 관한

서면(발기인의사록 등)

발기설립의 경우 상법 제296조에 의하여 발기인이 그 의결권의 과반수로써 이사와 감사를 선임한 경우의 이를 증명하는 서면을 말한다.

감사위원회를 두는 상법상 회사는 이사회결의로 이사 중에서 감사위원회 위원을 선임하나(상 제393조의2, 제415조의2), 상장회사의 경우 상법 제393조의2에도 불구하고 감사위원회 위원을 선임하거나 해임하는 권한은 주주총회에 있다(상 제542조의12 1항).

4) 무액면주식을 발행하는 투자회사의 설립등기시 첨부서면(자본시장과 금융투자업에 관한 법률 제194조 10항, 동시행령 제228조)

① 정 관

② 주식의 인수를 증명하는 서면

③ 이사의 조사보고서

④ 이사의 취임승낙을 증명하는 서면

⑤ 명의개서사무의 위탁을 증명하는 서면

⑥ 주식대금의 납입을 맡은 은행, 그 밖에 주식대금의 납입·보관에 관한 증명서

(6) 인감신고

등기신청서에 기명날인할 사람은 미리 그 인감을 등기소에 제출하여야 하므로(상업등기법 제24조 1항), 대표이사는 인감신고서에 인감증명법에 따라 신고한 인감을 날인하고 그 인감증명서(발행일로부터 3개월 이내의 것에 한함)를 첨부하거나 등기소에 제출한 유효한 종전 인감을 날인하여야 한다(상업등기규칙 제36조 3항).

(7) 등록면허세 등

1) 등록면허세

가. 등록면허세 등의 세율

자본금의 4/1000에 해당하는 등록면허세와 등록면허세의 20/100에 해당하는 지방교육세를 납부한 후, 등록면허세 영수필통지서 1통과 영수필확인서 1

통을 첨부한다(지방세법 제28조 1항 6호, 제151조 1항 2호 동법 시행령 제49
조 1항).

나. 당해 세율의 3배의 등록면허세를 납부해야 하는 경우

대통령령으로 정하는 대도시 내에서의 설립등기시에는 당해 세율의 3배의
등록면허세를 납부하여야 한다(지방세법 제28조 2항, 제151조 1항).

여기서 대도시라 함은 수도권정비계획법 제6조 1항 1호의 규정에 의한 과
밀억제구역을 말한다(동법 제138조 1항). 수도권정비계획법에 의한 과밀억제
권역이라 함은 인구 및 산업이 과도하게 집중되었거나 집중될 우려가 있어
그 이전 또는 정비가 필요한 지역으로 다음 지역이 이에 해당된다(수도권정
비계획법 제6조 1항 1호). 서울특별시, 인천광역시(강화군, 옹진군, 서구 대곡
동·불로동·마전동·금곡동·오류동·왕길동·당하동·원당동, 인천경제자유구역 및
남동 국가산업단지는 제외한다), 의정부시, 구리시, 남양주시(호평동, 평내동,
금곡동, 일패동, 이패동, 삼패동, 가운동, 수석동, 지금동 및 도농동만 해당한
다), 하남시, 고양시, 수원시, 성남시, 안양시, 부천시, 광명시, 과천시, 의왕시,
군포시, 시흥시[반월특수지역(반월특수지역에서 해제된 지역을 포함한다)은
제외한다] 등이다(동법시행령 제9조 관련 별표1).

다. 중과세 대상에서 제외되는 경우

그러나 사회간접자본 시설에 대한 민간투자법 제2조 2호에 의한 사회간접
자본시설사업, 전기통신사업법 제4조의 규정에 의한 전기통신사업, 소프트웨
어산업진흥법에 의한 소프트웨어산업 등을 중과세 대상에서 제외된다(지방세
법 시행령 제44조, 제26조 1항).

라. 등록세가 부과되지 않는 경우

채무자회생및파산에관한법률 제23조(법인에 관한 등기의 촉탁), 제24조(등
기된 권리에 관한 등기 등의 촉탁)의 규정에 의한 등기의 촉탁사건은 등록세
를 부과하지 아니한다(동법 제25조 3항).

2) 농어촌특별세

농어촌특별세는 지방세법, 관세법, 조세특례제한법에 의하여 등록세가 감면
또는 면제되는 경우에 그 감면액에 대하여 100분의 20에 해당하는 금액을 납
부하여야 한다(농어촌특별세법 제2조, 제3조). 회생사건은 회생법에서 등록세면
제 규정이 있으므로, 등록세가 면제되어도 농어촌특별세도 납부하지 아니한다.

3) 등기신청수수료

가. 금 액

등기신청수수료로 서면방문신청의 경우에는 30,000원을 납부한 등기수입증지를 첩부한다(등기사항증명서 등 수수료 규칙 제5조의3 1항). 전자신청하는 경우의 신청수수료는 매 건마다 20,000원으로, 전자표준양식에 의하여 신청하는 경우의 신청수수료는 매 건마다 25,000원으로 한다(동 규칙 제5조의5 3항).

나. 납부방법

등기신청수수료의 납부는 그 수수료 상당액을 전자적 방법으로 납부하거나, 법원행정처장이 지정하는 금융기관에 현금으로 납부한 후 이를 증명하는 서면을 등기신청서에 첨부하여 제출하는 방법으로 하고, 등기관은 납부액의 상당 여부를 조사한 다음 납부를 증명하는 서면에 소인하여야 한다(등기사항증명서 등 수수료 규칙 제6조 3항)[40].

전자신청을 하는 경우의 수수료는 신용카드, 금융기관 계좌이체 또는 전자화폐 등의 결제방법으로 납부하여야 한다(동 규칙 제6조 5항).

전자표준양식에 의한 등기신청을 하는 경우의 수수료는 그 수수료 상당액을 전자적 방법으로 납부하거나, 법원행정처장이 지정하는 금융기관에 현금으로 납부한 후 이를 증명하는 서면을 등기신청서에 첨부하여 제출하는 방법으로 하고, 등기관은 납부액의 상당 여부를 조사한 다음 납부를 증명하는 서면에 소인하여야 한다(동 규칙 제6조 6항, 3항).

---

[40] 2012. 11. 30. 등기사항증명서 등 수수료 규칙이 개정되었고, 동 규칙 제6조의 경우에는 2013.5.1.부터 시행된다. 개정이유는 등기 관련 각종 수수료 납부에 사용되는 등기수입증지의 부정한 재사용을 방지하고 수수료 납부에 관한 국민의 편의와 업무 효율 제고를 위하여 대법원등기수입증지를 폐지하고 전면적인 현금납부 및 전자납부제도를 시행하기 위함이다.

상업등기신청수수료액

(「등기사항증명서 등 수수료규칙」 제5조의3에 의한 등기신청의 경우)

등기의 목적		수수료	비 고
1. 회사 또는 합자조합의 등기	가. 회사 설립등기	30,000원	
	나. 본점을 다른 등기소 관할구역 내로 이전하는 경우의소재지에서 하는 본점이전등기	30,000원	이에 부수하여 다른 등기를 신청하는 경우에는 그 등기신청에 따른 수수료는 별도로 납부하여야 함.
	다. 신설합병에 있어 신설회사에 대한 설립등기	30,000원	소멸회사에 관한 해산등기의 신청수수료 4,000원은 별도로 납부하여야 함.
	라. 조직변경에 있어서의 설립등기	30,000원	조직변경으로 인한 해산등기의 신청수수료 4,000원은 별도로 납부하여야 함.
	마. 상호, 본점, 목적, 공고방법, 존립기간, 1주의 금액, 발행할 주식의 총수 등의 변경등기	6,000원	각 등기의 목적마다 신청수수료를 납부하여야 함.
	바. 경정 및 주소, 성명 등의 변경등기	6,000원	위와 같음. 다만, 등기관의 과오로 인한 착오 또는 유루발견 및 행정구역 · 지번변경, 주민등록번호정정 등을 원인으로 하는 경우에는 신청수수료 없음.
	사. 지점설치 및 이전등기, 동일 등기소 관할구역 내의 본점이전등기, 전환사채의 등기, 해산의 등기 청산인에 관한 등기 등 위에서 열거한 등기 이외의 기타 등기	6,000원	위와 같음. 멸실회복등기의 경우에는 신청수수료 없음.
2. 상호등기 · 상호가등기 및 그 등기의 변경, 말소등기 등 일체의 등기		6,000원	위와 같음.
3. 무능력자와 법정대리인등기 및 그 등기의 변경, 말소등기 등 일체의 등기			
4. 지배인등기 및 그 등기의 변경, 말소 등 일체의 등기			

※ 수수료금액은 상업등기(민법법인 · 특수법인 포함)의 서면방문신청의 경우에 적용하고, 전자표준양식에 의한 신청의 경우에는 위 수수료금액 중 30,000원은 25,000원이고, 6,000원은 4,000원이며, 전자신청에 의한 경우에는 30,000원은 20,000원이고, 6,000원은 2,000원이다(등기사항증명서 등 수수료규칙 제5조의3, 제5조의5).

6. 외국인투자와 설립·증자등기

외국인이 국내에서 회사를 설립하는 경우 일반적인 절차는 동일하나, 투자가 제한되는 경우가 있다. 이것은 외국인투자촉진법 및 외국환거래법에 의한 제한인데 이에 따라 투자자는 주무관청의 허가를 받거나 신고를 하여야 한다(외국환거래법 제18조, 외투 제5조, 제6조, 제7조 등).

외국인투자가라 함은 외국인투자촉진법에 의하여 주식 등을 소유하고 있는 외국인을 말하고, 외국인투자라 함은 외국인이 외국인투자촉진법에 의하여 대한민국법인(설립 중인 법인을 포함한다) 또는 대한민국 국민이 영위하는 기업의 경영활동에 참여하는 등 당해 법인 또는 기업과 지속적인 경제관계를 수립할 목적으로 대통령령이 정하는 바에 따라 당해 법인이나 기업의 주식 또는 지분을 소유하는 것 등을 말한다(외투 제2조 1항 4호).

외국인은 원칙적으로 투자의 자유를 가지나 국가의 안전과 공공질서의 유지에 지장을 초래하는 경우, 국민의 보건위생 또는 환경보전에 해를 끼치거나 미풍양속에 현저히 반하는 경우, 대한민국 법령에 위반되는 경우에는 투자에 제한을 받는다(외투 제4조).

외국인투자제한 업종은 외국인투자및기술도입에관한규정 제4조 및 제5조가 규정하고 있는 바, 국영우편업, 중앙은행, 연금 및 공제업 등 여러 가지가 있다.

(1) 외국인투자와 설립등기

외국인투자자가 현물출자하여 주식회사를 설립하는 경우, 관세청장이 현물출자의 이행과 그 목적물의 종류·수량·가격 등을 확인한 현물출자완료확인서가 상업등기법 제80조 5호 규정에 의한 검사인의 조사보고서로 간주되는 것이므로, 설립등기신청서에 관세청장 발행의 현물출자완료확인서 외에 별도로 검사인의 조사보고서를 첨부할 필요는 없으며, 관세청장이 발행한 현물출자완료확인서의 내용을 법원에 보고할 필요도 없다(상 제299조 내지 제300조, 제310조, 외투 제30조 3항, 1999. 3. 10, 등기 3402-242 질의회답).

외국인투자비율이 49%, 내국인투자비율이 51%로 주무관청에서 허가받은 경우에는 투자비율대로 설립등기를 하면 문제가 없을 것이나, 내국인은 투자하지 아니하고 외국인의 지분만 전부 투자하여 먼저 회사설립등기하는 경우 그 등기가 가능한지에 관하여 의문이 있으나 주무관청의 허가한 취지가 내국인 경영권 보장이라고 보이고 언제 추가로 내국인 지분에 대한 등기를 할지 알 수 없으므로 설립등기는 할 수 없다고 할 것이다.

다만, 내국인이 51%만 먼저 투자하고 외국인은 설립등기 후 투자하기로 하는 경우에는 내국인 보호와 경영권 문제가 없으므로 설립등기가 가능하다고 할 것이다.

또한 공증인법 제62조와 동법 제63조·제66조의2에 의하여 설립등기시 첨부하는 정관과 의사록은 본점소재지를 관할하는 지방검찰청 소속 공증인의 공증을 받아야 한다.

재외국민이 그 주소를 증명하는 서면으로는 우리나라 영사관 등에서 발행 또는 확인한 거주사실증명서(또는 재외국민등록등본)를 첨부하면 되고, 최종의 국내주소지의 말소된 주민등록등본은 주소를 증명하는 서면이 될 수 없다(1994. 11. 24, 등기 3402-1364).

외국인에 대한 임원 등의 등기부 기재는 그 성명을 발음하는 대로 기입하고, 원칙적으로 한자는 등기부에 기재할 수 있으나, 일본인의 경우 한자가 아닌 한글로 표기한다. 즉 이등박문은 이토오히로부미로 표기하는 것을 원칙으로 한다.

(2) 외국인투자와 증자등기

1) 외국인이 현물투자할 경우 검사인 선임 여부

외국인도 인가를 받으면 현물출자를 할 수 있고, 현물출자시 상법 제299조(법원선임 검사인에 의한 현물조사)에도 불구하고 관세청장이 현물출자의 이행과 그 목적물의 종류, 수량, 가격 등을 확인한 출자완료확인서를 상업등기법 제80조의 규정에 의한 검사인의 조사보고서로 본다(외투 제30조 3항). 따라서 검사인의 선임은 불필요하다. 증자의 경우에도 같다고 할 것이다(외투 제30조 3항).

2) 외국인이 우리나라 회사의 신주를 청약하거나 신주인수하는 경우

신주청약서에는 외국인의서명날인에관한법률에 의하여 서명을 하여야 한다. 또한 외국인투자촉진법에 의하여 외국인투자신고 또는 허가를 수리한 관계기관에서 받아 이를 첨부하여야 한다. 외국인이 직접 신주청약서에 서명날인 또는 서명할 수 없는 경우, 즉 외국에 있는 경우 신주청약서 용지를 팩스로 보내어 이에 서명날인 또는 서명한 후 관계기관에 공증을 받아 제출하면 할 수 있을 것이다.

또한 외국인이 신주인수권 인수업무 등을 전부 위임(행정기관의 신고수리 신청 등과 일체로 위임)하고, 위임받은 사람이 신주청약서에 서명날인 또는 서명하여도 된다.

3) 합병 등에 의한 주식취득

외국인은 다음의 경우에 산업자원부장관에게 신고하여야 한다(외투 제7조).

① 외국투자가가 당해 외국인투자기업의 준비금·재평가적립금 기타 다른 법령의 규정에 의한 적립금이 자본으로 전입됨으로써 발행되는 주식 등을 취득하는 경우

② 외국투자가가 당해 외국인투자기업이 다른 기업과 합병하는 때에 소유하고 있던 주식 등에 의하여 합병 후 존속 또는 신설되는 법인의 주식 등을 취득하는 경우

③ 외국인이 외국인투자촉진법 제21조의 규정에 의하여 등록된 외국인투자기업의 주식 등을 외국투자가로부터 매입·상속·유증 또는 증여에 의하여 취득한 경우

④ 외국투자자가 법에 의하여 취득한 주식 등으로부터 생긴 과실의 출자로 인하여 주식 등을 취득하는 경우

⑤ 외국인이 전환사채 또는 신주인수권부사채를 주식 등으로 전환하는 경우

(3) 외국인투자신청

1) 신청서 제출기관

외국인투자신청서는 모든 은행에서 취급한다(1994. 7. 1. 이전까지는 한국은행, 중소기업은행, 수출입은행, 산업은행으로 제한되어 있었음).

2) 구비서류

① 신고서류

② 국적을 증명하는 서류

③ 주식을 인수하거나 지분 소유 증명서류

3) 주식회사의 설립과정

자본의 납입(외국인투자가가 주금을 납입하거나 현물출자를 하여야 한다),
정관작성, 주식인수, 주금납입, 검사인 선임, 창립총회 등 절차 후 설립등기

4) 외국인투자기업 등록

국내기업과 구별을 용이하게 하고 배당금 송금 등 절차상의 편의를 도모하
기 위하여 출자목적물을 납입완료한 경우, 기존주식 등을 취득한 경우에는 산
업자원부장관에게 외국인투자기업의 등록을 하여야 하고, 그 후 변경사항이 생
긴 경우에도 변경등록을 하여야 한다(외투 제21조, 외투령 제27조).

Ⅲ. 변경의 등기

Ⅰ. 본점이전 · 변경의 등기

■ 핵 심 사 항 ■

1. 본점이전의 등기
(1) 의의 : 등기부상에 기재된 본점의 소재장소를 이전한 경우에 하는 등기.
(2) 등기기간
  1) 동일 등기소 관내로 이전한 경우 : 실제 이전한 날로부터 본점소재지에서는
     2주간, 지점소재지에서는 3주간 내에 본점을 이전한 뜻, 신본점과 이전연월
     일을 등기(상 제317조 4항, 제183조).
  2) 다른 등기소 관내로 이전한 경우 : 실제 이전한 날로부터 신, 구 등기소 동
     일하게 2주간 내에 하여야 함(상 제317조 4항, 제182조 1항). 지점소재지에서는 3
     주간 내에 등기하여야 함(상 제317조 4항, 제183조).
2. 행정구역 등의 변경에 따른 본점변경의 등기
  행정구역 또는 그 명칭 등의 변경이 있는 경우에는 이에 관한 등기부의 기록은
  당연히 변경된 것으로 봄. 구획 또는 그 명칭이 변경된 때에도 같음(상업등기법
  제29조). 따라서 이러한 경우에는 그 변경등기의 신청의무는 없으나, 당사자는
  그 변경등기를 신청할 수 있고, 등기관은 직권으로 변경사항을 등기할 수 있음
  (상업등기규칙 제71조).

1. 본점이전의 등기

(1) 본점이전등기의 의의

1) 의의

본점이란 회사의 영업을 총괄하는 영업소를 말한다. 주식회사의 정관에는 본점의 소재지를 반드시 기재하도록 되어 있다(상 제289조 1항). 본점이전등기란 등기부상에 기재된 본점의 소재장소를 이전한 경우에 하는 등기이다. 본점을 이전하기 전에 이전일자를 예정하여 미리 등기할 수는 없다.

본점소재지는 독립된 행정구역으로서 등기부상 단일하여야 하므로, 동시에 복수의 행정구역을 본점소재지로 등기할 수 없으며, 추가된 지번·동·호수 등에 본점을 둔다는 취지라면 본점이전 등기신청을 하여야 한다.

【쟁점질의와 유권해석】

<본점 소재지의 기재방법>

ㄱ) 정관에 기재하는 경우

정관에서의 본점 소재지는 본점의 소재장소를 포함하는 독립한 최소 행정구역, 즉 서울특별시, 광역시, 시·군을 기재함으로써 족하다.

ㄴ) 등기부상에 기재하는 경우

등기부상의 본점 소재지는 지번·동·호수까지 표시되는 본점의 구체적인 소재장소를 기재한다. 본점소재지는 독립된 행정구역(구획 포함)으로서 지번·동·호수 등이어야 하므로, 당사자가 임의적으로 정한 건물명칭·호수 등은 등기사항이 아니다[41].

본점이전의 등기에는 동일 최소행정구역 내에서 소재장소만을 이전한 경우와 다른 최소행정구역 내의 장소로 이전하는 경우가 있다. 또 등기소의 관할을 기준으로 동일 관할구역 내의 본점이전과 타관할구역으로의 관할구역으로의 본점이전으로 나눌 수 있다. 타관할로의 본점이전등기는 구본점소재지에서의 신청에 의한 등기부의 폐쇄와 신본점소재지에서의 등기부의 개설의 형태로 행해진다.

2) 도로명주소법에 따른 상업등기 등 사무처리지침(등기예규 제1437호)

정부는 2014.1.1. 도로명주소의 전면적 시행 전에 2011.7.29.부터 도로명주소

---

41) 2004.2.6. 공탁법인 3402-37 질의회답

를 법정주소로 인정하고 지번주소와 병행사용을 인정하고 있다. 이에 따라 상업등기에도 도로명주소제도의 조기 정착을 위해 2011.10.31.부터 본·지점, 임원·지배인 등의 주소를 도로명주소로 등기하도록 하였다.

① 도로명주소 표기

본점의 소재지 등은 도로명주소를 기재하여야 한다. 다만, 본점의 소재지 등을 건물에 두지 아니한 경우 등 도로명주소가 없는 경우에는 이를 증명하는 정보(임대차계약서 등)를 제공하면 소재지번을 기재할 수 있다.

② 도로명주소 표기 방법

도로명주소를 기재할 때에는 도로명주소법시행령 제2조 제1항 제7호의 참고항목(법정동, 공동주택 명칭)까지 기재한다.

> (예시 1) 공동주택이 아닌 건물의 도로명주소 표기
>
> 서울특별시 서초구 서초대로 46길 62(서초동)
>
> (예시 2) 공동주택의 도로명주소 표기
>
> 서울특별시 서초구 반포대로 48, 501호(서초동, 가을빌딩)

③ 소재지번을 도로명주소로 변경하는 등기신청의 처리

등기기록에 기록된 소재지번을 도로명주소로 변경하는 등기신청을 하는 경우에 신청인이 제공한 도로명주소 정보[건축물대장등본, 행정안전부 "새주소 안내시스템(http://www.juso.go.kr)"의 조회 결과물 등, 이하 "도로명주소 정보"라 함]에 의하여 해당 소재지번의 도로명주소임이 인정되면 등기신청을 수리한다.

④ 등기신청서와 첨부서면이 일치하지 아니한 경우

본점이전 등의 등기신청시 등기신청서와 첨부서면의 본점 소재지 등이 각 도로명주소와 소재지번으로 일치하지 아니한 경우에 제출된 도로명주소 정보에 의하여 해당 소재지번의 도로명주소임이 인정되면 등기신청서에 기재된 도로명주소로 등기한다.

(2) 본점이전의 절차

1) 이사회의 결의 또는 정관변경

정관에 본점소재지가 최소행정구역으로 기재되어 있는 경우에 동일 최소행정구역 내의 본점 이전이라면 이사회의 결의로 이전할 수 있으나 정관에 본점소재지가 그 소재·지번·동·호수까지 기재되어 있는 경우와 다른 최소행정구역으로의 본점 이전을 위해서는 주주총회의 특별결의에 의하여 정관을 변경한 후 이사회의 결의에 의하여 이전일자 등 업무집행에 관한 사항을 결정하여야 한다.

본점의 구체적인 이전장소나 일자에 관한 사항은 회사의 업무집행에 관한 사항으로 법률이나 정관에서 주주총회의 결의사항으로 규정되어 있지 않는 한 이는 이사회의 권한으로 주주총회의 결의로 대신할 수 없다.

2) 청산 중인 회사의 경우

회사가 해산한 후에도 본점의 이전은 가능하므로, 이 경우에는 이사회의 결의에 갈음하여 청산인회의 결의가 필요하다.

3) 이사가 1인인 회사의 경우

자본금이 10억원 미만인 회사로서 이사가 1인인 주식회사 설립시 정관에 본점소재지로 최소행정구역만 기재되어 있는 경우 1인 이사가 본점소재장소를 결정하지만, 창립총회 내지 발기인회는 최고의사결정기관이므로 그 총회에서도 소재장소를 결의할 수 있다.

4) 파산법인과 파산재단의 경우

파산법인과 파산재단은 법인격상 동일하지 않으므로 파산재단의 사무실 이전을 파산법인의 본점이전으로 보아 등기할 수 없으며, 파산법인의 본점 이전은 비재산적 활동범위에 속하므로 일반 절차에 따라 대표이사가 변경등기를 신청한다[42].

5) 회생법인의 경우

회생법인의 경우에는 채무자의 업무수행과 재산의 관리 및 처분을 하는 권한은 관리인에게 전속하고(채무자회생및파산에관한법률 제56조 1항), 관리인이 선임되지 아니한 경우에는 채무자인 법인의 대표자가 관리인으로 간주되므로(동법 제74조 4항), 법인사무관 등이 촉탁하여야 할 등기사항 이외의 사항에

---

42) 2004.2.4. 공탁법인 3402-29 질의회답

관하여는 관리인 또는 관리인으로 간주되는 자의 신청에 의하여 등기하여야
한다.

(3) 등기절차

1) 동일 등기소 관내로 이전한 경우

가. 등기기간

실제 이전한 날로부터 본점소재지에서는 2주간, 지점소재지에서는 3주간
내에 본점을 이전한 뜻, 신본점과 이전연월일을 등기하여야 한다(상 제317조
4항, 제183조).

나. 신청서 기재사항

① 회사의 상호

② 회사의 본점 : 구본점의 소재장소

③ 등기의 목적 : 본점이전등기

④ 등기의 사유 : '본점이전' 또는 '결의기관 결의일자 및 본점이전사
유'로 기재할 수 있다. 그러나 본점에 지배인을 두고 있는 경우에는 그
지배인을 둔 장소의 이전등기는 본점이전등기와 동시에 신청하여야 하
고(규칙 제66조), 그 신청서는 따로 작성할 필요 없이 본점이전등기신청
서와 일괄작성할 수 있는 것이므로, 이 때에는 등기의 목적을 '본점이
전 및 지배인을 둔 장소의 이전 등기'로 등기의 사유를 '본점 및 지
배인을 둔 장소의 이전' 등으로 기재할 수도 있다.

⑤ 등기할 사항 : '본점을 이전한 뜻, 신본점과 이전연월일'을 기재한다.
본점에 지배인을 두고 있는 때에는 '지배인을 둔 장소를 이전한 뜻,
그 연월일'을 추가 기록하여야 한다.

⑥ 본점이전에 관하여 관청의 허가(인가)를 요하는 경우에는 그 허가(인가)
서의 도달연월일

⑦ 등록에 대한 등록면허세액, 지방교육세액, 농어촌특별세액, 등기신청수
수료

⑧ 첨부서면

⑨ 신청연월일

⑩ 회사의 상호, 본점(신본점소재장소를 기재한다)과 회사를 대표하는 자 (대표이사 또는 대표청산인 등)의 성명, 주소

⑪ 대리인에 의하여 신청할 때에는 그 성명, 주소

⑫ 등기소의 표시

다. 첨부서면(상업등기법 제80조, 제101조, 제58조)

① 이사회 또는 청산인회의 의사록, ② 주주총회의사록(정관변경이 필요한 경우), ③ 대리인에 의하여 신청할 때에는 그 권한을 증명하는 서면, ④ 본점이전에 관하여 관청의 허가(인가)를 요하는 경우에는 그 허가(인가) 서 또는 인증있는 등본, ⑤ 법원의 허가 또는 총주주의 동의가 없으면 등기할 사항에 관하여 무효 또는 취소의 원인이 있는 때에는 그 허가서 또는 동의서, ⑥ 등록세납부영수필통지서 및 확인서 등을 첨부서면으로 제출한다.

라. 등록면허세, 지방교육세, 농어촌특별세, 등기신청수수료

등록면허세는 75,000원(지방세법 제128조 1항 6호 라목) 및 지방교육세 15,000원(지방세법 제151조 1항 2호)을 납부하여야 하고, 6천원의 등기신청수 수료를 납부하여야 한다(등기사항증명서 등 수수료 규칙 제5조의3 2항).

본점이전의 등기의 신청과 동시에 본점에 둔 지배인의 '지배인을 둔 장소 의 이전의 등기'를 일괄하여 하나의 신청서로 동시에 신청하는 경우에는 지 방세법 제28조 제1항 6호 바목에 따른 등록면허세(23,000원) 및 지방교육세 (4,600원)를 합한 27,600원을 추가로 납부하여야 한다. 또한 이 경우 본점이전 의 등기신청수수료 외에 지배인을 둔 장소의 이전등기의 등기신청수수료를 추가로 납부하여야 한다[43].

2) 다른 등기소관내로 이전한 경우

가. 등기기간

등기기간은 실제 이전한 날로부터 기산하여야 하고, 실제로 이전하기 전에 예정하여 등기할 수는 없다.

본점이전시 등기는 신·구등기소 동일하게 2주간 내에 하여야 한다(상 제317 조 4항, 제182조 1항).

---

43) 등기예규 제1403호 참조.

지점소재지에서는 3주간 내에 등기하여야 한다(상 제183조, 제317조 4항).

나. 등기사항

① 구소재지와 지점소재지의 경우

구본점소재지와 지점소재지에서는 본점을 '이전한 뜻, 신본점과 이전
연월일', 지배인을 두고 있는 때에는 구본점소재지에서는 '지배인을
둔 장소를 이전한 뜻, 이전한 장소와 이전연월일' 추가 기재한다.

② 신본점소재지의 경우

신본점소재지에서의 등기사항은 ⅰ) 설립등기사항, ⅱ) 지점을 두고 있
는 때에는 그 소재지, ⅲ) 본점을 이전한 뜻, 신본점과 이전연월일, ⅳ)
회사의 성립연월일, ⅴ) 이사, 대표이사, 감사의 취임연월일, ⅵ) 지배인
을 두고 있는 때에는 지배인에 관한 등기사항을 추가 기재한다.

다. 신청방식

① 일괄신청 : 본점을 다른 등기소의 관할구역 내로 이전한 경우에 신소재
지에서 하는 등기의 신청은 구소재지를 관할하는 등기소를 거쳐야 한
다. 그리고 신소재지에서 하는 등기신청 및 구소재지에서 하는 등기신
청은 동시에 구소재지 관할등기소에 일괄신청하여야 한다(상업등기법
제58조 : 2007. 8. 3. 제정). 이는 신·구 본점소재지에서 각각 독립적으로
행하여지게 되면 어느 한쪽의 등기만 한 채 다른 쪽의 등기가 방치되는
폐단을 막기 위한 것이다. 종전에는 신소재지 관할등기소에 신청서가
송부된 후에는 신·구소재지에 대한 각 신청의 취하서 2통을 신소재지
관할등기소에 제출하여야 하도록 하였으나, 전산등기시에는 신소재지에
는 취하서에 갈음하여 취하통지를 웹기반등기시스템에서 제공하는 통지
프로그램으로 전산통지를 하므로, 취하서는 구등기소에 1개만 제출하면
된다.

② 본점이전등기신청과 상호변경등기신청(상업등기규칙 제86조)

㉠ 본점이전등기신청을 한 회사의 상호가 신소재지 관할 등기소에서 상
업등기법 제30조에 해당하여 본점이전등기를 할 수 없고, 구소재지
관할 등기소에서도 동법 제30조에 해당하여 상호변경등기를 할 수 없
는 경우에는 상업등기규칙 제54조 제1항 단서에도 불구하고 그 상호
변경등기신청은 본점이전등기신청과 동시에 구소재지 관할 등기소를

거쳐 신소재지를 관할하는 등기소에 할 수 있다.

ⓛ 구소재지를 관할하는 등기소는 상업등기법 제59조 제2항의 통지와 함께 ㉠의 상호변경등기의 신청이 있었다는 뜻을 신소재지 관할 등기소에 전산정보처리조직을 이용하여 통지하여야 한다.

ⓒ 위 ⓛ의 통지가 신소재지 관할 등기소에 도달한 때에 ㉠의 상호변경등기신청서가 접수된 것으로 본다.

ⓡ 상업등기법 제58조의 본점이전등기신청서의 접수 후에 상업등기법 제30조가 적용되는 등기신청서가 접수된 경우, 구소재지 관할 등기소 등기관은 본점이전등기를 하기 전까지 그 등기를 하여서는 아니된다.

③ 본점이전등기와 동시에 다른 변경등를 신청하는 경우 : 신청인이 본점(주사무소)이전등기와 동시에 다른 변경등기를 신청할 경우에는 별도의 변경등기신청서를 제출하여야 한다.

라. 신청서 기재사항

상업등기법 제58조 제1항의 본점이전등기신청은 구소재지 관할 등기소에서 하는 등기의 신청서에 신소재지 관할 등기소에서 하는 등기의 신청에 관한 정보를 함께 기록하여 제출한다(상업등기규칙 제85조).

등기의 신청서의 기재사항은 다음과 같다.

① 회사의 상호

② 회사의 본점 : 신본점의 소재장소

③ 등기의 목적 : '본점이전등기'로 기재하고, 본점에 지배인을 두고 있는 때에는 '본점이전 및 지배인을 둔 장소의 이전등기'로 기재한다.

④ 등기의 사유 : '본점이전' 또는 결의일자, 결의기관 등 등기사유를 기재할 것이나, 본점에 지배인을 두고 있을 때의 등기의 사유로 '본점 및 지배인을 둔 장소의 이전' 또는 '결의일자, 결의기관 등' 등기사유를 함께 기재할 수 있다.

⑤ 이사 · 대표이사 등의 취임연월일 : 본점을 다른 등기소의 관할구역으로 이전한 경우에 신소재지에서 하는 등기의 신청서에는 이사 · 대표이사 · 감사 또는 감사위원회 위원의 취임연월일을 기재하여야 하고, 등기관은 이를 등기하여야 한다(상업등기규칙 제97조).

⑥ 등기할 사항 : 등기할 사항은 ⅰ) 설립등기사항, ⅱ) 지점을 두고 있을

때에는 그 소재지, ⅲ) 회사의 성립연월일, ⅳ) 본점이전의 뜻과 그 연월일, ⅴ) 이사·대표이사·감사의 취임연월일, ⅵ) 본점이전 전에 등기된 전환사채, ⅶ) 지배인을 두고 있는 때에는 지배인에 관한 등기사항 등이다.

⑦ 본점이전에 관하여 관청의 허가(인가)를 요할 때에는 그 허가(인가)서의 도달연월일

⑧ 등록에 대한 등록면허세, 지방교육세, 농어촌특별세액 및 과세표준, 등기신청수수료

⑨ 첨부서면

⑩ 신청연월일

⑪ 신청인(회사의 상호·본점) 신청에 관하여 회사를 대표할 자의 성명·주소

⑫ 대리인에 의하여 신청할 때에는 대리인의 성명·주소

⑬ 등기소의 표시 : 신본점소재지 관할등기소

마. 첨부서면

① 구소재지에서는 주주총회의사록, 이사회 또는 청산인회의사록(이사 또는 청산인이 1인인 회사 제외), 대리인에 의하여 신청할 때에는 그 권한을 증명하는 서면, 정관의 규정 또는 총주주의 동의가 없으면 효력이 없거나 취소할 수 있는 사항의 등기에 관하여는 정관 또는 법원의 허가서 등을 첨부하여야 한다. 그리고 본점이전에 관한 관청의 허가(또는 인가)가 본점이전의 효력요건인 경우에는 그 허가서를 첨부하고 허가서의 도달 연월일을 기재하여야 한다.

② 신소재지에서는 소정의 등록세 등을 납부한 영수필통지서 및 영수필확인서를 첨부하고, 대리인에 의하여 신청할 경우에는 그 권한을 증명하는 서면만을 제출하면 된다. 이외 다른 서면이 필요 없는 것은 구등기소의 신청서에 필요한 서면을 첨부하였기 때문이다.

바. 등록면허세, 지방교육세, 농어촌특별세, 등기신청수수료

다른 등기소의 관할구역 내로 본점을 이전한 경우에는 우선 구소재지에서 하는 본점이전의 등기신청과 관련해서 등록면허세 23,000원 및 지방교육세 4,600원을 납부하여야 한다(지방세법 제28조 1항 6호 바목, 제151조 1항 2호).

신소재지에서 하는 본점이전의 딩기신청과 관련해서는 다음과 같이 납부하여야 한다.

① 본점의 구소재지와 신소재지가 모두 대도시 내가 아닌 경우에는 신소재지에서 하는 본점이전의 등기신청과 관련하여 등록면허세 75,000원 및 지방교육세 15,000원을 납부하여야 한다(지방세법 제28조 1항 6호 라목, 제151조 1항 2호).

② 본점의 구소재지가 대도시 내에 있던 회사가 대도시 외로 이전한 경우에는 신소재지에서 하는 본점이전의 등기신청에 대하여 지방세특례제한법 제79조 2항에서 2012년 12월 31일까지 등록면허세를 면제하고 있었으나, 동 규정은 2013년 1월 1일 개정되어 2015년 12월 31일까지 면제하는 것으로 연장되었다(지방세특례제한법 제79조 2항). 이 경우 농어촌특별세도 비과세한다(농어촌특별세법 제4조, 동시행령 4조 6항 5호).

③ 본점의 구소재지와 신소재지가 모두 대도시 내인 경우에는 신소재지에서 하는 본점이전의 등기신청과 관련하여 등록면허세 75,000원과 지방교육세 15,000원을 납부하여야 한다(지방세법 제28조 제1항 6호 라목, 제151조 제1항 2호).

④ 본점의 구소재지가 대도시 외에 있던 회사가 대도시 내로 본점을 이전한 경우에는 대도시 내에서 법인을 설립하는 것으로 보아 신소재지에서 하는 본점이전의 등기신청에 대하여 주식회사의 설립등기의 세율, 즉 자본금의 1,000분의 4(지방세법 제28조 제1항 6호 가목 1))의 3배에 해당하는 등록면허세와 등록면허세의 100분의 20에 해당하는 지방교육세를 납부하여야 한다(지방세법 제28조 제2항 2호, 제151조 제1항 2호).

등기신청수수료는 구본점소재지에서 하는 등기의 신청에 대한 수수료 6천원 및 신본점소재지에서 하는 등기의 신청에 대한 수수료 3만원을 각 납부하여야 한다.

사. 신소재지 관할등기소에 대한 인감제출

종전에는 본점이전시 신소재지를 관할하는 등기소에 인감을 제출하는 때에는 구소재지를 거쳐야 하였으나(비송 제184조 1항 단서), 2007. 8. 3 제정된 상업등기법 제50조에는 본점이전시 인감제출규정을 두지 아니하였다(상업등기법 제58조 1항).

전산등기시에는 인감이 변경되지 아니하면 별도로 본전이전에 따른 인감을 제출하지 아니하여도 된다. 왜냐하면 구소재지 관할등기소는 웹기반등기시스템에서 제공하는 프로그램에 의하여 구소재지 관할등기소에 관리하는 법인인감을 본점(주사무소)이전에 관한 전산통지와 함께 신소재지 관할등기소에 정보시스템을 이용하여 송부하기 때문이다.

(4) 본점이전등기 처리절차

1) 구소재지 등기소에서의 처리

① 신청서의 접수절차 : 구 본점소재지 관할등기소가 신·구소재지의 본점이전등기신청서를 동시신청사건으로 접수한 경우에는 각 접수인을 찍고 접수번호를 부여한다(동시제출이므로 동일 접수번호가 부여됨). 등기신청서가 접수되면 웹기반등기시스템에 의하여 해당등기기록과 인감기록에 '본점이전등기신청 중'이라는 취지가 표시되고, 등기가 완료될 때까지 인감 및 등기부는 발행되지 않는다.

② 신청서의 조사 : 구소재지를 관할하는 등기소는 동시에 신청된 신·구소재지의 등기신청을 모두 조사하여야 하고, 그 중 어느 하나에 관하여 각하사유가 있는 때에는 이들 신청을 함께 각하하여야 한다(상업등기법 제101조, 제59조 : 2007. 8. 3. 제정). 신소재지 관할등기소에 제출(재제출)할 인감도 구소재지 관할등기소가 그 인감이 종전인감과 동일한 것인가의 여부를 심사하여야 함은 물론이고, 인감이 다르다면 개인감절차를 취했는지 여부를 심사하여야 한다.

【쟁점질의와 유권해석】

<신소재지에 동일 또는 유사상호가 있어 본점이전 등기신청과 동시에 상호변경등기를 신청한 결과 구소재지에 변경 후의 상호와 동일 또는 유사상호가 있는 때의 등기신청방법>

신소재지 관할등기소에서 상호변경등기를 하여야 하는 경우, 즉, '대한'이라는 상호를 가진 회사가 본점이전을 하고자 하는데, 신소재지 관할등기소에 이미 '대한'이라는 상호가 있어서, 구소재지 관할등기소에서 '대한'을 '민국'으로 상호변경등기를 한 후에 본점이전을 하고자 하나, 구소재지 관할등기소에 이미 '민국'라는 상호가 있어 상호변경등기도 할 수 없는 경우에는 본점이전등기시 제출하는 신소재지 관할등기소의 신청서에 본점이전등기와 함께 '대한'을 '민국'으로 변경하는 상호변경등기를 동시에 신청하여야 한다.

③ 신청서 및 인감송부에 갈음한 통지

조사가 완료되면 구소재지 관할등기소는 웹기반등기시스템에서 제공하는 프로그램에 의하여 신청서 송부에 갈음하여 본점이전에 관한 사항의 통지와 함께 구소재지 관할등기소에 관리하는 법인인감을 본점(주사무소)이전에 관한 전산통지와 함께 신소재 관할등기소에 정보처리시스템을 이용하여 송부한다.

④ 등·초본과 인감의 발급 : 신소재지로부터 구소재지 등기소가 송부한 등기신청서에 의하여 등기를 완료하거나 등기신청을 각하한 사유를 통지받을 때까지 당해 회사에 대한 등기등본·초본과 인감은 현행 웹기반등기시스템에 의하여 교부할 수 없다.

⑤ 다른 등기신청서의 처리 : 본점이전등기신청 기간 중에 당해 회사에 대한 변경등기신청이 있거나 동일 또는 유사상호의 등기신청이 있는 경우에는 그 등기의 처리는 구소재지에서의 본점이전등기가 처리될 때까지 보류하여야 한다(예규 제750호).

⑥ 등기의 실행

ⅰ) 구소재지를 관할하는 등기소는 신소재지 관할등기소로부터 등기를 한 뜻의 전산통지를 받을 때까지는 본점이전의 등기를 하여서는 아니된다(상업등기법 제101조, 제59조).

구소재지 관할등기소는 신소재지 관할등기소로부터 본점(주사무소)이전완료에 관한 결과를 전산 통지받은 후에 본점(주사무소)이전등기를 완료한다. 이때 본점이전등기의 연월일은 신본점소재지로부터 본점이전등기 완료통지를 받은 날이다.

ⅱ) 신소재지 관할등기소에서는 본점(주사무소)이전등기신청에 대한 결과를 정보처리시스템을 이용하여 전산으로 통지하여야 한다.

ⅲ) 그러나 본점이전의 등기와 동시에 신청한 당해 회사에 관한 다른 변경등기의 신청은 접수한 후 지체없이 이를 심사하여 각하사유가 없는 때에는 본점이전등기신청의 당부와 관계없이 등기하여야 한다.

ⅳ) 본점이전등기를 하는 경우, 법인등의등기사항에관한특례법의 시행으로 지점 등기용지의 양식이 본점 등기용지의 양식과 달라졌기 때문에 구소재지의 등기소관내의 지점이 있는 때에는 새로운 지점 등기기록을

작성한 후 그 본점 등기기록을 폐쇄하여야 한다(예규 제794호).

ⅴ) 신소재지 등기소가 등기신청을 각하한 때에는 구소재지에서의 등기신청도 각하된 것으로 보기 때문에 이를 별도로 각하할 필요는 없으며(상업등기법 제101조, 제59조 : 2007. 8. 3. 제정), 구소재지 등기소에서 그 사유를 통지받은 때에는 이를 접수하여 결정원본편철장에 편철한다. 이 경우 각하결정에 대하여 불복하고자 하는 자는 신소재지 관할 등기소 등기관의 처분에 대하여 이의를 하여야 한다.

2) 신소재지 등기소에서의 처리

① 접수행위의 불요 : 전산통지가 신소재지 관할등기소에 도달하면 자동으로 접수되므로 신소재지에서는 별도의 접수행위가 필요없다.

② 신청서의 조사 : 신소재지 등기소에서는 송부되어 온 신청서 및 첨부서면 만에 의하여 각하사유가 있을 경우(동일 또는 유사상호에 해당하는 경우 등)에는 구소재지 등기소와는 별도로 이를 심사하여 각하할 수 있으며, 적법하다고 판단되면 본점이전등기를 하여야 한다.

③ 등기의 실행 : 신소재지 등기소에서 상법 제317조에 열거한 사항을 등기하는 경우에는 회사성립의 연월일과 본점이전의 뜻 및 그 연월일도 등기하여야 한다(상업등기법 제101조, 제60조 : 2007. 8. 3. 제정).

④ 등기완료 등 통지 : 신소재지를 관할하는 등기소는 등기를 한 때 또는 그 등기신청을 각하할 때에는 지체없이 그 뜻을 구소재지를 관할하는 등기소에 통지하여야 한다(상업등기법 제59조 4항, 제101조 : 2007. 8. 3. 제정)

⑤ 등기기록의 폐쇄 : 본점을 다른 등기소의 관할구역으로 이전한 경우에 구소재지 관할 등기소에서 하는 본점이전등기는 기타사항란에 하여야 하고, 이를 등기한 때에는 그 등기기록을 폐쇄하여야 한다(상업등기규칙 제94조 1항).

【쟁점질의와 유권해석】

<주식회사의 본점이전 및 지점설치시 등기기간의 기산점>

ㄱ) 주식회사의 본점이전 및 지점설치시 등기기간의 기산점은 주주총회나 이사회에서 결의한 일자가 아니라 실제로 본점을 이전하거나 지점을 설치한 일자가 될 것이나, 사전에 본점이전 및 지점설치를 한 다음에 이사회 결의가 있는 경우에는 그 이사회의 결의가 있는 날로부터 등기기간이 진행된다고 보아야 할 것이다.

ㄴ) 주주총회의 결의는 주식회사의 본질에 반하지 아니하고 법령, 정관에 저촉되지 아니한 것이면 조건부나 기한부 결의를 할 수 있으며, 그 기한의 범위는 사적자치에 의하여 자유로이 정할 수 있다.

(5) 신청인

본점이전등기는 대표이사의 신청에 의한다.

파산선고를 받은 회사의 경우에도 파산관재인이 아닌 회사의 대표이사가 신청한다. 파산선고를 받아 파산절차가 진행중인 회사의 경우 비록 파산재단에 속하게 된 자신의 재산에 관하여 관리처분권을 상실하고 파산관재인이 그 관리, 환가, 배당 등에 관하여 전권을 행사함으로써 파산절차는 그 개시부터 종료에 이르기까지 파산관재인을 통하여 이루어지지만, 회사의 조직법적 사단활동과 같은 비재산적 활동범위에 해당하는 사항에 대한 권한은 여전히 법인에게 있으며, 파산법인의 본점이전이 바로 이러한 비재산적 활동범위에 속하므로 회사의 대표자가 변경등기를 신청하여야 하는 것이다[44].

그러나 회생절차 개시결정을 받은 회사의 경우에는 회사의 업무수행과 재산의 관리 및 처분을 하는 권한은 관리인에게 전속하고(채무자 회생 및 파산에 관한 법률 제56조 제1항), 관리인이 선임되지 아니한 경우에는 채무자인 회사의 대표자가 관리인으로 간주되므로(동 법 제74조 4항) 회생절차와 관련하여 법원사무관 등이 촉탁하여야 할 등기사항 이외의 등기사항에 관하여는 관리인 또는 관리인으로 간주되는 자의 신청에 의하여 등기하여야 한다. 따라서 본점이전이 회생계획의 수행에 따른 것이라면 법원사무관 등이 촉탁하여야 하지만 회생계획의 인가결정 전에 법원의 허가 등을 받아 본점이전을 하는 경우라면 관리인 또는 관리인으로 간주되는 자가 신청하여야 한다.

(6) 첨부서류

---

44) 2002.4.16. 등기 3402-232 질의회답.

1) 구본점소재지에서의 신청

가. 동일 최소행정구역 내의 이전인 경우

① 이사회의사록. 다만 정관에 본점소재지가 그 소재장소까지 기재되어
있을 경우에는 정관변경에 관한 주주총회의사록 추가(상업등기법 제79
조 : 2007. 8. 3. 제정)

② 위임장 등 일반적인 첨부서면(상업등기법 제21조, 제22조)

나. 다른 최소행정구역으로 이전한 경우

① 주주총회의사록(상업등기법 제79조)

② 이사회의사록(동법 제79조)

③ 위임장 등 일반적인 첨부서면(동법 제21조, 제22조)

2) 신본점소재지에서의 신청

전산등기의 경우 신청서 송부에 갈음하여 전산통지하고 인감기록도 전산송
부하므로, 위임장(상업등기법 제21조)만 첨부하면 된다. 그 외의 서류는 첨부하
지 아니한다.

【쟁점질의와 유권해석】

<본점이전에 관한 주주총회결의의 부존재 등의 판결이 확정된 경우 구본점등기의 회
복절차>

본점이전에 관한 주주총회의 결의에 대하여 결의부존재·무효 또는 취소의 판결이
확정된 때에는 제1심 수소법원은 회사의 신본점소재지와 지점소재지에 그 등기촉탁
을 하여야 된다(비송 제107조). 이 경우 제1심 수소법원은 등기의 동시처리를 위하
여 신본점소재지등기소에만 그 등기촉탁을 하고 신본점소재지 등기소는 그 촉탁에
따라 신본점등기를 말소함과 동시에 구본점소재지 등기소에 그 뜻을 통지하고, 구본
점소재지등기소는 그 통지에 따라 구본점등기를 회복하여야 한다(예규 제751호).

(7) 등록면허세 등(지방세법 제28조 1항 6호)

1) 다른 등기소관내로 이전한 경우

① 구본점과 지점소재지에서의 본점이전의 등기

각 23,000원(교육세 4,600원)

② 신본점소재지에서의 이전등기

75,000원(교육세 15,000원)

③ 대도시 외에 있는 회사가 대도시 내로 본점을 이전하는 경우에는 대도시내에서의 회사의 설립등기의 등록면허세(자본금의 4/1,000의 3배)를 납부하여야 한다(지방세법 제28조 2항 2호). 여기서 대도시라 함은 수도권정비계획법 제6조 1항 1호의 규정에 의한 과밀억제권역을 말한다.

④ 대도시 안에 등기되어 있는 법인이 대도시 외로 본점 또는 주사무소를 이전하는 경우, 그 이전에 따른 법인등기의 신청서에는 등록면허세 감면통지서 또는 등록면허세 감면확인서 기타 등록면허세가 면제됨을 확인하는 소관 지방자치단체의 장의 서면을 첨부하여야 한다.

2) 동일 등기소관내로 이전한 경우

1건의 신청이므로 신본점소재지에서의 등기에 해당하는 등록면허세를 납부하여야 한다.

2. 행정구역 등의 변경에 따른 본점변경의 등기

(1) 행정구역 등의 변경이 있는 경우 등기부상 행정구역 명칭의 변경 여부

행정구역 또는 그 명칭 등의 변경이 있는 경우에는 이에 관한 등기부의 기록은 당연히 변경된 것으로 본다. 행정구역이 아닌 구획 또는 그 명칭이 변경된 때에도 또한 같다(상업등기법 제29조 : 2007. 8. 3. 제정). 따라서 본점의 소재지가 이와 같은 사유로 인하여 변경된 경우에는 그 변경등기의 신청의무는 없으나, 당사자는 그 변경등기를 신청할 수 있고, 등기관은 직권으로 변경사항을 등기할 수 있다(상업등기규칙 제71조). 또 지번의 변경이나 경정 또는 환지에 의하여 본점소재지에 변경이 생긴 경우에는 대표이사가 변경사실을 증명하는 서면을 첨부하여 그 변경등기를 신청하여야 한다(상 제183조, 제317조 4항). 이 변경등기에 대하여는 등기기간을 도과한 경우에도 과태료 통지를 하지 않는 것이 실무관행이다.

(2) 본점에 지배인을 두고 있는 경우

본점에 지배인을 두고 있는 때에는 본점의 이전, 변경 또는 폐지의 등기의 신청과 지배인을 둔 장소의 이전, 변경 또는 폐지의 등기의 신청은 동시에 하여야 한다(상업등기법 제55조 3항).

【쟁점질의와 유권해석】

<본점 소재 지번에 관하여 착오를 일으켜 잘못된 지번으로 등기된 경우 이를 바로잡는 방법>

주식회사를 설립함에 있어 본점을 ○○동 736-3 번지에 둘 의사를 가지고 있었음에도 착오로 본점을 같은 동 763-3 번지에 두기로 하는 내용의 이사회결의를 하고 그에 따른 등기신청을 하여 그 결의내용대로 등기가 경료된 경우에, 등기부상 본점 소재지번을 위 ○○동 736-3 번지로 경정하고자 한다면, 위와 같이 착오로 결의된 본점 소재지번을 정정하는 내용의 이사회결의를 하여 그 결의록을 첨부하여 경정등기를 신청할 수 있다. 그러나, 본점이 소재한 사무실의 임대차계약서사본이나 사업자등록사본 등을 첨부하여 본점 소재 지번 경정등기를 신청할 수는 없다.

(3) 본점이전등기가 무효인 경우 그 등기의 말소신청의 절차와 방법

본점이전등기가 무효인 경우로서, 본점이전시 신·구 소재지를 관할하는 등기소가 다른 경우, 본점이전등기 말소 신청의 절차와 방법은 다음과 같다.

신·구 등기소에서 할 본점이전등기 말소의 신청서와 구등기소에 제출할 인감은 신등기소에 동시에 제출하고, 신등기소에서 할 본점이전등기 말소의 신청서에는 본점이전등기에 무효의 원인이 있음을 증명하는 서면을 첨부하여야 한다(상업등기법 제116조). 민법법인의 경우, 정관 변경에 대해 주무관청의 허가를 얻지 않은 채 정관을 위반하여 주사무소를 이전하였음을 증명하는 서면이 이에 해당하고, 상사회사의 경우 주사무소 이전무효확인판결이 이에 해당한다.

Ⅱ. 지점의 설치·이전 또는 폐지 등의 등기

▣ 핵 심 사 항 ▣

1. 지점의 설치 · 이전 또는 폐지절차
(1) 이사회의 결의에 의하는 경우 : 회사설립 후에 지점을 설치하거나 이전 또는 폐지함에는 정관변경과는 관계없이 이사회의 결의만으로 족하다.
(2) 정관변경에 의하는 경우 : 정관에 지점소재지가 최소행정구역으로 표시된 경우에는 임의적 기재사항으로 효력이 있으므로 그 이외의 장소에 지점을 설치 또는 이전하거나 폐지하려면 정관변경절차를 요한다.
2. 등기절차
(1) 원칙 : 회사의 본점과 지점소재지를 관할하는 등기소가 다른 경우 회사의 본점 및 지점소재지에서 등기할 사항에 관하여 지점소재지에서 하는 등기의 신청은 대법원규칙으로 정하는 바에 따라 본점소재지를 관할하는 등기소에 할 수 있다. 이 경우의 등기신청과 본점소재지에서 하는 등기의 신청은 동시에 하여야 한다(상업등기법 제62조).
(2) 예외 : 상업등기규칙 제87조 1항 각 호에 규정된 등기신청의 경우에는 적용하지 아니한다.

1. 지점의 설치 · 이전 또는 폐지절차

(1) 이사회의 결의에 의하는 경우

지점의 소재지는 정관의 절대적 기재사항이 아니고(상 제289조 1항), 지점의 설치 · 이전 또는 폐지는 이사회의 권한에 속하는 사항이므로(상 제393조) 회사설립 후에 지점을 설치하거나 이전 또는 폐지함에는 정관변경과는 관계없이 이사회의 결의만으로 족하다. 이사가 1인인 회사에서는 1인이사 단독으로 결정한다(상 제383조 6항).

(2) 정관변경에 의하는 경우

다만, 정관에 지점소재지가 최소행정구역으로 표시된 경우에는 이는 정관의 임의적 기재사항으로서 효력이 있으므로 정관에 기재된 지점소재지 이외의 장소에 지점을 설치 또는 이전하거나 기설지점을 폐지하려면 정관변경절차를 거쳐야 한다. 그러나 정관에 지점소재지가 최소행정구역으로 표시된 경우에는 그 구역 내에 지점을 설치하거나 지점을 변경함에는 정관 변경이 필요 없다.

(3) 지점소재지의 요건

지점의 소재지는 특정되어야 하므로(상 제317조 2항 3호), 동일 행정구역의 동일 지번이라도 각 상이한 지점명칭을 사용하면 가능하다. 국내회사가 외국에 지점을 설치하는 경우 본점소재지에서는 그 지점소재지도 등기하여야 한다.

【쟁점질의와 유권해석】

<지점소재지에서 지점설치등기를 할 경우 당사자가 출석하여야 하는지 여부>

주식회사의 이사회가 지점설치 결의를 하고 본점소재지에서 지점설치 등기를 한 후 그 지점소재지에서 지점설치등기를 신청할 경우에는 상업등기법 제18조 1항에 따라 당사자 또는 그 대리인이 등기소에 출석을 하지 않아도 무방하다(1994. 5. 4. 등기 3402-401 질의회답).

2. 등기절차

(1) 지점소재지에서 하는 등기의 신청을 본점소재지 등기소에 하는 경우

1) 원 칙

회사의 본점과 지점소재지를 관할하는 등기소가 다른 경우 회사의 본점 및 지점소재지에서 등기할 사항에 관하여 지점소재지에서 하는 등기의 신청은 대법원규칙으로 정하는 바에 따라 본점소재지를 관할하는 등기소에 할 수 있다. 이 경우의 등기신청과 본점소재지에서 하는 등기의 신청은 동시에 하여야 한다(상업등기법 제62조).

2) 예 외

지점소재지에서 하는 등기의 신청을 본점 관할 등기소에 하는 것을 허용하는 상업등기법 제62조는 다음 각 호의 등기신청에는 적용하지 아니한다(상업등기규칙 제87조 1항)

① 상업등기법 제55조 제3항에 따라 지배인에 관한 등기와 동시에 신청하여야 할 지점에 관한 등기

② 본점을 다른 등기소 관할구역으로 이전한 경우에 하는 본점이전등기

③ 존속회사 또는 신설회사의 본점소재지를 관할하는 등기소와 소멸하는 회사의 본점소재지를 관할하는 등기소가 다른 경우의 합병등기

④ 그 밖에 대법원예규로 정하는 등기

3) 등기신청의 양식

상업등기법 제62조의 신청은 본점 관할 등기소에 제출하는 신청서에, 신청하고자 하는 지점소재지를 관할하는 등기소를 기록하여 제출하는 방식으로 한다 (상업등기규칙 제87조 2항).

(2) 등기신청시기

지점의 설치, 이전 또는 폐지의 등기의 등기기간 기산점은 주주총회나 이사회에서 결의한 일자가 아니라 실제로 지점을 설치, 이전 또는 폐지한 일자가 될 것이다. 단, 사전에 지점을 설치, 이전 또는 폐지한 다음에 이사회 결의가 있는 경우에는 그 이사회의 결의가 있는 날로부터 등기기간을 기산하게 된다[45].

또한 지점의 설치등기는 주주총회 또는 이사회가 그 설치의 결정을 하고, 지점의 실체를 갖추었을 때 신청할 수 있지만, 지점 설치에 따른 준비가 완료되어 실체가 갖추어졌다 하더라고 이사회 결의로 정한 설치일 이전인 경우에는 그 등기를 신청할 수 없음을 주의해야 한다[46].

(3) 등기사항(법인등의등기사항에관한특례법 제3조, 동시행규칙 제3조)

① 목적, ② 상호, ③ 본점소재지, ④ 회사가 공고를 하는 방법, ⑤ 존립기간 또는 해산사유, ⑥ 대표이사의 성명, 주소와 주민등록번호, ⑦ 공동대표에 관한 규정, ⑧ 일시대표이사에 관한 사항, ⑨ 대표이사의 직무집행정지 또는 직무대행자에 관한 사항, ⑩ 대표이사 선임결의의 부존재, 무효나 취소에 관한 사항, ⑪ 대표청산인에 관한 사항, ⑫ 당해 지점에 둔 지배인에 관한 사항, ⑬ 회사에 합병 또는 합병무효에 관한 사항, ⑭ 회사의 해산, 계속, 조직변경 또는 청산종결에 관한 사항, ⑮ 회사설립의 무효 또는 취소에 관한 사

---

45) 2003.7.9. 공탁법인 3402-164 질의회답
46) 2006.11.15. 공탁상업등기과-1287 질의회답

항, ⑯ 회생 또는 파산에 관한 사항, ⑰ 회사의 분할·분할합병과 그 무효에
관한 사항 등이 등기사항이다. 다만, 외국회사의 국내에서의 영업소의 등기에
관하여는 이 특례법이 적용되지 아니한다(예규 제794호).

(4) 지점설치의 등기

1) 등기기간 등

가. 본점 또는 기설(旣設)지점소재지의 등기소관할구역 내에 지점을 설치하는 경우

회사가 설립과 동시에 지점을 설치하는 경우에는 설립등기를 한 후 2주간
내에 지점소재지에서 상법 제180조의 설립등기사항(다른 지점 소재지는 제
외)을 등기하여야 한다. 회사의 설립 후에 지점을 설치하는 경우에는 본점소
재지에서는 2주간 내에, 지점소재지에서는 3주간 내에 신설지점소재지와 설
치연월일을 등기하여야 한다(상 제181조, 제317조 4항, 제183조).

나. 본점 또는 기설지점소재지의 등기소관할구역 외에 지점을 설치하는 경우

본점소재지에서는 2주간 내에 신설지점소재지와 설치연월일을 등기하고,
신설지점소재지에서는 3주간 내에 지점의 등기사항을 등기하여야 한다. 이
경우 회사성립의 연월일과 지점을 설치한 뜻 및 그 연월일도 등기하여야 한
다(상업등기법 제61조 1항).

다. 등기관의 처리

① 본점과 지점소재지에서 등기할 사항에 관하여 지점소재지에서 하는 등기의
신청이 있는 경우 등기관은 전산정보처리조직을 이용하여 본점소재지에서
등기가 되었는지를 확인하여야 한다(상업등기규칙 제88조 1항).

② 지점소재지에서 지점의 설치등기를 하는 경우에는 상호에 지점이라고
부기하여야 한다. 신청서에 지점의 명칭이 기록되어 있는 경우에는 지
점에 관한 사항란에 그 명칭을 기록한다(동규칙 제88조 2항).

2) 신청인

회사의 등기는 법령에 다른 규정이 있는 경우를 제외하고는 그 대표자가 신
청하므로, 대표이사가 신청인이 된다(상업등기법 제17조 2항). 그러나 본점에서
지점설치등기를 한 후 그 사실을 소명하는 서면 후 본점의 등기부 등·초본을
첨부하여 지점소재지 등기소에 지점설치등기를 신청할 때에는 대표이사나 그

대리인이 출석하지 아니하여도 무방하다(상업등기법 제18조 3항).

3) 첨부서면

가. 본점소재지에서의 신청

① 이사회의사록(상업등기법 제79조)

② 주주총회의사록(정관 변경을 요할 경우)

나. 지점소재지에서의 신청

신청서의 첨부서면에 관한 규정은 회사의 본점 및 지점소재지에서 등기할 사항에 관하여 지점소재지에서 하는 등기신청에는 적용하지 아니한다(상업등기법 제61조 2항 : 2007. 8. 3. 제정).

4) 등록면허세, 지방교육세 및 등기신청수수료 등

가. 본점소재지에서의 등기

지점의 설치등기를 하는 경우에 본점소재지에서 하는 등기신청에 대해서는 등록면허세는 각 23,000원(지방세법 제28조 1항 6호 바목, 동법 시행령 43조 2항 전단), 교육세는 4,600원(등록세액의 100분의 20)이다. 만약 본점소재지의 등기소 관할 구역 내에 지점을 설치하는 경우라면 지방세법 제28조 1항 6호 마목의 등록면허세를 납부한다.

한편 대도시 내에 지점을 설치하는 경우에는 지방세법 제28조 제1항 6호 마목에 규정된 등록면허세의 3배에 해당하는 등록면허세 및 그 등록면허세액의 100분의 20에 해당하는 지방교육세를 납부하여야 한다(지방세법 제28조 2항 본문 1호).

나. 신설지점소재지에서의 등기(본점소재지 또는 기설지점의 소재지 관내에 지점을 설치하는 경우의 등기도 같다)

등록면허세는 23,000원(지방세법 제28조 1항 6호 마목, 동시행령 제43조 2항 후단), 교육세는 4,600원(등록세의 100분의 20)이다. 대도시 내에서의 지점 설치등기에 대하여는 일반지점설치 등록세의 3배 세율로 중과세한다(지방세법 제28조 2항 1호).

다. 농어촌특별세

지방세법, 관세법, 조세특례제한법에 의하여 등록세가 감면되는 경우에는 그 감면액의 100분의 20에 해당하는 농어촌특별세를 납부한다. 그러나 면제·감면되는 경우도 있다(농특 제4조·제5조).

라. 등기신청수수료

지점의 설치·이전·폐지의 등기에 관한 등기신청수수료는 6,000원이다.

지점설치와 동시에 지배인을 선임하는 경우에는 그 항목이 달라 지점설치등기수수료 6,000원, 지배인선임등기수수료 6,000원 도합 12,000원을 납부하여야 한다. 그리고 하나의 신청서로써 수 개의 지점설치등기신청을 하는 경우에는 이를 하나의 지점설치등기신청으로 본다.

(5) 지점이전의 등기

1) 등기기간 등

가. 본점 또는 기설지점소재지의 등기소관할구역 내로 지점을 이전한 경우

회사가 지점을 이전하는 경우에는 2주간 내에 본점과 구소재지에서는 신지점소재지와 이전연월일을 등기하고, 신소재지에서는 설립등기사항(다른 지점소재지 제외)을 등기하여야 한다(상 제182조 2항 전단, 제183조, 제317조 4항).

나. 본점 또는 기설지점소재지의 등기소관할구역 외로 지점을 이전한 경우

① 본점과 구지점소재지에서는 2주간 내에 신지점소재지와 이전연월일을 등기하여야 한다(상 제182조 2항, 제317조 4항).

② 신지점소재지에서는 2주간 내에 지점의 등기사항(상 제317조 3항, 특례법 제3조) 이외에 회사의 성립연월일, 지점을 이전한 뜻과 그 연월일을 등기하여야 한다(상 제182조 2항, 제317조 4항, 상업등기법 제61조, 제101조). 신소재지에서 등기를 할 때에는 새로운 등기기록을 개설하여 각 상당란에 등기사항과 등기의 연월일을 기재하고 등기관이 등기관의 식별부호를 기록한다(규칙 제46조 1항).

③ 지배인을 둔 지점의 이전등기를 하는 때에는 지배인을 둔 장소의 이전등기도 동시에 하여야 한다(상업등기법 제55조 3항).

2) 신청인

대표이사가 신청한다(상업등기법 제17조 2항).

3) 첨부서면

가. 본점에서의 신청

① 이사회의사록(상업등기법 제79조 2항) 또는 주주총회의사록(정관변경을 요할 경우)

② 대리인의 위임장 등 일반적인 첨부서면(상업등기법 제21조, 제22조)

나. 지점에서의 신청

신청서의 첨부서면에 관한 규정은 본점 및 지점 소재지에서 등기할 사항에 관하여 지점소재지에서 하는 등기의 신청에는 적용하지 아니한다(상업등기법 제61조 2항).

4) 등록면허세, 지방교육세 및 등기신청수수료 등

본점과 지점의 소재지에서의 등기 모두 등록면허세 23,000원과 지방교육세 4,600원을 납부한다.

지점이 대도시에서 대도시 외로 이전하는 경우에도 등록세를 면제하여야 할 것이다. 이 경우 면제되는 것은 구소재지의 등기는 아니고, 신소재지에서의 등록세라고 할 것이다.

등기신청수수료로 6,000원을 납부하여야 한다.

(6) 지점폐지의 등기

주식회사의 대표이사가 본점소재지에서는 2주간, 지점소재지에서는 3주간 내에 지점을 폐지한 뜻과 그 연월일을 등기하여야 한다(상 제317조 4항, 제183조). 신청인과 첨부서면은 지점이전의 경우와 같다.

(7) 지점변경의 등기

지점소재지의 변경이 있을 때에는 본점소재지에서는 2주간 내, 지점소재지에서는 3주간 내에 변경등기를 하여야 한다(상 제183조).

【쟁점질의와 유권해석】

<단순노무만을 제공하는 출장소의 지점설치등기가 가능한지 여부>

출장소가 지점으로서 등기능력이 있기 위해서는, 본점의 지휘를 받으면서도 부분적으로 독립된 결정권을 가지며, 인적 및 회계조직에 있어서 유기적인 단위를 이루는 장소적 중심지로서 그 실체가 객관적인 사실에 의해 판명되어야 하는바, 출장소가 독립적인 지휘명령권을 갖지 못하고 본점의 지휘명령에 따라 단순노무만을 제공하고 있다면 이는 영업소의 실질을 갖추었다고 볼 수 없으므로 지점으로서 등기할 수 없다[47].

Ⅲ. 상호·목적·공고방법·존립기간 등의 변경등기

▣ 핵 심 사 항 ▣

1. 상호·목적·공고방법·존립기간 등의 변경절차 : 이는 모두 정관의 기재사항(상 제289조 1항)이므로 이를 변경함에는 주주총회의 특별결의를 요함.
(1) 상호의 변경 : 동일한 특별시·광역시·시 또는 군 내에서는 동일한 영업을 위하여 다른 사람이 등기한 것과 동일한 상호는 등기할 수 없다(상업등기법 제30조).
(2) 공고방법의 변경 : 상법상 채권자 보호절차를 이행하였다고 하기 위해서는 정관에서 정한 공고방법과 같은 공고를 하여야 한다. 따라서 이와 다른 공고를 하기 위해서는 결국 정관을 변경하여야 한다.
(3) 존립기간 등의 변경 : 존립기간 또는 해산사유의 변경 또는 폐지는 그 기간 또는 사유의 발생 전에 하여야 한다.
2. 변경등기절차 : 상호, 목적 등의 변경등기는 그 변경이 있은 날로부터 본점소재지에서는 2주간, 지점소재지에서는 3주간 내에 대표이사가 일반적 첨부서면 외에 주주총회의사록을 첨부하여 그 변경등기를 신청하여야 한다(상 제317조 3항, 제183조, 상법등기법 제79조).

1. 상호·목적 등의 변경절차

---

47) 상업등기선례요지집 1권131항 참조

상호·목적·공고방법·존립기간 등은 모두 정관의 기재사항이므로 이를 변경함에는 주주총회의 특별결의가 있어야 한다.

(1) 상호의 변경

상호를 변경할 때에는 상호를 선정하는 경우와 같이 동일 시·군 내에 동종영업을 위하여 타인이 등기한 상호가 있는지의 여부를 조사하여야 하며(상업등기법 제30조), 목적을 변경할 때에도 이로 인하여 동일 또는 유사 상호로 되는지의 여부를 조사하여야 한다(예규 제598호).

타인이 등기한 상호는 동일한 특별시·광역시·시·군에서 동종영업의 상호로 등기하지 못하므로(상 제22조), 등기 후에 목적(영업의 종류)을 변경하여 동종영업이 되는 때에는 결국 동일한 시내에서 동일한 영업을 위하여 타인이 등기한 상호와 같은 상호로 등기하는 것이 되어, 상호 변경등기를 하지 아니하고는 목적변경등기를 할 수 없다.

(2) 공고방법의 변경

정관에서 정한 공고방법과 다른 공고를 한 경우에는 상법상 채권자 보호절차를 이행하였다고 볼 수 없으므로 공고로서의 효력이 발생하지 않는다(선례 6-673). 주식회사가 그 공고방법으로 정한 일간 신문사의 상호가 변경된 경우는 이를 위하여 주주총회의 특별결의 절차를 밟을 필요는 없을 것이므로, 정관 변경 전에도 그 변경사실을 증명하는 서면(일간 신문사의 법인등기부등본 등)을 첨부하여 등기부상의 공고방법 변경등기를 신청할 수 있다(선례 5-844).

(3) 존립기간 등의 변경

존립기간 또는 해산사유의 변경 또는 폐지는 그 기간 또는 사유의 발생 전에 하여야 한다. 존립기간의 만료로 인하여 회사는 당연히 해산되는 것이므로 그 후에 이를 변경 또는 폐지한다고 하여 이미 해산된 회사가 해산 전의 상태로 복귀하는 것은 아니다. 이와 같은 경우에는 일단 해산등기와 단속의 등기를 한 후에 존립기간을 변경 또는 폐지하여야 한다. 해산사유가 발행한 후에 그 해산사유를 변경 또는 폐지하는 경우도 같다.

존립기간이나 해산사유는 정관의 상대적 기재사항이므로 이의 변경에는 반드시 정관변경절차가 필요하다.

【쟁점질의와 유권해석】

<주주총회의 특별결의로 존립기간을 폐지한 경우 회사를 계속하기 위한 요건>

ㄱ) 주주총회의 특별결의가 적법한 경우

등기부상 주식회사 ○○상호신용금고의 존립기간 만료일은 회사성립일(1969. 6. 13)로부터 만 20년이 되는 1989. 6. 13.이라 할 것인데 존립기간 만료이전인 1989. 6. 13. 적법한 주주총회의 특별결의로 존립기간을 폐지하였다면 그 기간이 지났다 하더라도 해산된 것이 아니므로 회사를 계속하기 위하여는 존립기간변경등기만 하면 되고 해산등기후 회사계속의 등기를 하여야 하는 것은 아니다.

ㄴ) 주주총회가 적법하지 않는 경우

주주총회가 적법한 것이 아니라면 존립기간만료로 해산된 것이므로 회사를 계속하기 위하여는 해산등기 후 회사계속의 등기를 하여야 한다(선례Ⅳ-870).

---

2. 변경등기절차

(1) 등기기간

상호, 목적 등의 변경등기는 그 변경이 있은 날로부터 본점소재지에서는 2주간, 지점소재지에서는 3주간 내에 대표이사가 일반적 첨부서면 외에 주주총회의사록을 첨부하여 그 변경등기를 신청하여야 한다(상 제317조 3항, 제183조, 상법등기법 제79조).

(2) 등기절차

1) 여러 개의 상호등기

동일한 당사자로부터 여러 개의 상호등기신청이 있는 때에는 각 상호를 다른 등기기록에 등기하여야 한다(상업등기규칙 제74조).

2) 영업양수인의 면책등기

「상법」 제42조 제2항의 등기는 당해 상호의 등기기록에 하여야 한다. 다만, 회사가 영업의 양도인 또는 양수인인 때에는 양수인의 상호의 등기기록 또는 양수인인 회사의 등기기록에 이를 하여야 한다(동규칙 제75조).

회사의 상호는 필요적 등기사항이므로 상호의 등기가 말소되어 있는 회사는 상호의 등기를 하지 아니하는 한 다른 등기를 할 수 없다.

(3) 등록면허세 및 등기신청수수료

1) 등록면허세

등록면허세는 지방세법 제28조 1항 6호에 의하여 23,000원이고, 지방교육세는 그 100분의 20이다. 지방세법, 관세법, 조세특례제한법에 의하여 등록면허세가 감면되는 경우에는 그 감면등록세의 100분의 20의 농어촌특별세를 납부하여야 한다(농특 제4조, 제5조).

2) 등기신청수수료

등기신청수수료는 설립등기, 관할구역의 본점이전등기, 합병에 의한 신설등기, 조직변경에 의한 설립등기에는 30,000원이고, 상호·목적·본점·공고방법·존립기간·1주의 금액·발행할 주식의 총수 등의 변경등기, 경정 및 주소변경등기, 지점설치 및 이전등기, 해산등기, 전환사채등기, 기타 등기에는 6,000원을 첨부한다.

그러나 변경등기의 경우 회사의 상호·본점·목적·공고방법·존립기간·1주의 금액·발행할 주식의 총수·발행주식의 총수와 그 종류 및 각각의 수 등의 변경등기를 동시에 하나의 신청서로 청구하는 경우 각각 등기신청수수료를 합산한 금액을 납부하여야 한다.

▣ 이견있는 등기에 대한 견해와 법원판단 ▣

〔등기상호권자의 사전등기배척권〕
1. 문제점 : 타인이 등기한 상호는 동일한 특별시·광역시·시·군에서 동종영업의 상호로 등기하지 못한다(상 제22조). 이 때 먼저 상호를 등기한 자가 갖는 권리를 등기배제청구권 또는 등기배척청구권이라고 한다. 이 청구권의 법적 성질이 무엇인지 문제된다.
2. 학설
(1) 절차법상 권리설 : 선등기자에게 이의신청권을 준데 불과하다는 견해.
(2) 실체법상 권리설(다수설) : 실체법상의 효력도 인정하는 견해로서 등기말소청구권행사가 가능하다는 견해.

3. 판례

최근 대법원은 "상법 제22조 규정은 타인이 등기한 상호 또는 확연히 구별할 수 없는 상호의 등기를 금지하는 효력과 함께 선등기자가 후등기자를 상대로 그 등기의 말소를 청구할 수 있는 효력도 인정한 규정"이라고 판시하여 실체법상 권리설을 취하고 있다(2001다72081).

Ⅳ. 이사·대표이사·감사 또는 감사위원회 위원에 관한 변경등기

◨ 핵 심 사 항 ◨

1. 이사

(1) 의의 : 이사회의 구성원으로서 이사회의 회사의 업무집행에 관한 의사결정과 이사의 업무집행을 감독하는데 참여할 권리를 갖는 자.

(2) 선임 : 이사는 주주총회에서 보통결의에 의하여 선임된다(상 제382조 1항). 원칙적으로 3인 이상이어야 하나, 자본금이 10억원 미만인 소규모 주식회사는 1인 또는 2인으로 할 수 있다(상 제383조 제1항).

(3) 종임 : 이사와 회사간에는 위임에 관한 규정이 준용되므로 위임의 종료사유(민 제689조, 제690조)에 의하여 종임하며, 스스로 사임도 가능하다. 주주총회의 특별결의에 의하여 해임될 수도 있다(상 제385조 제1항). 해임판결에 의하여 해임될 수도 있다(상 제385조 제2항, 제3항).

2. 대표이사 : 주식회사에서 대내적으로 회사의 업무를 집행하고 대외적으로 회사를 대표하는 권한을 갖는 필요상설의 기관이다. 대표이사는 이사의 자격이 있는 자 가운데 1인 또는 수인을 정관에 특별한 규정이 없는 한 이사회에서 선임한다(상 제389조 제1항, 제2항). 그러나 정관으로 주주총회에서 선임할 것을 정할 수 있다(상 제389조 제1항 단서).

3. 감사와 감사위원회 : 감사란 업무 및 회계의 감사를 주된 임무로 하는 주식회사의 필수적 상설기관이다. 다만, 2009년 5월 상법 개정에 의하여 자본금 총액이 10억원 미만인 회사를 설립하는 경우에는 감사 선임 여부를 회사의 임의적 선택사항으로 하였다(상 제409조 4항). 그리고 주식회사는 정관의 규정에 따라 감사에 갈음하여 감사위원회를 둘 수 있다(상 제415조의 2 제1항). 이는 임의사항이다. 다만, 자산 규모 등을 고려하여 대통령령으로 정하는 상장회사는 감사위원회를 설치하여야 한다(상 제542조의 11).

1. 이사의 취임과 퇴임

(1) 이사의 자격 등

이사는 주식회사의 업무집행기관인 이사회의 일원으로서 이사회를 통하여 의사결정에 관여하며 대표이사 등의 업무집행을 감독하는 권한을 가진다.

이사는 이사회를 소집할 수 있고(상 제390조 1항), 각종의 소를 제기할 수 있으며(상 제328조, 제376조 1항, 제429조, 제445조, 제529조), 검사인의 선임을 청구하는(상 제298조) 등의 권리를 가진다.

1) 이사와 회사와의 관계

이사와 회사와의 관계는 고용관계가 아니라 위임에 관한 규정이 준용된다(상 제382조 2항).

위임은 타인의 전문지식 등을 이용하는 제도로서, 당사자 일방이 상대방에 대하여 사무의 처리를 위탁하고 상대방이 이를 승낙함으로써 그 효력이 생긴다(민법 제690조).

주식회사와 이사의 관계는 위임에 관한 규정이 준용되므로 이사는 언제든지 사임할 수 있고, 사임의 의사가 대표이사에게 도달하면 그 효과가 발생하며, 사임의 효력이 발생한 뒤에는 이를 철회할 수 없다(대판 1998. 4. 28, 98다8615). 또한 이사가 파산선고를 받은 경우에는 이사의 지위를 상실하게 된다(민법 제690조).

2) 이사의 자격

이사의 자격에 대해 상법은 '감사는 이사를 겸할 수 없다(제411조)'고 규정할 뿐, 그 외 자격에 대한 특별한 제한규정은 없다. 그러므로 정관으로써는 그 자격을 제한할 수 있다. 이사가 되기 위해서는 행위능력을 요하는 것은 아니나 의사능력은 있어야 한다. 다만 미성년자와 한정치산자는 법정대리인 또는 후견인의 동의를 얻어 이사가 될 수 있다. 등기실무에서도 의사능력이 있는 한 미성년자의 이사선임등기를 수리하고 있다. 그러나 상장회사의 사외이사의 경우 미성년자, 금치산자, 한정치산자는 사외이사가 될 수 없다(상법 제542조의 8 제2항 1호, 2호).

【쟁점질의와 유권해석】

<이사가 될 수 없는 자>

ㄱ) 파산선고를 받은 자

파산선고를 받은 자는 이사로 선임되었다 하더라도 복권되지 않는 한 이사가 될 수 없다. 이사가 파산선고를 받은 경우에는 당연히 그 지위를 상실하게 된다(민법 제690조).

ㄴ) 사형·무기징역·무기금고의 판결을 받은 자

사형·무기징역·무기금고의 판결을 받은 자는 이사가 되는 자격을 상실하고, 자격상실 또는 자격정지 중인 자로 이사가 될 수 없다.

ㄷ) 법 인

이사는 이사회의 구성원인 동시에 업무진행을 담당하는 대표이사라는 지위의 전제가 된다는 점을 들어 법인은 이사가 될 수 없다고 하는 것이 다수설이다. 그러나 자본시장과 금융투자업에 관한 법률에 의하여 설립되는 주식회사 형태의 투자회사에 대해서는 법인이 이사가 되어 회사를 대표하도록 하는 특별규정을 두고 있다(동법 제197조, 제198조).

(2) 이사의 수

이사는 3인 이상이어야 한다. 다만, 자본의 총액이 10억 미만인 회사는 1인 또는 2인으로 할 수 있다(상 제383조 1항). 이것은 2009년 5월 상법개정으로 3인 이상 이사의 예외가 인정된 것이며, 이 때에는 이사회는 존재하지 아니하므로 이사회의 권한이 주주총회의 권한으로 변경되는 경우와 아예 이사회 규정이 적용되지 아니하는 경우가 있다(상 제383조 4항, 5항, 6항 참조). 2009년 상법 개정 전에는 자본의 총액이 5억원 미만이 회사의 경우 3인 이상 이사의 예외가 인정되었으나, 2009년 상법 개정을 통하여 10억원 미만인 회사로 그 범위를 확대하였다.

정관으로써 그 이상의 최소인원수를 정할 수 있다. 정관으로 이사의 원수의 상한을 정한 때에는 그 원수를 초과하는 이사를 선임하는 결의는 무효이다.

법률 또는 정관소정의 최저원수를 결한 경우에는 지체없이 그 선임절차를 이행하여야 하며, 이를 해태한 때에는 과태료의 제재를 받는다(상 제635조).

따라서 자본금 10억원 이상인 회사와 정관으로 이사의 수를 3인 이상으로 정한 회사는 이사의 총수가 3인인 경우에는 이사의 해임, 임기만료, 사임의 등기는 할 수 없고, 그 이사는 후임자가 선임되어 취임할 때까지 이사의 권리의무를 행사하여야 한다(상 제383조, 제386조).

이사의 수를 감소함에 있어서, 이사의 원수에 관한 사항은 정관의 절대적 기재사항은 아니나, 상법에서는 정관으로 정할 것을 예정하고 있으며(상 제386조 1항), 실무상 정관의 임의적 기재사항으로 정하고 있으므로 이 때에는 정관의 변경이 필요하다.

또한 1인 또는 2인의 이사를 둔 회사의 자본이 10억원 이상이 된 때에는 자본증가등기와 동시에 이사의 수를 3인 이상으로 하는 변경등기를 신청하여야 한다.

투자회사는 집합투자업자인 법인이사 1인과 감독이사 2인 이상을 선임하여야 한다(자본시장과 금융투자업에 관한 법률 제197조). 이 경우 법인이사가 투자회사를 대표하고 그 업무를 집행한다(동법 제198조 1항). 법인이사는 법인이사의 직무를 정하여 그 직무를 수행할 자를 그 임직원 중에서 선임할 수 있다(동법 제198조 4항).

(3) 이사의 선임

1) 선임절차

이사는 주주총회의 보통결의, 즉 출석한 주주의 의결권의 과반수와 발행주식 총수의 1/4 이상의 수로써 선임한다(상 제382조 1항).

다만, 최초의 이사는 발기설립의 경우에는 발기인회에서 과반수로 선임하고(상 제296조), 모집설립의 경우에는 창립총회에서 출석한 주식인수인 의결권의 3분의 2 이상이며 인수된 주식총수의 과반수에 해당하는 다수로써 선임한다(상 제312조).

이사의 선임결의는 회사내부의 의사결정에 지나지 않으므로 선임결의가 있더라도 이것만으로 피선임자가 당연히 이사로 되는 것은 아니고, 그의 승낙을 필요로 한다. 회사의 대표기관이 피선임자에 대하여 취임의 청약을 하고 피선임자가 이를 승낙하고, 이사와 피선임자 사이에 임용계약이 체결되어야 한다.

이사의 선임은 회사설립 후에는 주주총회의 전속사항이므로 정관의 규정으로서도 그 선임을 이사회 기타 기관 또는 제3자에게 위임할 수 없다.

상장회사가 이사 · 감사의 선임에 관한 사항을 목적으로 하는 주주총회를 소집통지 또는 공고하는 경우에는 이사·감사 후보자의 성명, 약력, 추천인, 그 밖에 대통령령으로 정하는 후보자에 관한 사항을 통지하거나 공고하여야 한다 (상 제542조의4 2항). 상법 제542조의4제2항에서 "대통령령으로 정하는 후보자에 관한 사항"이란 다음 각 호의 사항을 말한다(상법시행령 제10조 3항).

1. 후보자와 최대주주와의 관계

2. 후보자와 해당 회사와의 최근 3년간의 거래내역

상장회사가 주주총회에서 이사 또는 감사를 선임하려는 경우에는 제542조의4제2항에 따라 통지하거나 공고한 후보자 중에서 선임하여야 한다(상 제542조의5).

2) 회생법인의 이사 선임

가. 채무자 회사의 이사 또는 대표이사 중에서 유임하게 하는 경우

회생법인의 경우 채무자 회사의 이사 또는 대표이사 중 유임하게 할 자가 있는 때에는 회생계획에 그 자와 임기를 정하여야 한다. 여기서 선임된 자는 회생계획이 인가된 때에 선임된 것으로 보고, 선임되지 아니한 이사와 대표이사는 회생계획이 인가된 때에 해임된 것으로 본다(채무자회생및파산에관한법률 제203조 2항, 제263조 1항). 이때 선임된 이사 등의 임기는 1년을 넘지 못한다(동법 제203조 5항).

나. 채무자 회사의 이사 또는 대표이사를 유임시킬 수 없는 경우

이사 또는 대표이사에 의한 재산의 도피, 은닉 또는 고의적인 부실경영 등의 원인에 의하여 회생절차가 개시된 때에는 유임하게 할 수 없다(동법 제203조 2항 단서). 이들은 회생종결의 결정이 있은 후에도 채무자회사의 이사 또는 대표이사로 선임될 수 없으며, 이에 위반한 경우 형사처벌을 받게 된다(동법 제284조 제647조).

(4) 이사의 임기

1) 임기의 최장기와 임기의 연장

이사의 임기는 3년을 초과하지 못한다(상 제383조 2항). 다만, 회사합병의 경우에 합병 전에 취임한 이사는 합병계약서에 다른 정함이 있는 경우를 제외하고는 합병 후 최초로 도래하는 결산기의 정기총회가 종료한 때에 퇴임한다(상 제527조의4).

그러나 정관으로 그 임기 중의 최종의 결산기에 관한 정기주주총회의 종결에 이르기까지 임기를 연장할 수 있다(상 제383조 3항). 여기서 "임기 중의 최종의 결산기"라 함은 임기중에 도래한 최종의 결산기로서 당해 결산기가 임기 중에 도래한 경우를 말한다. 이 규정에 의하여 임기연장이 되는 이사는 임기 중의 최종의 결산이 말일로부터 결산기에 관한 주주총회의 종결일까지 임기가 만료되는 자이다(예규 제282호). 따라서 결산기 말일 이전에 임기가 만료되는 경우에는 위 연장규정을 적용할 수 없다. 예를 들면 어느 회사의 결산기가 12월 31일이고 그 결산기에 관한 정기주주총회일이 다음해 2월 11일인 경우에 임기가 12월 31일과 다음해 2월 11일 사이에 만료되는 이사만이 위 규정에 의하여 임기가 연장된다는 의미이고 임기가 결산기 이전, 즉 12월 31일 이전에 만료되는 이사의 임기는 위 규정에 의하여 연장이 되지 않는다.

핵 심 판 례

■ 정관으로 이사의 임기를 그 임기 중의 최종 결산기에 관한 정기주주총회 종결일까지 연장할 수 있도록 정한 상법 제383조 제3항의 규정 취지 및 그 조항이 이사의 임기가 최종 결산기의 말일과 그 결산기에 관한 정기주주총회 사이에 만료되는 경우에만 적용되는지 여부(적극)

상법 제383조 제3항은 이사의 임기는 3년을 초과할 수 없도록 규정한 같은 조 제2항에 불구하고 정관으로 그 임기 중의 최종의 결산기에 관한 정기주주총회의 종결에 이르기까지 이를 연장할 수 있다고 규정하고 있는바, 위 규정은 임기가 만료되는 이사에 대하여는 임기 중의 결산에 대한 책임을 지고 주주총회에서 결산서류에 관한 주주들의 질문에 답변하고 변명할 기회를 주는 한편, 회사에 대하여는 정기주주총회를 앞두고 이사의 임기가 만료될 때마다 임시주주총회를 개최하여 이사를 선임하여야 하는 번거로움을 덜어주기 위한 것에 그 취지가 있다. 위와 같은 입법 취지 및 그 규정 내용에 비추어 보면, 위 규정상의 '임기 중의 최종의 결산기에 관한 정기주주총회'라 함은 임기 중에 도래하는 최종의 결산기에 관한 정기주주총회를 말하고, 임기 만료 후 최초로 도래하는 결산기에 관한 정기주주총회 또는 최초로 소집되는 정기주주총회를 의미하는 것은 아니므로, 위 규정은 결국 이사의 임기가 최종 결산기의 말일과 당해 결산기에 관한 정기주주총회 사이에 만료되는 경우에 정관으로 그 임기를 정기주주총회 종결일까지 연장할 수 있도록 허용하는 규정이라고 보아야 한다(대법원 2010.6.24. 선고 2010다13541 판결).

회사의 정관에서 상법 제383조 제2항과 동일하게 "이사의 임기는 3년을 초과하지 못한다."고 규정한 것이 이사의 임기를 3년으로 정하는 취지라고 해석할 수는 없다(대판 2001. 6. 15, 2001다23928).

위의 규정에 의한 임기의 연장은 정기주주총회가 적기에 개최된다는 것을 전제로 하는 것이므로 결산일로부터 적기에 정기주주총회가 개최되지 아니한 경우에는 마땅히 개최되었어야 할 시기까지만 연장될 뿐이다. 여기서 적기라 함은 주주명부의 폐쇄기간이 3월을 초과할 수 없는 점(상 제354조 2항)에 비추어 결산기로부터 3월 이내임을 뜻한다.

위 예의 회사가 결산기에 관한 정기주주총회를 익년 4월 15일에 개최하였다면 위의 규정에 의하여 연장되는 이사의 임기는 동년 3월 31일까지가 된다.

임기연장의 경우 등기신청서 작성시, 등기관이 임기연장 규정이 정관에 있는지 잘 모르고 통상의 임기인 3년으로 계산하여 과태료 통지를 할 우려가 있으므로 그 연장규정에 의하여 연장됨을 신청서에 표시하고 정관을 첨부하는 것이 좋다.

또한 이사의 종임으로 인하여 법률 또는 정관에 정한 원수를 결할 때에는 임기만료 또는 사임으로 인하여 퇴임한 이사는 새 이사가 취임할 때까지 이사의 권리·의무가 있다(상 제386조 1항).

연장기간은 후임이사 선임결의시가 아닌 취임시까지이고, 퇴임이사의 직무연장은 이사의 임기만료 또는 사임을 원인으로 하는 경우에 한한다.

【쟁점질의와 유권해석】

<주식회사의 이사의 임기에 관한 상법 제383조 2항의 해석>

주식회사의 이사의 임기에 관한 상법규정은 임기의 법정기간이 아니라 임기의 최장기를 정한 규정이므로(상 제383조 2항), 회사는 3년 이내에서 그 임기를 단축할 수 있는 바 기존 정관에 이사의 임기를 2년으로 정한 주식회사에 있어서는 정관을 변경하지 않는 한 개정상법의 시행 후에도 그 이사의 임기는 2년이 되는 것이다(1987. 7. 31. 등기 453 질의회답).

2) 임기의 기산점

이사의 취임행위는 주주총회의 선임결의와 피선자의 취임승낙에 의하여 완성하므로(상 382조), 임기의 기산점은 임용계약의 효력발생시로서 주주총회의 선임결의와 취임승낙을 한 날 중 늦은 날로부터 기산한다. 즉, 피선 후 취임승낙을 한 때에는 취임승낙을 한 때, 미리 취임승낙을 얻어 선임한 때에는 선임결의를 한 때로부터 임기가 진행한다.

최초의 이사의 임기는 회사성립일로부터 진행한다. 이사의 임기에 관하여도 민법의 기간계산에 관한 규정이 적용되어, 임기의 초일은 원칙적으로 산입하지 않고 임기가 오전 영시부터 시작된 경우에만 초일을 산입한다. 주주총회의 선임결의, 취임승낙 또는 회사성립의 경우에는 1일의 중도이므로 초일은 산입하지 않고 위임 익일로부터 기산한다.

【쟁점질의와 유권해석】

<주식회사 이사변경등기의 등기기간 기산점>

주식회사 이사의 취임등기 기간은 그 취임의 효력이 발생한 날로부터 진행된다고 할 것이므로, 이사 홍○○의 임기만료 전에 개최된 정기주주총회에서 미리 이사 홍○○을 중임하기로 하는 결의가 이루어진 경우, 상법 제317조 4항 및 제183조의 규정에 의한 등기기간은 그 취임의 효력이 발생한 날, 즉 이사 홍○○이 임기만료로 퇴임함과 동시에 주주총회의 결의에 의하여 중임되어 새로이 임기를 개시하게 된 날로부터 진행된다고 할 것이다(1998. 10. 8, 등기3402-985 질의회답).

3) 보궐 또는 증원을 위하여 선임된 이사의 임기

보궐 또는 증원을 위하여 선임된 이사의 임기에 관하여 정관에 다른 규정이 없으면 이사 본래의 임기에 의하고, 정관에 다른 이사의 잔여임기로 하는 규정이 있으면 이에 따른다. 이 경우에 이사전원이 사임하여 후임자를 선임한 때에는 후임자의 임기는 이사 본래의 임기에 의한다고 할 것이다(상업등기선례요지집 1권 155항, 1권 165항). 이사의 임기에 관한 정관의 규정을 변경한 경우에는 변경 후에 취임하는 이사 뿐만 아니라 변경당시 재임 중인 이사에 대하여도 변경정관의 규정이 적용된다고 할 것이다.

【쟁점질의와 유권해석】

<이사전원을 선임한 주주총회 결의가 취소된 후 이사전원이 정기주주총회에서 다시 선임된 경우의 임기>

"보결에 의하여 선임된 이사의 임기는 전임자 또는 현재 임원의 나머지 기간으로 한다"는 취지의 정관규정이 있더라도, 이는 일부에 결원이 생긴 경우에만 적용될 뿐 이사전원을 선임하는 경우에는 적용되지 않는다고 할 것이므로, 주식회사의 이사전원을

선임한 주주총회 결의에 대한 취소판결이 확정된 후 정기주주총회에서 이사전원을
다시 선임한 경우에 있어서 새로이 선임된 이사의 임기는 정관에서 이사의 임기로
정하고 있는 3년이 될 것이다(1999. 4. 21, 등기 3402-434 질의회답).

4) 임기의 변경

정관소정의 이사의 임기는 주주총회의 특별결의에 의하여 변경할 수 있고,
이 경우에는 변경 후에 취임하는 이사뿐만 아니라 변경결의 당시 재임 중인
이사에 대하여도 변경정관이 적용된다 할 것이다.

정관의 변경에 의하여 이사의 임기를 2년에서 3년으로 연장하더라도 개정상
법 시행 당시 재임 중인 이사에 대하여는 변경정관의 규정이 적용되지 아니한
다(상법부칙 제14조).

또 보결 또는 증원을 위하여 선임된 이사의 임기는 다른 이사의 전임기로
하는 정관규정이 없는 회사가 정관을 변경하여 이 규정을 둔 때에는 정관변경
전에 보결 또는 증원을 위하여 선임되어 재임 중인 이사에 대하여도 변경정관
의 규정이 적용된다 할 것이다(일본 등기선례 소화 1937. 10. 15).

5) 합병을 하는 회사의 일방이 합병 후 존속하는 경우

합병을 하는 회사의 일방이 합병 후 존속하는 경우에 존속하는 회사의 이사
로서 합병 전에 취임한 자는 합병계약서에 다른 정함이 있는 경우를 제외하고
는 합병 후 최초로 도래하는 결산기의 정기총회가 종료하는 때에 퇴임한다(상
제527조의4 1항). 다만 이 규정은 합병과 법적 효과가 유사한 분할과 분할합병
에는 준용되지 아니한다.

합병으로 인하여 회사를 설립하는 경우 합병하는 회사의 이사로서 합병 전
에 취임한 자도 합병계약서에 다른 정함이 있는 경우를 제외하고는 합병 후
최초로 도래하는 결산기의 정기총회가 종료하는 때에 퇴임한다(상 제527조의
4 1항).

6) 투자회사의 이사의 임기

자본시장과 금융투자업에 관한 법률에 의하여 주식회사 형태로 설립되는 투
자회사에 대하여는 이사의 원수 및 임기에 관한 상법 제383조가 적용되지 아
니하므로, 정관 또는 주주총회의 결의로 이사의 임기를 정할 때 3년을 초과하
야 정할 수 있다(동법 제9조 18항 2호, 206조 2항).

(5) 이사의 종임

이사와 회사간의 위임관계로 인해 위임의 법정종료사유인 이사의 사망·파산·금치산, 회사의 해산·파산, 위임계약의 해지 등이 있는 경우 이사는 종임한다. 이사는 언제든지 일방적 의사표시에 의하여 사임할 수 있으며(민 제689조 1항), 그 밖에 임기의 만료, 정관소정의 자격상실, 이사의 해임 등에 의하여도 종임한다. 그리고 인적 회사와는 달리 주식회사제도의 본질에 반하는 주주에 의한 제명은 허용되지 아니한다.

1) 임기의 만료

이사는 임기의 만료로써 퇴임한다. 이사가 임기만료로 퇴임하여 법률 또는 정관소정의 이사의 원수를 결하게 되는 경우에는 퇴임한 이사는 새로 선임된 이사가 취임할 때까지 이사의 권리의무가 있다(상 제386조 1항).

회사가 장구한 시일에 걸쳐 휴업상태에 있었든 혹은 그동안 이사선임 행위가 없었든 그 어떠한 이유가 있든지 임기의 만료 또는 사임으로 인하여 퇴임한 이사는 새로 선임된 이사가 취임할 때까지 이사의 권리의무가 있으며, 상법 제386조 2항 소정 전항의 경우라 함은 법률 또는 정관에 정한 이사의 원수를 결한 일체의 경우를 말하는 것이지 단지 임기의 만료 또는 사임으로 인하여 이사의 원수를 결한 경우만을 지칭하는 것은 아니라고 해석되므로 어떠한 경우이든 이사의 결원이 있을 때에는 법원은 이사직무를 행할 자를 선임할 수 있다(대판 1964. 4. 28, 63다518)

2) 사 임

회사와 이사간은 계약관계이므로 이사는 언제든지 사임할 수 있고(상 제382조 2항, 민 제689조 1항), 직무집행이 정지된 이사도 사임할 수 있다. 다만, 부득이한 사유없이 상대방의 불리한 시기에 계약을 해지할 때에는 그 손해를 배상하여야 한다(민 제689조). 사임의 의사표시는 대표이사 기타 사임의 의사표시를 수령할 권한이 있는 자(대표이사)에게 하여야 하는 것이나. 이러한 자가 없는 때에는 주주총회에 대하여 하여야 할 것이다.

가. 사임의사의 효력발생시기

사임은 그 의사표시가 회사에 도달한 때에 효력이 발생하며 장래의 일정일에 사임할 취지의 의사표시도 유효하다.사임은 위임계약을 장래에 대하여 소멸시킬 것을 목적으로 하는 의사표시이며 단독행위이므로 회사의 승낙을 필요로 하지 않고 또한 그 사임에 따른 변경등기가 없더라도 즉시 그 자격을 상실한다.

사임은 사임의 의사표시가 대표이사에게 도달하면 그 효과가 발생하나, 대표이사에게 사표의 처리를 일임한 경우에는 사임의사표시의 효과발생여부를 대표이사의 의사에 따르도록 한 것이므로 대표이사가 사표를 수리함으로써 사임의 효과가 생긴다(민 제111조 1항, 제689조 1항, 상 제382조 2항, 대판 1998. 4. 28, 98다8615). 사임의 효력이 발생한 뒤에는 이를 철회할 수 없다 (대판 1991. 5. 10. 90다10247).

한편, 회사가 정관으로 이사의 사임절차나 사임의 의사표시의 효력발생시기 등에 관하여 특별한 규정을 두었다면 그에 따라야 하고, 이 경우에는 사임의 의사표시가 회사의 대표자에게 도달하였다고 하더라도 그와 같은 사정만으로 곧바로 사임의 효력이 발생하는 것은 아니고 정관에서 정한 바에 따라 사임의 효력이 발생한다(대법원 2008.9.25.선고 2007다17109판결).

대표이사를 포함하여 이사 전원이 동시에 사임하는 경우에는 대표이사 중의 한 사람에게 의사표시를 하고, 그 대표이사는 다른 대표이사에게 같은 의사표시를 하면된다. 만약 다른 대표이사가 없는 경우에는 이사의 사임의 표시를 수령할 대리인을 선임하고 이에 대하여 권한을 부여한 후에 의사표시를 하면 된다.

사임으로 인하여 법률 또는 정관소정의 원수를 결하게 된 경우에는 사임한 이사는 새로 선임된 이사가 취임할 때까지 이사의 권리의무가 있음은 임기만료로 인한 퇴임의 경우와 같다(상 제386조 1항).

【쟁점질의와 유권해석】

<이사가 사임의 의사표시를 한 후 사임의사를 철회할 수 있는지 여부>

대표자가 사임하는 경우에는 대표자의 사임으로 그 권한을 대행하게 될 자에게 도달한 때에 사임이 효력이 발생하고, 사임의 효력이 발생한 뒤에는 이를 철회할 수 없다 (대판 1991. 5. 10, 90다10247). 다만, 사임서 제시 당시 즉각적인 철회권유로 사임서 제출을 미루거나, 대표자에게 사표의 처리를 일임하거나, 사임서의 작성일자를 제출일 이후로 기재한 경우 등 사임의사가 즉각적이라고 볼 수 없는 특별한 사정이 있는 경우에는 별도의 사임서 제출이나 대표자의 수리행위 등이 있어야 사임의 효력이 발생하고, 그 이전에 사임의사를 철회할 수 있다(대판 2006. 6. 15, 2004다10909).

나. 사임한 대표이사의 사임등기 전에 한 행위의 효력

회사의 대표이사가 대표이사의 명의로 행위를 한 때에는 당연히 그 행위의 효력이 회사에 귀속되고, 대표이사가 종임 된 때에는 특별한 사정이 없는 한 그 종임등기의 유무와는 관계없이 그 대표권을 상실하므로, 그 행위는 회사에 대하여 효력이 없다. 그리고 주식회사의 대표이사직에서 사임한 자는 사임과 동시에 회사의 대표권을 상실한다.

3) 해 임

가. 해임절차

주주총회는 언제든지 중대한 사유가 없는 경우에도 특별결의로써 이사를 해임할 수 있으며(상 제385조 1항) 이사가 그 직무에 관하여 부정행위 또는 법령이나 정관에 위반한 중대한 사실이 있는데도 주주총회에서 그 해임을 부결한 때에는 발행주식총수의 3/100 이상에 해당하는 주식을 가진 주주(소수주주)는 총회의 결의가 있은 날로부터 1월 내에 그 이사의 해임을 본점소재지의 관할지방법원에 청구할 수 있다(상 제385조 2항·3항).

이 소수주주의 이사의 해임소송의 목적은 현재 이사 등의 지위에 있는 자의 지위를 잔여임기 동안 박탈하는 것 자체에 있는 것이므로, 해임되어야 할 자가 현재 이사의 지위에 있는 경우에만 소의 이익이 있다.

해임은 상대방의 승낙을 필요로 하는 것은 아니므로 해임통지서의 도달에 의하여 해임의 효력이 발생한다.

나. 해임된 이사의 권리의무

해임으로 인한 경우에는 상법 제386조 1항이 적용되지 아니하고, 필요한 경우 임시이사의 선임을 규정한 상법 제386조 2항의 적용만을 받게 된다. 따라서 해임으로 인한 경우에는 해임으로 인하여 퇴임하는 이사는 후임이사가 취임할 때까지 이사의 권리의무가 없고, 후임이사의 취임등기와 관계없이 퇴임등기만을 경료할 수 있다

다. 회생법인의 이사 등의 해임

회생계획에서 유임할 것을 정하지 아니한 이사·대표이사·감사는 회생계획인가가 결정된 때에 해임된 것으로 한다(채무자회생및파산에관한법률 제263조 4항).

4) 자격상실자 또는 자격정지자로 된 경우

사형·무기징역 또는 무기금고의 판결을 받은 자(형 제43조 1항)와 이사가 되는 자격정지의 판결을 받은 자(형 제44조)

5) 정관소정의 자격상실의 경우

정관에 자격상실의 정함이 있는 경우 이에 따라 이사자격이 상실된다.

6) 이사의 사망·파산·금치산(상 제382조 2항, 민 제690조)의 경우

7) 회사의 해산

회사가 파산 이외의 사유로 해산한 때에는 이사는 당연히 퇴임한다.

(6) 퇴임한 이사가 이사의 권리의무를 행사하는 경우

1) 요 건

정관 또는 법률이 정한 정원에 모자라거나 업무집행을 행할 수 없는 비상사태시에 대처하기 위하여 상법은 퇴임이사에 의한 직무의 속행(상 제386조 1항), 임시이사(상 제386조 2항) 및 이사직무대행자(상 제407조 1항) 등 일시 이사의 직무를 대행하는 자를 정하는 방법을 규정하고 있다.

이사가 임기만료 또는 사임으로 인하여 퇴임한 경우에 법률 또는 정관에 정한 이사의 원수를 결하게 되는 경우에는 임기만료 또는 사임으로 인하여 퇴임한 이사는 새로 선임된 이사가 취임할 때까지 이사의 권리의무가 있다(상 제386조 1항). 그러므로 신임이사의 취임등기와 함께 하지 아니하면 그 퇴임등기를 할 수 없다. 즉, 임원이 임기만료로 인하여 퇴임하게 되어 정관에 정한 임원의 정수에 결원이 발생하였다면 임원의 퇴임으로 인한 변경등기는 후임인원의 선임등기와 동시에 하여야 한다(2003. 11. 14. 공탁법인 3402-269 질의회답). 이때 퇴임등기기간은 후임자의 취임일로부터 기산한다(다만, 법률 또는 정관에서 정한 원수를 초과한 경우에는 원칙적으로 퇴임일로부터 기산한다). 그러나 사망한 경우에는 후임자 취임 전이라도 퇴임등기를 먼저 하여야 한다. 이사 전원의 임기가 만료된 경우에도 후임이사의 취임등기를 동시에 하지 않는 한 임기만료된 이사들 중 일부에 대한 퇴임등기를 먼저 신청할 수 없다(선6-659).

【쟁점질의와 유권해석】

<이사 권리의무행사자가 다시 이사로 선임된 경우의 등기방법>

이사 권리의무행사자의 임기만료일은 권리의무행사기간 종료일이 아니라, 본래의 임기만료일이므로 동일인이 다시 선임된 경우에도 임기만료로 인한 퇴임과 새로운 취임 사이에 시간적 간격이 있다면 시간적 간격이 없는 경우에 하는 중임등기를 할 수는 없고, 임기만료로 인한 퇴임등기 및 새로운 취임등기를 하여야 한다.

2) 수인의 이사가 순차로 임기만료 또는 사임에 의하여 퇴임한 경우

수인의 이사가 동시에 퇴임한 경우와 달리, 순차로 임기만료 또는 사임에 의하여 퇴임한 경우에는 각 이사의 퇴임 당시에 잔존 이사의 수가 이사의 정원에 부족한지에 따라 이사로서의 권리의무가 있는지 달라진다. 즉, 퇴임 당시에 당해 이사의 퇴임의 결과 잔존 이사의 수가 정원에 부족하다면 그 퇴임한 이사는 이사로서의 권리의무가 인정될 것이다. 반면, 부족하지 않다면 그 퇴임한 이사는 이사로서의 권리의무가 인정되지 않는다. 따라서 순차 퇴임하였지만, 그 등기를 동시에 신청하였을 뿐인 경우에는 퇴임시기를 따져 이사로서의 권리의무가 인정되지 않는 자의 퇴임등기는 수행하여야 한다.

3) 이사가 해임, 자격상실, 사망, 파산, 금치산선고 등으로 퇴임한 경우

이 경우에는 법률 또는 정관에 정한 이사의 원수를 결하는 결과가 발생하더라도 해임 등에 의하여 퇴임한 이사가 후임 이사가 취임할 때까지 이사의 권리의무를 행사하는 것이 아니다.

핵 심 판 례

■ 상법 제386조 제1항에 따라 이사의 권리의무를 행하고 있는 퇴임이사를 상대로 그 직무집행의 정지를 구하는 가처분신청을 할 수 있는지 여부(소극)

상법 제386조 제1항은 법률 또는 정관에 정한 이사의 원수를 결한 경우에는 임기의 만료 또는 사임으로 인하여 퇴임한 이사로 하여금 새로 선임된 이사가 취임할 때까지 이사의 권리의무를 행하도록 규정하고 있는바, 위 규정에 따라 이사의 권리의무를 행사하고 있는 퇴임이사로 하여금 이사로서의 권리의무를 가지게 하는 것이 불가능하거나 부적당한 경우 등 필요한 경우에는 상법 제386조 제2항에 정한 일시 이사의 직무를 행할 자의 선임을 법원에 청구할 수 있으므로, 이와는 별도로 상법 제386조 제1항에 정한 바에 따라 이사의 권리의무를 행하고 있는 퇴임이사를 상대로 해임사유의 존재나 임기만료·사임 등을 이유로 그 직무집행의 정지를 구하는 가처분신청은 허용되지 않는다(대법원 2009.10.29. 자 2009마1311 결정).

(7) 일시이사

1) 선임요건

법률 또는 정관에 정한 이사의 원수를 결하게 된 경우에 필요하다고 인정할 때에는 법원은 이사·감사 기타 이해관계인의 청구에 의하여 일시이사의 직무를 행할 자를 선임할 수 있다(상 제386조 2항, 민 제63조). 이는 법률 또는 정관에 정한 이사의 원수를 결한 일체의 경우를 말하는 것이지 달리 임기의 만료 또는 사임으로 인하여 원수를 결한 경우만을 지칭하는 것은 아니다. 이 일시이사는 새로 이사가 선임된 경우에는 당연히 그 지위를 상실하나 그 권리의무는 본래의 이사와 같다.

상법 제386조가 규정한 '임시이사선임이 필요하다고 인정되는 때'라 함은 이사가 사임하거나 장기간 부재중인 경우와 같이 퇴임이사로 하여금 이사로서의 권리의무를 가지게 하는 것이 불가능하거나 부적당한 경우를 의미하는 것으로서 그의 필요성은 임시이사 제도의 취지와 관련하여 사안에 따라 개별적으로 판단되어야 한다(대결 2001. 12. 6, 2001그113).

상법은 법원 선임 일시이사에 대한 등기는 본점소재지에서만 하도록 규정하고 있다(상 제386조 2항). 다만, 일시대표이사는 지점소재지에서도 등기하여야 할 것이다. 법원은 일시이사직무를 행할 자를 선임할 수 있다(대판 1964. 4. 28., 63다518판결).

2) 일시이사의 권한

법원에서 일시이사의 직무를 행할 자로 선임된 이사직무대행자의 권한은 회사의 상무에 속한 것에 제한되지 아니하고(대결 1965. 5. 22, 68마119), 일시대표이사, 일시이사의 자격에는 아무런 제한이 없으므로 동 회사와 이해관계가 있는 자만이 일시이사 등으로 선임될 자격이 있는 것은 아니다(대판 1981. 9. 8, 80다2511). 일사이사는 새로 이사가 선임된 경우에는 당연히 그 지위를 상실한다.

(8) 이사의 직무대행자

1) 선임요건

이사선임결의의 무효나 취소 또는 해임의 소가 제기된 경우에 법원은 당사자의 신청에 의하여 가처분으로써 이사의 직무집행을 정지하고 또 그 직무대행자를 선임할 수 있다(상 제407조, 민 제52조의2). 급박한 사정이 있는 때에는 본안소송의 제기 전에도 같은 가처분을 할 수 있으며, 법원은 당사자의 신청에 의하여 이 가처분을 변경 또는 취소할 수 있다(상 제407조 1항, 2항). 법원이 상법 제407조 제1항의 규정에 의하여 가처분으로서 이사 등의 직무집행을 정지하고 그 대행자를 선임할 경우에 가처분에 의하여 직무집행이 정지된 종전의 이사 등을 직무대행자로 선임할 수는 없다(대결 1990. 10. 31. 90그44결정).

　이 가처분은 이른바 임시의 지위를 정하는 가처분(민소 제714조 2항)의 일종으로, 문제된 이사가 직무집행을 계속하는 경우에 회사에 발생할 손해를 미연에 방지하고자 하는 데 그 목적이 있다.

　이 처분의 등기는 본점과 지점에 하여야 한다(상 제407조 3항).

2) 직무대행자의 권한

　직무대행자는 가처분명령에 다른 정함이 있는 경우 외에는 법원의 허가를 얻지 아니하고서는 회사의 상무에 속하지 아니하는 행위를 하지 못한다(상 제408조 1항). 여기서 '회사의 상무'라 함은 일반적으로 회사의 영업을 계속함에 있어 통상업무범위 내의 사무, 즉 회사의 경영에 중요한 영향을 미치지 않는 보통의 업무를 뜻하는 것이고, 영업목적의 근본적인 변경, 중요한 영업재산의 처분, 항소권 포기, 소송상의 인낙을 하는 것이나 타인에게 그 권한 전부를 위임하여 회사의 경영을 일임하는 행위는 회사의 상무라 할 수 없다. 통상의 사무 집행에 있어서 그 직무대행자의 직무권한의 범위는 법원이 가처분의 목적 달성을 위하여 이를 특별히 제한하지 아니한 이상 피대행자의 그것과 동일한 것으로 보아야 할 것이다(대판 1999. 2. 24, 97다58682).

　예컨대, 변호사에게 소송대리를 위임하고 그 보수계약을 체결하거나 그와 관련하여 반소제기를 위임하는 행위는 회사의 상무에 속하여 직무대행자가 할 수 있으나, 회사의 상대방 당사자의 변호인 보수지급에 관한 약정은 회사의 상무에 속한다고 볼 수 없으므로 법원의 허가를 받지 않는 한 효력이 없게 된다. 가처분에 의해 직무집행이 정지된 당해 이사 등을 선임한 주주총회 결의의 취소나 그 무효 또는 부존재 확인을 구하는 본안 소송에서 가처분채권자가 승소하여 그 판결이 확정된 때에는 가처분은 그 직무집행정지기간의 정함이 없는 경우에도 본안승소판결의 확정과 동시에 그 목적을 달성한 것이 되어 당연히 효력을 상실하게 된다(상 제408조, 제531조, 제407조, 민소 제714조 2항, 대판 1989. 9. 12, 87다카2691).

【쟁점질의와 유권해석】

<이사의 직무대행자가 행할 수 있는 '회사의 상무'에 해당하지 않는 행위>

ㄱ) 소송을 인낙하는 행위(대판 1975. 5. 27, 75다120)

ㄴ) 피정지대표이사를 해임하기 위하여 임시주주총회를 소집하는 행위(대판 1959. 12. 3, 4290민상669)

ㄷ) 가처분의 본안소송에서 항소를 취하하는 행위(대판 1980. 4. 27, 80다385)

ㄹ) 재단법인의 근간인 이사회의 구성원 변경행위(대판 2002. 2. 11, 99두2949)

ㅁ) 회사경영에 관한 권한 전부를 타인에게 위임하는 행위(대판 1984. 2. 14, 83다카875)

ㅂ) 임시주주총회 소집(정기주주총회 소집은 상무이고, 임시주주총회 소집은 비상무라고 보는것이 통설이다)

(9) 사외이사

1) 사외이사의 의의

사외이사란 당해 회사의 업무집행을 담당하지 아니하는 비경영이사중 회사로부터 독립된 이사이다. 즉, 대주주의 간섭을 받지 아니하는 외부인으로 하여금 경영감시를 하도록 하여 기업주의 경영독주를 막고 소액주주의 권익을 보호하기 위하여 이사회에 일정비율의 외부 인사를 참여시키는 제도이다. 사외이사와 관련하여 2009년 상법 개정시 이에 대한 규정이 도입되었다(상 제542조의 8). 이는 증권거래법의 폐지와 더불어 상장법인의 지배구조에 관한 규정을 상법 회사편에 포함시켜 회사법제의 완결성을 추구하기 위한 것이었다.

2) 사외이사의 수 및 자격

2009년 상법 개정으로 인하여 상장회사 중 대통령령으로 정하는 경우를 제외하고는 사외이사가 이사 총수의 4분의 1이상이 되도록 하고, 최근 사업연도 말 현재의 자산총액이 2조원 이상인 상장회사의 사외이사는 3명 이상으로 하되, 이사 총수의 과반수가 되도록 사외이사 설치를 의무화하고 있다(상 제542조의 8 제1항, 상법시행령 제13조 2항). 법 제542조의8제1항 본문에서 "대통령령으로 정하는 경우"란 다음 각 호의 어느 하나에 해당하는 경우를 말한다(상법시행령 제13조 1항).

1. 「벤처기업육성에 관한 특별조치법」에 따른 벤처기업 중 최근 사업연도 말 현재의 자산총액이 1천억원 미만으로서 코스닥시장(「자본시장과 금융투자업에 관한 법률」 제9조제13항제2호에 따른 코스닥시장을 말한다. 이

하 같다)에 상장된 주권을 발행한 벤처기업

2. 「채무자 회생 및 파산에 관한 법률」에 의한 회생절차가 개시되었거나 파산선고를 받은 상장회사

3. 유가증권시장(「자본시장과 금융투자업에 관한 법률」 제9조제13항제1호에 따른 유가증권시장을 말한다. 이하 같다) 또는 코스닥시장에 주권을 신규로 상장한 상장회사(신규상장 후 최초로 소집되는 정기주주총회 전일까지만 해당한다). 다만, 유가증권시장에 상장된 주권을 발행한 회사로서 사외이사를 선임하여야 하는 회사가 코스닥시장에 상장된 주권을 발행한 회사로 되는 경우 또는 코스닥시장에 상장된 주권을 발행한 회사로서 사외이사를 선임하여야 하는 회사가 유가증권시장에 상장된 주권을 발행한 회사로 되는 경우에는 그러하지 아니하다.

4. 「부동산투자회사법」에 의한 기업구조조정부동산투자회사

5. 해산을 결의한 상장회사

상장회사의 사외이사는 해당 회사의 상무(常務)에 종사하지 아니하는 이사로서 다음의 어느 하나에 해당하지 아니하는 자를 말한다. 사외이사가 다음의 어느 하나에 해당하는 경우에는 그 직을 상실한다(상 제382조 3항).

1. 회사의 상무에 종사하는 이사·집행임원 및 피용자 또는 최근 2년 이내에 회사의 상무에 종사한 이사·감사·집행임원 및 피용자

2. 최대주주가 자연인인 경우 본인과 그 배우자 및 직계 존·비속

3. 최대주주가 법인인 경우 그 법인의 이사·감사·집행임원 및 피용자

4. 이사·감사 및 집행임원의 배우자 및 직계 존·비속

5. 회사의 모회사 또는 자회사의 이사·감사·집행임원 및 피용자

6. 회사와 거래관계 등 중요한 이해관계에 있는 법인의 이사·감사·집행임원 및 피용자

7. 회사의 이사·집행임원 및 피용자가 이사·집행임원으로 있는 다른 회사의 이사·감사·집행임원 및 피용자

또한 상장회사의 사외이사는 제382조제3항 각 호 뿐만 아니라 다음 각 호의 어느 하나에 해당되지 않아야 하며, 이에 해당하게 된 경우에는 그 직을 상실한다(상 제542조의 8 2항).

1. 미성년자, 금치산자 또는 한정치산자

2. 파산선고를 받은 사람으로서 복권되지 아니한 자

3. 금고 이상의 형을 선고받고 그 집행이 끝나거나 집행이 면제된 후 2년이 지나지 아니한 자

4. 대통령령으로 별도로 정하는 법률에 위반하여 해임되거나 면직된 후 2년이 지나지 아니한 자

   법 제542조의8제2항제4호에서 ″대통령령으로 별도로 정하는 법률″이란 다음 각 호의 금융관련법령(이에 상응하는 외국의 금융관련법령을 포함한다)을 말한다(상법시행령 제13조 3항).

   1) 「한국은행법」

   2) 「은행법」

   3) 「보험업법」

   4) 「자본시장과 금융투자업에 관한 법률」

   5) 「상호저축은행법」

   6) 「금융실명거래 및 비밀보장에 관한 법률」

   7) 「금융위원회의 설치 등에 관한 법률」

   8) 「예금자보호법」

   9) 「금융기관부실자산 등의 효율적 처리 및 한국자산관리공사의 설립에 관한 법률」

   10) 「여신전문금융업법」

   11) 「한국산업은행법」

   12) 「중소기업은행법」

   13) 「한국수출입은행법」

   14) 「신용협동조합법」

   15) 「신용보증기금법」

   16) 「기술신용보증기금법」

17) 「새마을금고법」

18) 「중소기업창업지원법」

19) 「신용정보의 이용 및 보호에 관한 법률」

20) 「외국환거래법」

21) 「외국인투자촉진법」

22) 「자산유동화에 관한 법률」

23) 「주택저당채권유동화회사법」

24) 「금융산업의 구조개선에 관한 법률」

25) 「담보부사채신탁법」

26) 「금융지주회사법」

27) 「기업구조조정투자회사법」

28) 「한국주택금융공사법」

5. 상장회사의 주주로서 의결권 없는 주식을 제외한 발행주식총수를 기준으로 본인 및 그와 대통령령으로 정하는 특수한 관계에 있는 자(이하 "특수관계인"이라 한다)가 소유하는 주식의 수가 가장 많은 경우 그 본인(이하 "최대주주"라 한다) 및 그의 특수관계인 법 제542조의8제2항제5호에서 "대통령령으로 정하는 특수한 관계에 있는 자"란 다음 각 호의 어느 하나에 해당하는 자(이하 "특수관계인"이라 한다)를 말한다(상법시행령 제13조 4항).

1) 본인이 개인인 경우에는 다음 각 목의 어느 하나에 해당하는 사람

가. 배우자(사실상의 혼인관계에 있는 사람을 포함한다)

나. 6촌 이내의 혈족

다. 4촌 이내의 인척

라. 본인이 단독으로 또는 본인과 가목부터 다목까지의 관계에 있는 사람과 합하여 100분의 30 이상을 출자하거나 그 밖에 이사·감사의 임면 등 법인 또는 단체의 주요 경영사항에 대하여 사실상 영향력을 행사하고 있는 경우에는 해당 법인 또는 단체와 그 이사·감사

마. 본인이 단독으로 또는 본인과 가목부터 라목까지의 관계에 있는 사
람과 합하여 100분의 30 이상을 출자하거나 그 밖에 이사·감사의
임면 등 법인 또는 단체의 주요 경영사항에 대하여 사실상 영향력
을 행사하고 있는 경우에는 해당 법인 또는 단체와 그 이사·감사

2) 본인이 법인 또는 단체인 경우에는 다음 각 목의 어느 하나에 해당하
는 자

가. 이사·감사

나. 계열회사 및 그 이사·감사

다. 단독으로 또는 제1호 각 목의 관계에 있는 자와 합하여 본인에게
100분의 30 이상을 출자하거나 그 밖에 이사·감사의 임면 등 본
인의 주요 경영사항에 대하여 사실상 영향력을 행사하고 있는 개
인 및 그와 제1호 각 목의 관계에 있는 자 또는 단체(계열회사는
제외한다. 이하 이 호에서 같다)와 그 이사·감사

라. 본인이 단독으로 또는 본인과 가목부터 다목까지의 관계에 있는
자와 합하여 100분의 30 이상을 출자하거나 그 밖에 이사·감사
의 임면 등 단체의 주요 경영사항에 대하여 사실상 영향력을 행
사하고 있는 경우 해당 단체와 그 이사·감사

6. 누구의 명의로 하든지 자기의 계산으로 의결권 없는 주식을 제외한 발행주
식총수의 100분의 10 이상의 주식을 소유하거나 이사·집행임원·감사의
선임과 해임 등 상장회사의 주요 경영사항에 대하여 사실상의 영향력을 행
사하는 주주(이하 "주요주주"라 한다) 및 그의 배우자와 직계존비속

7. 그 밖에 사외이사로서의 직무를 충실하게 수행하기 곤란하거나 상장회사
의 경영에 영향을 미칠 수 있는 자로서 대통령령으로 정하는 자

법 제542조의8제2항제7호의 "대통령령으로 정하는 자"란 다음 각 호의
어느 하나에 해당하는 자를 말한다(상법시행령 제13조 5항).

1) 해당 상장회사의 계열회사의 상무에 종사하는 이사·감사 및 피용자
또는 최근 2년 이내에 계열회사의 상무에 종사하는 이사·감사 및 피
용자이었던 자

2) 다음 각 목의 법인(「법인세법 시행령」 제17조의2제8항에 따른 기관투
자자 및 이에 상당하는 외국금융기관은 제외한다)의 이사·감사 및 피

용자이거나 최근 2년 이내에 이사·감사 및 피용자이었던 자

가. 최근 3개 사업연도 중 해당 상장회사와의 거래실적의 합계액이 자산총액(해당 상장회사의 최근 사업연도 말 현재의 대차대조표상의 자산총액을 말한다) 또는 매출총액(해당 상장회사의 최근 사업연도 말 현재의 손익계산서상의 매출총액을 말한다. 이하 이 조에서 같다)의 100분의 10 이상인 법인

나. 최근 사업연도 중에 해당 상장회사와 매출총액의 100분의 10 이상의 금액에 상당하는 단일의 거래계약을 체결한 법인

다. 최근 사업연도 중에 해당 상장회사가 금전, 유가증권, 그 밖의 증권 또는 증서를 대여하거나 차입한 금액과 담보제공 등 채무보증을 한 금액의 합계액이 자본금(해당 상장회사의 최근 사업연도 말 현재의 대차대조표상의 자본금을 말한다)의 100분의 10 이상인 법인

라. 해당 상장회사의 정기주주총회일 현재 해당 회사가 자본금(해당 상장회사가 출자한 법인의 자본금을 말한다)의 100분의 5 이상을 출자한 법인

마. 해당 상장회사와 기술제휴계약을 체결하고 있는 법인

바. 해당 상장회사의 감사인으로 선임된 회계법인

사. 해당 상장회사와 법률자문·경영자문 등의 자문계약을 체결하고 있는 법인

3) 해당 상장회사 외의 2개 이상의 다른 상장회사의 사외이사 또는 상무에 종사하지 아니하는 이사·감사로 재임 중인 자

4) 해당 상장회사에 대한 회계감사 또는 세무대리를 하거나 해당 상장회사와 법률자문·경영자문 등의 자문계약을 체결하고 있는 변호사, 공인회계사, 세무사, 그 밖의 자문용역을 제공하고 있는 자

5) 해당 상장회사의 발행주식총수의 100분의 1 이상에 해당하는 주식을 보유(「자본시장과 금융투자업에 관한 법률」제133조제3항에 따른 보유를 말한다)하고 있는 자

6) 해당 상장회사와의 거래(「약관의 규제에 관한 법률」제2조제1항의 약관에 따라 행하여지는 해당 상장회사와의 정형화된 거래는 제외한다)

잔액이 1억원 이상인 자

3) 사외이사의 업무

사외이사는 ① 조언 및 권고기능, ② 경영활동의 규율, ③ 회사의 긴급상황 처리, ④ 경영활동의 감독 등의 업무를 수행한다.

4) 사외이사의 권한과 책임

사외이사는 이사와 같은 권한과 책임, 의무를 부담한다.

가. 사외이사의 권한

이사회에서 의결권은 이사와 동일하고, 이사회의 구성원으로서 회사의 업무집행의 의사결정에 참여하고, 이사회를 통하여 대표이사 등의 직무집행을 감독한다(상 제393조).

나. 사외이사의 책임

회사에 대한 채무불이행으로 인한 손해배상책임, 자본충실책임(상 제399조, 제428조), 이사가 악의 또는 중대한 과실로 인하여 그 임무를 해태한 때에 그 이사가 제3자에 대하여 회사와 연대하여 손해를 배상할 책임(상 제401조) 등이 있다.

5) 사외이사의 등기

2009년 상법 개정 전에는 사외이사는 사내이사와 구별하여 등기되어 있지 않았다. 그러나 2009년 1월 30일 상법 개정으로 인하여 주식회사의 이사를 등기부에 기재하기 위해서는 원칙적으로 "사내이사", "사외이사", "기타비상무이사"로 등기부에 기재하도록 하였다(상법 제317조 제2항 8호).

▣ 이견있는 등기에 대한 견해와 법원판단 ▣

[법인도 이사가 될 수 있는지 여부]

1. 문제점 : 자연인만이 이사가 될 수 있는지 아니면 법인도 가능한지가 문제된다.

2. 학설

(1) 긍정설 : 회사정리법상 법인도 관리인이 될 수 있다는 규정(동법 제95조) 또는 법인도 발기인이 될 수 있다는 해석론과의 균형을 생각할 때 긍정하는 견해.

(2) 부정설 : 이사는 본질적으로 인적 개성에 의하여 임면되므로 이사는 자연인에 한한다고 보는 견해.

(3) 절충설 : 업무를 담당하는 이사와 업무를 담당하지 않는 이사로 구분하여, 전자의 이사는 자연인에 한하나 후자의 경우에는 법인도 될 수 있다는 견해.

3. 판례

이와 관련한 명확한 판례는 아직 없다.

▣ 이견있는 등기에 대한 견해와 법원판단 ▣

[이사회의 승인 없는 자기거래의 효과]

1. 문제점 : 이사의 자기거래의 경우 이사회의 승인을 요하는 데(상 제398조), 이사회의 승인 없는 경우 그 효과가 문제된다.

2. 학설

(1) 무효설 : 상법 제398조가 강행규정임을 이유로 한다.

(2) 유효설 : 상법 제398조는 명령규정에 불과하다고 본다.

(3) 상대적무효설 : 대내적으로 무효이나 대외적으로는 선의의 제3자에게 대항 불가능하다고 보는 견해이다.

3. 판례

상대적무효설의 태도이다.

■ 이견있는 등기에 대한 견해와 법원판단 ■

[비상근 평이사의 감시의무]

1. 문제점 : 비상근 평이사의 경우 회사의 업무집행에 대하여 관여하지 않지만, 이사회에 참석 표결을 통하여 회사의 업무집행에 관한 의사결정에 관여하여 간접적으로 업무담당이사의 업무집행을 감시하는 역할을 한다(상 제399조 2항). 그러므로 이사회에 상정되지 않은 업무에 대해서도 이러한 감시의무가 인정될 수 있는지가 문제된다.

2. 학설

(1) 부정설 : 평이사에게는 업무집행의무가 없음을 이유로 부정하는 견해이다. 상법 제399조 2항은 이사회 상정된 안건에 한한다고 본다.

(2) 긍정설 : 이사회 감독기능의 실효성 보장을 이유로 긍정하는 견해이다.

3. 판례

긍정설의 태도이다. 즉, 업무집행이 위법하다고 의심할만한 사유가 있음에도 불구하고 이를 방치한 경우 감시의무 위반의 책임이 있다고 한다.

2. 대표이사의 취임과 퇴임

(1) 대표이사의 자격 등

대표이사란 대내적으로는 업무집행을 담당하고 대외적으로는 회사를 대표하는 필요적 상설기관이다.

대표이사는 이사임을 요하며, 이사 이외의 자를 대표이사로 선임하지 못한다. 이사의 권리의무가 있는 자·일시이사·이사직무대행자도 대표이사로 선임될 수 있다.

(2) 대표이사의 원수

대표이사는 1인 이상이 있어야 하며 정관으로 2인 이상의 대표이사를 둘 것으로 정할 수 있다(상 제389조 1항).

회사는 이사 전원을 대표이사로 선임하고 그에 따른 등기신청도 가능하다(등기예규 제691호). 정관 규정에 반하지 않는 범위 내에서 회사의 대표이사가 3인이 있는 경우에 이사회(또는 주주총회)의 결의로 3인 중 1인은 단독대표이사로, 2인은 공동대표이사로 등기할 수 있다(1989. 10. 18, 등기 제1958호).

한편 자본금의 총액이 10억원 미만인 회사가 2명의 이사만을 둔 경우(상제383조 1항 단서)에는 원칙적으로 각 이사가 회사를 대표하지만 정관에 따라 대표이사를 정한 경우에는 그 대표이사가 회사를 대표하는데(상 제383조 6항), 이 경우 정관에서 대표이사를 두도록 정한 경우에만 정관에서 정하는 방법에 따라 대표이사를 선임하여야 한다.

(3) 대표이사의 선임

1) 선임절차

대표이사는 이사회의 결의로 선임하는 것이 원칙이나 정관으로써 주주총회에서 선임할 것으로 정할 수 있다(상 제389조 1항 단서).

대개의 회사는 "사장은 이사회결의에 의하여 선임한다. 사장은 회사를 대표한다"는 취지의 정관 규정을 두고 있는데, 이 경우는 사장을 선임하는 결의가 곧 대표이사를 선임하는 결의라 할 것이다.

대표이사의 선임은 정관에 별다른 규정이 없는 한 이사 과반수의 출석과 출석이사의 과반수의 찬성으로 한다(상 제391조 1항). 정관의 규정에 의해 주주총회에서 대표이사를 선정하는 경우(상 제389조 1항 단서)에는 정관에 다른 정함이 없는 한 출석한 주주의 의결권의 과반수와 발행주식총수의 4분의1 이상의 수로써 선임하여야 한다(상 제368조 1항). 이사회 또는 주주총회에서 대표이사를 선임하는 경우에는 그 후보자인 이사 또는 주주는 특별이해관계인이 아니다(상 제368조 4항, 제391조 3항).

대표이사를 선임한 때에는 이를 등기하여야 하나 등기의 유무에 따라 자격의 존부가 결정되는 것은 아니며, 대표이사로 선임된 이상 그 등기 전이라도 대표이사의 직무를 수행할 수 있고, 그 자를 회사의 대표로 하여 제기한 소도 적법하다.

2) 회생법인의 대표이사 선임

회생회사가 회생계획에서 이사·대표이사의 선임방법을 정한 경우에는 다른 법령이나 정관의 규정은 적용하지 아니하고 회생계획에서 정한 방법에 의한다(채무자회생및파산에관한법률 제263조 2항).

(4) 대표이사의 임기

대표이사의 임기에 대하여 별도의 규정은 없다. 그러나 대표이사는 이사 자격을 전제로 하므로 이사의 임기를 초과하지 못할 것이다.

(5) 대표이사의 퇴임

1) 이사직의 상실

대표이사는 이사임을 요하므로 이사의 지위를 상실한 때에는 당연 퇴임한다(규칙 제85조). 일시이사 또는 이사직무대행자로서 대표이사직에 있는 자는 이와 같은 자격을 상실하면 대표이사의 지위도 상실한다.

2) 사 임

대표이사는 언제든지 사임할 수 있다. 이 때 대표이사직을 사임하더라도 이사직을 상실하지는 않으나, 이사직을 사임하면 대표이사직도 당연히 상실한다.

대표이사가 이사직을 사임함으로써 법률 또는 정관에 정한 이사의 원수는 결하게 되나 대표이사의 원수를 결하게 되는 것이 아닐 때에는 신임이사의 취임시까지 이사의 권리의무는 행사하여야 하나 대표이사로서의 권리의무는 없다 할 것이다.

3) 해 임

대표이사는 선임기관의 결의로 언제든지 해임할 수 있다. 대표이사 해임의 이사회 결의에 있어서는 이사의 해임결의에서와는 달리 그 이사는 특별 이해관계인으로서 의결 결족수에는 산입되나 결의권을 행사하지는 못한다는 견해가 있다(일본 소화 26. 10. 3, 민사갑 제1940호 민사국장회답). 그러나 대표이사를 선임하는 경우와 마찬가지로 해임여부는 대표이사로서의 적임 또는 부적임의 판단에 속하는 사항으로 이사의 충실의무 이전의 문제이고, 주주총회에서의 이사의 선임 및 해임에 관한 주주의 지배력은 이사회에서의 대표이사의 선임 및 해임에 있어서도 관철되어야 한다는 점에서 특별이해관계인에 해당하지 않는다고 본다[48].

해임결의는 그 대표이사의 승낙을 요하지 않고 효력을 발생하여, 피해임자에게 고지하지 않아도 해임의 효과가 생긴다(日最判 1966.11.20, 민집 제20호, 제

---

48) 상업등기실무[Ⅱ], 법원행정처(2011), 201면

10호, 제2160호).

4) 정관소정사유의 발생

정관으로 대표이사의 임기를 정하거나 자격요건을 가중하여 규정한 경우 그 임기만료 또는 자격상실 등의 사유가 발생한 때에는 대표이사는 퇴임한다.

(6) 대표이사의 권리의무를 행사하는 자

대표이사가 임기만료 또는 사임으로 인하여 퇴임한 경우에 법률 또는 정관에 정한 원수를 결하게 되는 때에는 퇴임한 대표이사는 새로 선임된 대표이사가 취임할 때까지 대표이사의 권리의무가 있다(상 제389조 3항, 제386조 1항).

(7) 일시대표이사

법률 또는 정관에 정한 대표이사의 원수를 결하게 된 경우에 필요하다고 인정할 때에는 법원은 이사, 감사 기타 이해관계인의 청구에 의하여 일시대표이사의 직무를 행할 자를 선임할 수 있다(상 제389조 3항, 제386조 2항). 이 일시대표이사도 이사, 이사의 권리의무가 있는 자, 일시이사 또는 이사직무대행자 중에서 선임하여야 할 것이다.

(8) 대표이사직무대행자

대표이사인 이사 선임결의의 무효나 취소 또는 선임의 소가 제기된 경우에는 본 안의 관할법원은 당사자의 신청에 의하여 가처분으로써 대표이사인 이사의 직무집행을 정지하고 대표이사의 직무를 대행할 자를 선임할 수 있다.

이 대표이사직무대행자도 이사 또는 이사의 권리의무가 있는 자, 일시이사, 이사직무대행자 중에서 선임하여야 할 것이다.

(9) 공동대표의 규정

대표이사가 수인인 경우에는 각자가 단독으로 회사를 대표하는 것이 원칙이나 선임기관의 결의로 수인의 대표이사가 공동하여 회사를 대표할 것으로 정할 수 있다(상 제389조 2항). 수인의 대표이사를 선임하는 경우에 그 중 일부는 단순대표로, 나머지 일부는 공동대표로 할 수도 있다.

공동대표는 대표권행사의 요건이고 대표권에 가한 제한이 아니므로 공동대표이사의 1인이 대표권을 행사할 수 없을 때에는 다른 공동대표이사는 대표권을 행사할 수는 없으나 대표권을 상실하지는 않는다.

주식회사에 있어서 공동대표제도는 대외관계에서 수인의 대표이사가 공동으로만 대표권을 행사할 수 있게 하여 업무집행의 통일성을 확보하고, 대표권행사의 신중을 기함과 아울러 대표이사 상호간의 견제에 의하여 대표권의 남용 내지는 오용을 방지하여 회사의 이익을 도모하려는데 그 취지가 있다.

공동대표이사의 1인이 그 대표권의 행사를 특정사항에 관하여 개별적으로 다른 공동대표이사에게 위임하는 것은 별론으로 하고, 일반적, 포괄적으로 위임함을 허용하지 아니한다(상 제389조 2항, 대판 1989. 5. 23, 89다카3677). 그러나 특정한 사항에 대한 개별적인 위임은 가능하다고 본다(대판 1989. 5. 23, 89다카3677).

수인의 대표이사가 공동으로 회사를 대표할 것을 정할 때에는 이를 등기하여야 하며(상 제317조 2항 10호), 등기하지 않으면 선의의 제3자에게 대항할 수 없다(상 제37조 1항). 공동대표에 있어서 제3자의 회사에 대한 의사표시는 공동대표 중 1인에 대하여 함으로써 그 효력이 생긴다(상 제208조 1항).

【쟁점질의와 유권해석】

<이사직을 사임하고 대표이사직만 유지하는 것이 가능한지 여부>

이사직을 사임하고 대표이사직을 유지하는 것은 있을 수 없다. 대표이사의 지위는 이사의 지위를 전제로 하기 때문이다. 따라서 이사의 지위가 상실되면 대표이사의 지위가 자동적으로 상실된다. 대표이사의 직만을 사임하는 것은 언제나 가능하다.

▣ 이견있는 등기에 대한 견해와 법원판단 ▣

[개별적 사항에 대한 대표권 위임의 가부]

1. 문제점 : 공동대표이사 중의 1인에게 다른 공동대표이사가 대표권 행사를 위임할 수 있는지가 문제된다. 포괄적인 대표권의 위임은 공동대표이사의 취지에 비추어 볼 때 허용될 수 없다는 것이 통설과 판례의 태도이다. 문제가 되는 것은 개별적 사항에 대한 위임의 가부이다.

2. 학설

(1) 적극설 : 내부적인 의사합치만 있으면 가능하다는 견해.

(2) 소극설 : 대외적인 의사표시도 공동으로 해야 한다는 견해.

(3) 백지위임설 : 대외적인 의사표시를 하는 것뿐만 아니라 거래내용의 결정까지
도 위임할 수 있다는 견해.

3. 판례

대법원은 '공동대표이사 가운데 1인이 단독으로 대표행위를 하도록 용인 내지
방임하였고 또한 상대방이 단독으로 회사를 대표할 권한이 있다고 믿은 경우에
는 공동대표이사 가운데 1인이 단독으로 상대방에게 동의한 것을 회사의 동의
로 볼 수 있다'고 판시한 바 있다(95누14190).

3. 감사의 취임과 퇴임

제5차 개정상법(1999. 12. 31)은 주식회사에 감사위원회제도를 도입하여 회사
가 감사 또는 감사위원회를 선택하여 운영할 수 있도록 하였다. 감사위원회는 3
인 이상의 이사로 구성하되, 위원 3분의 2 이상은 사외이사가 참여해야 하며, 감
사위원회는 감사의 권한을 행사할 수 있다(상 제415조의2).

따라서 이제 주식회사는 종래와 같이 감사를 선임하거나 그에 갈음하여 감사
위원회를 설치하고 감사위원회 위원을 선임하여야 한다. 다만, 감사위원회는 정
관으로 정해야만 설치할 수 있고, 감사위원회를 설치한 경우에는 감사를 둘 수
없다(상 제415조의2 1항).

(1) 감 사

감사는 이사의 직무집행에 대한 감사(상 제412조)와 회계의 감사를 주된 임
무로 하는 회사의 필수적 상설기관이며, 감사는 이사회에 출석하여 의견을
진술할 수 있다(상 제391조의2). 필수기관이라는 점에서 유한회사의 감사(상
제568조)와 다르고, 상설기관이라는 점에서 검사인과 다르다. 또 감사는 수인
이 있는 경우에도 개개의 감사가 독립하여 그 권한을 행사하지만 감사위원
회는 회의체로서 그 권한을 행사한다.

다만, 2009년 5월 상법 개정으로 인하여 소규모 회사의 감사 선임의무가 면
제되었다(상 제409조 4항). 상법 개정 전에는 회사를 설립하는 경우에는 반

드시 감사를 선임해야만 하므로 창업시 드는 비용과 시간이 증가된다는 문제가 있었다. 이에 상법을 개정하여 자본금 총액이 10억원 미만인 회사를 설립하는 경우에는 감사 선임 여부를 회사의 임의적 선택사항으로 하고(상 제409조 4항), 감사를 선임하지 아니할 경우에는 이사와 회사 사이의 소송에서 회사, 이사 또는 이해관계인이 법원에 회사를 대표할 자를 선임하여 줄 것을 신청하도록 하고(상 제409조 5항), 주주총회가 이사의 업무 및 재산상태에 관하여 직접 감독·감시하도록 하였다(상 제409조 6항).

이와 같이 회사의 사정에 따라 감사 선임 여부를 탄력적으로 결정할 수 있도록 함으로써 창업에 필요한 시간과 비용이 절감될 것으로 기대된다.

1) 감사의 자격 등

감사의 자격에 관하여 그 직무수행에 공정을 기하기 위하여 당해 회사 및 자회사의 이사, 지배인 기타 사용인의 직무를 겸할 수 없도록 규정한 외에 다른 제한규정은 없다(상 제411조). 다만, 정관으로 감사의 자격을 주주로 제한하거나 할 수 있을 것이다.

핵심판례

■ 감사가 회사 또는 자회사의 이사, 지배인 기타의 사용인에 선임되거나 그 반대의 경우, 피선임자가 현직을 사임하는 것을 조건으로 효력을 가지는지 여부(적극)

감사가 회사 또는 자회사의 이사 또는 지배인 기타의 사용인에 선임되거나 반대로 회사 또는 자회사의 이사 또는 지배인 기타의 사용인이 회사의 감사에 선임된 경우에는 그 선임행위는 각각의 선임 당시에 있어 현직을 사임하는 것을 조건으로 하여 효력을 가지고, 피선임자가 새로이 선임된 지위에 취임할 것을 승낙한 때에는 종전의 직을 사임하는 의사를 표시한 것으로 해석하여야 한다(대법원 2007.12.13. 선고 2007다60080 판결).

감사는 회사의 업무와 회계를 감사하는 상설기관으로서 언제든지 이사에 대하여 영업에 관한 보고를 요구하거나 회사의 업무와 재산상태를 조사할 수 있고, 이사회에 출석하여 의견을 진술할 권한을 가진다(상 제412조, 제391조의2). 상법은 감사에게 회계감사권과 함께 업무감사권도 인정하고 있다.

2) 감사의 원수

감사는 반드시 1인 이상 있어야 하며, 정관으로써 2인 이상의 감사를 둘 수도 있다. 감사가 수인인 경우에도 각자 독립하여 권한을 행사하며, 이사회제도 와 같은 회의체 제도는 없다. 그러나 감사위원회를 둔 경우에는 감사를 둘 수 없다(상 제415조의2).

3) 감사의 선임

가. 선임절차

설립시의 감사는 발기설립의 경우, 발기인이 주식인수인으로서 갖는 의결 권의 과반수로써 선임하고(상296 ①), 모집설립의 경우는 창립총회에서 출석 한 주식인수인의 의결권의 2/3이상이며 인수된 주식총수의 과반수에 해당하 는 수로써 선임한다(상 제312조, 제309조).

설립 후의 감사는 주주총회의 보통결의에 의하여 선임한다. 그러나 감사의 선임에 있어서는 의결권 없는 주식을 제외한 발행주식총수의 100분의 3을 초 과하는 수의 주식을 가진 주주는 그 초과하는 주식에 관하여 의결권을 행사 할 수 없다. 회사는 정관으로써 소유 주식의 비율을 이보다 낮게 정할 수는 있으나 이를 올릴 수는 없다(상 제409조).

핵 심 판 례

■ 주주총회의 감사선임결의만으로 피선임자가 회사와 임용계약의 체결 없이 바 로 감사의 지위를 취득하는지 여부(소극)

감사의 선임에 관한 주주총회의 결의는 피선임자를 회사의 기관인 감사로 한다는 취지의 회사 내부의 결정에 불과한 것이므로, 주주총회에서 감사선임결의가 있었다 고 하여 바로 피선임자가 감사의 지위를 취득하게 되는 것은 아니고, 주주총회의 선임결의에 따라 회사의 대표기관이 임용계약의 청약을 하고 피선임자가 이에 승낙 을 함으로써 비로소 피선임자가 감사의 지위에 취임하여 감사로서의 직무를 수행할 수 있게 되는 것이므로, 주주총회에서 감사선임의 결의만 있었을 뿐 회사와 임용계 약을 체결하지 아니한 자는 아직 감사로서의 지위를 취득하였다고 할 수 없다(대법 원 2005.11.8. 자 2005마541 결정).

등기시, 감사는 주주총회회의록에 기명날인할 수 없으므로 의사록에 승낙 의 취지를 기재하여도 효력이 없고 별도의 승낙서와 인감증명을 첨부해야 한 다.

상장회사의 경우에는 상법상 다음과 같은 특례규정이 적용된다. 즉, 상장 회사가 이사·감사의 선임에 관한 사항을 목적으로 하는 주주총회를 소집통 지 또는 공고하는 경우에는 이사·감사 후보자의 성명, 약력, 추천인, 그 밖

에 대통령령으로 정하는 후보자에 관한 사항을 통지하거나 공고하여야 한다
(상 제542조의4 2항). 상법 제542조의4제2항에서 "대통령령으로 정하는 후보
자에 관한 사항"이란 다음 각 호의 사항을 말한다(상법시행령 제10조 3항).

1. 후보자와 최대주주와의 관계

2. 후보자와 해당 회사와의 최근 3년간의 거래내역

   상장회사가 주주총회에서 이사 또는 감사를 선임하려는 경우에는 제
   542조의4제2항에 따라 통지하거나 공고한 후보자 중에서 선임하여야
   한다(상 제542조의5).

한편, 상장회사의 경우에는 최대주주, 최대주주의 특수관계인, 그 밖에 대
통령령으로 정하는 자가 소유하는 상장회사의 의결권 있는 주식의 합계가 그
회사의 의결권 없는 주식을 제외한 발행주식총수의 100분의 3을 초과하는 경
우 그 주주는 그 초과하는 주식에 관하여 감사 또는 사외이사가 아닌 감사위
원회위원을 선임하거나 해임할 때에는 의결권을 행사하지 못한다. 다만, 정관
에서 이보다 낮은 주식 보유비율을 정할 수 있다(상 제542조의12 3항).

핵 심 판 례

■ '최대주주가 아닌 주주와 그 특수관계인 등'이 일정 비율을 초과하여 소유하
는 주식에 관하여 감사의 선임 및 해임에 있어서 의결권을 제한하는 내용의
정관 규정이나 주주총회결의의 효력(무효)

상법 제409조 제2항· 제3항은 '주주'가 일정 비율을 초과하여 소유하는 주식에 관하
여 감사의 선임에 있어서 그 의결권을 제한하고 있고, 구 증권거래법(2007. 8. 3. 법
률 제8635호 자본시장과 금융투자업에 관한 법률 부칙 제2조로 폐지) 제191조의11
은 '최대주주와 그 특수관계인 등'이 일정 비율을 초과하여 소유하는 주권상장법인
의 주식에 관하여 감사의 선임 및 해임에 있어서 의결권을 제한하고 있을 뿐이므
로, '최대주주가 아닌 주주와 그 특수관계인 등'에 대하여도 일정 비율을 초과하여
소유하는 주식에 관하여 감사의 선임 및 해임에 있어서 의결권을 제한하는 내용의
정관 규정이나 주주총회결의 등은 무효이다(대법원 2009.11.26. 선고 2009다51820 판
결).

【쟁점질의와 유권해석】

<주주총회에서 감사선임의 결의만 있었을 뿐 회사와 임용계약을 체결하지 아니한 자
가 회사에 대하여 감사변경등기절차의 이행을 구할 수 있는지 여부>

주식회사와 임용계약을 체결하고 새로이 회사의 감사의 지위에 취임하여 감사로서의
직무를 수행할 권리와 의무를 가지게 된 자로서는, 아직 감사로서 회사등기부에 등재
되지 아니한 상태라면 등기에 의하여 선의의 제3자에 대항할 수 없어 완전한 감사로
서의 직무를 수행할 수 없으므로, 회사에 대하여 회사와의 임용계약에 기하여 회사등
기부상 감사변경의 등기절차의 이행을 구할 수 있으나, 감사의 선임에 관한 주주총회
의 결의는 피선임자를 회사의 기관인 감사로 한다는 취지의 회사 내부의 결정에 불
과한 것이므로, 주주총회에서 감사선임결의가 있었다고 하여 바로 피선임자가 감사의
지위를 취득하게 되는 것은 아니고, 주주총회의 선임결의에 따라 회사의 대표기관이
임용계약의 청약을 하고 피선임자가 이에 승낙을 함으로써 비로소 피선임자가 감사
의 지위에 취임하여 감사로서의 직무를 수행할 수 있게 되는 것이므로, 주주총회에서
감사선임의 결의만 있었을 뿐 회사와 임용계약을 체결하지 아니한 자는 아직 감사로
서의 지위를 취득하였다고 할 수 없고, 따라서 감사로서의 지위에서 회사와의 임용계
약에 기하여 회사에 대하여 감사선임등기가 지연됨을 이유로 감사변경의 등기절차의
이행을 구할 수 없다(대판 1995. 2. 28, 94다31440).

나. 회생법인의 감사 선임

회생사건의 경우 법인인 채무자의 감사는 채권자협의회의 의견을 들어 법
원이 선임하되, 법원이 그 임기를 정하며(채무자회생및파산에관한법률 제203
조 4항, 5항), 회생계획에서 법원이 종전의 감사를 선임하지 아니하면 종전의
감사는 법원이 감사를 선임한 때에 해임된 것으로 본다(동법 제264조 4항, 5
항).

4) 감사의 임기

감사의 임기는 몇 차례 상법의 개정을 거쳐 현재 취임 후 3년 내의 최종 결
산 기에 관한 주주총회 종결시까지로 되어 있다(상 제410조).

감사임기의 시기는 회사성립 전후를 불문하고 취임한 때이며, 종기는 취임
후 3년 내에 도래하는 최종 결산기에 관한 정기주주총회의 종결 시이다(최종
의 결산기가 3년 내에 도래함을 뜻하는 것이지, 그 정기총회가 3년 내에 도래

함을 뜻하는 것은 아니다).

감사의 임기는 만 3년이 아니고 그보다 길거나 짧을 수도 있다. 예컨대, 12월말 결산기인 법인의 감사가 2008. 12. 1.에 취임했다면 그의 임기는 2008년 말 결산기 1회, 2009년 말 결산기 1회, 2010년 말 결산기 1회 도합 3회의 결산기가 되는 바, 이 결산기는 다음 해 3. 31.까지 정기주주총회를 개최하면 되므로, 정기주주총회기일인 2011. 3. 31. 이전에 임기가 만료되는데, 그 만료일은 위 3회째의 정기주주총회 개최일까지가 된다. 이 경우 약 9개월 정도 임기를 못 채우고 임기가 종료되는 것이다. 다음으로 2008. 6. 30.을 결산기로 정한 회사의 경우, 2008. 9. 1.에 선임된 감사는 2009. 6. 30.이 첫 번째 결산기이고, 2010. 6. 30.이 두 번째 결산기, 2011. 6. 30.이 세 번째 결산기인바, 세 번째 결산기의 결산일이 3개월 연장된다면 2011. 9. 30.까지 연장된다.

이와 같이 감사의 임기는 법률상 확정된 것이므로 정관의 규정에 의하여 이보다 길거나 짧은 임기를 정할 수 없다.

주식회사인 보험회사의 감사의 임기에 관하여 보험업법은 상법과 규정을 달리하고 있는바, 이 경우에 상법의 특별법인 보험업법을 우선 적용하여 동법 제13조의 규정에 따라 보험회사의 감사의 임기를 2년으로 해야 할 것이다(1993. 3. 19. 등기 658 질의회답).

합병을 하는 회사의 일방이 합병 후 존속하는 경우 존속하는 회사의 감사로서 합병 전에 취임한 자는 합병계약서에 다른 정함이 있는 경우를 제외하고는 합병 후 최초로 도래하는 결산기의 정기총회가 종료하는 때에 퇴임한다(상 제527조의4 1항). 이는 1999. 12. 28. 개정상법으로 규정한 것이다(상 제527조의4).

또한 합병으로 인하여 회사를 설립하는 경우에 합병하는 회사의 감사로서 합병 전에 취임한 자도 합병계약서에 다른 정함이 있는 경우를 제외하고는 합병 후 최초로 도래하는 결산기의 정기총회가 종료하는 때에 퇴임한다(상 제527조의4 1항).

5) 감사의 퇴임

감사는 해임 등 이사의 퇴임사유와 동일한 사유로 인하여 퇴임하나, 회사가 해산한 경우 퇴임하지 않는 점에서 차이가 있다.

6) 감사의 권리의무가 있는 자, 일시감사 및 감사의 직무대행자

감사가 임기만료 또는 사임으로 인하여 퇴임하여 법률 또는 정관에 정한 원수를 결하게 되는 때에는 퇴임한 감사는 새로 선임된 감사가 취임할 때까지 감사의 권리의무가 있다(상 제415조, 제386조 1항).

일시감사(상 제415조, 제386조 2항), 감사의 직무대행자(상 제415조, 제407조 1항) 등은 이사의 경우와 같다.

7) 상근감사

2009년 상법 개정으로 인하여 대통령령으로 정하는 상장회사는 주주총회 결의에 의하여 회사에 상근하면서 감사업무를 수행하는 감사(이하 "상근감사"라고 한다)를 1명 이상 두어야 한다. 대통령령으로 정하는 상장회사란 최근 사업연도 말 현재 자산총액이 1천억원 이상인 상장회사를 말한다(상법시행령 제15조 1항). 다만, 감사위원회를 설치한 경우(감사위원회 설치 의무가 없는 상장회사가 감사위원회를 설치한 경우를 포함한다)에는 그러하지 아니하다(상 제542조의 10 1항). 다음의 어느 하나에 해당하는 자는 상장회사의 상근감사가 되지 못하며, 이에 해당하게 되는 경우에는 그 직을 상실한다(상 제542조의 10 2항).

1. 미성년자, 금치산자 또는 한정치산자

2. 파산선고를 받은 사람으로서 복권되지 아니한 자

3. 금고 이상의 형을 선고받고 그 집행이 끝나거나 집행이 면제된 후 2년이 지나지 아니한 자

4. 대통령령으로 별도로 정하는 법률에 위반하여 해임되거나 면직된 후 2년이 지나지 아니한 자

대통령령으로 별도로 정하는 법률이란 다음 각 호의 금융관련법령(이에 상응하는 외국의 금융관련법령을 포함한다)을 말한다(상법시행령 제34조 3항).

1) 「한국은행법」

2) 「은행법」

3) 「보험업법」

4) 「자본시장과 금융투자업에 관한 법률」

5) 「상호저축은행법」

6) 「금융실명거래 및 비밀보장에 관한 법률」

7) 「금융위원회의 설치 등에 관한 법률」

8) 「예금자보호법」

9) 「금융기관부실자산 등의 효율적 처리 및 한국자산관리공사의 설립에 관한 법률」

10) 「여신전문금융업법」

11) 「한국산업은행법」

12) 「중소기업은행법」

13) 「한국수출입은행법」

14) 「신용협동조합법」

15) 「신용보증기금법」

16) 「기술신용보증기금법」

17) 「새마을금고법」

18) 「중소기업창업지원법」

19) 「신용정보의 이용 및 보호에 관한 법률」

20) 「외국환거래법」

21) 「외국인투자촉진법」

22) 「자산유동화에 관한 법률」

23) 「주택저당채권유동화회사법」

24) 「금융산업의 구조개선에 관한 법률」

25) 「담보부사채신탁법」

26) 「금융지주회사법」

27) 「기업구조조정투자회사법」

28) 「한국주택금융공사법」

5. 누구의 명의로 하든지 자기의 계산으로 의결권 없는 주식을 제외한 발행

주식총수의 100분의 10 이상의 주식을 소유하거나 이사·집행임원·감사의 선임과 해임 등 상장회사의 주요 경영사항에 대하여 사실상의 영향력을 행사하는 주주(이하 "주요주주"라 한다) 및 그의 배우자와 직계존비속

6. 회사의 상무(常務)에 종사하는 이사·집행임원 및 피용자 또는 최근 2년 이내에 회사의 상무에 종사한 이사·집행임원 및 피용자. 다만, 감사위원회 위원으로 재임 중이거나 재임하였던 이사는 제외한다.

7. 회사의 경영에 영향을 미칠 수 있는 자로서 대통령령으로 정하는 사람

대통령령으로 정하는 자란 다음 각 호의 어느 하나에 해당하는 자를 말한다(상법시행령 제36조 2항).

1) 해당 회사의 상무에 종사하는 이사·집행임원의 배우자 및 직계존속·비속

2) 계열회사의 상무에 종사하는 이사·집행임원 및 피용자이거나 최근 2년 이내에 상무에 종사한 이사·집행임원 및 피용자

(2) 감사위원회

주식회사는 정관이 정한 바에 따라 이사회 내에 위원회를 설치하여 이사회로부터 위임받은 업무에 대하여 이사회의 권한을 행사하게 할 수 있는데(상 제393조의2), 이러한 위원회의 하나로 감사위원회를 설치하여 감사에 갈음하여 이사의 직무집행과 회계를 감사하게 할 수 있다(상 제415조의2). 감사위원회를 설치한 경우에는 감사를 들 수 없다. 상법상 감사위원회의 설치는 임의사항이다. 그러나 2009년 상법 개정에 의하여 자산 규모 등을 고려하여 대통령령으로 정하는 상장회사는 감사위원회를 설치하여야만 한다(상 제542조의 11 1항). 상법 제542조의11 제1항에서 대통령령으로 정하는 상장회사란 최근 사업연도 말 현재 자산총액이 2조원 이상인 상장회사를 말한다. 다만, 다음 각 호의 어느 하나에 해당하는 상장회사는 제외한다(상법시행령 제37조 1항).

1. 「부동산투자회사법」에 따른 부동산투자회사인 상장회사

2. 「공공기관의 운영에 관한 법률」 및 「공기업의 경영구조개선 및 민영화에 관한 법률」의 적용을 받는 상장회사

3. 「채무자 회생 및 파산에 관한 법률」에 따른 회생절차가 개시된 상장회사

4. 유가증권시장 또는 코스닥시장에 주권을 신규로 상장한 상장회사(신규상장 후 최초로 소집되는 정기주주총회 전일까지만 해당한다). 다만, 유가증권시장에 상장된 주권을 발행한 회사로서 감사위원회를 설치하여야 하는 회사가 코스닥시장에 상장된 주권을 발행한 회사로 되는 경우 또는 코스닥시장에 상장된 주권을 발행한 회사로서 감사위원회를 설치하여야 하는 회사가 유가증권시장에 상장된 주권을 발행한 회사로 되는 경우에는 그러하지 아니하다.

1) 설치와 폐지

감사위원회는 정관으로 감사에 갈음하도록 정하여야 이사회 내의 위원회로서 감사위원회를 설치할 수 있다. 감사가 주식회사의 단독제 기관임에 대하여 감사위원회는 합의체 기관 법정기관으로 이사회 내 위원회의 일종이다.

이사회 내 각종 위원회는 원칙적으로 2인 이상의 위원으로 구성되나(상 제393조의2 3항), 감사위원회는 3인 이상의 이사로 구성되며, 위원 3분의 2 이상의 사외이사가 참여하여야 한다.

감사위원회를 설치한 경우 감사를 둘 수 없다(상 제415조의2 1항, 2항).

상법상의 일반 회사에서 감사위원회는 감사에 갈음하여 설치할 수 있는 임의기관이나(상 제415조의2), 2009년 상법 개정에 의하여 자산 규모 등을 고려하여 대통령령으로 정하는 상장회사는 감사위원회를 설치하여야만 한다(상 제542조의 11 1항).

감사위원회의 설치는 정관으로 특별한 요건을 규정하고 있지 아니하는 한, 이사회의 통상결의인 이사 과반수의 출석과 출석이사 과반수의 찬성으로 결정한다.

감사위원회는 회사설립시부터 설치할 수 있고 발기설립의 경우에는 출자를 완료한 후에 발기인이 감사에 갈음하여 감사위원회 설치를 결정하고 그 위원을 선임할 수 있으며, 모집설립의 경우에는 창립총회에서 감사위원회 설치를 결정하고 감사위원회 위원을 선임할 수 있다고 할 것이다(상 제415조의2 6항, 제296조, 제312조).

2) 감사위원회 위원의 자격

감사위원회의 위원은 3명이상의 이사이어야 하며, 위원의 3분의 2는 반드시 사외이사이어야 한다(상 제415조의2 2항). 따라서 감사위원회 위원은 이사의 자격을 상실하면 감사위원회 위원의 자격도 상실한다고 할 것이다.

2009년 상법 개정에 의하면 상장회사의 감사위원회의 경우 위원 중 1명 이상은 대통령령으로 정하는 회계 또는 재무 전문가여야 한다. 그리고 감사위원회의 대표는 사외이사여야 한다(상 제542조의11 2항). 상법 제542조의11 제2항 제1호에서 "대통령령으로 정하는 회계 또는 재무 전문가"란 다음 각 호의 어느 하나에 해당하는 사람을 말한다(상법시행령 제37조 2항).

1) 공인회계사의 자격을 가진 사람으로서 그 자격과 관련된 업무에 5년 이상 종사한 경력이 있는 사람

2) 회계 또는 재무 분야에서 석사학위 이상의 학위를 취득한 사람으로서 연구기관 또는 대학에서 회계 또는 재무 관련 분야의 연구원이나 조교수 이상으로 근무한 경력이 합산하여 5년 이상인 사람

3) 상장회사에서 회계 또는 재무 관련 업무에 합산하여 임원으로 근무한 경력이 5년 이상 또는 임직원으로 근무한 경력이 10년 이상인 사람

4) 「자본시장과 금융투자업에 관한 법률 시행령」 제29조제2항제4호 각 목의 기관에서 회계 또는 재무 관련 업무나 이에 대한 감독 업무에 근무한 경력이 합산하여 5년 이상인 사람

   상장회사는 주주총회에서 이사를 선임한 후 선임된 이사 중에서 감사위원회 위원을 선임하여야 한다(상 제542조의12 2항).

다음의 어느 하나에 해당하는 자는 상장회사의 사외이사가 아닌 감사위원회 위원이 될 수 없고, 이에 해당하게 된 경우에는 그 직을 상실한다(상 제542조의11 3항).

1) 미성년자, 금치산자 또는 한정치산자

2) 파산선고를 받은 사람으로서 복권되지 아니한 자

3) 금고 이상의 형을 선고받고 그 집행이 끝나거나 집행이 면제된 후 2년이 지나지 아니한 자

4) 대통령령으로 별도로 정하는 법률에 위반하여 해임되거나 면직된 후 2년이 지나지 아니한 자

5) 누구의 명의로 하든지 자기의 계산으로 의결권 없는 주식을 제외한 발행주

식총수의 100분의 10 이상의 주식을 소유하거나 이사·집행임원·감사의 선임과 해임 등 상장회사의 주요 경영사항에 대하여 사실상의 영향력을 행사하는 주주(이하 "주요주주"라 한다) 및 그의 배우자와 직계존비속

6) 회사의 상무(常務)에 종사하는 이사·집행임원 및 피용자 또는 최근 2년 이내에 회사의 상무에 종사한 이사·집행임원 및 피용자. 다만, 감사위원회 위원으로 재임 중이거나 재임하였던 이사는 제외한다.

7) 회사의 경영에 영향을 미칠 수 있는 자로서 대통령령으로 정하는 사람

3) 감사위원회 위원의 선임과 해임 및 퇴임

감사위원회 위원의 선임에 관하여 상법은 달리 규정하고 있지 않으며, 해임에 관하여만 이사회에서 해임할 수 있는 것으로 정하고 있다. 따라서 감사위원회의 위원은 정관이 정하는 방법에 의하여 선임하여야 할 것이다. 다만, 감사위원회 위원후보인 이사는 당해 위원의 선임이나 해임결의에는 참여할 수 없다(상 제415조의2 1항, 제393조의2 6항, 제391조 2항, 제368조 4항). 감사위원회 위원의 선임은 이사회의 보통결의로 선임한다.

최근 사업연도 말 현재의 자산총액이 2조원 이상인 상장회사로서 주주총회에서 감사위원회 위원을 선임하는 경우에는 주주총회에서 선임된 이사 중에서 감사위원회 위원을 선임하여야 하고(상 제542조의12 2항), 최대주주, 최대주주의 특수관계인, 그 밖에 대통령령으로 정하는 자가 소유하는 상장회사의 의결권 있는 주식의 합계가 그 회사의 의결권 없는 주식을 제외한 발행주식총수의 100분의 3을 초과하는 경우 그 주주는 그 초과하는 주식에 관하여 감사 또는 사외이사가 아닌 감사위원회위원을 선임하거나 해임할 때에는 의결권을 행사하지 못한다. 다만, 정관에서 이보다 낮은 주식 보유비율을 정할 수 있다(상 제542조의12 3항). 또한 대통령령으로 정하는 상장회사의 의결권 없는 주식을 제외한 발행주식총수의 100분의 3을 초과하는 수의 주식을 가진 주주는 그 초과하는 주식에 관하여 사외이사인 감사위원회위원을 선임할 때에 의결권을 행사하지 못한다. 다만, 정관에서 이보다 낮은 주식 보유비율을 정할 수 있다(상 제542조의12 4항).

감사위원회 위원은 이사 총수의 3분의2 이상의 결의로 하는 이사회의 결의로 해임된다(상 제415조의2 제3항). 그리고 회사의 합병의 경우에 회사합병 전에 취임한 감사위원은 합병계약서에 다른 정함이 있는 경우에 제외하고는 합병 후 최초로 도래하는 결산기의 정기총회가 종료하는 때에 퇴임한다(상 제

415조의2 제7항, 제527조의4).

감사위원회 위원은 회사와 위임관계에 있으므로 사임할 수 있다.

4) 감사위원회의 구성

감사위원회는 이사회 내 위원회의 일종이기는 하나, 이사회 내 위원회가 2인 이상의 이사로 구성되는 데 반하여, 감사위원회는 반드시 3인 이상의 이사로 구성된다(상 제415조의2 2항).

5) 감사위원회의 대표

감사위원회는 위원회를 대표할 자를 선정하여야 한다. 이 경우 수인의 위원이 공동으로 위원회를 대표할 것을 정할 수 있으며, 회사의 비용으로 전문가의 조력을 구할 수도 있다(상 제415조의2 4항, 5항).

감사위원회 위원이 소의 당사자인 경우에는 감사위원회 또는 이사는 법원에 회사를 대표할 자를 선임하여 줄 것을 신청하여야 한다(상 제394조 2항). 소를 제기할 때는 감사위원회 또는 이사는 본점소재지 관할법원에 회사를 대표할 자를 선임하여 줄 것을 신청하여 그 결정된 감사위원회 위원이 하도록 한다(비송 제72조). 상법 제13절의 적용을 받는 상장회사의 경우에는 감사위원회의 대표는 사외이사여야 한다(상 제542조의11 2항 2호).

6) 감사위원회의 운영

감사위원회는 이사회 내의 위원회의 일종이므로, 이사회 내 위원회와 동일하게 운영한다(상 제415조의2 1항).

감사위원회의 결의방법은 통상 위원 과반수 출석과 출석위원 과반수 찬성으로 결정하며, 소집방법도 이사회 내 위원회와 동일하다고 할 것이다(상 제393조의2 5항, 제390조, 제391조).

감사위원회는 회사의 비용으로 전문가의 조력을 받을 수 있고(상 제415조의2 5항), 회의도 연기와 속행을 할 수 있으며(상 제393조의2 6항, 제392조), 회의 결과를 감사위원회의사록에 기재하고 출석한 위원이 서명 또는 기명날인하여야 한다(상 제393조의2 6항, 제391조의3).

7) 감사위원회 위원의 임기 및 회사합병시의 임기

상법에서 감사위원회 위원에 대한 규정은 정하고 있지 않으나, 감사위원회 위원은 이사가 겸임하므로 그 임기가 감사와 같을 수는 없을 것이다. 감사위원회 위원은 이사의 자격을 상실할 경우와 해임될 경우에는 당연히 감사위원회 위원의 자격을 상실할 것이다. 그리고 감사위원회 위원이 사임하는 경우와 이사회에서 감사위원회위원을 해임하는 경우에도 감사위원회 위원의 자격을 상실한다고 할 것이다(상 제415조의2 3항).

따라서 감사위원회 위원의 임기는 정관으로 정하면 그에 따르고, 정관에 정함이 없는 경우에는 선임기관인 이사회가 결정할 수 있으나, 당해 이사의 임기를 초과할 수 없고, 임기 중에라도 해임되거나 사임하는 경우에는 퇴임된다고 할 것이다.

합병을 하는 회사의 일방이 합병 후 존속하는 경우에 존속하는 회사의 감사위원회 위원으로서 합병 전에 취임한 자는 합병계약서에 다른 정함이 있는 경우를 제외하고는 합병 후 최초로 도래하는 결산기의 정기총회가 종료하는 때에 퇴임하고, 합병으로 인하여 회사를 설립하는 경우에 합병하는 회사의 감사위원회 위원으로서 합병 전에 취임한 자도 위와 같다(상 제415조의2, 제527조의4).

8) 일시감사위원회 위원의 직무집행정지가처분 또는 직무대행자선임가처분

감사위원회 감사위원의 선임결의 무효나 취소 또는 그 감사위원회위원 자격인 이사의 선임결의 무효나 취소 또는 감사위원회 위원의 해임의 소가 제기된 경우에는 법원은 당사자의 신청에 의하여 가처분으로써 감사위원회 감사위원의 직무집행을 정지할 수 있고 직무대행자를 선임할 수 있다.

9) 등 기

감사위원회위원의 성명과 주민등록번호를 등기하여야 한다.

■ 이견있는 등기에 대한 견해와 법원판단 ■

[감사의 권한]
1. 문제점 : 감사권의 범위와 관련하여 적법성 감사에 한정되는지 아니면 타당성검사에도 미치는지에 대하여 견해가 대립한다.
2. 학설
(1) 제1설 : 명문의 규정이 있는 경우 외에는 직무집행의 적법성만을 감사할 수 있다는 견해.

(2) 제2설 : 명문의 규정이 있는 경우 뿐 아니라 이사의 업무집행이 현저하게 타
    당성을 결하는 경우에도 타당성에 관하여 감사할 수 있다는 견해
(3) 제3설 : 일반적으로 타당성감사에도 미친다는 견해
3. 판례 : 이에 관한 명확한 판례는 없다.

4. 주식회사의 외부감사

(1) 주식회사의 외부감사에 관한 법률

주식회사로부터 독립된 외부의 감사인(감사인)이 그 주식회사에 대한 회계
감사(회계감사)를 실시하여 회계처리를 적정하게 하도록 함으로써 이해관계
인의 보호와 기업의 건전한 발전에 이바지함을 목적으로 주식회사의 외부감
사에 관한 법률이 제정되어있다.

(2) 외부감사의 대상(법 제2조)

직전 사업연도 말의 자산총액, 부채규모 또는 종업원수 등 대통령령으로 정
하는 기준에 해당하는 주식회사(이하 "회사"라 한다)는 재무제표(연결재무제
표를 작성하는 회사의 경우에는 연결재무제표를 포함한다)를 작성하여 주식회
사로부터 독립된 외부의 감사인(이하 "감사인"이라 한다)에 의한 회계감사(이
하 "감사"라 한다)를 받아야 한다. 대통령령으로 정하는 기준에 해당하는 주
식회사란 다음과 같다(주식회사의 외부감사에 관한 법률 시행령 제2조 1항).

1. 직전 사업연도말의 자산총액이 100억원 이상인 주식회사(그 주식회사가
   분할하거나 다른 회사와 합병하여 새로운 회사를 설립한 경우에는 설립
   시의 자산총액이 100억원 이상인 주식회사를 말한다)

2. 주권상장법인(「자본시장과 금융투자업에 관한 법률」에 따른 주권상장
   법인을 말한다. 이하 같다)과 해당 사업연도 또는 다음 사업연도 중에
   주권상장법인이 되고자 하는 주식회사

다만, 다음 각 호의 어느 하나에 해당하는 주식회사는 그러하지 아니하다.

1. 「공공기관의 운영에 관한 법률」에 따라 공기업 또는 준정부기관으로
   지정받은 주식회사 중 주권상장법인(「자본시장과 금융투자업에 관한 법

률」에 따른 주권상장법인을 말한다. 이하 같다)이 아닌 회사

2. 그 밖에 대통령령으로 정하는 주식회사

그 밖에 대통령령으로 정하는 주식회사라 함은 법 제4조제1항의 규정에 의한 감사인 선임기간의 종료일 현재 다음 각호의 어느 하나에 해당하는 주식회사(감사인을 선임한 후 다음 각 호의 어느 하나에 해당하게 된 주식회사로서 증권선물위원회가 인정하는 주식회사를 포함한다)를 말한다(주식회사의 외부감사에 관한 법률 시행령 제2조 2항).

1. 지방자치단체가 자본금의 2분의 1이상을 출자한 주식회사

1의2.「자본시장과 금융투자업에 관한 법률」에 따른 투자회사

1의3.「기업구조조정 투자회사법」에 의한 기업구조조정투자회사

2. 「은행법」에 의한 금융기관으로부터 당좌거래의 정지처분중에 있는 주식회사. 다만,「채무자 회생 및 파산에 관한 법률」에 따라 회생절차의 개시가 결정된 주식회사를 제외한다.

3. 청산중에 있거나 1년이상 휴업중인 주식회사

4. 삭제 <2001. 6. 8>

5. 「상법」에 의하여 합병절차가 진행중인 회사로서 당해 사업연도내에 소멸될 주식회사

6. 제1호 내지 제5호에 준하는 사유로 증권선물위원회가 외부감사를 실시할 필요가 없다고 인정하여 지정하는 주식회사

(3) 내부회계관리제도의 운영(법 제2조의2)

1) 내부회계관리제도

회사(주권상장법인이 아닌 회사로서 직전 사업연도 말의 자산총액이 1천억원 미만인 회사는 제외)는 신뢰할 수 있는 회계정보의 작성과 공시를 위하여 다음의 사항이 포함된 내부회계관리규정과 이를 관리·운영하는 조직(이하 "내부회계관리제도"라 한다)을 갖추어야 한다(법 제2조의2 1항).

1. 회계정보(회계정보의 기초가 되는 거래에 관한 정보를 포함한다. 이하 이조에서 같다)의 식별·측정·분류·기록 및 보고방법에 관한 사항

2. 회계정보의 오류를 통제하고 이를 수정하는 방법에 관한 사항

3. 회계정보에 대한 정기적인 점검 및 조정 등 내부검증에 관한 사항

4. 회계정보를 기록·보관하는 장부(자기테이프·디스켓, 그 밖의 정보보존장치를 포함한다)의 관리 방법과 위조·변조·훼손 및 파기를 방지하기 위한 통제 절차에 관한 사항

5. 회계정보의 작성 및 공시와 관련된 임직원의 업무 분장과 책임에 관한 사항

6. 그 밖에 신뢰할 수 있는 회계정보의 작성과 공시를 위하여 필요한 사항으로서 대통령령으로 정하는 사항

   법 제2조의2제1항제6호에서 "대통령령이 정하는 사항"이라 함은 다음 각 호의 사항을 말한다(.주식회사의 외부감사에 관한 법률 시행령 제2조의2 2항)

   1) 법 제2조의2제1항의 규정에 의한 내부회계관리규정(이하 "내부회계관리규정"이라 한다)의 제정 및 변경절차에 관한 사항

   2) 회계정보를 작성·공시하는 임·직원이 업무를 수행함에 있어서 준수하여야 할 절차에 관한 사항

   3) 주식회사의 대표자 등이 내부회계관리규정을 위반하여 회계정보의 작성·공시를 지시하는 경우에 있어서 임원·직원의 대처방법에 관한 사항

   4) 내부회계관리규정을 위반한 임원·직원의 징계 등에 관한 사항

   회사는 내부회계관리제도에 의하지 아니하고 회계정보를 작성하거나 내부회계관리제도에 따라 작성된 회계정보를 위조·변조·훼손 및 파기하여서는 아니 된다(법 제2조의2 2항).

2) 내부회계관리자

회사의 대표자는 내부회계관리제도의 관리·운영을 책임지며, 이를 담당하는 상근이사(담당하는 이사가 없는 경우에는 해당 이사의 업무를 집행하는 자를 말한다) 1명을 내부회계관리자(이하 "내부회계관리자"라 한다)로 지정하여야 한다(법 제2조의2 3항).

내부회계관리자는 사업연도마다 이사회 및 감사(감사위원회를 포함)에게 해당 회사의 내부회계관리제도의 운영실태를 보고하여야 한다(법 제2조의2 4항).

3) 감사의 내부회계관리제도 운영실태 평가 및 보고

회사의 감사는 내부회계관리제도의 운영실태를 평가하여 이사회에 사업연도마다 보고하고 그 평가보고서를 해당 회사의 본점에 5년간 비치하여야 한다. 이 경우 내부회계관리제도의 관리·운영에 대하여 시정 의견이 있으면 이를 포함하여 보고하여야 한다(법 제2조의2 5항).

(4) 감사인(법 제3조)

1) 법 제2조에 따라 감사를 실시하는 감사인(동조 1항)

법 제2조에 따라 감사를 실시하는 감사인은 다음과 같다. 다만, 연결재무제표 또는 유가증권시장상장법인(「자본시장과 금융투자업에 관한 법률」에 따른 유가증권시장에 상장된 주권을 발행한 법인을 말한다)의 재무제표를 감사하는 감사인은 다음 각 호의 감사인 중에서 대통령령으로 정한다.

1. 「공인회계사법」 제23조에 따른 회계법인

2. 「공인회계사법」 제41조에 따라 설립된 한국공인회계사회(이하 "한국공인회계사회"라 한다)에 총리령으로 정하는 바에 따라 등록을 한 감사반

2) 회계법인인 감사인의 감사업무에 대한 제한(동조 4항, 5항)

회계법인인 감사인은 동일한 이사(「공인회계사법」 제26조제1항에 따른 이사를 말한다)에게 회사의 연속하는 6개 사업연도(주권상장법인인 회사의 경우에는 4개 사업연도)에 대한 감사업무를 하게 할 수 없다. 다만, 주권상장법인인 회사의 경우 연속하는 3개 사업연도에 대한 감사업무를 한 이사에게는 그 다음 연속하는 3개 사업연도의 모든 기간 동안 해당 회사의 감사업무를 하게 할 수 없다(제4항).

또한 회계법인인 감사인은 그 소속공인회계사(「공인회계사법」 제26조제3항에 따른 소속공인회계사를 말한다)를 주권상장법인인 회사에 대한 감사업무의 보조자로 함에 있어서 동일한 보조자에게 해당 회사의 연속하는 3개 사업연도에 대한 감사업무를 하게 한 경우, 그 다음 사업연도에는 그 보조자의 3분의 2 이상을 교체하여야 한다(제5항).

3) 감사반인 감사인의 감사업무에 대한 제한(동조 제6항)

감사반인 감사인은 코스닥시장상장법인(「자본시장과 금융투자업에 관한 법률」에 따른 코스닥시장에 상장된 주권을 발행한 법인을 말한다)인 회사의 연

속하는 3개 사업연도에 대한 감사업무를 한 경우, 그 다음 사업연도에는 그 감사에 참여한 공인회계사의 3분의 2 이상을 교체하여야 한다(제6항).

(5) 감사인의 선임(법 제4조, 제5조)

1) 일반적인 경우(제4조)

회사는 매 사업연도 개시일부터 4개월 이내에 감사인을 선임하여야 한다. 이 경우 재무제표 및 연결재무제표의 감사인은 동일하여야 한다(제1항). 회사는 감사인을 선임할 때에는 감사 또는 전문성과 독립성이 확보된 감사인선임위원회(「상법」 제415조의2에 따른 감사위원회를 설치한 경우에는 이를 감사인선임위원회로 본다)의 승인을 받아야 한다. 다만, 주권상장법인은 감사인선임위원회의 승인을 받아야 한다(제2항). 주권상장법인이 아닌 회사가 직전 사업연도의 감사인을 다시 감사인으로 선임할 때에는 감사 또는 감사인선임위원회의 승인을 받지 아니할 수 있다(제6항). 회사는 감사인을 선임하면 그 사실을 감사인을 선임한 사업연도 중에 소집되는 「상법」 제365조에 따른 정기총회에 보고하거나 대통령령으로 정하는 바에 따라 주주에게 통지 또는 공고하여야 한다(제3항). 회사가 감사인을 선임할 때에는 감사인의 감사보수와 감사시간에 관하여 미리 감사 또는 감사인선임위원회와 협의하여야 한다(제7항).

2) 주권상장법인의 경우(제4조의2)

주권상장법인은 연속하는 3개 사업연도의 감사인을 동일감사인으로 하여 최초의 사업연도 개시일부터 4개월 이내에 선임하여야 한다. 이 경우 주권상장법인인 회사가 제4조제4항 각 호의 사유로 감사인을 다시 선임하는 경우에는 해당 사업연도의 다음 사업연도부터 연속하는 3개 사업연도의 감사인을 동일감사인으로 선임하여야 한다(제1항). 그러나 회사는 감사인이 직무상 의무를 위반하는 등 대통령령으로 정하는 사유에 해당하는 경우에는 연속하는 3개 사업연도 중이라도 매 사업연도 종료 후 3개월 이내에 감사인선임위원회의 승인을 받아 감사인을 해임할 수 있다(제2항). 회사는 이 경우 지체 없이 그 사실을 증권선물위원회에 보고하여야 한다(제3항).

(6) 감사인의 권한(제6조)

감사인은 언제든지 회사 및 해당 회사의 주식을 일정 비율 이상 소유하고 있는 등 대통령령으로 정하는 관계에 있는 회사의 회계에 관한 장부와 서류를 열람 또는 등사하거나 회계에 관한 자료의 제출을 요구할 수 있으며, 그 직무를 수행하기 위하여 특히 필요하면 회사 및 관계회사의 업무와 재산상태를 조사할 수 있다(제1항). 연결재무제표를 감사하는 감사인은 그 직무의 수행을 위하여 필요하면 회사 또는 관계회사의 감사인에게 감사 관련 자료의 제출 등 필요한 협조를 요청할 수 있다. 이 경우 회사 또는 관계회사의 감사인은 지체 없이 이에 따라야 한다(제2항).

2009년 개정에 의하여 감사인의 감사계약 해지권이 신설되었다. 회사의 경우 감사계약 해지권이 있으나, 감사인은 감사계약 해지권이 없어 감사가 불가능한 경우에도 감사를 해야 하는 문제점이 지적되어왔었다. 이에 감사인이 제한된 범위에서 해당 사업연도 중이나 매 사업연도 종료 후 3개월 이내에 감사계약을 해지할 수 있도록 함으로써 감사인의 과도한 부담을 완화하고 정상적인 감사가 이루어질 수 있을 것으로 기대되고 있다. 개정된 내용을 살펴보면 다음과 같다.

감사인은 회계감사기준에서 정하는 독립성이 훼손된 경우 등 대통령령으로 정하는 사유에 해당하는 경우에는 사업연도 중이라도 감사계약을 해지할 수 있다(제3항). 주권상장법인의 감사인은 감사의견과 관련하여 부당한 요구나 압력을 받은 경우 등 대통령령으로 정하는 사유에 해당하는 경우에는 연속하는 3개 사업연도 중이라도 매 사업연도 종료 후 3개월 이내에 잔여 사업연도에 대한 감사계약을 해지할 수 있다(제4항). 이러한 경우 감사인은 지체 없이 그 사실을 증권선물위원회에 보고하여야 한다(제5항).

5. 이사, 대표이사 및 감사(또는 감사위원회 위원)의 변경등기절차

(1) 등기사항

1) 이사·감사(또는 감사위원회 위원) 또는 대표이사가 퇴임한 경우에는 그 이사·감사(또는 감사위원회 위원) 또는 대표이사의 성명·퇴임한 취지와 연월일

이사·감사(또는 감사위원회 위원) 또는 대표이사가 임기만료로 인하여 퇴임하는 경우에 동일인이 동일직위에 재선되어 임기만료일 퇴임과 재선취임과의 사이에 시간적 간격이 없는 경우를 실무상 중임이라고 한다. 이 경우에는 퇴임한 취지와 취임한 취지를 따로 기재하지 않고 이를 중임이라고 기재함으로써 퇴임과 취임의 등기를 신청하거나 실행한다.

따라서 중임이 되는 것은 임기만료로 인하여 퇴임하게 될 임원을 그 임기만료 전에 동일직위에 다시 예선한 경우로 한정된다.

이사·감사(또는 감사위원회 위원) 또는 대표이사가 재선된 경우라 하더라도 퇴임과 취임간에 시간적 간격이 있는 경우에는 비록 그동안 그들이 권리의무를 행사하고 있었다 하더라도 중임이 아니므로 이 때에는 따로 퇴임일자의 퇴임등기와 취임일자의 취임등기를 하여야 한다. 예를 들면 주식회사 대표이사 홍○○의 임기가 2002. 6. 25.자로 이미 만료되었고 임시주주총회에서 2004. 3. 25.자로 다시 홍○○을 대표이사로 선임한 경우에는, 위 홍○○이 임기만료로 인한 퇴임과 새로운 취임 사이에 사실상 대표이사직을 수행하였는지 여부에 관계없이 임기만료로 인한 퇴임등기 및 새로운 취임등기를 하여야 하고, 중임 등기를 할 수는 없다(선례Ⅴ 843).

중임일은 임기만료일과 동일자로 되는 경우가 대부분이다. 즉, 감사의 임기는 '…… 정기주주총회의 결산기'까지이므로, 그 임기만료일은 위 총회의 종결일(하루 24시간의 중도)이고, 그가 동 총회에서 재선되어 즉시 취임승낙을 하였다면, 그 중임일 또한 위 총회의 종결일로서 동일자가 되며, 대체적으로 이사의 임기에 관한 정관의 규정은 "당 회사의 이사의 임기는 3년으로 한다. 그러나 취임 후 3년 내에 도래하는 최종의 결산기에 관한 정기주주총회종결 전에 만료되는 이사의 임기는 그 총회종결시까지 연장한다" 또는 "당 회사의 이사의 임기는 취임 후 3년 내에 도래하는 최종의 결산기에 관한 정기주주총회 종결시까지로 한다"고 정하고 있으므로 동 총회에서 재선되어 선임 즉시 승낙을 하거나 선임일자에 취임승낙을 한 이사의 중임일 또한 임기만료일인 동 총회의 종결일이 되는 것이다.

이 경우 중임한 감사나 이사의 임기 기산일은 중임일의 다음 날이 된다.

그러나 이와 달리 정관에 "당 회사의 이사의 임기는 3년으로 한다"는 규정이 있는 회사의 이사는 그 임기만료 전에 다시 이사로 예선되었다 하더라도 그의 중임일은 임기만료퇴임일과는 동일자가 아니게 된다.

예를 들면, 1996년 2월 10일 개최된 주주총회에서 선임된 이사가 즉시 취임 승낙을 하였다면 그의 임기는 1996년 2월 11일부터 기산하여 3년이 되는 날인 1999년 2월 10일 오후 12시까지로서 그의 퇴임일은 1999년 2월 10일이 되지만, 동일자에 개최된 주주총회에서 재선 즉시 취임승낙을 하였다 하더라도 그 날 취임할 수는 없고(그 날 자정까지는 전임기가 남아 있으므로) 그 다음 날 오전 영시에 취임하게 되는 것이어서 그의 중임일은 1999년 2월 11일로써 임기만료일의 다음 날이 되는 것이다(임기만료 전에 개최된 총회에서 재선된 경우에도 같다).

이 경우 중임이사의 임기 기산일은 중임일로부터 기산하여야 한다.

이사·감사(또는 감사위원회 위원) 또는 대표이사가 임기만료 또는 사임으로 인하여 퇴임하였으나 법률 또는 정관에 정한 원수를 결하게 되어 그들이 이사·감사(또는 감사위원회 위원) 또는 대표이사의 권리의무를 행사하고 있는 동안은 퇴임등기를 할 수 없고, 그 등기는 반드시 새로 선임된 이사·감사(또는 감사위원회 위원) 또는 대표이사의 취임등기와 동시에 하여야 한다. 그리고 이들이 재선된 경우에도 이것은 중임이 아니므로 임기만료일 또는 사임일의 퇴임등기와 재취임일의 취임등기를 하여야 한다. 다만, 후임자 취임 전에 이사 또는 감사의 권리의무 있는 자가 사망한 경우에는 후임자 취임 전이라도 임기만료일자 또는 사임일자의 퇴임등기를 하여야 한다(일본 등기선례 소화 1936. 8. 25, 민사갑 제2065호).

상법 제386조 1항의 규정에 의하여 이사의 권리의무가 있는 자가 대표이사로 선임되어 있는 경우에 후임이사의 선임으로 인하여 이사의 권리의무를 상실하게 되면 대표이사의 자격을 상실하게 되는 것이나, 이 때의 대표이사의 자격은 후임이사의 취임일에 상실되는 것이므로 대표이사의 취임일은 후임이사의 취임일이다. 이사의 퇴임일은 물론 임기만료일 또는 사임일이다.

【쟁점질의와 유권해석】

<임기만료로 인한 임원의 등기부상 퇴임일과 퇴임등기기간>

임기만료로 인한 임원의 등기부상 퇴임일은 상법 제386조 제1항, 제389조 제3항, 제415조의 규정에 의하여 새로 선임된 임원이 취임할 때까지 임원으로서의 권리의무를 행사하고 있었다 하더라도, 권리의무행사기간의 종료일이 아니라 본래의 임기만료일이고, 임원의 등기부상 취임일은 임기개시일을 별도로 정하지 않는 한 선임결의와 해당 임원의 취임승낙이 있는 때가 되나, 실제에 있어서는 대부분 미리 해당 임원의 의사를 확인할 것이므로, 특별한 소명이 없는 경우 선임결의일로 등기하면 된다.

그러나 임기만료나 사임으로 인하여 퇴임함으로 말미암아 법률 또는 정관에서 정한 대표이사·이사·감사의 정원을 채우지 못하게 되는 경우에는 그 대표이사·이사·감사의 퇴임등기기간은 후임 대표이사·이사·감사의 취임일로부터 기산한다(예규 1102; 대결 2005. 3. 8, 2004마800).

2) 취임한 경우에는 그 이사·감사의 성명·주민등록번호와 그들이 취임한 취지 및 그 연월일, 대표이사가 취임한 때에는 대표이사의 성명, 주소

취임일은 선임결의의 효력이 발생한 날 또는 취임승낙의 효력이 발생한 날 중 늦은 날이다. 대표이사를 제외한 임원의 주소를 등기하지 아니하는 대신 주민등록번호(주민등록이 없는 재외국민 또는 외국인인 경우에는 생년월일)를 등기사항으로 하고 있으며(법인등의등기사항에관한특례법 제2조, 동규칙 제2조), 지점에서는 대표이사를 제외한 임원의 등기를 할 필요가 없다(동법 제3조).

최근 사업연도 말 현재의 자산총액이 1천억원 이상인 상장회사의 경우 원칙적으로 상근감사를 두어야 하는데(상 제542조의10 1항), 이 때 등기부상 '상근감사'로 등기할 수는 없고 '감사'로 등기한다(상 제317조 2항 8호).

3) 공동대표에 관한 규정 등의 취지

공동대표에 관한 규정의 설치·변경 또는 폐지가 있는 경우에는 그 취지와 연월일

4) 이사·감사 등의 성명 등이 변경된 경우 그 변경 후의 성명 등

이사·감사 또는 대표이사의 변경은 없으나, 이들의 성명·주민등록번호(또는 생년월일)·주소(대표이사의 경우만 해당됨)에 변경에 있는 때에는 그 변경 후의 성명·주민등록번호(또는 생년월일)·주소·변경된 취지와 그 연월일

【쟁점질의와 유권해석】

<임기만료로 인한 퇴임과 새로운 취임 사이에 시간적 간격이 있는 경우의 등기방법, 임원이 임기만료로 인하여 퇴임하게 되어 정관에 정한 임원의 정수에 결원이 발생한 경우의 등기방법>

정관에 '임기가 만료된 임원은 그 후임자가 선임될 때까지 그 직무를 행한다.'는 규정이 있다 하더라도 임기만료일은 권리의무행사기간 종료일이 아니라 본래의 임기 만료일이므로 동일인 다시 선임된 경우에도 임기만료로 인한 퇴임과 새로운 취임 사이에 시간적 간격이 있다면 시간적 간격이 없는 경우에 하는 중임등기를 할 수는 없고 임기만료로 인한 퇴임등기 및 새로운 취임등기를 하여야 한다(선례 2003. 11. 14. 공탁법인 3402-269).

(2) 등기기간

1) 본점소재지에서는 2주간, 지점소재지에서는 3주간 내에 등기를 하여야

하나, 지점소재지에서는 대표이사가 아닌 자는 등기할 필요가 없다(법인 등의등기사항에관한특례법 제3조).

2) 이사·감사 또는 대표이사의 취임의 등기기간은 주주총회 또는 이사회의 선임결의의 효력이 발생한 날 또는 취임승낙이 효력이 발생한 날 중 늦은 날로부터 진행한다. 이 때 예선되어 미리 취임승낙을 한 경우 외에는 초일을 산입하지 아니한다.

3) 이사·감사 또는 대표이사의 사임으로 인한 변경등기기간은 사임의 효력이 발생한 날로부터 진행한다. 장래의 일정일에 사임의 효력이 발생할 것으로 하는 경우와 같이 사임의 효력이 어느 날의 오전 영시에 발생하는 경우를 제외하고는 초일을 산입하지 아니한다.

4) 이사 등의 권리의무를 행사하고 있는 동안은 등기기간이 진행하지 아니한다. 그러나 선임해태의 책임이 있으므로 과태료통지를 하는 것이 실무관행이다.

(3) 신청인

이사, 대표이사 및 감사(또는 감사위원회 위원)의 변경 또는 공동대표에 관한 규정의 변경등기는 회사를 대표하는 자의 신청에 의한다(상업등기법 제17조 2항).

이사 등의 직무를 일시 행할 자·이사 등의 직무대행 자의 등기는 법원의 촉탁에 의하나 그들의 성명·주민등록번호 등의 변경·경정등기는 대표이사의 신청에 의한다(상업등기법 제17조 2항).

이사 또는 감사의 해임의 판결이 확정된 경우에는 법원의 촉탁에 의하여 등기하여야 할 것이다(상업등기법 제17조 1항).

주주총회에서 이사로 선임된 자를 대표이사가 등기신청하지 않을 경우, 당해 선임된 이사는 등기신청권이 없으므로 상법 및 비송사건절차법에 그 규정은 없으나, 당해 이사는 법원에 회사를 상대로 이사선임등기신청절차이행의 소를 제기하여 승소판결을 받아 확정된 후 법원에서 촉탁등기 함이 비송사건절차법 제107조의 취지에 비추어 타당하다고 할 것이다.

그러나 이 등기에 대하여 비송사건절차법상 촉탁의 근거규정이 없으므로,

당해 이사가 판결에 의하여 확정판결 및 동 판결의 확정증명서를 첨부하여
당해 이사가 회사를 대위하여 등기신청하면 실체관계에 일치하므로 등기관
으로서는 등기하여도 무방하다고 생각된다(동지, 1996. 12. 23, 등기 3402-
818).

　이는 등기당사자인 이사 이외의 자가 등기의무자를 상대로 등기절차의 이
행을 명하는 판결을 받은 경우에도 원고가 등기의무자인 회사를 대위하여
신청할 수 있다고 해석된다.

【쟁점질의와 유권해석】

<이사변경등기절차 이행판결을 받은 경우의 등기절차>

갑주식회사의 을이 사임하였음에도 불구하고 갑주식회사가 을에 대한 사임등기를 하
지 아니함에 따라 을이 갑주식회사를 상대로 위 사임을 원인으로 한 이사변경등기
절차의 이행을 구하는 소를 제기하여 승소확정판결을 받은 경우, 법령에 등기촉탁에
관한 규정이 없으므로 을이 위 판결에 기하여 갑주식회사를 대위하여 이사변경등기
를 신청하여야 한다(1996. 10. 23. 등기 3402-818 질의회답).

(4) 첨부서면

1) 통 칙

가. 주주총회 · 이사회 또는 청산인회의 의사록

　등기할 사항에 관하여 주주총회 · 이사회 또는 청산인회의 결의를 필요로 하
는 경우에는 신청서에 그 의사록을 첨부하여야 한다(상업등기법 제79조 2항 :
2007. 8. 3. 제정).

나. 이사의 성명 · 주소의 변경을 증명하는 서면

　이사 · 감사의 성명 · 주민등록번호와 대표이사의 성명 또는 주소의 변경에 관
한 등기를 신청할 때에는 신청서에 그 변경을 증명하는 서면을 첨부하여야
한다(상업등기법 제23조, 상업등기규칙 제59조 1항, 법인등의 등기사항에 관
한 특례법 시행규칙 제2조 2항).

다. 정 관

　정관으로 이사 · 감사의 원수나 임기에 관하여 상법의 규정과 다르게 정할 수
있으므로 이들 사항을 소명하기 위하여 정관을 첨부하여야 할 것이다.

2) 이사·대표이사·감사(또는 감사위원회 위원) 취임의 경우

가. 주주총회의사록

공증된 주주총회의사록에 원칙적으로 대표이사인 의장의 날인은 어떠한 것이라도 상관없으나, 대표이사가 새로운 자로 바뀌는 경우에는 인감신고서도 첨부하는데 그 첨부된 인감신고서에 날인된 대표이사의 인영이 전 대표이사의 것이거나 법원에 신고된 것이어야 할 것이다.

나. 이사회의사록(대표이사 및 감사위원회 위원의 취임)

주주총회의사록과 이사회의사록은 공증인의 인증을 받아야 한다. 다만, 이사가 1인인 회사는 이사회가 존재하지 아니한다.

다. 취임승낙서

이사·대표이사·감사 또는 감사위원회 위원의 취임으로 인한 변경등기의 신청서에는 그 취임승낙을 증명하는 서면을 첨부하여야 한다(상업등기법 제81조 1항 : 2007. 8. 3. 제정)

대표권 없는 이사의 경우 공증받은 의사록에 취임승낙의 뜻이 기재되고 당해 이사의 날인이 있는 경우에도 별도의 취임승낙서를 첨부할 필요가 없다(선례 6-657). 사임의 경우도 동일하다.

주식회사나 유한회사에 관한 등기신청서에 이사 또는 감사의 취임승낙 또는 사임을 증명하는 서면을 첨부하는 경우 그 이사 또는 감사가 우리나라에 거주(체류)하는 외국인인 때에는 그 서면상의 서명이 본인의 것임을 확인하는 우리나라 공증인의 증명서를 첨부하여도 무방하다(1992. 12. 26, 등기 2632 질의회답).

【쟁점질의와 유권해석】

<주식회사의 대표권 없는 이사의 취임 또는 사임으로 인한 변경등기와 취임승낙 또는 사임을 증명하는 서면>

주식회사의 대표권 없는 이사의 취임 또는 사임으로 인한 변경등기의 신청서에는 그 취임승낙 또는 사임을 증명하는 서면을 첨부하여야 하나(상업등기법 제80조 9호), 위 등기신청서에 첨부된 공증 받은 의사록에 위 이사의 취임승낙 또는 사임의 뜻이 기재되고, 당해 이사의 날인이 있는 때에는 이와 별도로 취임승낙서 또는 사임서를 첨부하여야 하는 것은 아니다(2000. 1. 14, 등기 3402-32 질의회답).

라. 취임승낙을 한 자의 인감증명서

① 제출방법

이사·대표이사·감사 또는 감사위원회 위원의 취임승낙을 증명하는 서면에는 인감증명법에 따라 신고한 인감을 날인하고 그 인감증명서를 첨부하여야 한다. 다만, 등기소에 인감을 제출한 자가 중임 또는 사임할 경우에는 그 자가 등기소에 제출한 인감의 날인으로 갈음할 수 있다(상업등기규칙 제84조 2항, 제104조 2항).

다만 대표권없는 이사와 감사의 경우에는 등기신청서에 첨부된 공증받은 의사록에 이사등의 취임승낙의 뜻이 기재되고, 당해 이사등의 날인이 있는 때에는 인감증명의 첨부를 생략할 수 있다(예규 제752호).

② 취임승낙을 증명하는 서면을 제출한 자가 외국인인 경우

이 경우에는 그 서면에 본국 관공서에 신고한 인감을 날인하고 그 인감증명서를 제출할 수 있다. 다만, 본국에 인감증명제도가 없는 외국인인 경우에는 취임승낙을 증명하는 서면에 본인이 서명하였다는 본국 관공서의 증명서면이나 본국 또는 우리나라 공증인의 공증서면으로 갈음할 수 있다(동규칙 제84조 3항, 제104조 2항).

마. 주민등록번호 또는 생년월일을 증명하는 서면과 대표이사의 주소를 증명하는 서면

주소·주민등록번호·생년월일을 등기하여야 하는 경우에는 등기신청서에 이를 첨부하여야 하고, 이 서면은 발행일로부터 3개월 이내의 것이어야 한다(상업등기규칙 제59조).

이사·감사(또는 감사위원회 위원)의 주민등록번호(주민등록번호가 없는 재외국민 또는 외국인인 경우에는 생년월일)를 증명하는 주민등록등본·주민등록증사본·자동차운전면허증 사본 등을 제출하여야 하며(1992.12.30, 등기 제2662호 통첩 참조), 대표이사, 공동대표이사의 경우는 그 주소도 등기하여야 하므로 주소를 증명하는 주민등록등본 등을 첨부한다.

인감증명서는 주민등록번호 또는 주소를 증명하는 서면으로 보기 어렵다(대판 2001. 4. 19, 2000도1985).

① 주민등록번호를 증명하는 서면을 첨부할 필요가 없는 경우 : 임원의 중임등기신청시에 주민등록번호를 증명하는 서면의 첨부를 생략하여 임원

변경등기신청을 간편하게 하기 위하여 종전의 등기예규를 변경하여, 등기부에 주민등록번호가 기재된 임원의 중임등기신청시에는 중임되는 임원의 주민등록번호를 증명하는 서면의 첨부를 첨부하지 아니하여도 그 등기신청을 수리하도록 하였다(등기예규 제794호, 1998.9.8, 등기예규 제943호).

② 대표이사가 외국인인 경우 : 주식회사의 대표이사가 외국인으로서 외국인등록을 한 경우 등기하여야 할 주소는 등기신청서에는 주소를 증명하는 서면으로 외국인등록표등본을 첨부하고 주소는 외국인등록표등본에 나타난 국내체류지로 하여야 할 것이다(상 제317조, 1999.4.8, 등기 3402-379 질의회답).

바. 대표이사의 인감

회사를 대표하는 이사는 인감을 제출하여야 한다(상업등기법 제24조 1항, 규칙 제5조).

2인 이상의 대표이사가 인감을 제출하는 경우에는 그들이 각자 단독대표이든, 공동대표이든, 각기 상이한 인감을 제출하여야 하며 동일한 인감을 공용하여서는 아니된다(일본 등기선례 소화 1943. 1. 19, 민사갑 제207호).

재임하는 경우에는 인감을 다시 제출할 필요가 없으나 동일인이 대표이사로 다시 취임하는 경우라도 중임이 아닌 경우에는 인감을 재제출하는 것이 등기실무관행이다. 그러나 다시 제출하지 아니하여도 무방할 것이다.

사. 법정대리인 또는 후견인의 동의서(미성년자 등이 이사 등으로 취임하는 경우)

미성년자 또는 한정치산자가 이사 등으로 취임하는 경우에는 법정대리인 또는 후견인의 동의가 있어야 하므로, 이 서면을 첨부한다. 그러나 미성년자가 혼인한 경우에는 성년자로 보므로(민법 제826조의2), 이 경우에는 그러하지 아니하다.

【쟁점질의와 유권해석】

<감사가 사임서를 작성함에 있어 교도관의 확인이 있는 무인을 찍은 경우 인감증명 첨부 요부>

수감 중인 주식회사의 감사가 사임서를 작성한 후 우무인을 찍고 이를 교도관이 서명 또는 날인하여 이를 증명한 경우에도 당해 감사의 퇴임 등기신청서에는 위 사임서의 인감에 관하여 인감증명법에 의하여 작성된 인감증명을 첨부하여야 한다(1999. 5. 10, 등기 3402-490 질의회답).

3) 이사·대표이사·감사 또는 감사위원회 위원의 퇴임의 경우

퇴임의 경우, 그 첨부서면은 퇴임의 사유에 따라 다르다.

가. 임기만료로 인한 퇴임

정관이 이에 해당하는 서면이다(상업등기법 제79조 1항 : 2007. 8. 3. 제정). 상법상 임기가 정해져 있으나 구체적으로 당해 회사의 경우 임기가 얼마인지 정한 정관을 첨부하여야 등기관이 조사할 수 있을 것이다.

나. 사 임

이사·대표이사·감사 또는 감사위원회 위원의 퇴임으로 인한 변경등기의 신청서에는 그 퇴임을 증명하는 서면을 첨부하여야 한다(상업등기법 제81조 2항 : 2007. 8. 3. 제정). 사임서에는 인감증명법에 의한 인감을 날인하고 인감증명을 첨부하여야 한다.

또한 사임을 증명하는 서면을 첨부하는 경우에는 인감증명법에 의한 인감증명을 제출하여야 한다(상업등기규칙 제84조 2항, 제104조2항). 다만, 대표권이 없는 이사의 경우 공증된 의사록에 사임의 뜻이 기재되고 사임한 자가 그 의사록에 날인한 경우 또는 대표이사의 경우 등기소에 제출한 인감을 사임서에 찍은 때에는 인감증명을 제출할 필요가 없다(등기예규 제978-1호, 1992. 2. 26, 등기 제439호 통첩).

수감중인 감사가 사임서를 작성한 후 교도관 집무규칙 제13조의 규정에 의하여 우무인(右拇印)을 찍고, 사임서의 작성시 참여한 교도관이 서명 또는 날인하여 당해 감사의 무인임을 증명한 경우에도 당해 감사의 퇴임등기 신청서에는 위 사임서의 인감에 관하여 인감증명법에 의하여 작성된 인감증명을 첨부하여야 한다(선례 6-680).

사임하는 이사 또는 감사가 외국인인 때에는 사임을 증명하는 서면에 본국 관공서에 신고한 인감을 날인하고 그 인감증명서를 첨부할 수 있다. 다만 본국에 인감증명제도가 없는 외국인인 경우에는 사임을 증명하는 서면에 본인이 서명을 하였다는 본국 관공서의 증명서면이나 본국 또는 우리나라 공증인의 공증서면으로 갈음할 수 있다(상업등기규칙 제84조 3항, 제104조 2항).

다. 해 임

법원에 의하여 해임된 경우를 제외하고는 해임에 관한 주주총회 또는 이사회의 의사록을 첨부한다(상업등기법 제79조, 제81조 : 2007. 8. 3. 제정).

해임에 관한 의사록 작성시 유의할 사항은 "의장은 이사 ○○○를 연월일부로 해임결의할 것을 구한 바 주주전원이 찬성하여 해임결의하다" 등으로 그 해임의사결정을 명백히 한다. "의장은 이사 ○○○를 해임하여야 할 이유를 설명하고 그 가부를 물은즉 해임하기로 만장일치로 가결되어 의장은 후임이사를 보선하여 줄 것을 구한 바 후임 이사에 ○○○가 선출되어 즉시 승낙하다"라는 등으로 해임의사결정을 기록하는 경우가 있는데, 이 경우는 등기관이 볼 때 해임을 하였는지 의장 혼자 해임의 당부를 설명하였는지 의사가 불명확하여 등기실행이 곤란할 수도 있다.

라. 자격상실 및 정관소정의 자격상실

자격상실사유는 일반적으로 형사처벌을 받은 경우와 정관으로 정한 경우가 있는바, 형벌을 받은 경우에는 그 유죄판결이 확정되었음을 증명하는 서면이고, 정관으로 정한 경우에는 그 자격상실시 퇴임사유를 소명하는 정관 및 그 자격을 상실하였음을 증명하는 서면을 첨부한다.

마. 사망, 파산 또는 금치산

사망진단서 또는 가족관계증명서, 금치산선고의 심판서등본, 파산선고의 등본 및 그 확정증명서를 첨부한다.

바. 대표이사가 이사의 직위상실로 인하여 퇴임하는 경우

이사의 지위를 상실하였음을 증명하는 서면을 첨부한다.

4) 대표이사의 주소변경의 경우

성명 또는 주소의 변경에 관한 등기를 신청하는 때에는 신청서에 그 변경을 증명하는 서면을 첨부하여야 한다(상업등기법 제23조 : 2007. 8. 3. 제정). 따라서 대표이사 주소 변경등기를 신청하는 경우에는 그 변경을 증명하는 주민등록표의 등·초본 등을 첨부한다.

5) 이사·대표이사·감사 또는 감사위원회 위원의 성명 등이 변경된 경우

개명하고자 하는 사람은 주소지(재외국민의 경우 등록기준지)를 관할하는 가정법원의 허가를 받고 그 허가서의 등본을 받은 날부터 1개월 이내에 신고를 하여야 한다(가족관계의 등록 등에 관한 법률 제99조). 그리고 본인 또는 대리인 등은 가족관계의 등록 등에 관한 법률 제15조에 규정된 등록부 등(성명에 관해서는 기본증명서)의 기록사항에 관하여 발급할 수 있는 증명서의 교부를 청구할 수 있으므로(동법 제14조 1항), 개명증명서를 발급받아 첨부한다.

6) 공동대표에 관한 규정이 설치·변경·폐지된 경우

공동대표 규정의 설치·변경 또는 폐지에 관한 이사회의사록을 첨부한다(상업등기법 제79조 : 2007. 8. 3. 제정). 정관의 규정에 의하여 주주총회에서 대표이사를 선임하였기 때문에 공동대표에 관한 규정의 설치 등도 주주총회의 결의로 정한 때에는 그 총회의사록을 첨부한다.

[쟁점질의와 유권해석]

<공동대표규정의 폐지로 각자 대표가 되는 경우 별도의 취임승낙서면을 첨부하여야 하는지 여부>

공동대표규정의 폐지의 경우 각자대표가 되어 그 권한의 범위가 커져서 당해 임원에게 불리하지도 아니하고, 통상 당해 대표이사가 그 결의에 참석한 것이므로, 동일한 임원이 공동대표규정의 폐지로 각자 대표가 되는 경우에는 별도의 취임승낙서면의 첨부는 필요하지 아니하다. 다만, 새로 취임하는 경우에는 당연히 취임승낙서면과 인감증명을 첨부하여야 한다.

7) 기타 첨부서면

대리인에 의하여 신청할 때에는 그 권한을 증명하는 서면(상업등기법 제21조), 관청의 허가(인가)를 요하는 경우에는 그 허가(인가)서 또는 인증있는 등본(동법 제22조), 정관의 규정, 법원의 허가 또는 총주주의 동의가 없으면 등기할 사항에 관하여 무효 또는 취소의 원인이 있는 때에는 정관, 법원의 허가서 또는 총주주의 동의서(동법 제79조 1항), 등록세납부영수필통지서 및 확인서, 등기신청수수료 등을 첨부하여야 한다.

따라서 정관의 규정에 의하여 주주총회에서 대표이사를 선임하거나 공동대표에 관한 규정을 설치·변경·폐지한 때에는 정관을 첨부해야 한다.

지점소재지에서 신청하는 경우에는 등록세납부증명서, 등기신청수수료 및 본점소재지에서 한 등기를 증명하는 서면 외에 다른 서면을 첨부할 필요가 없다.

(5) 등록면허세 등

1) 등록세

23,000(지방세법 제28조 1항 6호 바목)

2) 지방교육세

4,600(등록세의 100분의 20 : 동법 제151조 1항 2호)

3) 등기신청수수료

① 등기신청수수료 6,000원을 납부하여야 한다. 수인의 이사·대표이사·감사 등 임원의 퇴임 및 취임으로 인한 변경등기는 이를 일괄하여 하나의 임원변경등기신청으로 보아 6,000원을 납부하여야 한다.

② 다만 전자표준양식에 의하여 신청하는 경우에는 등기신청수수료가 4,000원이고, 전자신청인 경우에는 2,000원이다.

【쟁점질의와 유권해석】

<대표권 있는 이사가 사임 후 취임하면서 종전의 주소를 동시에 변경하는 경우 납부하여야 할 등록세액>

대표권 있는 이사가 중임 또는 사임 후 취임하면서 종전의 주소를 변경하지 아니하여 동시에 변경하는 경우에는 과태료통지에 관계없이 1건의 등록세만 납부하면 된다(2006. 8. 2. 공탁상업등기과-759 질의회답). 수인의 임원선임은 각 1건으로 본다.

(6) 등기의 기록 등

1) 등기의 기록

이사·감사 또는 대표이사에 관한 변경등기와 공동대표에 관한 규정의 변경등기는 등기기록 중 해당란에 등기사항, 등기원인 및 그 연월일, 등기연월일을 기재하고 등기관이 등기관의 식별부호를 기록하여야 하며(지점 등기기록의 경우에는 대표이사에 한하여 상호·임원란에 기재한다), 이에 관한 종전의 기재를 말소하는 기호를 기록하여야 한다(상업등기규칙 제69조).

일시이사·일시감사 또는 일시대표이사와 이사·감사 또는 대표이사의 직무 집행정지 및 직무대행자의 등기도 또한 같고, 일시이사 등의 등기는 이사 등의 선임등기를 한 때에, 이사 등의 직무집행정지 및 직무대행자의 등기는 그 선임 결의의 부존재·무효나 취소 또는 해임의 등기를 한 때에 각 이를 말소하는 기호를 기록하여야 한다(동규칙 제99조, 제101조). 주주총회(창립총회 포함) 결의의 부존재·무효 또는 취소의 등기를 할 경우에는 결의한 사항에 관한 등기를 말소하는 기호를 기록하고 그 등기에 의하여 말소된 등기사항이 있는 때에는 그 등기를 회복하여야 한다(동규칙 제100조 1항). 또한 이사의 선임결의의 부존재·무효나 취소 또는 판결에 의한 해임의 등기를 한 경우에 그 이사가 대표이사일 때에는 그 대표이사에 관한 등기도 이를 말소하는 기호를 기록하여야 한다(동규칙 제101조).

2) 이사가 1인인 경우

상법 제383조 제1항 단서의 규정에 의하여 자본의 총액이 10억원 미만인 주식회사가 이사를 1인으로 하는 경우에는 다음의 절차에 의하여 등기한다(예규 제1000호).

가. 설립등기

① 1인이사는 등기부상 '이사'로 기재하고 그 성명, 주민등록번호 및 주소를 같이 기재한다.

② 정관에 이사를 1인으로 한다는 명문의 규정이 있어야 하는 것은 아니나, 정관에서 이사의 정원을 2인 이상으로 규정한 경우에는 이를 수리하여서는 안된다.

나. 변경등기

① 이사를 1인으로 하는 경우

수인의 이사가 있는 회사에서 위 상법의 규정에 의하여 이사를 1인으로 하기 위하여 그 이사를 제외한 다른 이사들이 퇴임하는 경우에는 ⅰ) 다른 이사의 퇴임등기, ⅱ) 대표이사의 퇴임등기(그 1인 이사가 종전대표이사인 경우에도 같다), ⅲ) 1인 이사에 대하여는 주소를 추가하는 내용의 변경등기를 동시에 신청하여야 한다. 이 등기신청서에는 상법 제383조 제1항의 규정에 의하여 이사를 1인으로 하였으므로 그에 따라 위의 등기를 신청한다는 취지를 기재하여야 하며 정관을 첨부하여야 한다. 그 정관의 규정에 관하여는 위 1). ②와 같다.

② 이사를 2인 이상으로 하는 경우

이사가 1인인 회사에서 이사를 2인 이상으로 하기 위하여 다른 이사의
선임등기를 신청하는 경우에는 ⅰ) 다른 이사의 취임등기, ⅱ) 대표이사
의 취임등기(그 대표이사가 종전 1인이사인 경우에도 같다), ⅲ) 종전 1
인이사에 대하여는 주소를 삭제하는 취지의 등기를 동시에 신청하여야
하나, 그 신청이 없는 경우에는 등기관은 비송사건절차법 제235조 내지
제237조에 의하여 이를 직권으로 삭제한다. 이 등기신청서에는 정관을
첨부하여야 하며, 그 정관에서 이사의 정원을 1인으로 규정한 경우에는
먼저 정관을 변경하여야 한다.

다. 인감의 제출

① 1인이사는 이사의 인감을 제출하여야 하며, 그 1인 이사가 종전 대표이
사인 경우도 이와 같다.

② 이사가 1인인 회사에서 이사를 2인 이상으로 하는 경우에는 대표이사의
인감을 제출하여야 하며, 그 대표이사가 종전 1인 이사인 경우에도 이
와 같다.

Ⅴ. 회사가 발행할 주식총수의 변경등기

■ 핵 심 사 항 ■

1. 회사가 발행할 주식총수의 변경절차 : 회사가 발행할 주식의 총수는 정관의 절
   대적 기재사항이므로(상 제289조 1항 3호) 이를 변경하기 위해서는 정관변경 절차
   에 따라 주주총회의 특별결의를 필요로 한다.
2. 변경등기절차 : 신청서의 일반적인 첨부서면 외에 주주총회의사록을 첨부하여
   (상업등기법 제79조 2항) 변경된 날로부터 본점소재지에서만 2주간 내에 대표이사
   가 그 변경등기를 신청하여야 한다(동법 제17조).

1. 회사가 발행할 주식총수의 변경절차

회사가 발행할 주식의 총수는 정관의 절대적 기재사항이므로 정관변경 절차에
따라 주주총회의 특별결의로써 이를 변경할 수 있다.

회사설립시에는 발행예정주식총수가 발행주식의 4배를 초과할 수 없지만(상
제289조 2항), 회사 설립 이후에는 그러한 제약을 받지 않는다.

회사가 발행할 주식의 총수 중 회사 설립시에 발행하는 주식수를 제외한 나머
지 주식에 관하여는 원칙적으로 그 발행권한이 이사회에 있으므로(상 제416조),

그 한도 내에서는 이사회가 수시 자금조달의 필요에 의하여 신주를 발행할 수 있다. 그러나 회사가 발행할 주식총수 전부를 발행한 경우 또는 회사가 발행할 주식총수 중 미발행주식수가 발행코자 하는 신주수에 미달하는 경우에는 이 회사가 주주총회를 열어 주주총회에서 발행할 주식총수(발행예정주식총수)를 증가 변경하여야만 신주를 발행할 수 있는 것이며 이를 초과하여 발행한 때에는 초과발행비의 제재를 받는다(상 제629조).

회사가 발행하는 주식의 총수는 정관기재사항이 아니므로 변경등기신청에는 주주총회의 결의가 있음을 증명하는 서면을 첨부할 필요가 없다.

1주의 금액은 종전 상법에서는 5,000원 이상이었으나 1998. 12. 28. 상법개정으로 주식분할과 신주발행시 기업자금조달의 편의를 위하여 100원으로 인하하였다(상 제329조 4항).

1주의 금액은 100원 이상으로 상한가가 한정되지 않았으므로 기업에서 편의에 따라 이를 조절할 수 있으며, 이를 변경할 때에는 정관기재사항 및 등기사항이므로 정관변경절차를 거쳐 등기하여야 한다.

【쟁점질의와 유권해석】

<자본감소 등에 의하여 발행주식수를 감소한 경우에 감소한 주식수 만큼 발행예정주식총수도 감소하는지 여부>

이에 관해서 학설은 대립하고 있지만, 실무에서는 다음의 경우에는 감소된 주식수만큼 회사가 발행할 주식의 총수도 감소하는 것으로 처리한다(2006. 11. 23. 공탁상업등기과-1315 질의회답).

ㄱ) 주식을 소각하거나 병합하는 방법으로 자본을 감소하는 경우(상 제343조 1항 본문, 제440조, 제441조)

ㄴ) 상환주식을 상환하는 경우(상 345조)

ㄷ) 정관이 정한 바에 의하여 주주에게 배당할 이익으로써 주식을 소각하는 경우(상 제343조 1항 단서)

ㄹ) 정기총회에서 특별결의에 의하여 주식을 매수하여 소각하는 경우(상 제343조의2)

2. 변경등기절차

(1) 첨부서면·등기기간 등

신청서의 일반적인 첨부서면 외에 주주총회의사록을 첨부하여(상업등기법 제79조 2항) 변경된 날로부터 본점소재지에서만 2주간 내에 대표이사가 그 변경등기를 신청하여야 한다(동법 제17조).

자본감소 등에 의한 경우에는 자본감소 등에 의해 발행예정주식총수가 감소하였음이 발행주식총수 변경등기신청서의 첨부서면이나(동시에 신청하는 경우) 등기부에 의해(발행주식총수의 변경등기가 경료된 후에 신청하는 경우) 명백하게 나타나는 경우에는 그 변경을 증명하는 서면을 따로 첨부할 필요가 없으나, 발행예정주식총수에 관하여 다른 정함이 있는지 여부를 등기관이 확인할 수 있도록 하기 위해 정관을 첨부하여야 한다. 여기서 정관을 첨부하게 하는 이유는 자본감소결의시에 발행예정주식총수에 관한 정관규정을 함께 변경한 경우에는 그에 따라야 하기 때문이다.

(2) 등록면허세·등기신청수수료 등

등록면허세는 지방세법 제28조 1항 6호 바목에 의하여 금 23,000원이고, 지방교육세는 그 100분의 20인 금 4,600원이다. 지방세법 등에 의하여 등록면허세가 감면되는 경우에는 그 감면금액의 100분의 20에 해당하는 금액을 농어촌특별세로 납부하여야 하나, 이 농어촌 특별세도 감면되는 경우가 있다(농특 제4조, 제5조). 등기신청수수료는 6,000원이다(전자표준양식에 의하여 신청하는 경우는 4,000원, 전자신청의 경우에는 2,000원).

VI. 신주발행으로 인한 등기

▣ 핵 심 사 항 ▣

1. 신주의 발행절차
(1) 신주발행사항의 결정(상 제416조) : 정관으로 주주총회에서 정한 경우를 제외하고 수권주식의 범위 내에서 이사회가 결정
(2) 신주배정일 공고(상 제418조)
(3) 신주인수권자에 대한 청약최고(상 제419조)
(4) 청약 : 신주인수권자는 주식청약서에 의하여 청약(상 제418조, 제302조 1항). 신주인수권증서가 발행된 경우에는 원칙적으로 신주인수권증서에 의하여 청약(상 제420조의 5).

(5) 배정 : 신주인수의 성립

(6) 납입 및 현물출자의 이행(상 제421조)

(7) 신주의 효력발생시기 : 납입기일의 다음 날로부터 주주의 권리의무가 있다(상 제423조 1항 1문).

2. 변경등기절차 : 납입기일의 다음날로부터 본점소재지에서 2주간 내에 대표이사가 신주발행으로 인한 변경등기를 신청하여야 한다(상 제317조 4항, 제183조).

1. 신주의 발행절차

(1) 신주발행의 의의 및 절차

1) 신주발행의 의의

신주의 발행이란 회사성립 후에 수권자본, 즉 발행예정주식총수의 범위 내에서 발행하고 남은 미발행주식 중에서 주식을 발행하여 회사의 자본을 증가시키는 것을 말한다. 수권자본제 채택의 결과 정관에는 발행예정주식총수만 기재하고 설립시에 그 4분의1을 발행하면 회사는 성립하며, 그 나머지 발행주식은 이사회의 결의로 자금의 수요에 따라 발행할 수 있도록 규정하고 있다(상 제416조).

2) 신주발행의 절차

회사가 그 성립 후에 주식을 발행하는 경우에는 원칙적으로 이사회에서 결정하나 정관으로 주주총회의 권한으로 할 수 있다(상 제416조). 주주는 정관에 다른 정함이 없으면 그가 가진 주식의 수에 따라서 신주의 배정을 받을 권리가 있고, 이사회는 기존 주주의 이익을 위하여 정관이 정하는 바에 의하여만 주주 이외의 자에게 배정할 수 있고, 이에 위반하는 경우에는 주주는 그 발행의 유지(留止)를 청구할 수 있다(상 제418조 1항, 제424조).

발기인, 이사 등이 발행예정주식총수를 초과하여 주식을 발행한 때에는 5년 이하의 징역 또는 1,500만원 이하의 벌금에 처하게 된다(상 제629조).

(2) 신주발행의 종류

1) 보통의 신주발행

보통의 신주발행이란 회사성립 후에 회사의 자금조달을 직접 목적으로 하여 주식을 발행하는 경우를 말한다.

상법 제416조 이하의 신주의 발행에 관한 규정은 보통의 신주발행을 위한 것이다.

보통의 신주발행의 경우에는 신주인수인으로부터 주금의 납입 또는 현물출자의 이행을 받으므로 이를 유상증자라 통칭한다.

2) 특수한 신주발행

직접으로 자금조달을 목적으로 하지 아니하고 그 이외의 사유에 의하여 신주가 발행되는 경우를 말한다.

자본증가를 위한 통상의 신주발행 이외에 특수한 신주발행은 전환주식 또는 전환사채의 전환(상 제346조 이하, 제513조 이하), 신주인수권부사채권자의 신주인수권의 행사(상 제516조의8), 준비금의 자본전입(상 제461조 2항), 주식배당(상 제462조의2), 주식합병(상 제440조 이하), 주식의 분할, 흡수합병(상 제523조) 등의 경우가 있다. 특별법에 규정되어 있는 것으로는 채무자회생 및 파산에 관한 법률에 의한 신주발행, 자산재평가법에 의한 재평가적립금의 자본전입으로 인한 신주발행 등이 있다. 특수한 신주발행중 준비금의 자본전입 또는 자산재평가적립금의 자본전입에 의한 신주발행등은 주금의 납입없이 신주를 발행하므로 이를 무상증자라 총칭한다.

(3) 신주발행의 절차

신주발행의 절차는 ① 신주발행의 결정, ② 신주발행사항의 결정, ③ 신주인수권자가 있는 경우에는 신주인수권자를 확정하기 위한 신주배정일의 공고 및 신주인수권자에 대한 청약최고, ④ 신주인수권자가 없는 경우(주주를 모집하는 경우)에는 모집절차 ⑤ 인수(청약 및 배정), ⑥ 납입 및 현물출자의 이행 순으로 진행된다.

상법이 예정하고 있지 아니한 방법과 절차에 의한 신주말행은 효력이 없다는 것이 판례이다.

핵 심 판 례

■주식회사가 타인으로부터 돈을 빌리는 소비대차계약을 체결하면서 차용금액의 일부 또는 전부를 액면가에 따라 주식으로 전환할 수 있는 권한을 대여자에게 부여하는 내용의 계약조항을 둔 경우, 그 조항의 효력(=무효)

주식회사가 타인으로부터 돈을 빌리는 소비대차계약을 체결하면서 "채권자는 만기까지 대여금액의 일부 또는 전부를 회사 주식으로 액면가에 따라 언제든지 전환할 수 있는 권한을 갖는다"는 내용의 계약조항을 둔 경우, 달리 특별한 사정이 없는 한 이는 전환의 청구를 한 때에 그 효력이 생기는 형성권으로서의 전환권을 부여하는 조항이라고 보아야 하는바, 신주의 발행과 관련하여 특별법에서 달리 정한 경우를 제외하고 신주의 발행은 상법이 정하는 방법 및 절차에 의하여만 가능하다는 점에 비추어 볼 때, 위와 같은 전환권 부여조항은 상법이 정한 방법과 절차에 의하지 아니한 신주발행 내지는 주식으로의 전환을 예정하는 것이어서 효력이 없다(대법원 2007.2.22. 선고 2005다73020 판결).

1) 신주발행의 결정

신주발행은 상법에 다른 규정이 있거나 정관으로 주주총회에서 정하기로 규정한 경우를 제외하고는 발행예정주식총수의 범위 내에서 이사회가 결정한다. 다만, 회사가 자본금의 총액이 10억 원 미만으로서 1명 또는 2명의 이사만을 둔 경우(상 제383조 1항 단서)에는 이사회를 설치하지 아니하므로(상 제383조 5항) 정관의 정함이 없더라도 주주총회에서 주식발행 여부 등을 결정한다(상 제383조 4항).

2) 신주발행사항의 결정

다음의 사항에 대하여 정관의 규정이 없는 것은 이사회에서 결정한다. 그러나 상법에 다른 규정이 있거나, 정관으로 주주총회에서 결정하기로 정한 경우에는 그러하지 아니하다(상 제416조).

가. 신주의 종류와 수

발행예정주식총수 중 미발행주식의 범위 내에서 발행할 신주의 수를 결정하며, 정관으로 수종의 주식을 발행할 것으로 정한 때에는 그 종류도 결정한다.

신주의 종류는 대개 보통주이지만, 우선주, 후배주, 혼합주를 발행할 수 있는 특수한 주식인 상환주식을 발행하는 경우도 포함된다고 할 것이다.

나. 신주의 발행가액과 납입기일

① 발행가액 : 발행가액이란 발행예정가액으로서 주식의 권면액과 다르며 또 청약인이 청약서에 기재하는 인수가액 또는 이사가 현실적으로 배정할 때의 배정가액과도 다르다.

신주의 발행가액은 액면 또는 그 이상이어야 한다. 신주를 액면 이하의

가액으로 발행하기 위하여는 회사성립 후 2년이 경과하여야 하고, 주주
총회의 특별결의와 법원의 인가를 얻어야 한다(상 제417조 1항). 그리고
법원의 인가를 받은 날로부터 1월 이내에 신주를 발행해야 한다(동조 4
항).

② 납입기일 : 납입기일은 신주인수인 인수한 주식에 대하여 납입 또는 현
물출자를 이행하여야 할 기일로서(상 제421조), 그 날까지 주금의 납입
또는 현물출자를 이행한 자는 다음날에 주주가 되고, 이를 이행하지 아
니한 주식인수인은 그 권리를 잃는다(상 제423조). 신주인수인은 납입
기일의 다음날로부터 주주의 권리의무가 있다(상 제423조 1항). 납입기
일은 기간이 아니므로 설사 그 날이 공휴일이라 하더라도 그 익일로
연장되지 않는다(대판 1982. 2. 23. 81누204).

납입기일을 정하는 것에 대해 특별한 제한은 없지만, 실권예고부 최고
기간을 고려하여 최소한 신주발행결정일로부터 2주일 이후의 날로 정해
야 할 것이다.

상장법인이 아닌 소위 폐쇄회사에 있어서의 실무관행은 긴급한 자금수
요를 충족하기 위하여 배정일을 미리 공고하고 또 신주인수권자의 일부
또는 전원이 그 권리를 포기하고 제3자가 신주를 인수하거나, 총주주의
동의로 실권예고부 최고기간을 단축하는 방법 등의 편법을 구사함으로
써 납입기일을 신주발행 결의일로부터 2~3일 내의 날짜로 정하고 있는
것이 상례이다.

납입기일은 신주인수인이 납입을 하여야 할 기일이므로 신주인수인이
생긴 후에는 신주인수인 전원의 동의가 없는 한 이를 변경할 수 없다.
더구나 신주인수권자가 청약을 한 경우에는 회사는 그에게 신주를 배정
하지 않을 수 없으므로, 이 때에는 청약자 전원의 동의가 없는 한 납입
기일을 변경할 수 없다 할 것이다.

나-1. 무액면주식의 경우에는 신주의 발행가액 중 자본금으로 계상하는 금액

2011년 4월 14일 상법개정시 제416조 2의2호에 신설된 내용이다. 이는 개
정상법으로 도입된 무액면주식을 발행하는 회사의 경우 신주를 발행할 때 이
사회의 결의로 발행가액 중 자본에 계상할 금액을 결정하도록 하기 위한 것
이다.

다. 신주의 인수방법

신주의 인수방법은 주식의 공모여부와 청약기일, 청약증거금, 배정비율, 단주 및 실권주의 처리방법, 주금납입을 취급할 금융기관 등의 사항을 정하는 것을 말한다.

① 신주의 배정일, 배정비율

정관에 다른 규정이 없으면 주주는 그가 가진 주식수에 따라서 신주의 배정을 받을 권리가 있다(상 제418조 1항). 그러나 회사는 정관에 정하는 바에 따라 주주 이외의 자에게 신주를 배정할 수 있다. 다만, 이 경우에는 신기술의 도입, 재무구조의 개선등 회사의 경영상 목적을 달성하기 위하여 필요한 경우에 한한다(상 제418조 2항). 이에 따라 주주 외의 자에게 신주를 발행하는 경우 회사는 '신주의 종류와 수', '신주의 발행가액과 납입기일', '무액면주식의 경우에는 신주의 발행가액 중 자본금으로 계상하는 금액'. '신주의 인수방법'. '현물출자를 하는 자의 성명과 그 목적인 재산의 종류, 수량, 가액과 이에 대하여 부여할 주식의 종류와 수'에 관하여 그 납입기일의 2주 전까지 주주에게 통지하거나 공고하여야 한다(상 제418조 4항). 이는 2011년 4월 14일 상법개정시 신설한 조문이다. 즉, 상법 제418조 2항에 따라 제3자에게 신주를 발행하는 경우에 주주는 신주의 발행상대는 아니지만 중대한 이해를 가지는 자에 해당한다. 따라서 제3자 발행시 주주의 이익을 보호하기 위해 주주에게 제3자 발행사항의 요점을 알리도록 제4항을 신설한 것이다. 주주는 이 통지, 공고를 통해 신주발행사실을 알게 되고 발행이 불공정할 경우 신주발행유지청구권(상 제424조)을 행사할 기회를 확보하게 될 것이다. 이러한 통지, 공고는 주주의 보호에 매우 긴요한 제도이므로 통지, 공고를 결여한 채 이루어진 제3자에 대한 신주발행은 무효라고 해석해야 한다[49].

회사는 그 날 현재에 있어서 주주가 신주인수권을 가질 '일정한 날'을 정하여 주주명부에 기재된 주주가 신주인수권을 가진다는 뜻을 그 날의 2주간 전에 공고하여야 하고, 주주명부폐쇄기간 중일 때에는 그 기간의 초일의 2주간 전에 공고하여야 한다(상 제418조 3항).

신주인수권을 부여하는 날을 배정일이라 하는데, 이 배정일은 이사회의 결의(자본금 10억원 이하로 이사가 1인인 회사는 주주총회의 결의)로 정하여야 한다(상 제416조).

---

49) 2011 개정상법 축조해설(박영사, 이철송) 179면

신주인수권의 대상이 되는 주식의 총수가 정해지면 구주식 1주에 대한 신주의 배정비율과 각 주주에 대한 신주배정수는 자연히 정하여 지나, 실제에 있어서는 이를 명확하게 하기 위하여 배정비율을 표시하는 것이 통례이다. 의사록에는 주식비율에 따라 신주를 배정한다고 규정하는 것이 바람직할 것이다.

② 청약기일

신주를 발행하는 경우에는 '일정한 기일까지 주식인수의 청약을 하지 아니하면 그 권리를 잃는다는 뜻'을 각 주주에 대하여 통지하여야 하는바(상 제419조 1항), 이 일정한 기일이 청약기일이다.

청약기일을 정하는 것에 관하여는 법률상의 특별한 제한은 없으나, 실제에 있어서 실권주가 있는 경우 그 수를 확정하고 그 처리에 대한 결정을 고려하여 적당한 기간을 두면 된다.

③ 청약증거금의 징수

관행상 주식청약의 단계에서 청약증거금의 첨부를 강제하고 그 첨부가 없는 청약은 부적법한 청약으로 인정하고 있는데, 이것은 신주인수권의 침해라고도 볼 수 있겠으나, 많은 주주로부터 청약과 납입을 신속확실하게 할 필요성에서 하는 것이므로 특별히 부당하다고 할 수는 없을 것이다.

④ 납입을 맡을 은행 기타 금융기관과 납입장소(상 제420조 2호, 제302조 2항 9호)

청약에는 청약증거금을 첨부시켜 그 증거금을 납입기일에 납입금으로서 충당하는 것이 통례이므로, 편의상 납입을 맡은 기관의 납입장소를 청약장소로 지정하고 있다.

⑤ 단주와 실권주의 처리방법

신주인수권이 있는 주주에게 신주를 발행하는 경우 구주의 지분율에 따라 신주를 배정하기 때문에 실제로 정수가 아닌 소수점 주식이 발생하는 경우가 있는데 이것이 단주이며, 신주인수권을 가진 주주에게 실권예고부최고를 했음에도 불구하고 청약을 하지 않는 것이 실권주이다.

단주와 실권주의 처리방법은 이사회의 결의사항이다.

라. 현물출자에 관한 사항

현물출자를 하는 자가 있는 경우에 그 성명과 그 목적인 재산의 종류, 수량, 가액과 이에 대하여 부여할 주식의 종류와 수를 정하여야 한다. 현물출자의 공정한 평가를 위하여는 법원이 선임한 검사인의 조사를 받아야 하는데, 이 경우 공인된 감정인의 감정으로 이에 갈음할 수 있다(상 제422조 1항). 다만, 2011년 4월 14일 상법개정시 신설된 내용으로 다음 각 호의 어느 하나에 해당할 경우에는 검사를 면제하도록 하였다(상 제422조 2항).

1. 제416조제4호의 현물출자의 목적인 재산의 가액이 자본금의 5분의 1을 초과하지 아니하고 대통령령으로 정한 금액을 초과하지 아니하는 경우

2. 제416조제4호의 현물출자의 목적인 재산이 거래소의 시세 있는 유가증권인 경우 제416조 본문에 따라 결정된 가격이 대통령령으로 정한 방법으로 산정된 시세를 초과하지 아니하는 경우

3. 변제기가 돌아온 회사에 대한 금전채권을 출자의 목적으로 하는 경우로서 그 가액이 회사장부에 적혀 있는 가액을 초과하지 아니하는 경우

4. 그 밖에 제1호부터 제3호까지의 규정에 준하는 경우로서 대통령령으로 정하는 경우

상법 제422조 제2항의 신설조항은 현물출자를 하더라도 소규모에 그쳐 자본충실을 해할 위험이 크지 않거나, 출자가액의 평가가 불공정해질 염려가 없는 경우에는 검사를 면제하기 위한 규정이다.

벤처기업의 경우에는 대통령령이 정하는 기술평가관이 산업재산권 등의 가격을 평가한 경우 그 평가내용은 상법 제299조의2 및 제422조의 규정에 의한 공인된 감정인이 평가한 것으로 본다(벤처기업의육성에관한특별조치법 제6조 2항).

신주발행시 현물출자는 정관기재사항이 아니며 이사회의 결의사항이다(상 제416조 4호).

① 현물출자의 대상

주식회사에서 현물출자의 목적물은 특별한 제한이 없고, 대차대조표상 자산으로 계상할 수 있는 재산이면 모두 그 목적물이 될 수 있다. 회사 설립 후 신주발행시 회사에 대한 채권도 현물출자의 목적물이 될 수 있다(2002. 8. 26. 등기 3402-463 질의회답).

② 현물출자를 하는 자의 성명

신주발행시에 현물출자를 할 수 있는 자의 자격에 관하여는 특별한 제한이 없다.

③ 현물출자의 목적인 재산, 그 가액

현물출자의 목적이 될 수 있는 재산은 회사설립시의 그것과 같으나, 다만, 현물출자의 목적이 되는 채권 중에는 당해 회사에 대한 채권도 포함된다.

현물출자의 공정한 평가를 위하여 법원이 선임한 검사인의 조사를 받아야 한다. 이 경우 공인된 감정인의 감정으로 검사인의 조사에 갈음할 수 있다(상 제422조 1항). 현물출자자에 대하여 발행하는 신주에 대하여는 일반주주의 신주인수권은 미치지 않는다(대법원 1989.3. 14. 88누889 판결).

④ 현물출자자에 대하여 부여할 주식의 종류와 수

현물출자자에 대하여 부여할 주식의 종류와 수는 이사회의 결의로 정하는 신주의 종류와 수의 범위 내에서 정하여야 한다.

⑤ 재산인수

회사설립시 또는 신주발행에 의한 증자시에 그 성립 또는 증자의 효력발생을 조건으로 하여 회사가 타인으로부터 재산을 양수할 것을 약속하는 것을 재산인수라 한다.

현행상법하에서는 정관에 특별한 규정이 없는 한, 신주발행시에 효력발생을 조건으로 하여 어떠한 재산을 양수할 것을 약속하는 계약은 대표이사의 재량으로 결정할 수 있다고 할 것이다.

마. 주주가 가지는 신주인수권을 양도할 수 있는 것에 관한 사항

신주인수권증서는 주주의 신주인수권을 표창하는 유권증권이다.

신주인수권의 양도는 주주에 한하여 인정되며 주주의 신주인수권의 양도는 정관의 규정이나 정관에 의한 주주총회의 결의가 없는 한 이사회의 결의에 의하여 인정할 수 있다(상 제416조 5호). 신주인수권의 양도를 인정한 때에는 회사는 신주인수권증서를 발행하여야 하고 신주인수권의 양도는 신주인수권증서의 교부에 의해서만 할 수 있다.

바. 주주의 청구가 있는 때에만 신주인수권증서를 발행한다는 것과 그 청구기간

주주가 갖는 신주인수권의 양도를 인정하는 경우에는 신주인수권증서를 발행한다는 것과 그 청구기간을 정하여야 한다. 그러나 이사회가 이러한 사항을 정하지 않고 주주의 신주인수권 양도에 관하여만 결의하면, 모든 주주에게 청약기일의 2주간 전에 신주인수권증서를 발행하여야 한다(상 제420조의2 1항).

2011년 4월 14일 개정 상법은 신주인수권증권을 발행하는 대신 정관으로 정하는 바에 따라 전자등록기관의 전자등록부에 신주인수권을 등록할 수 있도록 했다. 전자등록을 한 경우 신주인수권의 양도, 입질은 전자등록으로 해야 한다(상 제420조의4, 제356조의2 2항).

주주의 청구기간은 회사 사무처리의 편의에 따라 결정할 것이나 그 기간에 종기는 청약기일 전이어야 한다.

3) 신주배정일 공고(신주인수권자가 있는 경우)

정관에 다른 규정이 없는 한 주주는 그가 가진 주식의 수에 따라서 신주의 배정을 받을 권리가 있다(상 제418조 1항).

이사회는 신주배정일을 정하여 그 날에 주주명부에 기재된 주주가 신주인수권을 갖는다는 것을 결정한다(상 제418조 3항). 회사는 이렇게 신주배정일을 미리 정하여 공고함으로써 주식을 양수한 자가 명의개서를 게을리함으로써 신주인수권형사의 기회를 놓치는 일이 없도록 하려는 것이다.

주주가 신주인수권을 갖는 때에는 회사는 구체적으로 신주인수권을 가진 주주를 확정하기 위하여 일정한 날(배정일)을 정하여 그 날에 주주명부에 기재된 주주가 가진 주식의 수에 따라서 신주의 배정을 받을 권리를 가진다는 뜻과 신주인수권을 양도할 수 있을 경우에는 그 뜻을 그 날의 2주간 전에 공고하여야 한다. 그 날이 주주명부의 폐쇄기간 중인 때에는 그 폐쇄기간의 초일의 2주간 전에 공고하여야 한다(상 제418조 3항).

주식을 양수한 자는 신주배정일 공고에 따라 배정일 전까지 주주명부에 명의개서를 하게 되며, 지정·공고된 배정일 현재의 주주명부상의 명의주주가 신주인수권자로 확정된다.

【쟁점질의와 유권해석】

<신주인수권자의 확정기준>

상업 제461조에 의하여 주식회사가 이사회의 결의로 준비금을 자본에 전입하여 주식을 발행할 경우에는 회사에 대한 관계에서는 이사회의 결의로 정한 일정한 날에 주주명부에 주주로 기재된 자만이 신주의 주주가 된다고 할 것이므로, 갑이 주식회사의 기명주식을 실질적으로 취득하였으나 병 주식회사의 이사회가 신주를 발행하면서 정한 기준일 현재 갑이 기명주주의 명의개서를 하지 아니하여 을이 그 주주로 기재되어 있었다면 병 주식회사에 대한 관계에서는 신주의 주주는 을이라 할 것이다(대판 1988. 6. 14, 87다카259.2600(반소)).

4) 신주인수권자에 대한 실권예고부청약최고(신주인수권자가 있는 경우)

신주인수권을 가진 자(주주, 제3자)가 있는 때에는 회사는 그 자가 신주인수권을 가지는 주식의 종류와 수, 신주인수권을 양도할 수 있음을 정한 때에는 그 뜻, 주주의 청구가 있는 때에만 신주인수권증서를 발행한다는 것과 그 청구기간을 정한 경우에는 그에 관한 사항 및 일정한 기일(청약기일)까지 주식의 청약을 하지 않으면 그 권리를 잃는다는 뜻(실권예고부청약최고)을 그 기일의 2주간 전에 신주인수권자에게 통지하여야 한다. 무기명주권을 발행한 때에는 위와 같은 기일의 2주간 전에 동일한 사항을 공고하여야 한다(상 제419조 1항, 2항, 3항). 회사의 통지 또는 공고에도 불구하고 그 기일까지 주식인수의 청약을 하지 아니한 때에는 신주인수권자는 그 권리를 잃는다(상 제419조 4항).

5) 모집절차(신주인수권자가 없는 경우)

신주인수권자가 없는 경우의 신주발행은 상장회사가 많이 이용하는데, 회사가 실권주·단주를 모아서 처리하는 방법으로도 이용한다.

실권주와 신주인수권의 대상이 되지 않는 주식에 대하여는 회사가 일반공중으로부터 주주를 모집할 수 있다. 이 경우에는 모집설립에 관한 규정이 준용된다(상 제425조 1항).

모집은 그 대상범위에 따라 특정범위의 자로부터 주주를 구하는 연고모집과 널리 일반인으로부터 주주를 모집하는 공모(일반모집)로 나눌 수 있다.

자본시장과 금융투자업에 관한 법률은 정관으로 정하는 바에 따라 이사회 결의로써 대통령령으로 정하는 일반공모증자 방식으로 신주를 발행할 수 있다

고 규정하고 있다(법 제165조의6 1항). 법 제165조의6제1항에서 대통령령으로
정하는 일반공모증자 방식이란 주주의 신주인수권을 배제하고 불특정 다수인
(해당 법인의 주주를 포함한다)을 상대방으로 하여 신주를 모집하는 방식을 말
한다(자본시장과 금융투자업에 관한 법률 시행령 제176조의8 1항).

일반공모증자 방식으로 발행되는 신주의 발행가격은 대통령령으로 정하는
방법에 따라 산정한 가격 이상이어야 한다(법 제165조의6 2항). 법 제165조의6
제2항에서 "대통령령으로 정하는 방법에 따라 산정한 가격"이란 다음 각 호의
방법에 따라 산정한 가격 중 높은 가격의 100분의 70을 말한다(자본시장과 금
융투자업에 관한 법률 시행령 제176조의8 2항).

1. 청약일 전 제5거래일부터 과거 1개월간 공표된 매일의 증권시장에서 거래
   된 최종시세가격의 평균액

2. 청약일 전 제5거래일부터 과거 1주일간 공표된 매일의 증권시장에서 거래
   된 최종시세가격의 평균액

3. 청약일 전 제5거래일의 증권시장에서 거래된 최종시세가격

6) 주식인수의 청약

현물출자를 하는 경우를 제외하고 주식인수의 청약을 하고자 하는 자(신주
인수권자, 모집발행의 경우의 일반인)는 주식청약서 2통에 인수할 주식의 종류
및 수와 주소 및 기타의 법정사항을 기재하고(상 제420조) 기명날인 또는 서명
하여야 한다(상 제425조, 제302조 1항).

신주인수권 증서가 발행된 경우의 주식의 청약은 원칙적으로 신주인수권증
서에 의하여 하며(상 제420조의5 1항), 신주인수권증서를 상실한 때에는 주식
청약서에 할 수 있다(상 제420조의5 2항). 이 서면에 의하지 아니한 청약 또는
이 서면이 법률에서 정한 요건을 구비하지 못한 경우의 청약에 의한 신주의
발행은 무효소송의 원인이 된다(상 제427조). 현물출자를 하는 경우에는 이사
회 또는 정관의 규정에 따라 주주총회에서 현물출자를 하는 자와 그에 대하여
부여할 주식의 수를 정하기 때문에 주식청약서에 의한 주식청약을 할 필요가
없다.

7) 주식의 배정과 인수

주식인수의 청약이 있는 때에는 회사는 신주를 배정하여야 한다. 이 때 신주
인수권자의 청약에 대하여는 반드시 시주를 배정하여야 하나, 그 외의 자에 대

하여는 자유롭게 결정한다.

주권상장법인(코스닥시장에 주권이 상장된 법인은 제외한다) 또는 주권을 유가증권시장에 상장하려는 법인이 주식을 모집하거나 매출하는 경우 해당 법인의 우리사주조합원(「근로자복지기본법」에 따른 우리사주조합원을 말한다)은 모집하거나 매출하는 주식총수의 100분의 20의 범위에서 우선적으로 주식을 배정받을 받을 권리가 있다. 다만, 다음의 어느 하나에 해당하면 그러하지 아니하다(자본시장과 금융투자업에 관한 법률 제165조의7 1항).

1. 「외국인투자 촉진법」에 따른 외국인투자기업 중 대통령령으로 정하는 법인이 주식을 발행하는 경우

2. 그 밖에 우리사주조합원에 대한 우선배정이 어려운 경우로서 대통령령으로 정하는 경우

우리사주조합원이 소유하는 주식수가 신규로 발행되는 주식과 이미 발행된 주식의 총수의 100분의 20을 초과하는 경우에는 이를 적용하지 아니한다(자본시장과 금융투자업에 관한 법률 제165조의7 2항).

총액인수주의에 의하는 설립의 경우와 달리 신주발행예정주식의 전부에 대한 청약이 없더라도 배정할 수 있다.

주식의 배정이 있으면 청약자는 주식인수인이 된다.

8) 현물출자의 검사

현물출자를 하는 자가 있는 경우에는 이사는 현물출자에 관한 사항을 조사하게 하기 위하여 법원에 검사인의 선임을 청구하여야 한다. 이 경우 공인된 감정인의 감정으로 검사인의 조사에 갈음할 수 있다(상 제422조 1항). 다만, 2011년 4월 14일 상법개정시 신설된 내용으로 다음 각 호의 어느 하나에 해당할 경우에는 검사를 면제하도록 하였다(상 제422조 2항).

1. 제416조제4호의 현물출자의 목적인 재산의 가액이 자본금의 5분의 1을 초과하지 아니하고 대통령령으로 정한 금액을 초과하지 아니하는 경우

2. 제416조제4호의 현물출자의 목적인 재산이 거래소의 시세 있는 유가증권인 경우 제416조 본문에 따라 결정된 가격이 대통령령으로 정한 방법으로 산정된 시세를 초과하지 아니하는 경우

3. 변제기가 돌아온 회사에 대한 금전채권을 출자의 목적으로 하는 경우로서 그 가액이 회사장부에 적혀 있는 가액을 초과하지 아니하는 경우

4. 그 밖에 제1호부터 제3호까지의 규정에 준하는 경우로서 대통령령으로 정하는 경우

상법 제422조 제2항의 신설조항은 현물출자를 하더라도 소규모에 그쳐 자본충실을 해할 위험이 크지 않거나, 출자가액의 평가가 불공정해질 염려가 없는 경우에는 검사를 면제하기 위한 규정이다.

법원은 검사인의 보고서 또는 감정인의 감정결과를 심사하여 부당하다고 인정한 때에는 이를 변경하여 이사와 현물출자자에게 통고할 수 있다. 법원의 통고에 현물출자를 한 자가 불복하는 경우에는 그 주식의 인수를 취소할 수 있으며 법원의 통고가 있은 후 2주간 내에 그 주식의 인수를 취소한 현물출자를 한 자가 없으면 통고에 따라 변경된 것으로 본다(상 제422조 3항 4항, 5항).

검사인이 검사보고서를 감정인이 감정서를 법원에 제출하는 때에는 부본 1통을 첨부하여야 하고 법원은 이를 심사한 결과 정당하다고 인정한 때에는 원본 및 부본 표지의 적당한 여백에 '20○○년 ○월 일 인가'라고 기재하고 재판장이 기명날인한 후 신청인에게 부본을 송달한다. 만약 심사결과 부당하다고 인정하여 변경결정을 하였을 경우에는 원본 및 부본 표지의 적당한 여백에 '20○○년 ○월 ○일 변경결정'이라고 기재하고 재판장이 기명날인한 후 신청인에게 부본과 변경결정등본을, 현물출자자에게는 변경결정등본을 각 송달한다(송무예규 제719호).

9) 출자의 이행

신주인수인은 납입기일에 그 인수가액의 전액을 납입하여야 하고 현물출자자는 납입기일에 출자의 목적인 재산을 인도하고 등기·등록 기타 권리의 설정 또는 이전을 필요로 할 경우에는 그에 필요한 서류를 완비하여 교부하여야 한다(상 제421조, 제425조, 제305조 3항, 제295조 2항).

납입은 주식청약서 또는 신주인수권증서에 기재된 납입장소인 은행 기타 금융기관에 대하여 현금으로써 현실로 하여야 한다(상 제425조, 제305조 2항).

2011년 상법개정 전에는 주금의 상계를 금하였으나(개정전 제334조), 개정법에서는 이를 폐지하였다. 따라서 상계를 허용함에 따른 폐단을 방지하기 위한 보완규정으로 상법 제421조 제2항을 신설하여 신주의 인수인은 회사의 동의 없이 주식에 대한 납입채무와 주식회사에 대한 채권을 상계할 수 없다고 규정하였다. 즉, 상계가 주주의 편의만을 위해 이용된다면 회사의 자본충실을 해할 것이므로 회사의 동의 없이는 인수인이 상계할 수 없도록 한 것이다. 반대로

회사가 상계를 할 때에는 인수인의 동의를 필요로 하지 않는다고 보는 것이 상계의 성질과 본조의 법문에 부합한다고 할 것이다[50].

상법은 가장납입을 방지하기 위하여 은행에 납입금을 납입시키고 은행 등이 납입금보관증명 의무를 부담하게 하며, 증명한 금액에 대하여는 담보책임을 지게 하는 외에 납입의 가장에 대하여는 형벌규정(상 제628조)을 두고 있다.

납입금을 보관한 은행 기타의 금융기관은 대표이사의 청구에 의하여 보관금액에 관한 증명서를 교부하여야 하며, 증명한 보관금액에 대하여는 납입의 부실 또는 반환에 관한 제한이 있음을 이유로 하여 회사에 대항하지 못한다(상 제425조 제318조).

다만, 2009년 5월 상법개정을 통하여 자본금 총액이 10억원 미만인 회사를 발기설립하는 경우에는 이러한 증명서를 은행이나 그 밖의 금융기관의 잔고증명서로 대체할 수 있게 되었다. 종전 규정에 의할 때 소규모 주식회사를 설립하는 경우에도 금융기관이 발행한 주금납입금 보관증명서를 제출하여야 하는데 그 발급절차가 번거로워 신속한 창업에 지장을 초래한다는 문제가 있었다. 이에 개정법은 자본금 10억원 미만인 주식회사를 발기설립하는 경우 주금납입금 보관증명서를 금융기관의 잔고증명서로 대체할 수 있도록 허용한 것이다. 이에 따라 소규모 주식회사의 발기설립 절차가 간소화될 것으로 기대된다.

【쟁점질의와 유권해석】

<신주발행시 회사에 대한 채권과 주금납입의무를 상계할 수 있는지 여부>

주식회사의 신주발행시에 은행 기타 금융기관의 납입금보관증명서에 갈음하여 대주주가 회사에 대하여 가지고 있는 채권을 주금납입의무와 상계하였다는 뜻을 기재한 서면과 채권증서를 첨부하여 변경등기를 신청한 경우, 형식적 심사권만 가지고 있는 등기관으로서는 주금납입의무와 채권을 상계할 수 있는지 여부 등에 관한 실질적 심사를 할 수 없는 관계로 비송사건절차법 제205조 5호 및 같은법 제159조 8호의 규정에 의하여 그 등기신청을 각하할 수 밖에 없을 것이다. 다만, 채권도 현물출자의 목적물이 되는 것이므로 대주주의 회사에 대한 채권을 현물출자하고 그에 관한 검사인의 검사보고서와 그 부속서류(상 제422조)를 첨부하여 한 변경등기신청은 수리될 수 있을 것이다(1998.6. 등기 3402-559 질의회답).

---

50) 2011 개정상법 축조해설(박영사, 이철송) 182면

(4) 신주발행의 효력발생 및 이익배당

1) 신주의 효력발생

가. 신주의 효력발생시기

신주인수인이 이사회가 정한 납입기일까지 납입 또는 현물출자의 이행을 하면 납입기일의 다음날로부터 신주발행의 효력이 생기고, 그 신주인수인은 주주의 권리의무가 있다(상 제423조 1항). 신주발행의 경우는 회사의 설립시와는 달리 신주발행예정주식의 전부에 대한 납입 또는 이행이 없어도 자금조달의 편의를 위하여 납입 또는 이행이 있는 한도 내에서 그 효력을 인정하고 있다.

납입기일까지 납입 또는 현물출자의 이행을 하지 않은 신주인수인은 그 권리를 잃으며(상 제423조 2항), 이 경우 회사는 실권한 신주인수인에 대하여 손해의 배상을 청구할 수 있다(상 제423조 3항). 그리고 실권한 주식에 대하여 회사는 주주를 다시 모집할 수 있다.

나. 신주의 발행시기

신주의 납입기일 후 회사는 지체없이 주권을 발행해야 한다(상 제355조 1항). 납기기일 후가 아니면 주권을 발행하지 못하고 납입기일 전에 발행한 주권은 무효이다(상 제355조 2항·3항).

신주발행의 소는 형성의 소이고, 신주발행무효판결의 효력은 소급효가 없다. 따라서 판결 확정 후에 발행된 신주가 효력을 잃는다.

2) 이익배당

보통의 주식발행(유상증자)의 효력발생시기가 납입기일의 익일로 규정되어 있으므로(상 제423조 1항), 이익배당도 일할계산에 의하는 것이 일반적인 관행이다.

이에 대해 개정상법은 회사의 선택에 따라 일할배당이나 균등배당을 결정할 수 있도록 하였으며, 다만, 회사가 균등배당을 선택하는 경우에는 이를 정관에 규정하도록 하였다(상 제423조 1항 후단, 제350조 3항 후단).

따라서 정관에 의하여 배당기산일을 당해 영업연도초까지 소급할 수 있도록 하여 구주와 신주의 차별을 철폐하였다.

이익배당의 기산일을 정관에 의하여 해당영업연도초까지 소급할 수 있도록 하는 상법 제350조 3항 후단의 규정은 무상증자인 준비금의 자본전입이나(상 제350조 3항), 주식배당(상 제462조의2 4항 후단)으로 인한 신주발행의 경우에도 준용된다.

2. 변경등기절차

(1) 등기기간

신주발행의 효력이 생기게 되면 회사의 발행주식의 총수와 그 종류 및 각각의 수(상 제317조 2항 3호)와 자본의 총액(상 제317조 2항 2호)에 변경이 있게 된다. 따라서 납입기일의 다음날로부터 본점소재지에서 2주간 내에 대표이사가 신주발행으로 인한 변경등기를 신청하여야 한다(상 제317조 4항, 제183조, 특례법 제3조, 상업등기법 제17조).

기간의 초일은 등기기간에 산입하지 않는 것이 원칙이지만, 신주발행의 효력은 납입기일 다음날의 오전 0시에 발생하므로 기간의 초일인 납입기일의 다음 날을 등기기간에 산입한다(상 제1조, 민 제157조). 즉, 등기기간의 기산일은 납입기일의 다음 날이다(선례 I 870).

납입기일 전에 신주 전부에 대한 납입을 완료하였더라도 신주발행의 효력이 발생하기 전에는 신주발행으로 인한 변경등기를 신청할 수 없다. 그러나 이사회의 결의로 납입기일을 변경하여 신주발행의 효력을 앞당길 수는 있다.

주주에게 신주인수권이 있는 경우 신주발행에 관한 이사회의 결의일과 신주배정일까지의 기간이 2주간이 안되는 경우에도 신주발행으로 인한 변경등기신청을 할 수 있다. 신주배정일의 공고는 이사회의 결의에 앞서 미리하여도 무방하기 때문이다.

【쟁점질의와 유권해석】

<신주발행으로 인한 변경등기의 원인일자 및 그 등기기간의 기산일>

신주인수인이 신주의 주금납입 또는 현물출자의 이행을 한 때에는 그 납입기일의 다음 날부터 신주발행의 효력이 발생하여 그 날부터 주주로서의 권리, 의무가 생기므로(상 제423조 1항), 신주발행으로 인한 변경등기의 원인일자 및 그 등기기간의 기산일은 주금납입기일의 다음날이다(1984. 12. 13, 등기 540 질의회답).

(2) 등기사항

① 발행주식의 총수와 그 종류 및 각각의 수

② 자본의 총액 : 주식의 액면가액에 발행한 신주수를 곱한 금액만큼 자본의 총액이 증가한다. 액면가액 이상으로 신주를 발행한 경우에도 마찬가지이다. 다만, 이 경우에는 액면가액을 초과한 금액은 자본준비금으로 적립된다(상 제459조 1항 1호).

③ 변경된 취지와 변경연월일 : 변경연월일(변경등기의 원인일자)은 주금납입기일의 다음날이다(선례 I 870).

④ 액면미달의 주식(신주)을 발행한 경우에는 액면미달사항과 상법 제455조의 규정에 의한 미상각액을 등기하여야 하는데(상 제426조) 이는 기타사항란에 등기한다.

(3) 등기부 기록방법

신주발행으로 인한 변경등기는 주식회사의 등기기록의 상당란에 발행주식의 총수와 그 종류 및 각각의 수, 자본의 총액, 변경된 뜻과 그 연월일 및 등기연월일을 기재하고 등기관의 식별부호를 기록하여야 하며, 그 아래에 횡선을 그어 여백과 구분하여야 하며(규칙 제46조 1항·3항) 종전의 이에 관한 기재를 말소하는 기호를 기록한다(규칙 제48조). 각종의 주식의 내용은 기타사항란에 기재한다.

(4) 신주발행으로 인한 변경등기의 효력

신주발행으로 인한 변경등기는 자본증가의 효력요건이 아니라 이미 효력이 발생한 신주발행과 자본의 증가를 공시하는 의미가 있다(상 제37조). 신주의 발행으로 인한 변경등기를 한 날로부터 1년을 경과한 후에는 신주를 인수한 자는 주식청약서 또는 신주인수권증서의 요건의 흠결을 이유로 하여 그 인수의 무효를 주장하거나 사기·강박 또는 착오를 이유로 하여 그 취소를 주장하지 못한다. 1년을 경과하지 않아도 그 주식에 대하여 주주권을 행사한 때에는 같은 제한을 받는다(상 제427조). 신주발행으로 인한 변경등기를 신뢰하여 거래하는 자를 보호하기 위하여 위의 등기가 있는 후에 아직 인수하지 아니한 주식이 있거나 주식인수의 청약이 취소된 때에는 이사는 공동으로 이를 인수한 것으로 본다(상 제428조).

(5) 첨부서면(상업등기법 제82조 : 2007. 8. 3. 제정)

신주발행으로 인한 변경등기신청서에는 다음의 서류를 첨부하여야 한다.

1) 주식의 인수를 증명하는 서면(1호)

가. 현물출자의 경우

현물출자자가 있는 경우 그가 주식을 인수한 것을 증명하는 서면으로서 인수인의 기명날인이 있는 인수증서 등이 이에 해당한다.

나. 기존 주주가 신주를 인수할 경우

기존 주주가 신주를 인수할 경우에는 주식인수증을 첨부하여야 한다. 그러나 신주인수권증서를 발행한 경우에는 주주로부터 그를 양수받은 자는 물론 기존 주주도 이 신주인수권증서로써 주식을 청약하여야 하므로, 그 경우에는 주식인수증은 첨부할 필요 없이 신주인수권증서만 첨부한다.

발행된 신주를 기존주주가 그 소유 주식의 비율에 따라 전부인수하고 그 변경등기를 신청하는 경우에도 주식의 인수를 증명하는 서면과 주식의 청약을 증명하는 서면을 첨부하여야 한다(1997. 1. 31, 등기 3402-71).

다. 금전출자의 경우

금전출자의 경우에는 신주발행으로 인한 변경등기신청서에 주식의 청약을 증명하는 서면 및 주식의 인수를 증명하는 서면을 첨부하여야 한다.

2) 주식의 청약을 증명하는 서면(2호)

신주인수권증서를 발행한 때에는 그로써 주식을 청약하여야 하고 그 증서를 상실한 자 또는 그를 소지하지 아니한 일반 청약인은 주식청약서로 청약하여야 하므로, 주식청약서 또는 신주인수권증서가 이에 해당하는 대표적인 서면이다. 그러나 이 서면에 한하지 않고 주식의 청약이 있었음을 증명하기에 족한 확실한 서면이면 이에 해당한다 할 것이다. 예컨대, 주식모집의 수탁회사가 있는 경우 또는 납입을 맡은 은행 기타 금융기관이 위탁을 받아서 주식청약을 접수한 경우에는 이러한 수탁회사나 은행 등의 증명서(주식청약인의 수, 청약 주식의 종류와 수를 기재한 후 증명자인 회사의 대표이사 등이 기명날인하고 주식청약서로 사용한 견본용지를 첨부)로써 주식의 청약을 증명하는 서면으로 할 수 있을 것이나, 이 서면에는 주식청약인의 수, 청약주식의 종류와 수를 기재한 후 증명자인 회사의 대표이사 기타 권한 있는 자가 기명날인하고 주식청약서로 사용한 용지(견본)를 첨부하여야 된다고 할 것이다(일본 등기선례 소화 1928. 7. 18, 민사갑 제1232호).

【쟁점질의와 유권해석】

<신주발행에 따른 변경등기신청서에 첨부하여야 하는 주식청약을 증명하는 서면을 지배인이 작성할 수 있는지 여부>

지점의 지배인은 그 지점의 영업에 관하여 영업주에 갈음하여 재판상 또는 재판 외의 모든 행위를 할 수 있는바, 신기술사업자에 대한 투자 등을 목적으로 하는 갑주식회사의 지점의 지배인은 신기술사업자인을 주식회사가 발행하는 신주에 대한 청약이 그 지점의 영업에 속하는 경우에는 영업주에 갈음하여 청약을 할 수 있다. 따라서 위 을주식회사의 신주발행으로 인한 변경등기신청서에 첨부되는 주식의 청약을 증명하는 서면은 갑주식회사의 지점의 지배인이 날인한 것을 첨부할 수 있다(1999. 10. 21, 등기 3402-976 질의회답).

3) 현물출자에 대한 검사인의 조사보고서와 그 부속서류 또는 감정인의 감정서와 그 부속서류(3호)

주식회사의 신주발행시의 현물출자와 관련하여 변경등기신청서에 첨부되는 검사인·공증인의 조사보고서 또는 감정인의 감정서는 법원에 제출하여 그 부본 표지여백에 법원의 심사결과가 기재되고 재판관의 기명날인이 된 것으로서 법원으로부터 송달받은 부본이어야 한다(송무예규 제719호).

현물출자를 하는 자가 있는 경우에는 이사는 그 사항을 조사하기 위하여 검사인의 선임을 법원에 청구하여야 하되, 이에 갈음하여 공인된 감정인의 감정으로 검사인의 조사에 갈음할 수 있으며(상 제422조), 외국투자가의 경우에는 관세청장이 현물출자의 이행과 그 목적물의 종류, 수량, 가격 등을 확인한 출자완료확인서로써 검사인의 조사보고서에 갈음할 수 있다(외국인투자촉진법 제30조 3항).

그 외 벤처기업에 대하여 현물출자하는 경우에 대통령령이 정하는 기술평가기관이 산업재산권 등의 가격을 평가한 이것도 공인된 감정인이 감정한 것으로 본다(벤처기업육성에관한특별조치법 제6조).

4) 검사인의 조사보고서나 감정인의 감정결과에 관한 재판이 있은 때에는

그 재판의 등본(4호)

법원은 검사인의 조사보고 또는 감정인의 감정결과를 심사하여 부당하다고 인정한 때에는 이를 변경하여 이사와 현물출자자에게 통고할 수 있고, 이 변경에 불복하는 현물출자자는 그 주식인수를 취소할 수 있으며, 법원의 통고가 있은 후 2주 내에 주식의 인수를 취소하지 아니하면 법원의 통고에 따라 변경된 것으로 본다(상 제422조). 이 때 현물출자자는 그 재판의 등본을 첨부하면 될 것이다.

5) 주금의 납입을 맡은 은행 기타 금융기관의 납입금보관에 관한 증명(5호)

2009년 5월 상업등기법 개정에 의하여 단서가 신설되었다. 즉, 신주발행의 결과 자본금 총액이 10억원 미만인 회사에 대하여는 은행이나 그 밖의 금융기관의 잔고증명서로 대체할 수 있다. 이에 따라 소규모 주식회사의 변경등기 절차가 간소화될 것으로 기대된다. 이 경우 잔고증명서는 회사의 실지명의 즉, 법인세법에 의하여 부여받은 사업자등록증에 기재된 회사의 상호 및 등록번호를 표시하여 작성된 잔고증명서이어야 한다(금융실명거래 및 비밀보호에 관한 법률 3조 1항, 2조 4호 및 동법 시행령 3조 2호).

기업구조정을 위하여 금융기관이 당해 기업에 대한 대출금을 출자전환하여 신주를 발행하고 그에 따른 변경등기를 신청하는 경우에는 금융기관의 납입금보관에 관한 증명서에 갈음하여 ① 회사가 주식인수인(금융기관)에 대하여 채무를 부담하고 있다는 사실을 증명하는 서면과 ② 그 채무에 대하여 회사로부터 상계의 의사표시가 있음을 증명하는 서면 또는 주식인수인의 상계의사표시에 대하여 회사가 이를 승인하였음을 증명하는 서면, ③ 위와 같은 출자전환이 있었음을 증명하는 금융감독원장의 확인서(은행이 대출금의 출자전환으로 신주를 인수함에 따라 다른 회사의 발행주식의 15/100를 초과하여 소유하게 되는 때에는 금융감독위원회의 승인서)를 제출할 수 있다(예규 제960호).

6) 신주발행에 관한 이사회의사록 또는 주주총회의사록과 정관(상업등기법 제79조)

신주발행의 결정은 원칙적으로 이사회의 결의에 의하는 것이므로(상 제416조), 이사회의 결의로 신주발행사항을 결정한 때에는 그 의사록만 첨부하면 되나, 정관의 규정에 의하여 이를 주주총회의 결의로 결정한 때에는 그 주주총회의 의사록과 정관을 첨부하여야 한다.

액면미달주식을 발행한 때에는 그 발행에 관한 특별결의를 거친 주주총회의

의사록을 첨부하여야 한다.

7) 대리인에 의하여 신청할 때에는 그 권한을 증명하는 서면(상업등기법 제21조)

　위임장, 복대리인선임권, 대리인의 위임장 등이 이 서면에 해당한다.

8) 신주발행에 관하여 관청의 허가(인가)를 요하는 경우에는 그 허가(인가)서 또는 인증있는 등본(상업등기법 제22조)

　액면미달주식을 발행함에는 주주총회의 특별결의와 법원이 허가를 요하므로 (상 제330조, 제417조), 법원의 허가를 얻은 증명으로써 그 허가결정등본을 첨부하여야 하고, 외국인이 국내에 자본을 반입하여 국내 기업에 투자하는 것은 원칙적으로 자유이나 외국인투자촉진법이 정하는 경우에는 투자가 제한되며, 신주 등을 취득하는 경우에는 산업자원부장관에게 신고하여야 한다(외국인투자법 제4조, 제5조).

9) 정관, 법원의 허가서, 총주주의 동의서(상업등기법 제79조)

　다음과 같이 이 규정에서 열거하는 서면을 첨부한다.

가. 정　관

　① 주주총회에서 신주발행의 결의를 한 경우 : 신주발행권한은 원칙적으로 이사회에 있으므로(상 제416조), 이사회 권한이 아니고 주주총회의 권한으로 정한 경우에는 그를 증명하는 정관을 첨부하여야 한다. 다만, 이사가 1인인 회사는 당연히 주주총회의 권한이므로 이를 첨부할 필요가 없다.

　② 주주에게 신주인수권을 부여하지 아니한 경우 : 주주에게 신주인수권을 부여하는 것이 원칙이므로 주주에게 신주인수권을 부여하지 아니한 경우에는 그를 증명하는 정관을 첨부하여야 한다.

나. 법원의 허가서(인가서)

　① 액면 미달의 신주를 발행한 경우 : 회사가 성립한 날로부터 2년을 경과한 후에 주식을 발행하는 경우에 회사는 정관변경의 특별결의와 법원의 인가를 얻어 주식을 액면미달의 가액으로 발행할 수 있으므로(상 제417조, 제434조) 이 때에는 법원의 허가서와 특별결의를 한 사실을 증명하는 서면을 첨부하여야 한다. 다만, 주권상장법인은 주주총회의 특별결의

로 할인발행을 할 경우 법원의 인가는 필요하지 아니하다(자본시장과 금융투자업에 관한 법률 제165조의8).

② 주식납입금의 보관증명을 한 은행 기타 금융기관이 주식청약서 등에 기재된 납입을 맡을 은행 기타 금융기관과 상이한 경우(상 제306조, 제425조)

다. 총주주의 동의서

① 실권예고부최고기간을 단축한 경우 : 회사는 신주를 발행함에 있어서 신주인수권을 가진 자에게 그 인수권을 가지는 주식의 종류 및 수와 일정한 기일까지 주식인수의 청약을 하지 아니하면 그 권리를 잃는다는 뜻의 통지를 2주간 전에 하여야 하고, 무기명식의 주권을 발행한 경우에는 이를 공고하여야 한다. 이를 실권예고부의 주식청약최고라 한다.

이 최고기간을 단축한 경우 실무상 등기신청서에 신주인수권포기서를 첨부하는 경우도 있으나, 총주주의 동의서를 첨부하면 족할 것이다.

② 납입기일을 변경한 경우 : 주식인수인이 생긴 후 납입기일을 변경하는 경우에는 총주주의 동의서가 필요하나, 납입기일 전에 신주에 대한 납입이 완료되어 그 기일이 앞당겨 변경한 경우에는 첨부할 필요가 없다.

10) 실권주의 처리에 관한 이사회의사록 또는 주주총회의사록

신주발행의 결의를 하는 이사회 또는 주주총회에서 실권주가 발생할 것에 대비하여 이에 관한 처리방법을 미리 정하고 의사록에 그 기재가 있는 때에는 위 바.의 서면으로써 족하나, 그렇지 아니한 경우에 실권주가 생긴 때에는 그 처리방법을 결정한 이사회 또는 주주총회의 의사록을 따로 첨부하여야 한다.

회사가 신주를 발행하는 경우에는 신주인수권의 내용 및 예정일을 지정하여 공고하도록 규정하고 있으나(상 제418조 2항), 상업등기법이 그 공고문을 등기신청에 필요한 서면으로 규정하고 있지 않으므로 신주배정일공고문은 첨부할 필요가 없다(선례 I 869).

(6) 등록면허세, 지방교육세, 농어촌특별세, 등기신청수수료

본점소재지에서는 불입한 금액 또는 출자액의 1,000분의 4에 해당하는 금액의 등록면허세와 등록면허세의 100분의 20의 지방교육세를 납부하여야 하고(지방세법 제28조 1항 6호 가목, 제151조 1항 2호). 이를 증명하는 서면을 첨부하여야 한다.

그러나 대도시에서 설립한 법인 또는 대도시 내로 전입한 법인이 설립 또는 전입 후 5년 내에 증자하는 경우에는 위 세율의 3배, 즉 1,000분의 12에 해당하는 금액의 등록면허세를 납부하여야 한다(지방세법 제28조 2항 1호, 2호).

실무상 위 자본증가에 대한 등록면허세 및 변경등기에 대한 등록면허세 23,000원을 포함하여 납부하는 경우가 있으나, 이 변경등기의 등록면허세는 그 근거가 없으므로 자본증가에 대한 등록면허세만 납부하면 된다.

등기신청수수료는 6,000원이다(전자표준양식에 의하여 신청하는 경우는 4,000원, 전자신청의 경우에는 2,000원이다). 등록면허세와 달리 신주발행으로 인한 자본증가의 등기와 회사가 발행할 주식의 총수의 변경등기를 일괄하여 하나의 신청서로 동시에 신청하는 경우에도 등기신청수수료는 각각의 것을 합산하여 납부하여야 한다(예규 제1403호 3. 참조).

【쟁점질의와 유권해석】

<기업구조조정을 위한 금융기관대출금의 출자전환에 따른 변경등기신청시 '주금을 납입한 은행 기타 금융기관의 납입금보관에 관한 증명서'에 갈음하여 제출할 수 있는 서면>

기업구조조정을 위하여 금융기관이 당해 기업에 대한 대출금을 출자전환하여 신주를 발행하고 그에 따른 변경등기를 신청하는 경우, 상업등기법 제82조 제5호에 규정된 '주금을 납입한 은행 기타 금융기관의 납입금보관에 관한 증명서'에 갈음하여 ㄱ) 회사가 주식인수인(금융기관)에 대하여 채무를 부담하고 있다는 사실을 증명하는 서면, ㄴ) 그 채무에 대하여 회사로부터 상계의 의사표시가 있음을 증명하는 서면 또는 주식인수인의 상계의사표시에 대하여 회사가 이를 승인하였음을 증명하는 서면, ㄷ) 위와 같은 출자전환이 있었음을 증명하는 금융감독위원장의 확인서(은행법 제37조 제2항에 해당하는 경우에는 금융감독위원회의 승인서)를 제출할 수 있다.

◼ 이견있는 등기에 대한 견해와 법원판단 ◼

〔현물출자와 주주의 신주인수권〕

1. 문제점 : 신주발행시 현물출자의 형태로 출자를 받는 경우, 현물출자자의 자격을 이사회의 결정만으로 결정할 수 있는지, 아니면 정관규정 또는 주주총회특별결의가 필요한지 여부가 문제된다.

2. 학설

(1) 제1설 : 상법 제416조 4호의 규정과 회사의 자금조달의 필요성을 강조하여 이사회의 결정만으로 가능하다는 견해이다.

(2) 제2설 : 주주의 신주인수권 침해의 가능성을 이유로 정관의 규정, 주주총회특별결의가 필요하다는 견해이다.

3. 판례

증여세 부과처분 취소소송사건에서 현물출자자에 대하여 발행하는 신주에 대하여는 일반주주의 신주인수권은 미치지 않는다고 판시하여 제1설의 태도와 같다 (88누889).

◼ 이견있는 등기에 대한 견해와 법원판단 ◼

〔주주의 신주인수권의 양도〕

1. 문제점 : 추상적 신주인수권은 주주권의 일부로서 독립하여 양도가 불가능하고 주식양도에 수반하여 이전가능하고, 구체적 신주인수권은 독립적인 채권적 권리로서 주식과 분리하여 양도가 가능한데, 이사회의 결의가 있어야 양도가능성이 긍정되는지가 문제된다.

2. 학설

(1) 소극설(다수설) : 이사회의 결의가 있어야만 회사에 대하여 효력이 있다는 견해이다. 상법 제416조 5호에서는 신주인수권의 양도사항을 이사회가 결정한다고 규정하고 있고, 제420조의3 1항에서는 신주인수권의 양도는 신주인수권증서의 교부에 의해서만 가능한데, 제416조 6호에 의하면 신주인수권증서의 발행여부는 이사회가 결정함을 이유로 한다.

(2) 적극설 : 이사회의 결의가 없더라도 회사에 대하여 효력이 있다는 견해이다. 신주인수권 양도는 주주의 비례적 이익을 보호하기 위한 것이고, 상법 제416조 5호는 회사의 편의에 따라 신주인수권증서발행을 선택할 수 있음을 의미하는 것일 뿐이라는 것이다.

3. 판례

대법원은 신주인수권의 양도에 관하여 이사회가 결정한 것이 없다고 하더라도 회사가 그 양도를 승낙한 때에는 회사에 대하여 효력이 있다고 판시하였다. 상법 제416조 5호의 규정은 회사측의 신주발행사무의 편의를 위한 것이고, 상법이 주권발행 전 주식의 양도는 회사에 대하여 효력이 없다고 엄격하게 규정한 것(상 제335조 3항 본문)과 달리 신주인수권의 양도에 대하여는 정관이나 이사회의 결의를 통하여 자유롭게 결정할 수 있도록 규정한 것을 이유로 한다. 신주인수권증서가 발행되지 아니한 신주인수권의 양도는 주권발행 전의 주식양도에 준하여 지명채권양도의 일반원칙에 따른다고 보아야 한다는 점도 근거로 들고 있다(94다36421).

3. 등기신청서 및 첨부서류 작성요령

♣ 【서식】 주식회사변경등기신청서(금전출자에 의한 신주발행의 경우)

	주식회사변경등기신청							
접 수	20○○년 ○월 ○일	처리인	접 수	조 사	기 입	교 합	각종통지	
	제○○○○호							

상 호	○○주식회사	등기번호	제1000호
본 점	○○시 ○○구 ○○동 ○○번지		
등 기 의 목 적	신주발행으로 인한 변경등기		
등 기 의 사 유	20○○년 ○월 ○일 이사회(주주총회)의 신주식 ○○○주 발행결의에 의하여 주주를 모집하고, 동년 ○월 ○일 그 납입이 완료되어 발행주식의 총수와 그 종류 및 각각의 수, 자본의 총액이 변경되었으므로 다음 사항의 등기를 구함.		
등 기 할 사 항			
발행주식의 총수, 그 종류와 각종 주식의 내용과 수	보통주식 ○○○주		
자 본 의 총 액	금○○○원		
기 타	해당 없음		

과 세 표 준 액	금 ○○○ 원	등록면허세	금 ○○○ 원
지방교육세	금 ○○○ 원	세 액 합 계	금 ○○○ 원
등기신청수수료	금 6,000원		

첨   부   서   면

1. 정관 및 공증받은 이사회의사 1통 록 또는 주주총회의사록 1. 주식의 인수를 증명하는 서면 1통 1. 주식청약서 1통 1. 주금납입보관증명서 또는 잔 1통 고증명서	1. 등록세영수필확인서 1통 1. 위임장(대리인이 신청할 경우) 1통 <기 타>

20○○년 ○월 ○일

신 청 인   상 호   ○○주식회사
              본 점   ○○시 ○○구 ○○동 ○○번지
대표이사   성 명   ○ ○ ○ (인) (전화 : 02-123-4567)
              주 소   ○○시 ○○구 ○○동 ○○번지
대 리 인   성 명   법무사 ○ ○ ○ (인) (전화 : 02-456-7890)
              주 소

○○지방법원 ○○등기소 귀중

- 신청서 작성요령 및 등기수입증지 첩부란 -

1. 해당란이 부족할 때에는 별지를 이용합니다.
1. 해당 등기신청과 관계없는 사항에 대하여는 "해당없음"으로 기재하거나 삭제
   하고, 필요한 사항은 추가 기재합니다.
1. 등기신청수수료 상당의 대법원등기수입증지를 이 난에 붙입니다.

(용지규격 21cm×29.7cm)

① 실권주 및 단수주 43,901주

② 청약일 20○○년 ○월 ○일

③ 청약처 한국은행 ○○지점

④ 실권주 및 단수주 배정명세 성명, 회사와 관계, 납입금액, 주민등록번호 등으로 구분하여 기재함(생략)

[유례] 실권주 처리의 건

의장은 20○○년 ○월 ○일 이사회의 신주발행 결의에 의하여 20○○년 ○월 ○일 이 신주청약일인 바, 구주주 중 ○○이 배정주식 1,000주 전부를 인수포기하였으므로 실권주 처리에 관하여 설명하고 협의를 구한 바, 인수포기된 신주 1,000주에 대하여 외부에서 모집키로 하고 새로 이사에 취임한 ○○○가 인수의사를 제의하여 오므로 그 가부를 심의한 결과 그를 승인가결하다.

의장은 이상으로서 회의목적인 의안 전부의 심의를 종료하였으므로 폐회한다고 선언하다(회의종료시간 ○○시 ○○분).

위 의사의 안건, 경과요령, 그 결과, 반대하는 자와 그 반대이유를 명확히 하기 위하여 이 의사록을 작성하고 의장과 출석한 이사와 감사(또는 감사위원회 위원)가 기명날인 또는 서명하다.

20○○년 ○월 ○일

○○주식회사

(이하 생략)

Ⅶ. 준비금의 자본전입으로 인한 변경등기

▣ 핵 심 사 항 ▣

1. 준비금의 자본전입에 의한 신주발행

(1) 의의 : 준비금의 자본전입이란 회사의 법정준비금 계정의 금액을 자본금 계정으로 이체하는 것을 말한다(상 제461조). 원래 법정준비금은 회사의 자본결손을 전보하는 데에만 사용할 수 있지만(상 제460조) 예외적으로 이를 재원으로 하여 자본을 증가시킬 수도 있다. 이를 준비금의 자본전입을 통한 무상증자라고 하며 이를 통해 발행되는 신주를 무상주라고 부른다.

(2) 절차 : 원칙적으로 이사회결의를 거쳐야 하며(상 제461조 1항 본문), 결의가 있는 때에는 회사는 신주의 배정기준일을 정하여 그 날에 주주명부에 기재된 주주가 신주의 주주가 된다는 뜻을 배정기준일의 2주전에 공고하여야 한다(동조 3항). 다만 정관에 규정이 있을 때에는 주주총회에서 자본전입을 결의 할 수도 있다(동조 1항 단서).

2. 변경등기절차 : 자본전입의 효력이 발생한 날(이사회결의시는 전입공고에서 정한 신주배정일, 주주총회에서 결의한 때에는 결의일)로부터 본점소재지에서는 2주간 내에 발행주식의 총수와 종류 및 각각의 수, 자본총액, 이것이 변경된 뜻과 그 연월일을 등기하여야 한다(상 제317조 4항, 제183조)

1. 준비금의 의의와 종류 등

(1) 의 의

준비금이란 회사의 이익을 주주에게 배당하지 않고 일정한 목적을 위하여 회사에 적립하여 두는 계산상의 수액으로서 자본금과 함께 이익산출의 공제 항목이 되는 것이다. 준비금은 법정준비금(법률의 규정에 의하여 주주나 회사채권자를 위하여 회사이익금 중 일정한 한도까지 이익배당에서 제외하여 적립이 강제되는 것으로 자본준비금과 이익준비금이 있다)·임의준비금(정관의 규정이나 주주총회의 결의에 의하여 적립되는 것이다)·비밀준비금·의사준비금 등 그 기준을 달리함에 따라 여러 가지로 분류되나 상업등기와 관계되는 것은 법정준비금이다. 법정준비금은 법률의 규정에 의하여 그 적립이 강제되고 자본의 결손전보와 기업의 유지·발전 및 회사채권자보호 등을 위

하여 그 적립이 요구되는 것으로, 이익준비금과 자본준비금이 있다. 법정준비
금은 자본의 결손보전에 충당하는 경우 이외에는 이를 처분하지 못한다(상
제460조). 2011년 개정전 상법은 이익준비금으로 자본의 결손보전에 충당하
고서도 부족한 경우가 아니면 자본준비금으로 이에 충당하지 못한다고 규정
하고 있었다(개정전 상 제460조 제2항). 이는 이익준비금의 영업이익적 성격,
자본준비금의 자본적 성격에 역점을 두어 보전의 순위에 차별을 둔 것이었
다. 그러나 2011년 4월 14일 상법개정시 제2항을 삭제하였다. 즉, 개정법에서
는 자본준비금과 이익준비금을 가리지 않고 배당재원으로 전용할 수 있도록
준비금의 관리에 탄력성을 부여하였으므로(준비금의 감소제도, 제461조의2)
결손의 본전에 이익준비금과 자본준비금에 차이를 두는 것 자체가 무의미하
다고 보아 보전순서에 관한 제한을 없앴다[51].

(2) 법정준비금의 종류

1) 이익준비금(상 제458조)

이익준비금이란 매 결산기의 이익을 재원으로 하여 손실의 전보와 영업상태
의 악화에 대비하여 적립하는 준비금으로서, 자본의 1/2에 달할 때까지 매 결
산기 이익배당액의 1/10 이상을 적립한 것이다. 현금의 사외유출이 없는 주식
배당액과 관련해서는 준비금을 적립할 필요가 없다(상 제458조)[52]. 이익준비금
명목으로 적립하였다 하더라도 자본의 1/2을 초과하는 금액은 이익준비금이
될 수 없고 임의준비금이라 할 것이므로 자본에 전입할 수 없다(선례 Ⅵ 653,
일본 소화 1928. 2. 2, 민사갑 제110호 민사국장 회답). 임시주주총회의 결의로
임의준비금을 자본금의 1/2의 범위 내에서 이익준비금으로 처분한 후 이를 자
본전입할 수 없다(선례 Ⅳ 862).

상법은 합병으로 인하여 소멸하는 회사의 이익준비금 기타 법정준비금은 합
병 후 존속하는 회사 또는 합병으로 인하여 설립되는 회사가 이를 승계할 수

---

51) 2011 개정상법 축조해설(박영사, 이철송) 200면
52) 2011.4.14. 개정 상법하에서는 현금배당뿐만 아니라 현물배당도 가능하게 되었
다(상 제462조의4). 따라서 개정상법은 현물배당의 경우에도 이익준비금을 적립하
도록 하기 위해 이익준비금의 적립기준을 '금전에 의한 이익배당액의 10분의 1이
상'에서 '이익배당액의 10분의 1이상'으로 변경하였다. 다만, 잉여금의 사외유출이
없는 주식배당의 경우에는 적립이 강제되지 않는다(상 제458조).

있다고 규정하고 있다(상 제459조).

【쟁점질의와 유권해석】

<자본의 2분의 1을 초과하는 이익준비금의 자본전입 가부>

상법 제461조 1항의 규정에 의하여 자본에 전입할 수 있는 준비금은 법정준비금에 한한다고 해석되므로 임의준비금은 자본에 전입할 수 없으며, 자본의 2분의 1을 초과하는 이익준비금이 적립된 경우에 그 초과액은 임의준비금으로 보아야 할 것이므로 그 초과액은 자본에 전입할 수 없다(1994. 3. 22. 등기 3402-233 질의회답).

2) 자본준비금(상 제459조)

이익준비금이 회사의 영업활동에서 나온 이익의 일부임에 반하여 자본준비금은 다음의 금액을 재원으로 하는 준비금으로서 본래부터 이익으로 배당할 수 있는 것이 아니고 자본에 준하는 것이기 때문에 적립한도가 없고 그 전액의 적립이 강제된다. 즉 영업이익 외의 원천에서 생긴 자본의 증가분을 말한다.

2011년 개정전 상법에서는 자본준비금으로 적립할 재원을 열거하였는데 그 내용은 다음과 같다.

① 액면초과금(주식발행초과금) : 액면 이상의 주식을 발행한 때 그 액면을 초과한 금액

② 감자차익금(감자차액) : 자본감소의 경우에 그 감소액이 주식의 소각·주금의 반환에 요한 금액과 결원의 보전에 충당한 금액을 초과한 때에는 그 초과금액

③ 합병차익금(합병차액) : 회사합병의 경우에 소멸된 회사로부터 승계한 재산의 가액이 그 회사로부터 승계한 채무액, 그 회사의 주주에게 지급한 금액과 합병 후 존속하는 회사의 자본증가액 또는 합병으로 인하여 설립된 회사의 자본액을 초과한 때에는 그 초과금액. 초과금액 중 합병으로 인하여 소멸하는 회사의 이익준비금 기타 법정준비금은 합병 후 존속하는 회사 또는 합병으로 인하여 설립되는 회사가 이를 승계할 수 있다.

④ 분할차익금(상 제459조 1항 3호의2) : 회사의 분할 또는 분할합병으로 인하여 설립된 회사 또는 존속하는 회사에 출자된 재산의 가액이 출자한 회사로부터 승계한 채무액, 출자한 회사의 주주에게 지급한 금액과 설립

된 회사의 자본액 또는 존속하는 회사의 자본증가액을 초과하는 때에는 그 초과금액. 이 초과금액이 회사의 분할·분할합병에 의한 차액으로서 자본준비금이 되고, 이 분할차익 중 분할회사의 이익준비금 기타 법정준비금은 신설회사 또는 존속회사가 승계할 수 있다.

⑤ 주식의 포괄적 교환·이전 차익금(상 제459조 1항 1호의2, 1호의3) : 주식의 포괄적 교환·이전을 한 경우에 완전 모회사가 되는 회사의 자본증가의 한도액이 완전 모회사의 증가한 자본액을 초과한 경우 그 초과액

⑥ 기타 자본거래에서 발생한 잉여금 : 국고보조금·공사부담금·보험차익·자산수증차익·채무면제차익·자기주식처분이익 등

2011년 4월 14일 개정상법에서는 기업회계관행에서 자본잉여금으로 다루는 것을 상법상의 자본준비금으로 수용하기 위해 자본준비금의 재원을 '자본거래에서 발생한 잉여금'이라고 포괄적으로 규정하고 구체적인 열거는 시행령으로 미루었다. 이에 따라 개정된 상법시행령 제18조에서는 '법 제459조제1항에 따라 회사는 제15조에서 정한 회계기준에 따라 자본잉여금을 자본준비금으로 적립하여야 한다'고 규정하고 있다. 그 내용은 다음과 같다(상법시행령 제15조).

① 「주식회사의 외부감사에 관한 법률」 제2조에 따른 외부감사 대상 회사: 같은 법 제13조제1항에 따른 회계처리기준

② 「공공기관의 운영에 관한 법률」 제2조에 따른 공공기관: 같은 법에 따른 공기업·준정부기관의 회계 원칙

③ 그 외의 회사 등: 회사의 종류 및 규모 등을 고려하여 법무부장관이 금융위원회 및 중소기업청장과 협의하여 고시한 회계기준

(3) 자본전입 대상 준비금

자본전입이란 준비금을 자본으로 전입하여 자본을 증가시키는 것을 말한다. 자본전입의 대상이 되는 것은 법정준비금에 한하지 않고 임의준비금도 될 수 있으나, 예규와 실무례는 상법 제461조 1항의 규정에 의하여 자본에 전입할 수 있는 준비금은 법정준비금에 한한다고 해석하므로, 임의준비금은 자본전입 대상이 안되는 것으로 처리하고 있다(1994. 3. 22. 등기 3402-233, 1999. 9. 27. 등기 3402-914 질의회답).

법정준비금인 한 이익준비금이든 자본준비금이든 모두 자본전입의 대상이

된다. 법정준비금의 자본전입의 한도에 관하여는 아무런 제한이 없으므로 그 전부를 자본전입의 대상으로 할 수 있다.

다만, 앞서 말했듯이 자본의 2분의 1을 초과하여 이익준비금이 적립된 경우에 그 초과액은 임의준비금으로 보아야 할 것이므로, 그 초과액은 자본에 전입할 수 없다(상 제458조, 제461조, 1999. 9. 27. 등기 3402-914 질의회답).

법정준비금은 자본의 결손전보에 충당하는 경우 외에는 이를 처분하지 못한다(상 제460조).

임의준비금은 직접 자본전입을 할 수는 없으나, 간접적으로 ① 임의준비금을 배당가능한 이익으로 환원시켜서 주주총회의 결의에 의하여 주식배당을 함으로써(상 제462조의2) 자본으로 전환할 수 있고, ② 이익준비금의 적립한도(상 제458조)가 남아 있는 경우에 주주총회의 결의로 임의준비금을 이익준비금으로 전환시킨 다음 이를 자본에 전입시킬 수도 있다.

【쟁점질의와 유권해석】

<재무구조개선적립금의 자본전입의 가부>

ㄱ) 상장법인의 경우

상장법인의 경우에는 증권거래법에서 재무구조개선적립금의 적립이 의무화되어 있고 이를 이월결손금의 보전이나 자본전입에만 사용할 수 있도록 한 규정에 의하여 재무구조개선적립금을 이사회의 결의로 자본전입할 수 있다.

ㄴ) 비상장법인의 경우

비상장법인의 경우에는 주주총회의 결의나 정관의 규정에 의하여 재무구조개선적립금과 유사한 적립금을 조성할 수는 있지만 이는 임의준비금의 성격을 가지므로 이를 주주총회의 결의나 이사회의 결의로써 자본전입할 수 없다.

2. 자본전입절차 및 효력

(1) 자본전입절차

준비금은 원래 자본의 결손이 생긴 경우에 이를 전보하기 위하여 적립하는 것이나(상 제460조), 그 중 자본준비금은 무제한으로 적립이 강제되므로 때로는 자본과 준비금 사이의 불균형이 생기는 경우가 있다. 이러한 불균형을 시정하고 정상적인 자본구성을 하기 위하여 준비금을 자본전입 하도록 인정하고 있다.

1) 이사회 또는 주주총회의 결의

회사는 이사회의 결의에 의하여 준비금의 전부 또는 일부를 자본에 전입할 수 있다. 다만, 이사가 1인인 회사는 이사회가 존재하지 아니하므로 주주총회의 결의에 의하여 한다(상 제383조 4항). 그리고 정관으로 주주총회에서 결정하기로 한 경우에는 주주총회의 보통결의에 의한다(상 제461조 1항). 준비금의 자본전입을 결의하는 주주총회는 회사의 정관에 이를 정기주주총회로 한정한다는 등의 규정이 없는 한 임시주주총회를 개최하여 자본전입의 결의를 할 수 있다(선 2000. 1. 14.).

자본전입을 할 때에는 주주에 대하여 그가 가진 주식의 수에 따라 주식을 발행하여야 한다(상 제461조 2항).

2) 신주배정일 공고

이사회에서 그 전입결의를 한 때에는 2주간 전에 신주배정일을 정하여 미리 공고하여야 한다(상 제461조 3항).

즉, 이사회의 자본전입의 결의가 있는 때에는 회사는 일정한 날을 정하여 그 날에 주주명부에 기재된 주주가 신주의 주주가 된다는 뜻을 그 날의 2주간 전에 공고하여야 하며, 그 날이 신주명부폐쇄기간 중인 때에는 그 기간 초일의 2주간 전에 공고하여야 한다(상 제461조 3항).

이사회의결의로 자본전입을 하는 경우에는 발행주식이 발행예정주식총수를 초과할 수 없고, 이를 초과하면 무효이므로, 초과될 때에는 미리 정관을 변경하여 발행예정주식총수를 늘려놓고 자본전입을 하여야 한다.

【쟁점질의와 유권해석】

<주식발행초과금의 자본전입절차>

ㄱ) 주식회사가 액면 이상의 가액으로 신주를 발행한 후 그 액면을 초과한 금액의 전부 또는 일부를 자본에 전입하여 그로 인한 변경등기를 신청하는 경우에, 위 주금의 납입을 맡은 은행 기타 금융기관의 납입보관에 관한 증명서(상업등기법 제82조 5호)에 의

하여 주식발행초과금의 존재가 증명되는 때에는 위 납입금보관에 관한 증명서도 준비금의 존재를 증명하는 서면(상업등기법 제86조)에 해당된다.

ㄴ) 상법의 규정에 의하면 이사는 매결산기에 대차대조표 등과 그 부속명세서를 작성하여 이사회의 승인을 얻어야 하고(상 제447조), 위 서류를 정기주주총회에 제출하여 그 승인을 요구하여야 하는 것이므로(상 제449조 1항), 결산기 중에 임시주주총회를 개최하여 당해 영업연도의 대차대조표를 승인할 수는 없다.

ㄷ) 회사는 이사회의 결의에 의하여 준비금의 전부 또는 일부를 자본에 전입할 수 있으나, 회사가 정관으로 이를 주주총회에서 결정하기로 정한 경우에는 정관에서 이를 정기주주총회로 한정하였다는 등의 특별한 사유가 없는 한 위 주식발행초과금의 전부 또는 일부를 자본에 전입하는 결의는 반드시 정기주주총회에서 결정하여야 하는 것은 아니다(2000. 1. 13. 등기 3402-26 질의회답).

(2) 자본전입의 효력

주주총회에서 자본전입의 결의를 한 때에는 그 결의가 있는 때로부터, 이사회에서 결의한 때에는 공고한 배정일로부터 주주는 지주(持株)수의 비례로 무상으로 주식을 교부받아 신주의 주주가 된다(상 제461조 3항, 4항).

즉, 준비금의 자본전입에 의하여 자본이 증가하고 증가액에 해당하는 신주가 발행되어 종전의 주주에게 그 지주수에 따라 무상으로 교부된다.

따라서 회사는 주식을 발행하여야 하며, 이 때에는 대표이사가 신주를 받을 주식의 종류와 수를 통지하고 만일 무기명식의 주권을 발행한 경우에 있어서는 자본전입결의의 내용을 공고하여야 한다(상 제461조 2항, 내지 5항).

위의 경우 신주에 대한 이익이나 이자의 배당에 관하여는 정관의 정하는 바에 따라서 자본전입의 결의가 있는 때가 속하는 영업연도의 직전영업연도 말에 주주가 되는 것으로 할 수 있다(상 제461조 6항, 제350조 3항 후단).

이와 같이 주주는 자본전입의 결의가 있으면 그 소유주식비례로 신주의 주주가 되므로 이 신주발행에는 청약, 배정, 납입의 절차가 있을 수 없다.

자본전입으로 인한 신주의 발행도 수권자본 범위 내이어야 하고 또한 정관에서 인정된 주식의 발행예정주식총수의 범위 내이어야 한다(상 제344조, 제345조, 제346조, 제370조). 그 한도가 부족한 때에는 먼저 정관변경에 의하여

수권범위를 확대하여야 한다.

3. 변경등기절차

(1) 등기기간 등

자본전입의 효력이 발생하면 전입한 금액만큼 자본액이 증가하고 발행주식의 총수와 그 종류 및 각각의 수에 변경이 생기므로 그 변경등기를 하여야 한다.

자본전입의 효력이 발생한 날(이사회결의시는 전입공고에서 정한 신주배정일, 주주총회에서 결의한 때에는 결의일)로부터 본점소재지에서만 2주간 내에 발행주식의 총수와 그 종류 및 각각의 수, 자본총액, 이것이 변경된 뜻과 그 연월일(자본전입의 효력이 발생한 날)을 등기하여야 한다(상 제317조 4항, 제183조).

(2) 등기사항·등기신청인

등기사항·신청인은 통상의 신주발행의 경우와 동일하다.

(3) 첨부서면

등기신청서에는 다음 서면을 첨부하여야 한다.

1) 준비금의 존재를 증명하는 서면(상업등기법 제86조 : 2007. 8. 3. 제정)

준비금의 자본전입으로 인한 변경등기의 신청서에는 준비금의 존재를 증명하는 서면을 첨부하여야 한다.

이 서면에 해당하는 것으로는 ① 주주총회에서 승인하였거나, ② 소관 세무서장이 인정한 대차대조표가 있으며, 감사인(공인회계사, 감사)의 확인서는 이에 해당하지 아니한다(선례Ⅳ 862). 그리고 액면금액을 초과하여 주식을 발행한 후 그 액면초과금을 자본에 전입하는 경우에는 유상증자시 주금의 납입을 맡은 은행 등 금융기관이 발행한 주금납입보관증명서에 의하여 주식의 액면초과 발행금의 존재가 증명되는 경우에는 위 은행 등이 발행한 주금납입금보관증명서도 이에 해당한다(선·2000.1. 14).

주주총회에서 승인한 것은 결산기 중에는 임시주주총회를 개최하여 당해 영업연도의 대차대조표를 승인할 수 없고, 이사회 결의에 의하여 준비금의 일부 또는 전부를 자본에 전입할 때 정관으로 주주총회의 결의로 하기로 정한 경우에는 정기주주총회로 한정하는 규정이 없으면 임시주주총회의 결의도 가능하고, 주식회사의 액면초과금의 자본전입에는 주금의 납입을 맡은 은행 기타 금융기관의 납입금보관에 관한 증명서도 준비금의 존재를 증명하는 서면이 될 수 있다(2000. 1. 13. 등기 3402-26 참조).

2) 자본전입에 관한 이사회의사록 또는 주주총회의사록(상업등기법 제79조 2항)

　준비금의 자본전입권한은 원칙적으로 이사회에 있으므로 이사회의사록을 첨부하나, 주주총회의 권한으로 정관에서 정한 경우에는 주주총회의사록을 첨부하여야 한다.

　상법 제461조의 규정에 의하여 주주총회의 결의로서 준비금의 전부 또는 일부를 자본에 전입시키고서 발행주식의 총수와 자본의 총액에 대한 변경등기신청을 할 경우에는 주주총회의 결의록과 소관 세무서장이 인정한 대차대조표를 첨부하여야 한다.

3) 대리인에 의하여 신청할 때에는 그 권한을 증명하는 서면(상업등기법 제21조)

4) 관청의 허가(인가)를 요하는 경우에는 그 허가(인가)서 또는 인증 있는 등본(상업등기법 제79조 1항)

5) 정관, 법원의 허가 또는 총주주의 동의가 없으면 등기할 사항에 관하여 무효 또는 취소의 원인이 있는 때에는 정관, 법원의 허가서, 총주주의 동의서(상업등기법 제79조 1항). 다만 이사가 1인이어서 주주총회에서 자본전입의 결의를 한 때에는 정관을 첨부할 필요가 없다.

6) 등록면허세, 지방교육세, 농어촌특별세 등 납부영수필통지서 및 확인서, 등기신청수수료

　등록면허세는 과세표준액의 1,000분의 4이고, 설립 후 5년 이내 대도시에서 증자를 하는 경우에는 등록면허세의 3배를 가산한 중과세의 등록면허세를 납부하여야 하고, 지방교육세는 등록세의 100분의 20이다. 농어촌특별세는 지방세법, 관세법, 조세특례제한법에 의하여 등록면허세가 감면되는 경우 그 감면

액의 100분의 20이며, 이 농어촌특별세도 감면되는 경우가 있다(지세 제28조 1
항 6호 바목, 동조 제2항, 제151조 1항 2호, 농특 제4조, 제5조).

등기신청수수료는 6,000원(전자표준양식에 의하여 신청한 경우는 4,000원, 전
자신청의 경우에는 2,000원)이나, 신주발행과 동시에 발행할 주식의 총수도 변
경하는 경우에는 12,000원이다.

Ⅷ. 주식배당으로 인한 변경등기

▣ 핵 심 사 항 ▣

1. 주식배당
(1) 의의 : 회사는 주주총회의 결의에 의하여 이익배당을 금전이 아니라 새로이
    발행하는 주식으로 할 수 있는데 이를 주식배당이라 한다(상 제462조의2 1항
    본문).
(2) 절차 : 주식배당의 결정은 이익배당의 한 방법이므로 결산기에 정한 정기주주
    총회의 보통결의에 의한다.
2. 변경등기절차 : 주식배당으로 인한 변경등기절차는 첨부서면만 제외하고는 자본
    전입의 경우와 같으며, 등기기간은 주주총회가 종결한 날로부터 2주간 내이다.

1. 주식배당의 결의

(1) 주식배당의 의의

회사는 주주총회의 보통결의에 의하여 이익의 배당을 금전에 갈음하여 새
로이 발행하는 주식으로써 할 수 있다. 주식배당은 이익배당 총액의 1/2의
범위 내에서 할 수 있다(상 제462조의2 1항). 단, 주권상장법인은 주식의 시
가가 액면가에 미달되지 않는 한 이익배당 총액에 상당하는 금액까지 새로
이 발행하는 주식으로써 이익배당을 할 수 있다(자본시장과 금융투자업에 관
한 법률 제165조의13). 이를 주식배당이라 한다.

이와 관련하여 2011년 개정상법은 배당가능이익을 산정할 때 대통령령으로
정하는 미실현이익도 공제하도록 하였고(상 제462조 1항 4호), 정관에서 정
하는 바에 따라 이사회의 결의로 재무제표를 승인하는 경우(상 제449조의2 1
항) 이사회의 결의로 이익배당을 정하도록 하였다(상 제462조 2항). 또, 개정

상법은 금전배당, 주식배당 외에 현물배당 제도를 도입하였으며(상 제462조의4), 중간배당의 경우에도 금전 외에 주식 및 현물의 배당을 할 수 있도록 하였다(상 제462조의3).

주식배당은 새로이 발행하는 신주로써 하는 것이므로 항상 신주의 발행을 수반한다. 따라서 발행되는 주식은 발행예정주식의 범위 내이어야 한다. 배당하는 신주는 같은 종류의 주식이어야 하며, 그 배당은 권면액으로 하며 회사가 수종의 주식을 발행한 때에는 각각 그와 같은 종류의 주식으로 할 수 있다(상 제462조의2 2항).

주식배당도 이익배당의 일종이므로 결산기에 관한 정기총회에서만 결의할 수 있다. 주식배당은 현금을 지출하는 것이 아니므로 배당할 현금을 사내에 유보하는 기능을 가지며, 주가가 높은 경우 주주 자신에게도 이익을 준다.

(2) 주식배당의 요건

주식배당의 요건은 다음과 같다.

① 배당가능 이익이 있어야 한다. 배당가능한 이익은 대차대조표의 순자산액으로부터 자본액과 그 결산기까지 적립된 자본준비금과 이익준비금의 합계액 그리고 결산기에 적립하여야 할 이익준비금, 대통령령으로 정하는 미실현이익을 공제한 차액을 말한다(상 제462조 1항). 2011년 상법개정시 '대통령령으로 정하는 미실현이익'도 공제하는 것으로 추가되었다. 이 때 이익은 당해 사업연도에 발생한 이익에 한하지 않고 과거에 적립한 임의준비금을 헐어서 생기는 경우를 포함한다.

② 주식배당의 한도는 배당가능 이익의 2분의 1에 상당하는 금액을 초과하지 못한다(상 제462조의2). 이는 주주들이 현금배당을 받을 권리를 보장하려는 취지이다. 다만, 상장회사의 경우에는 이 제한을 받지 아니하고 당해 주식의 시가가 권면액에 미달하지 않는 한 이익배당액의 총액에 상당하는 금액까지 주식으로써 배당할 수 있다(자본시장과 금융투자업에 관한 법률 제165조의13).

③ 주식배당은 신주의 발행에 의하므로 회사의 수권주식 범위 내이어야 한다.

2. 주식배당의 효력

주식배당의 결의가 있는 때에는 주주는 그가 받을 이익배당의 총액을 신주의 권면액으로 나눈 수의 주식에 관하여 그 주주총회가 종결한 때로부터 주주가 된다(상 제462조의2 4항). 즉, 주식배당으로 인한 신주에 관하여 주주가 되는 시기는 주주총회의 종결시이므로 이에 반하는 결의는 허용되지 않는다(일본 등기선례 소화 1940. 6. 23.).

따라서 이익의 확정은 대차대조표나 손익계산서의 승인으로 행하여지며, 그 이익의 분배의 결정은 이익잉여금처분계산서승인에 의하여 결정되므로(상 제449조 1항), 주식배당의 효력발생일을 장래의 일정일로 정한 주주총회 결의에 의한 변경등기는 허용되지 아니한다고 할 것이다(상 제462조의2 4항).

이 경우 주식배당으로 발행되는 신주에 대한 이익이나 이자의 배당에 관하여는 정관이 정하는 바에 따라 총회에서의 그 배당결의가 있은 때가 속하는 영업연도의 직전영업연도말에 신주발행의 효력이 있는 것으로 할 수 있다(상 제462조의2 4항, 제350조 3항).

제3차 개정상법은 이익이나 이자의 배당에 관하여는 정관이 정하는 바에 따라서 전입결의가 있을 때가 속하는 영업연도의 직전 영업연도의 말에 소급하여 신주의 효력이 발생한 것으로 계산할 수 있다는 규정을 신설하였다(상 제462조의2 4항).

주식배당으로 인하여 자본총액과 발행주식 총수가 증가함은 준비금의 자본전입의 경우와 같다.

3. 주식배당의 절차

주식배당의 결정은 이익배당의 한 방법이므로 결산기에 관한 정기주주총회의 보통결의에 의한다.

주주총회에서는 주식배당 결의시 주식배당을 한다는 뜻, 신주의 종류와 수 등을 정한다. 상법은 신주의 발행가액은 주식의 권면액으로 한다고 규정하고 있으므로(상 제462조의2), 액면미달의 발행가액을 정할 수 없고 액면초과도 안된다고 해석하는 것이 다수설이다.

주식배당을 함에는 주주평등의 원칙에 따라야 하므로(상 제464조 본문), 일부 주주에게는 주식으로서 배당하고 일부주주에게는 현금으로써 배당할 뜻의 결의를 하여도 그 결의는 주주평등의 원칙에 위반되어 무효라고 할 것이다.

주주총회에서 주식배당의 결의가 있은 때에는 이사는 지체없이 배당을 받을 주주와 주주명부에 기재된 질권자에게 그 주주가 받을 주식의 종류와 수를 통지하고, 무기명 주권을 발행한 때에는 위 결의의 내용을 공고하여야 한다(상 제462조의2).

주식으로 배당할 이익금 중 주식의 액면액이 미달하는 단수(단주)가 있는 때에는 그 부분에 대하여는 준비금의 자본전입의 경우와 같이 경매(거래소에 시세 있는 주식은 거래소를 통하여 매각하고, 시세없는 주식은 법원의 허가를 얻어 경매 이외의 방법으로 할 수 있음)한 대금을 지급한다(상 제462조의2).

주권상장법인이 주식으로 배당을 하는 경우 당해 주식의 시가는 주식배당을 결의한 주주총회일의 직전일부터 소급하여 그 주주총회일이 속하는 사업연도의 개시일까지 사이에 공표된 매일의 증권시장에서 거래된 최종시세가격의 평균액과 그 주주총회일의 직전일의 증권시장에서 거래된 최종시세가격 중 낮은 가액으로 한다(자본시장과 금융투자업에 관한 법률 제165조의 13, 자본시장과 금융투자업에 관한 법률 시행령 제176조의14).

4. 변경등기절차

주식배당을 하게 되면 그 배당가능이익이 자본화하여 자본금이 증가하고, 신주발행으로 인하여 발행주식총수 및 각종 주식의 내용과 수에 변경이 있어 이를 등기하여야 한다.

주식배당으로 인한 변경등기절차는 첨부서면만 제외하고는 자본전입의 경우와 같으며, 등기기간은 주주총회가 종결한 날로부터 2주간 내이다.

주식배당으로 인한 변경등기신청서에는 일반적인 첨부서면 외에 주식배당의 결의를 한 주주총회의사록을 첨부하여야 한다(상업등기법 제79조 2항 : 2007. 8. 3. 제정)

또한 이익의 존재를 증명하는 재무제표 또는 주주총회에서 승인한 이익금의 존재를 증명하는 서면을 첨부하여야 하고, 등록면허세, 지방교육세, 농어촌특별세를 납부한 영수필통지서 및 영수필확인서를 첨부하여야 한다.

◼ 이견있는 등기에 대한 견해와 법원판단 ◼

〔주식배당의 본질〕

1. 문제점 : 주식배당의 본질이 무엇인지에 대하여 견해가 나뉜다.

2. 학설

(1) 이익배당설(다수설) : 상법 제462조의2 1항이 명문으로 주식배당을 '이익의 배당'의 일종이라고 규정하고 있고, 금전배당과 마찬가지로 배당가능이익이 있을 때에만 가능하므로 이를 이익배당의 일종이라고 보는 견해.

(2) 주식분할설 : 주식배당을 하더라도 회사의 순자산에는 변동이 없고 다만 발행주식수만 증가한다는 점에서 주식분할과 그 효과가 동일하다는 점을 이유로 주식분할과 같은 성질로 파악하는 견해.

IX. 주식의 전환으로 인한 변경등기

◼ 핵 심 사 항 ◼

1. 전환주식의 의의 : 전환주식이란 주주의 청구에 의해 다른 종류의 주식으로 전환이 인정되는 주식을 말한다(상 제346조 1항). 2011년 상법 개정에 의하여 주주에게 전환청구권이 있는 전환주식(상 제346조 1항)외에 회사가 주주의 인수 주식을 다른 종류주식으로 전환할 수 있는 전환주식을 발행할 수 있도록 하였다(상 제346조 2항).

2. 필요성 : 자금 조달의 편의성, 주주의 투자수익의 극대화, 투자동기부여

3. 전환의 효력발생 : 주주가 전환을 청구하는 경우에는 그 청구한 때에, 회사가 전환을 한 경우에는 주권을 회사에 제출하여야 하는 2주 이상의 일정한 기간이 끝난 때에 그 효력이 발생한다.

1. 주식의 전환절차

(1) 전환주식의 의의

회사가 종류주식을 발행하는 때에는 정관으로 주주가 인수한 주식을 다른 종류의 주식으로 전환을 청구할 수 있도록 정할 수 있으며, 이 때에는 전환의 조건·전환의 청구기간과 전환으로 인하여 발행할 주식의 수와 내용을

정하여야 한다(상 제346조 1항). 전환을 청구할 수 있는 기간 내에는 전환으로 인하여 발행할 주식의 수를 보유하여 둘 필요가 있다(상 제346조 4항). 이와 같이 전환권이 부여된 주식을 전환주식이라 한다.

【쟁점질의와 유권해석】

<보통주식을 우선주식으로 변경하기 위한 절차>

전환주식은 아니지만 이미 발행한 보통주식을 우선주식으로 변경하려면 우선주식으로 변경을 희망하는 주주와의 합의 및 보통주식으로 남는 주주 전원의 동의가 있어야 하고, 그 변경등기신청서에는 그러한 합의 및 동의가 있음을 증명하는 서면과 정관을 첨부하여야 한다. 이때 정관에 우선주식에 관한 규정이 없다면 이에 대한 정관의 규정을 신설하기 위한 정관변경절차가 선행되어야 한다(선Ⅵ - 661).

(2) 전환청구

전환주식을 가진 주주는 전환청구기간 내에 전환을 청구할 수 있다.

주식의 전환을 청구하는 자는 청구서 2통(상업등기법 제85조)에 주권을 첨부하여 회사에 제출하여야 하며, 그 청구서에는 전환하고자 하는 주식의 종류·수와 청구년월일을 기재하고 기명날인 또는 서명하여야 한다(상 제349조 1항, 2항). 전환청구는 주주명부 폐쇄기간 중에도 할 수 있다. 다만, 이 기간 중에 전환된 주식의 주주는 그 기간 중의 총회의 결의에 관하여는 의결권을 행사하지 못한다(상 제350조 2항).

(3) 전환의 효력

1) 주식전환의 효력발생시기

주식의 전환은 그 청구를 한 때에 효력이 생기며(상 제350조 1항), 이로써 구주식은 소멸하고 신주발행의 효력이 생기게 된다. 그러나 전환권을 행사한 주식의 이익이나 이자의 배당에 관하여는 그 전환청구를 한 때가 속하는 영업연도말에 전환된 것으로 본다(상 제350조 3항 전단). 이 경우 신주에 대한 이익이나 이자의 배당에 관하여는 정관이 정하는 바에 따라서 그 청구를 한 때가 속하는 영업연도의 직전영업연도말에 전환된 것으로 할 수 있다(상 제350조 3항 후단).

전환으로 인하여 신주식을 발행하는 경우에는 전환 주식의 발행가액을 신주식의 발행가액으로 한다(상 제348조).

【쟁점질의와 유권해석】

<어떤 종류의 주식 3주를 다른 종류의 주식 2주로 전환하는 것이 가능한지 여부>

전환 전후의 주식 수에는 제한이 없으므로 전환 전의 원주식의 수와 전환 후의 신주식의 수가 같은 경우에는 자본의 변동이 없으나 전환 후의 주식 수가 원주식의 수보다 많은 경우에는 자본증가를 하게 된다. 즉, 어느 종류의 주식 2주를 다른 종류의 주식 3주로 전환할 경우에는 자본액은 증가하게 된다. 이와는 반대로 어느 종류의 주식 3주를 다른 종류의 주식 2주로 전환할 경우에는 자본액이 감소하게 되는 것이나, 이와 같이 주식의 전환으로 인하여 당연히 자본감소를 초래하는 전환을 인정한다는 것은 자본감소에 관하여 채권자 보호절차를 이행토록 규정한 취지에 반하므로 이와 같은 전환은 인정되지 않는다.

2) 미발행주식수에 미치는 영향

상환시에 수권주식총수가 감소하는 상환주식의 상환과 달리 전환주식의 전환의 경우에는 종류가 다른 주식 수의 교체에 불과하므로 수권주식총수가 전환되는 주식 수만큼 감소하는 것은 아니다. 따라서 정관의 규정 유무에 불문하고 전환으로 인하여 소멸된 주식만큼 그 종류의 미발행주식으로 부활하여 재발행이 가능하다는 것이 다수의 견해에 해당한다. 이 때 재발행이 가능한 주식의 종류와 관련해서는 전환권이 없는 전환 전의 주식으로의 재발행이 가능하다는 견해가 다수의 견해이다[53].

2. 변경등기절차

(1) 등기기간

전환을 청구한 날이 속하는 달의 말일로부터 2주간 내에 대표이사가 본점소재지에서 그 변경등기를 신청하여야 한다(상 제351조, 상업등기법 제17조).

주주가 전환을 청구한 경우 주식의 전환은 그 청구한 때로부터 효력이 생기므로(상 제350조 1항), 그 변경등기는 전환청구를 한 날로부터 할 수 있을 것이나(상 제317조 4항), 그 변경등기의 종기는 전환을 청구한 날이 속하는 달의 말일부터 2주간 내라고 할 것이다. 이에 따른 등기기간은 전환을 청구

---

53) 2012 상업등기실무(법원공무원교육원) 519면

한 날이 속하는 달의 말일로부터 기산하고 그 달에 전환청구된 전부에 대한 변경등기를 일괄하여 1건으로 신청하여야 할 것이고, 이 경우 등기사항 중 변경의 연월일로는 전환을 청구한 날이 속하는 달의 말일을 기재하여야 할 것이다(선례 Ⅵ-629).

(2) 등기사항

등기할 사항은 ① 발행주식의 총수와 그 종류 및 각각의 수, ② 자본의 총액과 그것이 변경된 취지 및 연월일, 등기연월일이며, 등기관의 식별부호를 기록하여야 한다(규칙 제46조 1항). 변경등기를 한 때에는 변경된 등기사항을 말소하는 기호를 기록하여야 한다(규칙 제48조). 지점소재지에서는 자본에 관한 사항은 등기사항이 아니다.

(3) 첨부서면(상업등기법 제85조)

일반적인 첨부서면 외에 주식전환청구서를 하여야 한다.

이에 따른 등기기간은 말일부터 기산하되 전환청구를 함으로써 전환의 효력이 발생할 때마다 하나의 등기사항이 발생하므로, 그 등기사항마다 별개의 변경등기를 하여야 한다.

X. 주식의 병합 및 분할로 인한 변경등기

▣ 핵 심 사 항 ▣

1. 주식의 병합
(1) 의의 : 수 개의 주식을 합하여 종래 보다 소수의 주식으로 하는 것.
(2) 절차 : 회사는 주식병합의 절차에 따라 주주에게 구 주권을 제출할 것과 그 기간을 공고, 통지하고(상 제440조) 주권을 분실하였거나 기타 제출할 수 없는 사유가 있을 때 그에 대해 일정한 조치를 취한 다음(상 제442조), 병합비율에 따라 단주가 발생하게 되면 일정한 절차에 의해 단주를 환가 하여 주주에게 그 대금을 지급하는 방식(상 제443조)으로 주식에 대한 조치를 행한다.

2. 주식의 분할

(1) 의의 : 주식의 액면가를 종래의 절반으로 인하함으로써 구주 1주를 신주 2주로 하는 것과 같이 회사의 순자산이나 자본을 변경시키지 않고 주식수 만을 증가시키는 회사법적 행위.

(2) 절차 : 회사가 주식을 분할함에는 주주총회의 특별결의를 요한다(상 제329조의2 1항). 상법은 구주를 실효 시키는 데 필요한 절차로서 주식병합의 절차(상 제440조 내지 제444조)를 주식분할에 준용하고 있다(상 제329조의2 3항).

1. 주식의 병합

주식의 병합은 수 개의 주식을 합하여 종래보다 소수의 주식으로 하는 것을 말한다.

주식의 병합은 자본 감소의 경우 주식수를 감소시키거나 병합을 하는 경우에는 해산회사의 다수의 주식에 대하여 존속회사 또는 신설회사의 소수의 주식을 배정하는 때에 발생한다. 주식병합의 절차는 상법 제440조 이하에 규정되어 있다.

이것은 명목상의 감자의 경우에 이용되는 방법이며, 실제로도 많이 이용되는 감자방법이다. 주식 병합의 경우에도 주주평등의 원칙에 따라야 한다.

【쟁점질의와 유권해석】

<주식을 병합하는 경우 주식병합에 따른 변경등기신청서에 공고문을 첨부하여야 하는지 여부>

주식을 병합하는 경우의 공고는 정관에 정한 공고방법에 따라야 하며, 다만, 상업등기법이 그 공고문을 등기신청에 필요한 서면으로 규정하고 있지 아니하므로 주식의 병합에 따른 변경등기신청서에 이를 첨부할 필요는 없다(1987. 7. 7, 등기 406 질의회답).

2. 주식의 분할

(1) 주식의 분할의 의의

1) 액면주의 분할

주식의 분할이란 회사가 자본이나 재산을 변경시키지 않고 기존의 주식을 세분화하여 발행주식총수를 증가시키는 절차이다.

이것은 특정한 주식을 단위미만으로 세분화하는 것이 아니라 일률적으로 단위 자체를 인하하여 보다 작은 단위로 만드는 것이므로, 주식의 불가분성에 반하지 않는다. 또한 분할에 의하여 발행되는 주식은 각 주주가 갖는 지(持)주수에 따라 주주에게 배분되므로 주주의 실질적인 지위에 영향을 미치지 않는다.

주식의 분할은 주가가 지나치게 높아져서 그 융통성이 둔화되는 경우에 유통주식수를 증가시킴으로써 주식의 시장성을 제고하려는 경우와 이익배당액의 조정 및 신주의 발행이나 합병의 준비를 위하여 하게 된다. 주식을 분할하더라도 분할 후의 액면주식 1주의 금액은 100원 미만으로 하는 것은 허용되지 않는다(상 제329조의2 2항).

회사가 수종의 주식을 발행한 경우, 예를 들면 보통주 이외에 우선주를 발행한 경우에 보통주식에 대하여만 주식분할을 할 수는 없다. 왜냐하면 주식의 금액은 균일하여야 하므로(상 제329조 3항), 우선주의 액면금은 5,000원, 보통주의 액면금은 1,000원으로 하는 식으로 1주의 금액을 다양하게 할 수 없기 때문이다.

이와 같이, 주식의 분할은 주가가 너무 높을 때 이를 끌어내리거나 다른 회사와 합병 또는 분할합병을 하는 경우 그 준비단계에서 주가차의 조절을 위하여 행하여진다.

2) 무액면주식의 분할[54]

2011년 개정법에서 명문으로 다루지 않았지만 무액면주식의 분할에 관해 유의할 점은 다음과 같다.

무액면주식에는 액면이라는 것이 없으므로 무액면주식의 분할은 자본금, 자산과 관계없이 단지 회사가 발행한 주식의 총수를 주금의 납입 없이 증가시키는 것을 의미한다. 이처럼 무액면주식의 분할은 정관상의 발행예정주식총수의 범위 내에서 이루어지는 것이라면 정관변경을 요하지 않으므로 굳이 주주총회의 특별결의를 요구할 이유가 없지만, 개정상법은 액면, 무액면을 가리지 않고 주주총회의 특별결의를 요건으로 한다. 무액면주식을 분할한 결과 발행주식수가 발행예정주식총수(상 제289조 1항 3호)를 초과하게 될 경우에는 정관변경을 요한다.

---

54) 2011 개정상법 축조해설(박영사, 이철송) 71~72면

(2) 분할절차

1) 주주총회의 특별결의

회사는 주주총회의 특별결의(출석한 주주의 의결권의 2/3와 발행주식총수의 1/3 이상의 수)에 의하여 주식을 분할할 것을 결정한다(상 제329조의2 1항). 이때 주식의 분할로 인하여 발행주식총수가 증가하므로 발행예정주식총수의 한도가 이에 부족한 때에는 이를 증가 변경하여야 한다.

2) 구주권의 제출 공고

주식을 분할하는 경우에는 1월 이상의 기간을 정하여 그 뜻과 그 기간 내에 주권을 회사에 제출할 것을 공고하고 주주명부에 기재된 주주와 질권자에 대하여는 각별로 통지하여야 한다(상 제329조의2 3항, 제440조). 주권의 제출은 신주식을 배정받기 위한 요건이 되며 그 제출기간 내에 제출되지 않은 주식은 모두 단주로 처리된다(상 제443조, 제444조). 주권제출공고는 주식회사가 사실상 주권을 발행하지 아니하였다든가 또는 주주 전원의 이의가 없다는 이유로 생략할 수 없으며 주권제출기간을 명시하지 않은 주식분할공고 절차만을 거친채 주식분할로 인한 변경등기를 신청할 수 없다(선 Ⅵ - 660, 664).

3) 구주권의 제출불능의 경우

구주권을 회사에 제출할 수 없는 자가 있는 때에는 회사는 그 자의 청구에 의하여 3월 이상의 기간을 정하고 이해관계인에 대하여 그 주식에 대한 이의가 있으면 그 기간 내에 제출할 뜻을 청구자의 비용부담으로 공고하고 그 기간이 경과한 후 신주권을 청구자에게 교부할 수 있다(상 제442조).

4) 단주의 처리

분할에 적당하지 않는 수의 주식(단주)이 있는 때에는 그 부분에 대하여 발행한 신주를 경매하여 각 주수에 따라 그 대금을 종전의 주주에게 지급하여야 한다. 그러나 거래소의 시세있는 주식은 거래소를 통하여 매각하고 거래소의 시세없는 주식은 법원의 허가를 얻어 경매 외의 방법으로 매각할 수 있다(상 제443조 2항). 무기명주식을 주권 제출기간 내에 제출하지 않은 자가 있는 경우에도 단주의 처리에 관한 규정을 준용한다(상 제444조).

5) 채권자보호절차

주식을 분할하더라도 원칙적으로 회사의 자본 총액은 변동이 없다. 그러나 주식의 분할에 의하여 단주가 발생하여 이를 금전으로 정산한 경우에는 회사의 자본은 감소하게 된다. 회사의 자본이 감소하게 되는 경우에 회사는 분할의 결의가 있은 날로부터 2주 내에 회사 채권자에 대하여 이의가 있으면 일정한 기간 내에 이를 제출할 것을 공고하고, 알고 있는 채권자에 대하여 따로 따로 이를 최고하여야 한다. 이 경우 그 기간은 1월 이상이어야 한다(상 제441조, 제232조 1항). 채권자가 위 기간 내에 이의를 하지 않으면 주식분할을 승인한 것으로 보며(상 제232조 2항), 이의를 제출한 채권자가 있는 경우에는 회사는 그 채권자에 대하여 변제 또는 상당한 담보를 제공하거나 이를 목적으로 상당한 재산을 회사에 신탁하여야 한다(상 제232조 3항)(예규 제270호).

6) 분할의 효력

주식의 분할은 주권제출기간 만료시(즉 주권제출기간의 익일)에 효력이 발생한다. 그러나 채권자보호절차를 요할 경우에는 주권제출기간 또는 채권자 이의 제출기간 중 나중에 도래하는 기간의 만료시에 발생한다(상 제441조). 주식분할의 효력이 발생하면 회사의 발행주식총수가 증가한다. 그리고 구주식에 대한 질권은 물상대위에 의하여 신주에 대하여 행사할 수 있다(상 제339조).

3. 변경등기절차

(1) 등기기간

주식에 관한 사항은 주식분할의 효력이 발생한 날로부터 본점소재지에서 2주간 내에 대표이사가 그 변경등기를 신청하여야 한다(상 제317조 4항, 제183조, 상업등기법 제17조 : 2007. 8. 3. 제정). 지점소재지에서는 주식에 관한 사항은 등기사항이 아니다.

(2) 등기할 사항

등기할 사항은 ① 1주의 금액, ② 발행주식의 총수와 그 종류 및 각각의 수, ③ 회사가 발행할 주식의 총수(변경이 있을 경우) 등이 변경된 취지 및 그 연월일과 등기연월이며, 등기관이 등기관의 식별부호를 기록하여야 한다. 변경된 등기사항은 이를 말소하는 기호를 기록한다.

(3) 첨부서면

1) 주식분할에 관한 주주총회의사록(상업등기법 제79조 2항 : 2007. 8. 3.

제정)

2) 정관, 법원의 허가서 또는 총주주의 동의서

정관의 규정, 법원의 허가 또는 총주주의 동의가 없으면 효력이 없거나 취소할 수 있는 사항의 등기에 관하여는 신청서에 정관, 법원의 허가서 또는 총주주의 동의서를 첨부하여야 한다(상업등기법 제79조 1항).

3) 주권제출의 공고를 증명하는 서면

주식의 병합(자본감소의 경우를 제외) 또는 주식의 분할로 인한 변경등기신청서에는 상법 제440조에 따른 공고를 하였음을 증명하는 서면을 첨부하여야 한다(상법등기법 제87조).

주권제출의 공고는 주식회사가 사실상 주권을 발행하지 않았다는 이유로 이를 생략할 수 없다고 할 것이므로, 회사가 주권을 발행하지 않았다는 이유로 주권제출기간을 명시하지 않은 주식액면분할공고절차만을 거친 채 주식분할로 인한 변경등기를 신청할 수는 없다.

주권제출의 공고를 증명하는 서면은 정관소정의 공고방법에 의하여 공고하였음을 증명하는 서면이어야 한다.

실무상 단순히 합병을 위하여 피합병회사가 합병회사와 1주의 금액을 동일하게 하기 위하여 주식분할절차를 취하면서 주권제출공고를 생략하는 경우가 있다. 이 경우에는 주주총회에서 주식병합을 위하여 주권을 대표이사에게 제출하도록 결의하고 각 주주가 주권병합에 이의없이 동의하고 자기소유 주식에 대하여는 질권설정, 기타 담보 또는 압류된 사실이 없음을 서면으로 증명하고, 주주명부 및 주식의 중요취지를 확인하여 오는 경우에 당해 회사가 소규모의 회사인 때에는 등기관은 주식전부를 제출하여 실질적으로 심사할 수 있다면 주권제출공고를 생략하여도 될 것이다.

【쟁점질의와 유권해석】

<주권제출공고증명서에 갈음하여 주주 전원의 이의가 없다는 서면을 첨부하여 변경
 등기를 신청할 수 있는지 여부>

주식분할로 인한 변경등기신청서에는 회사가 1개월 이상의 기간을 정하여 주식분할
의 뜻과 그 기간 내에 주권을 회사에 제출할 것을 공고하였음을 증명하는 서면을 첨
부하여야 하는바(상업등 제87조), 이러한 주권제출공고절차는 주주 전원의 이의가 없
다는 이유로 이를 생략할 수 없다고 할 것이므로, 주권제출공고증명서에 갈음하여 주
주 전원의 이의가 없다는 서면을 첨부하여 주식분할로 인한 변경등기를 신청할 수는
없다.

4) 채권자보호절차 이행사항을 증명하는 서면

　　자본감소로 인한 변경등기신청서에는 다음의 서류를 첨부하여야 한다(상업
등기법 제89조 : 2007. 8. 3. 제정).

　　① 상법 제232조 1항에 따른 공고 및 최고를 한 사실과 이의를 진술한 채권
　　　자가 있는 때에는 이에 대하여 변제 또는 담보를 제공하거나 신탁을 한
　　　사실을 증명하는 서면

　　② 주식의 병합 또는 소각을 한 때에는 상법 제440조에 따른 공고를 하였음
　　　을 증명하는 서면

5) 등록면허세 영수필확인서 및 통지서, 등기신청수수료

　　등록면허세는 23,000원이고 지방교육세는 그 100분의 20이다.

　　자본증감이 없는 주식의 합병 및 분할로 인하여 등기사항 중 '1주의 금액'란과
'발행주식의 총수와 그 종류 및 각각의 수'의 란에 변경등기를 해야 한다. 따라
서 등기신청수수료는 위 각란의 수수료의 합계 12,000원을 납부하여야 한다.

6) 대리인에 의하여 신청할 때에는 그 권한을 증명하는 서면(상업등기법
　제21조)

XI. 자산재평가적립금의 자본전입으로 인한 변경등기

1. 자산재평가적립금의 의의

(1) 의 의

자산재평가란 자산재평가법에 의하여 회사의 사업용 자산을 현실에 적합한 가액으로 그 장부가액을 증액하는 것을 말하고(자산재평가법 제2조 1항), 자산재평가적립금이란 자산재평가차액에서 재평가일 1일 전의 대차대조표상의 이월결손금을 공제한 잔액을 적립하는 것을 말한다(동법 제28조 1항). 재평가액, 재평가차액 등은 재평가한 자의 신고에 의하여 관할세무서장이 결정한다(동법 제15조 1항, 제17조 1항). 자산재평가법은 2000년 12월 31일까지 재평가신고를 한 분(分)에 대하여 적용한다(동법 제41조).

(2) 제도의 취지

자산재평가를 실시하여 대차대조표의 객관성을 확보하고 적정한 감가상각과 공정한 납세를 통하여 기업경영의 합리화를 도모할 수 있도록 하기 위한 것이다. 이러한 제도는 화폐가치가 급격하게 하락할 경우에 물가상승이 되었음에도 불구하고 취득원가를 기준으로 하여 감가상각을 하게 되면 감가상각비가 과소하게 계상되고 그 결과 가공이익이 생겨 공익배당과 중과세로 인하여 기업이 실질자본을 유지하지 못하고 자본침식의 현상을 초래할 수 있기 때문이다.

2. 자본전입절차

재평가적립금은 자본준비금으로서 법정준비금의 일부가 되므로 자본전입절차도 준비금의 자본전입절차에 준한다.

3. 자본전입의 효력

주주총회에서 자본전입의 결의가 있으면 그 결의가 있는 때로부터, 이사회에서 결의한 때에는 신주의 배정일로부터 주주는 그의 특주수의 비례로 신주의 주주가 된다. 그리고 전입한 금액만큼 자본이 증가하고 발행주식수와 그 종류 및 각각의 수에 변경이 생기고 수권주식의 수가 부족하게 되면 이를 증가변경하여야 한다.

4. 변경등기절차

(1) 등기사항 및 등기기간

등기사항, 등기기간, 신청인 등은 준비금의 자본전입으로 인한 변경등기의 경우와 같다. 신청서의 일반적 기재사항인 등기의 목적은 '재평가적립금의 자본전입으로 인한 변경등기'로, 등기의 사유는 '재평가적립금의 자본전입'으로 기재한다.

(2) 첨부서면

1) 자본전입에 관한 이사회 또는 주주총회의사록(상업등기법 제79조)

2) 관할세무서장이 발급하는 자본전입상당액증명서(자산재평가법 제30조 3항)

3) 정관변경에 관한 주주총회의사록(수권주식총수를 변경한 경우)

4) 대리권을 증명하는 서면 등 일반적인 첨부서면(상업등기법 제21조, 제22조 등)

(3) 등록면허세

1) 재평가액 등의 신고에 관한 정부의 결정일이나 심사청구 또는 심판청구에 대한 결정일로부터 3년 내에 자본전입을 완료하고 관할세무서장으로부터 자본전입상당액증명서를 교부 받은 날로부터 30일 내에 신청한 자본전입으로 인한 변경등기에는 등록면허세를 부과하지 않는다(자산재평

가법 제37조 1항, 동시행령 제24조 3항).

2) 그러나 자본전입에 부수하여 발행예정주식수를 변경하고 그 변경등기를 동시에 신청하는 때에는 23,000원의 등록면허세를 납부하여야 한다(지방세법 제28조 1항 6호).

3) 위 1)의 기간을 도과하여 자본전입으로 인한 변경등기를 하는 때에는 전입한 금액의 1/1,000에 해당하는 등록면허세를 납부한다(지방세법 제28조 1항 6호 다목).

XII. 자본감소로 인한 변경등기

▣ 핵 심 사 항 ▣

1. 자본감소의 의의 : 발행주식 총수를 감면시키거나 또는 1주당의 액면가를 감액함으로써 주식회사의 자본 즉, 발행주식의 액면총액(상 제451조)을 감소시키는 것.
2. 자본감소의 방법
(1) 발행주식 총수를 감소시키는 방법 : 주식의 병합과 주식의 소각
(2) 주식의 액면가를 감액하는 방법 : 환급의 방법과 절기의 방법
3. 자본감소의 절차
(1) 주주총회 특별결의(상 제438조 1항)
(2) 채권자보호절차(상 제439조 2항, 제232조)
(3) 주식에 대한 조치
(4) 변경등기

1. 자본감소

(1) 자본감소의 의의

자본의 감소란 회사의 자본액을 일정한 방법에 의하여 감소하는 것을 말한다. 자본의 감소는 회사채권자를 위한 담보가 감소하는 동시에 주주의 권리가 감축 또는 소멸되는 결과를 초래하게 된다. 따라서 자본을 감소하기 위해서는 주주의 이익을 보호하기 위하여 주주총회의 특별결의를 거쳐야 하며 한편으로는 회사채권자를 보호하기 위하여 엄격한 절차를 밟아야 한다. 다만,

2011년 4월 14일 상법개정으로 결손의 보전을 위한 자본감소의 경우에는 주주총회의 보통결의에 의하도록 하고 채권자보호절차를 면제하였다(상 제438조 2항, 제439조 2항 단서). 자본감소에는 실질상의 자본감소와 명의상의 자본감소가 있는데 실무에서는 대부분 명의상의 자본감소(명목상의 자본감소 또는 계산상의 자본감소)가 행해지고 있다.

(2) 자본감소의 방법

자본감소의 방법에는 ① 주금액의 감소, ② 주식수의 감소, ③ 위 ①, ②의 방법을 병용하는 방법 등 세 가지가 있다. 2009. 5. 개정 이전에는 최저자본금 이하로 감소할 수 없었으나, 최저자본금 제도의 폐지로 인해 5,000만원 이하로 감소시킬 수 있다.

1) 주금액의 감소

자본의 감소는 정관을 변경하여 1주의 금액을 낮게 정하는 방법으로 할 수 있다. 현재 1주의 법정 최저액은 100원이므로 주금액이 100원을 초과하는 경우에만 할 수 있다. 이 방법에 의해 자본을 감소하는 경우에는 회사가 발행한 주식의 수에 변동이 생기지 않는데, 이 점이 주식의 소각과 병합에 의한 자본감소의 경우와 다른 점이다.

자본액 감소의 방법으로는 다음의 방법이 이용된다.

① 주금액의 일부반환(환급) : 주주가 이미 납입한 주금액의 일부를 각 주주에게 반환하고 그 잔액을 새로운 주금액으로 하는 것으로 실질상의 자본감소의 전형적인 방법이다.

② 손실에 의한 주금액의 감소(절기 – 주금액의 공제 또는 삭감) : 주금액 중 주주가 이미 납입한 부분의 일부를 주주의 손실로 하여 주금액으로부터 삭제하고 나머지 납입액을 주금액으로 하는 것으로 명의상의 자본감소의 방법으로 이용된다.

2) 주식수의 감소

① 주식의 병합 : 주식의 병합은 1인의 주주에게 속하는 수 개의 주식을 합쳐서 소수의 주식으로 하는 것이다. 예컨대 2주를 1주로, 5주를 3주로 하는 것 등이다. 주식의 병합은 명의상의 감자방법이나, 실제로 가장 많이 이용되는 감자방법이다.

② 주식의 소각 : 주식의 소각은 특정한 주식을 절대적으로 소멸시키는 것이다. 주식의 소각은 주주의 소유주식 중의 일부만이 소멸되는 점에서 회사가 발행한 모든 주식의 내용이 변경되는 주금액의 감소나 주식의 병합과 다른다. 주식의 소각은 그 주식의 주주의 승낙을 요건으로 하는가 아닌가에 따라 임의소각과 강제소각, 대가의 지급 여부에 따라 유상소각과 무상소각으로 나뉜다. 상법은 강제소각의 방법에 대하여서만 규정하고 있는데 (상 제343조 2항) 임의·유상소각이 소각의 전형적인 방법이다.

③ 병합과 소각의 병용 : 자본의 감소는 주금액의 감소와 주식수의 감소를 병용하는 방법으로도 할 수 있다. 그러나 절차의 복잡성 때문에 실제로는 거의 이용되지 않는다.

(3) 자본감소의 절차

1) 주주총회의 특별결의

자본의 감소는 주주의 이해관계에 중대한 영향을 미치므로 정관변경의 경우와 마찬가지로 주주총회의 특별결의가 있어야 하고(상 제438조 1항), 그 결의에 있어서는 자본감소의 방법을 정하여야 한다(상 제439조 1항).

주주총회에서 자본감소 자체만을 결의하고 그 방법을 이사회에 위임하는 것은 허용되지 않는다. 그리고 주 금액을 감소하는 경우 1주의 금액에 관한 정관변경의 결의는 자본감소의 결의에 포함된 것으로 보아도 무방하며 자본감소는 주주총회의 전속적 결의사항이므로 정관의 규정 또는 주주총회의 결의로 그 요건을 완화하거나 이사회 등에 그 결정 권한을 포괄적으로 위임할 수는 없다.

2) 채권자보호절차의 이행

회사는 감자의 결의를 한 날로부터 2주간 내에 회사채권자에 대하여 감자에 이의가 있으면 1월 이상으로 정한 기간 내에 이의를 제출할 것을 공고하고, 알고 있는 채권자에 대하여는 각별로 최고하여야 한다. 이의를 제출한 채권자가 있는 때에는 회사는 그 채권자에 대하여 변제 또는 상당한 담보를 제공하거나 이를 목적으로 하여 상당한 재산을 신탁회사에 신탁하여야 한다(상 제439조 2항, 제232조).

3) 결손의 보전을 목적으로 하는 감자의 경우

2011년 개정전 상법은 실질감자이든 명목감자이든 구분하지 않고 주주총회의 특별결의와 채권자보호절차를 밟도록 하고 있었다. 그러나 명목감자의 경우

단지 계수상으로 자본금이 감소할 뿐이고 실제 재산의 감소가 없는데도 불구하고 자본감소의 엄격한 절차를 요구할 필요가 있느냐는 의문이 제기되었었다.

이에 2011년 개정상법은 명목감자 중 결손의 보전을 목적으로 하는 감자는 간이한 절차를 밟을 수 있도록 하였다(상 제438조 2항, 제439조 2항 단서).

4) 무액면주식을 발행한 회사의 경우

2011년 상법개정으로 도입된 무액면주식을 발행한 회사가 자본감소를 할 경우에는 주식의 수와 연계 없이 자본만 감소시키지만, 역시 주주에게 일정 금액을 지급하는 실질감자와 그렇지 않은 명목감자가 있을 수 있다. 따라서 무액면주식을 발행한 회사가 결손보전을 목적으로 명목감자를 하는 경우에도 제438조 2항, 제439조 2항 단서가 적용된다[55].

(4) 자본감소의 이행절차와 감자의 효력발생

1) 주식을 병합하는 경우

회사는 1월 이상의 기간을 정하여 주식을 병합한다는 뜻과 그 기간 내에 주권을 회사에 제출할 것을 공고하고, 주주명부에 기재된 주주와 질권자에 대하여는 각별로 통지하여야 한다(상 제440조).

이 공고는 정관소정의 공고방법에 의하여야 하고, 회사가 주권을 발행하지 아니하였거나 전주주의 이의가 없는 때에도 이를 생략할 수는 없다. 또한 주권제출기간을 명시하지 않은 채 주식병합공고 절차만을 거친 채 주신병합에 따른 자본감소의 변경등기를 신청할 수는 없다. 다만, 주주가 1인 뿐인 1인회사의 경우에는 주식병합에 관한 주주총회의 결의를 거친 경우에는 구주권 제출공고의 취지를 고려하더라도 회사가 반드시 위와 같은 공고 등의 절차를 통하여 신주권을 수령할 자를 파악하거나 구주권을 회수하여야 할 필요성이 있다고 보기 어려우므로 주식병합에 관한 주주총회의 결의에 따라 그 변경긍기가 경료되었다면 공고 등의 절차를 거치지 않았다고 하더라도 그 변경등기 무렵에 주식병합의 효력이 발생한다고 봄이 상당하다는 것이 판례이다.

핵 심 판 례

■ 구 상법상 주식병합에 있어서 일정한 기간을 두어 공고와 통지의 절차를 거치도록 한 취지 및 사실상 1인 회사가 주식병합을 하면서 위와 같은 절차를

---

55) 2011 개정상법 축조해설(박영사, 이철송) 186면

거치지 않은 경우, 그 주식병합이 무효로 되는지 여부(소극)

구 상법(1991. 5. 31. 법률 제4372호로 개정되기 전의 것)상 주식병합에 있어서 일정한 기간을 두어 공고와 통지의 절차를 거치도록 한 취지는 신 주권을 수령할 자를 파악하고 실효되는 구 주권의 유통을 저지하기 위하여 회사가 미리 구 주권을 회수하여 두려는 데 있다 할 것인바, 사실상 1인 회사에 있어서 주식병합에 관한 주주총회의 결의를 거친 경우에는 회사가 반드시 위와 같은 공고 등의 절차를 통하여 신 주권을 수령할 자를 파악하거나 구 주권을 회수하여야 할 필요성이 있다고 보기는 어려우므로, 주식병합에 관한 주주총회의 결의에 따라 그 변경등기가 경료되었다면 위와 같은 공고 등의 절차를 거치지 않았다고 하더라도 그 변경등기 무렵에 주식병합의 효력이 발생한다고 봄이 상당하다(대법원 2005.12.9. 선고 2004다40306 판결).

주식의 병합에 의한 자본감소는 이 공고기간의 만료시, 만일 채권자보호절차가 완료하지 아니한 때에는 그 절차의 종료시에 효력이 발생한다(상 제441조).

주식을 회사에 제출할 수 없는 자가 있는 때에는 회사는 그 자의 청구에 의하여 3개월 이상의 기간을 정하고 이해관계인에 대하여 그 주권에 대한 이의가 있으면 그 기간 내에 제출할 뜻을 공고하고, 그 기간이 경과한 후에 신주권을 청구자에게 교부하여야 한다. 공고비용은 청구자의 부담으로 한다(상 제442조).

병합에 적당하지 아니한 단주가 생기는 때에는 그 단주에 대하여 매각하고, 거래소의 시세가 없는 주식은 법원의 허가를 얻어 경매 이외의 방법으로 매각할 수 있다(상 제443조).

주권제출기간 내에 주권의 제출이 없는 무기명주권에 대하여도 동일하게 처리한다(상 제444조).

2) 주식의 임의소각에 의한 자본감소의 경우

회사와 주주간의 계약에 의하여 회사가 그 주권을 취득하여 폐기처분하여야 하므로 이를 폐기한 때에 감자의 효력이 발생한다.

3) 주식의 강제소각에 의한 자본감소의 경우

이 경우에는 주식의 병합의 경우와 같이 주권 제출의 공고를 요하므로(상 제343조 2항), 주권제출기간이 만료한 때 또는 채권자 이의제출기간이 만료한 때 중 나중에 도래하는 기간만료시에 감자의 효력이 발생한다(상 제343조 2항, 제441조).

따라서 주권이 제출되지 아니하여 이것이 폐기처분되지 않았다 하더라도 소각의 대상이 된 주식은 소멸하고 이를 표창하는 주권도 주권으로서의 효력을 상실한다.

4) 주금액의 감소에 의한 자본감소

주금액을 반환하지 아니하는 절엽의 방법에 의할 때에는 주주에게 그 취지를 통지함으로써 감자의 효력이 발생하고, 주금액을 반환하는 환급의 방법에 의할 때에는 주주에게 환급의 통지를 한 때(주주에게 도달한 때)에 감자의 효력이 발생한다.

주식의 병합 또는 소각에 의하여 감자를 한 경우에는 그 주식수 만큼 발행예정주식총수도 감소하므로 이를 등기하여야 한다.

2. 등기절차

(1) 등기기간 등

회사가 자본을 감소한 때에는 감자의 효력이 발생한 후 본점소재지에서 2주간 내에 대표이사가 자본감소로 인한 변경등기를 신청하여야 한다(상 제317조 3항, 제183조, 상업등기법 제17조 : 2007. 8. 3. 제정). 이 등기가 자본감소의 효력발생요건은 아니며, 지점소재지에서는 자본에 관한 사항은 등기사항이 아니다.

등기기간은 자본감소의 실행절차를 완료하여 자본감소의 효력이 발생할 때로부터 진행하며 채권자보호절차 이행시로부터 진행하는 것은 아니다(일본등기선례 대정 1910. 8. 2, 민사갑 제3115호).

(2) 등기사항

등기사항은 다음 사항이 변경된 취지 및 그 연월일이다.

1) 자본의 총액

자본감소의 방법과 관계없이 언제나 자본의 총액이 변경하므로 변경된 자본총액을 등기하여야 한다.

2) 발행주식의 총수와 그 종류 및 각각의 수

주식의 병합 또는 소각에 의하여 자본을 감소한 경우에는 발행주식의 총수가 변경되며 회사가 수종의 주식을 발행한 경우에는 각종의 주식의 수가 변경되므로 변경 후의 발행주식의 총수와 그 종류 및 각각의 수를 등기하여야 한다.

3) 1주의 금액

주금액의 감소에 의하여 자본감소를 한 경우에는 1주의 금액이 변경되므로 이를 등기하여야 한다.

4) 회사가 발행할 주식의 총수

주식수의 감소에 의하여 자본감소를 한 경우에는 그 감소한 주식수만큼 발행예정주식총수가 감소되므로 그 등기를 해야 하는지 여부가 문제된다. 등기실무에서는 주식을 소각하거나 병합하는 방법으로 자본을 감소하는 경우(상 제343조 1항 본문, 제440조, 제441조) 등에는 감소된 주식수만큼 회사가 발행할 주식의 총수, 즉 발행예정주식총수도 감소한다는 견해를 취한다. 따라서 회사는 발행한 주식의 총수(발행주식총수)의 변경등기뿐 아니라 발행예정주식총수의 변경등기도 신청하여야 한다(상 제317조, 2항, 4항, 제183조).

(3) 첨부서면

1) 정 관

자본감소 등에 의해 발행예정주식총수가 감소하였음이 발행주식총수 변경등기신청서의 첨부서면이나(동시에 신청하는 경우) 등기부에 의해(발행주식총수의 변경등기가 경료된 후에 신청하는 경우) 명백하게 나타나는 경우에는, 그 변경을 증명하는 서면을 따로 첨부할 필요가 없다. 그러나, 발행예정주식총수에 관하여 다른 정함이 있는지 여부를 등기관이 확인할 수 있도록 하기 위해 정관을 첨부하여야 한다(2006. 11. 23. 공탁상업등기과-1315 질의회답). 여기서 정관을 첨부하게 하는 이유는 자본감소결의시에 발행예정주식총수에 관한 정관규정을 함께 변경할 경우에는 그에 따라야 하기 때문이다.

2) 자본감소의 결의를 한 주주총회의사록(상업등기법 제79조 2항)

자본감소결의의 뜻이 기재된 총회의사록은 등기사항의 발행을 증명하는 서면이 되므로 첨부한다.

3) 채권자에 대한 이의제출의 공고 및 최고를 한 사실과 이의를 진술한 채권자가 있는 때에는 이에 대하여 변제 또는 담보를 제공하거나 신탁을 한 사실을 증명하는 서면(상업등기법 제89조)

채권자에게 공고 및 최고 후 이의를 진술하는 채권자가 없는 때에는 대표이사가 작성한 그 뜻의 진술서를 첨부하는 것이 실무관행이다.

【쟁점질의와 유권해석】

<자본감소로 인한 변경등기신청서에 공고를 하였음을 증명하는 서면의 첨부 요부>

주식회사가 주금액의 감소에 의한 환급의 방법으로 자본을 감소하는 경우에는 자본감소로 인한 변경등기신청서에 상업등기법 제89조의 서면을 첨부할 필요가 없다.

4) 주식의 병합 또는 소각(강제소각)에 의하여 감자를 한 때에는 주권제출의 공고사실을 증명하는 서면(상업등기법 제89조)

주권제출 공고기간은 1개월 이상이나(상 제440조), 주식을 제출할 수 없는 자(분실 등)가 있을 때 회사는 그 자의 청구에 의하여 3개월 이상의 기간을 정하여 이해관계인에게 공고하여야 한다.

회사가 주주와 주식매입계약에 의하여 주식을 매입, 소각하는 경우에는 주권제출공고는 불필요하고, 채권자보호절차는 밟아야 한다. 그러나 매수주식은 질권 등이 설정되었으면 이를 해제하고 소각하여야 할 것이다.

5) 대리권을 증명하는 서면 등(상업등기법 제21조, 제22조 등)

【쟁점질의와 유권해석】

<임의소각의 경우 주식을 소각하여 폐기하였다는 서면을 첨부하여야 하는지 여부>

주식의 임의소각에 의한 자본감소시 채권자보호절차를 이행하더라도 자본감소의 효력은 회사와 주주간의 계약에 하여 회사가 그 주권을 취득하여 폐기처분을 하는 때에 감자의 효력이 발생한다.

임의소각의 경우에 주식을 소각하여 폐기하였다는 서면을 등기신청의 첨부서면으로 규정하고 있지 아니하나(상업등기법 제89조), 등기의 원인일자를 기재하여야 하므로 폐기일자를 증명하는 서면을 첨부하여야 한다. 그러나 대표이사가 등기신청에 그 폐기일자를 기재하고 신청인란에 대표이사의 법인인감을 날인하거나 대리인에 의하여 신청하면서 위임장에 법인인감을 날인하였다면 신청서를 폐기한 것을 진술한 서면으로 보아 폐기일자를 증명하는 서면을 첨부하지 아니하여도 될 것이다.

(4) 등록면허세, 등기신청수수료 등의 납부

자본감소로 인한 자본의 총액, 발행주식의 총수와 그 종류 및 각각의 수, 1

주의 금액의 변경등기 모두에 대해서 1건의 기타변경등기 등록면허세 23,000원 및 지방교육세 4,600원과 등기신청수수료 6,000원을 납부하여야 한다(지방세법 제28조 1항 6호 바목, 제151조 1항 2호, 등기사항증명서 등 수수료 규칙 제5조의3 2항 본문). 다만, 등기신청수수료는 전자표준양식에 의한 신청의 경우에는 4,000원, 전자신청의 경우에는 2,000원을 납부하여야 한다(등기사항증명서 등 수수료 규칙 제5조의5 4항).

　자본감소 방법으로 주식수를 감소하면서 감소된 주식수만큼 발행예정주식총수도 감소하여 발행주식총수의 변경등기와 발행예정주식총수의 변경등기를 같은 신청서에 의해 함께 신청하는 때에도 등록면허세는 발행주식총수의 변경등기에 필요한 등록면허세만 납부하면 된다.

XIII. 이익에 의한 주식의 소각으로 인한 변경등기

▣ 핵 심 사 항 ▣

1. 주식소각의 의의 : 특정한 주식을 절대적으로 소멸시키는 것을 목적으로 하는 회사의 행위.
2. 분류 : 회사가 주식을 소각하는 것은 크게 자본감소절차로서 소각하는 경우와 배당가능이익으로써 소각하는 경우로 나눌 수 있다. 전자의 경우는 회사의 자본을 감소시키는 반면, 후자의 소각은 자본에 영향을 미치지 않는다.

1. 총 설

(1) 의의

　주식의 소각이란 특정한 주식을 절대적으로 소멸시키는 것을 목적으로 하는 회사의 행위를 말한다.

　주식의 소각은 자본감소의 규정에 따라 하는 경우와 주주에게 배당할 이익으로써 하는 경우의 두가지로 나눌 수 있다(상 제343조 1항).

　이 중 주주에게 배당할 이익으로써 하는 경우와 관련하여 2011년 개정전 상법에서는 특정한 주식의 종류에 관하여서만 행하는 상환주식의 소각(상 제345조)과 모든 주식에 관하여 평등하게 행하는 이익소각(개정전 상법 제343

조 1항 단서)으로 나누어졌었다. 그러나 2011년 4월 14일 상법개정으로 인하여 상환주식제도는 승계하였으나(상 제345조 1항), 정관의 규정에 따라 주주에게 배당할 이익으로 소각하는 것(개정전 상법 제343조 1항 단서)과 주주총회의 특별결의에 의해 주주에게 배당할 이익으로 소각하는 것(개정전 상법 제343조의2)이 폐지되었다. 그리고 이사회의 결의만으로 하는 자기주식의 소각을 신설하였다(상 제343조 1항 단서).

(2) 이익소각에 대한 검토[56]

2011년 4월 14일 개정상법에서는 위에서 기술한 바와 같이 이익소각제도가 폐지되었다. 이는 자기주식제도의 변화와 관계가 있다. 즉, 개정상법 제341조에서는 배당가능이익으로 자기주식을 취득하는 것을 허용하고, 제343조 1항 단서에서 자기주식의 소각을 허용하므로 이 두 제도로서 개정전의 이익소각을 대체할 수 있다고 본 것이다. 하지만 이러한 효과는 무액면주식에 관해서만 누릴 수 있는 것이라고 하겠다[57].

한편, 2011년 상법개정이전부터 자본시장과 금융투자업에 관한 법률에서는 상장회사의 이익소각에 관해 특례를 두고 있다. 즉, 정관에 이익소각을 할 수 있다는 규정을 둔 경우에는 이사회의 결의만으로 이익소각을 할 수 있으며(동법 제165조의3 1항), 소각을 목적으로 주식을 취득할 경우에는 매도상대방의 선정에 공평을 기하기 위하여 증권시장을 통해 취득하거나 공개매수의 방법으로 취득하도록 하였다(동법 제165조의3 3항 1호). 2011년 상법개정에 의하여 상법에서 이익소각이 없어진 후에도 이 특례는 여전히 남아 있으므로 상장회사는 자본시장과 금융투자업에 관한 법률에 의해 여전히 이익소각을 할 수 있다.

2. 이익에 의한 주식의 소각절차(2011년 개정 전 상법에 의한 설명)[58]

---

56) 2011 개정상법 축조해설(박영사, 이철송) 97면.
57) 2011 개정상법 축조해설(박영사, 이철송) 95면~96면 참조.
58) 앞에서 살핀바와 같이 2011년 상법개정으로 인하여 상법에서 이익소각제도는 폐지되었다. 그러나 자본시장과 금융투자업에 관한 법률에 의하여 여전히 이익소각을 할 수 있다. 이하의 설명은 2011년 개정전 상법을 기준으로 설명한 것으로서 개정전 상법상의 이익소각제도에 대하여 참고할 수 있도록 하기 위한 것이다.

358 제2편 회사의 등기

(1) 이익에 의한 주식의 소각의 의의 및 절차

1) 의 의

주식의 소각을 자본감소의 절차에 의하는 경우 외에 배당할 이익으로써 주식을 소각하는 경우가 있는데, 이를 이익에 의한 주식의 소각이라 한다. 이 때에는 자본은 감소하지 않는다.

2011년 개정전 상법에 의할 때 이익에 의한 주식의 소각에는 정관의 규정에 의하여 모든 주주에게 평등하게 소각(개정전 상 제343조 단서)하는 경우59)와 회사가 수종의 주식을 발행한 경우에 정관으로써 배당우선주식에 대하여 상환조항을 붙여 그 조항에 따라 이익으로써 그 상환주식만을 소각하는 경우(상 제345조)가 있다.

그리고 모든 주주에게 평등하게 소각하는 경우는 정관의 규정에 의하여 소각하는 경우와 정관에 규정이 없더라도 정기주주총회의 특별결의에 의하여 소각하는 경우로 나눌 수 있다(개정전 상 제343조의2)60).

이익의 소각은 머지 않아 광맥이 끊어질 광산회사, 일정한 기간 후에 무상으로 공공단체에 수용될 면허영업을 목적으로 하는 회사와 같이, 일정한 기간 후에 기업의 경제적 가치가 소멸하게 되는 회사가 해산할 때 청산절차를 간단하게 하기 위하여 행하는 경우가 있다.

이익소각을 하려면 주주보호를 위해 원시정관이나 총주주의 동의로써 변경한 정관에 그 뜻과 방법을 정한 규정이 있어야 한다(개정전 상 제343조 1항 단서).

2) 절 차

주식을 소각할 때는 자본감소를 위한 주식병합의 절차를 준용한다(상 제440조, 제441조).

(2) 정관의 규정에 의한 소각61)

1) 의 의

---

59) 2011년 상법 개정시 폐지
60) 2011년 상법개정시 폐지
61) 2011년 상법개정시 폐지

이익으로써 주식을 소각할 때에는 정관에 그 정함이 있어야 하며, 이는 등기사항으로 되어 있다(상 제317조 2항 6호). 여기서 정관은 원시정관뿐만 아니라 총주주의 동의로써 변경한 정관도 포함한다(다수설. 그러나 정관변경의 특별결의에 의하여 변경한 정관으로는 족하다는 소수설도 있다). 그리고 주권상장법인·코스닥상장법인은 다른 법률의 규정에 의하는 경우 외에 주주에게 배당할 이익으로써 주식을 소각할 수 있다는 뜻을 주주총회의 특별결의에 의하여 정관에 정하는 경우도 포함한다. 이러한 정관의 규정은 등기하여야 하며(상 317조 2항 6호), 주식청약서와 신주인수권증서에도 기재하여야 한다.

이익으로써 주식을 소각함에는 주주에게 배당할 이익이 있어야 하는데 여기서 이익은 회사의 순재산액으로부터 자본액과 준비금으로 적립하여야 할 금액을 공제한 잔액을 말한다.

2) 주식소각의 효력발생시기

강제소각의 경우에는 주권제출공고를 요하므로 그 효력은 주권제출기간 만료시에 발생하며(상 제441조 본문, 제343조 2항), 임의소각의 경우에는 회사가 소각할 주식을 매입하여 그 주권을 폐기처분한 때에 효력이 발생한다.

주식의 소각으로 인하여 자본은 감소하지 않고 발행주식의 총수가 감소함에 그치며, 이 때에도 발행예정주식총수 중 소각한 주식 수에 상당한 수가 감소한다(자본감소의 경우와 같다).

(3) 정기주주총회의 결의에 의한 소각[62]

1) 의 의

정기주주총회의 결의에 의한 주식소각이란 정관에 주식소각에 관한 규정이 없는 경우에 상법 제434조의 규정에 의한 주주총회의 결의에 의하여 주주에게 배당할 이익으로써 주식을 매수하여 하는 주식소각을 말한다(개정전 상 제343조의2).

이 제도는 2001년 개정상법에서 회사들의 주가관리의 편의를 위하여 도입되었고, 회사 잉여자금의 적절한 운용, 주식의 수급조절을 통한 주가관리 등을 목적으로 이용된다.

2) 요 건

---

[62] 2011년 상법개정시 폐지

주주총회의 결의에 의한 주식소각은 배당 가능한 이익이 존재하여야 하고, 배당 가능한 이익이 존재할 것이 예정되어야 자기주식을 취득할 수 있다. 자기주식을 취득할 수 있는 기간은 정기주주총회 결의 후 최초의 결산기에 관한 정기주주총회의 종결 전 까지이다(개정전 상 제343조의2 제4항·5항).

3) 절 차

정기주주총회에서 주식소각의 결의는 특별결의에 의하여야 한다. 이 결의에서는 매수할 주식의 종류·총수, 취득가액 및 매수할 수 있는 기간을 정하여야 한다.

주식을 매수할 수 있는 기간은 주식을 매수하여 소각하기로 결의한 후 최초로 도래하는 결산기에 관한 정기주주총회가 종결한 이후로 정할 수 없다(개정전 상 제343조의2 제4항). 주권상장법인은 다른 법률에 따르는 경우 외에는 주주에게 배당할 이익으로 주식을 소각할 수 있다는 뜻을 상법 제434조에 따른 결의(출석한 주주의 의결권의 3분의 2 이상의 수와 발행주식총수의 3분의 1 이상의 수)로써 정관에 정하는 경우에는 이사회 결의로 주식을 소각할 수 있도록 할 수 있다(자본시장과 금융투자업에 관한 법률 제165조의3).

4) 소각을 위하여 매수할 수 있는 주식의 취득가액의 총액

회사가 소각을 위하여 매수할 수 있는 주식의 취득가액의 총액은 배당가능이익, 즉 대차대조표상의 순자산액에서 자본의 액·그 결산기까지 적립된 자본준비금과 이익준비금의 합계액 및 그 결산기까지 적립하여야 할 이익준비금을 공제한 액을 초과하지 못한다(개정전 상 제343조의2 제3항). 따라서 회사는 당해 연도의 결산기에 배당가능이익이 마이너스로 될 우려가 있는 경우에는 주식소각을 위한 매수를 하여서는 아니된다(개정전 상 제343조의2 제5항).

5) 주식소각의 효력발생시기

소각은 임의소각의 방법에 의하므로 회사가 소각할 주식을 일시 취득하여 실효절차를 밟아야 한다. 주식소각의 효력은 주식실효절차의 종료시에 발생한다.

(4) 상환주식의 소각

1) 상환주식의 의의

상환주식이란 회사가 일정한 요건하에 이익으로써 소각할 것이 예정된 종류의 주식을 말한다. 상환주식을 발행함에는 정관에 그 뜻을 정하여야 하며 이는 등기사항으로 되어 있다(상 제345조 1항). 상환의 재원은 회사의 이익에 한정되며 상환주식의 소각에 있어서 상환주식의 주주 상호간에 평등하게 주식을 소각하여야 한다.

2011년 상법개정시 상환주식에 대해 개정된 사항은 다음과 같다[63].

첫째, 개전전에는 우선주만 상환주식으로 발행할 수 있었으나, 개정법에서는 우선주 외의 종류주식도 상환주식으로 발행할 수 있다.

둘째, 개정전에는 회사가 상환할 권리를 갖는 주식만 발행할 수 있었으나, 개정법에서는 주주가 상환할 권리를 갖는 주식도 발행할 수 있다.

셋째, 개정전에는 상환주식은 우선주식에 상환조항이 부가된 것에 불과하다 하여 주식의 종류로 보지 않았으나, 개정법은 상환주식을 별도의 종류주식으로 다루고 있다(상 제344조 1항). 따라서 상환주식의 주주의 종류주주총회도 가능하다.

2) 상환주식의 상환

상환의 결정은 회사상환주식과 주주상환주식에 있어 절차에 차이가 있다.

① 회사상환주식

상환주식의 상환은 정관의 규정에 따르는 한 다른 절차 없이 이사회의 결의만으로 할 수 있다. 그러나 상환에 사용할 자금은 이익처분안에 포함시켜 주주총회의 승인을 얻어야하므로 그 범위에서는 주주총회의 의사결정이 필요하다.

② 주주상환주식

주주상환주식의 경우에는 주주의 청구가 있어야 한다. 주주가 상환을 청구하면 그 자체로 회사를 구속하므로 회사의 의사결정이나 승낙은 불필요하다고 본다.

회사상환주식의 상환을 결정하는 경우에는 상환대상인 주식의 취득일로부터 2주 전에 그 사실을 '그 주식의 주주' 및 '주주명부에 적힌 권리자'에게 따로 통지하여야 한다(상 제345조 2항). 통지는 공고로 갈음할 수 있다(동조 단서).

상환은 이익으로써만 할 수 있음은 개정전후에 차이가 없다(상 제345조 1항).

---

63) 2011 개정상법 축조해설(박영사, 이철송) 108면

3) 상환주식 소각의 효과

상환주식의 소각이 있는 때에는 발행주식의 총수와 발행한 상환주식의 수가 감소하며 발행예정주식총수와 회사가 발행할 상환주식의 수도 감소한다. 발행예정주식총수의 감소에 대하여도 변경등기신청을 하여야 한다. 그러나 상환주식의 소각에 의하여 자본이 감소하지는 않는다.

상환주식을 전부 소각한 경우에는 이에 관한 정관의 규정은 효력을 상실한다.

3. 이익에 의한 주식소각의 효과

(1) 회사의 발행주식의 총수의 감소

소각에 의하여 그 주식은 소멸하고, 그 수만큼 그 회사의 발행주식의 총수는 감소한다.

[쟁점질의와 유권해석]

<회사의 발행예정주식총수도 감소하는 경우>

다음의 경우에는 감소된 주식수만큼 회사가 발행할 주식의 총수, 즉 발행예정주식총수(상 제317조 2항 1호)도 감소한다(2006. 11. 23, 공탁상업등기과-1315 질의회답).

ㄱ) 상환주식을 상환하는 경우(상 제345조)

ㄴ) 정관의 정한 바에 의하여 주주에게 배당할 이익으로써 주식을 소각하는 경우(상 제343조 1항 단서)

ㄷ) 정기총회에서 특별결의에 의하여 주식을 매수하여 소각하는 경우(상 제343조의3)

(2) 자본과 주식과의 관계 단절

주식소각에 의하여 그 주식이 소멸하더라도 자본감소의 절차를 밟은 것이 아니므로 자본은 감소하지 않는다. 따라서 이때에는 자본과 주식의 관계가 단절된다.

(3) 주식소각의 결과로 감소된 주식수만큼 신주를 재발행할 수 있는지 여부

주식소각의 결과로 주식수가 감소하더라도 그것이 미발행 주식이 되어 회사가 그만큼 신주를 발행할 수 있는지 여부가 문제되는데, 이를 부정적으로 보는 것이 통설이다. 소각된 주식에 관하여는 이미 이사회가 주식발행의 수권을 행사하였기 때문이다.

4. 등기절차

(1) 등기기간

이익으로써 주식을 소각한 경우에는 그 소각한 때로부터 본점소재지에서만 2주간 내에 대표이사가 등기를 신청하여야 한다(상 제183조, 제317조 제4항, 상업등기법 제17조 : 2007. 8. 3. 제정).

상환주식의 상환으로 주식을 강제로 소각하는 경우에는 주권제출기간 만료일 익일부터 기산하여 2주간 내에 대표이사가 본점소재지에서만 신청하여야 한다.

지점소재지에서는 주식에 관한 사항도 등기사항이 아니다.

(2) 등기사항

등기할 사항은 다음과 같다.

1) 모든 주주에게 평등하게 소각한 경우와 임의소각의 경우

① 발행주식의 총수와 그 종류 및 각각의 수 : 발행주식의 총수가 변경되므로 변경 후의 발행주식의 총수와 동일사항으로 등기되는 발행주식의 종류 및 각종 주식의 수(변경이 없더라도)를 등기하여야 한다.

② 회사가 발행할 주식의 총수 : 개정상법은 발행예정주식총수 제한규정을 삭제하였으므로(상 제437조), 소각한 주식수만큼 감소함으로 소각 후의 발행예정주식총수를 등기할 수 있고, 정관으로 이를 변경하면 등기하여야 한다.

③ 위의 사항이 변경된 취지 및 그 연월일

2) 상환주식을 소각한 경우

① 발행주식의 총수와 그 종류 및 각각의 수 : 상환주식을 소각한 경우에는 이 사항이 변경되므로 변경 후의 사항을 등기하여야 한다.

② 회사가 발행할 주식의 총수 및 회사가 발행할 상환주식의 총수 : 상환주식의 소각에 의하여 발행예정주식의 총수와 그 중 상환주식의 수도 변경되므로 변경 후의 사항을 등기하여야 한다.

③ 회사가 발행할 상환주식의 내용 : 상환주식을 전부 상환함으로써 미발행

의 상환주식이 없게 된 경우에는 회사가 발행할 상환주식의 내용에 관한 정관의 규정은 효력을 상실하므로 이를 등기하여야 한다.

④ 위의 사항이 변경된 취지 및 그 연월일

(3) 첨부서면

1) 이익의 존재를 증명하는 서면

주주에게 배당할 이익으로써 주식을 소각함으로 인한 변경등기의 신청서에는 이익의 존재를 증명하는 서면을 첨부하여야 한다(상업등기법 제88조 : 2007. 8. 3. 제정).

주주총회의 승인을 받은 대차대조표 또는 소관 세무서장이 인정한 대차대조표를 첨부한다(1994. 3. 22, 등기 3402-233). 일본선례는 감사가 작성한 이익금의 존재증명서도 이에 해당한다고 하나, 이렇게 확대해석하면 부실의 등기가 발생할 우려가 있으므로 부정하여야 할 것이다.

2) 주권제출의 공고사실을 증명하는 서면

강제소각의 경우에는 이 주권제출의 공고를 증명하는 서면을 첨부하여야 한다(상업등기법 제87조 1항 : 2007. 8. 3. 제정).

【쟁점질의와 유권해석】

<임의소각의 경우에도 주권제출 공고사실을 증명하는 서면을 제출하여야 하는지 여부>
정기주주총회의 결의에 의하여 주주에게 배당할 이익으로 주식을 매수하여 소각하는 임의소각의 경우(상 제343조의3)에는 회사와 매각할 주주가 계약에 의하고, 이 때 매수할 주식을 회사에 제출할 것이다. 따라서 이때에는 주권제출공고를 할 필요가 없으므로 주권제출 공고사실을 증명하는 서면을 첨부할 필요가 없다.

3) 정관·주주총회의사록(상업등기법 제79조)

회사가 이익으로 자기주식을 취득하여 소각하거나 상환주식을 상환하여 소각하기로 결의한 주주총회의사록은 언제나 첨부한다.

이익소각으로 주식을 소각하는 경우에는 이익금의 존재를 증명하여야 하므로 정기주주총회에서 결의하여야 할 것으로 사료될 수 있으나, 이익소각금은 반드시 금년도의 이익금에 한하지 않고 전년도의 이익금도 가능하므로 임시주주총회에서 결의할 수 있다고 할 것이다.

자본감소 등에 의해 발행예정주식총수가 감소하였음이 발행주식총수 변경등기신청서의 첨부서면이나(동시에 신청하는 경우) 등기부에 의해(발행주식총수의 변경등기가 경료 된 후에 신청하는 경우) 명백하게 나타나는 경우에는, 그 변경을 증명하는 서면을 따로 첨부할 필요가 없으나, 발행예정주식총수에 관하여 다른 정함이 있는지 여부를 등기관이 확인할 수 있도록 하기 위해 정관을 첨부하여야 한다(2006. 11. 23, 공탁상업등기과-1315 질의회답). 여기서 정관을 첨부하게 하는 이유는 자본감소결의시에 발행예정주식총수에 관한 정관규정을 함께 변경한 경우에는 그에 따라야 하기 때문이다.

4) 이사회의사록

이익에 의한 주식소각의 시기는 원칙적으로 이사회에서 결정하는 것이므로 이에 관한 이사회의사록을 첨부해야 한다(상업등기법 제79조).

5) 기 타

등록세납부영수필통지서 및 영수필확인서, 등기신청수수료, 대리권한을 증명하는 서면(상업등기법 제21조), 관청의 허가(인가)서(동법 제79조)), 정관, 법원의 허가서 또는 총주주의 동의서(동법 제79조 2항) 등이 필요한 경우에는 이를 첨부하여야 할 것임은 다른 등기신청의 경우와 같다.

(4) 등록면허세, 등기신청수수료 등의 납부

주식소각으로 인한 발행주식의 총수와 그 종류 및 각각의 수의 변경등기에 대해서는 1건의 기타변경등기 등록면허세 23,000원 및 지방교육세 4,600원과 등기신청수수료 6,000원을 납부하여야 한다(지방세법 제28조 1항 6호 바목, 제151조 1항 2호, 등기사항증명서 등 수수료 규칙 제5조의3 2항 본문).

XⅣ. 주식의 양도제한에 관한 변경등기

▣ 핵 심 사 항 ▣

1. 주식양도자유의 원칙 : 주식회사는 물적회사로서 인적개성이 중요시되지 않으므로 주식의 양도가 자유롭다(상 제335조 1항 본문). 그러나 일정한 경우에는 예외적으로 주식의 양도가 제한되기도 한다.
2. 양도제한의 내용
(1) 정관의 규정 : 정관에 규정을 두지 않은 이상 법률상의 근거가 없는 어떠한 형태의 양도제한도 허용되지 않는다.
(2) 공시 : 주식양도제한에 관한 정관규정을 주식청약서(상 제302조 2항 5호의2)와 주권(상 제356조 6호의2)에 기재하고 등기하여(상 제317조 2항 3호의2) 이를 공시하여야 한다.
(3) 이사회의 승인 : 주식양도를 승인 할 수 있는 기관은 이사회이다.

1. 주식의 양도제한

(1) 주식의 양도제한의 취지

주식의 양도는 주주의 주식매수청구가 인정되는 특별한 경우(합병, 영업양도)를 제외하고 주주가 투하자금을 회수할 수 있는 유일한 방법이므로 원칙적으로 그 자유가 보장되어야 한다. 그러나 기업의 매수(M&A)로부터 기업의 지배권을 보호하고 경영의 안정을 도모하기 위하여 주식의 양도를 제한할 필요성이 인정되어 1995년의 개정상법에서는 정관으로 주식의 양도를 제한할 수 있도록 하였다. 즉 주식의 양도는 정관이 정하는 바에 따라 이사회의 승인을 얻도록 할 수 있다(상 제335조 1항 단서).

(2) 주식의 양도제한의 방식 및 등기

주식의 양도제한에 관한 규정은 회사설립시의 원시정관에 정하든 변경정관에 정하든 관계없다. 즉, 주식의 양도에 관하여 이사회의 승인을 얻도록 하는 주식의 양도제한규정은 회사설립시의 원시정관에 이를 신설할 수 있고, 그 후에는 주주총회의 특별결의로 정관을 변경하거나 신설함으로써 이를 신설하거나 변경 또는 폐지할 수 있다

정관에 주식의 양도를 제한하는 규정이 있는 때에는 주권과 주식청약서에 이를 기재하여야 하며 등기를 하여야 한다(상 제317조 2항 3의 2). 정관에 의하여 주식의 양도를 제한하고 있는 경우에 이사회의 승인을 얻지 아니한 주식의 양도는 회사에 대하여 효력이 없다(상 제335조 2항).

【쟁점질의와 유권해석】

<정관에 주식양도를 전면적으로 금지하는 규정을 둘 수 있는지 여부>

정관의 규정으로도 주식양도를 전면적으로 금지하는 규정을 둘 수 없다(대판 2000. 9. 26, 99다48429). 또한 주식양도의 승인기관인 이사회의 승인 대신에 주주총회의 승인 또는 대표이사의 승인을 요하는 것으로 정하는 것은 무효이다.

(3) 주식의 양도제한에 관한 정관규정의 변경

1) 주식양도제한에 관한 규정 신설

원시정관에 주식양도를 제한하는 규정이 없던 회사가 이 규정을 신설하고자 하는 때에는 주주총회의 특별결의에 의하여 정관을 변경하여야 한다(상 제433조, 제434조).

2) 주식양도제한에 관한 규정의 변경

주식의 양도제한에 관한 정관규정을 두고 있는 회사가 그 규정을 변경하고자 하는 경우 주주총회의 특별결의에 의하여 정관을 변경하여야 한다(상 제433조, 제434조).

주식양도제한에 관한 규정을 변경한다는 것은 주식의 양도에 관하여 이사회의 승인을 얻어야 할 경우를 한정하고 있던 회사가 모든 경우의 주식양도에 관하여 이사회의 승인을 얻어야 할 것으로 변경하는 것과 같이 주식의 양도범위를 확대하거나, 이와 반대로 그 제한의 범위를 축소하는 것을 말한다.

3) 주식양도제한에 관한 규정의 폐지

정관에 주식양도제한에 관한 규정을 두고 있던 회사가 주주총회의 특별결의에 의하여 이 규정을 폐지하는 정관변경을 할 수 있다.

2. 변경등기절차

(1) 등기기간

주식의 양도제한에 관한 규정을 신설, 변경 또는 폐지하는 경우에는 본점소재지에서 2주 내에 대표이사가 등기신청을 하여야 한다(상 제317조 제4항, 제183조, 상업등기법 제17조). 지점소재지에서는 등기할 사항이 아니다(상 제317조 제3항, 법인등의등기사항에관한특례법 제3조).

(2) 등기사항

1) 주식의 양도제한에 관한 규정을 신설한 경우

① 주식의 양도제한에 관한 규정의 내용

② 주식의 양도제한에 관한 규정을 설정한 뜻과 그 연월일

2) 주식의 양도제한에 관한 규정을 변경한 경우

① 변경 후의 주식의 양도제한에 관한 규정의 내용

② 주식의 양도제한에 관한 규정을 변경한 뜻과 그 연월일

3) 주식의 양도제한에 관한 규정을 폐지한 경우

주식의 양도제한에 관한 규정을 폐지한 뜻과 그 연월일

(3) 첨부서면

1) 주식양도제한규정을 설정, 변경, 폐지한 주주총회의사록(상업등기법 제79조)

2) 대리권한을 증명하는 서면 등 일반적인 첨부서면(상업등기법 제21조, 제22조)

3) 등록세영수필통지서 및 확인서, 등기신청수수료납부 대법원등기수입증지

(4) 등록면허세, 등기신청수수료 등의 납부

주식의 양도제한에 관한 내용의 신설, 변경 또는 폐지의 등기를 신청할 때에는 각각 등록면허세 23,000원 및 지방교육세 4,600원과 등기신청수수료 6,000원을 납부하여야 한다(지방세법 제28조 1항 6호 바목, 제151조 1항 2호, 등기사항증명서 등 수수료 규칙 제5조의3 2항 본문). 다만, 등기신청수수료는 전자신청의 경우에는 2,000원, 전자표준양식에 의한 신청의 경우에는 4,000원을 납부한다(등기사항증명서 등 수수료 규칙 제5조의3 2항 본문, 제5조의5 4

항).

■ 이견있는 등기에 대한 견해와 법원판단 ■

〔하자있는 이사회의 결의에 의한 양도 승인의 효력〕

1. 문제점 : 하자있는 이사회의 결의에 의한 주식 양도 승인의 효력이 문제된다.
   이는 전단적 대표행위로서 상대적 무효사유로 본다. 즉 원칙적으로 무효이고,
   다만 선의의 제3자에게 무효주장이 불가능하다고 본다. 이 경우 선의 제3자의
   범위에 관하여 견해가 대립된다.

2. 학설
   (1) 제1설 : 양도인이 선의이어야 한다는 견해
   (2) 제2설 : 양수인이 선의이어야 한다는 견해
   (3) 제3설 : 양도인, 양수인 모두 선의·무중과실이어야 한다는 견해

■ 이견있는 등기에 대한 견해와 법원판단 ■

〔승인거부의 효과〕

1. 문제점 : 상법은 회사의 거부통지가 있는 경우 주주를 보호하기 위하여 상대방
   지정청구권과 주식매수청구권(상 제335조의2 4항)을 규정하고 있다. 이 때 양자의
   선택권을 누가 갖는지 문제된다.

2. 학설
   (1) 제1설 : 상법 제335조의2 4항의 법문상 주주 측이 양 권리의 행사에 대한 선
   택권을 갖는 것으로 보아야 한다는 견해
   (2) 제2설 : 주주가 이를 출자금을 회수하는 수단으로 악용할 가능성이 있으므로
   회사측에 선택권이 있는 것으로 해석하여야 한다는 견해

Ⅳ. 주식매수선택권에 관한 등기

▣ 핵 심 사 항 ▣

1. 주식매수선택권의 의의 : 회사가 정관이 정하는 바에 따라 주주총회특별결의로 회사의 설립, 경영과 기술혁신 등에 기여하거나 기여할 수 있는 회사의 이사, 집행임원, 감사 또는 피용자에게 미리 정한 가격으로 신주를 인수하거나 자기의 주식을 매수할 수 있는 권리를 부여하는 제도(상 제340조의2 1항).

2. 제도의 취지 : 회사는 유능한 임원이나 종업원 확보 가능하고, 경영의 효율성을 도모할 수 있다. 그러나 남용시 회사 내의 인적 화합을 저해하고 주주의 권리를 침해할 위험성도 있다.

3. 주식매수선택권 부여의 요건

(1) 정관의 규정 및 주주총회특별결의(상 제340조의3 1항, 2항)

(2) 부여의 한도(상 제340조의2 3항) : 회사의 발행주식총수의 100분의 10을 초과불가

(3) 부여계약(상 제340조의3 3항) : 계약체결하고 상당기간 내 계약서 작성

4. 변경등기 : 주식매수선택권행사시 신주발행 하는 경우 자본이 증가하므로 변경등기 필요(상 제340조의5, 제351조)

1. 주식매수선택권

(1) 의 의

1) 개 념

회사가 정관이 정한 바에 따라 주주총회의 결의(출석한 주주의 의결권이 3분의 2 이상의 수와 발행주식총수의 3분의 1이상의 수)로 회사의 설립·경영과 기술혁신 등에 기여하거나 기여할 수 있는 회사의 이사·집행임원·감사 또는 피용자에게 미리 정한 가액(주식매수선택권 행사가액)으로 신주나 자기주식을 인수할 수 있는 권리를 말한다.

2) 성 격

회사와의 계약에 의하여 주식매수선택권을 부여받은 자가 이를 행사하면 회사의 승낙을 요하지 아니하고 효력이 발생한다. 즉, 주식매수선택권자의 일방적 의사표시에 의하여 효력이 발생하는 형성권이다.

(2) 주식매수선택권의 부여대상자

주식매수선택권을 갖는 자는 회사의 설립과 경영·기술혁신 등에 기여하였으나 기여할 능력을 갖춘 임·직원이다. 그러나 ① 의결권 없는 주식을 제외한 발행주식 총수의 100분의 10이상의 주식을 가진 주주, ② 이사·집행임원·감사의 선임과 해임 등 회사의 주요경영사항에 대하여 사실상 영향력을 행사하는 자, ③ 위 ①②에 규정된 자의 배우자와 직계존·비속에게는 주식매수선택권을 부여할 수 없다(상 제340조의2 2항).

(3) 부여방법

회사는 다음의 3가지 방식 중에서 선택하여 주식매수선택권을 부여할 수 있다.

1) 신주발행 교부방식

주식매수선택권을 행사하여 행사가격을 회사에 납입하면 회사는 그에게 신주를 발행하여 교부하는 방식이다.

2) 자기주식 교부방식

주식매수선택권을 행사하여 행사가격을 회사에 납입하면 회사는 이미 보유한 자기주식을 교부하는 방식이다.

3) 주가차액 교부방식

주식매수선택권을 행사할 경우 주식매수선택권의 가격이 주식의 실질가격보다 낮은 경우에 회사는 그 차액을 금전으로 지급하거나 그 차액에 상당하는 자기주식을 교부하는 방식이다. 이 방식은 주식매수선택권자가 행사가격을 별도로 납입할 필요가 없다.

(4) 부여절차

주식매수선택권을 부여하려면 정관의 규정과 주주총회의 특별결의가 있어야 한다.

1) 정관의 규정

정관에는,

① 일정한 경우 주식매수선택권을 부여할 수 있다는 뜻

② 주식매수선택권의 행사로 발행하거나 양도할 주식의 종류와 수

③ 주식매수선택권을 부여받을 자의 자격요건

④ 일정한 경우 이사회의 결의로 주식매수선택권의 부여를 취소할 수 있다
는 뜻을 정하여야 한다(상 제340조의3 제1항).

2) 주주총회의 특별결의

정관의 규정 이외에 주주총회에서 다음 사항을 정하여야 한다(상 제340조의
3 제2항).

① 주식매수선택권을 부여받을 자의 성명

② 주식매수선택권의 부여방법

③ 주식매수선택권의 행사가액과 그 조정에 관한 사항

④ 주식매수선택권의 행사기간

⑤ 주식매수선택권을 부여받을 자 각각에 대하여 주식매수선택권의 행사로 발행
하거나 양도할 주식의 종류와 수

그러나 주권상장법인은 발행주식의 100분의 20의 범위 안에서 대통령령이
정하는 한도인 발행주식의 100분의 15까지 주식매수선택권을 부여하는 때에는
주주총회의 특별결의가 있어야 한다(상법 제542조의3 2항, 상법시행령 제9조 3
항). 다만, 발행주식총수의 100분의 10의 범위 안에서 대통령령이 정하는 한도
까지 주식매수선택권을 부여하는 경우에는 이사회의 결의만 있으면 된다(상법
제542조의3 3항, 상법시행령 제9조 4항). 법 제542조의3제3항 전단에서 "대통
령령으로 정하는 한도"란 다음 각 호의 구분에 따른 주식 수를 말한다.

1. 최근 사업연도 말 현재의 자본금이 3천억원 이상인 법인: 발행주식총수의
100분의 1에 해당하는 주식 수

2. 최근 사업연도 말 현재의 자본금이 1천억원 이상 3천억원 미만인 법인:
발행주식총수의 100분의 3에 해당하는 주식수와 60만주 중 적은 수에 해
당하는 주식 수

3. 최근 사업연도 말 현재의 자본금이 1천억원 미만인 법인: 발행주식총수의
100분의 3에 해당하는 주식 수

(5) 주식매수선택권의 부여계약

회사는 주주총회의 결의에 의하여 주식매수선택권을 부여받을 자와 계약을 체결하고 상당한 기간 내에 계약서를 작성하여야 한다. 그리고 그 계약서를 주식매수선택권의 행사기간이 종료할 때까지 본점에 비치하고 주주로 하여금 영업시간 내에 이를 열람할 수 있도록 하여야 한다(상 제340조의3 4항).

(6) 부여총한도

주식매수선택권의 행사로 인하여 발행할 신주 또는 양도할 자기의 주식은 회사의 발행주식 총수의 100분의 10을 초과할 수 없다(상 제340의2 2항).

그러나 주권상장법인은 발행주식의 100분의 20의 범위 안에서 대통령령이 정하는 한도인 발행주식의 100분의 15까지 주식매수선택권을 부여하는 때에는 주주총회의 특별결의가 있어야 한다(상법 제542조의3 2항, 상법시행령 제9조 3항). 다만, 발행주식총수의 100분의 10의 범위 안에서 대통령령이 정하는 한도까지 주식매수선택권을 부여하는 경우에는 이사회의 결의만 있으면 된다(상법 제542조의3 3항, 상법시행령 제9조 4항). 법 제542조의3제3항 전단에서 "대통령령으로 정하는 한도"란 다음 각 호의 구분에 따른 주식 수를 말한다.

1. 최근 사업연도 말 현재의 자본금이 3천억원 이상인 법인: 발행주식총수의 100분의 1에 해당하는 주식 수

2. 최근 사업연도 말 현재의 자본금이 1천억원 이상 3천억원 미만인 법인: 발행주식총수의 100분의 3에 해당하는 주식수와 60만주 중 적은 수에 해당하는 주식 수

3. 최근 사업연도 말 현재의 자본금이 1천억원 미만인 법인: 발행주식총수의 100분의 3에 해당하는 주식 수

(7) 선택권의 행사

1) 행사기간

주주총회 결의일로부터 2년 이상 재임 또는 재직하여야 이를 행사할 수 있다(상 제340조의4 1항). 그리고 주식매수선택권은 양도할 수 없으며 주식매수선택권을 행사할 수 있는 자가 사망한 경우에는 그 상속인이 이를 행사할 수 있다(상 제340조의4 2항). 구체적인 행사기간은 회사와의 계약에 의하여 정하

여진다.

2) 선택권의 행사가액

선택권의 행사가액은 신주를 발행하는 경우에는 부여일 기준으로 한 주식의 실질가액과 권면액 중 높은 금액이상이어야 한다(상 제340조의2 4항). 다만, 무액면주식을 발행한 경우에는 자본으로 계상되는 금액 중 1주에 해당하는 금액을 권면액으로 본다. 이는 2011년 4월 14일 상법개정시 무액면주식이 신설됨에 따라 무액면주식을 발행한 회사가 주식매수선택권의 행사가격을 정함에 있어 실질가액과 선택적 비교를 이루는 가격을 제시하기 위해 신설한 조문이다.

또한 자기주식을 양도하는 경우에는 실질가액 이상이어야 한다.

주가차액교부방식에 의한 주식매수선택권의 행사가격에 대하여는 상법상 제한이 없으므로 이는 계약당사자가 자유로이 결정할 수 있다.

3) 선택권의 행사방법

주식매수선택권을 행사하려면 주식매수선택권자는 청구서 2통을 회사에 제출하고(상 제340조의5, 제516조의8 제1항), 은행 기타 금융기관의 납입장소에 행사가액을 납입하여야 한다(상 제340조의5, 제516조의8).

【쟁점질의와 유권해석】

<주식매수선택권을 행사하는 자가 주주가 되는 시기>

ㄱ) 행사가액을 납입한 때 주주가 되는 경우

상법 제340조의2의 규정에 의한 주식매수선택권을 행사하여 신주를 인수한 자는 행사가액의 전액을 납입한 때 주주가 된다(상 제340조의5, 제516조의9 전단).

ㄴ) 매수대금을 납입한 때 주주가 되는 경우

자기 주식 교부방법에 의하는 경우에는 매수대금을 납입한 때에 주주가 된다.

ㄷ) 주식매수선택권을 행사할 때 주주가 되는 경우

주가차액교부방식의 경우 회사가 그 차액을 현금으로 교부할 때에는 문제가 되지 않으나, 자기주식을 교부한 때에는 주식매수선택권자가 주식매수선택권을 행사할 때에 주주가 된다.

2. 주식매수선택권의 등기

(1) 등기기간

주식매수선택권을 행사한 날이 속하는 달의 말일부터 2주 내에 본점 소재지 관할등기소에 신주발행에 따른 변경등기를 하여야 한다(상 제340조의5, 제351조).

(2) 등기할 사항

주식매수선택권을 부여하기로 정한 때에는 다음 사항을 등기하여야 한다.

① 일정한 경우 주식매수선택권을 부여할 수 있다는 뜻

② 주식매수선택권의 행사로 발행하거나 양도할 주식의 종류와 수

③ 주식매수선택권을 부여받을 자의 자격요건

④ 주식매수선택권의 행사기간

⑤ 일정한 경우 이사회의 결의로 주식매수선택권의 부여를 취소할 수 있다는 뜻

(3) 신청인

이 등기는 회사를 대표하는 이사가 신청하여야 한다(상업등기법 제17조 2항).

(4) 첨부서면

① 신청서에는 정관 또는 정관변경에 관한 주주총회의사록을 첨부하여야 한다(예규 제991호).

② 그리고 이 등기신청서에는 신주인수청구서 및 주금의 납입을 맡은 은행 기타 금융기관의 납입보관에 관한 증명서를 첨부하여야 한다(상 제340조의5, 제516조의8 1항·3항·4항).

(5) 등록면허세, 등기신청수수료 등의 납부

주식매수선택권의 행사에 따라 발행주식의 총수 등의 변경등기를 할 때에는 등기부상 증가한 자본액의 1,000분의 4에 해당하는 등록면허세와 그 등록면허세액의 100분의 20에 해당하는 지방교육세를 납부하여야 한다(지방세법 제28조 1항 6호 가목 2), 제151조 1항 2호). 대도시에서 설립한 회사 또는 대도시로 전입한 회사가 설립 또는 전입 후 5년 내에 신주를 발행하는 경우라면, 위 등록면허세 및 지방교육세의 3배를 납부하여야 한다(지방세법 제28조

2항).

자본의 총액의 변경등기 외에 발행주식의 총수와 그 종류 및 각각의 수, 각 종주식의 내용의 변경등기에 대하여는 따로 등록면허세와 지방교육세를 납부하지 않는다(대법원 등기예규 제1038호 3.).

주식매수선택권의 행사에 따라 발행주식의 총수 등의 변경등기를 할 때에는 6,000원의 등기신청수수료를 납부하여야 한다. 다만, 전자표준양식에 의한 신청의 경우에는 4,000원, 전자신청의 경우에는 2,000원을 납부한다(등기사항 증명서 등 수수료규칙 제5조의3 2항 본문, 제5조의5 4항).

Ⅴ. 주식의 포괄적 교환 · 이전

▣ 핵 심 사 항 ▣

1. 주식의 포괄적 교환
(1) 의의 : 이미 존재하는 A회사와 B회사의 계약에 의해 B회사의 주주가 소유하는 B회사의 주식을 전부 A회사에 이전하고, 그 주식을 재원으로 하여 A회사가 B회사의 주주에게 신주를 발행하거나 자시주식을 교부하는 것(상 제360조의2 1항)
(2) 주식교환절차
  1) 주식교환계약서의 작성(상 제360조의3 3항)
  2) 주주총회의 승인(상 제360조의3 1항, 2항)
  3) 공시(상 제360조의4 1항)
  4) 주식의 이전 및 주권의 실효(상 제360조의2 2항)
  5) 신주의 발행(상 제360조의2 2항)
(3) 특수절차 : 간이주식교환(상 제360조의9), 소규모주식교환(상 제360조의10)
2. 주식의 포괄적 이전
(1) 의의 : 기존에 존재하는 B회사의 계획에 의해 A회사를 신설하되, 그 신설방법은 B회사의 주주가 가진 B회사의 주식 전부를 A회사에 이전하고 A회사는 설립시 발행하는 주식을 B회사의 주주에게 배정하는 것(상 제360조의15)
(2) 주식이전절차
  1) 주식이전계약서의 작성(상 제360조의16)
  2) 주주총회의 특별결의에 의한 승인(상 제360조의16)

3) 공시(상 제360조의17)

4) 모회사설립

5) 주식이전(상 제360조의18)

6) 주권의 실효(상 제360조의19)

7) 주식이전등기(상 제360조의20)

1. 주식의 포괄적 교환·이전의 개념

주식의 교환과 이전은 회사의 재산에는 변동이 없이 회사의 주주의 변동만을 가져오는 제도라는 점에서 회사이전을 주목적으로 하는 합병·분할·분할합병과 근본적으로 다르다.

(1) 주식의 포괄적 교환의 개념

주식교환이란 회사(완전모회사)가 다른 회사(완전자회사)가 발행한 주식 전부와 자기회사 주식을 교환함으로써 완전자회사의 주식은 완전모회사로 된 회사에 이전하고, 완전자회사로 된 회사의 주주는 완전모회사로 된 회사가 발행한 신주를 배정받아 그 회사의 주주로 되는 것을 말한다(상 제360조의2 2항). 즉, 주식교환은 기존의 복수의 회사가 일정한 절차에 의하여 완전자회사가 되는 회사의 주주가 갖는 그 회사의 주식전부를 완전모회사가 되는 회사에 이전하고 완전자회사가 되는 회사의 주주는 완전모회사가 되는 회사가 발행하는 신주를 배정 받음으로써 완전모자회사관계를 맺게 하는 제도이다.

(2) 주식의 포괄적 이전의 개념

주식의 포괄적 이전은 어느 회사의 주주가 소유하고 있는 주식 전부를 새로 설립하는 회사에 포괄적으로 이전하고 종전 회사의 주주는 새로 설립하는 회사가 발행하는 신주를 배정받음으로써 새로 설립하는 회사의 주주가 되는 것을 말한다(상 제360조의15). 이 때 새로 설립하는 회사는 종전회사의 완전모회사가 되고, 종전 회사는 새로 설립하는 회사의 완전자회사가 된다.

그리고 새로 설립하는 회사는 종전 회사의 주주로부터 그 회사의 주식을 이전받는 것 외에 별도로 설립시에 발행하는 주식에 대한 주식대금의 납입 없이 설립한다.

(3) 주식교환·주식이전의 구별

1) 공통점

주식교환이나 주식이전제도 모두 완전모자회사관계를 맺게 한다는 점에서 공통점을 가지고 있다.

2) 차이점

가. 주식교환제도

기존 회사 사이에 완전모자회사관계를 만드는 제도이다.

나. 주식이전제도

주식이전은 모회사가 될 새로운 회사를 만들어 기존의 회사와 모자회사관계를 창설하는 제도이다.

2. 주식의 포괄적 교환

(1) 절 차

1) 주식교환계약서의 작성과 주주총회의 승인(상 제360조의3)

주식의 교환을 하고자 하는 회사는 주식교환계약서를 작성하여 주주총회의 특별결의에 의한 승인을 얻어야 한다. 그리고 회사가 수종의 주식을 발행한 경우 주식교환으로 인하여 이는 종류의 주주에게 손해를 미치게 될 경우에는 주주총회결의 외에 그 종류의 주주의 총회결의가 있어야 한다(상 제436조). 주주총회의 승인결의는 출석한 주주의 의결권의 3분의 2이상의 수와 발행주식총수의 3분의 1 이상의 수로써 하여야 한다.

가. 주식교환계약서의 기재사항

주식교환계약서는 다음의 사항을 기재하여야 한다.

① 완전모회사가 되는 회사가 주식교환으로 인하여 정관을 변경하는 경우에는 그 규정, 예컨대 완전자회사로 되는 회사의 주주에게는 완전모회사로 되는 회사에서 발행하는 신주를 배정하기 위하여 신주를 발행하여야 하는데 이때 수권주식수가 부족하게 되면 정관을 변경하여야 한다.

② 완전모회사가 되는 회사가 주식교환을 위하여 발행하는 신주의 총수·종류와 종류별 주식의 수 및 완전자회사가 되는 회사의 주주에 대한 신주

의 배정에 관한 사항

③ 완전모회사가 되는 회사의 증가할 자본의 액과 자본준비금에 관한 사항

④ 완전자회사가 되는 회사의 주주에게 지급할 금액을 정한 때에는 그 규정

⑤ 각 회사가 주식교환계약서의 승인결의를 할 주주총회의 기일

⑥ 주식교환을 할 날

⑦ 각 회사가 주식교환을 할 날까지 이익배당을 할 때에는 그 한도액

⑧ 상법 제360조의6의 규정에 의하여 회사가 자기의 주식을 이전하는 경우 에는 이전할 주식의 총수·종류 및 종류별 주식의 수

⑨ 완전모회사가 되는 회사에 취임할 이사와 감사 또는 감사위원회의 위원 을 정한 때에는 그 성명 및 주민등록번호

나. 주식교환 승인을 위한 주주총회소집통지 및 공고의 기재사항

① 주식교환계약서의 주요내용

② 반대주주의 주식매수선택권의 내용 및 행사방법

③ 일방회사의 정관에 주식의 양도에 관하여 이사회의 승인을 요한다는 뜻 의 규정이 있고 다른 회사의 정관에 그 규정이 없는 경우 그 뜻

다. 채권자보호절차의 요부

주식교환으로 인하여 완전모회사가 되는 회사는 자본이 증가하고, 완전자 회사가 되는 회사는 주주의 변동만 있으므로 회사채권자를 해할 염려가 없어 채권자보호절차는 필요하지 아니하다.

2) 주식교환계약서 등의 공시(상 제360조의4)

이사는 주식교환계약서의 승인을 위한 주주총회의 회일의 2주전부터 주식교 환의 날 이후 6월이 경과하는 날까지 아래 서류를 본점에 비치하여야 한다. 그 리고 주주는 영업시간내에 이 서류의 열람 또는 복사를 청구할 수 있다.

① 주식교환계약서

② 완전자회사가 되는 회사의 주주에 대한 주식의 배정에 관하여 그 이유를 기재한 서면

③ 주식교환계약서 승인을 위한 주주총회의 회일(간이주식교환의 경우에는 공고 또는 통지를 한 날)전 6월 이내의 날에 작성한 주식교환을 하는 각

회사의 최종대차대조표 및 손익계산서

3) 반대주주의 주식매수청구권(상 제360조의5)

가. 청구권 행사기간

① 서면으로 그 결의에 반대하는 의사를 통지할 경우 : 주식교환에 관한 이사회의 결의가 있는 때에는 그 결의에 반대하는 완전모회사·완전자회사의 주주는 주주총회 전에 회사에 대하여 서면으로 그 결의에 반대하는 의사를 통지한 경우에는 그 총회의 결의일부터 20일 이내에 주식의 종류와 수를 기재한 서면으로 회사에 대하여 자기가 소유하고 있는 주식의 매수를 청구할 수 있다.

② 간이주식교환의 경우 : 주식교환에 관한 이사회의 공고 또는 통지를 한 날로부터 2주 내에 회사에 대하여 서면으로 주식교환에 반대하는 의사를 통지한 주주는 그 기간이 경과한 날부터 20일 이내에 주식의 종류와 수를 기재한 서면으로 회사에 대하여 자기가 소유하고 있는 주식의 매수를 청구할 수 있다.

나. 주식매수절차

회사는 주식매수청구를 받은 날로부터 2월 이내에 그 주식을 매수하여야 하고 매수가액은 주주와 회사간의 협의에 의하여 정하고, 매수청구를 받은 날로부터 30일 이내에 협의가 이루어지지 아니한 경우에는 회사 또는 주식의 매수를 청구한 주주는 법원에 대하여 매수가액의 결정을 청구할 수 있다.

4) 완전모회사의 자본금증가의 한도액(상 제360조의7)

가. 완전모회사가 되는 회사의 자본금은 주식교환의 날에 완전자회사가 되는 회사에 현존하는 순 자산액에서 다음 각호의 금액을 뺀 금액을 초과하여 증가시킬 수 없다.

① 완전자회사가 되는 회사의 주주에게 지급할 금액

② 신주발행에 갈음하여 완전자회사가 되는 회사의 주주에게 이전하는 자기주식의 회계장부가액의 합계

나. 완전모회사가 되는 회사가 주식교환 이전에 완전자회사가 되는 회사의 주식을 이미 소유하고 있는 경우에는 완전모회사가 되는 회사의 자본금은 주식교환의 날에 완전자회사가 되는 회사에 현존하는 순자산액에 그

회사의 발행주식 총수에 대한 주식교환으로 인하여 완전모회사가 되는 회사에 이전하는 주식의 수에 비율을 곱한 금액에서 위 1) 항 각호의 금액을 뺀 금액의 한도를 초과하여 증가시킬 수 없다.

5) 주권의 실효절차(상 제360조의8)

가. 공고 및 통지사항

주식교환에 의하여 완전자회사가 되는 회사는 주식교환에 관한 주주총회의 승인을 한 때에는 다음 각호의 사항을 주식교환의 날 1월 전에 공고하고, 주주명부에 기재된 주주와 질권자에 대하여 따로 그 통지를 하여야 한다.

① 주식교환에 대한 주주총회의 승인을 한 뜻

② 주식교환의 날의 전날까지 주권을 회사에 제출하여야 한다는 뜻

③ 주식교환의 날에 주권이 무효가 된다는 뜻

나. 구주권을 제출할 수 없는 자가 있는 경우 그 주권에 대한 이의제출할 것의 공고

구주권을 회사에 제출할 수 없는 자가 있는 때에는 회사는 그 자의 청구에 의하여 청구자의 비용부담으로 3월 이상의 기간을 정하고 이해관계인에 대하여 그 주권에 대한 이의가 있으면 그 기간 내에 제출할 뜻을 공고하고 그 기간이 경과한 후에 신주권을 청구자에게 교부할 수 있다.

다. 주권제출 기간 내에 제출하지 아니한 무기명주권의 처리

회사가 무기명주권을 발행한 경우 주권제출 기간 내에 회사에 제출되지 않은 무기명주권에 대하여 회사는 이를 모두 단주로 처리하여 경매 또는 임의매각의 방법으로 처분하여 그 매각대금을 종전의 무기명주식의 주주에게 지급하여야 한다.

6) 완전자회사의 간이주식교환(상 제360조의9)

완전자회사가 되는 회사의 총주주의 동의가 있거나 그 회사의 발행주식 총수의 100분의 90 이상을 완전모회사가 되는 회사가 소유하고 있는 때에는 완전자회사가 되는 회사의 주주총회승인은 이를 이사회의 승인으로 갈음할 수 있다.

이 경우 완전자회사가 되는 회사는 주식교환계약서를 작성한 날로부터 2주 내에 주주총회의 승인을 얻지 아니하고 주식교환을 한다는 뜻을 공고하거나

주주에게 통지하여야 한다. 총주주의 동의가 있은 때에는 그러하지 아니하다.

7) 완전모회사의 소규모주식교환(상 제360의10)

가. 완전모회사가 되는 회사가 주식교환을 위하여 발행하는 신주의 총수가 그 회사의 발행주식총수의 100분의 5를 초과하지 아니하는 경우에는 완전모회사가 되는 회사의 주식교환에 관한 주주총회 승인은 이사회의 승인으로 갈음할 수 있다.

나. 그러나 완전자회사가 되는 회사의 주주에게 지급할 금액을 정한 경우에 그 금액이 주식교환에 관한 주주총회 회일 또는 간이주식교환의 경우 공고 또는 통지를 한날 전 6월 이내에 작성한 최종 대차대조표에 의하여 완전모회사가 되는 회사에 현존하는 순자산액의 100분의 2를 초과하는 때와 완전모회사가 될 회사의 발행주식총수의 100분의 20 이상에 해당하는 주식을 가지는 주주가 반대하는 의사를 통지한 때에는 소규모 주식교환을 할 수 없다.

다. 신주발행에 갈음하여 완전모회사가 될 회사가 보유하고 있는 주식을 완전자회사가 될 회사의 주주에게 이전하는 경우에는 그 주식은 위 1)항을 적용함에 있어서 주식교환을 위하여 발행하는 신주로 본다.

라. 소규모 주식교환을 하는 경우에는 주식교환계약서에 완전모회사가 되는 뜻을 기재하여야 하고 정관변경사항에 대하여는 기재할 수 없다.

마. 그리고 완전모회사가 되는 회사는 주식교환계약서를 작성한 날로부터 2주내에 완전자회사가 되는 회사의 상호와 본점, 주식교환을 한 날 및 주주총회의 승인을 얻지 아니하고 주식교환을 한다는 뜻을 공고하거나 주주에게 통지하여야 한다.

8) 주식교환사항을 기재한 서면의 사후 공시(상 제360조의12)

이사는 다음 각호의 사항을 기재한 서면을 주식교환의 날로부터 6월간 본점에 비치하여야 하고 주주는 영업시간내에 이 서면의 열람 또는 등사를 청구할 수 있다.

① 주식교환의 날

② 주식교환의 날에 완전자회사가 되는 회사에 현존하는 순자산액

③ 주식교환으로 인하여 완전모회사에 이전한 완전자회사의 주식의 수

④ 그 밖의 주식교환에 관한 사항

(2) 주식교환의 효과

1) 주식의 이전 및 신주발행

가. 주식이전시기

주주총회에서 주식교환계약서의 승인결의가 이루어지면 자회사의 주주가 소유하는 자회사의 주식은 주식교환계약서에 기재된 "교환을 할 날"에 모회사로 이전된다(상 제360조의2 2항).

나. 신주발행절차

자회사 주주의 주식 이전에 대하여 모회사는 교환계약서에 정해진 바에 따라 자회사 주주에게 신주를 발행하여야 한다. 이 신주발행은 상법 제416조의 규정에 의한 신주발행이 아니므로 신주발행을 위한 이사회 결의나 주식의 청약이나 배정과 같은 절차를 요하지 않고 주식을 교환한 날에 신주발행의 효과가 발생한다.

2) 완전모·자회사 관계 성립

완전자회사의 발행주식총수는 기존의 주주에 갈음하여 완전모회사가 소유하므로(상 제360조의2), 완전자·모회사 관계가 성립되고, 완전자회사의 기존주권은 실효된다.

3) 완전 모회사의 자본증가

주식교환에 의하여 완전모회사의 자본은 증가할 수도 있으나 모회사의 자본충실을 위하여 자회사로부터 실제 유입된 재산의 가액 이내로 제한된다. 이렇게 완전모회사의 자본증가의 한도액이 완전자회사가 되는 회사의 순자산액을 한도로 하므로 채무초과 회사를 완전자회사로 하는 주식교환은 할 수 없게 된다.

4) 완전모회사의 이사·감사의 임기

주식교환에 의하여 완전모회사가 되는 회사의 이사 및 감사로서 주식교환 전에 취임한 자는 주식교환계약서에 다른 정함이 있는 경우를 제외하고는 주식교환 후 최초로 도래하는 결산기에 관한 정기 주주총회가 종료하는 때에 퇴임한다.

(3) 변경등기절차

1) 등기기간

주식교환에 의하여 완전모회사가 되는 회사는 주식교환계약서에 정한 바에 따라 신주를 발행하여 자본을 증가시키고 또 정관을 변경하여 등기사항에 변경이 생기므로 주식교환일로부터 본점소재지에서 2주 이내에 아래 나.의 사항에 대한 변경등기를 하여야 한다. 그러나 주식교환에 의하여 완전자회사가 될 회사의 등기사항에는 아무런 변동이 발생하지 아니하므로 완전자회사에 관하여는 등기할 필요가 없다.

2) 등기사항

① 발행주식의 총수, 그 종류와 각종 주식의 내용과 수

② 자본의 총액

③ 정관변경을 등기사항에 변경된 경우 그 사항

④ 변경연월일

등기신청서의 등기의 목적은 "주식교환으로 인한 변경등기", 등기사유는 "주식교환"으로 기재한다.

3) 첨부서면

주식교환으로 인한 변경등기신청서에는 다음 서류를 첨부하여야 한다(상업등기법 제92조 : 2007. 8. 3. 제정)

① 주식교환계약서

② 완전자회사의 주주총회의사록. 단, 간이주식교환의 경우 이사회의사록 금융지주회사법상 주식교환 또는 주식이전으로 인한 등기의 사무처리지침에서는 완전모회사의 주주총회의사록도 첨부서면으로 규정하고 있다(예규 제1014호).

③ 주식교환으로 인하여 자본을 증가하는 경우에는 상법 제360조의7에서 규정하는 한도액을 증명하는 서면

④ 주권의 실효절차(상 제360조의8 1항)의 의한 공고를 하였음을 증명하는 서면

⑤ 소규모주식교환의 경우 이에 반대의사를 통지한 주주가 있는 때에는(상 제360조의10 제5항) 그 주주가 소유하는 주식의 총수를 증명하는 서면

⑥ 소규모주식교환을 하는 경우에 완전자회사가 되는 회사의 주주에게 지급

할 금액을 정한 때에는 완전모회사가 되는 회사의 최종의 대차대조표

4) 등록면허세, 등기신청수수료 등의 납부

주식교환으로 완전모회사가 되는 회사에서 신주를 발행한 후 등기를 신청하는 경우에는 증가한 자본액의 1,000분의 4에 해당하는 등록면허세와 그 등록면허세액의 100분의 20에 해당하는 지방교육세를 납부하여야 한다(지방세법 제28조 1항 6호 가목 2), 제151조 1항 2호). 대도시에서 설립한 회사 또는 대도시로 전입한 회사가 설립 또는 전입 후 5년 내에 신주를 발행하는 경우라면, 위 등록면허세 및 지방교육세의 3배를 납부하여야 한다(지방세법 제28조 2항).

그 밖에 정관변경으로 발행예정주식총수, 상호, 목적 등이 변경되어 그 변경등기를 신청하는 때에는 각 등기사항마다 기타변경등기 등록면허세 및 지방교육세 27,600원을 추가로 납부하여야 한다(지방세법 제28조 1항 6호 바목, 제151조 1항 2호). 그리고 완전모회사가 되는 회사에 이사와 감사 또는 감사위원회 위원의 취임등기를 신청하는 때에는 그에 대하여도 기타변경등기 등록면허세 23,000원 및 지방교육세 4,600원을 추가로 납부하여야 한다.

완전모회사가 되는 회사의 신주발행으로 인한 증자등기, 상호, 목적, 임원 등의 변경등기에 대해서는 등기사항별로 각 각 6,000원의 등기신청수수료를 납부하여야 한다. 다만, 전자표준양식에 의한 신청의 경우에는 4,000원, 전자신청의 경우에는 2,000원을 납부한다(등기사항증명서 등 수수료규칙 제5조의3 2항 본문, 제5조의5 4항).

(4) 주식교환 무효의 소(상 제360조의14)

1) 소제기권자 및 제기기간

주식교환 무효는 각 회사의 주주·이사·감사·감사위원회의 위원 또는 청산인에 한하여 주식교환의 날부터 6월 내에 소로써만 주장할 수 있다.

2) 관할법원

주식교환 무효의 소는 완전모회사가 되는 회사의 본점소재지의 지방법원의 관할에 전속한다.

3) 판결확정의 효력

가. 원고승소의 판결이 확정된 경우

① 판결의 효력 범위 : 원고승소의 판결이 확정된 때에는 원·피고 뿐만 아니라 제3자에게도 효력이 미친다(상 제360조의14, 제190조 본문)

② 공고 및 통지 : 원고승소의 판결이 확정된 때에는 회사는 지체 없이 그 뜻과 3월 이상의 기간 내에 교환된 완전모회사가 되는 회사의 신주권을 그 회사에 제출할 것을 공고하고, 주주명부에 기재된 주주와 질권자에게도 각별로 통지하여야 한다(상 제360조의14 제4항, 제431조 2항).

③ 주식의 이전 : 완전모회사가 된 회사는 주식교환을 위하여 발행한 신주 또는 이전한 주식의 주주에 대하여 그가 소유하였던 완전자회사가 된 회사의 주식을 이전하여야 한다.

나. 주식교환 무효의 판결이 확정된 경우

주식교환의 무효의 판결이 확정되면 제1심 수소법원은 회사의 본점 또는 지점소재지의 등기소에 등기를 촉탁(법원의 촉탁등기편 참조)하여야 한다.

3. 주식의 포괄적 이전

(1) 의 의(상 제360조의16)

주식의 포괄적 이전이란 어느 회사의 주주가 소유하고 있는 주식 전부를 새로 설립하는 회사에 포괄적으로 이전하고, 종전 회사의 주주는 새로 설립하는 회사가 발행하는 신주를 배정 받음으로써 새로 설립하는 회사의 주주가 되는 것을 말한다. 이 때 새로 설립하는 회사는 종전 회사의 완전모회사가 되며 종전 회사는 새로 설립하는 회사의 완전자회사가 된다. 한편 새로 설립하는 회사는 종전 회사의 주주로부터 그 회사의 주식을 이전받은 외에 별도로 설립시에 발행하는 주식에 대한 주식대금의 납입이 없이 설립한다. 그리고 완전자회사가 될 회사는 하나의 회사에 한정하지 않고 복수의 회사가 공동으로 주식의 포괄적 이전의 방법으로 완전모회사를 설립할 수 있다.

(2) 절 차

1) 주식이전계획서 작성 및 승인(상 제360조의16)

주식을 이전하고자 하는 회사는 다음 1)의 사항을 적은 주식이전계획서를 작성하여 주주총회의 특별결의에 의한 승인을 받아야 한다. 그리고 회사가 수종의 주식을 발행한 경우에 주식이전으로 인하여 어느 종류의 주주에게 손해를 미치게 될 경우에는 주주총회결의 외에 그 종류의 주주의 총회결의가 있어야 한다(상 제436조).

가. 주식이전계획서의 기재사항

① 설립하는 완전모회사의 정관의 규정

② 설립하는 완전모회사가 주식이전에 있어서 발행하는 주식의 종류와 수 및 완전자회사가 되는 회사의 주주에 대한 주식의 배정에 관한 사항

③ 설립하는 완전모회사의 자본금 및 자본준비금에 관한 사항

④ 완전자회사가 되는 회사의 주주에 대하여 지급할 금액을 정한 때에는 그 규정

⑤ 주식이전을 할 시기

⑥ 완전자회사가 되는 회사가 주식이전의 날까지 이익배당을 할 때에는 그 한도액

⑦ 설립하는 완전모회사의 이사와 감사 또는 감사위원회의 위원의 성명 및 주민등록번호

⑧ 회사가 공동으로 주식이전에 의하여 완전모회사를 설립하는 때에는 그 뜻

나. 주식이전을 위한 주주총회의 소집 및 공고

주식이전 승인을 위한 주주총회소집통지 및 공고에는 다음 사항을 기재하여야 한다.

① 주식이전계획서의 주요내용

② 반대주주의 주식매수청구권의 내용 및 행사방법

③ 일방회사의 정관에 주식의 양도에 관하여 이사회의 승인을 요한다는 뜻의 규정이 있고 다른 회사의 정관에 그 규정이 없는 경우 그 뜻

2) 주식이전계획서 등의 공시(상 제360조의17)

이사는 주식이전계획서의 승인을 위한 주주총회 회일의 2주전부터 주식이전의 날 이후 6월을 경과하는 날까지 다음 각호의 서류를 본점에 비치하여야 하고, 주주는 영업시간내에 이 서류를 열람하거나 등사를 청구할 수 있다.

① 주식이전계획서

② 완전자회사가 되는 회사의 주주에 대한 주식의 배정에 관하여 그 이유를

기재한 서면

③ 주식이전계획서 승인을 위한 주주총회의 회일전 6월 이내의 날에 작성한 완전자회사가 되는 회사의 최종 대차대조표 및 손익계산서

3) 반대주주의 주식매수선택권(상 제360조의22)

가. 주식매수선택권 행사방법

주식이전에 관한 이사회의 결의가 있는 때에 그 결의에 반대하는 주주는 주주총회 전에 회사에 대하여 서면으로 그 결의에 반대하는 의사를 통지한 경우에는 그 총회의 결의일로부터 20일 이내에 주식의 종류와 수를 기재한 서면으로 회사에 대하여 자기가 소유하고 있는 주식의 매수를 청구할 수 있다.

나. 주식매수절차

회사는 주식매수청구를 받은 날로부터 2월 이내에 그 주식을 매수하여야 하고 매수가액은 주주와 회사간의 협의에 의하여 정하고, 매수청구를 받은 날로부터 30일 이내에 협의가 이루어지지 아니한 경우에는 회사 또는 주식의 매수를 청구한 주주는 법원에 대하여 매수가액의 결정을 청구할 수 있다.

4) 완전모회사의 자본금의 한도액(상 제360조의18)

설립하는 완전모회사의 자본금은 주식이전의 날에 완전자회사가 되는 회사에 현존하는 순자산액에서 그 회사의 주주에게 지급할 금액을 뺀 액을 초과하지 못한다. 별도의 출자절차가 필요없다(모회사의 자본은 자회사의 주주가 소유하는 주식을 재원으로 구성되므로). 모회사의 주식은 자회사의 주주에게 그 소유하는 자회사의 주식수에 비례하여 발행된다. 단주처리는 자본감소의 경우와 같다.

5) 주권의 실효절차(상 제360조의19)

가. 완전자회사의 공고 및 통지사항

주식이전에 의하여 완전자회사가 되는 회사는 주식이전에 관한 주주총회의 승인을 한 때에는 다음 각호의 사항을 공고하고, 주주명부에 기재된 주주와 질권자에 대하여 따로 그 통지를 하여야 한다.

① 주식이전에 대한 주주총회의 승인을 한 뜻

② 1월을 초과하여 정한 기간 내에 주권을 회사에 제출하여야 한다는 뜻

③ 주식이전의 날에 주권이 무효가 된다는 뜻

나. 구주권을 제출할 수 없는 자가 있는 경우 그 주권에 대한 이의를 제출할 것의 공고

구주권을 회사에 제출할 수 없는 자가 있는 때에는 회사는 그 자의 청구에 의하여 청구자의 비용부담으로 3월 이상의 기간을 정하고 이해관계인에 대하여 그 주권에 대한 이의가 있으면 그 기간내에 제출할 뜻을 공고하고 그 기간이 경과한 후에 신주권을 청구자에게 교부할 수 있다.

다. 주권 제출기간 내에 제출되지 않은 무기명주권의 처리

회사가 무기명주권을 발행한 경우 주권제출 기간 내에 회사에 제출되지 않은 무기명주권에 대하여 회사는 이를 모두 단주로 처리하여 경매 또는 임의매각의 방법으로 처분하여 그 매각대금을 종전의 무기명주식의 주주에게 지급하여야 한다.

라. 주권실효절차 종료시의 효과

① 주권의 효력상실 : 완전자회사의 주권실효절차가 종료하면 회사에 제출한 주권이나 제출하지 아니한 주권이나 모두 그 효력을 상실한다(상 제360조의19)

② 주권의 교부 : 완전자회사의 주권실효절차가 종료하면 완전자회사의 주주는 완전모회사의 주권을 주식이전의 날에 교부받는다.

6) 주식이전의 효력발생시기(상 제360조의20)

주식의 이전은 이로 인하여 설립한 완전모회사가 그 본점소재지에서 2주 이내에 설립등기를 함으로써 그 효력이 발생한다. 따라서 완전모회사는 이때 성립한다.

7) 완전모회사의 자본증가의 한도액(상 제360조의18)

주식이전으로 인하여 설립되는 완전모회사의 자본한도액은 회사의 자본충실을 기하기 위하여 주식이전의 날에 완전자회사가 되는 회사에 현존하는 순자산액에서 그 회사주주에게 지급할 금액을 공제한 액을 초과하지 못한다.

이를 초과하는 경우에는 그 초과액을 자본준비금으로 적립하여야 한다(상 제459조 1항).

8) 주식이전사항을 기재한 서면의 사후공시(상 제360조의22, 제360조의12)

이사는 다음 각호의 사항을 기재한 서면을 주식이전의 날로부터 6월간 본점
에 비치하여야 하고 주주는 영업시간 내에 이 서면의 열람 또는 등사를 청구
할 수 있다.

① 주식이전의 날

② 주식이전의 날에 완전자회사가 되는 회사에 현존하는 순자산액

③ 주식이전으로 인하여 완전모회사에 이전한 완전자회사의 주식의 수

④ 그 밖의 주식이전에 관한 사항

(3) 설립등기절차

1) 등기사항 및 등기기간

주식이전을 한 때에는 회사를 대표하는 이사가 설립한 완전모회사의 본점소
재지에서는 2주간 내에, 지점의 소재지에서는 3주간 내에 회사설립시의 등기사
항을 등기하여야 한다.

2) 첨부서면(상 제214조의3, 상업등기법 제93조)

주식이전에 따른 설립등기의 신청서에는 다음 각호의 서류를 첨부하여야 한다.

① 완전자회사의 주주총회의사록

② 완전모회사의 정관(이 정관에는 공증인의 인증을 요하지 아니한다)

③ 완전모회사의 이사·대표이사·감사 또는 감사위원회 위원의 취임승낙을
증명하는 서면

④ 명의개서대리인을 둔 때에는 명의개서대리인과의 계약을 증명하는 서면

⑤ 완전모회사의 자본의 한도액(상 제360조의18)을 증명하는 서면

⑥ 완전자회사의 주권의 실효공고를 하였음을 증명하는 서면

⑦ 완전자회사의 등기부등본(당해 등기소의 관내에 완전자회사의 본점이 있
는 경우는 제외)

⑧ 대표이사를 이사회에서 선임한 경우 그 이사회의사록

⑨ 이사 등의 주민등록번호를 증명하는 서면

　⑩ 대리인에 의한 신청의 경우 대리권한을 증명하는 서면

3) 등록면허세, 등기신청수수료 등의 납부

　완전모회사의 설립등기의 경우 통상의 주식회사의 설립등기와 마찬가지로 자본금의 1,000분의 4에 해당하는 등록면허세와 그 등록면허세의 100분의 20에 해당하는 지방교육세를 납부하여야 한다(지방세법 제28조 1항 6호 가목 1), 제151조 1항 2호). 만약 대도시에서 설립하는 경우에는 그 3배에 해당하는 등록면허세와 지방교육세를 납부하여야 한다(지방세법 제28조 2항 1호).

　등기신청수수료도 통상의 설립등기와 마찬가지로 30,000원을 납부하여야 한다. 다만, 전자신청의 경우에는 20,000원, 전자표준양식에 의한 신청의 경우에는 25,000원을 납부한다(등기사항증명서 등 수수료규칙 제5조의3 1항 1호, 제5조의5 3항).

(4) 주식이전의 무효의 소(상 제360조의23)

　주식이전의 무효는 각 회사의 주주・이사・감사・감사위원회의 위원 또는 청산인에 한하여 주식이전의 날로부터 6월 내에 소로써만 주장할 수 있다. 이 소는 완전모회사가 되는 회사의 본점소재지의 지방법원의 관할에 전속하며, 이 판결이 확정된 때에는 완전모회사가 된 회사는 주식교환을 위하여 발행한 신주 또는 이전한 주식의 주주에 대하여 그가 소유하였던 완전자회사가 된 회사의 주식을 이전하여야 한다. 이때 완전모회사는 해산에 준하여 청산하여야 하고, 청산인은 주주 기타 이해관계인의 청구에 의하여 법원이 선임할 수 있다(상 제360조의23 제3항).

　주식이전의 무효판결이 확정되면 제1심 수소법원은 회사의 본점 또는 지점소재지의 등기소에 등기를 촉탁하여야 한다.

VI. 명의개서대리인에 관한 등기

▣ 핵 심 사 항 ▣

1. 명의개서의 의의 : 주주명부상의 기재사항 가운데 기명주식의 양도에 있어서 주식양수인의 성명과 주소를 변경하는 것
2. 명의개서의 효용 : 빈번하고 대량적으로 이루어지는 주식의 양도를 획일적으로 처리가능하다는 점
3. 효력
(1) 대항력(상 제337조 1항) : 기명주식의 주주는 주주명부에 자신의 성명과 주소가 기재되어 있을 때만 회사에 대하여 주주권 행사 가능.
(2) 추정력(자격수여적 효력) : 주주명부에 명의개서가 되어있는 경우에는 일단 적법한 주주로 추정. 주주명부에 명의개서시 주주로 추정. 실질적 권리의 입증 없이 권리 행사 가능.
(3) 면책력 : 회사가 주주명부의 기재대로 권리행사를 인정 또는 권리행사의 내용을 정하는 경우, 비록 그것이 실제에 부합하지 않아도 회사는 원칙적 면책. 그러나 주주명부상의 주주가 형식주주에 불과하다는 사실을 회사가 알고 있었고 또한 이를 용이하게 증명하여 그 자의 권리행사를 거절할 수 있었음에도 권리 행사를 허용한 경우에는 회사가 면책되지 않는다는 것이 판례이다(96다45818).

1. 명의개서의 의의

명의개서란 주주명부에 주식 양수인의 주소와 성명을 기재하는 것을 말한다. 주식이전 후 주주명부에의 명의개서는 회사에 대한 주식취득의 대항요건이 된다.

명의개서는 주식 또는 신주인수권의 양수인들 상호간의 대항요건이 아니라 적법한 양수인이 회사에 대한 관계에서 주주의 권리를 행사하기 위한 대항요건이다.

【쟁점질의와 유권해석】

<주권발행 전에 주식을 양수한 사람도 명의개서를 해야만 회사에 대해 주주권자임을 주장할 수 있는지 여부>

주권발행 전 주식을 양수한 사람은 주주명부상의 명의개서가 없어도 회사에 대하여 자신이 적법하게 주식을 양수한 자로서 주주권자임을 주장할 수 있다(대판 1995. 5. 23, 94다36421).

2. 명의개서대리인의 설치·변경·폐지

(1) 명의개서대리인의 설치

1) 설치절차

명의개서대리인이란 회사를 위하여 주식의 명의개서사무를 대행하는 자를 말한다. 회사는 정관의 규정에 의하여 명의개서대리인을 둘 수 있는데(상 제337조 2항), 정관에는 명의개서대리인을 둘 것을 정하며, 구체적으로 누구를 명의개서대리인으로 할 것인지는 이사회에서 정한다. 명의개서대리인은 회사 대표이사와의 사이에 명의개서사무의 위탁을 목적으로 하는 계약에 의하여 구체적으로 설정된다.

상법상 회사의 명의개서대리인을 둘 것인지 여부는 임의적이나, 주권상장 법인의 경우에는 유가증권상장규정에 명의개서대행 계약을 상장요건으로 하고 있으므로, 명의개서대리인을 두는 것이 강제적이다.

주주명부는 원칙적으로 회사의 본점에 비치하고 명의개서는 본점에서 하는 것이 원칙이나(상 제396조 1항), 그렇게 되면 원격지에 있는 주식취득자에게 불편하므로 회사가 정관으로써 명의개서대리인을 둘 것으로 정한 때에는 필요한 각지에 명의개서대리인을 두어 그로 하여금 명의개서업무를 대행케 할 수 있고, 명의개서대리인이 그 複本에 주주명의를 개서하면 본점에서 한 것과 동일한 효력이 있는 것으로 하고 있다(상 제337조 2항).

2) 명의개서대리인의 자격 및 책임

가. 자 격

명의개서대리인의 자격은 증권거래법 제173조 2항 및 제180조 1항의 규정에 의하여 금융감독위원회에 등록한 주식회사로 제한되어 있다(상법의일부규정의시행에관한규정 제4조). 현재는 증권예탁결제원(증권거래법 제173조 2항)과 하나·국민은행 등 일부 시중은행에서 명의개서업무를 수행하고 있다.

나. 책 임

명의개서대리인이 정당한 사유없이 명의개서를 거절하거나 주주명부 또는 그 복본에 기재하여야 할 사항을 불기재 또는 부실기재를 한 때에는 과태료의 제재를 받는다(상 제635조 1항 1호).

3) 공 시

회사가 명의개서대리인을 둔 때에는 그 상호 및 본점소재지를 등기하여야 한다(상 제317조 2항).

따라서 회사설립 당초에 명의개서대리인을 둔 때에는 설립등기신청서에 이를 기재하여 등기하고(상 제317조 2항), 회사성립 후에 설치한 때에는 이로 인한 변경등기를 하여야 한다(상 제317조 3항, 제183조).

그리고 주식청약서에도 그 사항을 기재하여야 한다(상 제474조 2항).

(2) 명의개서대리인의 변경

회사는 종전의 명의개서대리인과 맺었던 계약을 해지하고 새로운 명의개서대리인과의 사이에 명의개서사무의 위탁을 목적으로 하는 계약을 함으로써 명의개서대리인을 변경할 수 있다. 회사와 명의개서대리인과의 계약은 위임계약이라 할 것이므로 언제든지 해지할 수 있다.

회사가 명의개서대리인과의 계약을 해지함에는 이사회의 결의가 있어야 한다.

【쟁점질의와 유권해석】

<명의개서대리인의 명칭이 법률의 규정에 의하여 변경된 경우에도 변경등기를 신청하여야 하는지 여부>

종전의 한국증권예탁원이 증권거래법의 개정에 의하여 증권예탁결제원으로 변경된 경우와 같이 명의개서대리인의 명칭이 법률의 규정에 의하여 변경된 경우에도 명의개서대리인 변경등기를 신청하여야 한다(상 제183조, 제317조 4항).

다만 이 경우는 법률의 규정에 의한 변경이므로 주주총회의사록 또는 이사회의사록이나 상호를 변경한 등기부등본을 첨부할 필요는 없다(2005. 1. 26, 공탁법인 3402-22 질의회답).

(3) 명의개서대리인의 폐지

명의개서대리인의 폐지되는 경우로는, 명의개서대리인에 관한 정관의 규정이 폐지된 경우와 정관의 규정은 폐지되지 아니하였으나 종전의 명의개서대리인과의 계약이 폐지된 후 새로운 명의개서대리인과의 계약이 체결되지 아니한 경우 등이 있다.

3. 등기절차

(1) 등기기간

1) 회사설립시에 명의개서대리인을 둔 경우

회사설립 당초에 명의개서대리인을 둔 때에는 설립등기시에 그 상호 및 본점소재지를 등기하여야 한다(상 제317조 2항 6호).

2) 회사설립 후 명의개서대리인을 둔 경우

회사설립 후에 명의개서대리인을 설치·변경 또는 폐지한 경우에는 본점소재지에서 2주간 내에 대표이사가 등기를 신청하여야 한다(상 제317조 3항, 제183조, 상업등기법 제17조). 지점소재지에서는 등기할 필요가 없다(법인등의등기사항에관한특례법 제3조).

(2) 등기사항

1) 명의개서대리인을 설치한 경우

① 명의개서대리인의 상호 및 본점소재지

② 회사성립 후에 설치한 경우에는 그 설치연월일

2) 명의개서대리인을 변경한 경우

① 변경 후의 명의개서대리인의 상호 및 본점소재지

② 변경된 취지와 그 연월일

3) 명의개서대리인의 상호 및 본점소재지에 변경이 있는 경우

① 변경 후의 상호 및 본점소재지

② 변경된 취지와 그 연월일

4) 명의개서대리인을 폐지한 경우

폐지한 취지와 그 연월일

(3) 첨부서면

1) 일반적인 첨부서면

대리권을 증명하는 서면 등(상업등기법 제21조, 제22조)

2) 명의개서대리인 설치의 경우

① 명의개서대리인과의 계약을 증명하는 서면(상업등기법 제90조, 제80조 5호)

명의개서대리인과 계약한 계약서 또는 명의개서를 승낙하는 승낙서가 있으면 될 것이다.

② 정 관(상업등기법 제79조 1항)

명의개서대리인을 설치하기 위하여는 그 뜻이 정관에 규정되어 있어야 하므로 정관을 첨부해야 한다.

③ 이사회의사록(상업등기법 제79조 2항)

정관에 명의개서대리인을 설치할 뜻만 기재되고 누구를 명의개서대리인으로 할 것인가를 정하지 아니한 경우에는 이사회에서 이를 결정하므로 그 이사회의사록을 첨부하여야 한다. 정관에 구체적으로 명의개서대리인을 특정한 때에는 첨부할 필요가 없다.

3) 명의개서대리인을 변경하는 경우

① 새로운 명의개서대리인과의 계약을 증명하는 서면(상업등기법 제90조)

새로운 명의개서대리인과 회사와의 사이에 계약을 한 서면이다.

② 이사회의사록

명의개서대리인의 경질에 관한 이사회의사록을 첨부한다.

4) 명의개서대리인을 폐지하는 경우

① 주주총회의사록

명의개서대리인에 관한 정관의 규정을 폐지한 주주총회의사록이다.

② 이사회의사록

명의개서대리인에 관한 정관규정은 존치하면서 명의개서대리인과의 계약을 해제한 때에는 그 해제에 관한 이사회의사록을 첨부한다.

5) 기타의 서면

등록세납부영수필통지서 및 영수필확인서, 등기신청수수료, 관청의 허가(인가)서(상업등기법 제79조), 정관, 법원의 허가서 또는 총주주의 동의서 등이 필요한 경우에는 이를 첨부하여야 할 것임은 다른 등기신청의 경우와 같다.

(4) 등록면허세, 등기신청수수료 등의 납부

명의개서대리인의 설치, 변경 또는 폐지의 등기를 신청할 때에는 등록면허세 23,000원과 등록면허세액의 100분의 20에 해당하는 지방교육세를 4,600원을 납부하여야 한다(지방세법 제28조 1항 6호 바목, 제151조 1항 2호). 또한 명의개서대리인의 설치, 변경 또는 폐지의 등기를 신청할 때에는 등기신청수수료로 6,000원을 납부하여야 하는데, 전자신청의 경우에는 2,000원, 전자표준양식에 의한 신청의 경우에는 4,000원을 납부한다(등기사항증명서 등 수수료 규칙 제5조의3 2항 본문, 제5조의5 4항).

▣ 이견있는 등기에 대한 견해와 법원판단 ▣

〔회사가 명의개서를 하지 않은 양수인에게 임의로 권리행사를 허용하는 것이 가능한지 여부〕

1. 문제점 : 상법은 명의개서를 하지 않은 주식양수인은 회사에 대하여 대항하지 못하는 것으로 규정하고 있다(상 제337조 1항). 이 규정이 주주뿐만 아니라 회사도 함께 구속하는 내용을 갖는가 하는 점이 문제된다.

2. 학설

(1) 편면적구속설 : 회사가 임의로 명의개서미필주주에게 권리행사를 허용하는 것은 가능하다는 견해이다. 회사 스스로 이 편익을 포기하고 자기의 위험부담하에 주식양수인을 주주로 인정하는 것은 무방하다는 점을 이유로 한다.

(2) 쌍면적구속설 : 회사가 임의로 명의개서미필주주에게 주주권을 행사하도록 허용하지 못한다는 견해이다. 회사가 주주권행사의 문제에 임의적인 선택권을 갖는다는 것은 단체법적 법률관계의 획일성을 저해할 우려가 있다는 점을 이유로 한다.

3. 판례

편면적구속설의 입장이다(89다카14714).

▣ 이견있는 등기에 대한 견해와 법원판단 ▣

〔명의개서의 부당거절에 대한 직접적인 구제수단의 인정여부〕

1. 문제점 : 명의개서의 부당거절의 경우 직접적 구제수단으로서 양수인이 명의개
   서를 하지 않고도 회사에 대하여 주주권을 행사할 수 있다고 볼 수 있는지 문
   제된다.

2. 학설

(1) 부정설 : 이를 긍정하게 되면 주주명부제도의 취지를 몰각시킬 수 있으며 명
   의개서청구의 정당성 여부에 대한 객관적 판단도 곤란하다는 이유로 부정하
   는 견해이다.

(2) 긍정설 : 명의개서제도는 회사의 사무처리를 편리하게 하려는 기술적 요청에
   서 나온 제도로서 이를 절대적으로 고수할 필요는 없다는 이유로 직접적 구제
   를 인정하는 견해이다.

3. 판례
   대법원은 긍정설의 입장이다(92다40952).

VII. 사채의 등기

▣ 핵 심 사 항 ▣

1. 사채의 의의 : 사채라 함은 보통 주식회사가 일반 공중으로부터 비교적 장기의
   자금을 집단적, 대량적으로 조달하기 위하여 채권이라는 유가증권을 발행하여
   부담하는 채무를 말한다.

2. 주식과 사채의 비교

(1) 공통점

 1) 회사가 장기자금을 조달하기 위한 수단이라는 점

 2) 전체를 균일한 단위로 분할하여 유가증권화 된다는 점

 3) 발행에 이사회의 결의를 요하는 것이 원칙이라는 점

 4) 기명식과 무기명식이 모두 인정되며 기명식의 경우 이전에 일정한 대항요건
    을 요한다는 점

(2) 차이점

 1) 주식은 자기자본을 구성함에 반하여 사채는 타인자본을 구성한다는 점

 2) 주주는 회사의 경영에 제한적으로나마 참여하지만 사채권자는 참여할 수 없다는 점

3) 주식에 대해서는 배당가능이익이 있는 경우에만 이익배당을 하지만 사채에 대해서는 이익의 유무에 관계없이 확정적인 이자를 지급한다는 점

4) 주식은 그 출자금을 상환하지 않는 것이 원칙인데 반해 사채는 상환기간에 당연히 상환되는 것이라는 점

Ⅰ. 사채의 의의·종류 등

1. 사채의 의의

사채란 주식회사가 자금조달을 위하여 일반 공중으로부터 채권발행의 방법에 의하여 기재를 함으로써 부담하는 채무를 말한다. 사채는 개인법상의 채권과 달리 회사의 채무이다.

주식발행에 의하여 조달된 자금은 회사의 자본을 형성하여 회사는 반환하여야 할 채무가 없으나, 사채발행에 의한 자금은 회사의 타인 자본이 되어 반환하여야 한다.

일반적으로 사채를 발행하는 회사를 기채회사, 기채회사로부터 사채모집을 위탁받은 회사를 수탁회사라 한다.

2. 사채의 종류

(1) 일반사채

일반사채는 사채권자에게 원리금의 상환을 청구할 수 있는 권리 외에 특수한 권리가 부여되지 않은 사채를 말한다.

(2) 특수사채

특수사채는 원리금의 상환청구권 외에 특수한 권리가 인정된 채권을 말한다.

1) 상법에 의해 인정되는 전환 사채와 신주인수권부사채

2) 2011년 상법 개정시 도입된 상법에 의해 인정되는 이익참가부사채, 교환사채, 파생결합사채

3) 자본시장과 금융투자업에 관한 법률이 인정하는 사채

　① 이익참가부사채(법 제165조의11, 시행령 제176조의12)

　② 교환사채(법 제165조의11, 시행령 제176조의13)

4) 담보부사채신탁법에 의한 담보부사채

(3) 등기하여야 할 사채

　사채의 종류 중 등기하여야 할 사채는 전환사채, 신주인수권부사채, 이익참가부사채, 담보부사채이다.

3. 사채총액의 제한 폐지

2011년 개정전 상법에 의하면 사채총액은 최종의 대차대조표에 의하여 회사에 현존하는 순자산액의 4배를 초과하지 못한다고 규정하고 있었다(개정 전 상 제470조 1항). 그러나 규제완화의 차원에서 2011년 상법 개정시 폐지하여 지금은 이러한 제한이 없다.

또한 주권상장법인이 발행하는 전환사채 또는 신주인수권부사채 중 주식으로의 전환 또는 신주인수권의 행사가 가능한 분에 해당하는 금액은 이러한 제한을 받지 아니한다(자본시장과 금융투자업에 관한 법률 제165조의10).

4. 사채의 모집 제한 폐지

2011년 개정 전 상법에 의하면 회사는 전에 모집한 사채총액의 납입이 완료된 후가 아니면 다시 사채를 모집하지 못한다고 규정하고 있었다(개정전 상 제471조). 이 규정 또한 규제완화의 차원에서 2011년 상법개정시 폐지하였다.

II. 전환사채의 등기

1. 전환사채발행의 등기

(1) 전환사채의 발행절차

1) 전환사채의 의의

　전환사채란 사채권자의 청구에 의하여 사채발행회사의 주식으로 전환할 수 있는 권리가 부여된 사채를 말한다. 전환사채는 전환이 있기까지는 사채이나,

주식으로의 전환권이 부여되어 있기 때문에 잠재적인 주식이라 할 수 있다.

2011년 개정전 상법에 의하면 전환사채도 사채의 일종이므로 그 한도는 최종의 대차대조표에 의하여 회사에 현존하는 순자산액의 4배의 범위 내이어야 하며(개정전 상 제470조), 각 사채의 금액은 10,000원 이상으로서 동일 종류의 사채에서는 균일하거나 최저액으로 정제할 수 있어야 한다는 제한이 있었다(개정전 상 제472조). 그러나 2011년 상법개정시 이러한 제한은 삭제되었다.

한편, 이러한 상법 개정전에도 상장법인이 발행하는 전환사채 중 주식으로의 전환이 가능한 분에 대하여는 위 상법 제470조의 제한을 받지 아니하였다(자본시장과 금융투자업에 관한 법률 제165조의10).

2011년 개정전 상법에 의하면 사채의 총액을 계산함에 있어서 구사채를 상환하기 위하여 사채를 모집하는 경우에는 구사채의 액은 이를 산입하지 아니한다. 이 경우에는 신사채의 납입기일, 수 회에 분납하는 때에는 제1회의 납입기일로부터 6개월 내에 구사채를 상환하여야 한다는 규정이 있었다(개정전 상 제470조 3항). 2011년 상법 개정시 이러한 제한도 삭제되었다.

2011년 개정전 상법에 의하면 회사는 전에 모집한 사채의 총액의 납입이 완료된 후가 아니면 다시 사채를 모집하지 못한다고 규정하고 있었다(개정전 상 제471조). 동 규정 또한 2011년 상법개정시 삭제되었다.

또한 사채권자에게 상환할 금액이 권면액을 초과할 것을 정할 때에는 그 초과액은 각 사채에 대하여 동률이어야 한다는 규정도 있었다(개정전 상 제473조). 그러나 이 같은 제한이 회사의 재무건전성을 유지하는데 필연적으로 도움이 된다는 증명도 없을뿐더러, 상법이 규율하기에 부적당하다는 이유에서 2011년 상법개정시 동 규정은 삭제되었다[64].

---

64) 법무부 개정상법 해설, 277면

【쟁점질의와 유권해석】

<전환사채발행에 대해 신주발행무효의 소에 관한 상법규정을 유추적용할 수 있는지 여부>

신주발행무효의 소와는 달리 전환사채발행무효의 소에 관하여 상법에는 규정이 없으나, 전환사채의 발행은 주식회사의 물적 기초와 기존 주주들의 이해관계에 영향을 미친다는 점에서 사실상 신주를 발행하는 것과 유사하므로, 전환사채 발행의 경우에도 신주발행무효의 소에 관한 상법 제429조가 유추적용 된다(대판 2004. 8. 16, 2003다9636).

2) 전환사채의 발행사항의 결정

회사는 원칙적으로 이사회의 결의로, 또는 정관의 규정에 따라 주주총회의 결의로 전환사채를 발행할 수 있다. 다만, 이사가 1인인 회사는 이사회가 존재하지 아니하므로 언제나 주주총회의 결의에 의한다(상 제383조 4항).

이 때에는 사채의 일반적인 발행사항 외에 ① 전환사채의 총액, ② 전환의 조건, ③ 전환으로 인하여 발행할 주식의 내용, ④ 전환을 청구할 수 있는 기간, ⑤ 주주에게 전환사채의 인수권을 준 때에는 그 뜻과 인수권의 목적인 전환사채의 액, ⑥ 주주 이외의 자에게 전환사채를 발행하는 것과 발행할 전환사채의 액을 결정하여야 한다(상 제513조 2항).

그러나 주주 이외의 자에게 전환사채를 발행하는 경우에는 그 발행할 수 있는 전환사채의 액과 위 ② 내지 ④의 사항에 관하여 정관에 규정이 없으면 주주총회의 특별결의로써 이를 정하여야 한다(상 제513조 3항).

전환사채의 발행사항 중 전환의 조건은 전환비율 또는 전환가액으로 정하여진다. 전환비율은 전환될 사채와 이에 대하여 발행할 주식의 비율을 말하며, 전환가액은 전환에 의하여 발행되는 주식 1주에 대하여 요구되는 사채액면금액을 뜻한다.

【쟁점질의와 유권해석】

<전환사채를 발행하기 위해서 주주총회의 특별결의를 요하는지 여부>

회사의 정관에 신주발행 및 인수에 관한 사항은 주주총회에서 결정하고 자본의 증가 및 감소는 주주총회 결의에 의하도록 규정되어 있는 경우, 전환사채는 전환권의 행사에 의하여 장차 주식으로 전환될 수 있어 이를 발행하는 것은 사실상 신주발행으로서의 의미를 가지므로, 회사가 전환사채를 발행하기 위하여는 주주총회의 특별결의를 요한다(대판 1999. 6. 25. 99다18435).

3) 배정방법

전환사채의 배정은 주주배정, 제3자 배정, 모집의 3가지 방법이 있다.

가. 주주배정에 의한 발행

전환사채는 신주인수권과는 달리 주주는 당연히 전환사채의 인수권을 갖는 것이 아니고, 정관의 규정 또는 이사회(또는 정관의 정하는 바에 따라 주주총회)의 결의에 의하여 인수권이 부여된다.

전환사채인수권을 가진 주주는 그가 가진 주식의 수에 따라서 전환사채의 배정을 받을 권리가 있다. 그러나 각 전환사채의 금액 중 최저액에 미달하는 단수에 대하여는 그 권리가 없다(상 제513조의2 1항).

주주에게 인수권을 부여하는 경우에는 신주발행의 경우와 같이 배정일과 전환사채의 인수권을 가진다는 뜻과 그를 양도할 수 있다는 사실 등을 공고하고, 실권예고부최고 및 신주인수권을 양도할 수 있는 것에 관한 사항과 주주의 청구가 있을 때에만 전환사채의 신주인수권증서를 발행한다는 것과 그 청구기간을 정한 경우에는 그 사실의 공고를 하여야 한다(상 제513조의2 2항, 제513조의3, 제418조 3항, 제419조 2항).

나. 주주 이외의 자에 대한 발행

주주 이외의 자에게 발행하는 경우에는 정관에 규정이 없으면 주주총회의 특별결의가 있어야 한다.

전환사채의 액, 전환의 조건, 전환으로 인하여 발행할 주식의 내용과 전환을 청구할 수 있는 기간 등에 관하여 정관에 규정이 없으면 주주총회의 특별결의(상 제434조)로써 이를 정하여야 한다(상 제513조 3항).

정관 또는 주주총회의 특별결의로 정한 범위 내에서 구체적인 사항은 이사회가 결정한다. 다만, 이사가 1인 뿐인 회사는 이사회가 존재하지 아니하므로 주주총회가 결정한다.

주주 이외의 자에게 전환사채를 발행할 때에는 공모발행이 원칙일 것이다 (상 제474조).

4) 청약과 납입

가. 사채의 청약방법

사채의 청약을 함에 있어서 이사는 사채청약서에 법정의 기재사항을 기재하여 작성하여야 한다(상 제474조). 다만, 총액인수와 위탁모집에 의할 경우 그 인수권에 대하여는 청약서에 의하지 않아도 된다(상 제475조).

나. 사채의 응모방법

사채에 응모하고자 하는 자는 사채청약서 2통에 인수할 사채의 수와 주소를 기재하고 기명날인 또는 서명하여야 하며, 사채발행의 최저금액을 정한 때에는 응모가액도 기재하여야 한다(상 제474조).

다. 사채의 납입

사채의 모집이 완료한 때에는 이사는 지체없이 인수인에 대하여 각 사채의 전부 또는 제1회 납입을 시켜야 한다(상 제476조). 사채는 분할납입이 인정된다. 납입장소는 금융기관일 필요는 없다.

납입위탁을 받은 회사는 전환사채청약서를 작성하여 그 납입을 받을 수 있으므로(상 제476조 2항), 납입이 있었음을 증명하는 서면은 기채회사에 납입하거나, 발행회사가 작성한 것이어도 무방하며, 사채의 납입은 상계로도 가능하다(상 제476조, 비송 제213조, 1999. 8. 24, 등기 3402-844 질의회답). 그러나 일반적으로 주식회사의 자본 충실의 원칙상 채권과 상계로써 주금납입에 갈음할 수 없다.

그러나 사채의 채권은 사채전액의 납입이 완료한 후에만 발행할 수 있으므로(상 제478조 1항), 그 모집총액에 대한 응모와 납입이 없으면 전체로서 성립되지 아니한다.

5) 해외전환사채의 발행

상장법인은 해외전환사채도 발행할 수 있다. 이 때에는 외국환거래법 제18조 및 외국환거래규정 제7-57조에 의하여 외화증권발행허가(신고)를 재정경제부장관으로부터 받아야 하며, 동 등기신청서에는 이 허가(신고)서면을 첨부하여야 한다. 신청서에는 총액인수권자의 인수계약서와 사채납입증명서를 첨부하되, 사채납입증명서는 해외에서 발행하므로 한국계 은행 해외지점에서 발행한 것을 첨부하거나 만약 외국은행에 납부하였다면 이 서면의 번역서와 영사의 인증을 하여야 할 것이다.

(2) 등기절차

1) 등기기간

각 사채의 전부 또는 제1회의 납입이 완료한 날로부터 본점소재지에서 2주간 내에 대표이사가 등기하여야 한다(상 제514조의2 1항, 상업등기법 제91조 : 2007. 8. 3. 제정).

외국에서 전환사채를 모집한 경우에 등기할 사항이 외국에서 생긴 때에는 등기기간은 그 통지가 도달한 날로부터 기산한다(상 제514조의2 4항).

2) 등기사항

전환사채란에 등기를 한 때에는 다음 사항을 등기한다(규칙 제46조 3항).

① 전환사채의 총액

② 각 전환사채의 금액

③ 각 전환사채의 납입금액

④ 사채를 주식으로 전환할 수 있다는 뜻

⑤ 전환의 조건 : 전환의 조건은 전환가액 또는 전환율에 의하여 표시된다.

⑥ 전환으로 인하여 발행할 주식의 내용

⑦ 전환을 청구할 수 있는 기간

3) 첨부서면(상업등기법 제91조)

전환사채의 모집으로 인한 등기신청서에는 다음 각호의 서류를 첨부하여야 한다.

가. 최종의 대차대조표(제1호)

전환사채발행으로 인한 등기신청서에는 최종의 대차대조표를 첨부해야 한다(상 제470조 1항, 상업등기법 제91조 1호). 회사설립 후 최초의 결산기가 도래하지 않아 정기주주총회에서 대차대조표를 승인하지 못한 회사는 개시(개업) 대차대조표를 첨부하여 전환사채 등기를 할 수 있다.

【쟁점질의와 유권해석】

<공인회계사의 '순자산액에 관한 확인서'가 등기신청서에 첨부한 최종의 대차대조표에 해당하는지 여부>

전환사채발행으로 인한 등기신청서에 첨부하여야 하는 '최종의 대차대조표'란 사채모집 직전 영업연도의 결산기에 관한 주주총회에서 승인한 대차대조표를 의미한다. 따라서 공인회계사의 '순자산액에 관한 확인서'는 이에 해당되지 않는다(등기선례 2004. 6. 3. 3402-124).

그러나 회사가 정관변경절차를 통해 결산기를 변경하고 이에 따라 정기주주총회를 개최하여 대차대조표를 승인한 경우 이를 첨부한 등기신청도 수리될 수 있다(등기선례 2002. 12-14).

나. 사채의 인수를 증명하는 서면(제2호)

기채회사와 특정인 간의 계약에 의하여 그 특정인에게 사채총액을 인수시키는 방법에 의하여 사채를 발행하는 총액인수의 경우(상 제475조), 신탁업자와의 계약에 의하여 신탁업자가 사채의 총액을 인수할 수 있고 제3자로 하여금 사채의 총액을 인수할 수 있으며 사채를 분할 발행할 수도 있으므로(담신 제20조, 제23조, 제17조, 제26조), 이 때에는 총액인수를 한 금융기관 등의 총액인수서만 있으면 된다.

다. 사채청약서(사채공모시 : 제3호)

라. 각 사채의 전부 또는 제1회의 납입이 있음을 증명하는 서면(제4호)

사채의 납입은 반드시 금융기관에 할 필요가 없으므로 수탁회사 또는 발행회사에 납입한 때에는 수탁회사의 증명 또는 발행회사의 자기증명이라도 무방하다. 우체국의 납입증명으로도 가능하다.

주식회사가 발행하는 전환사채를 인수한 금융기관이 당해 주식회사에 대하여 가지고 있는 대출금채권으로써 사채의 납입에 갈음하기로 한 경우, 회사가 위 금융기관에 대하여 채무를 부담하고 있다는 사실을 증명하는 서면과 당해 금융기관으로부터 상계의 의사표시가 있음을 증명하는 서면을 첨부하면 된다(비송 제213조, 상 제476조, 제514조의2, 선 1999.5.19, 2000.2. 16, 등기

3402-528 질의회답).

마. 전환사채의 제2회 이후의 납입이 있음을 증명하는 서면

전환사채의 제2회 이후의 납입으로 인한 변경등기신청서에는 그 납입이 있음을 증명하는 서면을 첨부하여야 한다(상업등기법 제91조 2항 : 2007. 8. 3. 제정)

바. 사채모집에 관한 이사회의사록 또는 주주총회의사록(상업등기법 제79조 2항)

사. 정 관

정관에 주식양도제한 규정을 두었거나, 주주에게 전환사채를 부여하는 권한을 인정하였거나, 전환사채발행 권한이 주주총회에 있는 경우 등에 첨부한다(상업등기법 제79조 2항).

아. 기타 일반적인 첨부서면

등록세납부영수필통지서 및 영수필확인서, 등기신청수수료, 대표권한을 증명하는 서면(상업등기법 제21조), 관청의 허가(인가)서(동법 제79조 1항), 법원의 허가서 또는 총주주의 동의서(동법 제79조 1항) 등이 필요한 때에는 이를 첨부하여야 할 것임은 다른 등기의 신청에 있어서와 같다.

4) 등록면허세, 등기신청수수료 등의 납부

전환사채의 등기에 대해서는 기타변경등기 등록면허세 23,000원 및 지방교육세 4,600원과 등기신청수수료 6,000원(전자신청의 경우 2,000원, 전자표준양식에 의한 신청의 경우 4,000원)을 납부하여야 한다(지방세법 제28조 1항 6호 바목, 제151조 1항 2호, 등기사항증명서 등 수수료 규칙 제5조의3 2항, 제5조의5 4항).

전환사채를 수회 발행한 후 그 등기를 하나의 신청서로 일괄신청하는 때에도 1건의 기타변경등기 등록면허세, 지방교육세와 등기신청수수료를 납부한다.

2. 전환사채에 관한 변경등기

(1) 전환사채권자의 전환 청구

전환사채권자가 전환청구기간 내에 전환 청구를 하면 회사는 주식을 발행해 주어야 한다. 전환권은 형성권이므로 전환을 청구한 때에 당연히 전환의 효력이 발생하여 전환사채권자는 그 때부터 주주가 되고, 사채권자로서의 지위를 상실하게 된다(상 제516조, 제350조)

다만, 주주명부의 폐쇄기간 중에 전환된 사채의 주주는 그 기간 중의 주주총회의 결의에 관하여는 의결권을 행사할 수 없다(상 제516조, 제350조 2항)

전환사채는 전환사채권자의 전환청구권의 행사에 의하여 주식으로 전환되므로, 전환사채의 전환을 청구하는 자는 전환청구서에 전환하고자 하는 사채와 청구의 연월일을 기재하고 기명날인 또는 서명한 청구서 2통에 채권을 첨부하여 회사에 제출하여야 한다(상 제515조).

(2) 전환사채에 관한 등기사항의 변경

1) 전환사채의 총액의 감소 또는 전환사채의 소멸

전환청구에 의한 주식으로의 전환, 사채의 상환으로 인하여 전환사채의 총액은 감소하거나 소멸한다.

전환사채의 상환의 경우 사채권자의 사채상환확인서 또는 총액인수권자의 사채상환확인서를 첨부하여야 한다.

2) 전환조건의 변경

전환조건이란 전환사채의 전환으로 인하여 사채권자에게 부여될 주식의 비율을 말한다.

전환사채발행 당초의 전환조건의 규정에 따라 전환조건이 변경되는 경우가 있다. 예컨대, 반희박화조항으로서 전환가액이나 전환율을 조정하기 위한 산식(예컨대 마켓프라이스 방식)을 미리 설정하고 있는 경우 회사가 신주를 발행함으로써 수정전환가액이 산출되는 경우 등이다.

실무에서는 전환가격의 변경등기신청이 많은데, 이 때에는 도급모집의 경우에는 인수자인 은행과 채무자인 발행자가 인수계약서의 변경가능 조항에 따라 전환가격을 변경하였음을 규정한 변경계약서를 첨부하여 전환가격의 변경을 신청하는 경우가 많다.

주식회사가 전환사채를 발행함에 있어 전환조건으로서 전환가액 및 전환가액을 조정할 수 있는 조정산식을 설정하여 이를 등기한 후 유상증자 등의 사유로 전환가액이 위 조정산식에 의하여 수정된 경우에는 그 수정된 전환가액으로의 변경등기를 하여야 할 것이다(1997. 6. 20, 등기 3402- 441).

3) 각 전환사채에 관하여 납입한 금액의 변경

전환사채가 분할납입에 의하여 발행된 경우에 2회 이후의 납입이 있는 때에는 전환사채에 관하여 납입한 금액이 변경되므로 이를 등기하여야 한다.

(3) 등기절차

다음의 경우 이외에는 일반 변경등기의 절차와 같다.

1) 전환사채의 주식전환으로 인한 변경등기절차

주식의 전환은 그 청구를 한 때로부터 효력이 생기므로 (상 제350조 1항), 그 변경등기는 전환청구를 한 날로부터 할 수 있을 것이나(상 제317조 4항), 그 변경등기의 종기는 전환을 청구한 날이 속하는 달의 말일부터 2주간 내라고 할 것이다. 따라서 그 달에 전환청구된 전부에 대한 변경등기를 일괄하여 1건으로 신청할 수 있고, 이 경우 등기기간도 전환을 청구한 날이 속하는 달의 말일부터 2주간 내에 등기하면 된다(등기선례 VI-629, 1999. 7. 12.).

2) 전환사채의 등기사항 중 전환조건의 전환가격 변경등기

주식회사가 전환사채를 발행함에 있어 전환조건으로서 전환가액 및 전환가액을 조정할 수 있는 조정산식을 설정하여 이를 등기한 후 유상증자 등의 사유로 전환가액이 위 조정산식에 의하여 수정된 경우에는 그 수정된 전환가액으로의 변경등기를 하여야 할 것이다(선례 5-837).

2회 이후의 납입으로 인한 변경등기의 신청서에는 그 납입이 있었음을 증명하는 서면을 첨부(상업등기법 제91조 2항)하여야 하는 점만이 다르다.

3) 첨부서면

첨부서면은 다음과 같다.

① 추가납입의 경우 : 등록세 영수필확인서 및 영수필통지서, 등기신청수수료납입 대법원등기수입증지 등 일반적인 첨부서면 외에 추가납입증명서를 첨부하여야 한다.

② 사채상환의 경우 : 일반적인 첨부서면 외에 사채권자의 영수증이나 기채회사 발행의 상환을 증명하는 서면을 첨부하여야 한다.

Ⅲ. 신주인수권부사채의 등기

1. 신주인수권부사채의 의의

(1) 신주인수권부사채의 개념

신주인수권부사채는 사채의 발행 이후 회사가 신주를 발행하는 경우에 미리 확정한 가액에 따라 신주를 인수할 수 있는 권리, 즉 신주인수권을 부여한 사채를 말한다. 신주발행청구권부사채라고도 한다.

(2) 신주인수권의 성격

신주인수권은 기채회사에 대하여 신주발행을 청구하고, 이에 따라 기채회사가 신주를 발행하면 그 신주에 대하여 당연히 주주가 되는 권리로, 이는 형성권이다.

(3) 신주인수권부사채와 전환사채의 차이점

신주인수권부사채는 사채발행회사의 신주를 취득할 수 있는 권리가 부여되어 있는 점에서는 전환사채와 같으나, ① 사채권자가 신주인수권을 행사하더라도 사채가 소멸하지 않고 신주인수의 대가로 별도의 출자를 요하며(다만, 대용납입을 한 경우에는 전환사채와 비슷하게 된다), ② 신주인수권을 행사하더라도 사채권에는 영향이 없기 때문에 사채권과 신주인수권을 반드시 동일증권에 의하여 표창할 필요가 없고(따라서 신주인수권만을 양도할 수 있는 소위 분리형인 경우에는 사채권 외에 신주인수권증권이라는 유가증권을 따로 발행하여야 한다), ③ 신주인수권의 행사로 인하여 발행하는 신주의 발행가액의 총액은 사채총액의 범위 내에서 회사가 자유롭게 정할 수 있는 점(상 제516조의2 3항), ④ 사채권자의 지위와 분리해서 신주인수권만을 양도할 수 있다는 점에서 전환사채와 차이를 갖는다.

(4) 신주인수권부사채의 종류

1) 분리형 신주인수권부사채

사채권을 표창하는 유가증권인 채권과 신주인수권을 표창하는 유가증권인 신주인수증권을 별도로 발행하는 형태를 말한다. 이사회에서 특히 분리형을 발행할 것을 결의한 경우에 발행할 수 있다(상 제516조의2 제2항 4호).

2) 비분리형 신주인수권부사채

우리 상법상으로는 두 종류 다 발행할 수 있으나, 비분리형 신주인수권사채의 발행이 원칙이다.

2. 신주인수권부사채의 발행절차

신주인수권부사채도 사채의 일종이므로 그 발행한도, 각 사채의 금액에 관하여는 사채의 통칙규정(상 제470조, 제472조)이 적용된다. 그러나 상장법인이 발행하는 신주인수권부사채는 그 발행한도의 제한을 받지 않는다(자본시장과 금융투자업에 관한 법률 제165조의10).

(1) 신주인수권부사채의 발행사항의 결정

신주인수권부사채의 발행절차는 전환사채의 경우와 같이 발행사항으로서 정관에 규정이 없는 것은 이사회가 결정하고, 정관으로 주주총회에서 결정하기로 한 경우와 이사가 1인인 회사의 경우에는 주주총회에서 결정한다.

1) 주주총회의 특별결의를 요하는 사항

신주인수권부사채를 주주 이외의 자에게 발행하는 경우에는 정관에 규정이 없으면 다음 사항은 주주총회의 특별결의로 정하여야 한다(상 제516조의2 4항).

① 주주 이외의 자에게 발행할 신주인수권부사채의 액

② 신주인수권의 내용

③ 신주인수권을 행사할 수 있는 기간

2) 이사회 또는 주주총회가 신주인수권부사채발행시 결정할 발행사항

사채의 일반적인 발행사항인 각 사채의 금액·이율·상환과 이자지급의 방법과 기한 외에 다음 사항을 결정하여야 한다.

① 신주인수권부사채의 총액

② 각 사채에 부여된 신주인수권의 내용

③ 신주인수권을 행사할 수 있는 기간

④ 신주의 인수권만을 양도할 수 있는 것에 관한 사항

⑤ 신주인수권을 행사하는 자의 청구가 있는 경우에는 사채의 상환에 갈음

하여 사채의 발행가액으로써 신주에 대한 납입이 있는 것으로 본다는 뜻
(이를 대용납입이라 한다)

⑥ 이익이나 이자의 배당에 관하여는 신주의 납입을 한 때가 속하는 영업연
도말에 신주발행이 있는 것으로 본다는 뜻

⑦ 주주에게 신주인수권부사채의 인수권을 준다는 뜻과 인수권의 목적인 사
채의 액(주주에게 인수권을 주는 경우)

⑧ 주주 이외의 자에게 발행할 신주인수권부사채의 액(주주 이외의 자에게
발행할 경우)(상 제516조의2 2항).

(2) 신주인수권부사채의 배정

1) 주주에게 배정하는 경우

주주에게 인수권을 부여한 경우(주주의 인수권은 법률상 당연히 있는 것이
아니라 정관의 규정 또는 발행사항으로써 이를 정한 경우에만 부여된다)에는
배정일의 공고와 실권예고부최고 내지 공고를 하여야 한다(상 제516조의10, 제
513조의2 2항, 제418조, 제516조의3).

즉, 그에게는 그가 가진 주식의 수에 따라 신주인수권부사채의 배정을 받을
권리가 있다. 그러나 각 신주인수권부사채의 금액 중 최저액에 미달하는 단수에
대하여는 그 권리가 없다(상 제516조의10, 제513조의2).

2) 주주 이외의 자에게 발행하는 경우

주주 이외의 자에 대하여 신주인수권부사채를 발행하는 경우에 그 발행할
수 있는 신주인수권부사채의 액, 신주인수권의 내용과 신주인수권을 행사할 수
있는 기간에 관하여 정관에 규정이 없으면 주주총회의 특별결의에 의하여야
한다(상 제516조의2 제4항).

제3자에게 대한 발행은 정관이나 주주총회의 특별결의로 정한 범위 내에서
이사회가 구체적인 사항을 결정한다. 또한 이 경우는 신기술도입 · 재무구조개
선 등 회사의 경영상의 목적을 달성하기 위하여 필요한 경우에 한한다(상 제
516조의2 제4항, 제418조 2항).

(3) 청약과 납입

전환사채의 경우와 같다. 신주인수권을 행사하려는 자(신주인수권부사채의
모집에 응하고자 하는 자)는 청구서 2통을 회사에 제출하여야 한다. 신주인

수권증권이 발행된 때(분리형인 경우)에는 위 제출시에 신주인수권증권을 첨부하고, 이를 발행하지 아니한 때에(비분리형인 경우)에는 위 청구서를 제출할 때에 채권을 제시하여야 한다(상 제516조의8 1항, 2항). 이 경우 첨부된 신주인수권증권은 회사가 회수하고, 제시된 채권에는 신주인수권의 행사가 있었다는 뜻을 사채권자에게 반환한다. 위 청구서에는 인수할 주식의 종류 및 수와 주소를 기재하고 기명날인 또는 서명한다(상 제516조의9 4항, 제302조 1항).

(4) 채권 신주인수증권의 발행

1) 발행시기

사채전액의 납입이 완료된 때에 채권을 발행하여야 한다(상 제478조 1항). 비분리형인 경우에는 채권만 발행하면 되나, 분리형인 경우에는 채권과 함께 신주인수권을 표창하는 신주인수권증권이라는 유가증권을 발행하여야 한다(상 제516조의5 제1항).

2) 신주의 양도방법

신주인수권증권이 발행되면 그 양도방법은 양도인의 의사표시와 동 증권의 교부에 의한다(상 제516조의6 제1항). 신주발행시 신주인수권의 양도를 인정하는 경우에는 신주인수권증서를 발행하는데, 이는 신주인수권증권과 다르다.

(5) 신주인수권의 행사

1) 신주인수권 행사의 요건

신주인수권부사채의 신주인수권을 행사하려는 자는 인수할 주식의 종류 및 수와 주소를 청구서에 기재하고 기명날인 또는 서명하여야 하며, 이 청구서 2통을 회사에 제출하고 신주발행가액의 전액을 납입하여야 한다(상 제516조의8 제1항·4항, 제302조 1항). 이 때 신주인수권증권이 발행된 때에는 신주인수권증권을 첨부하고, 이를 발행하지 아니한 때에는 채권을 제시하여야 한다(상 제516의8 제2항). 다만, 대용납입이 인정되는 경우에는 그의 청구에 의하여 신주인수권부사채의 상환에 갈음하여 신주인수권의 행사에 의한 신주의 발행가액의 납입이 있는 것으로 본다(상 제516조의2 제2항 5호).

2) 신주인수권의 행사시기

신주인수권의 행사는 행사기간 중에 하여야 한다. 그 행사기간 중에 주주명부폐쇄기간이 포함된 경우에는 주주명부폐쇄기간 중에서 신주인수권을 행사할 수 있으나, 그 주주는 그 기간 중의 주주총회의 결의에 관하여는 의결권을 행사할 수 없다.

또 정관의 규정에 의하여 신주에 대한 이익이나 이자의 배당에 관하여는 그 인수권을 행사한 때가 속하는 영업연도의 직전 영업연도말에 행사한 것으로 할 수 있다(상 제516조의9, 제350조 3항).

3) 신주인수권행사에 의한 신주의 효력발생시기

신주인수권을 행사한 자는 대용납입의 경우를 제외하고 "신주발행가액전액을 납입한 때"에 주주가 된다(상 제516의9). 대용납입의 경우에는 주금납입절차가 필요하지 아니하므로, 신주발행의 청구서를 제출한 때에 신주발행의 효력이 발생한다.

3. 등기절차

(1) 등기기간

사채에 대한 납입이 완료된 날로부터 2주간 내에 본점소재지에서 등기를 하여야 한다(상 제516조의7 2항, 제514조의2 1항). 신주인수권부사채도 지점소재지에서는 등기할 필요가 없다.

신청인은 전환사채발행의 등기신청인과 같이 회사를 대표하는 자가 된다(상 제516조의7, 제514조의2 1항, 4항, 상업등기법 제21조).

신주인수권부사채의 등기사항에 변경이 있는 때에는 위의 기간 내에 대표이사가 그 변경등기를 신청하여야 한다(상 제516조의7, 제514조의2 3항, 상업등기법 제17조 2항).

외국에서 사채를 모집한 경우의 등기기간, 등기신청인 등은 전환사채발행의 경우와 같다.

(2) 등기사항

가. 신주인수권부사채라는 뜻

나. 신주인수권의 행사로 인하여 발행할 주식의 발행가액의 총액

다. 각 신주인수권부사채의 금액

　　라. 신주인수권부사채의 납입금액

　　마. 신주인수권부사채의 총액

　　바. 각 신주인수권부사채에 부여된 신주인수권의 내용

　　사. 신주인수권을 행사할 수 있는 기간

　　　　상법 제516조의4에서 사채청약서 등에 기재사항으로 주식양도제한규정
　　　을 두었으나, 상법 제516조의7의 신주인수권부사채의 등기사항에는 위
　　　신설조항에 대하여 등기사항으로 규정하지 아니하였다. 따라서 주식양도
　　　에 관하여 이사회의 승인을 얻도록 정한 때에는(상 제335조 1항) 그 규
　　　정은 등기사항이 아니다. 신주인수권부사채의 등기사항에 변경이 있는
　　　때에는 기간 내에 대표이사가 그 변경등기를 신청하여야 한다(상 제516
　　　의7 2항, 제514의2 3항, 제183조, 상업등기법 제17조 2항).

(3) 첨부서면(상업등기법 제91조)

　　가. 최종의 대차대조표

　　나. 사채인수를 증명하는 서면

　　다. 사채청약서

　　라. 각 사채금액의 전부 또는 1회의 납입이 있음을 증명하는 서면

　　마. 정관

　　바. 사채모집에 관한 이사회의사록 또는 주주총회의사록

　　사. 등록세납부영수필통지서 및 확인서, 등기신청수수료

　　아. 기타 대리권한을 증명, 관청의 허가를 요하는 경우에는 허가서

(4) 등록면허세, 등기신청수수료 등의 납부

　　신주인수권부사채의 등기에 대해서는 기타변경등기 등록면허세 23,000원 및
지방교육세 4,600원과 등기신청수수료 6,000원(전자신청의 경우 2,000원, 전자
표준양식에 의한 신청의 경우 4,000원)을 납부하여야 한다(지방세법 제28조 1
항 6호 바목, 제151조 1항 2호, 등기사항증명서 등 수수료 규칙 제5조의3 2
항, 제5조의5 4항).

신주인수권부사채를 수회 발행한 후 그 등기를 하나의 신청서로 일괄신청하는 때에도 1건의 기타변경등기 등록면허세, 지방교육세와 등기신청수수료를 납부한다.

4. 신주인수권부사채의 변경등기

(1) 신주인수권을 행사하는 경우

신주인수권부 사채에서 신주인수권을 행사하면 기채회사는 당연히 신주를 발행하여 교부하여야 하고, 신주인수권을 행사하는 경우, 원칙적으로 신주발행가액 전액을 납입하므로, 주식발행주식총수와 자본의 총액이 증가한다(상 제317조 2항 2호·3호).

따라서 이에 관한 변경등기를 하여야 한다.

1) 등기기간

신주의 효력발생시기가 속하는 달의 말일부터 2주간 내에 대표이사가 하여야 한다(상 제516조의7 제1항 5호, 제516조의2 제2항 2호, 상업등기법 제17조).

2) 첨부서류

신주인수권을 행사하는 경우에는 신주인수권을 행사하는 청구서를 첨부하여야 하고, 그 외 등록세영수필확인서, 대리권한을 증명하는 서면, 관청의 허가(인가)서, 정관, 총주주의 동의서 등이 필요한 경우에는 이를 첨부하여야 한다.

(2) 대용납의 경우

대용납입의 경우에는 신주인수권부사채의 총액은 감소하고 발행주식총수와 자본의 총액이 증가하므로, 이에 관한 변경등기를 하여야 한다.

등기절차는 신주인수권 행사를 위한 청구서에 신주인수권증권이나 채권을 첨부하여 회사에 제출한 날이 속하는 달의 말일부터 2주간내에 본점소재지에 변경등기를 하여야 한다(상 제516조의8 제1항, 제516조의2 제2항).

Ⅳ. 이익참가부사채의 등기

1. 이익참가부사채의 의의

이익참가부사채란 사채권자가 일정한 이자 이외에 회사의 이익에 참가 할 수 있는 권리가 인정된 사채를 말한다. 즉 이자 이외에 주주에 대한 이익배당이 일정비율을 상회하는 때에 그 이익에의 참가를 인정한 사채이다.

2011년 개정전 상법에는 이익참가부사채에 관하여 아무런 규정도 존재하지 않았으나 2011년 4월 14일 상법개정시 이에 대한 규정을 신설하였다(상 469조 2항, 3항).

주권상장법인은 자본시장과 금융투자업에 관한 법률에 따라 이사회의 결의에 의하여 이익참가부사채를 발행할 수 있다(자본시장과 금융투자업에 관한 법률 제165조의11, 동시행령 제176조의12).

2. 이익참가부사채의 발행절차

(1) 발행사항의 결정

1) 결정기관

① 상법에 의한 이익참가부사채

상법 제469조 제2항 제1호에 따라 사채권자가 그 사채발행회사의 이익배당에 참가할 수 있는 사채(이하 "이익참가부사채"라 한다)를 발행하는 경우에 다음 각 호의 사항으로서 정관에 규정이 없는 사항은 이사회가 결정한다. 다만, 정관에서 주주총회에서 이를 결정하도록 정한 경우에는 그러하지 아니하다(상법 시행령 제21조 1항).

1. 이익참가부사채의 총액

2. 이익배당 참가의 조건 및 내용

3. 주주에게 이익참가부사채의 인수권을 준다는 뜻과 인수권의 목적인 이익참가부사채의 금액

② 자본시장과 금융투자업에 관한 법률에 의한 이익참가부사채

발행사항은 정관에 규정이 없거나 정관으로 주주총회에서 발행할 것으로 정한 경우가 아니면 이사회에서 결정한다. 이 때에 결정할 사항은 ① 이익참

가부사채의 총액, ② 이익참가부사채의 조건 및 내용, ③ 주주에게 이익참가부사채의 인수권을 준다는 뜻과 인수권의 목적인 이익참가부사채의 가액, ④ 주주이외의 자에게 이익참가부사채를 발행하는 것과 이에 대하여 발행할 이익참가부사채의 가액 등이다(자본시장과 금융투자업에 관한 법률 시행령 제176조의12 2항).

2) 주주 이외의 자에게 발행하는 경우

① 상법에 의한 이익참가부사채

주주 외의 자에게 이익참가부사채를 발행하는 경우에 그 발행할 수 있는 이익참가부사채의 가액(價額)과 이익배당 참가의 내용에 관하여 정관에 규정이 없으면 상법 제434조에 따른 주주총회의 특별결의로 정하여야 한다(상법 시행령 제21조 2항).

② 자본시장과 금융투자업에 관한 법률에 의한 이익참가부사채

주주이외의 자에게 이익참가부사채를 발행하는 경우에는 발행할 수 있는 사채의 가액과 이익참가의 내용은 정관에 규정이 없으면 주주총회의 특별결의로 정하여야 한다(자본시장과 금융투자업에 관한 법률 시행령 제176조의12 3항, 4항). 이 경우에 소집의 통지나 공고에는 발행에 관한 의안의 요령을 기재하여야 한다.

(2) 사채청약서 등의 기재사항

이익참가부사채를 발행함에 있어서는 사채청약서·채권·사채원부에 이익배당에 참가할 수 있다는 뜻과 그 조건 및 내용을 기재하여야 한다.

3. 이익참가부사채의 등기절차

(1) 등기기간

이익참가부사채를 발행한 경우에는 상법 제476조의 규정에 의한 납입이 완료된 날로부터 2주간 내에 본점소재지에서 대표이사가 등기하여야 한다.

(2) 등기사항

① 이익참가부사채의 총액, ② 각 이익참가부사채의 금액, ③ 각 이익참가부사채의 납입금액, ④ 이익배당에 참가할 수 있다는 뜻, ⑤ 이익배당참가의 조건 및 내용 등을 등기하여야 한다. 현재 주식회사 등기기록 중에 "이익참

가부사채란"이 없기 때문에 기타사항란에 등기하여야 한다.

(3) 첨부서면

첨부서면에 관하여 상업등기법에 아무런 규정이 없다. 그러나 전환사채나 신주인수권부사채의 등기 시에 첨부할 서면에 관한 규정을 준용하여 ① 최종의 대차대조표, ② 사채의 인수를 증명하는 서면(사채 인수시), ③ 사채청약서(사채공모시), ④ 각 사채의 전부 또는 제1회의 납입이 있는 것을 증명하는 서면, ⑤ 사채모집에 관한 이사회 또는 주주총회의사록, ⑥ 위임장 등을 첨부하면 된다.

■ 이견있는 등기에 대한 견해와 법원판단 ■

〔경영권 방어 목적 발행의 유효성〕

1. 문제점 : 기존지배주주가 경영권 방어목적으로 전환사채를 발행하는 경우 그 효력이 문제된다.
2. 학설
 (1) 유효설 : 정관에 근거를 둔 경우 신주인수권 침해의 위험이 없다는 점과 거래안전을 보호해야 하며, 적대적 인수합병에 대한 효율적인 방어수단이 없다는 점을 고려하여 유효라는 견해
 (2) 무효설 : 특수사채의 발행은 사실상 신주발행과 동일하며, 경영권방어목적인 경우 주식이 대외적으로 유통될 가능성이 적어 거래안전 보호의 필요성이적다는 것을 이유로 무효라는 견해
3. 판례
 대법원은 전환사채의 인수인이 회사의 지배주주와 특별한 관계에 있고, 전환가격이 주가 등에 비해 다소 낮은 가격이라는 사유만으로는 무효사유에 해당하지 않는다고 판시하였다.

▣ 이견있는 등기에 대한 견해와 법원판단 ▣

〔전환사채에 신주발행무효의 소(상 제429조) 유추적용 가부〕

1. 문제점 : 전환사채의 효력이 이미 발생하였으나 그 발행절차에 중대한 하자가 있는 경우에 신주발행무효의 소에 관한 규정(상 제429조 내지 제432조)을 유추적용하여 전환사채발행의 효력을 다툴 수 있을 것인지 문제된다.

2. 학설

 (1) 부정설 : 상법 제429조의 준용규정이 없음을 이유로 유추적용을 부정하는 견해

 (2) 긍정설 : 상법규정위반의 전환사채발행은 실질적으로 위법한 신주발행이 됨을 이유로 유추적용을 긍정하는 견해

3. 판례

  전환사채의 발행은 주식회사의 물적 기초와 기존주주들의 이해관계에 중대한 영향을 미친다는 점에서 사실상 신주를 발행하는 것과 유사하므로, 전환사채의 발행의 경우에도 신주발행무효의 소에 관한 상법 제429조가 유추적용 된다고 봄이 상당하다고 판시하였다(2000다37326).

Ⅷ. 합병의 등기

Ⅰ. 총 설

▣ 핵 심 사 항 ▣

1. 합병의 의의 : 2개 이상의 회사가 상법의 특별규정에 의하여 청산절차를 거치지 않고 합쳐서 그 중 한 회사가 다른 회사를 흡수하거나(흡수합병) 신 회사를 설립함으로써(신설합병), 1개 이상의 회사의 소멸과 그 소멸하는 회사의 권리, 의무의 포괄적 이전을 생기게 하는 회사법상의 법률요건

2. 종류 : 흡수합병, 신설합병, 간이합병과 소규모합병

3. 합병의 자유와 제한

(1) 합병의 자유 : 회사는 합병을 할 수 있다(상 제174조 1항).

(2) 합병의 제한

1) 합병을 하는 회사의 일방 또는 쌍방이 물적회사인 때에는 존속회사 또는 신설회사는 물적회사여야 함(상 제174조 2항)

2) 유한회사와 주식회사가 합병하는 경우 존속회사 또는 신설회사가 주식회사인 때에는 법원의 인가를 받아야 함(상 제600조 1항)

3) 유한회사와 주식회사가 합병하는 경우 존속회사 또는 신설회사가 유한회사인 때에는 주식회사가 사채의 상환을 완료해야 함(상 제600조 2항)

1. 합병의 의의와 방법

(1) 합병의 의의

회사의 합병이란 두 개 이상의 회사가 계약에 의하여 신회사를 설립하거나 또는 그 중의 한 회사가 다른 회사를 흡수하고, 소멸회사의 재산과 사원(주주)이 신설회사 또는 존속회사에 법정절차에 따라 이전 수용되는 효과를 가져오는 것을 말한다(대판 2003. 2. 11, 2001다14351). 어느 경우에나 소멸회사는 청산절차에 의하지 않고 그 권리의무 일체가 존속회사 또는 신설회사에 포괄승계된다(상 제530조, 제235조). 그러므로 소멸회사의 재산 일부를 소멸회사에 유보한다든가 소멸회사의 특정채무를 존속회사가 승계하지 아니한다는 취지의 합병은 인정되지 않는다. 그리고 합병은 합병후 존속하는 회사 또는 합병으로 인하여 설립하는 회사가 본점 소재지에서 변경등기 또는 설립등기를 함으로써 효력이 발생한다(상 제530조, 제234조).

합병의 경우에는 채권자보호절차가 필요하고, 해산회사의 모든 권리의무가 당연히 존속회사 또는 신설회사에 포괄적으로 승계되고 해산회사 사원은 당연히 존속회사 또는 신설회사의 사원이 되지만, 영업양도는 채권자보호절차가 필요없고, 계약에서 정한 범위 내의 재산만 이전되고 양도회사의 사원은 당연히 양수회사의 사원으로 되는 것은 아니고 일정한 절차가 필요하므로 서로 구별된다.

합병은 상법상의 회사간에만 이루어지는 것이므로 회사와 공익법인 또는 법인 상호간에는 합병이 있을 수 없고, 내국회사와 외국회사간의 합병도 인정되지 아니한다. 그리고 법인은 그 설립근거법에 합병에 관한 규정이 있어야 합병을 할 수 있는 바, 예컨대 지방공기업법의 규정에 의하여 설립된 공단에 대하여는 합병절차에 관한 규정이 없고 비송사건절차법이나 다른 법규에 상법 등의 합병절차에 관한 준용규정이 없으므로, 지방공기업법의 규정에 의하여 설립된 ○○시도시개발공사가 ○○시시설관리공단을 흡수합병한 후 합병으로 인한 변경등기를 경료받을 수는 없을 것이다(지방공기업법 제75조, 1999. 3. 22, 등기 3402-312 질의회답).그러나 상법상 회사 이외의 법인도 특별법에 의하여 합병이 인정되는 경우가 있으며 학교법인 상호간에는 합병이 인정된다(사학 제36조~제41조).

【쟁점질의와 유권해석】

<합병으로 소멸되는 회사의 사원(주주)의 지위>

회사의 합병이라 함은 두 개 이상의 회사가 계약에 의하여 신회사를 설립하거나 또는 그 중의 한 회사가 다른 회사를 흡수하고, 소멸회사의 재산과 사원(주주)이 신설회사 또는 존속회사에 법정절차에 따라 이전 수용되는 효과를 가져오는 것으로서, 소멸회사의 사원(주주)은 합병에 의하여 1주 미만의 단주만을 취득하게 되는 경우나 혹은 합병에 반대한 주주로서의 주식매수청구권을 행사하는 경우 등과 같은 특별한 경우를 제외하고는 원칙적으로 합병계약상의 합병비율과 배정방식에 따라 존속회사 또는 신설회사의 사원권(주주권)을 취득하여, 존속회사 또는 신설회사의 사원(주주)이 된다(대판 2003. 2. 11, 2001다14351).

(2) 합병의 방법

1) 흡수합병과 신설합병

① 흡수합병 : 합병 당사 회사 중에서 한 회사가 존속(존속회사)하고 다른 회사를 해산(소멸회사)하여 그 사원 및 재산이 존속회사에 포괄적으로 승계되는 합병을 말한다.

② 신설합병 : 합병 당사 회사 모두가 해산하고 새로이 신회사를 설립하여 해산회사의 사원 및 재산을 신회사에 포괄적으로 승계시키는 합병을 말한다.

2) 간이합병과 소규모합병

주식회사의 경우 합병은 주주 및 이해관계인이 중대한 영향을 미치는 사항이기 때문에 주주 등을 보호하기 위하여 주주총회 특별결의에 의한 합병승인이 있어야 한다. 그런데 1998년 상법개정으로 흡수합병시 일정한 경우 주주총회의 승인결의 없이 이사회의 승인만으로 흡수합병할 수 있도록 하였다.

① 간이합병(상 제527조의2 1항) : 흡수합병의 경우에 소멸하는 회사의 총주주의 동의가 있거나 소멸회사의 발행주식 총수의 90/100 이상을 존속회사가 소유하는 때에는 소멸회사 주주총회의 합병승인은 이사회의 승인으로 갈음할 수 있다. 그러나 소멸회사의 이사가 1인인 경우에는 간이합병을 할 수 없다(상 제383조 제5항).

② 소규모합병(상 제527조의3 1항) : 흡수합병의 경우에 소멸회사의 규모가 존속회사에 비하여 소규모인 경우 즉, 존속회사가 합병을 함에 있어서 발행하는 신주의 총수가 그 회사 발행주식총수의 10/100를 초과하지 아니하고 소멸회사의 주주에게 지급할 금액(합병교부금)이 존속회사의 최종의 대차대조표상으로 현존하는 순자산액의 5/100를 초과하지 않는 경우에는 존속회사 주주총회의 합병승인은 이사회의 승인으로 갈음할 수 있다. 2011년 개정 전 상법에서는 기준이 각 각 5/100, 2/100 이었는데 이를 완화하여 위와 같이 규정하였다.

그리고 존속회사의 이사가 1인인 경우에는 소규모합병을 할 수 없다 (상 제383조 제5항).

【쟁점질의와 유권해석】

<무증자 합병이 가능한지 여부>
주식회사의 흡수합병의 경우 합병으로 소멸하는 회사가 존속하는 회사의 계열회사로 채무초과 상태로서 주식평가 가치가 0인 상태이어서 합병 후 존속하는 회사의 자본 또는 주식의 증가가 없게 되었다 하더라도 그 합병으로 인한 주식회사변경등기는 가능한 것이다(상 제174조, 제522조, 제523조 참조).

2. 합병의 자유와 제한

(1) 합병의 자유(상 제174조 1항)

회사는 원칙적으로 상법상의 어떠한 종류의 회사와도 합병할 수 있다. 그러므로 같은 종류의 회사간에는 물론 물적회사 상호간, 인적회사 상호간, 물적회사와 인적회사 상호 간에도 합병할 수 있다.

(2) 합병의 제한

1) 당사자 자격

해산 후의 회사도 흡수합병의 경우에 소멸회사로서 당사자가 될 수 있으나 법원의 해산명령에 의하여 해산한 회사, 설립무효판결 후의 회사, 설립 중의 회사, 파산회사는 합병의 당사자가 될 수 없다. 그리고 외국회사와 내국회사간의 합병은 인정되지 않는다.

2) 주식회사, 유한회사 또는 유한책임회사의 경우(상 제174조 2항)

합병하는 회사의 일방 또는 쌍방이 주식회사, 유한회사 또는 유한책임회사인 때에는 존속회사 또는 신설회사는 주식회사, 유한회사 또는 유한책임회사이어야 한다.

3) 사채미상환의 주식회사인 경우(상 제600조 2항)

유한회사와 주식회사가 합병하는 경우 사채의 상환을 완료하지 않은 주식회사가 있는 때에는 존속회사나 신설회사를 유한회사로 하지 못한다.

4) 법원의 인가(상 제600조 1항)

유한회사가 주식회사와 합병하여 존속하는 회사나 신설회사를 주식회사로 하는 때에는 법원의 인가를 얻어야 한다. 이때 법원에 대한 합병인가신청은 합병보고총회 전에 이루어져야 한다(선6-671).

5) 특별법에 의한 제한

① 독점규제및공정거래에관한법률 : 동법에 의하면 자산총액 또는 매출액이 1천억원 이상인 회사가 합병을 할 때에는 합병등기일로부터 30일 이내에 공정위에 신고하여야 하고, 합병당사회사중 한회사의 자산총액 또는 매출액규모가 2조원 이상인 경우에는 합병계약을 체결한 날로부터 30일 이내에 신고하여야 하고 신고 후 30일이 경과할 때까지 합병등기를 하여서는 안된다(동법 제12조 1항·5항·6항, 시행령 제12조의2, 제18조 1항). 이러한 규정에 위반하였을 경우에는 1억원 이하의 과태료에 처하게 된다(동법 제69조의 2 1항 2호).

② 자본시장과 금융투자업에 관한 법률 : 주권상장법인은 다른 법인과의 합병을 하기 위해서는 대통령령으로 정하는 요건·방법 등의 기준에 따라야 한다(동법 제165조의4).

③ 기타 특별법 : 은행·증권·신탁·보험회사 등이 합병을 함에는 주무관청

의 인가를 받아야 한다(은행법 제55조, 신탁법 제8조, 보험업법 제139조).
또한 금융기관이 「금융산업의 구조개선에 관한 법률」에 의한 합병 또는
전환을 하고자 할 때에는 미리 금융감독위원회의 인가를 받아야 한다. 영
업목적이 서로 다른 회사간에도 합병할 수 있으나, 증권투자회사는 증권
투자회사가 아닌 자와 합병할 수 없다(증권투자신탁회사법 제57조). 공업
발전법에 의하여 합리화업종으로 지정된 사업자는 통상산업부장관으로부
터 합병의 권고 또는 조정을 받을 수가 있다(동법 제6조, 8조, 제26조).

【쟁점질의와 유권해석】

<회사 합병시 해산회사가 존속회사의 주식을 가지고 있는 경우 그 주식의 소각방법
과 변경등기방법>

ㄱ) 유한회사가 주식회사와 합병하는 경우에 합병 후 존속하는 회사가 주식회사인
   때에는 법원의 인가를 얻어야 하는바(상 제600조 1항), 법원에 대한 합병인가신
   청은 합병보고총회 전에는 이루어져야 할 것이다.

ㄴ) 회사가 합병하는 경우에 해산회사가 존속회사의 주식을 가지고 있다면 이는 존
   속회사가 자기주식을 취득하게 되는 경우에 해당하는 바, 합병계약서에 합병으로
   취득하는 자기 주식을 소각하는 뜻과 그 주식의 수 및 소각으로 인한 자본액의
   변동이 없다는 사실을 기재하는 경우에는 합병절차외에 별도의 절차를 거치지
   않고도 자본감소가 없는 주식소각이 가능할 것이며, 이 때 발행주식의 총수가 변
   경되므로 '발행주식의 총수, 그 종류와 각종 주식의 내용과 수'(상 제317조 2항 3호)
   에 대하여는 변경등기를 하여야 하나, '자본의 총액'(상 제317조 2항 2호)에 대하여는
   변경등기를 하지 않는다(2000. 8. 1, 등기 3402-534 질의회답).

(3) 채무초과회사의 합병의 가부

채무초과회사를 해산회사로 하는 합병

우리 상법은 채무초과회사를 해산회사로 하는 합병이 가능한지 여부에 대
하여 명시적인 규정이 없기 때문에 해석상 논란이 있다. 그런데 채무초과회
사와 합병하면 존속회사의 순자산이 줄게되어 자본충실의 원칙에 어긋나고
합병으로 인하여 발행하는 주식의 전체가치와 해산회사로부터 존속회사에
이전되는 순자산 사이에 등가성이 유지되지 않으면 존속회사의 주주는 합병
에 의하여 부당한 재산적 피해를 입게된다는 점 등을 고려하여 채무초과 회
사의 합병을 허용하여서는 아니된다는 것이 다수설이다 및 등기선례이다(선

6-667).

(4) 무증자 합병

1) 무증합병의 가부

신설합병의 경우 무증자합병의 문제가 발생할 여지가 없지만, 흡수합병의 경우에 합병으로 인한 신주발행 없이 하는 무증자합병이 가능한지에 대하여 해석상 논란이 되고 있다. 이에 관해서는 해산회사(피합병회사)가 채무초과회사가 아니고 존속회사가 해산회사의 주식을 전부 소유한 경우이거나 존속회사가 해산회사 주주들에게 합병에 따른 주식을 배정하기에 충분한 자기 주식을 소유하고 있는 경우 등과 같이 관련회사 주주나 채권자의 지위에 영향이 미치지 아니할 때에는 신주의 발행 없이 무증자합병이 가능하다는 것이 등기선례이다 (선례 Ⅵ-667).

2) 채무초과회사가 아닌 회사를 피합병회사로 한 흡수합병에서 무증자합병의 요건

채무초과회사가 아닌 회사를 피합병회사로 한 흡수합병에서 무증자합병은 ① 존속회사가 해산회사의 주식을 전부 소유한 경우, ② 존속회사가 해산회사 주주에게 배정함에 충분한 자기주식을 소유하고 있는 경우 등과 같이 관련회사 주주나 채권자의 지위에 영향이 미치지 아니할 때에는 가능하다(2001. 10. 31, 등기 3402-763 질의회답).

【쟁점질의와 유권해석】

<흡수합병절차에서 해산회사가 존속회사의 발행주식을 보유하고 있는 경우, 존속회사가 합병으로 취득한 위 자기주식을 합병신주로 해산회사의 주주에게 배정하는 것이 가능한지 여부 등(선 200301-15)>

ㄱ) 흡수합병절차에서 해산회사가 존속회사의 발행주식을 보유하고 있는 경우에 존속회사는 합병에 의하여 이를 승계하게 되는 바, 존속회사는 합병의 대가로 합병

으로 승계할 위 자기 주식을 해산회사 주주에게 지급하는 것을 내용으로 하는 합병계약을 체결하고 그에 대한 합병등기를 신청할 수 있다.

ㄴ) 흡수합병 절차에서 해산회사가 존속회사의 발행주식 전부를 소유하고 있는 존속 회사는 합병으로 승계할 위 자기주식을 자본감소에 의하여 전부 소각하며, 해산 회사의 주주에게는 합병신주를 발행하여 교부하는 것으로 합병계약에서 정한 경 우, 합병으로 인한 존속회사의 발행주식 총수 및 자본의 총액의 등기부상 각 기 록방법은 합병신주의 발행으로 인한 변경등기를 먼저 한 후에 주식소각으로 인 한 변경등기를 하여야 하며, 합병신주발행과 주식소각으로 인하여 최종적으로 변 동되는 부분만의 변경등기를 경료할 수는 없다. 또한 위 경우에 자본감소가 없이 자기주식의 전부를 소각하는 것으로 합병계약에서 정한 때에는, 자본의 총액(발 행주식 총수는 위와 동일함)은 소각으로 인하여 변동이 없으며 합병신주의 발행 으로 인하여 증가하는 자본액 만큼의 변경등기를 하여야 한다(2003. 1. 29, 공탁 법인 3402-27 질의회답).

3. 합병의 절차

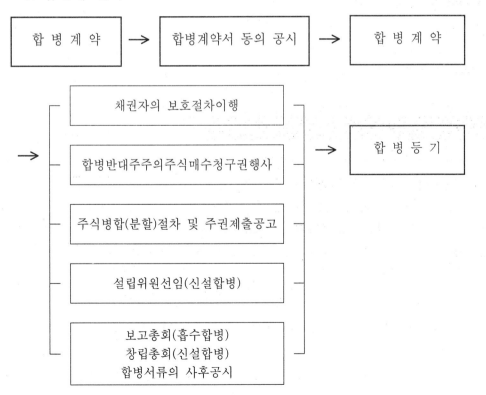

합병계약 → 합병계약서 동의 공시 → 합병계약

→ 채권자의 보호절차이행

합병반대주주의주식매수청구권행사 → 합병등기

주식병합(분할)절차 및 주권제출공고

설립위원선임(신설합병)

보고총회(흡수합병)
창립총회(신설합병)
합병서류의 사후공시

(1) 합병계약의 체결

합병을 함에는 먼저 당사회사 사이에 합병계약을 체결하여 합병조건, 합병기일, 존속회사, 신설회사의 정관의 내용 등 합병에 필요한 사항을 정하고 반드시 서면으로 합병계약서를 작성하여야 한다.

합병계약을 체결할 권한은 회사의 대표기관의 권한에 속한다. 다만, 주식회사에 있어서는 이사회의 결의를 얻어 대표이사가 계약을 체결한다. 주식회사의 합병에는 주주 기타 다수의 이해관계인과의 사이에 복잡한 관계가 생기므로 합병계약의 내용을 명백히 하기 위하여 합병계약서를 작성하여 주주총회의 승인을 받아야 하며(상 제522조 1항), 그 통지와 공고는 주주총회소집절차에 의한다(상 제522조 2항, 제363조).

1) 흡수합병계약서의 법정기재사항(상 제523조).

가. 존속하는 회사가 합병으로 인하여 발행할 주식총수를 증가하는 때에는 그 증가할 주식의 총수, 종류와 수에 관한 사항

존속회사가 소멸회사의 주주에 대하여 종래 그가 가졌던 주식의 수에 따라 존속회사의 주식을 주기 위하여 신주를 발행하는 경우, 그 수는 존속회사의 발행예정주식총수 한도 내이어야 하고, 그 한도가 신주의 발행에 부족한 때에는 그 한도를 확대할 필요가 있으므로 이를 기재사항으로 하였다.

나. 존속하는 회사의 증가할 자본금과 준비금의 총액에 관한 사항

존속회사가 신주를 발행하면 그 권면액에 신주수를 곱한 금액만큼 자본이 증가하므로 이를 기재하도록 한 것이다. 회사의 합병이 해산회사의 전 재산의 포괄승계를 가져오지만 자본이나 준비금은 장부상 및 계산상의 추상적 액수이기 때문에 존속회사의 증가할 자본액은 합병당회사의 영업상황과 재산상태에 따라 정하여 진다. 따라서 합병으로 인하여 소멸회사로부터 승계하여 증가되는 자본과 준비금의 액수를 구체적으로 기재하여 주주총회의 승인을 받도록 한 것이다. 증가할 존속회사의 자본액은 소멸회사의 순자산액의 범위 내이어야 한다. 무증자 합병의 경우에는 증가할 자본액은 '0'이 된다.

다. 존속하는 회사가 합병 당시에 발행하는 신주의 총수와 그 배정에 관한 사항

합병시 발행하는 신주의 액면총액은 소멸회사로부터 승계하는 순자산액을 초과할 수 없다. 그리고 신주의 배정비율(합병비율)은 합병당사회사 재산의 공정한 평가를 기준으로 결정되어야 하고 이것이 공정하지 못하면 합병무효의 원인이 된다.

라. 존속하는 회사가 합병으로 소멸하는 회사의 주주에게 위 '다'에도 불구하고 그 대가의 전부 또는 일부로서 금전이나 그 밖의 재산을 제공하는 경우에는 그 내용 및 배정에 관한 사항

2011년 개정상법에서는 합병교부금에 관해 큰 변화가 생겼다. 개정전에는 존속회사의 주식을 발행하지 않고 소멸회사의 주주에게 교부금만 지급하는 합병은 허용되지 않는다고 보는 것이 통설이었다. 그러나 2011년 4월 14일 상법개정시 합병대가의 전부를 교부금으로 지급할 수 있도록 하였는데 이를 통해 소멸회사의 주주들을 배제하고 합병하는 것이 가능하게 되었다. 또한 개정전에는 교부금으로 금전만 지급할 수 있었으나, 개정법에서는 금전 외의 재산으로도 지급할 수 있게 하였다[65]. 이처럼 개정법 제523조는 현물에 의한 합병교부금지급이 가능하도록 규정하였는데, 그에 이어 신설된 제523조의2는 현물의 합병교부금에는 모회사의 주식도 포함될 수 있음을 전제로 존속회사의 모회사주식취득을 허용하였다. 원래 모회사주식은 취득할 수 없으나(상 제342조의2), 합병교부금의 용도로 사용할 경우에는 취득을 허용하는 것이다.

마. 당사 회사의 합병승인을 할 주주총회의 기일

주식회사가 합병하기 위하여는 합병계약서를 작성하여 주주총회의 특별결의에 의한 승인을 얻어야 하며, 합병계약서에는 각 당사회사가 합병의 승인결의를 할 사원총회 또는 주주총회의 기일을 기재하여야 한다(상 제522조). 하지만 반드시 같은 날일 필요는 없다.

계약에서 정한 기일 또는 기간 내에 당사회사의 일방에게 합병승인결의가 이루어지지 않으면 상대방회사의 합병승인결의도 당연히 효력을 잃는다. 왜냐하면 합병당사회사는 소정의 기일 또는 기간 내에 합병승인결의가 성립하는 것을 서로 조건으로 하고 있기 때문이다. 그리고 주주(사원)총회는 복잡한 절차를 거쳐서 소집되기 때문에 반드시 확정일을 정하여 기재해야 하는 것은 아니며, 'ㅇ월 ㅇ일까지 또는 ㅇ월 중순까지 총회를 개최한다'는 식의 정함도 가능하다.

---

65) 2011 개정상법 축조해설(박영사, 이철송 241~242면.

바. 합병을 한 날(합병기일)

합병기일은 해산회사의 재산이 존속회사로 승계되고 또 존속회사 또는 신설회사의 주식이 해산회사의 주주에 배정되어, 당사회사가 실질적으로 합체하는 날을 말한다. 합병기일은 합병의 효력발생일인 합병등기일과 구별되고 합병등기일보다 앞서야 한다.

사. 존속회사가 합병으로 인하여 정관을 변경하기로 정한 때에는 그에 관한 사항

합병을 하면서 합병당사회사가 존속하는 회사의 정관을 변경하기로 합병계약으로 정한 때에는 그 규정을 기재한다. 소멸회사의 이사를 영입하기 위하여 존속회사의 이사의 수를 증가시키거나 주식의 배정에서 소멸회사 주주에게 유리한 규정을 두거나, 주식양도제한규정을 정관으로 정하는 경우 등이다.

아. 소규모 합병의 경우에는 주주총회의 승인을 받지 아니하고 합병한다는 뜻 (상 제527조의3 2항)

자. 각 회사가 합병으로 이익배당을 할 때에는 그 한도액

차. 합병으로 인하여 존속하는 회사에 취임할 이사와 감사 또는 감사위원회의 위원을 정한 때에는 그 성명 및 주민등록번호

2) 신설합병계약서의 법정기재사항(상 제524조)

① 설립회사의 목적, 상호, 회사가 발행할 주식의 총수, 1주의 금액, 종류주식을 발행할 때에는 그 종류·수, 본점 소재지

② 설립되는 회사가 합병 당시에 발행하는 주식의 총수와 종류, 수 및 각 회사의 주주에 대한 주식의 배정에 관한 사항

③ 설립되는 회사의 자본금과 준비금의 총액

④ 합병교부금을 정한 때에는 그에 관한 사항

⑤ 당사회사의 합병승인을 할 총회의 기일

⑥ 합병을 한 날

⑦ 합병으로 인하여 설립되는 회사의 이사와 감사 또는 감사위원회의 위원을 정한 때에는 그 성명 및 주민등록번호

(2) 합병계약서 등의 공시(상 제522조의2)

합병계약서 등의 공시는 당사회사가 합병결의를 하기 전에 주주 및 회사채권자들로 하여금 합병과 합병조건의 타당성을 검토할 수 있는 기회를 주기 위한 것이다.

합병계약서를 작성할 때에는 이사는 그 승인을 얻기 위한 주주총회일의 2주 전부터 합병한 날 이후 6월이 경과하는 날까지 합병계약서, 합병으로 인하여 소멸하는 회사의 주주에게 발행하는 주식의 배정에 관하여 그 이유를 기재한 서면, 각 회사의 최종 대차대조표와 손익계산서를 본점에 비치하고, 주주 및 회사채권자가 영업시간 내에는 언제든지 이를 열람하거나 비용을 지급하고 그 등·초본을 청구할 수 있게 하여야 한다(상 제522조의2).

다만, 금융산업의구조개선에관한법률에 의한 금융기관간의 합병에는 합병승인 주주총회일 7일 전부터 합병하는 각 금융기관의 대차대조표를 당해 금융기관의 본점에 비치할 수 있다(동법 제5조 5항). 그리고 주주 및 회사채권자는 영업시간 내에 언제든지 위 서류의 열람을 청구하거나 회사가 정한 비용을 지급하고 그 등본 또는 초본의 교부를 청구할 수 있다.

(3) 합병의 결의

합병계약은 합병당사회사의 주주총회의 승인결의를 정지조건으로 하는 계약이다. 따라서 합병당사회사의 주주총회의 승인결의가 있는 때에 비로소 합병계약의 효력이 발생한다.

합병은 당사회사 주주들의 이해관계에 중대한 영향을 미치므로 합병계약이 체결되면 각 당사회사의 합병결의가 있어야 한다. 반드시 합병계약이 합병결의보다 먼저 행해져야 한다고 보는 것이 다수설이다. 주식회사는 합병결의서를 작성하여 주주총회의 승인을 얻어야 하므로 합병결의는 합병계약 후에 하여야 한다(상 제522조 1항)

1) 주주총회의 특별결의(상 제522조 3항)

합병결의는 출석한 주주 의결권의 2/3 이상의 수와 발행주식 총수의 1/3 이상의 수로 한다.

2) 종류 주주총회 결의(상 제436조)

회사가 종류의 주식을 발행한 경우에 합병으로 인하여 어느 종류의 주주에게 손해를 미치게 될 경우에는 그 종류 주주총회의 결의도 있어야 한다.

3) 이사회의 승인으로 갈음할 수 있는 경우

가. 간이합병의 경우

1998년 개정상법에 의하면 흡수합병의 경우에 ① 소멸회사 총주주의 동의가 있거나, ② 소멸회사 발행주식총수 90/100 이상을 존속회사가 소유하고 있을 경우에는 총주주의 승인을 이사회의 승인으로 갈음할 수 있다(상 제527조의2). 소멸회사는 총주주의 동의가 없는 경우에는 '주주총회의 승인을 얻지 않고 합병한다는 뜻'을 합병계약서를 작성한 날로부터 2주간 내에 공고하거나, 주주에게 통지하여야 한다. 그러나 이사가 1인인 회사는 간이합병을 할 수 없다(상 제383조 제5항).

나. 소규모 합병의 경우(상 제527조의3 1항)

① 요건 : 존속회사가 합병을 함에 있어서 다음의 요건을 갖추면 주주총회의 승인은 이사회의 승인으로 갈음할 수 있다.

ㄱ) 발행하는 신주의 총수가 그 회사의 발행주식총수의 10/100를 초과하지 아니할 것

ㄴ) 소멸회사의 주주에게 지급할 금액(합병교부금)이 존속회사의 최초의 대차대조표상으로 현존하는 순재산액의 5/100를 초과하지 아니할 것

② 절차 : 존속회사는 '주주총회의 승인을 얻지 않고 합병한다는 뜻'을 합병계약서를 작성한 날로부터 2주간 내에 공고하거나, 주주에게 통지하여야 한다.

③ 소규모 합병을 할 수 없는 경우 : 존속회사가 소규모합병을 한다는 공고 또는 통지를 한 날로부터 2주간 내에 발행주식총수의 20/100에 해당하는 주주가 회사에 대하여 서면으로 합병을 반대하면 소규모 합병을 할 수 없다. 그리고 존속회사의 이사가 1인인 때에는 소규모 합병을 할 수 없다.

(4) 주주의 주식매수청구권

1) 의 의

주주총회에서 합병결의를 하는 경우 합병에 반대하는 주주는 회사에 대하여 자기의 소유주식을 매수할 것을 청구할 수 있는 권리를 말한다. 이 제도는 다수파 주주로부터 소수 주주의 보호를 위하여 만들어진 제도로 모든 주식회사에 인정되지만 소규모합병을 하는 경우에는 합병반대주의 주식매수청구권은 인정되지 않는다(상 제527조의3 5항). 주식매수청구권은 형성권으로 주주의 매수청구가 있으면 회사의 승낙을 요하지 않고 당연히 주주와 회사 사이에 주식매매계약이 성립한다.

2) 주식매수청구권의 행사방법

가. 이사회의 합병결의에 반대하는 의사의 통지

합병결의사항에 관하여 이사회의 결의가 있는 때에 그 결의에 반대하는 주주는 주주총회 전에 회사에 대하여 서면으로 그 결의에 반대하는 의사를 통지한다.

나. 주식 매수의 청구

총회 결의일로부터 20일 이내에 주식의 종류와 수를 기재한 서면으로 회사에 대하여 자기가 소유하고 있는 주식의 매수를 청구할 수 있다.

다. 간이합병시의 주식의 매수 청구

간이합병의 경우에 공고 또는 통지를 한 날로부터 2주 내에 회사에 대하여 서면으로 합병에 반대하는 의사를 통지한 주주는 그 2주간이 경과한 날로부터 20일 이내에 주식의 매수를 청구할 수 있다.

3) 주식매수청구권 행사의 효과

이러한 주식매수의 청구가 있으면 회사는 청구를 받은 날로부터 2월 이내에 대상 주식을 매수하여야 한다(상 제530조 제2항, 제374조의2 제2항). 다만 자본시장과 금융투자업에 관한 법률이 적용되는 주권상장회사는 매수청구기간이 종료하는 날로부터 1월 이내에 당해 주식을 매수하여야 한다(자본시장과 금융투자업에 관한 법률 제165조의5 2항).

주식매수청구권은 형성권이므로 주주의 매수청구가 있으면 회사의 승낙이 없어도 주주와 회사 사이에 당연히 주식매매계약이 성립되며, 회사는 2월 이내에 위 계약에 따른 주식대금을 지급하여야 한다.

【쟁점질의와 유권해석】

<주식매수청구권 행사에 의한 법원의 가액결정>

ㄱ) 가액결정의 기준

주식매수청구권 행사에 의한 법원의 가액결정은 주식의 재산가치, 주식의 시장가치, 주식의 수익가치의 3가지 요소를 기준으로 사안에 따라 각 요소를 적정하게 가감하여 결정한다.

ㄴ) 주식매수가액결정 기준일

주식매수가액결정기준일은 주주가 이를 최초 행사한 시점에서 이미 회사와의 매매계약은 성립된 것으로 보고, 주주가 최초로 반대의사를 표시한 주총결의일 또는 주식매수청구권 발생의 원인이 된 이사회 결의일 전일을 기준으로 하여 매수가액을 결정하는 것이 타당할 것이다(서울고법 2005. 8. 11, 2005라37 판결).

(5) 설립위원의 선임 : 신설합병의 경우

1) 선임방법

합병의 형태가 신설합병인 때에는 합병결의와 동일한 방법으로 설립위원을 선임하여야 하며, 이들은 공동으로 정관의 작성 기타 설립에 관한 행위를 하여야 한다(상 제175조). 이 때 작성되는 정관에는 공증인의 인증을 받을 필요가 없다. 설립위원을 선임하는 데에는 주식회사의 경우 출석한 주주의 의결권의 3분의 2이상의 수와 발행주식 총수의 3분의 1이상의 결의가 필요하다.

2) 설립위원의 자격 및 수

설립위원의 자격에는 제한이 없다. 따라서 당사회사의 사원이 아니라도 된다. 설립위원의 수는 당사회사의 협의로 정한다.

(6) 회사채권자보호절차의 이행

1) 의 의

재산상태가 크게 다른 회사간의 합병을 하는 경우에 재산상태가 양호한 회사의 채권자는 합병으로 인하여 손해를 보게 될 위험이 있으므로 합병성립요건으로 채권자 보호절차를 법정하고 있다(상 제527조의5).

【쟁점질의와 유권해석】

<합병 후 소멸하는 회사의 재무제표상 채무가 없는 경우 채권자보호절차를 생략할
수 있는지 여부>

회사가 합병을 하는 경우에는 상법 제527조의5의 규정에 따른 회사 채권자보호절차
를 반드시 밟아야 하는 것으로서, 합병 후 소멸하는 회사의 재무제표상 채무가 없다
는 이유만으로는 그 절차를 생략하거나 보다 간이한 방법으로 채권자의 보호절차를
밟을 수 없다.

2) 이의제출의 공고, 최고

가. 공고, 최고방법

합병당사회사는 회사채권자들에게 통상의 합병시(상 제522조)에는 주주총
회의 승인결의가 있는 날로부터, 간이합병(상 제527조의2), 소규모 합병(상 제
527조의3)시에는 이사회의 결의가 있는 날로부터 2주간 내에 채권자들에게
합병에 이의가 있으면 1월 이상의 기간 내에 이의를 제출할 것을 관보 또는
회사가 공고하는 방법에 의하여 공고하고 또 알고 있는 채권자에 대하여는
각별로 이를 최고하여야 한다.

나. 금융기관이 합병하는 경우

금융기관이 합병하고자 할 때에는 10일 이상의 기간을 정하여 이의를 제출
할 것을 2이상의 일간신문에 공고할 수 있고, 이 경우 개별채권자에 대한 최
고는 생략할 수 있다(금융구조 제5조 3항).

다. 정관에서 정한 공고방법과 다르게 공고한 경우의 효과

이러한 공고를 정관에서 정한 공고방법과 다른 방법으로 한 경우에는 공고
로써 효력이 발생하지 않는다(선 2001. 10. 31).

3) 이의 채권자에 대한 조치

위 기간 내에 이의를 제출하지 않은 때에는 합병을 승인한 것으로 보며 이
의를 제출한 채권자에게는 변제하거나 상당한 담보를 제공하거나 이를 목적으
로 상당한 재산을 신탁회사에 신탁하여야 한다.

(7) 주식병합절차

1) 주권제출의 공고

흡수합병의 경우, 해산회사의 주주는 존속회사의 주식을 배정받게 되는데, 그 배정비율이 1:1인 때에는 특별한 절차를 밟을 필요가 없지만 배정비율이 다를 때에는 주식배정을 위한 절차가 필요하다. 이에 대하여 자본감소의 경우의 주식병합에 관한 규정(상 제440조 내지 제444조)이 준용된다.

따라서 회사는 1개월 이상의 기간을 정하여 그 뜻과 그 기간 내에 주권을 회사에 제출할 것을 공고하고 주주명부에 기재된 주주와 질권자에 대하여는 각별로 그 통지를 하여야 한다(상 제440조).

2) 제출기간 내에 구주권을 제출할 수 없는 자가 있는 경우의 조치

주권제출기간 내에 구주권을 회사에 제출할 수 없는 자가 있는 때에는 회사는 그 자의 청구에 의하여 3개월 이상의 기간을 정하고 이해관계인에 대하여 그 주권에 대한 이의가 있으면 그 기간 내에 제출할 뜻을 공고하고 그 기간이 경과한 후에 신주식을 교부하여야 한다(상 제530조, 제442조).

3) 주식의 병합의 효력발생시기

주식의 병합은 구주권 제출기간이 만료한 때(기간만료일의 익일)에 그 효력이 생기고, 채권자 보호절차의 이행이 이보다 늦게 끝난 때에는 그 절차 종료시에 효력이 생긴다(상 제441조).

합병의 경우 주식병합은 위 시기에 확정적으로 효력을 발생하는 것이 아니라, 합병등기에 의한 합병의 효력발생을 조건으로 하는 것이다(상 제530조, 제234조). 따라서 신주식은 합병등기 후에 존속회사가 교부한다.

또 병합에 적당하지 않은 단주에 대하여는 이에 대하여 발행한 신주를 경매 또는 매각하여 종전의 주주에게 그 매각 대금을 지급하여야 한다(상 제443조).

【쟁점질의와 유권해석】

<주권제출공고의 방법>

주식의 병합 또는 분할은 소멸회사의 주식에 관하여 행하여지는 것이므로, 공고는 소멸회사의 정관소정의 공고방법에 의하여야 한다.

만일 2개 이상의 소멸회사가 주식의 병합 또는 분할을 하는 경우에는 각각 그 회사 정관소정의 공고방법에 의하여야 한다.

(8) 법원의 인가 또는 주무관청의 허가(인가)

주식회사가 유한회사와 합병하여 주식회사로 존속하거나 주식회사를 신설할 때에는 법원의 인가를 얻어야 한다(상 제600조 1항).

합병을 하는 회사의 일방이 사채의 상환을 완료하지 아니한 주식회사인 때에는 합병 후 존속하는 회사 또는 합병으로 인하여 설립되는 회사는 유한회사로 하지 못한다(상 제600조 2항).

(9) 합병시 주식의 액면가 및 질권의 물상대위

회사의 합병시에도 주식의 액면가액은 100원 이상이어야 하며(상 제530조 2항, 제329조 4항), 합병에 의한 주식의 소각, 병합, 분할, 또는 전환이 있는 때에는 이로 인하여 종전의 주주가 받을 금전이나 주식에 대하여도 종전의 주식을 목적으로 한 직권을 행사할 수 있고, 기명주식을 질권의 목적으로 한 경우에 질권자는 회사에 대하여 주식에 대한 교부를 청구할 수 있다(상 제530조 2항, 제339조, 제340조 3항).

(10) 재산인계(합병실행)

합병 후에 존속하는 회사는 정한 기일에 합병으로 인하여 소멸하는 회사가 가지는 권리의무 일체를 인계받고 소멸회사는 청산절차를 요하지 아니한다. 보통 이날 해산회사의 주주는 존속회사 주식을 배정받게 되어 그 주식인수인이 된다.

그리하여 합병기일에 당사회사는 실질적으로 합체되지만, 이 합체는 확정적인 것이 아니고 합병등기에 의한 합병의 효력발생을 조건으로 하는 것이다.

(11) 합병에 관한 서류의 사후공시

합병의 공정성, 투명성을 강화하고 주주 및 채권자를 보호하기 위하여 합병에 관한 주요사항을 기재한 서면을 합병한 날 이후 6개월간 본점에서 공시하여야 한다.

존속회사 또는 신설회사의 이사는 ① 채권자이의절차의 경과, ② 합병을 한 날, ③ 합병으로 인하여 소멸하는 회사로부터 승계한 재산의 가액과 채무액, 기타 합병에 관한 사항을 기재한 서면을 합병한 날로부터 6월간 본점에 비치하여야 한다. 또한 주주 및 채권자는 영업시간 내에는 언제든지 위 서류의 열람을 청구하거나, 회사가 정한 비용을 지급하고 그 등본 또는 초본의 교부를 청구할 수 있게 하여야 한다(상 제527조의6).

(12) 합병보고총회 및 창립총회

1) 합병보고총회

가. 개최시기

합병보고총회는 흡수합병의 경우에 존속회사의 대표이사가 채권자보호절차 종료 후, 주식병합이 있을 때에는 그 효력이 생긴 후, 병합에 적당하지 아니한 주식이 있을 때에는 합병 후 존속하는 회사는 단주가 생긴 때에는 이를 처분한 후(상 제443조), 소규모합병의 경우에는 존속하는 회사가 합병계약서를 작성한 날부터 2주 내에 소멸하는 회사의 상호 및 본점의 소재지, 합병을 할 날, 주주총회의 승인을 받지 아니하고 합병한 뜻의 공고와 통지절차 등의 절차를 종료 후(상 제527조의3 3항, 4항) 지체없이 소집하는 주주총회로서, 합병에 관한 사항을 보고하는 절차이다(상 제526조 1항). 보고총회의 개최시기는 실질적으로 합병절차를 종료한 시점, 즉 합병기일부터 합병등기 전까지이다.

나. 합병보고총회의 의제

존속회사의 합병보고총회에서 다룰 의제는 합병에 관한 사항의 보고이다. 합병계약과 합병결의에 따른 제절차가 제대로 이행되었다고 존속회사의 대표이사가 이 총회에서 보고하는 것이다. 이 보고를 함에 있어서 부실의 보고를 하거나 또는 사실을 은폐하면 그 이사는 과태료의 제재를 받는다(상 제635조 1항 5호).

합병보고총회에서는 합병의 보고를 듣는 외에 정관의 변경, 재무제표의 승인, 이사·감사의 선임 등에 관하여도 결의할 수 있다. 다만, 합병조건의 변경이나 합병폐지는 결의할 수 없다고 할 것이다.

합병보고총회는 임시총회임을 요하지 아니하고 정기총회에 있어서 합병에 관한 사항을 보고하여도 상관없다.

이 보고총회에 갈음하여 이사회의 결의와 공고를 할 수 있다.

다. 합병보고총회의 결의방법

상법에는 보고총회의 결의방법에 관하여 명문의 규정이 없으나 이사의 합병경과에 관하여 보고를 하는 것이므로 보통결의의 방법으로 가능하고, 이 보고에 관하여는 승인결의가 필요하지 아니하다는 것이 통설이다.

라. 해산회사의 주주의 보고총회에서의 권리

합병 당시에 발행하는 신주의 인수인, 즉 해산회사의 주주로서 존속회사의 신주를 배정받은 자는 이 총회에서 주주와 동일한 권리를 갖는다(상 제526조 2항).

2) 창립총회

신설합병의 경우에는 모든 절차가 끝난 다음 설립위원이 창립총회를 소집하여야 한다.

가. 보고사항

창립총회의 참석자는 해산회사의 주주로서 합병신주를 배정받은 자이다. 설립위원은 창립총회에서 서면에 의하여 합병과정이 상법과 기타 법령 또는 정관의 규정에 따라 적법하게 이루어졌는지 여부에 대하여 보고하여야 한다(상 제527조 3항, 제311조).

나. 결의사항

창립총회에서는 신설회사의 이사와 감사를 선임하고, 합병계약의 취지에 위반하지 않는 범위 내에서 총회소집통지서에 그 뜻의 기재가 없더라도 정관변경의 결의를 할 수 있다(상 제527조 2항·3항, 제312조).

다만 신설합병의 창립총회는 설립시의 창립총회와는 달리 합병폐지의 결의는 할 수 없다고 할 것이다(상 제316조 1항, 제527조 2항).

다. 보고총회 및 창립총회를 이사회 공고로 갈음하는 경우

합병보고총회 및 창립총회는 이사회의 공고로 갈음할 수 있다(상 제526조 3항). 다만 이사가 1인인 회사는 이사회가 존재하지 아니하므로 총회에 갈음하고 공고를 할 수 없다(상 제383조 5항).

【쟁점질의와 유권해석】

<주식회사의 신설합병절차에서 신설회사의 합병등기를 창립총회를 거치지 않고 할
수 있는지 여부>

주식회사의 신설합병절차에서 합병계약서에 일반적인 합병사항과 신설회사의 등기할
사항에 대한 내용이 포함되고 이 합병계약서가 주주총회의 특별결의로 승인되었다면
단지 보고만을 위한 창립총회는 이사회의 결의에 의한 공고로 갈음할 수 있으며, 신
설회사에 대한 설립등기도 등기사항이 합병승인을 위한 주주총회에서 승인되었다고
볼 수 있으므로 일반적인 회사설립에서 필요한 창립총회를 거칠 필요없이 등기가 가
능하다(선례 Ⅵ-672).

(13) 공정거래 위원회 등에 대한 신고

1) 신고대상기업

가. 자산총액 또는 매출액이 2,000억원 이상인 회사

자산총액 또는 매출액이 2,000억원 이상인 회사(기업결합신고대상회사)가
다른 회사와 합병하고자 할 때에는 기업결합일(합병등기일)로부터 30일 이내
에 이를 공정거래위원회에 신고하여야 한다(독점규제및공정거래에관한법률
제12조 1항·6항, 동시행령 제18조).

나. 자산총액 또는 매출액이 2조원 이상인 회사인 경우

이 경우 합병당사회사 중 하나가 자산총액 또는 매출액의 규모가 2조원
이상인 회사(대규모 회사)인 때에는 합병계약을 체결한 날로부터 30일 이내
에 신고하도록 되어있고, 이러한 신고를 한 후 30일이 경과하기 전에는 원
칙적으로 합병등기를 하지 못한다(동법 제12조 4항·5항, 동시행령 제12조의
2).

다. 신고기간의 단축 또는 연장

공정거래위원회가 필요하다고 인정할 때에는 그 기간을 단축하거나 그 기
간의 만료일 다음날로부터 기산하여 60일의 범위안에서 그 기간을 연장할 수
있다(동법 제12조 5항).

2) 과태료

회사가 이러한 기업결합의 신고를 하지 아니하거나 허위의 신고를 한 경우

에는 1억원 이하의 과태료의 제재를 받는다(동법 제69조의2 1항 2호).

그러나 관계행정 기관의 장이 다른 법률의 규정에 의하여 미리 당해 기업결합에 관하여 공정거래위원회와 협의한 경우에는 그러하지 아니하며 신고를 요하지 않는다(독점규제 제12조 2항).

4. 합병의 효과

(1) 합병의 효력발생요건

합병등기를 하여야 회사합병의 효력이 생긴다. 즉 회사의 합병은 합병 후 존속하는 회사 또는 합병으로 인하여 설립되는 회사가 그 본점 소재지에서 변경 또는 설립등기를 함으로써 그 효력이 생긴다(상 제530조 2항, 제234조).

(2) 합병의 효과

1) 회사의 설립 또는 소멸

흡수합병의 경우에는 존속회사를 제외한 당사회사가 소멸하고, 신설합병의 경우에는 기존의 모든 당사회사가 소멸하고 새로운 회사가 설립된다. 합병은 소멸회사의 해산사유이지만 청산절차를 거치지 않고 당연히 소멸된다.

2) 권리·의무의 포괄적 이전

합병등기에 의하여 합병의 효력이 발생하면 소멸회사의 권리의무가 존속회사나 신설회사에 포괄적으로 이전하게 된다.

승계되는 권리의무는 사법상의 권리뿐만 아니라 공법상의 권리도 포함되며 (대판 1980. 3. 25, 77누265), 따라서 세법상의 납세의무는 합병으로 인한 존속 또는 신설회사가 승계한다.

【쟁점질의와 유권해석】

<합병결의에서 채무불승계결의를 할 수 있는지 여부>
소멸회사의 의무를 존속회사 또는 신설회사에 승계시키는 것은 채권자를 보호하기 위한 공익규정이므로 합병결의에서 채무 불승계결의를 하여도 무효이다.

3) 이사·감사의 임기

① 합병 후 존속하는 회사의 이사 및 감사로서 합병 전에 취임한 자는 합병

계약서에 다른 정함이 있는 경우를 제외하고는 합병 후 최초로 도래하는 결산기의 정기총회가 종료할 때에 퇴임한다(상 제527조의4).

② 흡수합병의 경우에 합병계약서에 이들 이사의 임기에 관하여 '본래의 임기적용' 혹은 '합병으로 인하여 퇴임하지 아니함'과 같은 별도의 정함이 있는 경우에는 합병계약서 승인시 해산회사의 주주들의 의견도 반영되어 있기 때문에 임기단축에 관련한 위 규정은 적용되지 않는다.

③ 신설합병의 경우에는 설립되는 회사의 이사 및 감사로서 설립이전에 취임한 자는 있을 수 없으므로 위와 같은 보충규정은 필요 없고(상 제527조의4 제2항 삭제됨), 해산회사의 이사 등은 당연히 그 지위를 상실한다.

5. 합병무효의 소

합병등기 후에는 합병승인결의의 취소·무효·부존재를 다툴수 없고, 오로지 합병무효의 소로써만 다툴 수 있다. 판례도 회사합병에 있어서 합병등기에 의하여 합병의 효력이 발생한 후에는 합병무효의 소를 제기하는 외에 합병결의무효 확인청구만을 독립된 소로써 구할 수 없다고 하였다(대판 1993. 5. 27, 92누 14908). 합병무효의 소는 형성의 소라고 하는 것이 통설이다.

(1) 소제기권자·관할병원·제기기간 등

주주, 이사, 감사, 청산인, 파산관재인 또는 합병불승인채권자는 합병등기가 있은 날로부터 6월 이내에 본점소재지 관할 지방법원에 합병무효의 소를 제기할 수 있다(상 제529조).

(2) 독점규제법 위반의 경우

독점규제및공정거래에관한법률을 위반하여 합병된 때에는 공정거래위원회가 합병무효의 소를 제기한다. 다만 이 법에 의하여 공정거래위원회가 합병무효의 소를 제기할 경우에는 제소기간의 제한은 없다(동법 제16조 2항).

(3) 합병무효의 판결이 확정된 경우의 등기

합병무효의 판결이 확정되면 본·지점소재지에서 존속회사는 변경등기를, 신설회사는 해산등기를, 소멸회사는 회복등기를 하여야 한다(상 제240조, 제186~제190조, 제269조, 제530조 2항, 제603조).

【쟁점질의와 유권해석】

<회사합병무효의 소에서 청구인낙을 할 수 있는지 여부>

ㄱ) 청구의 인낙의 의의

청구의 인낙이란 피고가 원고의 소송상의 청구가 이유 있음을 자인하는 법원에 대한 일방적 의사표시이다. 이를 조서에 기재하면 확정판결과 동일한 효력이 생기며, 이에 의하여 소송은 종결된다. 청구의 인낙의 대상은 당사자가 자유로이 처분할 수 있는 권리에 대해서만 인정된다.

ㄴ) 합병무효의 소에서 청구인낙의 여부

청구인낙은 당사자의 자유로운 처분이 허용되는 권리에 관하여만 허용되는 것으로서 회사법상 주주총회결의의 하자를 다투는 소나 회사합병무효의 소 등에 있어서는 인정되지 아니한다. 따라서 이러한 내용의 청구인낙 또는 회해·조정이 이루어졌다 하더라도 그 인낙조서나 화해·조정조서는 효력이 없다(대판 2004. 9. 24, 2004다28047).

【쟁점질의와 유권해석】

<회사합병무효의 소에서 청구인낙을 할 수 있는지 여부>

ㄱ) 청구의 인낙의 의의

청구의 인낙이란 피고가 원고의 소송상의 청구가 이유 있음을 자인하는 법원에 대한 일방적 의사표시이다. 이를 조서에 기재하면 확정판결과 동일한 효력이 생기며, 이에 의하여 소송은 종결된다. 청구의 인낙의 대상은 당사자가 자유로이 처분할 수 있는 권리에 대해서만 인정된다.

ㄴ) 합병무효의 소에서 청구인낙의 여부

청구인낙은 당사자의 자유로운 처분이 허용되는 권리에 관하여만 허용되는 것으로서 회사법상 주주총회결의의 하자를 다투는 소나 회사합병무효의 소 등에 있어서는 인정되지 아니한다. 따라서 이러한 내용의 청구인낙 또는 회해·조정이 이루어졌다 하더라도 그 인낙조서나 화해·조정조서는 효력이 없다(대판 2004. 9. 24, 2004다28047).

■ 이견있는 등기에 대한 견해와 법원판단 ■

〔합병의 본질〕

1. 문제점 : 합병의 본질을 어떻게 볼 것인지 문제된다.

2. 학설

 (1) 인격합일설 : 합병되는 것은 법인격 자체로서 권리의무의 이전은 인격합일의 결과라고 보는 견해이다. 이에 의하면 사원지위의 승계 및 법인격소멸을 잘 설명할 수 있다.

 (2) 현물출자설 : 소멸하는 회사의 영업전부를 존속회사 또는 신설회사에 현물출자 함으로써 이루어지는 자본증가 또는 회사설립이라고 보는 견해이다. 이에 의하면 자산의 이전과정을 잘 설명할 수 있다.

3. 판례

 대법원은 사원지위의 수용을 합병의 요소로 파악하는 인격합일설의 태도라고 평가된다(2001다14351).

■ 이견있는 등기에 대한 견해와 법원판단 ■

〔합병의 불공정〕

1. 문제점 : 합병비율의 불공정을 이유로 합병무효의 소로써 다툴 수 있을 것인지 문제된다.

2. 학설

 (1) 적극설 : 합병비율이 현저하게 불공정한 경우 인정하는 견해이다. 주주보호를 이유로 한다.

 (2) 소극설 : 합병비율 결정은 사적자치에 속하는 문제이므로 합병무효의 소로써 다툴 수 없다는 견해이다.

3. 판례

 하급심판례에 의하면 합병대차대조표상의 1주당 순자산가치의 비율이 17 : 1임에도 불구하고 1 : 1의 비율로 합병한 사안에 대하여 이는 합병비율이 현저하게 불공정하다고 하여 합병을 무효라고 판시하였다(인천지법 1986. 8. 29. 85가합1526판결).

▣ 이견있는 등기에 대한 견해와 법원판단 ▣

〔주식매수청구절차 불이행시 합병의 효력〕
1. 문제점 : 주식매수절차 불이행의 경우 합병무효사유에 해당하는지 여부가 문제
   된다.
2. 학설
 (1) 유효설 : 합병결의 자체는 유효하다는 견해이다.
 (2) 무효설 : 주식매수청구권의 행사는 합병에 관한 주주의 이해에 중대한 영향
   을 미치므로 합병무효사유에 해당한다는 견해이다.

II. 합병으로 인한 등기절차

▣ 핵 심 사 항 ▣

1. 흡수합병의 등기절차
(1) 등기형태 : 존속회사에 관하여는 변경등기, 소멸회사에 관하여는 해산등기
(2) 등기기간 : 합병보고총회가 종결한 날 또는 합병보고총회에 갈음하는 이사회
   의 공고일로부터 본점소재지에서는 2주간 내, 지점소재지에서는 3주간 내에
   신청한다.
2. 신설합병의 등기절차
 (1) 등기형태 : 신설회사에 관하여는 설립등기, 소멸회사에 관하여는 해산등기
 (2) 등기기간 : 창립총회가 종결한 날 또는 합병보고의 창립총회에 갈음하여 이
   사회 결의로 공고로써 갈음하는 때에는 공고일로부터 본점소재지에서는 2주
   간 내에, 지점소재지에서는 3주간 내에 등기하여야 한다.

1. 흡수합병의 등기절차

(1) 등기형태

존속회사에 관하여는 변경등기를, 소멸회사에 관하여는 해산등기를 한다.

(2) 등기신청인

존속회사는 존속회사의 대표이사가 신청한다.

합병으로 인한 해산의 등기는 존속회사 소멸회사를 대표하여 신청한다(상업등기법 제101조, 제72조 1항 : 2007. 8. 3. 제정).

(3) 등기기간(상 제528조 1항)

합병보고총회가 종결한 날 또는 합병보고총회에 갈음하는 이사회의 공고일로부터 본점소재지에서는 2주간 내, 지점소재지에서는 3주간 내에 신청한다.

독점규제 및 공정거래에 관한 법률에 의한 '대규모회사'(자산총액 또는 매출액의 규모가 2조원인 회사)가 합병을 하기 위하여 공정거래위원회에 신고를 요하는 경우에는 신고후 일정기간(원칙적으로 30일이고, 공정거래위원회에서 이를 단축하거나 60일의 범위 내에서 연장 가능)이 경과하기 전까지는 합병등기를 할 수 없다. 따라서 그 기간 만료전에 합병보고 총회 또는 보고 총회에 갈음한 이사회의 공고를 한 경우에는 그 기간 만료일부터 등기기간이 진행된다.

(4) 신청절차

1) 동시신청

존속회사의 변경등기와 소멸회사의 해산등기는 존속회사의 본점소재지를 관할하는 등기소에 동시에 신청하여야 한다(상업등기법 제101조, 제72조 3항 ; 2007. 8. 3. 제정).

2) 등기목적·등기사유 등 기재

가. 존속회사

등기목적은 '흡수합병으로 인한 변경등기'로, 등기사유는 '20○○년 ○월 ○일 흡수합병의 절차 종료' 등으로 기재하고 연월일은 합병보고총회의 종결연월일을 기재한다.

나. 소멸회사

등기목적은 '합병으로 인한 해산등기'로 등기사유는 '합병으로 인한 해산'으로 기재한다.

3) 등기사항

가. 존속회사

① 합병으로 인하여 소멸한 회사의 상호 및 본점과 합병의 취지

② 합병으로 인하여 대표이사, 이사 등이 변경된 경우 그 사항

③ 합병으로 인한 신주 발행시 합병 후 존속회사가 발행할 주식의 총수. 단 신주수가 합병 전의 발행예정주식총수의 범위 내인 때에는 변경할 필요 없다.

④ 합병 후 존속회사의 발행주식의 총수, 그 종류와 각종 주식의 내용과 수

⑤ 합병 후 존속회사의 자본 총액

⑥ 사채 : 합병으로 인하여 전환사채 또는 신주인수권부사채를 승계한 때에는 위 등기가 동시에 사채의 등기를 하여야 한다(상 제528조 2항).

【쟁점질의와 유권해석】

<흡수합병에 의하여 존속회사가 취득한 자기주식을 소각하는 경우의 변경등기사항>

회사가 합병하는 경우에 해산 회사가 존속회사의 주식을 가지고 있다면 이는 존속회사가 자기주식을 취득하게 되는 경우에 해당하는 바, 합병계약서에 합병으로 취득하는 자기 주식을 소각하는 뜻과 그 주식의 수 및 소각으로 인한 자본액의 변동이 없다는 사실을 기재하는 경우에는 합병절차 외에 별도의 절차를 거치지 않고도 자본감소가 없는 주식소각이 가능할 것이며, 이 때 발행주식의 총수가 변경되므로 '발행주식의 총수, 그 종류와 각종 주식의 내용과 수'(상 제317조 2항 3호)에 대하여는 변경등기를 하여야 하나, '자본의 총액'(상 제317조2항 2호)에 대해서는 변경등기를 하지 않는다(등기선례 6-671).

나. 소멸회사(상업등기법 제69조 : 2007. 8. 3. 제정)

① 합병으로 소멸하는 회사의 상호 및 본점

② 합병을 한 뜻

③ 지점에서 하는 합병으로 인한 변경등기에 있어서는 합병연월일

4) 첨부서면

가. 존속회사

① 합병계약서

② 소멸회사의 합병계약 승인에 관한 주주총회의사록 단 간이합병의 경우 이사회의사록

③ 존속회사의 합병계약 승인에 관한 주주총회의사록. 단, 소규모 합병을 한 경우 이사회의사록과 주주총회 승인 없이 합병한다는 취지 및 소멸회사 상호 등을 공고 또는 이를 주주들에게 통지한 사실을 증명하는 서면

④ 채권자보호절차를 이행한 증명서 : 채권자에 대한 이의제출의 공고 및 최고를 한 사실과 이의를 진술한 채권자가 있는 때에는 변제 또는 담보를 제공하거나 신탁을 한 사실을 증명하는 서면을 말한다.

채권자에 대한 이의제출 공고 및 최고를 한 사실을 증명하는 서면으로는 이러한 사실을 공고한 신문 원본 등이 이에 해당하고, 채권자의 이의가 있을 때에는 변제, 담보제공 또는 상당한 재산을 신탁회사에 신탁하였음을 증명하는 서면, 예를 들면 변제영수증, 변제공탁서, 저당권이 설정된 등기부등본 등과 채권자의 이의가 없을 때에는 그 뜻이 기재된 대표이사의 진술서를 첨부한다. 이의를 진술한 채권자들의 채권의 존부나 채권액에 대하여 회사가 이를 다투고 있다는 사실만으로 이러한 서면의 첨부없이 합병등기를 할 수 없다(선례 Ⅵ-640, 669).

회사가 합병을 하는 경우에는 상법 제232조 또는 그 준용규정에 따른 회사 채권자의 보호절차를 반드시 밟아야 하는 것으로서, 합병 후 소멸하는 회사의 재무제표상 채무가 없다는 이유만으로는 그 절차를 생략하거나 보다 간이한 방법으로 채권자의 보호절차를 밟을 수 없다(1991. 8. 1, 등기 1617 질의회답).

【쟁점질의와 유권해석】

<이의를 진술한 채권자들의 채권의 존부와 채권액에 대하여 회사가 이를 다투고 있는 경우에도 합병으로 인한 변경등기신청서에 변제 등의 사실을 증명하는 서면을 첨부하여야 하는지 여부>

흡수합병으로 인한 변경등기신청서에는 상법 제527조의5 1항의 규정에 의한 공고 및 최고를 한 사실과 이의를 진술한 채권자가 있는 때에는 이에 대하여 변제 또는 담보를 제공하거나 신탁을 한 사실을 증명하는 서면을 첨부하여야 하는바, 이의를 진술한 채권자들의 채권의 존부와 채권액에 대하여 회사가 이를 다투고 있다(소송계속 중이라는 것임)는 사실만으로 위와 같은 서면의 첨부없이 합병으로 인한 변경등기를 신청할 수 없다(1999. 4. 2, 등기 3402-354 질의회답).

⑤ 소멸회사의 등기부등본 : 전산등기 전에는 이를 첨부하였으나 전산등기가 완료된 후에는 이를 첨부할 필요가 없으며, 합병으로 인한 해산법인의 등기신청서에 갈음하여 전산시스템에 의한 전산통지를 한다.

⑥ 주권제출공고증명서 : 합병으로 인하여 주식의 병합 또는 분할이 있을 때 첨부한다.

주식의 병합 또는 분할은 소멸회사의 주식에 관하여 하는 것이므로, 소멸회사 정관소정의 공고방법에 의하여 소멸회사의 주권제출의 공고를 한 사실을 증명하는 서면을 첨부하여야 한다.

【쟁점질의와 유권해석】

<피합병회사의 주권을 발행하지 아니한 경우 주권제출공고증명서를 첨부하여야 하는지 여부>

합병으로 인하여 주식을 병합 또는 분할하는 경우 합병으로 인한 변경등기 신청서에 반드시 주권제출의 공고를 증명하는 서면을 첨부하여야 하고, 피합병회사가 주권도 발행하지 아니하였고 다른 자들이 그 소유의 주식에 질권을 설정한 바가 없는 경우라도, 상법 제440조의 규정에 의하여 주권소유자에게 통지를 한 사실을 증명하는 서면을 첨부함으로써 위 공고를 증명하는 서면의 첨부에 갈음할 수 없다(1999. 3. 22, 등기 3402-311 질의회답).

⑦ 존속회사의 합병보고총회의 주주총회의사록.

단, 이사회의 공고로 합병보고주주총회를 갈음한 경우에는 공고를 증명하는 서면

합병 후 존속하는 회사가 합병으로 인하여 발행하는 주식의 총수가 그 회사의 발행주식총수의 100분의 5를 초과하지 아니하는 때에는(소규모합병) 그 존속하는 회사의 주주총회의 승인은 이를 이사회의 승인으로 갈음할 수 있는 바(상 제527조의3), 이 때 존속회사는 합병계약서를 작성한 날부터 2주 내에 소멸하는 회사의 상호 및 본점의 소재지, 합병을 할 날, 주주총회의 승인을 얻지 아니하고 합병을 한다는 뜻을 공고하거나 주주에게 통지하여야 한다.

⑧ 등기신청수수료, 등록면허세, 지방교육세 및 농어촌특별세 납부영수필통지서 및 확인서 등 : 합병에 의하여 자본액이 증가할 경우에는 그 증가한 자본액을 과세표준으로 하여 1,000분의 4의 등록면허세 및 그 100분의 20에 해당하는 지방교육세를 납부하여야 한다(지방세법 제26조 1항

6호 가목, 제151조 1항 2호). 여기서 자본증가란 존속회사의 자본금을 기준으로 하여 합병으로 증가된 부분을 말한다. 자본증가가 있는 경우 그 등록세의 금액이 75,000원 미만이면 75,000원으로 한다(지방세법 제28조 1항 6호). 대도시에 있는 법인이 설립 후 5년 이내에 합병으로 자본금이 증가할 때에는 그 증가자본액을 과세표준으로 하여 1,000분의 4의 3배의 등록세를 납부하여야 한다(동법 제28조 2항 1호). 자본증가를 수반하지 않는 경우는 23,000원으로 한다. 합병으로 인한 변경등기의 등기신청수수료는 6,000원(전자표준양식에 의한 경우는 4,000원, 전자신청에 의한 경우에는 2,000원)이며, 합병으로 인한 신설회사 설립의 경우에는 30,000원(전자표준양식에 의한 경우는 25,000원, 전자신청에 의한 경우에는 20,000원)이다. 합병으로 인한 소멸회사의 해산등기의 경우에는 6,000원(전자표준양식에 의한 경우는 4,000원, 전자신청에 의한 경우에는 2,000원)이다.

⑨ 기타의 서면 : 대리권한을 증명하는 서면, 관청의 허가(인가)서, 정관, 법원의 허가서 또는 총주주의 동의 등이 필요한 경우에는 이를 첨부하여야 한다.

나. 소멸회사

서면만 첨부 : 위임장, 등록세납부필확인서 등 일반적인 서면만 첨부하면 되고 그 외에 동시에 일괄신청하는 존속회사의 변경등기신청서에 첨부하는 서면 등을 다시 첨부할 필요가 없다.

(5) 등기신청의 처리

1) 존속회사

가. 동시접수, 조사

존속회사의 변경등기신청서와 소멸회사의 해산등기신청서를 동시에 접수하여 조사한다. 조사 후 두 개의 신청서 중 하나에 상업등기법 제27조 각 호의 1에 해당하는 각하사유가 있는 때에는 두 개의 신청서 모두를 각하하고 각하사유가 없는 때에는 합병으로 인한 변경등기 후 해산등기신청서 송부에 갈음하여 관할등기소에 전산통지를 한다.

나. 해산등기소에 해산의 전산통지와 신청서 보존

존속회사와 소멸회사의 본점이 동일 등기소 관할 내에 있으면 바로 합병으로 인한 해산등기를 하면 되나, 다른 관할 내에 있으면 소멸회사의 본점 소재지를 관할하는 등기소에 웹기반등기시스템에서 제공하는 통지프로그램을 이용하여 해산회사를 관할하는 등기소에 전산통지를 하고, 해산등기신청서는 존속회사의 변경등기신청서 또는 신설회사의 합병등기신청서와 함께 존속회사의 관할등기소 등에서 보존한다.

2) 소멸회사

위 전산통지가 해산등기소에 도달하면 자동으로 접수되며, 등기관은 이를 조사하여 각하사유가 없는 때에는 합병으로 인한 해산의 등기를 한다. 해산회사 관할등기소 등기관도 독립적인 심사권에 의하여 심사한 후 각하사유가 있으면 각하한다. 그러나 존속회사의 본점 소재지 관할등기소에서 이미 심사를 하였고, 합병은 존속회사의 합병등기에 의하여 그 효력이 발생하며, 해산등기신청서에는 첨부서면이 전혀 없으므로 각하되는 일은 극히 드물 것이다.

(6) 등기의 기록

1) 존속회사

자본증가사항은 각 해당란에 기재하고, 소멸회사의 상호, 본점, 합병연월일, 합병의 뜻에 관한 사항은 「기타사항란」에 기재한다.

2) 소멸회사

「기타사항란」에 합병으로 인한 해산의 뜻, 연월일, 존속회사의 상호, 본점 사항을 기타사항란에 기재하고, 등기기록을 폐쇄한다(상업등기규칙 제94조, 제104조).

【쟁점질의와 유권해석】

<회사합병으로 승계취득한 근저당권의 말소등기 신청방법>

합병에 의하여 존속하는 '갑'회사가 합병으로 인하여 소멸하는 '을'회사명의의 근저당권을 포괄승계한 후 근저당채무가 소멸하여 위 근저당권의 말소등기를 신청하는 경우에는, 합병에 의하여 근저당권을 등기없이 취득한다하더라도 등기절차상 중간생략등기를 할 수 있는 근거규정이 없는 한 근저당권의 이전과정을 그대로 등기하여야 하며, 또한 신청서에 기재된 등기의무자의 표시가 등기부와 부합하여야 하는데(부동산등기법 제55조 제6호) 갑 회사명의의 근저당권이전등기를 하여야만 위 근저당권의 말소등기의무자가 될 수 있고, 또한 근저당권은 피담보채권의 소멸에 의하여 당연히 소멸하는 것이 아니고 근저당권설정계약의 기초가 되는 기본적인 법률관계가 종료할 때까지 계속 존속하게 되므로 근저당채무가 소멸하였음을 이유로 근저당권설정등기의 말소등기를 신청하는 경우에는 근저당권설정계약을 해지하고 이를 원인으로 등기신청을 하여야 하므로, 먼저 합병으로 인한 근저당권이전등기를 마친 다음 근저당권의 해지를 원인으로 근저당권말소등기를 신청하여야 할 것이다(1999. 10. 27. 등기 3402-997 질의회답).

2. 신설합병의 등기절차

(1) 합병절차

1) 합병계약서의 작성

신설합병의 경우, 합병당사회사가 합병계약서를 작성하여 각기 주주총회의 승인을 얻어야 하는 점은 흡수합병의 경우와 같으나, 신회사를 설립하여야 하므로 정관의 작성 기타 설립행위를 할 설립위원을 각 회사에서 선임하여 이들이 설립에 관한 제반절차를 이행한 후 창립총회를 소집하는 점에서 차이를 갖는다.

합병계약서의 기재사항은 다음과 같다(상 제524조).

① 신설회사의 목적과 상호 : 해산회사의 조직이 그대로 신설회사로 승계되지 않는 한 신설회사의 상호는 해산회사의 상호로 사용하여도 무방하다고 보여진다.

② 회사가 발행할 주식의 총수

③ 1주의 금액

④ 종류주식을 발행할 때에는 그 종류와 수

⑤ 본점소재지

⑥ 신설회사가 합병 당시에 발행하는 주식의 총수, 종류와 수 및 각 회사의 주주에 대한 주식의 배정에 관한 사항 : 해산회사의 주주에게 그가 가진 주식 몇주에 대하여 신설회사의 주식을 몇 주로 배정하느냐의 비율을 말한다.

⑦ 신설회사의 자본금과 준비금의 총액 : 신설회사의 자본액은 해산회사의 순재산액 범위 내에서 합병당시에 발행하는 신주의 총수에 주금액을 곱한 금액이다.

⑧ 합병교부금을 정한 때에는 그에 관한 사항

⑨ 각 회사에서 합병의 승인결의를 할 주주의 총회(합병승인총회)의 기일 : 각 당사회사가 합병의 승인결의를 할 주주총회기일을 기재하여야 한다. 합병승인기일은 각 당사회사가 같은 날로 정하는 것이 보통이지만, 같은 날이 아니어도 상관없다.

⑩ 합병을 한 날(합병기일) : 합병보고총회에서 합병기일에 해산회사의 재산이 승계되었다는 사실을 보고하여야 하므로, 합병기일은 합병보고총회의 회 일 또는 이사회의 결의와 공고 이전이거나 또는 늦어도 이와 같은 날이어야 한다.

합병기일은 해산회사의 재산이 신설회사로 승계되고 신설회사의 주식이 해산회사의 주주에게 배정되어 당사회사가 실질적으로 합체하는 날을 말하는 것으로, 합병의 효력발생일인 합병등기일과 구별된다.

⑪ 합병으로 인하여 설립되는 회사의 이사와 감사 또는 감사위원회의 위원을 정한 때에는 그 성명 및 주민등록번호

2) 합병계약서 승인 및 설립위원 선임

신설합병의 경우에는 각 회사에서 선임한 설립위원이 공동하여 정관의 작성 기타 설립에 관한 행위를 하여야 한다(상 제175조 1항).

합병계약서의 승인이나 설립위원의 선임은 다같이 주주총회의 특별결의를 요하므로(상 제175조, 제522조), 1개의 총회를 소집하여 2개의 의안을 처리할 수 있다.

신설합병의 경우에는 간이합병이 적용되지 않는다(상 제522조 단서 참조).

3) 합병반대 주주의 주식매수청구권 행사

합병결의에 반대하는 주주는 주주총회 전에 회사에 서면으로 그 결의에 반대하는 의사를 통지한 경우에는 그 총회의 결의일로부터 20일 이내에 주식의 종류와 수를 기재한 서면으로 회사에 대하여 자기가 소유하고 있는 주식의 매수를 청구할 수 있다(상 제522조의3).

합병결의시의 이 청구권 행사에 관하여는 상법 제374조 2항, 제374조의2 2항 내지 4항이 준용된다(상 제530조 2항).

4) 채권자보호절차 이행

합병은 회사의 소멸 또는 회사의 조직변경을 가져오므로, 회사가 주주총회의 합병계약의 승인을 얻은 때에는 채권자보호절차를 이행하여야 한다. 그 절차는 흡수합병의 경우와 같다(상 제530조 2항, 제232조).

5) 주권제출공고, 공정거래위원회에 대한 신고·등록 및 재산인계

주권제출공고는 합병으로 인하여 소멸하는 회사가 그 회사 소정의 공고방법으로 정한 신문에 공고하였음을 증명하는 서면을 말한다. 그 외의 절차는 흡수합병의 경우와 같다.

6) 정관작성

선임된 설립위원은 공동으로 합병계약서에 정하는 바에 따라 정관을 작성하여야 하며(상 제175조), 기명날인 또는 서명하여야 한다.

실무상 합병계약서에 이 정관을 첨부하여 공증하므로 정관만 달리 공증할 필요가 없다. 또한 이 정관은 원시정관이 아니므로 공증인의 인증이 필요없다.

7) 창립총회(상 제527조)

설립위원이 합병에 필요한 실질적인 작업을 마무리하면 설립위원은 각 해산회사에서 채권자보호절차를 이행한 후, 주식의 병합 또는 분할이 있을 때에는 그 효력이 발생한 후, 주식의 병합 또는 분할에 따른 단주의 처치를 요할 때에는 그 절차의 완료 후에 지체없이 창립총회를 소집하여 경과보고를 해야한다(상 제572조 1항, 제603조).

이는 흡수합병의 보고총회에 대응하는 것으로서 설립위원의 설립사항에 관한 보고(상 제527조 3항, 제311조)를 듣고 이사와 감사를 선임하여야 하며(상 제527조 3항, 제312조), 합병계약의 취지에 반하지 아니하는 범위 내에서 정관 변경의 결의를 할 수 있다(상 제527조 2항).

창립총회가 종결되고 이사회에서 대표이사를 선임하면 등기절차만 남기고 신설합병의 절차는 종료한 것이라 할 것이다.

1998. 12. 28. 법률 제5571호로 개정된 상법은 이 창립총회를 소집하지 아니하고 이사회의 결의로 공고로써 주주총회에 대한 보고에 갈음할 수 있도록 하였는 바(상 제527조 4항), 합병으로 인한 창립총회도 합병시에 신설회사의 정관을 작성하고 임원을 선출하는 등 회사의 존속요건을 갖추었으면 주주총회에 갈음하여 이사회가 공고로써 주주총회에 갈음할 수 있다(상 제527조 4항).

8) 합병과 이사 및 감사(또는 감사위원회 위원)의 임기

신설합병의 경우 합병하는 회사의 이사 및 감사로서 합병 전에 취임한 자도 합병계약서에 다른 정함이 있는 경우를 제외하고는 합병 후 최초로 도래하는 결산기의 정기총회가 종료하는 때에 퇴임한다(상 제527조의4 1항).

9) 합병에 관한 서류의 사후공시

합병의 공정성, 투명성을 강화하고 주주 및 채권자를 보호하기 위하여 합병에 관한 주요사항을 기재한 서면을 합병한 날 이후 6개월간 본점에서 공시하여야 한다.

즉, 신설합병시 절차의 경과, 합병을 한 날, 합병으로 인하여 소멸하는 회사로부터 승계한 재산의 가액과 채무액, 기타 합병에 관한 사항을 기재한 서면을 합병한 날로부터 6월간 본점에 비치하여야 한다. 주주 및 채권자는 영업시간 내에는 언제든지 위 서류의 열람을 청구하거나, 회사가 정한 비용을 지급하고 그 등본 또는 초본의 교부를 청구할 수 있다(상 제527조의6).

(2) 합병으로 인한 설립등기절차

1) 등기형태

신설회사에 관하여는 설립등기를, 소멸회사에 관하여는 해산등기를 한다.

2) 등기신청인

① 신설회사는 신설회사의 대표이사가 신청한다.

② 합병으로 인한 해산의 등기는 신설회사의 대표자가 소멸회사를 대표하여 신청한다(상업등기법 제72조 1항 : 2007. 8. 3. 신설).

3) 등기기간

창립총회가 종결한 날 또는 합병보고의 창립총회에 갈음하여 이사회 결의로 공고로써 갈음하는 때에는 공고일로부터 본점소재지에서는 2주간 내에, 지점소재지에서는 3주간 내에 등기하여야 한다(상 제528조 1항, 제317조). 독점규제 및 공정거래에 관한 법률에 의한 '대규모회사'(자산총액 또는 매출액의 규모가 2조원인 회사)가 합병을 하기 위하여 공정거래위원회에 신고를 요할 경우에는 신고 후 일정기간(원칙적으로 30일이지만 공정거래위원회에서 이를 단축하거나 60일의 범위내에서 연장 가능)이 경과하기 전까지는 합병등기를 할 수 없다. 따라서 그 기간 만료전에 창립총회 또는 창립총회에 갈음한 이사회의 공고를 한 후에는 그 기간 만료일부터 등기기간이 진행된다.

4) 등기사항(상 제528조 1항, 제317조)

가. 신설회사

① 통상의 설립등기사항

② 합병으로 인하여 소멸한 회사의 상호 및 본점과 합병의 취지

③ 합병으로 인하여 전환사채 또는 신주인수권부사채를 승계한 때에는 사채의 등기도 동시에 하여야 한다.

나. 소멸회사(상업등기법 제69조 : 2007. 8. 3. 제정)

① 합병으로 소멸하는 회사의 상호 및 본점

② 합병을 한 뜻

③ 지점 소재지에서 하는 합병으로 인한 등기에 있어서는 합병연월일

【쟁점질의와 유권해석】

<신설합병으로 인한 지점설치등기에 있어서 소멸하는 회사의 등기가 잘못된 경우 합
병의 효력이 지점에 미치는지 여부>

신설합병으로 인한 지점설치등기에는 합병으로 인하여 소멸하는 회사의 상호 및 본
점과 합병을 한 뜻을 등기용지개설의 사유 및 연월일란에 통등기하여야 하는 바, 이
에 반하는 등기가 경료된 경우 합병의 효력이 그 지점에 미치는가에 대하여 보면, 신
설합병에서 합병의 효력은 신설회사의 본점소재지에서 합병의 등기를 한 때에 발생
하므로 위 지점의 합병의 효력에는 영향이 없다(선례 200202-12).

5) 동시신청

본점 소재지에서 하는 소멸회사의 해산등기와 신설회사의 설립 등기의 신청
은 신설회사의 본점 소재지를 관할하는 등기소에 동시에 하여야 한다(상업등
기법 제101조, 제72조 3항).

본점소재지에서 하는 소멸회사의 해산등기의 신청은 그 등기소의 관할구역
내에 신설회사의 본점이 없는 때에는 그 본점의 소재지를 관할하는 등기소를
거쳐야 한다(동법 제72조 2항).

6) 등기목적·등기사유등 기재방법

가. 신설회사

합병으로 인한 설립등기는 등기기록이 개설사유 및 연월일란에 기록하여야
한다(상업등기규칙 제74조).

등기목적은 "신설합병으로 인한 설립등기"로, 등기사유는 "20○○년 ○
월 ○일 신설합병의 절차 종료" 등으로 기재하고 연월일은 창립총회의 종결
연월일 또는 이에 갈음한 공고일을 기재한다.

나. 소멸회사

합병으로 인한 해산등기는 기타사항란에 하여야 하고, 이를 등기한 때에는
그 등기기록을 폐쇄하여야 한다(상업등기규칙 제94조).

등기목적은 "합병으로 인한 해산등기"로 등기사유는 "합병으로 인한 해
산"으로 기재한다.

7) 첨부서면(상업등기법 제95조)

458 제2편 회사의 등기

가. 신설회사

① 합병계약서 : 신설합병을 한 뜻과 소정의 합병계약서의 기재사항을 기재한 합병계약서를 첨부한다.

② 소멸회사의 주주총회 또는 이사회의 의사록이나 사원총회의 의사록 또는 총사원의 동의가 있음을 증명하는 서면 : 소멸회사가 주식회사인 때에는 주주총회의사록, 유한회사인 때에는 사원총회의사록, 합명 또는 합자회사인 때에는 총 사원의 동의서를 첨부하여야 한다. 주식회사의 경우 결의는 출석한 주주의 의결권의 3분의 2 이상의 수와 발행주식총수의 3분의 1 이상의 찬성을 얻어야 한다(상 제522조, 제434조). 신설합병의 경우에는 간이합병이 인정되지 않는다.

③ 상법 제527조의 5 제1항에 따른 공고 및 최고를 한 사실과 이의를 진술한 채권자가 있는 때에는 이에 대하여 변제 또는 담보를 제공하거나 신탁을 한 사실을 증명하는 서면 : 채권자에 대한 이의제출의 공고 및 최고를 한 사실(이러한 사실을 공고한 신문원본등)과 이의를 진술한 채권자가 있는 때에는 변제 또는 담보를 제공하거나 신탁을 한 사실을 증명하는 서면(변제영수증, 변제공탁서, 저당권이 설정된 등기부등본등)을 말한다.

이의를 진술하는 채권자가 없는 때에는 회사대표자 명의의 그 뜻의 진술서를 첨부하는 것이 실무관행이다.

이의를 진술하면 변제, 담보제공 또는 공탁한 사실을 증명하는 서면을 첨부한다.

④ 주권제출의 공고사실을 증명하는 서면 : 합병으로 인하여 주식을 병합 또는 분할하는 경우 합병으로 인한 변경등기신청서에 반드시 주권제출의 공고를 증명하는 서면을 첨부하여야 한다(상업등기법 제95조 2호, 제94조 4호). 피합병회사가 주권도 발행하지 아니하였고 다른 자들이 그 소유의 주식에 질권을 설정한 바가 없는 경우라도, 상법 제440조의 규정에 의하여 주권소유자에게 통지를 한 사실을 증명하는 서면을 첨부함으로써 위 공고를 증명하는 서면의 첨부에 갈음할 수는 없다(비송 제209조, 제215조, 상 제232조, 1999.3.22, 등기 3402-311 질의회답).

⑤ 정관(신설회사) : 정관에 주식양도제한 규정을 둔 경우, 회사가 발행할 주식총수, 상호, 목적, 발기인 등을 조사하기 위하여 정관이 필요하다.

이 정관은 설립위원이 작성한 정관으로 이 정관에는 사업 제292조가 준용되지 않으므로 공증인의 인증을 받지 않아도 효력이 있다.

⑥ 창립총회의사록 : 이사회가 공고로써 주주총회에 대한 보고에 갈음한 경우에는 이사회의사록을 첨부한다.

⑦ 이사·대표이사·감사(또는 감사위원회 위원)의 취임승낙을 증명하는 서면 : 이 서면은 그 진정담보를 위하여 인감증명법에 의한 인감을 첨부하고 그 증명을 첨부하여야 하나(규칙 제81조, 등기예규 978-1), 공증된 의사록에 취임승낙의 뜻이 기재되고 날인한 자(이사)는 인감증명의 제출이 생략된다(등기예규 제752호).

⑧ 이사·감사(또는 감사위원회 위원)의 주민등록번호를 증명하는 서면(법인등의등기사항에관한특례법규칙 제2조)

⑨ 명의개서대리인을 둔 때에는 그와의 계약을 증명하는 서면

⑩ 설립위원의 자격을 증명하는 서면 : 설립위원은 주주총회 또는 사원총회의 특별결의나 총 사원의 동의로써 정하여지므로(상 제175조), 이 총회의 의사록이나 총 사원의 동의서를 첨부하여야 한다. 그러나 합병을 승인하는 총회나 동의에서 설립위원을 선임한 때에는 위 ②의 서면이 이를 겸하게 된다.

⑪ 이사회의사록 : 이사회에서 대표이사를 선임한 경우, 본점소재 장소를 결정한 경우, 명의개서대리인을 특정한 경우 등에는 이사회의 의사록을 첨부해야 한다.

⑫ 소멸회사의 등기부등본

전산등기 전에는 이 서면을 첨부하였으나, 전산등기가 완료된 후에는 이를 첨부할 필요가 없으며, 합병으로 인한 해산법인의 등기신청서에 갈음하여 전산시스템에 의하여 전산통지를 한다.

⑬ 등록면허세, 지방교육세, 농어촌특별세 등 납부영수필통지서 및 확인서(비송 제159조 XVI, 농특 제4조, 제5조), 등기신청수수료 : 합병에 의하여 새로 법인을 신설할 때에는 그 자본액을 과세표준으로 하여 과세표준액의 1,000분의 4의 등록면허세 및 그 100분의 20에 해당하는 지방교육세를 납부하여야 한다(지세 제28조 1항 6호). 대도시에 있는 법인이 설립 후 5년 이내에 합병하는 경우 등록면허세는 3배 중과한다(지세 제28조 2항). 따라서 대도시에서 신설합병하는 경우에는 등록세를 3배 가

산한다.

신설합병으로 인하여 신설회사를 설립하는 경우에는 30,000원(전자표준
양식에 의한 경우는 25,000원, 전자신청의 경우에는 20,000원), 해산등기
의 경우에는 6,000원(전자표준양식에 의한 경우는 4,000원, 전자신청의
경우에는 2,000원)의 등기신청수수료를 납부한다.

⑭ 기타 서면 : 대리인에 의하여 신청할 때에는 그 권한을 증명하는 서면,
관청의 허가(인가)를 요할 때에는 그 허가(인가)서 또는 인증있는 등본
과 정관의 규정, 법원의 허가 또는 총주주의 동의가 없으면 등기할 사
항에 관하여 무효 또는 취소의 원인이 있는 때에는 정관, 법원의 허가
서, 총주주의 동의서 등이 필요할 때에는 이를 첨부한다.

⑮ 대표이사의 인감제출 : 등기신청서에 날인할 자로서 회사를 대표하는
이사는 등기소에 인감을 제출하여야 한다(상업등기법 제24조 1항).

나. 소멸회사

① 일반적인 서면만 첨부 : 위임장, 등록세납부필확인서 등 일반적인 서면
만 첨부하면 되고, 그 외에 동시에 일괄 신청하는 신설회사의 변경등기
신청서에 첨부하는 서면 등을 다시 첨부할 필요가 없다.

② 소멸회사의 해산등기신청서의 전산통지

이 소멸회사의 해산등기신청서는 신설회사의 관할등기소에서 보존하고,
신청서에 갈음하여 웹기반등기시스템에서 제공하는 통지프로그램을 이
용하여 해산회사를 관할하는 등기소에 전산통지를 하며, 이 통지에 의
하여 자동으로 접수된다.

8) 등기신청의 처리

가. 신설회사

① 동시 접수, 조사

신설회사의 설립등기신청서와 소멸회사의 해산등기신청서를 정보처리시
스템에 동시신청사건으로 접수하고 기입한 후 조사한다. 조사 후 두 개
의 신청서 중 하나에 상업등기법 제27조 각호의 1에 해당하는 각하사유
가 있는 때에는 두 개의 신청서 모두를 각하하고 각하사유가 없는 때에
는 합병으로 인한 설립등기 후 해산등기신청서를 우편으로 송부하지 아
니하고, 웹기반등기시스템에서 제공하는 통지프로그램을 이용하여 해산

회사를 관할하는 등기소에 전산 통지한다.

② 해산등기신청서의 보존

해산회사의 해산등기신청서는 신설회사의 설립등기신청서와 함께 존속 회사 또는 신설회사의 관할등기소에서 보존한다.

나. 소멸회사

전산통지가 해산회사의 관할등기소에 도달하면 자동으로 접수된다. 위 자 동접수된 신청서를 조사하여 각하사유가 없는 때에는 합병으로 인한 해산의 등기를 한다. 해산회사 관할등기소 등기관도 독립적인 심사권에 의하여 심사 한 후 각하사유가 있으면 각하한다. 그러나 신설회사의 본점 소재지 관할등 기소에서 이미 심사를 하였고, 또 합병은 신설회사의 설립등기에 의하여 그 효력이 발생하고, 또한 해산전산통지서에는 첨부서면이 전혀 없으므로 각하 되는 일은 극히 드물 것이다.

9) 등기의 기록

가. 신설회사

통상의 설립등기의 경우와 마찬가지로 해당란에 등기사항·등기원인 및 그 연월일·등기연월일을 기록하고, 등기관의 식별부호를 기록한다(상업등기규칙 제69조 2항).

나. 소멸회사

「기타사항란」에 합병으로 인한 해산의 뜻, 합병연월일, 소멸하는 회사의 상호, 본점사항을 기재하고 그 기록을 폐쇄한다. 해산등기를 하는 때에는 회 사의 지배인에 관한 등기를 말소하는 기호를 기록하여야 한다(상업등기규칙 제83조).

IX. 회사의 분할 · 분할합병

■ 핵 심 사 항 ■

1. 회사분할의 의의 : 회사분할이라 함은 회사의 영업을 둘 이상으로 분리하고 분리된 영업재산을 자본으로 하여 회사를 신설하거나 다른 회사와 합병시키는 조직법적 행위를 말한다.

2. 기능 : 회사의 분할은 경영의 전문화와 효율화를 도모할 수 있고, 위험도가 높은 사업부문을 모기업으로부터 분리시켜 위험부담의 범위를 한정시킬 수 있다.

3. 회사분할의 종류

(1) 단순분할과 분할합병 : 단순분할이란 회사의 영업을 수개로 분할하고 분할된 영업 중의 1개 또는 수개를 각 각 출자하여 1개 또는 수개의 회사를 신설하는 것을 의미한다(상 제530조의2 1항). 반면 분할합병이란 회사의 영업을 수개로 분할하고 분할한 일부 영업을 존립중의 다른 회사에 흡수합병시키거나 분할한 영업을 가지고 다른 존립중의 회사와 더불어 회사를 설립하는 것을 의미한다(상 제530조의2 2항).

(2) 소멸분할과 존속분할 : 단순분할은 다시 분할회사가 소멸하는 소멸분할(완전분할)과 소멸하지 않는 존속분할(불완전분할)로 나눌 수 있다.

(3) 인적분할과 물적분할 : 분할후 회사가 회사분할로 인하여 발행하는 신주는 분할전회사의 주주에게 귀속되는 것이 원칙이지만 예외적으로 분할전회사 스스로가 이를 취득하는 경우도 있다. 전자를 인적분할이라 하고 우리 상법이 원칙적인 형태로 규정하고 있다. 반면 후자를 물적분할이라고 하는데 이 또한 상법상 인정되고 있다(상 제530조의12).

Ⅰ. 총　설

1. 분할의 의의

(1) 분할 · 분할합병의 개념

회사의 분할이란 1개의 회사가 2개 이상의 부분으로 나뉘어 1개 또는 수개의 회사를 설립하거나(단순분할) 1개 또는 수개의 기존회사와 합병하고(분할합병) 자신은 소멸하거나 존속하는 상법상의 절차를 말한다. 이 때 분할로 인하여 설립되거나 분할 후 존속하는 회사를 분할 수익회사, 분할 수혜회사,

수익회사, 수혜회사, 양수회사, 인수회사, 승계회사, 분할의 상대방회사 등으로 칭하는데, 여기서는 분할의 상대방회사 또는 승계회사로 칭한다). 또 분할되는 회사는 분할되는 회사, 분할을 하는 회사, 분할회사, 피분할회사, 양도회사 등으로 칭하나 여기서는 분할되는 회사 또는 피분할 회사로 칭한다.

1998. 12. 28. 개정 상법에서는 주식회사에 한하여 회사분할제도를 신설하였는데, 상법 제530조의 2에서는 회사는 분할에 의하여 1개 또는 수개를 회사를 설립하거나(단순분할), 또는 회사는 분할에 의하여 1개 또는 수개의 존립 중의 회사와 합병할 수(분할합병) 있으며, 또한 회사는 분할에 의하여 1개 또는 수개의 회사를 설립함과 동시에 분할합병할 수 있도록 규정하고 있다(단순분할과 분할합병을 겸함).

해산 후의 회사는 존립중의 회사를 존속하는 회사로 하거나 새로 회사를 설립하는 경우에 한하여 분할·분할합병할 수 있다.

(2) 분할·분할합병의 효력발생시기

분할 또는 분할합병의 효력은 분할로 인하여 설립되는 회사 또는 존속하는 회사의 본점소재지에서 설립등기 또는 변경등기를 한 때에 발생한다(상 제530조의11 1항, 제234조).

이 때 분할로 인하여 설립되거나 분할 후 존속하는 회사는 분할되는 회사의 권리의무와 사원(주주)을 승계하며, 소멸되는 회사는 청산절차 없이 소멸된다.

주식회사를 분할하여 새로운 회사를 설립하는 경우에 분할되는 회사의 출자 이외에 새로운 주주를 모집하여 설립할 수도 있다(상 제530조의4, 규칙 제92조의3 5항, 선 2003. 9. 1).

【쟁점질의와 유권해석】

<계속중인 소송에서의 피분할 회사의 법률상 지위로 새로 설립된 회사에 승계되는지 여부>

ㄱ) 법인의 권리의무가 법률의 규정에 의하여 새로 설립된 법인이 승계되는 경우에는 특별한 사유가 없는 한 계속중인 소송에서 그 법인의 법률상 지위도 새로 설립된 법인에 승계된다.

ㄴ) 한국 전력공사가 존속회사로부터 신설회사가 분할되어 새로 설립되는 방식으로 발전회사들을 상법상 회사분할의 방식에 의하여 분할한 경우 존속회사인 한국전력공사에 관하여 진행중인 소송에서 신설된 분할회사인 발전회사에게로 소송의 당연승계가 이루어진다(대판 2002. 11. 26. 2001다44352).

2. 분할의 방법

(1) 완전분할과 불완전분할

완전분할이란 피분할회사가 소멸하면서 그 영업재산의 전체가 2개 이상의 회사로 나누어지는 분할형태이며, 불완전분할이란 피분할회사가 존속하면서 그 영업재산의 일부를 분할하여 신 회사를 설립하거나 기존회사에 출자하는 분할형태이다.

【쟁점질의와 유권해석】

<피분할회사가 존속하는 불완전분할의 경우 자본감소절차가 반드시 필요한지 여부>
주식회사의 분할 및 분할합병시 분할되는 것은 회사의 재산 즉 특정영업을 위하여 조직화되고 유기적 일체를 이루는 적극 및 소극재산이므로, 피분할회사가 존속하는 불완전분할의 경우에 분할로 피분할회사의 재산이 감소한다고 해서 필요적으로 자본감소를 수반하는 것은 아니며, 자본감소에 관한 사항이 분할계획서 또는 분할합병계약서에 포함된 때에 한하여 자본감소절차가 필요하다(2001. 12. 4, 3402-781 질의회답).

(2) 단순분할과 분할합병

이는 회사분할이 합병과 관련을 갖는지의 여부에 따른 구분이다. 즉, 분할의 상대방 회사가 신설된 회사이면 단순분할, 기존의 회사이면 분할합병이라 한다.

(3) 물적분할과 인적분할

1) 물적분할

피분할회사가 분할 또는 분할합병으로 인하여 설립되는 승계회사의 주식총수를 취득하는 경우가 물적분할이다.

2) 인적분할

피분할회사의 주주가 승계회사의 주식을 배정받는 경우가 인적분할이다. 상법상 회사의 분할은 원칙적으로 인적분할을 가리키며 물적분할에 관하여는 인적분할에 관한 규정을 준용하고 있다(상 제530조의12).

3) 물적흡수분할합병

이는 등기실무에서 인정하는 분할방법이다.

갑회사를 분할하여 그 일부와 을회사를 합병하고 갑회사와 을회사는 모두 존속하는 흡수분할합병을 하면서, 분할된 갑회사의 일부에 해당하는 출자지분에 관하여 존속하는 갑회사에게 주식을 배정·교부하는 이른바 물적흡수분할합병의 경우에도 분할합병에 따른 변경등기가 가능할 것이다(2003. 10. 8, 공탁법인 3402-239 질의회답).

3. 분할의 형태

(1) 완전분할의 형태

1) 단순분할(소멸신설분할)

피분할회사인 갑회사는 소멸하고 그 영업재산에 의하여 새로운 을, 병회사가 설립되는 경우를 말한다. 이 경우 신설되는 회사는 2개 이상이어야 한다.

2) 소멸흡수분할(소멸분할합병)

피분할회사인 갑회사는 소멸하고 그 분할된 영업재산을 존속 중인 기존의 을회사 및 병회사에 출자하는 경우이다. 이 경우에도 출자를 받는 기존의 회사는 2개 이상이어야 한다.

3) 소멸혼합분할

피분할회사인 갑회사는 소멸하고 소멸된 갑회사 영업재산의 일부를 출자하여 새로운 을회사를 설립하고, 또 나머지 영업재산의 일부를 존속 중인 기존의 병회사에 출자하는 경우이다.

(2) 불완전분할의 형태

1) 단순분할(존속신설분할)

피분할회사인 갑회사가 존속하면서 그 일부를 분할하여 새로운 을회사를 설립하는 경우이다.

2) 흡수분할합병(존속분할합병)

피분할회사인 갑회사가 존속하면서 그 일부를 존립 중인 기존의 을회사에 출자하는 경우이다.

[쟁점질의와 유권해석]

<흡수분할 합병시 무증자 합병이 가능한지 여부>

피분할회사가 존속하면서 일부사업부문을 인적분할하여 존립중인 기존의 회사에 흡수합병하는 소위 흡수합병분할에서, 분할되는 특정부문이 상법 제530조의7 제1항 제2호의 대차대조표상 순자산가치가 0(零)인 경우에는 합병차익이 존재하지 않으므로 피분할회사의 주주에게 분할합병의 상대방 회사의 주식의 배정이 없는 무증자합병이 가능하다(2002. 1. 2, 등기 3402-2 질의회답).

3) 신설분할합병

이는 다음의 두 가지 형태로 이루어질 수 있다. 첫째는 피분할회사인 갑회사의 일부가 기존의 을회사와 합병하여 새로운 병회사를 설립하고 을회사는 해산하는 경우이고, 둘째는 피분할회사인 갑회사의 일부와 기존의 을회사의 일부가 서로 합하여 신설의 병회사를 설립하는 경우이다. 이러한 경우에는 갑회사와 을회사는 모두 존속하게 된다.

4) 존속혼합분할

피분할회사인 갑회사가 존속하면서 그 재산의 일부를 출자하여 신설의 을회사를 설립하고, 재산의 일부를 존속 중인 기존의 병회사에게 양도하는 경우이다.

4. 분할·분할합병의 자유와 제한

(1) 주식의 가액이 다른 경우

분할합병 후의 신설회사는 분할 전의 회사와 분할합병신설회사의 株當 순자산가치가 동일하거나 구성주주가 동일할 필요는 없다고 할 것이다(상 제530조의4 참조).

예컨대 1주의 금액이 5천원인 회사와 1주의 금액이 1만원인 회사가 합병하는 경우, 1주의 금액을 동일하게 하여 분할합병하는 것이 편리하지만, 동일하게 하지 않은 채 분할합병계약을 하여도 계약자유의 원칙에 의하여 분할·분할합병당사회사가 기업의 규모에 따라 주식평가비율 또는 분할합병비율을 정할 것이므로 가능하다고 할 것이다.

(2) 주식회사 이외의 회사와 분할합병하는 경우

회사의 분할 및 분할합병은 피분할회사가 주식회사로만 한정되므로 주식회사 상호간에만 인정되고, 다른 상법상의 회사인 합명회사, 합자회사, 유한회사는 회사의 분할 또는 분할합병을 할 수 없다.

(3) 해산사유폐지 후 회사의 분할

해산 후의 회사는 존립 중의 회사를 존속하는 회사로 하거나 새로 회사를 설립하는 경우에 한하여 분할 또는 분할합병할 수 있다(상 제530조의2 4항). 따라서 해산사유가 발생한 회사는 분할하되 그 자체가 존속할 수는 없을 것이다.

(4) 1인 회사의 경우

현행상법은 회사분할의 경우 주주수에 특별한 제한을 두고 있지 아니하고 주식회사가 일정영업부분, 재산의 일부 등을 분할하기만 하면 되므로, 1인 주식회사의 분할도 가능하고, 물적분할의 경우에도 회사의 출자만으로 분할에 의한 회사설립을 할 수 있다(상 제530조의4 2항, 제530조의12).

(5) 피분할회사 채무초과의 경우

법인은 채무초과가 파산사유에 해당하고(채무자회생및파산에관한법률 제306조), 채무초과인 회사가 분할을 함으로써 채무초과 상태를 어느 한쪽 회사에 집중시켜 유한책임의 이익을 누리려는 분할제도의 남용우려가 있고, 대주주가 건실한 영업부분에서 소수주주를 축출하여 부실한 영업부분으로 모는 편법을 사용할 우려가 있으며, 합병의 경우에는 합병회사가 그 권리의무를 포괄승계하나, 분할의 경우에는 분할당사회사가 연대채무를 지는 것이 원칙이고(상 제530조의9 1항) 분할에 의하여 회사를 설립하는 경우 설립되는 회사가 분할되는 회사의 채무 중에서 출자한 재산에 관한 채무만을 부담할 것으로 정할 수도 있고, 채권자의 입장에서도 자기의 채권이 어느 신설분할회사에 배속되는가에 따라 채권의 만족여부가 결정되는 등 채권자보호에 문

제점이 있으므로 채무초과인 회사의 분할은 할 수 없다고 해석함이 타당할
것이나, 입법당시의 검토의견은 분할을 금지할 것인지 여부에 대하여 분할
후의 회사가 분할출자회사에 갈음하여 채권자에 대해 연대채무를 부담하기
로 하였으므로 금지하지 아니하기로 하였다고 한다(법무부, 개정상법 회사편
해설 109면).

5. 회사의 분할·분할합병의 효력

(1) 효력발생시기

분할 또는 분할합병의 효력은 분할로 인하여 설립되는 회사 또는 존속하는
회사의 본점소재지에서 설립등기 또는 변경등기를 한 때에 발생한다(상 제
530조의2 제1항, 제234조).

즉 단순분할이나 신설분할합병시에는 신설승계회사가 본점소재지에서 설립
등기를 한 때에, 흡수분할합병의 경우에는 기존의 승계회사가 본점소재지에
서 변경등기를 한 때에 그 효력이 발생한다.

(2) 내 용

1) 자산의 포괄승계

분할하는 회사의 권리의무가 분할계획서 또는 분할합병계약서가 정하는 바
에 따라 피분할회사의 적극·소극재산이 분할 또는 분할합병으로 인하여 설립
되는 회사 또는 존속하는 회사에 법률상 당연히 승계된다(상 제530조의10). 따
라서 피분할회사가 이로 인하여 소멸하는 경우에도 합병에 있어서와 같이 청
산절차를 요하지 아니한다.

2) 수혜회사의 채무승계 및 연대책임 등

합병에서는 피합병회사의 재산과 법인격이 포괄적으로 합병회사에 승계되나,
분할에서는 이같은 채무의 포괄승계는 없고, 분할계획서 또는 분할합병계약서
에 의하여 특정된 채무만을 인수한다(상 제530조의10).

또한 분할·분할합병으로 인하여 설립되는 회사 또는 분할합병 후에 존속하
는 회사는 분할 또는 분할 합병 전의 회사채무에 관하여 원칙적으로 연대책임
을 지나(상 제530조의9 1항), 예외적으로 피분할회사의 주주총회의 결의로 복
수의 수혜회사가 피분할회사의 채무 중에서 출자한 재산에 관한 채무만을 부

담할 것을 정할 수 있다(상 제530조의9 2항). 이 경우에는 채권자보호절차를 거쳐야 한다(상 제530조의9 제4항).

3) 주식의 발행 및 귀속

분할계획서에서 분할기일을 정한 때에는 그 기일에 피분할회사의 재산은 수혜회사에 인계되고, 피분할회사의 주주는 분할에 의하여 자신의 주주권을 수혜회사의 주주권과 분할계획에서 정한 대로 교환하게 된다.

피분할회사의 승계재산에 상응하는 수혜회사의 주식을 피분할회사의 주주가 취득하며, 이러한 당사회사의 주식간의 교환으로 별도의 양도, 주금납입, 주식의 인수절차 등의 절차 없이 피분할회사의 주주는 수혜회사의 주주가 된다.

4) 법인격에 대한 효과

회사의 분할 및 분할합병으로 소멸하는 회사는 청산 절차 없이 해산하고 해산과 동시에 법인격이 소멸되므로 해산등기만 하면 된다.

합병의 경우에는 피합병회사의 재산과 법인격이 모두 포괄적으로 승계되지만 회사분할의 경우는 법인격의 승계가 인정되지 아니한다.

II. 회사분할·분할합병의 절차

1. 회사분할의 절차

주식회사의 분할절차는 기본적으로 합병절차를 준용하므로(상 제530조의11, 제522조의2, 제526조, 제527조, 제528조, 제529조, 제527조의5) 합병절차와 유사하다. 구체적인 분할절차는 다음과 같다.

(1) 분할계획서 작성

회사분할은 이사의 회사에 대한 업무집행(상 제393조 1항)에 속하므로 당연히 이사회의 결의가 있어야 하며, 이사회의 결의에서 분할계획서의 내용을 구체적으로 결정하여야 할 것이다.

단순분할의 경우 분할의 효력발생과 동시에 새로운 회사가 신설되기 때문에 피분할회사만이 분할의 당사회사가 되고 분할합병의 경우와 달리 분할계약의 상대방이 존재할 수 없으므로 피분할회사의 대표기관인 이사회가 단독으로 분할계약서를 작성한다.

분할계약서의 기재사항은 다음과 같다.

1) 신설회사에 대한 기재사항(상 제530조의5 1항)

① 설립되는 회사의 상호, 목적, 본점의 소재지 및 공고방법

② 설립되는 회사가 발행할 주식의 총수 및 액면주식·무액면주식의 구분

③ 설립되는 회사가 분할 당시에 발행하는 주식의 총수, 종류 및 종류주식의 수, 액면주식·무액면주식의 구분

설립되는 회사가 분할당시에 발행하는 주식의 총수란 분할신설회사의 설립자본을 이루는 주식수(상 제289조 2항 5호)를 말한다.

이에 의하여 피분할회사의 주주에게 신설회사의 주식을 어느 종류로 몇 주로 배정하느냐의 비율이 결정된다.

신주의 배정비율은 피분할회사의 주주총회에서 승인된 분할계획서에 의하여 결정하며, 이는 또한 분할에 따른 주주에 대한 분할교부금의 산정 등을 위하여도 필요하다.

④ 분할되는 회사의 주주에 대한 설립되는 회사의 주식의 배정에 관한 사항 및 주식의 배정에 따른 주식의 병합 또는 분할을 하는 경우에는 그에 관한 사항

분할로 인하여 피분할회사의 재산은 설립되는 회사에 이전되고 주주의 지위도 승계된다. 설립회사의 주주에 대하여는 피분할회사의 주식에 비례하여 설립회사의 주식을 종전의 피분할회사 주주에게 지분비율대로 부여하는 것이 원칙이나, 그 주식의 배정비율은 피분할회사의 분할계획서에 따라 그와 다르게 결정될 수 있다. 즉, 신설회사의 피분할회사의 주주에 대한 주식의 배정비율은 피분할회사의 분할계획서에 의하여 결정된다고 할 것이다.

'배정에 따른 주식의 병합 또는 분할을 하는 경우에는 그에 관한 사항'이란 신설회사의 주식을 병합하거나 분할한다는 뜻이 아니고, 분할로 인한 주식배정의 편의를 위하여 분할 이전의 피분할회사의 주식을 병합하거나 분할하는 것을 뜻한다고 할 것이다.

⑤ 분할되는 회사의 주주에게 지급할 금액(교부금)을 정한 때에는 그 규정

피분할회사의 주주에게 분할신설회사의 주식을 교부함에 있어서 주주의

소유주식 일부에 대하여는 분할신설회사의 주식에 갈음하여 금전으로 지급할 수 있다. 이를 분할교부금이라 하는데 이는 합병절차의 합병교부금에 대비된다.

이는 피분할회사의 재산에 대하여 간단한 분할비율에 의하여 주식배정을 할 수 없는 경우에 그 비율을 조정하기 위하여 피분할회사의 주주에게 주식 대신에 금전을 교부하는 것이다.

⑥ 설립되는 회사의 자본금과 준비금에 관한 사항

분할신설회사의 자본액은 피분할회사의 순재산액 범위 내에서 분할당시에 발행하는 신주의 총수에 주금액을 곱한 금액이다.

분할신설회사의 준비금 총액을 분할계획서에 기재하여야 하는 바, 이는 피분할회사의 준비금의 일부를 분할신설회사의 준비금으로 교부하는 것이라고 할 것이다.

⑦ 분할로 인하여 설립되는 회사에 이전될 재산과 그 가액

분할 전 회사의 재산이 신설되는 회사에 이전되는 재산의 종류와 그 가액을 분할계약서에 명백히 하여야 한다.

회사분할에서 적극재산 뿐만 아니라 소극재산인 부채도 분할대상이 되는 바, 합병의 경우에는 포괄적으로 합병회사에 이전되므로 문제가 없으나, 분할의 경우에는 수 개의 회사에 나누어 이전되는 것이 보통이므로 부채의 어느 부분이 어느 회사로 승계되는가를 명백히 분할계획서에 명시할 필요가 있다.

⑧ 설립되는 회사가 분할되는 회사의 채무 중에서 출자한 재산에 관한 채무만을 부담할 것을 정한 때에는 그 규정

수혜회사는 원칙적으로 분할 전 피분할회사의 채무에 대하여 연대채무를 지나(상 제530조의9 1항), 수혜회사가 피분할회사의 채무 중에서 출자한 재산에 관한 채무만을 부담하기로 정할 수 있다. 이 때에는 피분할회사가 분할 후에도 존속하는 경우에 그 나머지 채무만을 부담하게 된다.

⑨ 설립되는 회사의 이사와 감사 또는 감사위원회 위원을 정한 경우에는 그 성명과 주민등록번호

⑩ 설립되는 회사의 정관에 기재할 그 밖의 사항

회사의 분할시 피분할회사의 출자만으로 회사를 설립할 수 있고, 그 외 피분할회사의 정관으로 특별한 규정을 정할 수 있는 바, 피분할회사의 출자만으로 회사를 설립하는 경우에는 분할계획서에 위의 사항만을 기재하면 될 것이다.

2) 분할 후 존속하는 회사(피분할회사)에 대한 기재사항(상 제530조의5 제2항)

① 감소할 자본금과 준비금의 액

피분할회사의 자본은 분할로 인한 설립회사의 자본을 공제한 금액이 되므로 그 자본금을 기재하며, 또한 피분할회사 준비금의 일부를 신설회사에 교부한 경우에는 그 교부금을 제외한 준비금의 금액을 기재한다.

다만, 경우에 따라서는 피분할회사의 자본이 감소하지 아니하는 경우도 있다.

② 자본감소의 방법

자본감소는 주주 전원에 대하여 그 소유주식별로 일률적으로 할 수도 있고, 특정 주주의 주식에 대하여 신설회사로의 분할을 할 수도 있다고 할 것이다.

③ 분할로 인하여 이전할 재산과 그 가액

회사의 분할로 인하여 수혜회사에 이전할 재산과 그 금액을 특정하여 기재하여야 한다.

④ 분할 후의 발행주식의 총수

분할 후의 분할주식총수를 기재한다.

⑤ 회사가 발행정주식의 총수를 감소한 경우에는 그 감소할 주식의 총수, 종류 및 종류별 주식의 수

⑥ 정관변경을 가져오게 되는 그 밖의 사항

그 외 분할로 인하여 정관의 변경(영업의 종류변경으로 인한 목적변경 등)을 가져오는 경우 이를 기재하되, 분할로 인하여 지배주주인 이사가 신설회사로 간 경우에는 이사의 변경이 있을 것이므로 이사·감사 또는 감사위원회 위원에 관한 사항 등을 기재한다.

(2) 분할관계서류 등의 공시(상 제530조의7)

분할되는 회사의 주주와 회사채권자는 회사의 분할에 따르는 이해관계가 크므로, 주주가 분할결의에서 찬성할 것인지 여부를 사전에 판단할 수 있게 하고 또한 회사채권자는 분할에 이의를 제기할 것인지의 여부를 사전에 판단할 수 있게 하기 위해 관계서류 등을 공시한다.

공시할 분할관계서류는 다음과 같다.

1) 분할되는 회사의 경우

① 분할계획서 또는 분할합병계약서

② 분할되는 부분의 대차대조표

③ 분할합병의 경우에는 분할합병의 상대방 회사의 대차대조표

④ 분할되는 회사의 주주에게 발행할 주식의 배정에 관하여 그 이유를 기재한 서면

2) 흡수분할합병의 상대방 회사의 경우

① 분할합병계획서

② 분할되는 회사의 분할되는 부분의 대차대조표

③ 분할되는 회사의 주주에게 발행할 주식의 배정에 관하여 그 이유를 기재한 서면

3) 공시기간 및 방법

서류의 공시는 분할승인을 위한 주주총회일의 2주전부터 분할등기를 한 날 이후 6월이 경과한 날까지이며, 위 서류를 본점에 비치하여야 한다.

(3) 분할의 결의

회사가 분할을 함에는 주주들의 이해관계에 중대한 영향을 미치므로 분할계획서를 작성한 것만으로 되는 것이 아니고 주주총회의 특별결의에 의한 분할결의가 있어야 한다.

1) 주주총회의 결의(상 제530조의3 1항, 2항, 3항)

분할계획의 승인주주총회를 소집하기 위하여는 회일을 정하여 2주간 전에

각 주주에게 서면으로 통지서를 발송하여야 한다.

회사분할에 대한 주주총회의 승인은 출석한 주주 의결권의 3분의 2 이상의 수와 발행주식총수의 3분의 1 이상의 수로써 한다. 이 결의에는 의결권 없는 우선주식도 의결권을 행사할 수 있다. 통상 회사가 발행한 주식 중 의결권이 없는 주식(무의결권주식)은 주주총회에서 의결권을 행사할 수 없으나(상 제370조 1항), 회사의 분할·분할합병의 경우에는 의결권도 없고 달리 구제수단도 없는 의결권 없는 주주를 보호하기 위하여 의결권없는 주식도 의결권이 있다는 특별규정을 두고 있다(상 제530조의3 3항).

2) 종류 주주총회의 결의(상 제530조의3 5항)

회사가 수종의 주식을 발행한 경우에 분할로 인하여 어느 종류의 주주에게 손해를 미치게 되는 때에는(갑회사의 우선주의 주주에게 신설회사 또는 기존회사인 병회사의 보통주를 교부하는 경우 등) 종류주주총회의 결의도 있어야 한다. 이 결의는 출석한 주주 의결권의 3분의 2 이상의 수와 그 종류의 발행주식총수의 3분의 1 이상의 수로써 한다(상 제530조의3 5항, 제435조).

3) 주주 전원의 동의(상 제530조의3 6항)

회사의 분할로 인하여 분할에 관련되는 각 당사회사의 주주의 부담이 가중되는 경우에는 주주총회 및 종류주주총회의 결의 외에 그 주주 전원의 동의도 있어야 한다.

여기서 부담이 가중되는 경우란 주주유한책임의 원칙상 주주에게 추가출자를 강요할 수 없기 때문에 여기서 부담의 가중이라는 것은 추가출자를 뜻한다고 풀이하는 견해(이태로, 이철송)와 주주의 지위하락이라는 견해(최기원)가 있다.

(4) 채권자보호절차의 이행(상 제530조의9 4항, 제530조의11 2항)

회사의 분할로 인하여 회사의 채권자가 손해를 보게 될 위험이 있으므로 분할의 성립요건으로 채권자보호절차를 법정하고 있다. 단순분할의 경우 원칙적으로 채권자 보호절차는 필요하지 아니하나 분할에 의하여 설립되는 회사가 피분할회사의 채무중에서 설립되는 회사에 출자하는 재산에 관한 채무만을 부담할 것으로 정한 때에는 채권자보호절차를 밟으면 된다.

【쟁점질의와 유권해석】

<회사분할의 경우에 피분할회사의 주주가 행사할 수 있는 권리>

ㄱ) 분할 후에 신설된 회사 또는 출자를 받는 기존의 회사에 대한 주식교부청구권(상 제530조의5 제1항 4호)

ㄴ) 분할교부금의 인도청구권(동조 5호)

ㄷ) 분할계약서 기타 대차대조표 등의 열람 및 교부청구권(상 제530조의7)

ㄹ) 분할합병에 반대하는 주주의 주식매수청구권(상 제530조의2 제1항)

ㅁ) 분할무효소송의 제기권

그러나 주식매수청구권은 단순분할의 경우에는 인정되지 않고 분할합병의 경우에만 인정된다.

1) 이의제출 공고, 최고(상 제530조의9 4항, 제530조의11 2항)

가. 공고 · 최고의 기간 및 방법

분할결의는 회사의 내부절차이므로 그 내용을 알 수 없는 회사 채권자들에게 주주총회의 분할승인결의가 있는 날로부터 2주 내에 채권자에 대하여 분할에 이의가 있으면 '1월 이상의 기간 내'에 이의를 제출할 것을 공고하여야 한다. 공고를 할 때는 회사가 공고하는 방법에 의하여 하고, 알고 있는 채권자에 대하여는 각별로 이를 최고하여야 한다.

나. 공고 · 최고기간 내에 이의를 제출하지 않는 경우의 효과

위 기간 내에 이의를 제출하지 않는 때에는 분할을 승인한 것으로 보고 이의를 제출한 때에는 회사는 그 채권자에 대하여 변제 또는 상당한 담보를 제공하거나 이를 목적으로 하여 상당한 재산을 신탁하여야 한다.

2) 분할 후 신설회사(존속회사)의 연대책임(상 제530조의9 1항, 2항, 3항)

분할로 인하여 설립되는 회사 또는 존속하는 회사는 분할 전의 회사채무에 관하여 연대하여 변제할 책임이 있다. 다만, 분할에 의하여 회사를 설립하는 경우에 설립되는 회사가 피분할회사의 채무 중에서 출자한 재산에 관한 채무만을 부담할 것을 정할 수 있고, 이때에 피분할회사는 분할로 인하여 설립하는 회사가 부담하지 아니하는 채무만을 부담한다(상 제530조의9 제2항).

【쟁점질의와 유권해석】

<분할에 의하여 설립되는 회사가 분할 전의 회사채무를 전혀 승계하지 않기로 하는
합의의 효력 유무>

분할에 의하여 설립되는 회사 또는 분할합병에 따른 출자를 받는 존립중의 회사가
분할 또는 분할합병 전의 회사채무를 전혀 승계하지 않기로 하는 내용의 합의는 상
법 제530조의9에 위반한 것이어서 상법 제527조의5에 정한 채권자보호절차를 거쳤
는지 여부를 불문하고 채권자에 대한 관계에서 아무런 효력이 없고, 따라서 위 설립
되는 회사 또는 존립중인 회사는 분할 또는 분할합병 전의 회사채무에 대하여 분할
되는 회사와 연대책임이 있다(대판 2006. 10. 12, 2006다26380).

3) 분할에 관한 서류의 사후공시(상 제530조의7 1항, 2항)

분할이 이루어진 경우에 분할당사회사의 이사는 채권자 이의절차의 경과, 분
할로 인하여 소멸하는 회사로부터 승계한 재산의 가액과 채무액, 기타 분할에
관한 사항을 기재한 서면을 분할을 한 날로부터 6개월간 본점에 비치하여야
한다.

(5) 주권제출공고 등

피분할회사의 주주에 대한 신설회사 주식의 배정에 따라 주식의 병합 또는
분할이 필요한 경우에는 이를 위한 주권제출의 공고를 하고 이에 부수하여
단주의 처치가 필요한 경우에는 그 절차도 이행하여야 한다(상 제530조의11
1항, 제329조의2, 제440조~제444조).

주식을 합병하는 경우에는 1개월 이상의 기간을 정하여 그 뜻과 기간 내에
주권을 회사에 제출할 것을 공고하고 주주명부에 기재된 주주와 질권자에
대하여는 각별로 그 통지를 하여야 한다(상 제440조).

주권제출기간 내에 구주권을 회사에 제출할 수 없는 자가 있는 때에는
회사는 그 자의 청구에 의하여 3개월 이상의 기간을 정하고 이해관계인에
대하여 그 주권에 대한 이의가 있으면 그 기간 내에 제출할 뜻을 공고하
고 그 기간이 경과한 후에 신주식을 교부하여야 한다(상 제530조의11 1항,
제442조).

주식의 병합 또는 분할을 위한 주권제출공고는 피분할회사가 주권을 발행

하지 아니하였거나 전주주의 동의가 있다 하더라도 이를 생략할 수 없다 할 것이다.

(6) 정관작성

피분할회사의 대표이사는 분할계획서의 규정에 저촉되지 아니하는 범위 내에서 분할로 인하여 신설되는 회사의 정관을 작성하여야 한다(상 제530조의11 1항, 제527조). 이에는 작성자인 대표이사가 기명날인하거나 서명하여야 한다.

보통 회사의 설립시에 작성한 정관은 원시정관으로서 공증인의 인증을 받아야하지만(상 제292조), 분할에 의한 회사설립시에 작성하는 정관은 원시정관이 아니므로 공증인의 인증을 받을 필요는 없다.

(7) 주식의 인수, 분할교부금의 지급 등

인적분할의 경우에 있어서 분할한 회사의 출자만으로 회사를 설립하는 경우에는 분할계획서가 정하는 바에 따라 피분할회사의 주주에게 설립되는 회사의 주식을 배정하고 교부금을 정한 때에는 그 금액을 지급한다. 다만, 물적분할의 경우에는 주주가 아니라 피분할회사가 설립되는 회사의 주식을 교부받는다.

피분할회사의 주주는 분할교부금이 분할계획서에 기재된 경우에 한하여 이에 대한 지급을 청구할 수 있다.

(8) 주식의 납입과 현물출자의 이행

(9) 검사인의 선임 등

회사설립시 변태설립사항이 있거나 현물출자의 경우에는 검사인의 조사를 받아야 한다.

그러나 회사의 분할에 의한 회사설립시 일반적인 회사설립규정을 준용하고 있는 바(상 제530조의4 1항), 인적분할의 경우에 불비례적으로 신주가 발행되는 경우와 신설회사가 분할회사의 출자 외에 다른 출자에 의하여 설립되는 경우 변태설립사항이 있는 경우에 한하여 검사인의 조사보고가 필요하므로(상 제530조의4 2항, 규칙 제92조의3 5항), 일반적으로 분할되는 재산에 현물출자의 요소가 포함되어 있다고 하더라도 검사인에 의한 조사절차를 밟지 않아도 된다.

분할절차에서 검사인의 조사보고가 필요한 경우 검사인은 당사회사가 발행한 주식이나 지분의 상대적 가액이 적절한지 여부와 교환비율이 공정한지 여부 등을 확인하여 법원에 보고하여야 할 것이다.

(10) 분할대상재산의 이전

회사의 분할로 수 개의 신설회사를 설립할 경우 피분할회사의 재산이 분할로 인하여 설립되는 수 개의 회사에 이전되어야 한다. 이 재산은 적극재산뿐만 아니라 소극재산도 포함하며, 이는 분할의 대상재산이 된다.

(11) 창립총회 또는 이에 갈음한 이사회의 결의와 공고

피분할회사의 대표이사는 채권자보호절차 종료 후, 회사의 분할로 인하여 주식의 병합이 필요한 때에는 그 효력이 생긴 후 새로운 출자가 있는 경우에는 이에 관한 납입과 현물출자의 이행을 현물출자의 이행을 완료한 후 지체없이 신설회사 설립을 위한 창립총회를 소집하여야 한다(상 제530조의11 1항, 제527조, 제530조의4 1항, 제308조).

이 경우 분할계획에서 이사 및 감사 등이 선임된 때에는 별도의 창립총회를 요하지 않고 이사회의 결의와 공고로써 할 창립총회에 갈음할 수 있다. 그리고 분할시에 모집절차가 병행되는 경우에도 창립총회에 갈음하여 이사회의 결의와 공고로써 할 수 있다(상 제530조의11 1항, 제527조 4항). 이 총회에서는 피분할회사의 대표이사의 설립사항에 관한 보고를 듣고 분할계획서 또는 분할승인 주주총회에서 분할로 인하여 설립되는 회사의 이사·감사 또는 감사위원회 위원을 정하지 아니한 경우에는 이사와 감사 또는 감사위원회 위원을 반드시 선임하여야 한다(상 제530조의11 1항, 제312조). 그러나 이사가 1인인 회사에서는 창립총회를 이사회의 공고로 갈음할 수 있다.

창립총회가 종결되고 이사회에서 대표이사 선임 및 본점소재장소 등을 정하면 등기절차만 남기고 회사분할의 절차는 종료한 것이라 할 것이다.

(12) 등 기

분할로 인한 존속회사의 분할·분할합병에 의한 변경등기 또는 신설회사의 설립등기에 의하여 회사분할은 그 효력을 발생한다(상 제234조, 제269조, 제

530조의11 1항).

회사분할에서는 분할승인총회가 종결한 날부터, 분할합병에서는 존속회사에서 분할합병보고총회를 개최한 때에는 분할합병보고총회가 종결한 날부터, 분할합병보고총회에 갈음하여 이사회 결의로 공고로써 갈음할 때에는 공고일부터, 각 본점소재지에서는 2주간 내에 지점소재지에서는 3주간 내에 등기를 신청하되, 피분할회사 및 흡수분할합병회사에서는 변경등기를, 분할로 인하여 소멸하는 회사는 해산등기를, 분할 또는 분할합병으로 설립되는 회사는 설립등기를 각 신청하여야 한다(상 제530조의11 1항, 제528조 1항, 비송 제217조, 제192조 1항).

2. 분할합병의 절차

(1) 분할합병계약서 작성

분할합병하는 당사회사 모두는 분할합병계약서를 작성하여 주주총회의 승인을 받아야 한다.

분할합병의 경우에는 자본감소를 하는 피분할회사에 관한 사항, 자본증가를 하는 흡수분할합병의 상대방회사에 관한 사항, 새롭게 회사를 설립하는 신설분할합병의 신설회사에 관한 사항 등의 세 종류의 회사 형태에 따라 분할합병계약서의 기재내용이 다르게 된다.

1) 흡수분할합병의 경우 상대방회사에 대한 분할합병계약서의 기재사항 (상 제530조의6 1항)

① 분할합병의 상대방 회사가 분할합병으로 인하여 발행 주식의 총수를 증가하는 경우에는 증가할 주식의 총수, 그 종류 및 종류별 주식의 수

회사의 분할합병으로 상대방 회사가 존속회사가 되는 경우에 피분할회사의 주주가 가지고 있던 주식수에 따라 존속회사의 주식을 주기 위하여 신주를 발행하는 경우에 그 수는 존속회사의 발행예정주식총수의 한도 내이어야 하고, 그 한도가 신주의 발행에 부족한 때에는 그 한도를 확대할 필요가 있다. 이러한 주식의 정리를 위하여 이를 기재사항으로 한 것이다.

② 분할합병의 상대방 회사가 분할합병을 함에 있어서 발행하는 신주의 총

수, 종류 및 종류별 주식의 수

③ 분할되는 회사의 주주에 대한 분할합병의 상대방 회사의 주식의 배정에 관한 사항 및 배정에 따른 주식의 병합 또는 분할을 하는 경우에는 그에 관한 사항

회사의 분할합병으로 인하여 피분할회사의 분할되는 부분의 재산은 존속회사에 이전되고 주주의 지위도 승계되는 것이 보통이기 때문에 피분할회사의 주주에 대하여는 존속회사의 주식을 부여하는 것이나, 분할합병신주의 배정은 분할합병당사회사의 재산상태를 평가한 당사회사의 분할합병비율에 따라 결정된다.

분할합병으로 인한 존속회사가 수종의 주식을 발행할 때에는 이를 분할합병계약서에 기재하여야 한다.

④ 분할되는 회사의 주주에 대하여 분할합병의 상대방 회사가 지급할 금액을 정한 때에는 그 규정

이는 분할합병의 교부금에 관한 것이다. 분할합병에 있어서 피분할회사의 주주는 존속회사의 주식을 받는 것을 원칙으로 하나, 피분할회사의 주식과 존속회사의 주식의 가치의 비율이 등가가 아니기 때문에 피분할회사의 주주에게 금전을 교부하여 이를 조정할 수 있다.

⑤ 분할합병의 상대방 회사가 증가할 자본금의 총액과 준비금에 관한 사항

분할합병의 경우, 피분할회사의 주주를 위하여 존속하는 회사가 신주를 발행하면 그 권면액에 신주수를 곱한 금액만큼 자본이 증가하는데, 이것이 '증가할 자본'이 된다.

자본이든 준비금이든 이는 모두 계산상의 수액에 불가한 것이므로 분할합병 후의 존속회사의 자본 또는 준비금은 분할합병당사회사의 자본 또는 준비금의 합계액일 필요는 없다.

⑥ 분할되는 회사가 분할합병의 상대방 회사에 이전할 재산과 그 가액

⑦ 분할합병에 따른 출자를 받는 존립 중의 회사가 분할되는 회사의 채무 중에서 출자한 재산에 관한 채무만을 부담할 것을 정한 때에는 그 규정

회사의 분할합병으로 인한 채무의 부담은 원칙적으로 연대채무를 지는 것이나(상 제530조의9 1항), 분할합병계약에 의하여 다르게 정할 수 있으

므로, 분할합병의 상대방 회사가 피분할회사의 채무 중에서 피분할회사가 출자한 재산에 관한 채무만을 부담하기로 정할 수 있다(상 제530조의9 3항). 이로 인하여 피분할회사는 그 잔여채무만을 부담하도록 정한 경우에는 그 내용을 기재하여 채무의 부담회사를 특정하여야 한다.

이 경우 피분할회사가 분할 후의 존속하는 때에는 분할합병으로 인하여 존속하는 회사가 부담하지 아니하는 채무만을 부담한다(상 제530조의9).

⑧ 각 회사에서 분할합병계약서의 승인결의를 할 주주총회의 기일

주식회사가 분할합병하기 위하여는 분할합병계약서를 작성하여 주주총회의 승인을 얻어야 하며, 분할합병계약서에는 각 당사회사가 분할합병의 승인결의를 할 주주총회의 기일을 기재하여야 한다(상 제522조 1항).

⑨ 분할합병을 할 날

분할합병을 한 날은 회사의 분할합병으로 인한 피분할회사의 재산이 존속회사로 승계되고 존속회사 또는 신설회사의 주식이 피분할회사의 주주에 배정되어, 당사회사가 실질적으로 합체하는 날을 말한다.

분할합병기일은 배정일과 같은 날이 보통이나, 반드시 같을 필요는 없다.

⑩ 분할합병의 상대방 회사의 이사와 감사를 정한 때에는 그 성명과 주민등록 번호

회사의 분할합병으로 인하여 존속하는 상대방 회사에 관하여 이사와 감사를 정한 때에는 그 성명과 주민등록번호를 기재한다.

이는 피분할회사가 상대방 회사의 경영에 참여하기 위하여 자사측의 인사를 상대방 회사의 이사 및 감사로 취임할 것을 희망하는 경우 등에 그 이사와 감사를 정하며, 이 때에는 별도의 창립총회 또는 보고총회 등에서 이사 및 감사를 선임하지 않아도 된다.

⑪ 분할합병의 상대방 회사의 정관변경을 가져오게 되는 그 밖의 사항

분할합병으로 인하여 존속하는 회사의 정관을 변경하기로 정한 때에는 그 규정을 기재한다.

분할합병으로 인하여 존속 또는 피분할회사의 이사를 영입하기 위하여 존속회사 이사의 수를 증가시키거나 주식의 배정에서 존속회사 또는 피분할회사 주주에게 유리한 규정을 두도록 정하는 경우, 피분할회사의 영업목적

을 변경하는 경우, 분할합병으로 인하여 설립하는 회사가 피분할회사의 영업을 승계하는 경우의 상호승계시 상호변경 등을 예로 들 수 있다.

2) 신설분할합병의 경우 분할합병의 신설회사에 관한 분할합병계약서의 기재사항(상 제530조의6 2항)

피분할회사의 일부가 다른 회사의 일부 또는 다른 회사의 전부와 분할합병을 하여 새로이 회사를 설립하는 경우이다.

① 설립되는 회사의 상호, 목적, 본점의 소재지 및 공고방법

② 설립되는 회사가 발행할 주식의 총수 및 1주의 금액

③ 설립되는 회사의 자본과 준비금에 관한 사항

신설회사의 자본액은 분할합병당사회사의 순재산액 범위 내에서 분할합병 당시에 발행하는 신주의 총수와 분할합병한 회사의 순자산액 범위 내에서 분할합병당시 발행하는 신주의 총수에 각 주금액을 곱한 금액이다.

④ 각 회사가 설립되는 회사에 이전될 재산과 그 가액

⑤ 설립되는 회사가 피분할회사의 채무 중에서 출자한 재산에 관한 채무만을 부담할 것을 정한 때에는 그 규정

피분할회사의 채무는 원칙적으로 흡수분할합병회사 또는 신설분할합병회사와 연대채무를 지는 것이나, 설립되는 회사가 피분할회사의 채무 중에서 출자한 재산에 관한 채무만을 부담키로 정할 수 있다. 이 때에는 피분할회사가 분할 후에도 존속하는 경우에 그 나머지 채무만을 부담하게 된다.

다만, 이는 분할에 의하여 설립되는 경우에만 적용되고 합병에 의하여 설립되는 경우에는 그렇지 않아 피합병회사의 권리의무는 당연히 승계한다고 할 것이다(상 제235조, 제530조 2항).

⑥ 설립되는 회사의 이사와 감사 또는 감사위원회 위원을 정한 경우에는 그 성명과 주민등록번호

⑦ 설립되는 회사가 분할합병 당시에 발행하는 주식의 총수, 종류 및 종류별 주식의 수

⑧ 각 회사의 주주에 대한 주식에 관한 사항과 배정에 따른 주식의 병합 또는 분할을 하는 경우에는 그 규정

설립회사의 주주에 대하여는 피분할회사 또는 피분할합병회사의 주식에 비례하여 설립회사의 주주에 대하여는 피분할회사 또는 피분할합병회사의 주식에 비례하여 설립회사의 주식을 부여하나, 그 주식의 배정비율은 분할합병 당사회사의 분할합병계약서에 따라 결정된다.

⑨ 각 회사의 주주에게 지급할 금액(교부금)을 정한 때에는 그 규정

분할합병에 있어서 피분할회사와 그에 따라 설립되는 회사 및 합병의 경우에 있어서 소멸회사의 주주는 피분할회사 또는 피합병회사의 주식에 비례하여 설립회사의 주식을 받는 것을 원칙으로 한다. 그러나 이는 피분할합병회사의 주식과 피분할회사의 주식 가치의 비율이 등가가 아니고, 분할합병회사의 재산상태가 간단한 분할합병비율에 의하여 주식배정을 할 수 없는 경우에 그 비율을 조정하기 위하여 당사회사의 주주에게 주식 대신에 금전을 교부하는 것이다.

⑩ 각 회사에서 분할합병계약서의 승인결의를 할 주주총회의 기일

⑪ 분할합병을 할 날

⑫ 신설 회사의 정관에 기재할 사항

정관의 임의적 기재사항인 주권양도제한규정 등이 있는 경우에는 그 규정 등을 기재한다.

3) 분할합병 후 존속하는 회사(피분할회사)에 대한 기재사항

① 감소할 자본과 준비금의 액

주식회사의 분할로 인하여 피분할회사에서 신설회사로 이전되는 자본만큼은 피분할회사의 자본에서 감소되어야 하므로 그 금액을 기재한다.

② 자본감소의 방법

자본감소의 방법으로는 일부 주주가 그 소유 전 주식을 가지고 분할로 인한 신설회사의 주주가 됨으로써 그 특정주주의 주식을 감소하는 방법과 회사의 주주전원의 주식을 일률적으로 감소시켜 이를 신설회사의 자본으로 하는 경우, 위 두가지 방법을 병행하는 경우 등이 있다.

③ 분할로 인하여 이전할 재산과 그 가액

④ 분할합병 후의 발행주식의 총수

⑤ 회사가 발행할 주식총수를 감소하는 경우에는 그 감소할 주식의 총수, 종류 및 종류별 주식의 수

⑥ 정관변경을 가져오게 되는 그 밖의 사항

(2) 분할합병관계서류 등의 공시

분할되는 회사의 주주와 회사채권자는 회사의 분할에 따르는 이해관계가 크므로, 주주가 분할합병결의에서 찬성할 것인지 여부를 사전에 판단할 수 있게 하고 또한 회사 채권자는 분할합병에 이의를 제기할 것인지의 여부를 사전에 판단할 수 있게 하기 위해 관계서류 등을 공시한다.

피분할회사의 이사는 주주총회일의 2주 전부터 분할합병을 한 후 6월간 ① 분할합병계약서, ② 분할되는 부분의 대차대조표, ③ 분할합병의 상대방 회사의 대차대조표, ④ 피분할회사의 주주에게 발행할 주식의 배정에 관하여 그 이유를 기재한 서면을 회사의 본점에 비치하여야 한다.

그리고 분할합병회사의 상대방 회사의 이사는 주주총회일의 2주 전부터 분할합병의 등기를 한 후 6월간 ① 분할합병계약서, ② 분할되는 회사의 분할되는 부분의 대차대조표, ③ 피분할회사의 주주에게 발행할 주식의 배정에 관하여 그 이유를 기재한 서면을 본점에 비치하여야 한다.

(3) 분할합병의 결의

1) 주주총회의 결의

가. 원칙 : 주주총회의 특별결의

분할합병계약의 승인은 주주총회의 특별결의를 얻어야 한다.

분할합병계약서는 신설분할합병의 경우에는 모든 당사회사에서 체결된 단일한 분할합병계약서를 작성하여 각 주주총회의 승인을 받으면 되나(상 제530조의6 2항), 흡수분할합병의 경우에는 분할시와 분할합병시마다 각별로 계획서 또는 계약서를 작성하여 주주총회의 승인을 받아도 된다고 할 것이다.

분할합병에 대한 승인주주총회의 의결은 출석한 주주의결권의 3분의 2 이상의 수와 발행주식총수의 3분의 1 이상의 수의 특별결의로 하며, 이 결의에는 의결권 없는 우선주식도 의결권을 행사할 수 있다(상 제530조의3 2항·3항·4항, 제434조, 제370조, 제363조).

분할합병의 경우 피분할회사 주주총회의 분할승인결의와 분할합병회사 주주총회의 분할합병승인 결의가 각각 필요하다.

나. 예외 : 간이분할합병·소규모분할합병의 경우

예외적으로, 1999년도 개정상법은 흡수분할합병의 경우에 합병의 경우와 같이 간이분할합병과 소규모분할합병이 인정된다.

① 간이분할합병 : 주식회사의 분할합병의 경우에 피분할 회사의 총주주의 동의가 있거나 또는 그 회사의 발행주식총수의 100분의 90 이상을 분할합병의 상대방 회사가 소유하고 있는 경우에는 피분할 회사의 주주총회 승인은 이사회의 승인으로 갈음할 수 있다(상 제530조의11 2항, 제527조의2 1항). 이때 피분할회사는 주주총회의 승인을 얻지 않고 분할한다는 뜻을 공고하거나 또는 주주에게 통지하여야 하는 데, 총주주의 동의가 있는 경우에는 그러하지 아니하다.

② 소규모분할합병(상 제530조 2항, 제527조의3 1항·2항·3항·4항·5항) : 분할합병의 상대방 회사가 분할로 인하여 발행하는 신주의 총수가 그 회사의 발행주식총수의 100분의 10을 초과하지 아니한 때에는 그 분할합병의 상대방 회사의 주주총회 승인은 이사회의 승인으로 갈음할 수 있다. 다만, 피분할회사의 주주에게 지급할 금액을 정한 경우에 그 금액이 분할합병의 상대방 회사의 최종 대차대조표상으로 현존하는 순자산액의 100분의 5를 초과하는 때에는 정식분할 절차에 의하여야 한다(상 제530조의11 2항, 제527조의3 1항). 소규모분할의 경우에 분할합병의 상대방 회사의 분할합병계약서에는 주주총회의 승인을 받지 아니하고 분할합병한다는 뜻을 기재하여야 하고, 이러한 뜻과 피분할 회사의 상호 및 본점의 소재지와 분할합병할 날을 분할합병계약서를 작성한 날로부터 2주 내에 공고하거나 주주에게 통지하여야 한다. 이러한 통지 또는 공고에 의하여 분할 후 회사의 발행 주식총수의 100분의 20 이상에 해당하는 주식을 소유한 주주가 위의 공고 또는 통지를 한 날로부터 2주 내에 회사에 대하여 서면으로 이러한 분할합병에 반대하는 회사를 통지한 때에는 정식분할합병절차를 밟아야 한다. 이러한 소규모분할의 경우에는 분할합병 반대주주의 주식매수청구권은 인정되지 않는다.

2) 종류주주총회

회사가 수종의 주식을 발행한 경우에 분할합병으로 인하여 어느 종류의 주주에게 손해를 미치게 되는 때에는 주주총회승인결의 외에 그 종류의 종류주주총회의 결의가 있어야 한다. 이 결의는 출석한 주주 의결권의 3분의 2 이상의 수와 그 종류의 발행주식총수의 3분의 1 이상의 수로써 한다(상 제530조의3 5항, 제435조). 종류주주총회는 각 분할합병 당사회사마다 하여야 한다.

합병에서도 합병당사회사가 수종의 주식을 발행한 경우에는 분할과 같은 요건으로 종류주주총회의 승인을 요하도록 규정하고 있다(상 제522조 3항, 제434조, 제435조).

3) 주주 전원의 동의

회사의 분할합병으로 인하여 분할합병에 관련되는 각 회사의 주주의 책임이 가중되는 경우에는 승인주주총회의 결의, 종류주주총회의 결의 외에 책임이 가중되는 주주전원의 동의도 있어야 한다(상 제530조의3 6항).

회사의 분할·분할합병으로 인하여 주주의 부담이 가중되는 경우로는 국세기본법 제39조에 의하여 2차납세의무자로서 회사의 채무에 대한 직접책임을 지게 되는 경우와 피분할회사에는 주식양도제한규정이 없는데 분할로 인한 신설회사 및 분할합병으로 인한 흡수분할합병회사는 주식양도제한규정을 두는 경우 등에서 볼 수 있다.

(4) 주식매수청구권 행사

주식매수청구권이란 원래 주주총회에서 주주의 이익에 중대한 영향을 미치는 사항이 다수결에 의하여 결의된 경우에 위 결의에 반대하는 주주가 회사에 대하여 자기의 소유주식을 공정한 가격으로 매수할 것을 청구할 수 있는 주주의 권리이다.

회사의 분할합병은 회사의 재산과 영업이 포괄적으로 이전되어 주주의 이해관계에 영향을 미치는 점에서 합병과 같으므로, 회사의 분할합병에는 회사합병시의 주식매수청구권의 규정이 준용된다(상 제530조의11 2항).

분할합병결의사항에 관하여 이사회의 결의가 있는 때에 그 분할합병의 결의에 반대하는 주주는 주주총회 전에 회사에 서면으로 그 결의에 반대하는 의사를 통지하고, 결의일로부터 20일 이내에 주식의 종류와 수를 기재한 서면으로 회사에 대하여 자기가 소유하고 있는 주식의 매수를 청구할 수 있다(상 제522조의3).

매수가격은 주주와 회사간에 협의에 의하여 결정하되, 협의가 이루어지지 않는 경우에는 회계전문가에 의하여 산정된 가격을 매수가격으로 한다(상 제374조의2 3항 단서).

(5) 채권자 보호절차

회사의 분할합병으로 인하여 회사의 채권자는 손해를 보게 될 위험이 있으므로 분할합병의 성립요건으로 채권자보호절차를 법정하고 있다.

1) 이의제출 공고, 최고(상 제530조의9 4항)

가. 공고·최고의 기간 및 방법

분할합병결의는 회사의 내부절차이므로 그 내용을 알 수 없는 회사 채권자들에게 주주총회의 분할합병승인결의가 있는 날로부터 2주 내에 채권자에 대하여 분할합병에 이의가 있으면 '1월 이상의 기간 내'에 이의를 제출할 것을 회사가 공고하는 방법에 의하여 공고하고, 또 알고 있는 채권자에 대하여는 각별로 이를 최고하여야 한다.

나. 공고·최고의 기간 내에 이의를 제출하지 않은 경우의 효과

위 기간 내에 이의를 제출하지 않은 때에는 분할합병을 승인한 것으로 보고 이의를 제출한 때에는 회사는 그 채권자에 대하여 변제 또는 상당한 담보를 제공하거나 이를 목적으로 하여 상당한 재산을 신탁하여야 한다.

2) 분할합병 후 신설회사(존속회사)의 연대책임(상 제530조의9 1항, 2항, 3항)

분할합병으로 인하여 설립되는 회사 또는 존속하는 회사는 분할 또는 분할합병 전의 회사채무에 대하여 연대하여 변제할 책임을 진다. 분할에 의하여 회사를 설립하는 경우에 설립되는 회사가 피분할회사의 채무 중에서 출자한 재산에 관한 채무만을 부담할 것을 정할 수 있고, 이때에는 피분할회사는 분할로 인하여 설립되는 회사가 부담하지 아니하는 채무만을 부담한다. 그러나 분할에 의하여 설립되는 회사 또는 분할합병에 따른 출자를 받는 존립중의 회사가 분할 또는 분할합병 전의 회사채무를 전혀 승계하지 않기로 하는 내용의 합의는 상법 제530조의9에 위반한 것이어서 상법 제527조의5에 정한 채권자보호절차를 거쳤는지 여부를 불문하고 채권자에 대한 관계에서 아무런 효력이 없고, 따라서 위 설립되는 회사 또는 존립중의 회사는 분할 또는 분할합병 전의 회사채무에 대하여 분할되는 회사와 연대책임을 진다(대판 2006. 10. 12, 2006다 26380).

3) 분할합병에 관한 서류의 사후공시(상 제530조의7 1항, 2항)

분할합병이 이루어진 경우에 당사회사의 이사는 채권자 이의절차의 경과, 분할합병으로 인하여 소멸하는 회사로부터 승계한 재산의 가액과 채무액, 기타 분할에 관한 사항을 기재한 서면을 분할합병을 한 날로부터 6개월간 본점에 비치하여야 한다.

(6) 주권제출공고 등

분할합병시 주식의 배정을 위하여 주식의 병합 또는 분할이 필요한 경우에는 이를 위한 주권제출의 공고를 하고, 이에 부수하여 단주의 처치(주식의 분할 또는 병합에 적당하지 아니한 주식의 경매 등)가 필요한 경우에는 1개월 이상의 기간을 정하여 그 뜻과 주권을 회사에 제출할 것을 공고하고 주주와 질권자에 대하여 각별로 통지하는 등의 절차를 이행하여야 한다(상 제530조의11 1항, 제440조～제444조).

주식을 합병하는 경우에는 1개월 이상의 기간을 정하여 그 뜻과 그 기간 내에 주권을 회사에 제출할 것을 공고하고 주주명부에 기재된 주주와 질권자에 대하여는 각별로 그 통지를 하여야 한다(상 제440조).

(7) 공정거래위원회 및 증권관리위원회에 대한 신고 및 등록

자산총액 또는 매출액의 규모가 1천억원 이상인 회사(계열회사의 자산총액 또는 매출액을 합산한 규모) 또는 기업결합신고대상회사의 특수관계인이 다른회사와의 합병, 다른회사의 영업의 전부 또는 주요부분을 양수하는 경우 등에는 공정거래위원회에 신고하여야 한다(독점법 제12조, 독점령 제12조, 제18조).

상법 제530조의2(회사의 분할·분할합병) 1항의 규정에 의하여 분할에 의한 회사 설립의 경우는 기업결합에 해당하지 아니하나(독점법 제7조 1항 Ⅴ), 분할합병에 의한 회사 설립의 경우는 포함된다고 하여야 할 것이다.

기업결합의 신고는 당해 기업결합일로부터 30일 이내에 하되, 합병 등에 의한 경우에는 기업결합의 당사회사 중 1 이상의 회사가 대규모회사인 경우에는 합병계약을 체결한 날 또는 영업양수계약을 체결한 날 또는 회사설립에 의 참여에 대한 주주총회의 의결이 있는 날로부터 30일 이내에 신고하여야 하고 (독점법 제12조 4항, 독점령 제11조, 제18조, 경제기획원고시 제44호), 신고 후 30일이 경과할 때까지는 합병등기를 하여서는 아니되나, 이 신고가 있는 경우 공정거래위원회는 필요하다고 인정할 때에는 위의 기간을 단축하거나 60일을 초과하지 아니하는 범위 내에서 연장할 수 있다(독점법 제12조 5항).

(8) 분할합병시 주식의 액면가 및 직권의 물상대위

분할합병하는 회사의 대표이사는 분할합병계약서에서 정하는 바에 따라 그 규정에 저촉되지 아니하는 범위 내에서 분할합병으로 인하여 신설되는 회사의 정관을 작성하여야 한다(상 제530조의11 1항, 제527조). 이 정관에는 작성자 겸 설립위원인 대표이사가 기명날인하거나 서명한다.

통상 회사의 설립시에 작성하는 정관은 원시정관으로서 공증인의 인증을 받아야 하지만(상 제292조), 분할·분할합병에 의한 회사설립시에 작성하는 정관은 원시정관이 아니므로 공증인의 인증을 받을 필요가 없다.

(9) 주식의 인수 등

인적분할에 있어서 분할합병 당사회사의 출자만으로 회사를 설립하는 경우에는 분할합병계약서가 정하는 바에 따라 피분할합병회사의 주주에게 수혜회사의 주식을 배정하고 또 교부금을 정한 때에는 그 금액을 지급하고 분할합병을 한 날에 피분할회사 및 피분할합병회사가 수혜회사에 재산을 인계하면 된다. 다만, 물적분할의 경우에는 주주가 아니라 피분할회사 등이 수혜회사의 주식을 교부받는다.

한편, 분할합병으로 인하여 설립되는 회사나 존속하는 회사에 대하여 새로운 출자를 하게 한 경우에는 현물출자자는 현물출자에 대한 검사인의 조사보고 또는 공증인의 조사보고 및 공인된 감정인의 감정으로 분할합병계약서에서 정한 주식을 인수하게 하고, 금전에 의한 출자자는 청약서에 의하여 주식을 청약하고 주금을 납입하도록 하는 등 통상의 설립절차에 있어서와 같은 주식의 인수 등의 절차를 이행하여야 한다(상 제530조의4 1항, 제299조의2, 제302조).

(10) 주식의 납입과 현물출자의 이행

피분할회사의 출자만으로 회사를 설립하는 경우에는 피분할회사의 출자 목적인 재산을 신설회사 등 수혜회사의 대표자에게 인계하면 되는 것이지만, 분할합병 당사회사의 출자 외에 새로운 출자를 하게 한 경우에는 대표이사가 분할합병계약서에서 정한 납입기일에 주식인수인은 통상의 설립절차에 있어서와 같이 인수가액 전액의 납입과 현물출자의 이행을 하여야 하며(상 제530조의4 1항, 제305조), 이를 증명하는 주금납입증명서면을 등기신청서에 첨부하여야 한다.

(11) 현물출자와 검사인의 선임 등

단순분할절차와 달리 회사분할합병절차에 관하여는 검사인의 조사보고의 생략규정이 없으며, 분할합병절차에서 새로운 출자를 하여 회사를 설립하는 경우에 있어서 변태설립사항이 있는 경우와 불비례적으로 설립회사의 신주를 분할합병회사의 주주에게 교부하는 경우에는 검사인의 조사보고가 필요하다(상 제530조의4 2항). 따라서 검사인은 당사회사가 발행한 주식이나 지분의 상대적 가액이 적절한지 여부와 주권배정비율이 공정한지 여부 등을 확인하여 법원에 보고하여야 할 것이다.

(12) 재산인계(분할합병의 실행)

분할합병으로 인하여 설립되는 회사 또는 분할합병의 상대방 회사는 분할합병을 할 날에 피분할회사 등으로부터 이전받기로 한 재산과 부담하기로 한 채무에 관하여 인계절차를 완료하고 교부금이 있을 때에는 이를 지급하여야 한다.

보통 이날 분할합병으로 인한 피분할회사 또는 분할합병으로 인한 해산회사의 주주는 분할합병에 의한 존속회사 또는 신설회사의 주식을 배정받게 되어 그 주식인수인이 된다. 그리하여 분할합병기일에 당사회사는 실질적으로 합체되지만, 이 합체는 확정적인 것이 아니고 분할합병등기에 의한 분할합병의 효력발생을 조건으로 하는 것이다(상 제530조의11 1항, 제234조).

(13) 창립총회, 보고총회 또는 보고총회에 갈음하는 이사회 결의와 공고

1) 분할합병 후의 보고총회

분할합병의 상대방회사는 피분할회사의 출자를 받아 자본을 증가하게 되어 결국 흡수합병의 경우 존속회사와 유사한 지위를 갖는다. 이러한 경우 분할합병의 상대방회사의 대표이사는 분할합병에 따른 채권자보호절차를 마친 후, 주식병합이 있을 경우 그 효력이 발생한 후 지체없이 주주총회를 소집하여 분할합병에 관한 사항을 보고하여야 한다(상 제530조의11 1항, 상 제526조). 그러나 이러한 보고총회를 이사회 공고로 갈음할 수 없다.

2) 분할후의 창립총회

분할에 의하여 신설되는 회사에서는 창립총회를 소집하여야 한다. 이 때 설립위원의 임무는 피분할회사의 대표이사가 담당하므로 창립총회도 피분할회사의 대표이사가 소집한다(상 제530조의11 1항). 그러나 창립총회도 이사회의 공고로 갈음할 수 있다. 하지만 이사가 1인인 회사에서는 창립총회를 이사회의 공고로 갈음할 수 없다.

(14) 등 기

분할로 인한 존속회사의 분할합병에 의한 변경등기 또는 신설회사의 설립등기에 의하여 분할합병은 그 효력을 발생한다(상 제234조, 제269조, 제530조의11 1항).

분할에서는 분할승인총회가 종결한 날부터, 존속회사에서 분할합병보고총회를 개최한 때에는 분할합병보고총회가 종결한 날부터, 분할합병보고총회에 갈음하여 이사회 결의로 공고로써 갈음할 때에는 공고일로부터, 각 본점소재지에서는 2주간 내에, 지점소재지에서는 3주간 내에 등기를 신청하되, 피분할회사 및 흡수분할합병회사에서는 변경등기를, 분할로 인하여 소멸하는 회사는 해산등기를, 분할 또는 분할합병으로 설립되는 회사는 설립등기를, 각 대표이사가 신청하여야 한다(상 제530조의11 1항, 제528조 1항, 비송, 제217조, 제192조 1항).

Ⅲ. 분할·분할합병의 등기

1. 등기 형태 등

(1) 등기형태

① 분할 후 존속하는 회사에 대하여는 변경등기를,

② 분할로 인하여 소멸하는 회사에 대하여는 해산등기를,

③ 분할로 인하여 설립된 회사에 대하여는 설립등기를 한다.

(2) 동시신청

분할 또는 분할합병으로 인한 변경등기와 설립등기 및 해산등기의 신청은 각 회사의 등기소가 같은 경우이든 각기 다른 경우이든 동시에 신청하여야 한다(상업등기법 제97조 1항, 규칙 제92조의3 1항, 3항).

2. 등기신청서를 제출할 등기소

(1) 각 회사의 관할등기소가 다른 경우

존속회사·신설회사·소멸회사의 본점소재지를 관할하는 등기소가 일치하지 않는 경우

① 존속회사와 신설회사만이 있는 때에는 존속회사 관할등기소

② 소멸회사와 존속회사 또는 신설회사만이 있는 때에는 소멸회사 관할등기소

③ 분할되는 회사(피분할회사)와 분할합병의 상대방 회사가 모두 존속하는 경우에는 피분할회사의 관할등기소

④ 존속하는 회사와 소멸회사 및 신설회사가 있는 때에는 소멸회사의 관할등기소를 거쳐야 한다.

(2) 구체적 예(등기예규 제964호)

가. 갑회사 일부를 분할하여 을회사를 설립한 경우 : 갑회사 관할등기소

나. 갑회사를 분할하여 을회사와 병회사를 각 설립하고 갑회사는 소멸하는 경우 : 갑회사 관할등기소

다. 위 나.항의 예에서 갑회사가 존속하는 경우 : 갑회사 관할등기소

라. 갑회사 일부를 분할하여 그 분할된 부분과 을회사를 합병하여 정회사를 설립하고 갑회사는 존속하며 을회사는 소멸하는 경우 : 을회사 관할등기소

마. 갑회사와 을회사가 각 일부를 분할하여 그 분할된 부분을 합하여 병회사를 설립하고 갑 및 을회사가 존속하는 경우

① 갑회사와 을회사의 관할등기소가 같은 경우 : 갑 및 을 등기소

② 갑회사와 을회사의 관할등기소가 서로 다른 경우 : 병회사의 관할등기소가 갑 또는 을회사 중 어느 한 회사의 관할등기소와 같은 경우에는 병회사와 관할등기소를 같이하는 갑 또는 을회사의 관할등기소

③ 갑회사와 을회사 및 병회사의 관할등기소가 서로 다른 경우 : 갑 또는 을회사 중 어느 한 회사의 관할등기소

바. 갑회사의 일부를 분할하여 그 분할된 부분과 을 및 병회사를 합병하여 정회사를 설립하고 갑회사는 존속하며 을 및 병회사는 소멸하는 경우

① 을 및 병회사의 관할등기소가 같은 경우 : 을 및 병회사의 관할등기소

② 을 및 병회사의 관할이 서로 다른 경우에는 다음 순서에 의함

i) 갑회사의 관할등기소가 을 또는 병회사 중 어느 한 회사의 관할등기소가 같은 경우에는 갑회사와 관할을 같이하는 을 또는 병 회사의 관할등기소

ii) 정회사의 관할등기소가 을 또는 병회사 중 어느 한 회사의 관할등기소와 같은 경우에는 정회사와 관할등기소를 같이하는 을 또는 병회사의 관할등기소

iii) 갑, 을, 병, 정회사의 관할등기소가 모두 다른 경우에는 을 또는 병회사 중 어느 한 회사의 관할등기소

사. 기타의 경우

존속회사, 신설회사, 소멸회사의 관할등기소가 같지 않은 경우로서 위에서 언급한 사례 이외의 경우에는 원칙적으로 소멸회사의 관할등기소, 존속회사의 관할등기소 순에 의하되, 소멸회사 또는 존속회사가 둘 이상인 경우에는 그밖의 다른 관련회사 중 소멸회사 또는 존속회사와 관할등기소를 같이하는 회사가 있는 때에는 다른 관련회사와 관할등기소를 같이하는 그 소멸회사 또는 존속회사의 관할등기소에, 그와 같은 회사도 없는 때에는 둘 이상의 소멸회사 또는 존속회사 중 어느 한 회사의 관할등기소에 제출한다. 분할 또는 분할합병으로 인한 변경등기와 설립등기 및 해산등기의 신청은 각 회사의 관할등기소가 같은 경우이

든 서로 다른 경우이든 동시에 신청하여야 한다.

3. 등기절차

(1) 등기신청기간

단순분할의 경우 분할승인총회가 종결한 날로부터 분할합병의 경우 창립총
회가 종결한 날 또는 분할보고총회에 갈음하여 이사회 결의로 공고로써 갈
음할 때에는 공고일로부터, 본점소재지에서는 2주간 내에, 지점소재지에서는
3주간 내에 소정의 등기사항을 회사를 대표하는 이사가 신청하여야 한다(상
제530조의11 1항, 제528조, 제317조)

(2) 신청인

등기신청은 존속회사, 신설회사, 소멸회사의 각 대표이사가 신청하여야 하
나 소멸회사의 경우에는 존속회사 또는 설립회사의 대표자가 신청할 수 있
다(예규 제964호).

(3) 등기사항

1) 통상의 설립등기사항

통상의 회사설립등기에 관한 사항을 기재하여야 한다. 다만, 지점소재지에서
는 법인등의등기특례법에 의한 지점에 등기하여야 할 소정의 등기사항을 등기
한다.

① 목적

② 상호

③ 회사가 발행할 주식총수

④ 1주의 금액

⑤ 본점과 지점의 소재지

⑥ 회사가 공고하는 방법

⑦ 자본의 총액

⑧ 발행주식의 총수, 그 종류와 각종 주식의 내용과 수

⑨ 주식의 양도에 관하여 이사회의 승인을 얻도록 정한 때에는 그 규정

⑩ 주식매수선택권을 부여하도록 정한 때에는 그 규정

⑪ 회사의 존립기간 또는 해산사유를 정한 때에는 그 기간 또는 사유

⑫ 개업 전에 이자를 배당할 것을 정한 때에는 그 규정

⑬ 주주에게 배당할 이익으로 주식을 소각할 것을 정한 때에는 그 규정

⑭ 전환주식을 발행하는 경우에는 주식을 다른 종류의 주식으로 전환할 수 있다는 뜻, 전환의 조건, 전환으로 인하여 발행할 주식의 내용, 전환을 청구할 수 있는 기간

⑮ 이사와 감사 또는 감사위원회 위원의 성명과 주민등록번호

⑯ 회사를 대표할 이사의 성명과 주소, 주민등록번호

⑰ 수인의 대표이사가 공동으로 회사를 대표할 것으로 정한 때에는 그 규정 (상 제389조)

⑱ 명의개서대리인을 둔 때에는 그 상호 및 본점소재지

⑲ 법인성립의 연월일

2) 분할로 인하여 존속하거나 소멸한 회사의 상호 및 본점과 분할한 뜻

분할로 인한 설립등기의 경우에는 다른 관련회사의 상호 및 본점과 분할한 뜻을 기재하면 되나, 분할로 인한 해산등기를 하는 경우에는 그 뜻과 그 연월일(관련된 다른 회사의 변경 또는 설립등기일)을 함께 기재한다.

3) 피분할회사의 전환사채 또는 신주인수권부사채에 관한 사항

합병으로 인한 존속회사의 변경등기 또는 신설회사의 설립등기에 있어서 그 회사들이 승계한 전환사채 또는 신주인수권부사채의 등기를 함께 하여야 하는데(상 제528조 2항), 이를 분할등기에 준용하고 있다(상 제530조의11 1항, 제528조 2항).

4) 분할시 정관으로 주식양도제한규정을 신설한 때에는 그 규정

5) 지점소재지

지점소재지에 있어서는 회사성립의 연월일과 지점을 설치 또는 이전한 뜻 및 그 연월일도 등기하여야 하며(비송 제217조, 제186조 2항), 지점소재지의 회사분할로 인한 변경등기에는 분할연월일도 등기한다.

(4) 첨부서면

분할 또는 분할합병으로 인한 변경등기 또는 설립등기신청서에는 상업등기법 제98조의 서류를 첨부하여야 한다.

【쟁점질의와 유권해석】

<신주인수권부사채의 승계에 관한 등기가 분할에 따른 각 등기신청과 동시에 경료되지 못한 경우의 등기신청방법>

주식회사를 분할하는 경우에 신주인수권부사채(전환사채도 동일)의 승계가 있는 때에는 원칙적으로 상법 제528조 제2항, 제530조의11 제1항의 규정에 따라 사채의 승계사실을 증명하는 서면(예. 분할계획서, 분할계획서 승인의 주주총회의사록)을 첨부하여 분할에 따른 각 등기신청과 동시에 사채의 등기신청을 하여야 할 것이다.

그러나 신주인수권부사채의 승계에 관한 등기가 분할에 따른 각 등기신청과 동시에 경료되지 못한 경우에는 등기해태의 책임여부는 변론으로 하고 사채의 승계가 있었다는 사실을 증명하는 서면(예. 분할당시의 분할계획서와 분할계획서승인의 주주총회의사록, 승계에 따른 세부사항을 정한 이사회의사록, 채권자보호절차의 이행을 증명하는 서면 등)을 첨부하여 분할에 따른 각 등기의 종료후에라도 등기신청을 할 수는 있을 것이다(2003.11. 14. 공탁법인 3402-270 질의회답).

(5) 등기신청의 처리

1) 각하의 특례(예규 제964호)

분할 또는 분할합병으로 인한 회사의 변경등기, 설립등기, 해산등기 등 동시에 신청된 등기신청은 동시에 접수하여 조사한다. 동시에 신청접수된 등기신청 중 어느 하나에 관하여 각하사유가 있는 경우에는 그 모든 등기신청을 각하하여야 한다.

2) 존속회사, 신설회사, 소멸회사의 관할등기소가 동일한 경우

등기관은 본점소재지가 같은 분할로 인한 존속회사의 변경등기, 신설회사의 설립등기, 소멸회사의 해산등기 등의 변경등기 또는 설립등기를 각하하지 아니하고 수리한 때에는 지체없이 그 등기연월일을 동시에 신청한 해산등기의 신청서에 기재하여 등기한다(규칙 제92조의4 2항).

3) 존속회사, 신설회사, 소멸회사의 관할등기소가 서로 다른 경우

종전에는 소멸회사 관할에서 자기 관할의 소멸회사 해산등기신청서만 접수하고 타관할인 존속회사의 변경등기 신청서 및 신설회사의 설립등기신청서는 행정우편으로 해당 존속회사 혹은 신설회사의 관할로 송부하였다. 그러나 전산완료가 된 현재는 자기 관할의 신청서뿐만 아니라 타관할의 신청서도 모두 동시신청으로 접수를 받는다. 단, 타관할인 존속회사의 변경등기신청서 및 신설회사의 설립등기신청서는 기존과 같이 접수만 받고, 등기할 사항을 기입하지 않는다.

가. 소멸회사 관할등기소에 해산등기와 변경등기 또는 설립등기의 신청서가 제출된 경우

① 신청서 접수 : 소멸회사의 해산등기신청서와 존속회사의 변경등기신청서 또는 신설회사의 설립등기신청서를 정보처리시스템에 동시신청사건으로 접수한다.

② 기입 및 조사 : 구관할 등기소에서 동시 신청된 자기 관할의 등기를 기입하고, 타관할의 변경등기는 등기할 사항은 기입하지 않고 기입을 완료한다.

구관할등기소에서 기입이 완료된 자기관할의 해산등기, 변경등기 및 타관할의 변경등기를 동시에 조사한다. 이 때 조사완료 처리를 한후 타관할의 변경등기는 행정우편으로 타관할인 등기소로 송부한다.

③ 신청서 송부 : 신청서를 접수한 소멸회사의 관할등기소에서는 신청서 등에 각하·보정의 사유가 없는 한 그 접수일 다음날까지 분할 또는 분할합병으로 인한 변경등기 또는 설립등기신청서 및 그 첨부서면을 존속회사 또는 신설회사의 관할등기소에 송부한다.

④ 등기실행 유보 및 해산등기 완료

소멸회사의 관할등기소는 존속회사 또는 신설회사 관할등기소로부터 등기를 한 뜻의 통지를 받을 때까지 해산등기를 보류한다(규칙 제92조의4 제5항).

그리고 소멸회사의 관할등기소는 존속회사 또는 신설회사의 관할등기소로부터 변경등기 또는 설립등기의 결과를 전산통지받은 후에 해산등기를 완료한다.

나. 존속회사 또는 신설회사의 관할등기소

① 접수 및 등기신청처리

ⅰ) 우편송부받은 신청서를 접수처리한다. 다만, 소멸회사의 관할등기소

에서 정보처리시스템에 접수한 정보가 있으므로, 접수화면에서 신청
사건을 선택하여 접수한다.

ⅱ) 존속회사 또는 신설회사의 관할등기소가 등기신청을 각하한 경우에
는 소멸회사의 관할등기소에 동시에 신청한 해산등기신청도 각하된
것으로 본다(규칙 제92조의4 제6항).

② 전산통지 : 존속회사 또는 신설회사의 관할등기소가 변경등기 및 설립
등기를 한 때에는 존속회사 또는 신설회사의 관할등기소에서는 변경등
기 또는 설립등기의 결과(각하포함)를 정보처리시스템을 이용하여 전산
으로 소멸회사의 관할등기소에 통지하여야 한다.

**다. 관할등기소가 서로 다른 소멸회사 둘 이상인 경우 그 중 어느 하나의 소멸
회사의 관할등기소가 다른 소멸회사에 대한 해산등기신청서를 동시에 접수
한 경우**

① 위 1), 2)의 각 절차에 준하여 처리한다.

② 소멸회사의 관할등기소가 존속회사 또는 신설회사의 관할등기소의 등기
실행통지에 의하여 해산등기를 한 때에는 그 뜻을 다른 소멸회사 관할
등기소에 폐쇄등기부등본 1통을 첨부하여 통지하여야 하고, 그 통지를
받은 즉시 당해 소멸회사에 대한 해산등기를 하여야 한다.

**3) 존속회사의 관할등기소가 당해 회사의 변경등기와 관할등기소를 달리
하는 회사의 변경등기 또는 설립등기의 신청서가 제출된 경우**

① 신청서를 접수한 존속회사의 관할등기소에서는 먼저 당해 회사에 대한
변경등기를 경료한 후에 관할등기소를 달리하는 회사의 변경등기 또는
설립등기의 신청서를 그 관할등기소에 송부하여야 한다(규칙 제92조의4
7항).

② 신청서 등을 송부받은 존속회사 또는 신설회사의 관할등기소는 신청서
등을 송부한 존속회사의 관할등기소에 그 등기를 한 뜻 또는 그 신청을
각하한 뜻을 통지할 필요는 없다.

③ 신청서 등을 송부받은 관할등기소가 그 변경등기 또는 설립등기를 각하
한 경우에도 신청서 등을 송부한 관할등기소의 당해 존속회사에 대한 변
경등기는 각하된 것으로 보지 않는다.

(용지규격 21cm×29.7cm)

4. 분할로 인한 존속회사(피분할회사)의 변경등기절차

(1) 등기기간 및 등기신청방법

1) 등기기간

회사 분할 후에 피분할회사가 존속하는 경우 피분할회사에서 분할보고총회를 개최한 때에는 분할보고총회가 종결한 날로부터(상 제530조의11, 제526조), 분할보고총회에 갈음하여 이사회 결의로 공고로써 갈음할 때에는 공고일로부터, 각 본점소재지에서는 2주간 내에 소정의 등기사항을, 지점소재지에서는 3주간 내에 지점 소정의 등기사항의 등기를 신청함으로써 분할로 인한 변경등기를 한다(상 제530조의11 1항, 제528조 1항).

이 경우의 신청인은 피분할회사의 대표이사이다.

2) 등기신청방법

존속회사의 본점소재지에서 하는 분할 또는 분할합병으로 인한 변경등기·설립등기 및 해산등기의 신청은 동시에 하여야 한다(상업등기법 제97조 2항).

존속회사·신설회사·소멸회사의 본점소재지를 관할하는 등기소가 다른 경우 분할 또는 분할합병에 따른 등기신청에 관하여는 상업등기규칙 제87조 1항을 준용한다(동규칙 제104조 3항). 따라서 존속회사의 본점소재지를 관할하는 등기소에 동시신청을 할 수 있다.

분할로 인하여 전환사채 또는 신주인수권부사채를 승계한 때에는 그 사채의 등기도 동시에 신청하여야 한다(상 제530조의11 1항, 제528조 2항).

(2) 등기사항

1) 분할합병의 상대방의 상호 및 본점과 분할합병을 한 뜻 또는 합병으로 인하여 설립한 회사의 상호 및 본점과 분할합병을 한 뜻(상업등기법 제96조 1항)

2) 분할합병 후 회사가 발행할 주식의 총수

피분할회사가 분할에 의하여 발행예정주식총수를 감소변경한 때에는 변경 후의 발행예정주식총수를 등기하여야 한다.

3) 분할합병 후의 발행주식의 총수, 그 종류 및 종류별 수

피분할회사의 재산의 일부를 분할하여 새로운 회사를 설립할 경우에는 그 부분만큼 자본의 감소가 있으므로 그 감소된 부분을 제외한 발행주식과 그 종류 등을 등기하여야 한다.

4) 분할 후의 자본의 총액

분할에 의해 신설회사로 자본이 이동이 있는 경우에는 그 이전된 자본액을 제외한 금액이 분할 후 존속회사의 자본총액이 된다.

5) 피분할회사의 전환사채나 신주인수권부사채

분할로 인하여 피분할회사의 전환사채나 신주인수권부사채를 분할로 인한 신설회사 등이 승계한 때에는 그 사채의 등기도 동시에 신청하여야 한다(상 제530조의11 1항, 제528조 2항).

6) 대표이사·이사·감사(또는 감사위원회 위원) 등이 변경된 경우 그 사항

7) 분할시 정관으로 주식양도제한규정을 정한 때에는 그 규정

8) 분할시 정관으로 주식매수선택권규정을 정한 때에는 그 규정

9) 지점소재지에서 하는 분할합병의 연월일

지점소재지에서는 분할로 인하여 신설한 회사의 상호, 본점과 분할한 뜻, 분할연월일도 등기하여야 한다.

(3) 첨부서면(상업등기법 제98조 : 2007. 8. 3. 제정)

1) 분할계획서 또는 분할합병계약서

피분할회사의 주주총회의 승인을 받은 분할계획서·분할합병계약서를 첨부하여야 한다.

2) 분할계획서 승인의 주주총회의사록

이 서면은 등기신청시에 첨부하므로 공증인의 인증을 받아야 한다. 분할보고총회는 주주총회에 갈음하여 이사회의 결의로 공고로 할 수 있으나, 분할계획서의 승인은 이사회의 결의로 갈음할 수 없으므로, 분할계약서의 승인에 관한 주주총회의사록을 첨부하여야 한다.

3) 분할계획 승인의 종류주주총회의사록(개최한 경우)

4) 분할계획에서 부담이 가중되는 주주전원의 동의서(필요한 경우)

회사의 분할로 인하여 분할에 관련되는 각 회사의 주주의 부담이 가중되는 경우에는 분할계획의 주주총회 결의 이외에 그 주주 전원의 동의를 받아야 하므로(상 제530조의3 6항), 주주 전원의 동의서를 첨부하여야 한다.

5) 채권자에 대한 이의제출의 공고 및 최고를 한 사실과 이의를 진술한 채권자가 있는 때에는 변제 또는 담보를 제공하거나 신탁을 한 사실을 증명하는 서면(필요한 경우)

피분할회사와 신설회사가 피분할회사의 기존채무를 분담하기로 한 경우 등에 필요한 서면으로서, 피분할회사에서 채권자보호절차를 이행한 것을 말한다.

이의를 진술하는 채권자가 없는 때에는 회사의 대표자명의로 그 뜻의 진술서를 첨부하는 것이 실무관행이며, 이의를 진술하는 자가 있을 때에는 변제 또는 담보를 제공하거나, 신탁 등을 한 사실을 증명하는 서면을 첨부한다(상 제530조의11 2항, 제527조의5, 제232조 2항, 3항).

6) 분할로 인하여 주식의 병합 또는 분할이 있는 때에는 주권제출의 공고 사실을 증명하는 서면

회사분할시에 주식의 분할 또는 병합이 있는 때에 첨부한다.

7) 분할보고총회 또는 이에 갈음한 이사회 결의와 공고사실을 증명하는 서면

8) 이사·감사(또는 감사위원회 위원)·대표이사가 변경된 경우에는 그 취임승낙서와 주민등록번호를 증명하는 서면(필요한 경우)

회사의 분할로 인하여 특정사업부분을 분할하여 현재의 대표이사가 분할로 인한 신설회사의 대표이사가 되고, 피분할회사의 대표이사를 변경한 경우 등에는 그 사실을 증명하는 서면과 취임승낙서, 주민등록번호를 증명하는 서면을 첨부하여 제출한다.

9) 등록면허세, 지방교육세 및 농어촌특별세, 납부영수필통지서 및 확인서, 등기신청수수료

등록면허세는 회사분할시 피분할회사는 자본증가를 수반하지 아니하므로 일반 변경등기의 등록세인 23,000원, 지방교육세는 등록세의 100분의 20이고, 농어촌특별세는 관세법, 조세특례제한법, 지방세법에 의하여 감면 또는 면제금액

의 100분의 20이다.

그리고 회사분할시 분할등기 외에 이사변경등기 등을 수반하면 각각에 해당하는 등록면허세를 납부하여야 한다.

회사의 분할로 인한 변경등기의 등기신청수수료는 6,000원(전자표준양식에 의해 신청하는 경우 4,000원, 전자신청의 경우에는 2,000원)이며, 분할로 인한 신설회사 설립의 경우에는 30,000원(전자표준양식에 의해 신청하는 경우 25,000원, 전자신청의 경우에는 20,000원)이다. 따라서 분할로 인하여 자본이 변경되는 경우에는 '1주의 금액', '발행할 주식의 총수', '발행주식의 총수와 그 종류 및 각각의 수', '기타사항란의 합병의 취지'마다 등기하여야 하므로 각 6,000원의 등기신청수수료를 납부하여야 한다.

10) 위임장 등 기타 일반적인 서면

대리권한을 증명하는 서면, 관청의 허가(인가)서, 정관, 법원의 허가서 또는 총주주의 동의 등이 필요한 경우에는 이를 첨부하여야 할 것임은 다른 등기의 신청에 있어서와 같다.

5. 분할합병 후에 존속하는 분할합병의 상대방 회사에 관한 변경등기절차

이 등기는 예컨대 갑회사의 재산(영업)의 일부를 분할한 후 그 분할된 부분과 을회사가 합병하여 을회사가 존속하고 갑회사의 분할된 부분은 분할합병으로 인하여 흡수되는 경우의 을회사에 관한 분할합병등기이다.

(1) 등기기간 등

단순분할에서는 분할승인총회가 종결한 날부터, 존속회사에서 분할합병보고총회를 개최한 때에는 그 총회가 종결한 날부터, 총회에 갈음하여 이사회 결의로 공고로써 갈음할 때에는 공고일로부터, 각 본점소재지에서는 2주간 내에, 지점소재지에서는 3주간 내에 소정의 등기사항의 등기를 신청하되, 피분할회사 및 흡수분할합병회사에서는 변경등기를, 분할로 인하여 소멸하는 회사는 해산등기를, 분할 또는 분할합병으로 설립되는 회사는 설립등기를 각 신청하여야 한다(상 제530조의11 1항, 제528조 1항).

분할합병으로 인하여 전환사채 또는 신주인수권부사채를 승계한 때에는 그 사채의 등기도 동시에 신청하여야 한다(상 제530조의11 1항, 제528조 2항).

(2) 등기사항

1) 피분할상호 및 본점과 분할합병을 한 뜻

분할합병에 당하여 신주를 발행하지 않을 때에는 본점소재지에서는 이 사항만을 등기한다(등기예규 제964호 참조).

2) 분할합병 후의 회사가 발행할 주식의 총수(증가한 경우)

분할합병으로 인하여 존속회사가 분할합병에 당하여 발행예정주식총수를 증가 변경한 때에는 변경 후의 발행예정주식총수를 등기하여야 한다.

3) 분할합병 후의 발행주식의 총수, 그 종류 및 종류별 수

4) 분할합병 후의 자본총액

5) 이사와 감사 또는 감사위원회 위원의 주민등록번호와 대표이사의 주소 및 이들의 취임연월일

6) 분할합병한 회사의 전환사채 또는 신주인수권부사채를 승계한 때에는 그 사채에 관한 사항

7) 분할합병시 정관으로 주식양도제한규정을 정한 때에는 그 규정

8) 분할합병시 정관으로 주식매수선택권규정을 정한 때에는 그 규정

분할합병 전 피분할합병회사의 정관에는 주식매수선택권규정이 없었으나, 미래의 일정시점에 일정수량의 자사주식을 유리한 가격에 살 수 있는 권리를 회사의 설립·경영과 기술혁신 등에 기여하거나 기여할 수 있는 임직원 등에게 부여하는 주식매수선택권 규정을 신설할 경우에는 분할합병에 의한 수혜회사의 정관을 변경하거나 신설하여 주식매수선택권규정을 두어야 하므로 이 때에는 분할합병계약서에 기재하여 정관변경사항으로 하여야 한다.

9) 지점소재지에서는 분할합병의 연월일

(3) 첨부서면(상업등기법 제98조)

1) 분할합병계약서

2) 분할합병계약서 승인의 주주총회의사록

3) 종류주주총회의사록(필요한 경우)

회사가 여러 종류의 주식을 발행한 경우 어느 종류의 주주에게 손해를 미치게 하는 분할합병을 하는 때에는 그 종류의 주주총회의 결의도 있어야 하므로 이 때에는 그 종류주주총회의사록이 필요하다.

4) 분할합병으로 부담이 가중되는 주주전원의 동의서(필요한 경우)

회사의 분할합병으로 인하여 분할합병에 관련되는 각 회사의 주주의 부담이 가중되는 경우에는 분할합병승인의 주주총회 외에 그 주주전원의 동의가 있어야 한다(상 제530조의3 6항).

5) 채권자보호절차를 이행한 사실을 증명하는 서면

이 서면은 분할합병으로 인하여 존속하는 회사와 소멸회사에서 각각 채권자보호절차를 이행한 것을 말한다.

이의를 진술하는 채권자가 없는 때에는 회사 대표자명의의 진술서를 첨부하는 것이 실무관행이다.

이의를 진술하는 자가 있을 때에는 변제 또는 담보를 제공하거나, 신탁 등을 한 사실을 증명하는 서면을 첨부한다.

6) 분할합병으로 인하여 주식의 병합 또는 분할이 있는 때에는 주권제출의 공고사실을 증명하는 서면(주식의 배정에 따른 주식의 병합 또는 분할이 있는 경우)

7) 이사 · 대표이사 · 감사 또는 감사위원회 위원의 취임승낙을 증명하는 서면

8) 이사 · 감사 또는 감사위원회 위원의 주민등록번호를 증명하는 서면 및 대표이사의 주소를 증명하는 서면

9) 분할합병보고총회의사록 또는 이에 갈음한 이사회의사록과 공고사실을 증명하는 서면

10) 이사회의사록

이사회의사록은 본점소재지결정, 대표이사결정, 감사위원회 위원의 결정, 창립총회 또는 보고총회에 갈음하는 공고를 결의하는 경우 등에 첨부한다. 의사록은 공증인의 인증을 받아야 한다.

11) 등록면허세 · 지방교육세 · 농어촌특별세, 납부영수필통지서 및 확인서, 등기신청수수료

분할합병에 의하여 자본액이 증가할 경우에는 그 증가한 자본액을 과세표준으로 하여 1,000분의 4의 등록면허세 및 그 100분의 20에 해당하는 지방교육세를 납부하여야 한다. 다만, 자본증가가 있는 경우 그 등록세의 금액이 75,000원 미만이면 75,000원으로 한다(지방세법 제28조 1항).

분할합병시 분할합병등기 외에 이사·정관변경 등의 사유로 변경등기사항이 여러종류인 경우에는 각각에 해당하는 등록면허세를 납부하여야 한다.

대도시에 있는 법인이 설립 후 5년 이내에 합병으로 자본금이 증가할 때에는 그 증가자본액을 과세표준으로 하여 1,000분의 4의 3배의 등록면허세를 납부하여야 한다(지방세법 제28조 2항).

농어촌특별세는 조세특례제한법, 관세법, 지방세법에 의하여 등록면허세가 감면 또는 면제되는 금액의 100분의 20에 해당하는 금액을 납부한다(농특 제4조, 제5조).

분할합병으로 인한 변경등기의 등기신청수수료는 6,000원(전자표준양식에 의해 신청하는 경우 4,000원, 전자신청의 경우에는 2,000원)이며, 분할합병으로 인한 신설회사 설립의 경우에는 30,000원(전자표준양식에 의해 신청하는 경우 25,000원, 전자신청의 경우에는 20,000원)이다. 따라서 분할합병으로 인하여 자본이 증가하는 경우에는 '1주의 금액', '발행할 주식의 총수', '발행주식의 총수와 그 종류 및 각각의 수', '기타사항란의 합병의 취지'마다 각 6,000원의 등기신청수수료를 납부하여야 한다.

12) 기타의 위임장 등 일반적인 첨부서면(상업등기법 제21조 제22조 등)

기타 대리권한을 증명하는 서면, 관청의 허가(인가, 신고)서, 정관, 법원의 허가서 또는 총주주의 동의 등이 필요한 경우에는 이를 첨부하여야 할 것임은 다른 등기의 신청에 있어서와 같다.

다만, 합병에는 소규모합병과 간이합병의 규정이 있으나, 회사의 분할합병에는 이를 준용하는 규정이 없다.

6. 분할·분할합병으로 인한 신설회사의 설립등기절차

(1) 등기기간 및 신청방식

1) 등기기간 등

신설분할합병의 경우에 창립총회를 개최하면 창립총회가 종결한 날, 창립총회에 갈음하여 이사회 결의로 공고로써 갈음할 때에는 공고일로부터 본점소재지에서는 2주간 내에 다음 소정의 등기사항을, 지점소재지에서는 3주간 내에 지점등기사항을 대표이사가 신청하여야 한다(상 제530조의11 1항, 제528조, 제317조).

2) 신청방식(상업등기법 제97조 3항)

가. 존속회사·신설회사·소멸회사의 본점소재지에서 하는 분할 또는 분할합병으로 인한 변경등기·설립등기 및 해산등기의 신청은 동시에 하여야 한다(상업등기법 제97조 1항).

나. 존속회사·신설회사·소멸회사의 본점소재지를 관할하는 등기소가 일치하지 아니하는 경우 위 1)의 등기신청은

① 존속회사와 신설회사만이 있는 때에는 존속회사의 관할등기소를,

② 소멸회사와 존속회사 또는 신설회사만이 있는 때에는 소멸회사의 관할등기소를,

③ 분할되는 회사와 분할합병의 상대방 회사가 모두 존속하는 때에는 분할되는 회사의 관할등기소를,

④ 존속회사·소멸회사 및 신설회사가 있는 때에는 소멸회사의 관할등기소를 거쳐야 한다.

(2) 등기사항

1) 분할합병의 상대방회사의 상호 및 본점과 분할합병을 한 뜻

분할 또는 분할합병으로 인한 신설회사의 설립등기에 있어서는 분할 또는 분할합병으로 소멸하거나 존속하는 회사의 상호·본점, 분할 또는 분할합병을 한 뜻과 그 연월일도 함께 등기하여야 한다(상업등기법 제96조 2항).

2) 통상의 설립등기사항

① 목적

② 상호

③ 회사가 발행할 주식총수

④ 1주의 금액

⑤ 본점과 지점의 소재지

⑥ 회사가 공고하는 방법

⑦ 자본의 총액

⑧ 발행주식의 총수, 그 종류와 각종 주식의 내용과 수

⑨ 주식의 양도에 관하여 이사회의 승인을 얻도록 정한 때에는 그 규정

⑩ 주식매수선택권을 부여하도록 정한 때에는 그 규정

⑪ 회사의 존립기간 또는 해산사유를 정한 때에는 그 기간 또는 사유

⑫ 개업 전에 이자를 배당할 것을 정한 때에는 그 규정

⑬ 주주에게 배당할 이익으로 주식을 소각할 것을 정한 때에는 그 규정

⑭ 전환주식을 발행하는 경우에는 주식을 다른 종류의 주식으로 전환할 수 있다는 뜻, 전환의 조건, 전환으로 인하여 발행할 주식의 내용, 전환을 청구할 수 있는 기간

⑮ 이사와 감사 또는 감사위원회 위원의 성명과 주민등록번호

⑯ 회사를 대표할 이사의 성명과 주소, 주민등록번호

⑰ 수인의 대표이사가 공동으로 회사를 대표할 것으로 정한 때에는 그 규정 (상 제389조)

⑱ 명의개서대리인을 둔 때에는 그 상호 및 본점소재지

⑲ 법인성립의 연월일

3) 분할합병시 분할되는 회사의 전환사채 또는 신주인수권부사채를 신설 회사가 승계할 때에는 그 사채에 관한 사항

4) 분할합병시 정관으로 주식양도제한규정을 신설한 때에는 그 규정

5) 분할합병시 정관으로 주식매수선택권규정을 신설한 때에는 그 규정

6) 지점소재지에서는 회사의 성립연월일

지점소재지에서 있어서는 회사성립의 연월일과 지점을 설치 또는 이전한 뜻 및 그 연월일도 등기하여야 하고, 지점소재지의 분할합병으로 인한 변경등기에는 본점에서 한 분할합병연월일도 등기한다.

(3) 첨부서면(상업등기법 제98조)

1) 신규출자가 없는 경우

피분할회사의 출자만으로 회사를 설립하고 또 피분할회사의 주주에게 그 주주가 가지는 회사의 주식의 비율에 따라 신설회사의 주식이 발행되는 경우에는 변태설립사항이 있어도 아래의 첨부서면만 첨부하면 된다(2003. 7. 25, 공탁법인 3402-179 질의회답).

① 정관

정관에 주식양도제한규정을 둔 경우, 주식매수선택권제도를 둔 경우, 회사가 발행할 주식총수, 상호, 목적, 발기인, 이사의 정원·임기 등을 조사하기 위하여 신설회사의 정관이 필요하므로 분할합병으로 인하여 설립되는 회사의 정관을 첨부한다. 이는 원시정관이 아니므로 공증인의 인증이 필요없고, 피분할회사의 출자만으로 설립하는 경우 피분할회사의 대표자가 서명 또는 기명날인하면 된다.

② 분할계획서·분할합병계약서

③ 분할합병계약서 승인의 주주총회의사록

분할합병당사회사의 각 분할합병승인에 관한 주주총회의사록을 말한다. 주식회사의 경우 결의는 출석한 주주 의결권의 3분의 2 이상의 다수와 발행주식총수의 3분의 1 이상의 찬성을 얻어야 하며, 이 때에는 의결권 없는 주주도 의결권을 행사한다(상 제530조의3, 제434조).

④ 종류주주총회의사록(개최한 경우)

분할합병을 하는 회사가 여러 종류의 주식을 발행한 경우 어떤 종류의 주주에게 손해가 있을 때에는 그 종류의 주식 소유자의 종류주주총회의 승인 결의가 있어야 한다.

⑤ 주주전원의 동의서(필요한 경우)

회사의 분할합병으로 인하여 분할합병에 관련된 회사 주주의 부담이 가중되는 경우가 있을 때에는 그 주주 전원의 동의서를 첨부하여야 한다 (상 제530조의3 6항).

⑥ 채권자보호절차의 이행사실을 증명하는 서면

분할합병회사의 이해관계인에 대하여 분할합병의 최고 및 공고를 하여 채권자보호절차를 이행한 서면을 말한다. 상법 제530조의2 제1항의 규정에 의한 단순분할의 경우에는 분할에 의하여 설립되는 회사(신설회사)는 분할되는 회사(분할회사)의 분할 전 회사채무에 관하여 원칙적으로 연대책임이 있어(상 제530조의9 제1항), 채권자보호절차(동조 4항, 제527조의5)를 거칠 필요가 없으므로 채권자보호절차를 거쳤음을 증명하는 서면은 분할에 의한 등기의 신청시 제출할 필요가 없다. 그러나 분할계획서의 승인결의로 신설회사가 분할회사의 채무 중에서 출자한 재산에 관한 채무만을 부담할 것을 정한 경우(상 제530조의9 제2항, 제530조의5 제1항 8호)에는 채권자보호절차를 거쳐야 하며(상 제530조의9 제4항, 제439조 3항, 제527조의5), 분할에 의한 등기의 신청서에 채권자보호절차를 거쳤음을 증명하는 서면을 첨부하여야 한다.

이의를 진술하는 채권자가 없는 때에는 회사대표자 명의로 그 뜻의 진술서를 첨부하는 것이 실무관행이다.

이의를 진술하면 변제, 담보제공 또는 공탁한 사실을 증명하는 서면을 첨부한다.

⑦ 주권제출의 공고를 증명하는 서면(주식의 병합 또는 분할을 한 경우)

⑧ 창립총회의사록(개최한 경우) 또는 창립총회에 갈음하는 이사회의사록과 공고를 증명하는 서면을 첨부하여야 한다.

⑨ 이사회의사록(개최한 경우)

이사회에서 대표이사를 선임한 경우, 본점소재장소를 결정한 경우, 감사위원회 위원을 선임한 경우, 명의개서대리인을 특정한 경우 등에 첨부한다.

⑩ 이사, 대표이사와 감사 또는 감사위원회 위원의 선임 및 취임승낙을 증명하는 서면 및 이사·감사 또는 감사위원회 위원의 주민등록번호 및 대표이사의 주소를 증명하는 서면

⑪ 분할합병당사회사의 등기부등본

분할합병당사회사의 상호, 본점과 승계되는 전환사채 등을 확인하기 위하여 분할합병당사회사의 등기부등본을 첨부한다. 다만, 당해 등기소의 관할구역 내에 분할합병당사회사의 본점이 있는 경우를 제외한다.

⑫ 명의개서대리인을 둔 때에는 명의개서대리인과의 계약을 증명하는 서면

⑬ 등록면허세, 지방교육세, 농어촌특별세, 납부영수필통지서 및 확인서, 등기신청수수료

분할합병에 의하여 새로 법인을 신설할 때에는 그 자본액을 과세표준으로 하여 과세표준의 1,000분의 4의 등록면허세 및 그 100분의 20에 해당하는 지방교육세를 납부하여야 한다(지방세법 제28조 1항 6호).

대도시에 있는 법인이 설립 후 5년 이내에 합병하는 경우 등록면허세는 3배 중과하므로(지방세법 제28조 2항), 대도시에서 신설합병하는 경우에는 등록세를 3배 가산한다.

농어촌특별세는 조세특례제한법, 관세법, 지방세법에 의하여 등록면허세가 감면 또는 면제되는 금액의 100분의 20에 해당하는 금액을 납부하여야 한다(농특 제4조, 제5조).

신설합병으로 인하여 신설회사 설립의 경우에는 30,000원(전자표준양식에 의해 신청하는 경우는 25,000원, 전자신청의 경우에는 20,000), 해산등기의 경우에는 6,000원(전자표준양식에 의해 신청하는 경우는 4,000원, 전자신청의 경우에는 2,000원)의 등기신청수수료를 각 납부한다.

⑭ 기타 위임장 등 일반적인 첨부서면(상업등기법 제21조, 제22조, 제79조)

대리인의 권한을 증명하는 서면, 관청의 허가(인가)서 또는 인증있는 등본과 정관의 규정, 법원의 허가 또는 총주주의 동의가 없으면 등기할 사항에 관하여 무효 또는 취소의 원인이 있는 때에는 정관, 법원의 허가서, 총주주의 동의서 등이 필요할 때에는 이를 첨부한다.

2) 신규출자가 있는 경우

분할합병으로 설립되는 회사가 분할합병의 당사회사의 출자 외에 신규출자도 한 경우에는 다음의 서면을 추가하여 첨부한다.

① 주식의 인수 또는 청약을 증명하는 서면

② 검사인의 조사보고서와 부속서류 또는 이에 갈음한 공증인의 조사보고서

와 부속서류·공인된 감정인의 감정서와 부속서류

회사의 분할합병으로 인하여 그 소유주식비율에 의한 주식을 교부하지 아니하는 불비례적 주식분할의 경우 및 변태설립사항이 있는 경우에는 검사인의 조사보고가 필요하다(상 제530조의4 2항).

③ 검사인 등의 조사보고 등에 대한 재판이 있는 때에는 그 재판의 등본

④ 주금의 납입을 증명하는 서면

⑤ 이사와 감사(또는 감사위원회 위원) 또는 공증인의 설립경과의 조사보고서

3) 서면제출의 특칙

존속회사·신설회사·분할합병의 상대방회사의 본점소재지를 관할하는 등기소가 일치하는 경우에 변경등기 또는 설립등기의 신청서에 첨부하여야 할 서면 중 내용이 동일한 것이 있는 때에는 그 중 1개의 신청서에만 첨부하고, 다른 등기의 신청서에는 대리권을 증명하는 서면 외에 다른 서면을 첨부하지 아니할 수 있다(상업등기법 제98조 3항).

(4) 대표이사의 인감제출

등기신청서에 날인한 자로서 대표이사의 인감을 제출하여야 한다(상업등기법 제24조 1항). 인감신고서에는 대표이사가 발행받을 인감에 대한 사항을 기재한 인감대지도 첨부한다.

(5) 등기신청의 처리

동시에 신청된 분할합병으로 인한 존속회사의 변경등기, 신설회사의 설립등기, 소멸회사의 해산등기 등 수건의 등기신청 중 어느 하나에 관하여 등기신청의 각하사유가 있는 때에는 이들 등기신청을 모두 함께 각하하여야 한다(상업등기법 제99조 1항).

【쟁점질의와 유권해석】

<첨부할 서면을 생략할 수 있는 경우>

ㄱ) 존속회사, 신설회사, 소멸회사 등 전부 또는 그 중 두 회사의 관할 등기소가 같아 같기소에 변경등기와 설립등기 및 해산등기를 모두 또는 그 중 두 종류의 등기 신청을 동시에 하는 경우에는 변경등기와 설립등기의 신청서에 첨부하여야 할 서면의 내용이 동일한 것인 때에는 변경등기의 신청서에만 첨부하면 된다. 이 경우 설립등기신청서에는 위임장만 첨부하되, 그 생략의 취지를 기재하여야 한다. 그리고 존속회사 또는 신설회사와 관할등기소가 같은 소멸회사의 해산등기신청서에는 일체의 서면을 첨부하지 않아도 된다.

ㄴ) 존속회사, 신설회사, 소멸회사의 관할 등기소가 서로 다른 경우 등기신청서를 제출할 등기소에 변경등기와 설립등기 및 해산등기를 모두 또는 그 중 두 종류의 등기신청을 동시에 하는 경우에는 각 등기사건의 신청서별로 첨부할 서면을 각각 첨부하여야 한다.

ㄷ) 분할 또는 분할합병으로 인한 신설회사가 분할되는 회사의 출자 또는 분할되는 회사와 분할합병으로 소멸되는 회사의 출자만으로 설립되는 경우에는 회사설립 등기시의 첨부서면에 관한 비송은 등사건절차법 제203조 각 호의 서면 중 정관, 창립총회의사록, 이사·대표이사와 감사의 취임승낙을 증명하는 서면과 명의개서 대리인을 둔 때에는 명의개서대리인과 계약을 증명하는 서면 외에 다른 서면을 첨부할 필요는 없다.

7. 분할합병 후에 존속하는 피분할회사의 변경등기절차

이 등기는 예컨대 갑회사의 재산(영업)의 일부를 분할하여 그 분할된 부분과 을회사가 분할합병하여 병회사를 설립하고 갑은 존속하고 을은 해산하는 경우의 갑회사에 대한 변경등기의 경우이다.

(1) 등기기간 등

분할합병의 상대방 회사 또는 분할합병에 의하여 설립한 회사에 관한 분할 합병으로 인한 변경등기 또는 설립등기의 기간과 같은 기간 내(흡수분할합병의 경우에는 주주총회의 종결일 또는 보고에 갈음하는 공고일, 신설분할합병의 경우에는 창립총회가 종결한 날 또는 보고에 갈음하는 공고일로부터 본점소재지에서는 2주간 내, 지점소재지에서는 3주간 내)에 분할한 회사를 대표하는 이사가 등기를 신청하여야 한다(상 제530조의11 1항, 제528조).

(2) 등기사항

가. 분할합병으로 소멸하거나 설립하는 회사 또는 다른 존속회사의 상호 및 본점과 분할합병을 한 뜻(상업등기법 제96조 1항)

나. 분할합병 후에 회사가 발행할 주식의 총수(감소변경한 경우)

다. 분할합병 후의 발행주식의 총수, 그 종류 및 종류별 주식의 수

라. 분할합병 후의 자본의 총액

마. 지점소재지에서는 분할합병의 연월일(상업등기법 제96조 1항)

(3) 첨부서면

가. 분할합병계약서

나. 분할합병계약서의 승인 주주총회의사록

다. 분할합병계약서의 승인 종류주주총회의사록(필요한 경우)

라. 분할합병으로 부담이 가중되는 주주전원의 동의서(필요한 경우)

마. 채권자보호절차를 이행한 사실을 증명하는 서면

바. 주권제출공고를 증명하는 서면(주식의 배정에 따른 주식의 병합 또는 분할이 있는 경우)

사. 위임장 등 일반적인 첨부서면

(4) 등기신청의 처리

동시에 신청된 분할합병으로 인한 존속회사의 변경등기, 신설회사의 설립등기, 소멸회사의 해산등기 등 수 건의 등기신청 중 어느 하나에 관하여 각하 사유가 있는 때에는 이들 등기신청을 모두 각하하여야 한다(상업등기법 제99조 1항).

존속회사·신설회사·소멸회사의 본점소재지를 관할하는 등기소가 동일한 경우 등기관은 분할합병으로 인한 변경등기를 한 때에는 지체없이 그 등기 연월일을 동시에 신청한 해산등기의 신청서에 기재하여야 한다(상업등기법 제99조 2항).

8. 분할합병으로 인한 해산등기

(1) 등기기간 등

흡수분할합병의 경우에는 분할합병보고총회가 종결한 날 또는 보고총회에 갈음하는 공고일, 신설분할합병의 경우에는 분할합병창립총회가 종결한 날 또는 창립총회에 갈음하는 공고일로부터 각 본점소재지에서는 2주 내, 지점소재지에서는 3주 내에 회사를 대표하는 이사가 분할합병으로 인한 해산등기를 신청하여야 한다(상 제530조의11 1항, 제528조, 상업등기법 제17조 2항).

분할합병으로 인한 소멸회사의 해산등기는 분할 또는 분할합병 후 존속 또는 설립하는 회사의 대표자가 소멸회사를 대표하여 신청할 수 있다(등기예규 제964호 참조).

(2) 등기사항

분할합병으로 인한 소멸회사의 해산등기에 있어서의 등기사항은 분할합병으로 인하여 존속하거나 설립하는 회사의 상호와 본점 및 분할 또는 분할합병을 한 뜻과 그 연월일이다(상업등기법 제96조 3항).

(3) 신청방식

존속회사·신설회사·소멸회사의 본점소재지에서 하는 분할합병으로 인한 해산등기의 신청은 동시에 하여야 한다(상업등기법 제97조 1항).

(4) 첨부서면

1) 각 회사의 등기소가 동일한 경우

분할합병으로 인한 본점소재지에서 하는 해산등기의 신청에는 신청서의 첨부서면에 관한 규정과 인감의 제출에 관한 규정(상업등기법 제24조 1항·2항)을 적용하지 아니한다(상업등기법 제98조 4항). 일체의 첨부서면이 필요없다.

2) 각 회사의 관할등기소가 다른 경우

① 분할합병계약서

② 분할합병계약서의 승인 주주총회의사록, 종류주주총회의사록(필요한 경우), 부담이 가중되는 주주 전원의 동의서(필요한 경우)

③ 채권자보호절차를 이행한 서면

④ 주권제출의 공고를 증명하는 서면(주식의 병합 또는 분할이 있는 경우)

⑤ 위임장 등 일반적인 첨부서면

여기에는 위임장, 분할합병에 관계하는 채권자보호절차를 이행하는 서면, 공고를 증명하는 서면 등의 일반적인 서면도 첨부하여야 하나, 동일등기소에서 분할합병의 상대방 회사 또는 신설회사에 관한 분할합병으로 인한 변경등기 또는 설립등기의 신청과 동시에 신청하는 경우에는 대리인에 의하여 신청할 경우의 그 권한을 증명하는 서면 외에 다른 서면을 첨부할 필요가 없다(상업등기법 제98조 3항).

(5) 등기신청의 처리

동시에 신청된 분할합병으로 인한 존속회사의 변경등기, 신설회사의 설립등기, 소멸회사의 해산등기 등 수 건의 등기신청 중 어느 하나에 관하여 각하사유가 있는 때에는 이들 등기신청을 모두 함께 각하하여야 한다(상업등기법 제99조 1항).

등기관은 존속회사·신설회사·소멸회사의 본점소재지가 같은 분할합병으로 인한 존속회사의 변경등기, 신설회사의 설립등기, 소멸회사의 해산등기 등의 변경등기 또는 설립등기를 한 때에는 지체없이 그 등기연월일을 동시에 신청한 해산등기의 신청서에 기재하여야 한다(상업등기법 제99조 2항).

9. 분할 및 분할합병으로 인한 지점표시변경등기절차

회사분할로 인하여 피분할회사의 재산과 권리의무는 분할로 인한 설립회사 등 수혜회사가 분할계획서에 정한 바대로 승계하고, 채무는 원칙적으로 연대책임을 지나 분할로 설립되는 회사가 피분할회사의 채무만을 부담할 수 있으며(상 제530조의9 2항), 합병에 의하여는 피합병회사의 재산은 합병회사에 법률상 당연히 일체로 인계되므로, 분할합병에 의하여 피합병회사의 재산은 당연히 분할합병회사에 인계된다.

따라서 피분할회사 또는 피분할합병회사의 지점에 관한 권리도 분할계획서 또는 분할합병계약서에 의하여 수혜회사가 승계하게 되므로, 피분할회사 및 피분할합병회사의 지점에 관한 등기를 분할로 인한 설립회사 등의 지점으로 변경하거나 폐지등기하여야 할 것이다.

회사분할의 경우 피분할회사의 지점은 분할계획서에 의하여 설립회사에 이전되는 경우에는 지점에 관한 등기사항 중 회사의 상호 및 본점이 설립회사 등의 것으로 변경되어야 하고, 공고방법, 존립기간과 해산사유, 회사성립연월일 등 지점에 관한 등기사항 중 피분할회사와 설립회사와 다른 등기사항은 설립회사와 동일하게 변경등기를 하여야 할 것이며, 분할합병에 의한 경우에도 이와 동일하다고 할 것이다.

회사분할의 경우에는 설립회사의 본점과 지점은 정관 및 분할계약서에 별도로 정하지 않는 한 분할로 인하여 피분할회사에 존속하는 것으로 보아 다른 등기는 할 필요가 없을 것이다.

분할로 인한 설립회사와는 달리 피분할회사의 지점에 관하여는 분할계획서에 특히 명시하지 않는 한 분할로 인하여 별다른 등기를 할 필요는 없으나, 분할로 인하여 피분할회사의 지점을 폐지하는 경우에는 일반적인 지점이전, 지점폐지등기와 동일하게 등기하면 될 것이다. 지점을 신설회사로 이전하는 경우에는 피분할회사 및 신설회사에서 각 지점이전등기를 하여야 할 것이나, 그 절차는 일반적인 지점이전의 규정을 유추하여야 할 것이다.

회사분할 또는 분할합병으로 소멸하는 주식회사의 지점에서도 변경등기를 하여야 하므로 소멸회사의 지점 지배인을 피분할회사 또는 분할합병회사의 지점 지배인으로 계속하려면 분할회사 또는 분할합병회사의 해당 지점에 새로이 지배인선임등기를 하여야 한다고 할 것이다.

(1) 등기기간 등

분할회사의 분할등기시에 본점에서는 분할로 인하여 지점에 관한 사항이 변경되는 경우 이를 2주간 내에 등기하고, 분할로 인한 설립 또는 소멸회사의 지점에서는 본점에서 분할등기를 한 후 3주간 내에 지점표시변경등기를 하여야 할 것이다. 분할합병의 경우에도 동일하다.

분할로 인한 경우에는 피분할회사의 대표자가 신청하여야 하고, 분할합병으로 인한 경우에는 분할회사 및 신설회사가 전부 관여되므로 피분할회사에 대하여는 피분할회사, 신설회사에 대하여는 신설회사의 대표자가 각 등기를 신청해야 할 것이다.

(2) 첨부서면

1) 본점에서 분할등기 또는 분할합병등기를 한 본점등기부등본

분할로 인하여 신설회사가 피분할회사의 권리의무를 승계하므로 이 분할로 인한 지점표시변경등기는 달리 분할을 증명하는 이사회의사록, 주주총회의사록 등은 첨부할 필요가 없다.

지점폐지의 경우에도 동일하게 피분할회사에서 계약으로 달리 정하지 아니하는 한 피분할회사의 지점은 그대로 둔다.

분할합병의 경우에도 동일하다.

2) 등록면허세 및 지방교육세, 농어촌특별세 납부영수필통지서 및 확인서, 등기신청수수료

등록면허세 23,000원, 지방교육세 4,600원을 납부한 등록세영수필통지서 및 확인서를 첨부한다(지방세법 제26조 1항 6호, 제151조). 등기신청수수료는 6,000원이다.

X. 해산과 청산에 관한 등기

Ⅰ. 해산등기

▣ 핵 심 사 항 ▣

1. 해산의 의의 : 회사의 해산은 법인격의 소멸을 가져오는 법률사실이다.
2. 주식회사의 해산사유
  (1) 존립기간의 만료 기타 정관으로 정한 해산사유의 발생
  (2) 주주총회의 특별결의
  (3) 회사의 합병
  (4) 회사의 파산
  (5) 법원의 해산명령 또는 해산판결
  (6) 회사의 분할(또는 분할합병)에 의한 해산
  (7) 휴면회사의 해산의제제도
3. 해산등기 : 회사가 해산한 때에는 해산등기를 하여야 하는데 이는 설립등기와는 달리 상법 제37조의 대항요건에 불과하다.

1. 해산의 의의

회사의 해산이란 회사 법인격의 소멸을 가져오는 원인이 되는 법률사실을 말한다. 법인인 회사는 합병의 경우를 제외하고는 상속과 같은 포괄적 승계가 인정되지 않으므로 해산한 경우 스스로 기존의 법률관계를 처리하여야 한다. 이러한 처리과정을 청산절차라 하고 해산한 후 청산의 목적을 위하여 존속하는 회사를 청산회사라 한다. 청산회사는 해산 전의 회사와 동일한 회사지만 그 목적이 청산의 범위 내에 한정되는 점이 다르다.

보통의 경우 회사는 해산에 의하여 곧바로 권리능력을 상실하지 않고, 해산에 의하여 청산에 들어가게 되며, 회사가 해산하더라도 곧바로 회사의 법인격이 소멸되지 않고 청산목적 범위 내에서는 여전히 계속하여 그 법인격이 존속한다고 상법은 정하고 있다(상 제245조, 제269조, 제542조, 제613조). 청산의 절차가 종료한 때에 비로소 주식회사의 법인격이 완전히 소멸하는 것이다.

다만, 회사가 합병에 의하여 해산한 때에는 그 권리의무는 포괄적으로 존속회사 또는 신설회사에 승계되므로 회사는 해산과 동시에 소멸한다(상 제517조 1항, 제227조 4항).

회사는 자연인이 사망한 경우의 상속과 같은 제도가 없으므로, 합병·분할·분할합병과 파산의 경우를 제외하고는 해산에 의하여 당연히 청산절차에 들어가고 그 절차가 종료하기까지 청산의 목적 범위 내에서 존속하는 것이다(상 제245조).

【쟁점질의와 유권해석】

<해산된 회사의 주주·대표이사>

ㄱ) 주식회사가 해산된 경우 주주와 이사의 지위

주식회사는 해산된 뒤에도 청산법인으로 되어 청산의 목적범위 내에서 존속하므로, 그 주주는 주주총회의 결의에 참여할 수 있을 뿐더러 잔여재산의 분배청구권 및 청산인의해임청구권이 있고, 한편 해산 당시의 이사는 정관에 다른 규정이 있거나 주주총회에서 따로 청산인을 선임하지 아니한 경우에 당연히 청산인이 되고 해산 당시 또는 그 후에 임기가 만료되더라도 새로 청산인이 선임되어 취임할 때까지는 청산인으로서 권리의무를 가진다(대판 1991. 11. 22, 91다22131).

ㄴ) 해산 및 청산종결 간주된 휴면회사의 대표자

상법 제520조의2의 규정에 의하여 주식회사가 해산되고 그 청산이 종결된 것으로 보게되는 회사라도 어떤 권리관계가 남아있어 현실적으로 정리할 필요가 있으면 그 범위내에서는 아직 완전히 소멸하지 아니하고, 이러한 경우 그 회사의 해산당시의 이사는 정관에 다른 규정이 있거나 주주총회에서 따로 청산인을 선임하지 아니한 경우에 당연히 청산인이 되고, 그러한 청산인이 없는 때에는 이해관계인의 청구에 의하여 법원이 선임한 자가 청산인이 되므로, 이러한 청산인만이 청산중인 회사의 청산사무를 집행하고 대표하는 기관이 된다(대판 1994.5.27. 94다7607).

ㄷ) 상법 제520조의2의 규정에 의하여 해산된 주식회사의 대표자

상법 제520조의2의 규정에 의하여 해산된 주식회사의 경우 정관에 다른 규정이 있거나 주주총회에서 따로 청산인을 선임하지 아니한 이상 그 해산 당시의 이사는 당연히 청산인이 되고, 그러한 청산인이 없는 때에는 이해관계인의 청구에 의하여 법원이 선임한 자가 청산인이 되며, 이러한 청산인만이 회사의 청산사무를 집행하고 대표하는 기관이 된다(대결 2000. 10. 12, 2000마287).

2. 해산사유

해산사유는 상법 이외에도 특별법에도 규정되어 있다. 은행법, 보험협법, 상호저축은행법, 자본시장과 금융투자업에 관한 법률 등이 그 예이다.

주식회사의 해산사유는 다음과 같다(상 제517조).

(1) 존립기간의 만료 기타 정관으로 정한 사유의 발생(상 제517조 1항, 제227

조 1항)

주식회사는 정관으로 정한 존립기간이 만료한 때에 해산한다. 이 경우의 해산일자는 존립기간 만료일의 익일이다. 또한 존립기간 이외의 정관으로 정한 해산사유의 발생으로 인하여 해산한다.

(2) 회사의 합병과 분할 또는 분할합병(상 제517조, 제227조 4항)

회사는 합병으로 인하여 소멸회사가 된 때에 해산하고, 회사의 분할 또는 분할합병에 의하여 해산하는 경우도 있다(상 제530조의11, 제234조).

(3) 회사의 파산

회사는 파산선고를 받으면 해산한다.

이 때에는 상법의 청산절차에 관한 규정이 적용되지 않고 채무자회생및파산에관한법률이 적용되어, 파산회사는 법인격이 즉시 소멸하는 것은 아니고 파산목적 범위 내에서만 존속하게 되고(동법 제328조), 파산절차에 의하여 법률관계가 청산된다. 종전 이사는 그 자격을 잃어 퇴임하나 그 때는 청산인이 아니라 파산관재인이 취임하여 회사의 재산을 관리 처분한다. 회사는 해산후 청산중에도 파산할 수 있다(상 제254조 4항, 상 제542조 1항, 민 제93조, 채무자회생및파산에관한법률 제298조).

(4) 법원의 명령 또는 판결(상 제176조, 제520조, 제517조 1항, 제227조 6항)

1) 법원의 해산명령

해산명령은 그 사유가 회사의 설립목적이 불법일 때 등 공익적 목적을 위한 제도로, 청구권자는 이해관계인이나 검사이다. 법원이 직권으로 하는 경우도 있으며, 그 절차는 비송사건절차법에 의한다(상 제176조, 비송 제90조).

법원은 다음의 사유가 있는 경우에는 이해관계인이나 검사의 청구에 의하여 또는 직권으로 회사의 해산을 명할 수 있다(상 제176조).

① 회사의 설립목적이 불법한 것인 때

② 회사가 정당한 사유없이 설립 후 1년 내에 영업을 개시하지 아니하거나 1년 이상 영업을 휴지한 때

③ 이사가 법령 또는 정관에 위반하여 회사의 존속을 허용할 수 없는 행위

를 한 때

해산명령에 관한 일반적인 절차는 비송사건절차법의 규정에 의한다. 회사의 해산명령은 회사 본점소재지의 지방법원 합의부의 관할에 속하고, 법원은 직권 또는 청구에 의하여 회사재산의 보전에 필요한 처분을 할 수 있다(상 제176조 2항).

해산명령에 대하여 회사·이해관계인과 검사는 즉시항고할 수 있다(비송 제155조). 해산명령이 확정되면 회사는 해산한다(상 제227조 6항, 제269조, 제517조 1항, 제609조 1항).

2) 법원의 판결

해산판결은 사원 또는 주주의 이익보호를 위한 제도로, 그 사유가 회사의 대내적 문제이며, 청구권자는 사원 또는 주주이다. 법원이 직권으로 개입할 수는 없고, 비송사건이 아닌 소송사건이란 점에서 법원의 해산명령과 구별된다.

다음의 경우에 부득이한 사유가 있는 때에는 발행주식총수의 100분의 10 이상에 해당하는 주식을 가진 주주는 회사의 해산을 청구할 수 있다(상 제520조).

① 회사의 업무와 현저한 정돈(停頓)상태를 계속하여 회복할 수 없는 손해가 생긴 때 또는 생길 염려가 있는 때

② 회사재산의 관리 또는 처분의 현저한 失當으로 인하여 회사의 존립을 위태롭게 한 때

이 경우 해산판결을 청구할 수 있는 자가 주주에 한정되어 있고, 그 절차는 소송에 의하도록 되어 있는 점이 해산명령과 다르다.

회사의 해산을 청구하는 소는 회사 본점소재지의 지방법원의 관할에 전속하며(상 제520조 2항, 제186조), 회사를 피고로 제기한다.

(5) 주주총회의 결의(상 제518조)

주식회사는 존립기간 전이라도 주주총회의 특별결의에 의하여 언제든지 해산할 수 있다(상 제518조). 정관으로 존립기간 또는 해산사유를 정한 경우에도 그 기간의 만료 또는 해산사유의 발생 전에 해산결의할 수 있으며, 해산결의의 효력은 그 동기나 의도에 의하여 좌우되지 않는다.

다만, 영업에 관하여 주무관청의 허가(인가)를 받고 있는 특수한 회사에 있

어서는 해산의 결의에 주무관청의 허가(인가)를 요하는 것으로 규정하고 있는 경우가 많다(은행법 제9조, 신탁업법 제8조).

(6) 주무관청의 영업인가 취소

주식회사 중에는 그 영업에 관하여 주무관청의 인가를 받고 있는 회사가 있는 바, 일정한 사유가 있는 때에는 주무관청은 영업의 인가를 취소할 수 있고, 이 영업인가의 취소가 해산사유로 규정되어 있는 경우가 있다(은행법 제53조, 제56조 등).

상호저축은행법 제21조 제1호의 규정에 의한 상호저축은행 및 신탁업법 제32조의 규정에 의한 신탁회사의 영업인가취소로 인한 해산, 보험업법 제137조 1항 제6호에 의한 보험회사의 영업허가취소로 인한 해산 등이 그 예이다.

(7) 휴면회사의 해산의제(상 제520조의2 1항, 예규 제715호)

1) 의 의

법원행정처장의 최후의 등기 후 5년을 경과한 회사는 본점의 소재지를 관할하는 법원에 아직 영업을 폐지하지 아니하였다는 뜻의 신고를 할 것을 관보로써 공고한 경우에 그 공고한 날에 이미 최후의 등기 후 5년을 경과한 회사로서 공고한 날로부터 2월 이내에 대통령령이 정하는 바에 의하여 신고하지 아니한 때에는 그 회사는 신고기간이 만료된 때 해산한 것으로 본다.

신고기간 만료 후 해산등기를 하기 전에 등기부의 열람 또는 등본교부의 청구가 있는 때에는 해산등기를 한 후 열람하게 하거나 등본을 교부하여야 한다. 그리고 신고기간 만료 후 해산등기를 하기 전에 청산인의 취임등기신청이 있는 때에는 해산등기를 청산인의 취임등기를 한다.

2) 휴면회사의 회사계속의 여부

휴면회사가 해산이 의제된 날로부터 3년 이내에 회사계속의 결의(상 제434조)에 의하여 회사를 계속하지 않는 한 그 회사는 해산의제된 날 이후 3년이 경과한 때에 청산종결의 등기를 하고 그 등기용지를 폐쇄한다. 이와 같이 청산이 종결된 것으로 간주된 경우에는 회사를 계속할 수 없다(선 6-677). 그러나 휴면회사로서 청산이 종결된 것으로 간주되었다 하더라도 회사에 어떤 권리관계가 남아 있어서 현실적으로 이를 정리할 필요가 있는 경우에는 그 범위내에서는 아직 완전히 소멸하지 아니한다는 것이 대법원 판례이다(대판 94다760).

【쟁점질의와 유권해석】

<상법 제520조의2 제4항에 의하여 청산이 종결된 것으로 간주된 휴면회사가 회사를 계속할 수 있는지 여부>

상법 제520조의2 제1항에 의하여 해산된 것으로 간주된 휴면회사는 해산한 것으로 간주된 후 3년 이내에는 상법 제434조의 결의에 의하여 회사를 계속할 수 있으나(상 제520조의2 제3항), 그 기간동안 회사계속의 결의를 하지 않아 상법 제520조의2 제4항에 의하여 청산이 종결된 것으로 간주된 경우에는 회사를 계속할 수 없다.

3) 관련문제

가. 휴면회사의 해산에 관한 규정이 민법에 의하여 설립된 재단법인에 적용되는지 여부

휴면회사의 해산에 관한 상법 제520조의2와 비송사건절차법 제214조는 민법에 의하여 설립된 재단법인에 대해서는 적용되지 않는다.

나. 상법 제520조의2 제1항의 규정에 의하여 해산간주된 회사를 피공탁자로 하여 변제공탁을 할 수 있는 지 여부

① 상법 제520조의2 제1항의 규정에 의하여 해산간주된 회사는 법인격이 소멸된 것이 아니므로 변제공탁의 피공탁자가 될 수 있다.

② 위와 같이 해산간주된 회사의 법인등기부상 대표자가 없다고 하더라도, 피공탁자가 법인인 경우 그 대표자의 성명, 주소는 공탁서상의 기재사항이 아닐뿐만 아니라 대표권이 있음을 증명하는 서면도 공탁신청시 첨부서면이 아니므로, 피공탁자인 법인의 명칭과 주사무소만 기재하여 공탁할 수 있다(2003. 8. 5, 공탁법인 3302-189 질의회답).

【쟁점질의와 유권해석】

<상법 제520조의2(휴면회사의 해산)의 규정에 의하여 직권에 의한 해산 및 청산종결
등기가 경료된 주식회사에 있어서 잔여재산이 남아있는 경우 그 처리방법 등>

상법 제520조의2(휴면회사의 해산)의 규정에 의하여 직권에 의한 해산 및 청산종결등
기가 경료된 주식회사의 경우, 회사계속등기를 할 수는 없으나, 잔여재산이 남아 있
는 경우에는 등기용지 폐쇄일로부터 20년이 경과하지 아니하였다면, 청산사무가 종결
되지 않았음을 증명하여 청산종결등기의 말소등기를 신청함으로써 폐쇄된 등기용지
를 부활시키고 청산종결등기를 말소한 다음, 청산인 등기를 하는 등 청산절차를 진행
할 수 있을 것이다(2004. 6. 9, 공탁법인 3402-131 질의회답).

(8) 회생절차에 의한 해산

회생절차에서는 채무자가 합병·분할 또는 분할합병에 의하지 아니하고 해
산하는 때에는 회생계획에 그 뜻과 해산의 시기를 정하여야 하고(채무자회생
및파산에관한법률 제216조), 회생계획에 해산할 것을 정한 때에는 회생계획
이 정하는 시기에 해산한다(동법 제275조 1항). 이 경우 해산등기신청서에는
회생계획인가결정서의 등본 또는 초본을 첨부하여야 한다(동조 2항).

(9) 관련문제

1) 재산은 모두 처분되고 상호만 남은 주식회사에 대하여 채권자 등이 해
산등기신청이나 직권폐쇄신청을 할 수 있는지 여부

주식회사가 경영부실로 부도되어 회사재산은 모두 경매 등으로 처분되고 상
호만 남아 있는 경우라 할지라도 상법이 정하고 있는 주주총회의 결의 및 권
한 있는 자의 신청 등 적법한 절차를 밟지 아니하고서는 신청권자가 아닌 채
권자, 이해관계인 또는 연고권자(종전 대표이사 직무대행자 등)가 위 주식회사
의 해산등기신청 또는 직권폐쇄신청을 할 수 없다(1998. 10. 2, 등기 3402-957
질의회답).

2) 법원의 해산명령에 의한 해산등기 전에 임의로 해산등기와 청산인선임
등기가 경료된 경우 그 등기의 효력 여부

주식회사에 대하여 상법 제176조의 규정에 의한 해산명령이 확정되면 그에
따른 등기가 경료되지 아니하더라도 동 회사는 당연히 해산되고 해산 전의 대
표이사는 그 권한을 상실하며 법원의 해산명령에 의한 해산등기는 법원의 촉

탁에 의하도록 되어 있으므로, 주식회사에 대한 해산명령이 확정된 후에는 같은 회사가 임의로 주주총회의 결의에 의하여 해산하고 그에 따른 해산등기를 신청할 수 없으나, 해산명령 확정 후 등기촉탁 전에 그러한 신청에 의한 해산 등기와 청산인선임등기가 이미 경료되었다면 그 등기는 비송사건절차법 제234 조 1항 2호에 해당되는 무효의 등기라고 할 것이므로, 해산명령을 한 법원의 촉탁이 있으면 등기관은 먼저 비송사건절차법 제235조 내지 제237조의 규정에 의하여 임의해산등기와 청산인선임등기를 직권말소한 후 해산명령에 따른 해 산등기를 경료하여야 할 것이다(1998. 3. 17, 등기 3402-223 질의회답).

3) 법인이 본점을 다른 등기소의 관할구역 내로 이전하고 신소재지 관할 등기소에서 이전등기를 하고 있지 않은 경우 그 법인이 해산된 것으로 볼 수 있는지 여부

주식회사인 법인이 본점을 다른 등기소의 관할구역 내로 이전하고 신소재지 관할등기소에서 본점이전등기를 하지 않고 있거나, 상법 부칙 제5조 2항에 의 한 주식의 병합절차를 밟지 않고 있다 하더라도 아직 그 법인이 해산된 것으 로 볼 수 없다(1987. 6. 27, 등기 382 질의회답).

3. 해산의 효과

회사는 합병·분할·분할합병·청산의 경우를 제외하고는 해산사유의 발생에 의하여 해산등기와 관계없이 해산하여 청산절차가 개시된다(상 제531조 1항).

청산 중의 회사는 권리능력의 범위가 축소되어 청산의 목적 범위 내에서만 존 속하고, 그 결과 회사는 영업능력을 잃고 영업을 전제로 한 이익배당·사채발행 등은 할 수 없으며, 회사의 대표 및 집행기관은 그 권한을 잃고, 청산인이 회사 의 대표자·집행자가 된다.

4. 해산등기의 절차

(1) 등기기간

주식회사가 해산한 때에는 합병과 파산의 경우를 제외하고는 본점소재지에 서는 2주간, 지점소재지에서는 3주간 내에 대표청산인이 해산의 등기를 하여 야 한다(상 제530조, 제228조, 상업등기법 제17조, 제65조, 제101조).

(2) 등기신청인

합병으로 인한 해산의 등기는 존속회사 또는 신설회사의 대표자가 소멸회사를 대표하여 신청한다(상업등기법 제101조, 제72조 1항).

존립시기 만료로 인한 해산등기는 법인을 대표할 자가 신청하여야 한다. 따라서 당해 법인에 대한 채권자가 해산등기를 신청할 수는 없다(2005. 7. 25, 공탁법인과-329 질의회답).

재판에 의하여 해산한 때에는 법원의 촉탁에 의하여 등기하며(상업등기법 제17조), 영업에 관하여 주무관청의 인가를 받고 있는 회사가 주무관청의 인가취소로 인하여 해산한 때에는 주무관청의 촉탁에 의하여 해산의 등기를 하여야 하는 경우도 있다(수협법 제98조 4항).

(3) 등기의 기록

해산의 등기에 있어서는 해산한 취지, 그 사유와 해산연월일을 기타사항란에 등기하고(상업등기법 제101조, 제65조), 해산의 등기를 한 때에는 이사 및 대표이사에 관한 등기를 말소하는 기호를 기록하여야 한다(상업등기규칙 제103조).

회사가 파산한 경우에는 법원이 직권으로써 파산등기를 촉탁하게 되는 것이지만(채무자회생및파산에관한법률 제23조 1항), 이는 해산의 등기는 아니다.

(4) 첨부서면(상업등기법 제101조, 제88조)

1) 주주총회의사록

주주총회 특별결의로 해산한 때에 첨부한다.

2) 정관소정사유의 발생을 증명하는 서면

정관소정의 해산사유 발생으로 해산한 경우에 첨부한다.

존립기간만료로 해산할 때에는 등기부상 그 기간이 명백하므로 별도의 첨부서면은 필요없다.

3) 대표청산인이 신청하는 경우에는 그 자격을 증명하는 서면(법정청산인이 신청하는 경우에는 제외)

4) 대리권을 증명하는 서면 등 일반적인 첨부서면

등록세를 납부한 영수필통지서 및 영수필확인서, 등기신청수수료를 납부한 대법원등기수입증지, 대리인의 권한을 증명하는 서면(상업등기법 제21조), 관청의 허가(인가)서(동법 제22조), 법원의 허가서 또는 총주주의 동의서 등이 필요한 경우에는 이를 첨부하여야 한다.

(5) 등록면허세 등

회사가 해산등기를 신청하는 때에는 등록면허세 23,000원 및 등록면허세의 100분의 20에 해당하는 지방교육세 4,600원을 납부하여야 한다. 다만, 법원, 법원사무관등 또는 주무관청의 촉탁에 따라 해산등기를 하는 경우에도 다른 법령에 특별한 규정이 없으면 신청의 경우와 마찬가지로 등록면허세를 납부하여야 한다.

【쟁점질의와 유권해석】

<회사해산명령에 따른 법원의 등기촉탁과 등록세 부과>

① 상법 제176조의 규정에 의하여 검사의 청구로 법원이 회사의 해산을 명한 경우 이에 따른 등기의무는 실질적인 당사자인 당해 회사에게 있다 할 것이나 그 재판(명령)의 집행을 위하여 절차의 편의상 해산명령을 한 법원이 그 등기를 촉탁할 것을 비송사건절차법에서 규정하고 있음(같은 법 제93조)에 불과하다 할 것이어서 그 등기가 곧 지방세법 제126조 제1호의"국가......가 자기를 위하여 하는 등기" 라고는 볼수 없고 또 조세감면규제법 등 다른 법규에도 면세규정이 없으므로 법원의 촉탁에 의한 회사 해산등기에 대하여도 등록세를 부과하여야 할 것이다.

② 다만 위와 같은 경우에 있어서 당해회사의 등록세 자진납부를 기대하기는 어렵다 할 것이므로 등록세의 납부가 없는 경우라도 법원으로부터 위 등기촉탁이 있을 때에는 등기공무원은 그 촉탁에 따른 등기를 한 후 지방세법 제151조의 2의 규정에 의하여 관할시장 . 군수에게 이를 통지하여야 할 것이다.

75. 5. 8. 법정 제270호 서울민사지방법원장 대 법원행정처장 회답, 75. 5. 8. 법정 제126호 각 지방법원장 대 법원행정처장 통첩

(회사해산명령에 따른 법원의 등기촉탁과 등록세 부과 등기예규 제251호 1975.05.08 제정)

한편, 해산등기의 신청 또는 촉탁과 관련해서는 다른 법률에 등기신청수수료를 면제하는 규정이 있는 경우를 제외하고는 6,000원(전자신청은 2,000원, 전자표준양식에 의한 신청은 4,000원)의 등기신청수수료를 납부하여야 한다. 다만, 법원, 법원사무관등의 촉탁에 따라 해산등기를 하는 때에는 등기신청수수료를 받지 아니한다.

5. 해산등기의 효력

회사해산등기에 대하여는 회사설립등기와 같은 특별규정이 없는 이상 상법총칙규정에 의하여 이는 제3자에 대한 대항요건에 불과하다고 할 것이므로 해산결의가 있고 청산인선임 결의가 있다면 그 해산등기가 없어도 청산중인 회사이다 (대결 1964. 5. 5, 63마29).

청산법인이 청산종결의 등기를 하였더라도, 채권채무가 남아있는 이상, 청산은 종료되지 아니한 것이므로, 그 한도에 있어서 청산법인은 당사자 능력을 가진다 (대판 1980. 4. 8, 79다2036).

Ⅱ. 청산등기

▣ 핵 심 사 항 ▣

1. 청산의 의의 : 청산이란 해산한 회사가 존립 중에 발생한 재산적 권리의무를 정리한 후 회사의 법인격을 소멸시키는 것을 말한다.
2. 청산사무의 내용
 (1) 현존사무의 종결
 (2) 채권을 추심
 (3) 채무를 변제
 (4) 잔여재산은 사원에게 분배
3. 청산종결의 등기 : 청산사무를 종결하였을 때에 회사의 법인격이 소멸되며, 그 후 청산종결의 등기를 하여야 하나 이는 청산의 효력발생요건은 아니다.

1. 총 설

(1) 청산의 의의

청산이란 회사가 해산후 그 재산적 권리의무를 정리한 후 회사의 법인격을 소멸시키는 것을 말한다. 청산절차는 해산한 회사의 일체의 법률관계를 종료하고 그 재산을 분배하는 것을 목적으로 하는 절차로서 회사재산이 채무를 완제하고 남음이 있는 경우에 주주의 이익을 위하여 행해지는 점에서 채권자의 이익을 위하여 행해지는 파산절차와 다르다.

(2) 청산의 방법

1) 임의청산

임의청산은 인적회사(사원이 1인으로 된 경우 및 해산을 명하는 재판에 의하여 해산한 경우 제외)가 정관 또는 총사원의 동의로 회사의 처분방법을 임의로 정하는 방법이다(상 제247조).

2) 법정청산

법정청산은 인적회사가 임의청산을 하지 아니하는 경우와 물적회사의 청산방법으로 상법은 회사채권자와 사원을 보호하기 위하여 청산절차는 엄격하게 규정하고 있다(상 제250조 이하, 제269조, 제531조 이하).

(3) 청산법인의 활동범위

청산회사는 해산 전의 회사와 동일한 회사이지만 영업수행능력을 잃고 잔존 법률관계의 결재를 위하여 존재하므로 영업활동을 전제로 한 법률의 규정은 적용되지 않는다.

따라서 지배인은 선임할 수 없으며 이미 선임되어 있는 지배인은 종임되고 주주총회도 회사계속의 결의를 제외하고는 영업활동을 전제로 하는 목적의 변경, 신주의 발행, 자본감소, 지점의 설치 또는 사채발행 등의 결의를 할 수 없다.

이사 역시 그 지위를 잃게 되고 청산인이 이에 갈음한다. 다만, 감사는 그 임기만료시까지 청산회사의 감사로 유임한다.

주식회사는 해산된 뒤에도 청산법인으로 되어 청산의 목적범위 내에서 존속하므로, 그 주주는 주주총회의 결의에 참여할 수 있을뿐더러 잔여재산의 분배청구권 및 청산인의 해임 청구권이 있다(대판 1991. 11. 22. 91다22131).

【쟁점질의와 유권해석】

<청산절차 진행 중 법인이 파산한 경우 청산인과 감사가 퇴임등기를 할 수 있는지 여부>

파산선고를 받은 법인도 파산절차가 진행되는 동안은 파산의 목적범위 내에서는 아직 존속되는 것으로 보므로, 파산재단 이외의 관계에서 업무를 집행하여야 할 업무집행기관과 감독기관으로서의 감사는 필요적 상설기관으로서 필요하다.

청산 중 법인이 파산한 경우에 업무집행기관으로서의 청산인과 감독기관으로서의 감사는 당해 파산법인이 신임 청산인과 신임감사의 취임등기를 하지 아니하면 파산종결등기를 할 때까지 퇴임등기를 할 수 없을 것이다(2003. 6. 3, 공탁법인 3402-132 질의회답).

(4) 청산에 관한 상법규정의 적용 제한

1) 대상회사

국가가 주식 또는 지분의 2분의 1 이상을 보유하는 회사 중 청산에 관하여 상법의 규정을 제한받는 회사는 법률이나 기부체납에 의하여 그 주식 또는 지분이 국가에 귀속된 기업체로서 총괄청이 지정하는 회사이다(국유재산법 제80조, 동법시행령 제79조).

2) 제한받는 사항

상법의 규정을 제한받는 사항은 상법 중 주주총회 또는 사원총회의 권한·소집·의결방법 등에 관한 규정에도 불구하고 대통령령이 정하는 바에 의한다.

국유재산법 제80조에 의한 청산법인이 상법규정을 적용받지 아니하는 사항은 ① 청산인 및 감사의 선임, ② 상법 제533조 규정에 의한 대차대조표 및 재산목록의 승인, ③ 영업의 양도, 양수, 자본의 감소와 정관의 변경, ④ 청산경비결산 및 청산종결의 승인, ⑤ 잔여재산의 분배 및 분배방법의 결정, ⑥ 주주총회 또는 사원총회의 소집, ⑦ 서류보존인의 선임 등이다(동법시행령 제80조).

3) 미수복지구 안에 소재하는 회사의 청산

국가가 주식 또는 지분의 2분의 1 이상을 보유하는 회사 중 법률이나 기부체납 등에 의하여 그 주식 또는 지분이 국가에 귀속된 기업체로서 총괄청이 지정하는 회사 중, 본점 또는 주사무소가 미수복지구 안에 소재하는 회사의 청산에 관하여는 상법과 국유재산법 제80조에 의한다. 다만, 상법 중 ① 회사의 해산등기, ② 청산인의 신고 및 등기, ③ 상법 제533조 규정에 의한 재산목록 및 대차대조표의 제출, ④ 청산종결의 등기에 관하여는 그러하지 아니하다.

위와 같이 청산절차를 진행 중에 있는 회사가 소유하고 있는 부동산의 소유권이 민법 제245조에 의하여 그 부동산을 무단점유하고 있는 자에게 이전될 우려가 있는 경우에는 청산절차의 종결 전에도 총괄청이 그 부동산을 국가로 귀속시킬 수 있다(국유재산법 제81조).

미수복지구 내에 본점을 두고 있는 회사는 청산이 불가능한 것이 아니며, 그러한 경우 청산절차는 위 회사의 대표이사, 이사가 결원상태에 있다면 우선 상법 제386조, 제389조에 의하여 일시대표이사, 일시이사를 선임한 다음 이사회의 소집결정에 따른 주주총회에서 동법 제518조의 규정에 의한 해산의 특별결의를 하면 되고, 위 회사의 주권을 국가가 50% 이상 소유한 총괄청이 지정하는 회사는 상법 및 국유재산법 제55조, 동법시행령 제60조, 제61조의 규정에 의거하여 연합청산위원회가 귀속법인 위 회사의 청산사무를 담당하여 종결하는 방식에 의할 수 있다. 국가가 69.9%를 소유하고 있다면 상법 제366조(소수주주에 의한 소집청구)에 의하여 주주총회를 소집청구를 할 수 있으며, 그 소집청구권을 타인에게 위임하여 대리행사할 수도 있다(1990. 12. 18, 등기 제2451호).

(5) 청산인회와 청산회사의 대표자

청산인회는 청산인으로 구성되는 합의체로서 청산회사의 청산업무 집행에 관하여 결의하는 기관이다.

청산인회의 소집·의사·결의 등에 관하여는 모두 이사회의 규정이 준용된다(상 제542조 2항, 제390조 내지 제392조).

회사가 해산되면 청산의 목적범위 내에서만 존속하게 되어 영업의 담당자인 이사는 그 지위를 잃고 청산인(상 제531조)이 청산사무의 집행과 청산회를 대표하게 되므로, 청산회사 명의로 하는 등기신청은 청산인이 하여야 한다(1987. 9. 29, 등기 제574호).

주식회사가 해산한 경우(합병 또는 파산의 경우 제외)에 정관에 다른 규정이 있거나 주주총회에서 타인을 선임한 때를 제외하고는 해산 당시의 일시이사 및 일시대표이사는 청산인 및 대표청산인이 된다(대판 1981. 9. 8, 80다2511).

【쟁점질의와 유권해석】

<주식회사가 해산된 경우 청산인이 되는 자>

주식회사가 해산(상법시행법 제15조 3항에 의하여 해산간주된 경우를 포함)한 경우(합병 또는 파산의 경우 제외)에 정관에 다른 규정이 있거나 주주총회에서 타인을 선임한 때를 제외하고는 해산당시의 일시이사 및 일시대표이사는 청산인 및 대표청산인이 된다(대판 1981. 9. 8, 80다2511).

2. 청산인·대표청산인의 취임 및 퇴임

(1) 청산인의 의의 등

청산인이란 청산회사를 대표하고 그 청산사무를 집행하는 회사의 상설기관을 말한다.

1) 청산인의 자격

청산인의 자격, 원수 및 임기에 관하여는 따로 정한 바가 없다.

청산인은 행위능력자임을 요하지 아니하는 점, 법인은 청산인이 될 수 없는 점, 감사는 청산인을 겸할 수 없는 점은 이사의 경우와 같다. 다만, 한국자산관리공사(구 성업공사)는 국유재산법 제55조 및 동법시행령 제61조 5항이 규정하고 있는 일정한 경우에는 주식회사의 청산인이 될 수 있다(1990. 6. 5, 등기 제1135호).

상법 제411조가 청산인에게도 준용되므로 감사는 청산인을 겸할 수 없다. 또한 비송사건절차법은 그 자격요건을 강화하여 미성년자, 금치산자, 한정치산자, 자격이 정지되거나 상실된 자, 법원에서 해임된 청산인, 파산선고를 받는 자는 청산인으로 선임될 수 없다(비송 제121조)는 규정을 두고 있다.

2) 청산인의 원 수

청산인의 원 수에 관하여 정관에 다른 규정이 없는 한 1인이라도 무방하며, 이때에는 그가 청산인인 동시에 대표청산인으로서 직접 청산사무를 집행한다(대판 1989. 9. 12, 87다카2691).

3) 청산인의 직무

청산인은 현존사무의 종결, 채권의 추심과 채무의 변제, 재산의 환가처분, 잔여재산의 분배에 관한 직무를 행한다(상 제254조, 제542조 1항).

청산인에 관하여도 이사와 같이 청산인회 및 대표청산인에 관한 제도가 있으므로(상 제542조 2항, 제388조 내지 제394조), 청산인은 청산인회를 통하여 청산사무에 관여한다.

금융기관이 해산 또는 파산한 때에는 금융감독원장 또는 그 소속직원 1명이 청산인 또는 파산관재인으로 선임되어야 한다(은행법 제57조).

【쟁점질의와 유권해석】

<청산인에 대한 직무집행정지 및 직무대행자 선임의 가처분결정이 있은 후 소집된 주주총회에서 회사를 계속하기로 하는 결의 등이 있는 경우 가처분 취소를 구할 수 있는지 여부>

청산 중인 주식회사의 청산인을 피신청인으로 하여 그 직무집행을 정지하고 직무대행자를 선임하는 가처분결정이 있은 후, 그 선임된 청산인 직무대행자가 주주들의 요구에 따라 소집한 주주총회에서 회사를 계속하기로 하는 결의와 아울러 새로운 이사들과 감사를 선임하는 결의가 있었다고 하여, 그 주주총회의 결의에 의하여 청산인 직무대행자의 권한이 당연히 소멸하는 것은 아니고(상 제407조, 제408조 1항, 제519조, 제542조 2항), 청산인 직무집행정지 및 직무대행자 선임의 가처분결정이 있은 후 소집된 주주총회에서 회사를 계속하기로 하는 결의 및 새로운 이사들과 감사를 선임하는 결의 있었다면, 특별한 사정이 없는 한 위 주주총회의 결의에 의하여 위 직무집행정지 및 직무대행자선임의 가처분결정은 더 이상 유지할 필요가 없는 사정변경이 생겼다고 할 것이므로, 위 가처분에 의하여 직무집행이 정지되었던 피신청인으로서는 그 사정변경을 이유로 가처분이의의 소를 제기하여 위 가처분의 취소를 구할 수 있다(대판 1997. 9. 9, 97다12167).

【쟁점질의와 유권해석】

<공탁자인 주식회사가 보증공탁을 한 이후에 주주총회 결의로 해산하면서 종전 대표이사를 청산인으로 선임하여 청산절차를 진행하던 중 채무초과 사유로 파산신청을 하였으나 법원이 파산선고와 동시에 파산폐지의 결정을 하고 확정된 경우 파산종결된 위 회사가 공탁금을 회수하는 방법>

ㄱ) 법인에 대한 파산절차가 잔여재산 없이 종료되면 청산종결의 경우와 마찬가지로 법인격이 소멸한다고 할 것이나, 아직도 적극재산이 잔존하고 있다면 법인은 그 재산에 관한 청산목적의 범위내에서는 존속한다고 볼 수 있다(대법원 1989. 11. 24. 89다카2483 참조).

ㄴ) 주식회사가 주주총회결의로 해산하면서 종전 대표이사를 청산인으로 선임하여 청산절차를 진행하는 중에 채무초과사유로 파산신청을 하였으나 법원이 파산선고와 동시에 파산폐지의 결정을 하고 확정된 경우, 이와 같이 파산종결된 회사라도 미회수공탁금이 존재한다면 공탁금 회수에 관한 일반적인 요건을 갖추어 공탁금을 회수할 수 있을 것이다.

ㄷ) 이러한 경우 공탁금 회수 절차는 파산종결된 회사를 대표하여 청산인이 하여야 하는데, 종전 청산인이 사망하였다면 이해관계인의 청구에 따라 법원이 청산인을 선임하여야 할 것이다(2004. 1. 17, 공탁 3302-18 질의회답).

(2) 청산인의 선임 및 퇴임

1) 청산인의 선임

미성년자, 금치산자와 한정치산자, 자격이 정지되거나 상실된 자, 법원에서 해임된 청산인, 파산자는 청산인이 될 수 없다(비송 제121조).

청산법인의 주주총회에서 한 이사선임결의는 청산인선임으로서의 효력이 있다. 즉, 회사가 해산한 경우 합병 또는 파산의 경우 외에는 정관에 다른 규정이 있거나 주주총회에서 따로 청산인을 선임하지 아니하였다면 이사가 당연히 청산인이 되고 이사가 임기만료되면 새로운 이사를 선임할 수 있다 할 것이므로 청산법인의 주주총회에서 청산인을 선임하지 아니하고 이사를 선임하였다 하여 그 선임결의가 그 자체로서 무효가 된다고 볼 수 없다(대판 1989. 9. 12, 87다카2691, 서울고법 1987. 10. 16, 85나4359).

가. 회사가 합병, 분할, 분할합병 또는 파산 이외의 사유로 해산한 경우(상 제531조)

① 정관으로 정한 청산인 : 회사가 합병, 분할, 분할합병 또는 파산된 경우 외에는 이사가 청산인이 된다. 다만, 정관으로 정한 청산인이 있는 때에 는 그 정함에 따라 청산인이 결정되고, 그가 취임함에는 취임승낙이 있 어야 한다(상업등기법 제66조).

　따라서 회사가 합병, 분할, 분할합병 또는 파산된 경우에는 청산인선임 이 필요하지 않다.

② 총회선임청산인 : 주주총회에서는 이사 이외의 자를 청산인으로 선임할 수 있다(상 제531조 1항).

　주주총회는 정관에서 예정한 청산인을 해임할 수 있으므로(상 제539조 1항), 정관으로 청산인을 정한 경우라도 주주총회의 결의로 청산인을 선임할 수 있다. 주주총회의 결의에 의하여 청산인을 선임하는 경우에 도 그의 취임승낙이 필요하다(상업등기법 제66조).

③ 법정청산인 : 회사가 해산한 때에는 합병·분할·분할합병 또는 파산의 경 우를 제외하고는 원칙적으로 이사가 그 회사의 청산인이 된다(상 제531 조 1항). 다만 정관에 다른 정함이 있거나 주주총회에서 다른 사람을 선임한 경우에는 그러하지 아니하다.

　법정청산인은 대표권의 유무와 관계없이 이사 전원이 당연히 청산인으 로 취임한다.

　해산 당시의 이사는 정관에 다른 규정이 있거나 주주총회에서 따로 청 산인을 선임하지 아니한 경우에 당연히 청산인이 되고 해산 당시 또는 그 후에 임기가 만료되더라도 새로 청산인이 선임되어 취임할 때까지 는 청산인으로서 권리의무를 가진다(대결 2000. 10. 12, 자 2000마287).

④ 법원선임청산인 : 위의 각 청산인이 없는 경우에는 법원이 이해관계인 의 청구에 의하여 청산인을 선임한다(상 제531조 1항). 이러한 청산인만 이 회사의 청산사무를 집행하고 대표하는 기관이 된다(대결 2000. 10. 12, 2000마287). 회사가 해산을 명하는 재판에 의하여 해산한 경우나 회 사가 설립무효의 판결에 의하여 해산한 경우(상 제328조 2항, 제193조 2항)에는 주주 기타 이해관계인의 청구 또는 법원의 직권에 의하여 법 원이 청산인을 선임한다. 청산인 결격사유자인 미성년자, 금치산자와 한 정치산자, 자격이 정지되거나 상실된 자, 법원에서 해임된 청산인, 파산 자에 해당하는 자는 청산인으로 선임할 수 없다(비송 제121조). 법원의

청산인선임·해임재판에 대하여는 불복할 수 없다(비송 제119조).

⑤ 연합청산인 : 국유재산법 제55조 및 제55조의2에 의하여 재정경제부에 구성된 연합청산위원회에서 연합청산위원회의 의결사항을 집행하기 위하여 연합청산인 1인을 두되, 연합청산위원회가 청산법인의 청산인 중에서 1인을 선임한다.

다만 연합청산인회는 재정경제부장관이 한국자산관리공사의 임원 중에서 지정하는 자를 청산법인의 청산인 또는 연합청산인으로 선임할 수 있다(국유재산법 제55조, 동법시행령 제61조 2항, 4항, 5항).

나. 회사가 해산을 명하는 재판에 의하여 해산한 경우(상 제542조 1항, 제252조, 제227조 6호)

주주 기타 이해관계인이나 검사의 청구에 의하여 또는 직권으로써 법원이 청산인을 선임한다.

다. 회사가 설립무효의 판결에 의하여 해산한 경우(상 제328조 2항, 제193조 2항)

주주 기타 이해관계인의 청구에 의하여 법원이 청산인을 선임한다.

라. 금융산업의구조개선에관한법률에 의한 금융기관

금융기관이 해산하는 경우에는 금융감독위원회는 상법 제531조의 규정(법정청산인)에 불구하고 예금보험공사의 의견을 들어 청산인을 법원에 추천할 수 있으며, 법원은 특별한 사유가 없는 한 금융감독위원회가 추천한 자를 청산인으로 선임하여야 한다. 다만, 당해 금융기관을 설립한 근거법률인 은행법, 증권거래법 등에서 청산인을 지정하거나 그 선임방법을 정하고 있는 경우에는 당해 법률에 정하는 바에 의한다(동법 제15조).

2) 청산인의 퇴임

가. 사 임

청산인과 회사와의 관계는 위임관계이므로 청산인은 언제든지 사임할 수 있다. 청산인의 사임으로 인한 변경등기신청서에는 그 사임을 증명하는 서면을 첨부하여야 하고 그 서면에는 인감증명법에 의한 인감증명을 첨부하여야 하는 점은 이사 등의 사임의 경우와 같다(예규 제752호). 청산인이 사임한 결과 청산인이 없게 되거나 정관으로 정한 원수를 결한 경우에는 사임으로 인하여 퇴임한 청산인은 후임자의 취임시까지 청산인의 권리의무가 있음은 이사의 경우와 같다(상 제542조 2항, 제386조 1항).

나. 해 임

① 주주총회에 의한 해임 : 법원에서 선임한 청산인을 제외하고 청산인은 언제든지 청산인선임기관인 주주총회의 보통결의로 해임할 수 있다(상 제539조 1항).

② 재판에 의한 해임 : 법원에서 선임한 청산인을 포함하여 모든 청산인은 그가 업무를 집행함에 현저하게 부적임하거나 중대한 임무에 위반한 행위가 있는 때에는 발행주식총수의 100분의 3 이상에 해당하는 주식을 가진 주주는 법원에 그의 해임을 청구할 수 있으며, 이 청구에 의하여 법원은 청산인을 해임할 수 있다(상 제539조 2항).

다. 정관소정사유의 발생

정관으로써 청산인의 임기를 정하거나 퇴임사유를 정할 경우에는 그 임기만료 또는 퇴임사유의 발생으로 인하여 퇴임한다.

라. 청산인의 사망, 파산 또는 금치산(상 제542조 2항, 제382조 2항, 민법 제690조)

청산인이 사망하거나 파산, 금치산선고를 받으면 청산인은 퇴임한다.

3) 청산인의 권리의무를 가지는 자, 일시청산인 및 청산인직무대행자

이에 대하여는 이사의 경우와 같다. 즉, 사임 또는 임기만료로 인하여 법률 또는 정관으로 정한 청산인의 원수를 결하게 된 경우에는 사임 또는 임기만료로 인하여 퇴임한 자는 후임청산인이 취임할 때까지 청산인의 권리의무가 있고, 청산인이 결한 경우에 필요하다고 인정할 때에는 법원은 이해관계인의 청구에 의하여 일시청산인의 직무를 행할 자를 선임할 수 있으며, 청산인의 선임결의의 무효나 취소 또는 해임의 소가 제기된 경우에 법원은 당사자의 신청에 의하여 가처분으로써 청산인의 직무집행을 정지할 수 있고 청산인의 직무대행자를 선임할 수 있다.

주식회사가 해산(해산간주된 경우를 포함)한 경우(합병 또는 파산의 경우 제외)에 정관에 다른 규정이 있거나 주주총회에서 타인을 선임한 때를 제외하고는 해산당시의 일시 대표이사는 청산인 및 대표청산인이 된다(대판 1981. 9. 8. 80다2511).

【쟁점질의와 유권해석】

<해산 전의 가처분에 의하여 이사직무대행자가 선임된 회사가 해산된 경우 그 가처분의 효력 여부>

상법 제531조 1항에 따라 해산 전 가처분에 의하여 선임된 이사직무대행자는 회사가 해산하는 경우 당연히 청산인직무대행자가 된다. 이사직무대행자가 선임된 회사가 해산되고 해산 전의 가처분이 실효되지 않은 채 새로운 가처분에 의하여 해산된 회사의 청산인직무대행자가 선임되었다고 하더라도 선행가처분의 효력은 그대로 유지되어 그 가처분에 의하여 선임된 직무대행자만이 청산인직무대행자로서의 권한을 갖는다(대판 1991. 12. 24, 91다4355).

(3) 대표청산인의 취임 및 퇴임

1) 대표청산인의 의의 등

대표청산인은 청산 중의 회사의 대표기관이며 원칙적으로 청산인회의 결의에 기하여 청산사무를 집행한다(상 제542조 2항, 제391조, 제393조).

회사는 청산인회의 결의에 의하여 대표청산인을 선임한다(상 제542조 2항, 제389조 1항). 종전의 이사가 청산인으로 되는 경우에는 종전의 대표이사가 대표청산인이 되고, 법원이 수인의 청산인을 선임하는 때에는 대표청산인을 정하거나 공동대표청산인을 정할 수 있다(상 제542조 1항, 제255조 2항).

대표청산인은 청산인임을 요하며, 청산인 자격을 상실하면 대표청산인 자격도 자동으로 상실한다.

대표청산인은 적어도 1인은 있어야 하며 정관으로써 2인 이상의 대표청산인을 둘 수 있다.

대표청산인은 청산사무에 관하여 일체의 재판상 또는 재판 외의 행위를 할 수 있고, 이 권한에 제한을 가하여도 선의의 제3자에게 대항하지 못한다(상 제542조 2항, 제389조 3항, 제209조).

2) 대표청산인의 선임

가. 이사가 청산인이 된 경우(법정청산인)

해산당시의 대표이사가 대표청산인이 된다(상 제542조 1항, 제255조 1항).

나. 법원이 청산인을 선임하는 경우

법원이 대표청산인을 선임할 수 있다(상 제542조 1항, 제255조 2항).

다. 기타의 경우

청산회에서 대표청산인을 선임한다.

그러나 정관으로써 주주총회에서 선임하기로 한 때에는 주주총회의 결의로 선임한다(상 제542조 2항, 제389조).

3) 대표청산인의 퇴임

가. 청산인지위의 상실

나. 사임

대표청산인은 언제든지 사임할 수 있다. 또한 대표 청산인직만을 사임할 수 있으며 사임의 방법 및 권리의무에 관한 사항은 대표이사의 경우와 같다. 그러나 사임으로 인하여 대표청산인이 없게 되거나 정관으로 정한 대표청산인의 원수를 결하게 되는 경우에는 후임 대표청산인이 취임할 때까지 대표청산인의 권리의무가 있으므로 사임할 수 없다(상 제542조, 제389조, 제386조).

다. 대표청산인의 해임

① 결의에 의한 해임 : 대표청산인의 선임기관인 청산인회 또는 주주총회의 결의에 의하여 해임할 수 있다.

② 재판에 의한 해임 : 법원에서 대표청산인을 선임한 경우에는 법원은 그 대표청산인을 해임할 수 있다. 이 경우에는 청산회 또는 주주총회의 결의로써는 그를 해임할 수 없다.

라. 정관소정사유의 발생

4) 대표청산인의 권리의무를 가지는 자, 일시대표청산인 및 대표청산인직무대행자

대표이사의 경우와 같다.

5) 청산인의 공동대표에 관한 정함

공동대표이사의 경우와 같다. 청산인이 수인 있는 경우에는 각자 단독으로 회사를 대표하는 것이 원칙이나, 선임기관의 결의로 수인이 공동하여 회사를 대표할 것으로 정할 수 있다(상 제542조 2항, 제389조 2항).

법원이 수인의 청산인을 선임한 경우에는 수인이 공동하여 회사를 대표할 것으로 정할 수 있다(상 제542조 1항, 제255조 2항).

3. 등기절차

(1) 등기기간

이 등기는 대표청산인이 신청하여야 한다(상업등기법 제17조). 청산인이 선임된 때에는 선임된 날로부터, 이사가 청산인이 된 경우에는 해산한 날로부터, 본점소재지에서는 2주간 내에, 지점소재지에서는 3주간 내에 소정의 사항을 등기하여야 한다(상 제542조 1항, 제253조 1항, 특별법 제3조). 다만 지점소재지에서는 대표청산인에 관한 사항만 등기한다(특례법 규칙 제3조).

(2) 등기사항

① 청산인의 성명과 주소, 주민등록번호

② 회사를 대표할 청산인을 정한 때에는 그 성명·주소

③ 수인의 청산인이 공동으로 회사를 대표할 것으로 정한 때에는 그 규정

(3) 등기신청인

청산에 관한 등기는 대표청산인이 신청하여야 한다(상업등기법 제17조). 일시 청산인(일시대표청산인)과 청산인직무대행자(대표청산인 직무대행자) 선임의 등기는 법원의 촉탁에 의하는 것이나(비송 제107조), 이 경우를 제외한 법원선임의 청산인의 등기도 위 기간 내에 대표청산인이 신청하여야 한다. 그러나 해산등기를 신청하기 전에는 청산인에 관한 등기를 신청할 수 없다.

(4) 첨부서면

대리권한을 증명하는 서면, 관청의 허가(인가)서, 정관, 총주주의 동의서, 청산인의 주민등록번호를 증명하는 서면(특례법규칙 제2조 2항) 등이 필요한 경우에는 이를 제출하는 외에 다음 서면을 첨부한다.

1) 주주총회에서 선임한 청산인

① 주주총회의사록(상업등기법 제79조)

② 취임승낙을 증명하는 서면(비송 제217조, 제189조 2항)

③ 대표청산인을 선임한 경우에는 그 선임에 관한 청산인회의사록 또는 주
주총회의사록 및 정관과 대표청산인의 취임승낙을 증명하는 서면(비송
제202조, 제204조)

2) 법정청산인

정관(상업등기법 제101조, 제66조)

3) 정관소정청산인

① 정관(상업등기법 제79조)

② 취임승낙서(청산인·대표청산인 또는 공동대표청산인의 취임의 경우 : 동
법 제81조)

③ 대표청산인을 선임한 경우에는 그 선임에 관한 청산인회의사록 또는 주주총회
의사록 및 정관과 대표청산인의 취임승낙서(비송 제202조 2항)

취임승낙을 증명하는 서면에는 인감증명법에 의한 인감을 찍고 그 인감
증명서를 제출하여야 하는 점, 공증된 의사록에 취임승낙의 뜻이 기재된
청산인으로서 기명날인한 자는 인감증명이 생략되는 점 등은 이사·대표
이사의 경우와 같다.

4) 법원선임청산인(상업등기법 제101조, 제66조)

선임결정서의 등본(이 서면이 청산인의 선임, 대표청산인의 선임 및 공동대
표에 관한 규정의 설정을 증명하는 것이라 할 것이다)

법원이 청산인을 선임하는 경우에는 미리 취임승낙을 받고 있으므로 취임승
낙을 증명하는 서면을 첨부할 필요가 없다.

5) 연합청산인(국유재산법시행령 제61조)

연합청산위원회의 청산인선임의사록

6) 대표청산인의 인감제출

대표청산인은 회사를 대표하여 등기를 신청할 자이므로 등기소에 인감(대지)
을 제출하여야 한다(상업등기법 제101조, 제66조).

7) 청산인 및 대표청산인 퇴임등기시

① 정관(정관소정사유 발생으로 퇴임하는 경우)

② 사임서

사임으로 퇴임하는 경우에는 인감증명법에 의한 인감증명을 첨부하여야 한다. 그러나 등기소에 신고된 인감으로 날인하면 인감증명법에 의한 인감증명을 첨부할 필요가 없다.

③ 사망진단서나 가족관계증명서(사망의 경우)

④ 파산·금치산선고결정등본(파산선고, 금치산선고된 경우)

⑤ 주주총회의사록(주주총회에서 해임결의한 경우)

⑥ 해임판결등본(법원의 해임판결에 의한 경우)

8) 공동대표청산인에 관한 규정의 설정·변경·폐지의 경우

그 규정의 설정·변경·폐지한 주주총회의사록

9) 청산인·대표청산인표시변경등기

그 표시변경을 증명하는 가족관계증명서나 주민등록등본 등

10) 등록면허세, 지방교육세 등 납부영수필통지서 및 확인서, 등기신청수수료

등록면허세는 23,000원, 지방교육세는 그 100분의 20을 납부한 영수필통지서 및 확인서를 첨부한다. 등기신청수수료 6,000원(전자표준양식에 의해 신청한 경우 4,000원, 전자신청의 경우에는 2,000원)을 납부한다.

(5) 등기의 기록

청산인에 관한 등기는 등기기록 중 임원란에 이를 기재한다. 법정청산인의 경우에는 그 취임일자를 기재하지 아니한다.

청산인 또는 대표청산인의 직무를 일시 행할 자에 관한 등기는 청산인 또는 대표청산인선임의 등기를 한 때에, 청산인의 직무집행정지 또는 그 직무대행자에 관한 등기는 청산인선임결의의 부존재, 무효나 취소 또는 해임의 등기를 한 때에 이를 말소하는 등기관의 기호를 기록하여야 한다(상업등기규칙 제99조).

(6) 관련문제

1) 해산간주된 회사의 청산인등기의 절차

상법 부칙 제4조 제2항의 규정에 의한 주식회사의 해산간주는 법률의 규정에 의한 것이므로 회사가 해산을 위하여 별도로 주주총회 결의를 거칠 필요는 없으며, 회사가 해산된 경우 주주총회의 결의로써 이사 아닌 자를 청산인으로 선임할 수는 있으나(상법 제531조 제1항), 그 청산인에 관한 등기를 하려면 먼저 해산등기를 하여야 한다.

2) 청산종결등기를 한 경우 청산법인의 당사자능력 유무

청산종결의 등기를 하였더라도 채권이 있는 이상 청산은 종료되지 않으므로 그 한도에서 청산법인은 당사자능력이 있다.

3) 청산인 직무대행자 선임신청의 상대방

임시의 지위를 정하는 가처분인 청산인 직무집행정지 및 직무대행자 선임가처분에 있어서는 신청인의 주장 자체에 의하여 신청인과 저촉되는 지위에 있는 청산인을 피신청인으로 해야 하고 회사는 피신청인의 적격이 없다.

4) 청산인회의 역할

회사가 해산한 때에는 이사는 그 지위를 상실하므로 업무집행기관인 이사회는 소멸하고 청산인이 청산사무를 담당한다.

청산인의 원수에 관한 규정이 없으므로 청산인은 1인이라도 상관없다 할 것이나 상법은 청산인에 관하여서도 이사와 같이 청산인회를 예정하고 있다. 즉, 회사가 해산한 경우에 주주총회에서 청산인을 선임하지 아니하거나 정관에 다른 규정이 없는 때에는 이사가 청산인이 되며(상법 제531조), 대표이사·이사회에 관한 규정을 청산인에 관하여 준용하고 있으므로(상법 제542조) 청산인이 1인인 경우를 제외하고는 청산인회가 청산사무에 관한 의사결정을 하게 된다. 청산인회의 소집절차, 결의방법, 연기 또는 속행에 관하여는 이사회에 관한 규정이 준용된다(상법 제542조).

5) 해산등기 및 청산인 취임등기의 대항력

주식회사의 해산등기 및 청산인등기는 제3자에 대한 대항요건에 불과하므로 위 등기가 없다 하여도 해산 및 청산인자격에 지장이 없다.

6) 청산인이 회사재산을 매수하여 제3자에게 다시 매도한 경우의 제3자에 대한 무효주장요건

주식회사의 청산인이 청산인회의 승인없이 회사를 대표하여 자기를 위하여 제3자와의 사이에 회사와 이해상반되는 거래를 한 경우는 물론, 회사와 직접 거래하여 취득한 목적물을 제3자에게 매도한 경우에도 회사는 그 거래에 대하여 청산인회의 승인이 없었다는 것 외에 상대방인 제3자가 악의라는 사실을 입증하여야만 비로소 그 무효를 제3자에게 주장할 수 있다.

7) 청산법인에 있어서 감사의 지위

회사가 청산절차에 있어도 이사나 대표이사의 직무를 청산인이 하는 것이고 감사의 지위에는 변동이 없다. 즉, 여전히 청산법인의 필수기관이다. 따라서 감사는 감사를 사임하지 아니하고 청산인으로 등기할 수 없다. 또한 감사의 결원이 있는 경우에는 감사의 선임등기 없이 사임등기를 할 수 없다.

III. 계속의 등기

▣ 핵 심 사 항 ▣

1. 회사계속의 의의 : 회사의 계속이란 일단 해산된 회사가 사원들의 자발적인 노력에 의하여 해산 전의 상태로 복귀하여 해산 전 회사의 동일성을 유지하면서 존립중의 회사로서 존속하는 것을 의미한다.
2. 사유 및 절차
  (1) 회사가 존립기간의 만료 기타 정관에 정한 사유의 발생 또는 주주총회의 결의에 의하여 해산한 경우에는 주주총회 특별결의에 의하여 회사를 계속할 수 있다.
  (2) 휴면회사로서 해산의제가 된 경우에도 신고기간이 만료된 때로부터 3년 이내에는 주주총회의 특별결의에 의하여 회사를 계속할 수 있다(상 제520조의2 3항).
  (3) 회사를 계속하는 경우에 이미 회사의 해산등기를 하였을 때에는 일정기간 내에 회사계속의 등기를 하여야 한다.

1. 회사의 계속

(1) 회사계속의 의의

일단 해산된 회사가 청산이 종료되기 전에 다시 해산 전의 회사로 복귀하는 것을 회사의 계속이라고 하는데, 이는 기업의 유지를 위하여 인정된 제도이다.

　주식회사는 존립기간의 만료로 해산되나(상 제517조, 제227조 Ⅰ), 상법 제434조의 규정에 의한 특별결의에 의하여 회사를 계속할 수 있으며 그 결의에 따른 존립시기 등에 관한 변경등기신청을 할 수 있으나(상 제519조), 존립기간 만료일로부터 본점소재지에서는 2주일 내, 지점소재지에서는 3주일 내에 해산등기를 하여야 하는 바(상 제530조, 제228조), 이 등기를 해태한 경우에는 과태료 처분을 받는다(상 제635조 1항 Ⅰ).

(2) 회사계속의 여부

1) 회사계속이 인정되는 경우

가. 존립기간의 만료 기타 정관소정사유의 발생 또는 주주총회의 결의에 의하여 해산한 경우

　위의 각 사유로 해산한 경우에는 주주총회의 특별결의에 의하여 회사를 계속할 수 있다(상 제519조).

나. 휴면회사로서 해산한 것으로 의제된 때로부터 3년 이내인 때

다. 파산선고에 의하여 해산한 경우에 파산폐지신청을 한 때

　파산선고에 의하여 해산한 경우에 파산폐지의 신청을 한 때(채무자회생및파산에관한법률 제54조)에는 청산절차가 종료하기 전까지 주주총회의 특별결의로 회사를 계속할 수 있다. 회사의 해산 후에 회생절차가 개시된 회사가 회사를 계속하려면 회생절차에 따라야 한다(동법 제55조).

2) 회사계속이 인정되지 않는 경우

① 법원의 해산명령 또는 해산판결에 의하여 해산한 경우

② 합병(분할·분할합병 포함)으로 인하여 해산한 경우

③ 청산절차의 종료에 의하여 회사가 소멸한 경우(1994. 9. 12, 등기 3402-1115 질의회답)

④ 상법(84. 9. 1.시행)부칙 제4조 제2항의 규정에 의하여 해산 간주된 경우

⑤ 휴면회사(상 제520조의2 1항)가 해산한 것으로 간주된 후 3년 이내에 회사 계속의 결의를 하지 않아 상법 제520조의2 제4항에 의하여 청산이 종

결된 것으로 간주된 경우(2000. 6. 21, 등기 340-438 질의회답)

⑥ 회사의 계속 여부가 문제되는 경우

가. 휴면회사(상 제520조의2)로서 해산 해산간주된 날로부터 3년이 경과한 회사

3년이 경과하지 아니하였다 하더라도 1987. 9. 1. 자본금액이 5,000만원 미만인 회사(1988. 2. 26, 등기 제88호)

그러나 해산간주된 날로부터 3년 이내에는 주주총회의 특별결의(상 제434조)에 의하여 회사를 계속할 수 있다(1988. 12. 12, 등기 제693호).

이 때 휴면회사는 계속등기를 하기 위하여 청산인취임등기가 전제되어야 회사계속결의를 위한 주주총회를 소집하고 새로운 이사 등을 선임할 수 있을 것이며, 등기해태의 책임은 청산인이 지고 새로이 선임된 대표이사가 소정의 기간 내에 회사계속등기를 하면 그 책임을 지지 아니한다.

나. 주식회사의 존립기간 만료 후의 회사계속등기

주식회사는 존립기간의 만료로 해산되나(상 제517조 Ⅰ, 제227조 Ⅰ), 상 제434조의 규정에 의한 주주총회의 특별결의로써 회사를 계속할 수 있고(상 제519조), 그 결의에 따라 존립기간 등에 관한 변경등기를 신청할 수 있다. 이 때에는 먼저 해산등기를 한 후에 회사계속등기를 하여야 한다.

그러나 존립기간 만료일로부터 본점소재지에서는 2주간 내, 지점소재지에서는 3주간 내에 해산등기를 하여야 하는 것이므로(상 제530조 1항, 제228조), 이 등기를 해태한 경우에는 과태료의 처분을 받게 된다(상 제635조 Ⅰ, 1985. 5. 25, 등기 제275호).

다. 해산의 등기를 한 후 10년이 지난 주식회사의 경우

주식회사가 주주총회의 결의에 의하여 해산을 한 경우 주주총회의 특별결의에 의하여 회사를 계속할 수 있는 바(상 제519조), 이 경우 해산등기를 한 후 10년이 경과한 경우라도 가능하다고 생각되나, 청산절차의 종료에 의하여 회사가 소멸한 경우에는 회사를 계속 할 수 없다(1994. 9. 12, 등기 3402-115).

【쟁점질의와 유권해석】

＜주주총회의 특별결의로 존립기간을 폐지한 회사가 회사를 계속하기 위한 요건＞

등기부상 주식회사 ○○상호신용금고의 존립기간 만료일은 회사성립일(1969. 6. 13.)로부터 만 20년이 되는 1989. 6. 13.이라 할 것인데 존립기간 만료이전인 1989. 6. 13. 적법한 주주총회의 특별결의로 존립기간을 폐지하였다면 그 기간이 지났다 하더라도 해산된 것이 아니므로 회사를 계속하기 위하여는 존립기간변경등기만 하면 되고 해산등기 후 회사계속등기를 하여야 하는 것은 아니며, 주주총회가 적법한 것이 아니라면 존립기간만료로 해산된 것이므로 회사를 계속하기 위하여는 해산등기 후 회사계속등기를 하여야 한다(상 제517조, 제519조, 비송 제191조, 규칙 제74조, 제76조 참조).

라. 해산간주된 휴면회사

휴면회사(상 제520조의2 1항)로서 자본금액이 오천만원 이상인 회사는 해산간주된 날로부터 3년 이내에는 주주총회의 특별결의(상 제434조)에 의하여 회사를 계속할 수 있다(1988. 12. 12, 등기 693 질의회답).

(3) 회사계속의 효과

1) 청산인의 권한상실과 이사의 선임 등

회사의 계속으로 회사는 장래에 향하여 해산 전의 상태로 복귀한다. 회사의 계속은 장래에 향하여만 효력이 생기는 것이지 소급효가 있는 것은 아니므로 해산 중에 청산인이 한 행위는 그 효력을 상실하지 않는다. 그리고 계속의 결과 청산인은 그 권한을 상실하고 해산 전의 회사대표 및 업무집행기관은 그 권한을 회복한다. 그러나 해산을 할 때에 이사였던 자가 당연히 이사로 복귀하는 것은 아니고 해산 전의 이사는 해산으로 인하여 그 자격이 소멸되었으므로 다시 이사를 선임하여야 한다(예규 제53호). 따라서 계속을 결의하는 주주총회에서 이사의 선임도 동시에 하여야 한다.

2) 효력발생시기

상법에 특별한 규정은 없으나 회사계속에 관한 주주총회의 결의가 있었던 때에 회사계속의 효력이 발생한다. 계속의 등기를 한 때에 계속의 효력이 발생하는 것이 아니다.

【쟁점질의와 유권해석】

<청산인 직무집행정지 가처분 결정 후 주주총회에서 회사계속의 결의 및 새로운 이 사선임 결의가 있은 경우 직무집행이 정지되었던 청산인이 사정변경을 이유로 한 가처분이의의 소를 제기할 수 있는 지 여부(적극)>

청산인 직무집행정지 및 직무대행자 선임의 가처분결정이 있은 후 소집된 주주총회 에서 회사를 계속하기로 하는 결의 및 새로운 이사들과 감사를 선임하는 결의가 있 었다면, 특별한 사정이 없는 한 위 주주총회의 결의에 의하여 위 직무집행정지 및 직 무대행자 선임의 가처분결정은 더 이상 유지할 필요가 없는 사정변경이 생겼다고 할 것이므로, 위 가처분에 의하여 직무집행이 정지되었던 피신청인으로서는 그 사정변경 을 이유로 가처분 이외의 소를 제기하여 위 가처분의 취소를 구할 수 있다(대판 1997. 9. 9. 97다12167).

2. 등기절차

(1) 등기기간

회사를 계속한 경우에 이미 회사의 해산등기를 하였을 때에는 본점소재지 에서는 2주간 내, 지점소재지에서는 3주간 내에 회사의 계속등기를 해야 한 다(상 제530조).

회사를 계속한 경우에 아직 해산등기가 경료되지 아니하였을 때에는 해산 등기와 청산인취임의 등기를 한 후에 위 기간 내에 회사의 계속등기를 한다.

(2) 등기신청인

회사계속의 등기는 주주총회에서 새로 선임된 대표이사가 신청한다(상업 등기법 제17조). 휴면회사가 회사계속등기를 하는 경우에는 청산인취임등 기와 동시에 회사계속등기를 신청하여야 하므로, 새로 선임된 대표이사가 신청한다.

(3) 등기사항

1) 회사를 계속한 뜻과 그 연월일(상업등기법 제101조, 제68조 1항)

2) 이사의 성명·주민등록번호와 대표이사의 성명, 주소, 공동대표에 관한 규정을 둔 때에는 그 규정

회사는 계속에 의하여 해산 전의 상태로 복귀하는 것이나, 해산에 의하여 당연퇴임한 이사와 대표이사가 그 지위를 회복하는 것은 아니므로 이사와 대표이사를 선임하여야 하며, 계속등기를 신청할 때에 이사 등의 취임등기도 신청하여야 한다.

3) 존립기간 기타 정관소정의 해산사유의 변경 또는 폐지

존립기간의 만료 기타 정관소정의 해산사유의 발생으로 인하여 해산한 회사가 계속한 때에는 계속의 결의와 동시에 변경하거나 폐지하여야 한다.

존립기간과 해산사유는 등기사항이므로 계속의 등기를 할 때에 그 변경등기도 신청하여야 한다.

(4) 첨부서면

1) 계속결의를 한 주주총회의사록(상업등기법 제79조 2항)

2) 이사선임에 관한 주주총회의사록(비송 제202조)

3) 대표이사 선임에 관한 이사회 또는 주주총회의사록

대표이사는 이사회의 결의로 선임되는 것이 원칙이다(상 제389조 1항).

4) 존립기간 또는 해산사유에 관한 변경등기를 신청할 때에는 그 변경에 관한 주주총회의사록

위 나. 내지 라.의 주주총회의사록에 기재된 내용은 계속결의를 하는 총회에서 함께 결의하는 것이 보통이므로 대부분 가.의 주주총회의사록이 이것들을 모두 겸하게 될 것이다.

5) 정 관

정관의 규정에 의하여 주주총회에서 대표이사를 선임한 때에는 주주총회의 의사록 외에 정관을 첨부하여야 한다.

6) 이사와 대표이사의 취임승낙을 증명하는 서면(상업등기법 제81조)

취임승낙서의 진정담보를 위하여 인감증명을 첨부해야 하는 점에 대해서는 기술한 경우와 같다(예규 제752호).

7) 이사의 주민등록번호를 증명하는 서면(상 제317조, 특례법규칙 제2조 2항)

주민등록이 없는 경우(외국인등)에는 생년월일

8) 등록면허세 및 지방교육세 등 납부영수필통지서 및 확인서, 등기신청수
수료납부 등기수입증지

9) 기타의 서면

대리인에 의하여 신청할 때에는 그 권한을 증명하는 서면(상업등기법 제21
조), 회사의 계속에 관하여 관청의 허가(인가)를 요할 경우에는 그 허가(인가)
서 또는 인증있는 등본, 정관의 규정, 법원의 허가 또는 총주주의 동의가 없으
면 등기할 사항에 관하여 무효 또는 취소의 원인이 있는 때에는 정관, 법원의
허가서 또는 총주주의 동의서 등이 필요할 때에는 이를 각 첨부한다(상업등기
법 제79조).

주주총회에서 대표이사를 선임한 때에는 이 규정에 의하여 정관을 첨부해야
한다.

10) 대표이사의 인감(상업등기법 제24조)

11) 지점소재지의 경우

본점에서 한 등기를 증명하는 서면(본점 등기부등본) 외에 다른 서면이 필요
없다.

(5) 등기의 기록

이사, 대표이사 취임의 등기는 등기기록 중 임원란에 기재하고 회사 계속
의 등기는 기타사항란에 이를 기재하나, 이 때에는 해산 및 청산인에 관한
등기를 말소하는 기호를 기록하여야 한다(상업등기규칙 제104조 1항, 제91
조 1항).

Ⅳ. 청산종결의 등기

```
▣ 핵 심 사 항 ▣
```

1. 청산종결절차
 (1) 법원에 대한 신고(상 제532조)
 (2) 회사채권자에 대한 최고(상 제535조)
 (3) 청산의 종결
 (4) 주주총회에서의 결산보고서승인
 (5) 청산종결의 등기
2. 휴면회사의 청산종결 의제(상 제520조의2 4항)
3. 등기절차 : 청산이 종결된 때에는 대표청산인은 결산보고서의 승인이 있는 날로부터 본점소재지에서는 2주간, 지점소재지에서는 3주간 내에 청산종결의 등기를 신청하여야 한다. 회사채권자에의 최고기간이 만료하기 전에는 청산종결의 등기신청을 할 수 없다. 청산종결의 등기는 청산종결의 효력발생요건은 아니다.

1. 청산종결절차

(1) 법원에 대한 신고

청산인은 취임한 날로부터 2주간 내에 해산의 사유와 그 연월일과 청산인의 성명·주민등록번호 및 주소를 법원에 신고하여야 하고(상 제532조), 취임 후 지체없이 회사의 재산상태를 조사하여 재산목록과 대차대조표를 작성하여 주주총회에 제출하여 그 승인을 얻은 후 지체없이 그 재산목록과 대차대조표를 법원에 제출하여야 한다(상 제533조).

(2) 회사채권자에 대한 최고

청산인은 취임한 날로부터 2월 내에 회사채권자에 대하여 2월 이상의 일정기간 내에 그 채권을 신고할 것과 그 기간 내에 신고하지 아니하면 청산에서 제외될 뜻을 2회 이상 공고로써 최고하여야 하며 알고 있는 채권자에 대하여는 각별로 그 채권의 신고를 최고하여야 하고, 그 채권자가 신고하지 않는 경우에도 청산에서 제외하지 못한다(상 제535조 1항, 2항).

【쟁점질의와 유권해석】

<회사의 청산종결등기 후 잔여재산처분을 위한 청산인등 변경등기>

단순히 본·지점의 지휘감독아래 기계적으로 제한된 보조적 사무만을 처리하는 청산법인에 대한 청산종결등기를 마쳤으나 그 후 잔여재산이 있어 이를 환가 처분하고자 청산을 재개하기로 결정하고 청산종결등기 당시 대표청산인 및 청산인을 해임하고 새로이 청산인 등을 선임한 경우, 위 청산종결등기가 착오에 인한 것임을 증명하여 청산종결등기의 말소등기를 신청함으로써 폐쇄된 등기용지를 부활시키고, 청산인 등에 대한 해임 및 선임등기의 신청에 따라 부활된 등기용지에 해당등기가 행해질 것이다(위 등기신청들은 동시에 행할 수 있음)(1992. 5. 27, 등기 1153 질의회답).

(3) 청산의 종결

청산인의 청산사무로는 위 사항 이외에도 현존사무의 종결, 재산의 환가처분, 잔여재산의 분배 등의 사무가 있는 바, 채무를 모두 변제하고 잔여재산의 분배가 종료되면 청산은 종결되고 회사는 소멸하게 된다.

(4) 주주총회에서의 결산보고서승인

청산사무가 종결한 때에는 청산인은 지체없이 결산보고서를 작성하여 이를 주주총회에 제출하여 승인을 얻어야 한다.

(5) 청산종결의 등기

1) 등기의 시기

청산종결의 등기는 청산절차가 종료된 후에 한다.

2) 회사의 법인격 소멸시기

회사의 법인격은 청산종결의 등기를 한 때가 아니라, 청산이 실제로 종료한 때에 완전히 소멸한다는 것이 통설과 판례의 입장이다. 즉 청산종결의 등기에 창설적 효력을 인정하지 않고 선언적 내지 대항요건적 효력만 인정된다.

판례는 법인에 대한 청산종결등기가 경료 되었다고 하더라도 청산사무가 종결되지 않는 한 그 범위내에서는 청산법인으로서 존속한다고 하였다(대판 2003. 2. 11, 선고 99다66427-73371).

2. 휴면회사의 청산종결 의제

해산한 것으로 간주되는 휴면회사가 그 후 3년 이내에 주주총회의 특별결의에 의하여 회사를 계속하지 아니한 경우에는 3년이 경과한 때에 청산이 종결된 것으로 본다(상 제520조의2 4항). 이 경우 등기관은 직권으로 청산종결의 등기를 하고 그 뜻을 지점소재지의 등기소에 통지하여야 한다. 그러나 이 청산종결의 등기 후라도 회사에 어떤 권리관계가 남아있어 현실적으로 정리할 필요가 있으면 그 범위내에서는 아직 완전히 소멸하지 아니한다(대판 2001. 7. 23, 2000두5333).

3. 등기절차

(1) 등기기간

청산이 종결된 때에는 대표청산인은 결산보고서의 승인이 있는 날로부터 본점소재지에서는 2주간, 지점소재지에서는 3주간 내에 청산종결의 등기를 신청하여야 한다(상 제542조 1항, 제264조). 회사채권자에의 최고기간이 만료하기 전에는 청산종결의 등기신청을 할 수 없다(선례Ⅳ 848). 그러나 청산종결의 등기는 청산종결의 효력발생요건이 아니다.

청산을 하기 위하여는 채권자에 대하여 2월 이상의 기간을 정하여 채권신고의 공고를 하여야 하므로 적어도 청산인이 취임한 후 2월 이내에는 청산사무를 종결할 수 없으며, 따라서 그 기간 내에는 청산종결의 등기를 신청할 수 없다.

(2) 등기사항

청산종결의 등기사항은 청산종결의 취지와 그 연월일이다.

(3) 첨부서면(상업등기법 제101조, 제67조)

1) 계산의 승인을 받았음을 증명하는 서면

상법 제264조에 따른 청산종결의 등기신청서에는 청산인이 그 계산의 승인을 받았음을 증명하는 서면을 첨부하여야 한다(상업등기법 제67조 2항 : 2007. 8. 3. 제정).

2) 주주총회의사록

청산결산보고서를 승인한 주주총회의사록을 첨부하여야 한다. 청산재산이 남아 있으면 이 재산의 처분 또는 분배계획도 청산결산보고서에 기록되어 있다.

3) 채권자보호절차를 이행하였다는 신문공고문

실무상 당해 회사의 공고신문이 아닌 다른 신문 또는 재무제표상 채무가 제로(0)로서 채권자가 이의할 수 없으므로 신문공고가 필요없다고 하면서 공고를 하지 아니하거나 저렴한 다른 신문에 공고하고 등기신청을 하는 경우가 있다.

그러나 이는 등기관의 입장에서 볼 때 채무가 제로(0)인지를 알 수가 없고 재무제표의 내용도 사문서이므로 믿을 수 없으며, 공고방법이 당해 회사의 등기부에 기재되어 공시되는 것이므로 이의 인용등기를 할 수 없다고 할 것이다.

다만, 주식회사를 설립하였으나 사업을 시작하지 않고 해산결의를 하여 주주 이외 다른 채권채무가 없는 경우에는, 청산인은 취임한 날로부터 2월 내에 회사채권자에 대하여 일정기간(2월 이상이어야 함) 내에 그 채권을 신고할 것과 그 기간 내에 신고하지 아니하면 청산에서 제외된다는 뜻을 2회 이상 공고로써 최고하여야 한다.

【쟁점질의와 유권해석】

<청산종결등기 신청서에 회사채권자에의 최고 공고문 첨부 요부>

주식회사를 설립하였으나 사업을 시작하지 않고 해산결의를 하여 주주 외의 다른 채권자가 없다 하더라도 청산인은 취임한 날로부터 2월 이내에 회사채권자에 대하여 일정기간(2월 이상이어야 함) 내에 그 채권을 신고할 것과 그 기간 내에 신고하지 아니하면 청산에서 제외된다는 뜻을 2회 이상 공고로서 최고하여야 하며, 따라서 청산종결등기신청은 최고기간이 지나야 하지만, 그 등기신청서에는 결산보고서를 승인한 주주총회의사록을 첨부하면 되고 채권신고를 최고한 공고문은 첨부할 것이 아니다 (1997. 4. 3, 등기 3402-257 질의회답).

4) 진술서

채권자보호절차를 이행한 바, 이에 대하여 채권자가 이의한 바가 없다거나, 누가 이의하였는데 어떻게 처리하였다는 등의 사유를 청산인이 진술하는 서면을 첨부하는 것이 실무상의 오랜 관행이다.

5) 등록면허세 및 지방교육세, 등기신청수수료

변경등기의 등록면허세인 23,000원의 등록면허세 및 이에 대한 100분의 20에 해당하는 지방교육세를 납부한 서면을 첨부하여야 한다. 또한 등기신청수수료 6,000원(전자표준양식에 의해 신청하는 경우 4,000원, 전자신청의 경우에는 2,000원)을 납부한다.

6) 귀속휴면법인의 청산종결등기신청서에 첨부할 서면

귀속휴면법인의 청산종결등기신청서에는 비송사건절차법 제190조의 규정에 의하여 청산인이 그 계산의 승인을 얻은 것을 증명하는 서면을 첨부하여야 한다(등기예규 제285호).

【쟁점질의와 유권해석】

<청산종결등기 후 회사명의의 부동산이 있는 경우의 처리방법>

주식회사의 청산종결등기가 경료된 후 그 회사 소유명의의 부동산이 있는 경우에 그 부동산은 무주 부동산이 되어 국가로 귀속되는 것이 아니고, 그 부동산이 회사소유명의로 남아 있는 한 회사의 청산사무가 종결된 것이 아니므로 청산절차에 의해 그 부동산이 처리될 것이다(1993. 3. 19, 등기 653 질의회답).

(4) 등기의 기록

등기기록 중 기타사항란에 '청산종결취지와 그 연월일'을 기재하고, 그 등기를 한 때에는 그 등기기록을 폐쇄하여야 한다(상업등기규칙 제94조 1항).

XI. 조직변경의 등기

▣ 핵 심 사 항 ▣

1. 조직변경의 의의 : 회사가 그 법인격의 동일성을 유지하면서 법률상의 조직을 변경하여 다른 종류의 회사를 만드는 것.
2. 인정여부 : 인적회사 상호간과 물적회사 상호간에만 인정된다.
3. 주식회사에서 유한회사로 조직변경의 절차
 (1) 총주주의 동의(상 제604조 1항 본문)
 (2) 사채의 상환(상 제604조 1항 단서)
 (3) 채권자보호절차(상 제608조, 제232조)

1. 총 설

(1) 조직변경의 의의

1) 조직변경의 개념

조직변경이란 회사가 그 법인격의 동일성을 유지하면서 법률상의 조직을 변경하여 다른 종류의 회사를 만드는 것을 말한다. 변경 전의 회사와 변경 후의 회사는 동일인이기 때문에 권리·의무가 승계되는 것은 아니고 같은 회사에 그대로 존속하는 것이다.

2) 회사합병과의 차이점

조직변경을 하면 변경전 회사가 소유하던 부동산은 변경 후 회사앞으로 이전등기를 할 것이 아니라 등기명의인 표시변경등기를 하면 된다(예규 제 612호). 이 점에서 어느 한 회사가 소멸하고 다른 회사가 그 권리의무를 포괄적으로 승계하는 회사의 합병과 구별된다.

회사 경영 중 회사형태가 적합하지 않게 되는 경우, 현재의 회사를 해산하고 다른 형태의 회사를 새로 설립하게 되면 경제적, 조세적으로 매우 번거로울 수 있으므로 이러한 번잡과 손실을 피하기 위하여 조직변경제도가 있는 것이다.

(2) 조직변경의 인정 여부

회사의 조직변경은 인적회사(합병회사·합자회사) 상호간과 물적회사(주식회사·유한회사) 상호간에만 인정되며, 인적회사와 물적회사간에는 인정되지 않는다. 이 점에서 어느 한 회사가 소멸하고 다른 회사가 그 권리의무를 포괄적으로 승계하는 회사의 합병과 다르다.

특수법인을 상법상의 주식회사로 전환하기 위해서는 조직변경에 관한 근거규정을 법률에 두어야 하며, 이러한 근거규정이 없는 경우에는 조직변경에 따른 등기신청을 수리할 수 없다(2005. 2. 14, 공탁법인 3402-40 질의회답).

조직변경은 새로운 회사를 설립하는 것이나 다름없고, 사원의 책임에 변경을 가져오므로, 여기에는 사원 전원의 동의가 필요하다. 회사채권자에 영향을 미치는 경우에는 그들을 보호하기 위한 절차가 필요하다. 또한 이는 기존 회사의 소멸과 새로운 회사형태의 탄생을 가져오므로, 이에 따른 해산등기와 설립등기가 필요하다.

제1장 주식회사의 등기   557

주식회사가 유한회사로 조직을 변경하는 경우, 인격의 동일성은 종전대로 계속되나 주주는 사원이 되고 새로이 선임된 이사가 업무를 집행하게 된다. 유한회사의 성질상 사채상환을 완료하지 아니한 주식회사는 유한회사로 조직변경할 수 없다(상 제604조 1항 단서). 또한 주식양도제한규정(상 제335조)은 유한회사에 준용되지 아니하므로, 주식양도제한 규정을 정관에 규정한 회사는 이를 삭제한 후 조직변경을 하여야 할 것이다.

(3) 조직변경의 효력발생시기

조직변경의 효력발생시기에 관하여는 실제로 조직이 변경되었을 때에 발생한다는 설도 있으나, 조직변경은 회사인격의 동일성은 변하지 아니한다 하더라도 새로운 회사 형태에 관한 한 회사가 새로 설립하는 것이나 다름없으며, 실제로 조직이 변경되었을 때라는 것은 그 시기가 불명확하므로 회사설립의 경우에 준하여 본점소재지에서 설립등기를 한 때에 효력이 생기는 것으로 보는 것이 타당하다.

【쟁점질의와 유권해석】

<합병의 형식을 통한 조직변경의 가부>

회사의 조직변경은 회사가 그의 인격의 동일성을 보유하면서 법률상의 조직을 변경하여 다른 종류의 회사로 되는 것을 일컫는다 할 것이고 상법상 합명, 합자회사 상호간 또는 주식, 유한회사 상호간에만 회사의 조직변경의 인정되고 있을 뿐이므로 소외 계룡건설합자회사가 그 목적, 주소, 대표자 등이 동일한 주식회사인 원고회사를 설립한 다음 동 소외 회사를 흡수 합병하는 형식을 밟아 사실상 합자회사를 주식회사로 변경하는 효과를 꾀하였다 하더라도 이를 법률상의 회사조직변경으로 볼 수는 없다 (1985. 11. 12, 85누69 판결).

(4) 관련 문제

1) 지방공사의 주식회사로의 변경등기 가부

지방공기업법 제49조의 규정에 의하여 설립된 지방공사가 상법상의 주식회사로 전환할 수 있는 법률규정이 없으므로, 지방공사설치조례의 폐지조례에 주식회사로 전환할 수 있는 근거규정을 두는 방법으로는 지방공사를 상법상의 주식회사로 전환할 수 없을 것이다(1999. 6. 9, 등기 3402-601 질의회답).

2) 민법에 의해 설립된 재단법인이 특수법인으로 되기 위해 조직변경을

할 수 있는지 여부

민법 제32조의 규정에 의해 설립된 재단법인 한국문화콘텐츠진흥원이 문화산업진흥기본법 부칙 제3조제1항의 규정에 의한 문화관광부장관의 허가를 받아 같은 법 제31조에 의한 한국문화콘텐츠진흥원으로 되는 방법은 새로운 설립등기를 해야 하며, 재단법인을 특수법인으로 하는 조직변경등기나 명칭변경등기는 할 수 없다(2002. 10. 21. 등기 3402-578 질의회답).

2. 조직변경의 절차(주식회사에서 유한회사로)

주식회사가 유한회사로 조직변경하려면 유한회사의 설립요건을 갖추어야 한다. 또한 유한회사는 사채를 발행할 수 없으므로 사채의 상환을 하지 아니한 주식회사는 유한회사로 조직을 변경할 수 없으며, 회사에 현존하는 순재산액보다 적게 할 수는 있지만 더 많은 금액을 유한회사의 자본금의 총액으로 하지 못한다(상 제604조 1항, 2항).

그 조직변경 절차는 다음과 같다.

(1) 총주주의 동의

주식회사가 유한회사로 조직을 변경함에는 총주주의 동의에 의한 주주총회의 결의가 있어야 한다.

조직변경의 결의에 있어서는 정관 기타 조직변경에 필요한 사항을 정하여야 한다(상 제604조 3항). 여기서 정관에 관한 사항을 정한다는 것은 종래의 주식회사의 정관을 변경하여 유한회사의 정관에 부합되는 내용으로 바꾸는 것을 의미한다. 그리고 이사와 감사를 선임하여야 한다.

【쟁점질의와 유권해석】

<유한회사를 주식회사로 조직변경하는 경우의 등기방법>

유한회사를 주식회사로 조직변경하는 경우에도 권리주체로서의 동일성은 유지되지만 등기의 기술적 처리를 위한 편의상 전자에 있어서는 해산의 등기, 후자에 있어서는 설립의 등기(본래의 의미는 설립등기는 아님)를 하여야 하며, 전자 명의의 부동산에 관하여는 후자 명의로 소유권이전등기 신청을 할 것이 아니라 조직변경을 등기원인으로 하여 소유권의 등기명의인 표시변경등기신청을 하여야 한다.

(2) 사채의 상환(상 제604조 1항)

유한회사는 사채를 발행할 수 없으므로 주식회사의 사채의 상환이 완료되지 않은 경우에는 먼저 사채의 상환을 완료하여야 한다.

(3) 채권자보호절차(상 제608조, 제232조)

조직변경의 결의를 한 때에는 결의일로부터 2주간 내에 회사의 채권자에 대하여 1월 이상의 기간을 정하여 그 기간 내에 조직변경에 이의가 있으면 이의를 제출할 것을 공고하고, 알고 있는 채권자에 대하여는 각별로 최고하여야 한다.

채권자가 그 기간 내에 이의를 제출하지 아니한 때에는 조직변경을 승인한 것으로 본다. 이의를 제출한 채권자가 있는 때에는 회사는 채권자에 대하여 변제 또는 상당한 담보를 제공하거나 이를 목적으로 하여 상당한 재산을 신탁회사에 신탁하여야 한다(상 제608조, 제232조).

(4) 자산총액의 제한(상 제604조 2항)

조직변경 후의 유한회사의 자본금의 총액은 주식회사에 현존하는 순자산액보다 많을 수 없다.

(5) 주식회사가 유한회사로 조직변경되는 경우의 우선주의 처리

보통주와 우선주를 발행한 주식회사가 유한회사로 그 조직을 변경하는 경우에, 그와 같은 규정이 없는 유한회사에서는 보통지분·우선지분으로 변경하거나 또는 보통지분·우선지분의 구별을 둘 수는 없을 것이며, 우선주에 대하여 주어져야 할 지분에 대하여는 조직변경 결의시의 주주총회에서 정할 사항이며 반드시 우선주를 소각하여야만 하는 것은 아니다(선례Ⅵ-676).

3. 등기절차

(1) 등기신청인

주식회사의 해산등기는 주식회사의 대표이사가, 유한회사의 설립등기는 유한회사를 대표할 자가 신청하여야 할 것이나, 양 등기신청을 동시에 하여야 하는 취지에 비추어 볼 때 신설되는 유한회사를 대표할 자가 주식회사의 해산등기도 신청할 수 있다고 보아야 할 것이다.

조직변경으로 인한 주식회사의 해산등기와 유한회사의 설립등기의 신청은 동시에 하여야 한다. 등기관은 동시에 신청한 등기신청서 중 어느 하나에 관하여 각하사유가 있는 때에는 이들 신청을 함께 각하하여야 한다(상업등기법 제102조 2항, 제76조).

(2) 등기기간(상 제606조)

주식회사가 유한회사로 조직변경을 한 경우에는 본점소재지에서는 2주간 내, 지점소재지에서는 3주간 내에 주식회사에 있어서는 해산등기, 유한회사에 있어서는 설립등기를 하여야 한다. 이 등기기간은 채권자보호절차가 완료된 후부터 기산한다.

(3) 등기사항

1) 주식회사 : 해산등기

주식회사에 관하여는 해산등기를 하며, ① 유한회사의 상호와 본점, ② 조직변경으로 인하여 해산한 뜻과 그 사유 및 해산연월일을 등기한다.

2) 유한회사 : 설립등기

유한회사에 관하여는 유한회사 설립등기사항과 주식회사의 성립연월일, 주식회사의 상호와 조직을 변경한 뜻 및 그 연월일을 등기한다(상업등기법 제102조, 제74조).

(4) 첨부서면

1) 주식회사 해산등기

주식회사의 해산등기신청서에는 이와 동시에 신청하는 유한회사 조직변경신청서에 일체의 첨부서면을 첨부하므로 달리 첨부서면이 필요없다. 지점소재지에서의 등기신청에 있어서도 같다(상업등기법 제102조, 제76조).

다만, 일반적인 첨부서면인 위임장 및 등록세 등을 납부한 등록세영수필증확인서 등은 첨부하여야 한다.

2) 유한회사 설립등기(상업등기법 제102조 : 2007. 8. 3. 제정)

① 정 관

조직변경하여 설립하게 되는 유한회사의 정관을 첨부한다. 원시정관이 아니므로 공증인의 인증은 필요없다.

② 채권자보호절차를 이행한 사실을 증명하는 서면

채권자에 대한 공고, 최고를 한 증명서와 이의가 있을 때에는 변제영수증이나 담보제공증명서, 이의가 없을 때에는 그 진술서를 첨부한다.

③ 회사에 현존하는 순재산액을 증명하는 서면

재산목록 또는 대차대조표가 이 서면에 해당한다.

④ 사채의 상환을 완료하였음을 증명하는 서면

이는 등기부상 사채등기가 현존한 경우이고, 등기부상 현존하지 아니하면 등기관이 알 수 없으므로 필요없다 할 것이다.

⑤ 이사의 취임승낙을 증명하는 서면

원칙적으로 인감증명법에 의한 인감증명서를 첨부하여야 하나, 대표이사 아닌 이사는 신청서에 첨부된 의사록에 취임승낙의 취지가 기재되어 있고 기명날인이 있을 경우에는 인감증명서 첨부를 생략할 수 있다. 대표이사는 인감신고서에 첨부된 인감증명서를 원용하면 될 수 있을 것이다.

⑥ 감사를 둔 때에는 감사의 취임승낙을 증명하는 서면

취임승낙서 및 취임승낙서에 날인한 인영이 진정하다는 뜻의 인감증명서를 첨부하여야 하며, 감사는 의사록에 날인할 의무가 있는 자가 아니므로 어떠한 경우에도 이를 생략할 수 없다. 외국인인 경우에는 서명이 본인의 것이 맞다는 공증서면을 첨부하여야 한다.

⑦ 이사·감사의 주민등록번호를 증명하는 서면(상 제549조, 특례법규칙 제2조 2항)

⑧ 조직변경에 관한 주주총회의사록(상업등기법 제79조)

총주주의 일치에 의한 결의를 요한다(상 제604조). 그리고 이 의사록에 유한회사의 이사와 감사의 선임에 관한 사항의 기재가 없는 때에는 그의 선임에 관한 유한회사의 사원총회의사록을 첨부하여야 하고 이 의사록은 공증을 받은 것이어야 한다.

⑨ 회사를 대표할 이사의 취임승낙을 증명하는 서면(상업등기법 제109조, 제81조)

이사과반수의 동의로 회사를 대표할 이사를 선정한 때에는 그의 취임승
낙을 증명하는 서면을 첨부해야 한다.

⑩ 조직변경에 관하여 관청의 허가(인가)를 요하는 경우에는 그 허가(인가)
서 또는 인증있는 등본

⑪ 법원의 허가가 없으면 등기할 사항에 관하여 무효 또는 취소의 원인이
있는 때에는 그 허가서

⑫ 등록면허세, 지방교육세, 농어촌특별세 등 납부영수필통지서 및 확인서,
등기신청수수료

설립의 경우 등록면허세는 자본총액의 1,000분의 4이고, 대도시의 경우에
는 3배 중과한 등록면허세 및 이의 100분의 20에 해당하는 지방교육세를
납부하여야 하고, 농어촌특별세로서 조세특례제한법, 관세법, 지방세법에
의하여 감면 또는 면제되는 금액의 100분의 20의 농어촌특별세를 납부하
여야 한다(지세 제28조 1항 6호, 제28조 2항, 제151조 1항 농특 제4조, 제
5조). 이 농어촌특별세도 감면되는 경우가 있다.

등기신청수수료는 조직변경으로 인한 설립등기의 경우가 30,000원, 해산
등기의 경우가 6,000원이다.

⑬ 기타 대리인에 의하여 신청할 때에는 그 권한을 증명하는 서면(상업등기
법 제21조)

(5) 등기신청의 처리와 등기의 기재

1) 등기신청의 처리

조직변경으로 인한 주식회사의 해산등기신청과 유한회사의 설립등기신청의
어느 하나에 각하사유가 있는 때에는 등기관은 이들 신청을 함께 각하하여야
한다.

2) 등기의 기록

가. 주식회사의 해산등기

주식회사에 관한 해산의 등기는 등기기록 중 기타사항란에 유한회사의 상
호와 본점, 조직변경으로 인하여 해산한 뜻과 그 연월일 및 등기연월일을
기재하고 그 등기기록을 폐쇄하여야 한다(상업등기규칙 제104조, 제94조 1
항).

나. 유한회사의 설립등기

유한회사에 관한 설립등기는 통상의 설립등기사항과 회사성립연월일을 등기기록의 각 상당란에 기재하는 외에 등기용지를 개설한 사유와 연월일란에 주식회사의 상호와 조직을 변경한 뜻 및 연월일을 기재하여야 한다(상업등기규칙 제104조, 제89조 1항).

【쟁점질의와 유권해석】

<주식회사가 유한회사로 조직변경되는 경우의 등기신청과 우선주의 처리방법>
주식회사는 이익이나 이자의 배당 또는 잔여재산의 분배에 관하여 내용이 다른 수종의 주식을 발행할 수 있고(상법 제344조 제1항), 이 때 그 종류와 각종 주식의 내용과 수는 등기하여야 하는 것이나(상법 제317조 제2항 제3호), 위와 같은 규정이 없는 유한회사에서는 이러한 사항을 정할 수는 없을 것이며, 이는 보통주와 우선주를 발행한 주식회사가 유한회사로 조직을 변경하는 경우에도 마찬가지이므로, 주식회사의 보통주와 우선주가 유한회사의 보통지분·우선지분으로 변경되거나 또는 보통지분·우선지분의 구별을 둘 수 없을 것이며, 우선주에 대하여 주어져야 할 지분에 대하여는 조직변경 결의시의 주주총회에서 정할 사항이며 반드시 우선주를 소각하여야만 하는 것은 아니다(2000. 1. 13, 등기 3402-27 질의회답).

XII. 증권관련집단소송(증권관련집단소송법)

1. 의 의

다수의 증권투자자들의 경우에 분식회계, 부실감사, 허위공시, 주가조작, 내부자거래, 신탁재산 불법운용등의 각종 불법행위로 인하여 그 재산권을 침해받았을 때 다수의 중복소송으로 소송 불경제가 야기된다. 따라서 증권관련집단소송에 대해서는 보다 용이하게 피해구제를 받을 수 있도록 하고 소송경제를 도모하기위하여 집단으로 묶을수 있을 정도로 이해관계가 밀접한 다수의 피해자 중에서 그 집단을 대표하는 대표당사자가 나와서 소송을 수행하고 판결의 효력이 일정한 피해자 집단 전체에 미치도록 하는 것이 증권집단소송제이다. 이와 관련하여 증권관련 집단소송법이 제정되어 있는데 이 법은 증권의 거래과정에서 발생한 집단적인 피해를 효율적으로 구제하고 이를 통하여 기업의 경영투명성을 높이기 위하여 증권관련집단소송에 관하여 민사소송법에 대한 특례를 정하는 것을 목적으로 한다(동법 제1조).

① '증권관련집단소송'이라 함은 유가증권의 매매 그 밖의 거래과정에서 다수인에게 피해가 발생한 경우 그중의 1인 또는 수인이 대표당사자가 되어 수행하는 손해배상청구소송을 말한다.

② '총원'이라 함은 유가증권의 매매 그 밖의 거래과정에서 다수인에게 피해가 발생한 경우 그 손해의 보전에 있어서 공통의 이해관계를 가지는 피해자 전원을 말한다.

③ '구성원'이라 함은 총원을 구성하는 각각의 피해자를 말한다.

④ '대표당사자'라 함은 법원의 허가를 받아 총원을 위하여 증권관련집단소송 절차를 수행하는 1인 또는 수인의 구성원을 말한다.

⑤ '제외신고'라 함은 구성원이 증권관련집단소송에 관한 판결 등의 기판력을 받지 아니하겠다는 의사를 법원에 신고하는 것을 말한다.

⑥ '증권'이라 함은 자본시장과 금융투자업에 관한 법률 제4조에 따른 증권을 말한다.

법 시행일을 기준으로 직전 사업연도말 현재 자산총액이 2조원 미만인 증권거래법 제2조 제13항 제3호의 규정에 의한 주권상장법인 또는 동법 제2조 제15항의 규정에 의한 협회등록법인이 발행한 유가증권의 매매 그 밖의 거래로 인한 손해배상청구로서 제3조 제1항 제1호·제2호 및 제4호의 규정에 의한 손해배상청구에 대하여는 2007년 1월 1일 이후 최초로 행하여진 행위로 인한 손해배상청구분부터 이 법을 적용한다.

2. 소의 제기

(1) 소의 제기(동법 제3조)

증권관련집단소송의 소는 다음 각호의 1에 해당하는 손해배상청구에 한하여 제기할 수 있다.

① 「자본시장과 금융투자업에 관한 법률」 제125조에 따른 손해배상청구

② 「자본시장과 금융투자업에 관한 법률」 제162조(제161조에 따른 주요사항보고서의 경우를 제외한다)에 따른 손해배상청구

③ 「자본시장과 금융투자업에 관한 법률」 제175조, 제177조 또는 제179조에 따른 손해배상청구

④ 「자본시장과 금융투자업에 관한 법률」 제170조에 따른 손해배상청구

위 규정에 의한 손해배상청구는 「자본시장과 금융투자업에 관한 법률」 제9조제15항제3호에 따른 주권상장법인이 발행한 증권의 매매 그 밖의 거래로 인한 것이어야 한다.

(2) 신 청(동법 제7조)

① 대표당사자가 되기 위하여 증권관련집단소송의 소를 제기하는 자는 소장과 소송허가신청서를 법원에 제출하여야 한다.

② 증권관련집단소송의 소장에 붙이는 인지액은 민사소송등인지법 제2조 제1항의 규정에 의하여 산출된 금액의 2분의 1에 동조 제2항의 규정을 적용한 금액으로 한다. 이 경우 인지액의 상한은 5천만원으로 한다.

③ 증권관련집단소송의 항소심 및 상고심에서의 인지액에 대하여는 민사소 송등인지법 제3조의 규정을 준용한다.

④ 법원은 제1항의 규정에 의하여 소장 및 소송허가신청서가 제출된 사실 을 자본시장과 금융투자업에 관한 법률 제373조에 의하여 설립된 한국 거래소(이하 '한국거래소'라 한다)에 즉시 통보하여야 하며, 한국거래소 는 그 사실을 일반인이 알 수 있도록 공시하여야 한다.

(3) 관 할(동법 제4조)

증권관련집단소송은 피고의 보통재판적 소재지를 관할하는 지방법원 본원 합의부의 전속관할로 한다.

(4) 대리인(동법 제5조)

증권관련집단소송의 원고와 피고는 변호사를 소송대리인으로 선임하여야 하며, 증권관련집단소송의 대상이 된 증권을 소유하거나 그 증권과 관련된 직접적인 금전적 이해관계가 있는 등의 사유로 인하여 이 법에 의한 절차 에서 소송대리인의 업무를 수행하기에 부적절하다고 판단될 정도로 총원과 이해관계가 충돌되는 자는 증권관련집단소송의 원고측 소송대리인이 될 수 없다.

(5) 소장의 기재(동법 제8조)

소장에는 다음 각호의 사항을 기재하여야 한다.

① 제7조제1항의 규정에 의하여 소를 제기하는 자와 그 법정대리인

② 원고측 소송대리인

③ 피고

④ 청구의 취지와 원인

⑤ 총원의 범위

(6) 소송허가신청서의 기재(동법 제9조, 제10조)

1) 소송허가신청서에는 다음 각호의 사항을 기재하여야 한다.

① 제7조제1항의 규정에 의하여 소를 제기하는 자와 그 법정대리인

② 원고측 소송대리인

③ 피고

④ 총원의 범위

⑤ 제7조제1항의 규정에 의하여 소를 제기하는 자와 원고측 소송대리인의 경력

⑥ 허가신청의 취지와 원인

⑦ 변호사 보수에 관한 약정

증권관련집단소송법 제7조제1항의 규정에 의하여 소를 제기하는 자는 소송허가신청서에 당해 증권관련집단소송을 수행하기 위하여 또는 소송대리인의 지시에 따라 당해 증권관련집단소송과 관련된 유가증권을 취득하지 아니하였다는 사실, 최근 3년간 대표당사자로 관여한 증권관련집단소송의 내역을 진술한 문서를 첨부하여야 한다.

2) 소송허가신청서에는 소송대리인이 다음 각호의 사항을 진술한 문서를 첨부하여야 한다.

① 최근 3년간 소송대리인으로 관여한 증권관련집단소송의 내역

② 제5조제2항의 규정에 위반되지 아니한다는 사실

3) 법원은 규정에 의한 소장 및 소송허가신청서를 접수한 날부터 10일 이

내에 증권관련집단소송의 소가 제기되었다는 사실, 총원의 범위, 청구의 취지 및 원인의 요지, 대표당사자가 되기를 원하는 구성원은 공고가 있는 날부터 30일 이내에 법원에 신청서를 제출하여야 한다는 사실을 공고하여야 한다.

공고는 전국을 보급지역으로 하는 일간신문에 게재하는 등 대법원규칙으로 정하는 방법에 의한다.

4) 증권관련집단소송법 제1항제4호의 규정에 의하여 대표당사자가 되기를 원하는 구성원은 경력과 신청의 취지를 기재한 신청서에 제9조제2항의 문서를 첨부하여 법원에 제출하여야 한다.

5) 법원은 제1항의 규정에 의한 공고를 한 날부터 50일 이내에 증권관련집단소송법 제7조제1항의 규정에 의하여 소를 제기하는 자와 증권관련집단소송법 제1항제4호의 규정에 의하여 신청서를 제출한 구성원중 증권관련집단소송법 제11조의 규정에 의한 요건을 갖춘 자로서 총원의 이익을 대표하기에 가장 적합한 자를 결정으로 대표당사자로 선임한다. 대표당사자로 선임된 자는 소를 제기하는 자중 대표당사자로 선임되지 아니한 자가 붙인 인지의 액면금액을 그에게 지급하여야 한다.

3. 대표당사자 및 소송대리인의 요건(동법 제11조)

대표당사자는 구성원중 그 증권관련집단소송으로 인하여 얻을 수 있는 경제적 이익이 가장 큰 자 등 총원의 이익을 공정하고 적절히 대표할 수 있는 구성원이어야 한다.

증권관련집단소송의 원고측 소송대리인은 총원의 이익을 공정하고 적절히 대리할 수 있는 자이어야 한다.

최근 3년간 3건 이상의 증권관련집단소송에 대표당사자 또는 대표당사자의 소송대리인으로 관여하였던 자는 증권관련집단소송의 대표당사자 또는 원고측 소송대리인이 될 수 없다. 다만, 제반사정에 비추어 보아 제1항 및 제2항의 규정에 의한 요건을 충족하는 데에 지장이 없다고 법원이 인정하는 자는 그러하지 아니하다.

4. 소송허가

(1) 소송허가요건(동법 제12조)

① 구성원이 50인 이상이고, 청구의 원인이 된 행위 당시를 기준으로 이 구성원의 보유 유가증권의 합계가 피고 회사의 발행 유가증권 총수의 1만분의 1 이상일 것

② 제3조제1항 각호의 손해배상청구로서 법률상 또는 사실상의 중요한 쟁점이 모든 구성원에게 공통될 것

③ 증권관련집단소송이 총원의 권리실현이나 이익보호에 적합하고 효율적인 수단일 것

④ 제9조의 규정에 의한 소송허가신청서의 기재사항 및 첨부서류에 흠결이 없을 것

⑤ 증권관련집단소송의 소가 제기된 후 ①의 요건을 충족하지 못하게 된 경우에도 제소의 효력에는 영향이 없다.

(2) 소송허가절차(동법 제13조)

① 대표당사자는 소송허가신청의 이유를 소명하여야 한다.

② 증권관련집단소송의 허가여부에 관한 재판은 제7조제1항의 규정에 의하여 소를 제기하는 자와 피고를 심문하여 결정으로 한다.

③ 법원은 제2항의 규정에 의한 재판을 함에 있어서 손해배상청구의 원인이 되는 행위를 감독·검사하는 감독기관으로부터 손해배상청구 원인행위에 대한 기초조사 자료를 제출받는 등 직권으로 필요한 조사를 할 수 있다.

(3) 소송허가신청이 경합된 경우(동법 제14조)

① 동일한 분쟁에 관하여 수개의 증권관련집단소송의 소송허가신청서가 동일한 법원에 제출된 경우 법원은 이를 병합심리하여야 한다.

② 동일한 분쟁에 관한 수개의 증권관련집단소송의 소송허가신청서가 각각 다른 법원에 제출된 경우 관계법원에 공통되는 직근상급법원은 관계법원이나 제7조제1항의 규정에 의하여 소를 제기하는 자, 대표당사자 또는 피고의 신청에 의하여 결정으로 이를 심리할 법원을 정한다.

③ 제2항의 규정에 의하여 수개의 증권관련집단소송을 심리할 법원으로 결

정된 법원은 이를 병합심리하여야 한다.

④ 법원은 제1항 및 제3항의 규정에 의하여 병합심리하는 경우에는 제7조
제1항의 규정에 의하여 소를 제기하는 자, 제10조제1항제4호의 규정에
의하여 신청서를 제출한 구성원 또는 대표당사자들의 의견을 들어 소송
을 수행할 대표당사자 및 소송대리인을 정할 수 있다.

⑤ 제2항 및 제4항의 결정에 대하여는 불복할 수 없다.

(4) 소송허가결정(동법 제15조, 제16조, 제17조)

1) 법원은 증권관련집단소송법 제3조·제11조 및 제12조의 규정에 적합한
경우에 한하여 결정으로 증권관련집단소송을 허가한다.

2) 증권관련집단소송의 허가결정서에는 다음 각호의 사항을 기재하고 결
정을 한 법관이 기명날인하여야 한다.

① 대표당사자와 그 법정대리인

② 원고측 소송대리인

③ 피고

④ 총원의 범위

⑤ 주문

⑥ 이유

⑦ 청구의 취지 및 원인의 요지

⑧ 제외신고의 기간과 방법

⑨ 제16조의 규정에 의한 비용의 예납에 관한 사항

⑩ 그 밖의 필요한 사항

3) 법원은 증권관련집단소송법 제15조제1항의 규정에 의한 소송허가결정
을 하는 때에는 고지·공고·감정 등에 필요한 비용의 예납을 명하여
야 한다.

4) 대표당사자는 증권관련집단소송의 불허가결정에 대하여 즉시항고할 수
있다.

불허가결정이 확정된 때에는 증권관련집단소송의 소가 제기되지 아니한 것
으로 본다.

5. 소송대리인의 사임 등(동법 제26조)

① 증권관련집단소송의 원고측 소송대리인은 정당한 이유가 있는 때에는 법원
의 허가를 받아 사임할 수 있다.

② 대표당사자는 상당한 사유가 있는 때에는 법원의 허가를 받아 소송대리인
을 해임·추가선임 또는 교체할 수 있다.

③ 증권관련집단소송의 원고측 소송대리인의 전원이 사망 또는 사임하거나 해
임된 때에는 소송절차는 중단된다.

④ 제3항의 경우 대표당사자는 법원의 허가를 받아 소송대리인을 선임하여 소
송절차를 수계하여야 한다.

⑤ 제3항의 규정에 의한 소송절차의 중단후 1년 이내에 수계신청이 없는 때에
는 그 증권관련집단소송은 취하된 것으로 본다.

6. 시효중단의 효력(동법 제29조)

증권관련집단소송의 소제기로 인한 시효중단의 효력은 다음 각호의 1에 해당
하는 사유가 발생한 때부터 6월 이내에 그 청구에 관하여 소가 제기되지 아니한
경우에 소멸한다.

① 제17조의 규정에 의하여 불허가결정이 확정된 경우

② 제27조의 규정에 의한 결정에 의하여 구성원에서 제외된 경우

③ 제28조의 규정에 의한 제외신고를 한 경우

7. 소송절차(동법 제30조, 제31조, 제32조)

① 법원은 필요하다고 인정하는 때에는 직권으로 증거조사를 할 수 있다.

② 법원은 필요하다고 인정하는 때에는 구성원과 대표당사자를 신문할 수
있다.

③ 법원은 필요하다고 인정하는 때에는 소송과 관련있는 문서를 소지하고 있
는 자에 대하여 그 문서의 제출을 명하거나 송부를 촉탁할 수 있다.

문서제출명령이나 문서송부촉탁을 받은 자는 정당한 이유없이 그 제출이나 송부를 거부할 수 없다. 다만, 공공기관의정보공개에관한법률 제4조제3항 및 동법 제7조제1항 각호의 사유가 있는 문서, 민사소송법의 규정에 의하여 제출을 거부할 수 있는 문서는 제출을 거부할 수 있다. 대표당사자와 피고는 법원에 제1항의 규정에 의한 문서제출명령 등을 신청할 수 있다.

8. 소취하·화해 또는 청구포기의 제한(동법 제35조)

① 증권관련집단소송에 있어서 소의 취하, 소송상의 화해 또는 청구의 포기는 법원의 허가를 받지 아니하면 그 효력이 없다.

② 법원은 제1항의 규정에 의하여 소의 취하, 소송상의 화해 또는 청구의 포기의 허가에 관한 결정을 하고자 하는 때에는 미리 구성원에게 이를 고지하여 의견을 진술할 기회를 부여하여야 한다.

③ 제2항의 규정에 의한 고지에 관하여는 제18조제2항 및 제3항의 규정을 준용한다.

④ 증권관련집단소송에 관하여는 민사소송법 제268조의 규정을 적용하지 아니한다.

9. 상소취하·상소권포기의 제한(동법 제38조)

① 증권관련집단소송법 제35조의 규정은 상소의 취하 또는 상소권의 포기에 관하여 이를 준용한다.

② 대표당사자가 기간 이내에 상소하지 아니한 경우에는 상소제기기간이 만료된 때부터 30일 이내에 구성원이 법원의 허가를 받아 상소를 목적으로 하는 대표당사자가 될 수 있다.

③ 제2항의 규정에 따라 대표당사자가 된 자의 상소는 법원의 허가를 받은 날부터 2주 이내에 하여야 한다.

10. 분 배

분배에 관한 법원의 처분·감독 및 협력 등은 제1심 수소법원의 전속관할로 한다(동법 제39조).

(1) 권리실행(동법 제40조)

① 대표당사자는 집행권원을 취득한 때에는 지체없이 그 권리를 실행하여야 한다.

② 대표당사자는 권리실행으로 금전 등을 취득한 경우에는 대법원규칙이 정하는 바에 의하여 이를 보관하여야 한다.

③ 대표당사자는 권리실행이 종료된 때에는 그 결과를 법원에 보고하여야 한다.

(2) 분배관리인(동법 제41조)

① 법원은 직권 또는 대표당사자의 신청에 의하여 분배관리인을 선임하여야 한다.

② 제1항의 규정에 의한 분배관리인(이하 "분배관리인"이라 한다)은 법원의 감독하에 권리실행으로 취득한 금전 등의 분배업무를 행한다.

③ 법원은 분배관리인이 분배업무를 적절히 수행하지 못하거나 그 밖의 중대한 사유가 있는 때에는 직권 또는 신청에 의하여 분배관리인을 변경할 수 있다.

(3) 분배계획안의 작성(동법 제42조)

1) 분배관리인은 법원이 정한 기간 이내에 분배계획안을 작성하여 법원에 제출하여야 한다.

2) 제1항의 규정에 의한 분배계획안(이하 '분배계획안'이라 한다)에는 다음 각호의 사항을 기재하여야 한다.

① 총원의 범위와 채권의 총액

② 집행권원의 표시금액, 권리실행금액 및 분배할 금액

③ 제44조제1항의 규정에 의한 공제항목과 그 금액

④ 분배의 기준과 방법

⑤ 권리신고의 기간·장소 및 방법

⑥ 권리확인방법

⑦ 분배금의 수령기간·수령장소 및 수령방법

⑧ 그 밖에 필요하다고 인정되는 사항

(4) 분배의 기준(동법 제43조)

① 분배의 기준은 판결이유중의 판단이나 화해조서 또는 인낙조서의 기재내용에 의한다.

② 권리신고기간내에 신고하여 확인된 권리의 총액이 분배할 금액을 초과하는 경우에는 안분비례의 방법에 의한다.

(5) 분배에서 제외하는 비용(동법 제44조)

1) 분배관리인은 권리실행으로 취득한 금액에서 다음 각호의 비용을 공제할 수 있다.

① 소송비용 및 변호사 보수

② 권리실행비용

③ 분배비용(분배관리인에 대하여 지급하는 상당하다고 인정되는 액수의 보수를 포함한다)

2) 분배관리인은 제46조제1항의 규정에 의한 분배계획의 인가를 받기 전에 제1항제1호 내지 제3호의 비용을 지급하고자 하는 때에는 법원의 허가를 받아야 한다.

3) 법원은 분배관리인·대표당사자 또는 구성원의 신청이 있는 경우에 소송의 진행과정·결과 등 여러 사정을 참작하여 제1항제1호의 변호사 보수를 감액할 수 있다. 이 경우 법원은 신청인과 대표당사자의 소송대리인을 심문하여야 한다.

4) 제3항의 신청은 제46조제1항의 규정에 의한 분배계획안의 인가전까지 하여야 한다.

5) 제3항의 규정에 의한 결정에 대하여는 즉시항고를 할 수 있다.

(6) 비용지급에 부족한 경우(동법 제45조)

① 법원은 권리실행으로 취득한 금액이 제44조제1항 각호의 비용을 지급하기에 부족한 때에는 분배하지 아니한다는 결정을 하여야 한다.

② 제1항의 결정이 있는 경우 분배관리인은 법원의 허가를 받아 권리실행

한 금액을 적절한 방법으로 제44조제1항 각호의 비용에 분배하여야 한다.

(7) 분배계획안의 인가(동법 제46조)

① 법원은 분배계획안이 공정하며 형평에 맞다고 인정되는 때에는 결정으로 이를 인가하여야 한다.

② 법원은 상당하다고 인정하는 때에는 직권으로 분배계획안을 수정하여 인가할 수 있다. 이 경우 법원은 미리 분배관리인을 심문하여야 한다.

③ 제1항 및 제2항의 결정에 대하여는 불복할 수 없다.

(8) 분배계획의 고지(동법 제47조)

법원은 분배계획을 인가한 때에는 상당한 방법으로 다음 각호의 사항을 구성원에게 고지하여야 한다.

① 집행권원의 요지

② 분배관리인의 성명 및 주소

③ 분배계획의 요지

(9) 분배계획의 변경(동법 제48조)

① 법원은 상당한 이유가 있다고 인정하는 때에는 직권 또는 분배관리인의 신청에 의하여 결정으로 분배계획을 변경할 수 있다.

② 제1항의 결정에 대하여는 불복할 수 없다.

③ 법원은 분배계획을 변경하는 경우 필요하다고 인정하는 때에는 상당한 방법으로 변경의 내용을 구성원에게 고지하여야 한다.

(10) 권리의 신고와 확인(동법 제49조)

① 구성원은 분배관리인에 대하여 분배계획이 정하는 바에 따라 권리신고기간내에 권리를 신고하여야 한다.

② 구성원은 책임없는 사유로 권리신고기간내에 신고를 하지 못한 경우에는 그 사유가 종료된 후 1월 이내에 한하여 신고할 수 있다. 다만, 제53조의 규정에 의한 공탁금의 출급청구기간이 만료되기 전에 신고하여야 한다.

③ 분배관리인은 신고된 권리를 확인하여야 한다.

④ 분배관리인은 권리신고를 한 자 및 피고에 대하여 권리확인의 결과를 통지하여야 한다.

(11) 권리확인에 관한 이의(동법 제50조)

① 권리신고를 한 자 또는 피고는 분배관리인의 권리확인에 이의가 있는 때에는 제49조제4항의 규정에 의한 확인결과의 통지를 받은 날부터 2주일 이내에 법원에 그 권리의 확인을 구하는 신청을 할 수 있다.

② 법원은 제1항의 신청에 대하여 결정으로 재판하여야 한다.

③ 제2항의 결정에 대하여는 불복할 수 없다.

(12) 분배보고서(동법 제52조)

1) 분배관리인은 분배금의 수령기간 경과후 분배보고서를 법원에 제출하여야 한다.

2) 제1항의 규정에 의한 분배보고서에는 다음 각호의 사항을 기재하여야 한다.

① 권리신고를 한 자의 성명·주소 및 신고금액

② 권리가 확인된 자 및 확인금액

③ 분배받은 자 및 분배금액

④ 잔여금과 그 밖의 필요한 사항

3) 분배보고서는 이해관계인이 열람할 수 있도록 제56조 본문의 규정에 의한 기간이 경과할 때까지 법원에 비치하여야 한다.

(13) 수령기간 경과후의 지급(동법 제53조)

권리가 확인된 구성원으로서 분배금의 수령기간내에 분배금을 수령하지 아니한 자 또는 신고기간 경과후에 권리를 신고하여 권리를 확인받은 자는 수령기간 경과후 6월 이내에 한하여 공탁금의 출급을 청구할 수 있다.

(14) 분배종료보고서(동법 제54조)

① 분배관리인은 제53조의 규정에 의한 공탁금의 출급청구기간이 만료된

때에는 지체없이 법원에 분배종료보고서를 제출하여야 한다.

② 제1항의 규정에 의한 분배종료보고서에는 수령기간 경과후에 분배금을 분배받은 자의 성명·주소 및 분배금액, 분배금의 지급총액, 잔여금의 처분, 분배비용 그 밖의 필요한 사항을 기재하여야 한다.

③ 제52조제3항의 규정은 분배종료보고서에 관하여 이를 준용한다.

(15) 잔여금의 처분(동법 제55조)

법원은 제54조제1항의 규정에 의한 분배종료보고서가 제출된 경우 잔여금이 있는 때에는 직권 또는 피고의 출급청구에 의하여 이를 피고에게 지급한다.

(16) 분배관리인에 대한 손해배상청구권(동법 제56조)

분배관리인의 직무상 행위에 관한 손해배상청구권은 분배종료보고서를 제출한 날부터 2년이 경과되면 소멸한다. 다만, 분배관리인의 부정행위로 인한 손해배상청구권인 경우에는 그러하지 아니하다.

(17) 금전외의 물건의 분배(동법 제57조)

① 권리의 실행으로 취득한 금전외의 물건을 분배하는 경우에는 그 성질에 반하지 아니하는 범위안에서 금전에 준하여 분배한다.

② 분배관리인은 법원의 허가를 받아 권리의 실행으로 취득한 금전외의 물건의 전부 또는 일부를 환가하여 분배할 수 있다.

(18) 추가분배(동법 제58조)

제54조제1항의 규정에 의한 분배종료보고서가 제출된 후에 새로이 권리실행이 가능하게 된 경우의 분배절차에 관하여는 제39조 내지 제57조의 규정을 준용한다.

11. 벌 칙

(1) 배임수재 등(동법 제60조)

1) 증권관련집단소송의 제7조제1항의 규정에 의하여 소를 제기하는 자, 대표당사자, 원고측 소송대리인 또는 분배관리인이 그 직무에 관하여 부

정한 청탁을 받고 금품 또는 재산상의 이익을 수수·요구 또는 약속한 때에는 다음 각호의 구분에 따라 처벌한다.

① 수수·요구 또는 약속한 금품 또는 재산상의 이익의 가액(이하 '수수액'이라 한다)이 1억원 이상인 때에는 무기 또는 10년 이상의 유기징역에 처하되, 수수액에 상당하는 금액 이하의 벌금을 병과할 수 있다.

② 수수액이 3천만원 이상 1억원 미만인 때에는 5년 이상의 유기징역에 처하되, 수수액에 상당하는 금액 이하의 벌금을 병과할 수 있다.

③ 수수액이 3천만원 미만인 때에는 7년 이하의 징역 또는 1억원 이하의 벌금에 처한다.

2) 증권관련집단소송의 제7조제1항의 규정에 의하여 소를 제기하는 자, 대표당사자, 원고측 소송대리인 또는 분배관리인이 그 직무에 관하여 부정한 청탁을 받고 제3자에게 금품 또는 재산상의 이익을 공여하게 하거나 공여하게 할 것을 요구 또는 약속한 때에도 제1항의 형과 같다.

3) 제1항 및 제2항의 죄에 대하여는 10년 이하의 자격정지를 병과할 수 있다.

(2) 배임증재 등(동법 제61조)

① 증권관련집단소송의 제7조제1항의 규정에 의하여 소를 제기하는 자, 대표당사자, 원고측 소송대리인 또는 분배관리인에게 그 직무에 관하여 부정한 청탁을 하고 금품 또는 재산상의 이익을 약속 또는 공여한 자나 공여의 의사를 표시한 자는 7년 이하의 징역 또는 1억원 이하의 벌금에 처한다.

② 제1항의 행위에 제공할 목적으로 제3자에게 금품을 교부하거나 그 정을 알면서 교부받은 자도 제1항의 형과 같다.

(3) 몰수·추징(동법 제62조)

제60조 및 제61조의 죄를 범한 자 또는 그 정을 아는 제3자가 취득한 금품 또는 재산상의 이익은 이를 몰수하되, 이를 몰수할 수 없는 때에는 그 가액을 추징한다.

(4) 과태료(동법 제63조)

다음 각호의 1에 해당하는 자에 대하여는 3천만원 이하의 과태료에 처한다.

① 제9조제1항제4호의 내용을 허위로 기재한 자

② 제9조제2항 또는 제3항의 문서를 허위로 작성하여 첨부한 자

③ 정당한 이유없이 제32조제2항의 규정에 의한 문서제출명령 또는 문서송
부촉탁을 거부한 자

XIII.. 상장회사

1. 2009년 상법 개정

「자본시장과 금융투자업에 관한 법률」이 제정(법률 제8635, 2007. 8. 3. 공
포, 2009. 2. 4. 시행)되면서 폐지된 「증권거래법」의 상장법인의 지배구조에
관한 규정을 상법 회사편에 포함시켜 회사법제의 완결성을 추구하기 위하여
2009년 상법 개정시 제3편 제4장 제13절에 상장회사에 대한 특례 규정을 신설
하였다.

2. 적용 범위

상법 회사편 주식회사의 장에 규정된 제13절 상장회사의 규정은 대통령령으로
정하는 증권시장에 상장된 주권을 발행한 주식회사에 대하여 적용한다. 다만, 대
통령령으로 정하는 집합투자를 수행하기 위한 기구인 주식회사는 제외한다(상
제542조의2 1항).

3. 상장회사의 지배구조에 관한 특례 마련

상장회사는 일반적으로 회사의 규모가 크고 소유가 분산되어 있으며 국민경제
에 미치는 영향이 크므로 상장회사의 특수성을 반영하여 지배구조를 결정하는
규정이 필요하다. 따라서 2009년 상법 개정 당시 이하와 같은 규정들이 상법에
도입되었다. 이와 같이 상장회사의 규모 및 특성에 맞는 지배구조를 마련하여
지배구조의 투명성 및 효율성이 제고될 것으로 기대된다.

(1) 주식매수선택권(상 제542조의3)

상장회사의 경우 주식매수선택권을 그 회사 외에 관계회사 이사 등에게도
부여할 수 있도록 하고, 부여범위도 발행주식총수의 100분의 10 이하에서
100분의 20 이하로 확대하며, 주주총회 결의 없이 이사회 결의만으로도 발행
주식총수의 100분의 10 이하 범위에서 주식매수선택권을 부여할 수 있도록

하였다.

(2) 주주총회 소집공고(상 제542조의4)

일정한 지분율 이하의 소수주주에 대하여는 일간신문에 공고하거나 전자적 방법에 의한 공고로 주주총회 소집통지에 갈음할 수 있도록 하였다.

(3) 집중투표에 관한 특례(상 제542조의7)

대통령령으로 정하는 대규모 상장회사에 대한 집중투표 청구권의 행사요건을 완화하는 한편, 집중투표를 도입하거나 배제하려는 경우에는 의결권 없는 주식을 제외한 발행주식총수의 100분의 3을 초과하는 주식에 대해서는 의결권을 행사할 수 없도록 하였다.

(4) 사외이사의 선임(상 제542조의8)

상장회사 중 대통령령으로 정하는 경우를 제외하고는 사외이사가 이사 총수의 1/4 이상이 되도록 하고, 대통령령으로 정하는 대규모 상장회사의 사외이사는 3명 이상으로 하되, 이사 총수의 과반수가 되도록 사외이사 설치를 의무화하였다.

(5) 주요주주 등 이해관계자와의 거래(상 제542조의9)

상장회사는 주요주주 등 특수관계인을 상대방으로 하거나 그를 위하여 신용공여를 할 수 없도록 하되, 일정한 규모 이하의 거래나 약관 등에 의하여 정형화된 거래는 이사회 승인을 받거나 사후에 주주총회에 보고하도록 하는 방식으로 거래를 허용하였다.

(6) 상금감사 및 감사위원회(상 제542조의10, 제542조의11)

대통령령으로 정하는 상장회사에 대하여는 1명 이상의 상근감사를 두어야 하고, 대통령령으로 정하는 대규모 상장회사에 대하여는 감사위원회를 의무적으로 설치하도록 하였다.

4. 상장회사의 소수주주권 정비

상장회사의 경우 「(구)증권거래법」상 소수주주의 임시총회 소집청구권과 검사인 선임청구권을 행사하기 위한 지분율이 지나치게 높아 조정할 필요가 있었다. 이에 2009년 상법 개정으로 임시총회 소집청구권과 검사인선임청구권의 지분율을 발행주식총수의 1천분의 30에서 1천분의 15로 각각 낮추어 활성화하는 한편, 상장회사의 주식을 6개월 이상 보유한 자만 행사할 수 있도록 하여 남용을 예방하였다(상 제542조의6). 앞으로 상장회사의 소수주주권 행사가 용이해져 상장회사의 경영 투명성이 제고될 것으로 기대되고 있다.

5. 감사위원회 위원의 선임권 명문화 및 의결권 제한

(구)「증권거래법」은 감사위원회 위원 선임 및 해임의 권한이 이사회에 있는지 주주총회에 있는지 명문 규정을 두지 아니한 채 감사위원회 위원의 선임 및 해임 시 의결권 제한 규정만 두고 있어, 선임주체 및 선임방식에 대하여 혼란이 있었다. 이에 2009년 상법 개정시 상장회사의 경우 감사위원회 위원의 선임·해임권은 주주총회에 있음을 명문으로 규정하고, 그 방식은 이사를 일괄 선임한 후 선임된 이사 중 감사위원회 위원을 선임하는 일괄선출방식으로 통일하며, 감사위원회 위원 선임 시 의결권 없는 주식을 제외한 발행주식총수의 100분의 3을 초과하는 주식에 대하여는 의결권을 행사하지 못하도록 규정하였다(상 제542조의12). 앞으로 상장회사의 지배구조를 결정하는 방식이 통일되어 이를 둘러싼 법적 분쟁을 예방할 수 있을 것으로 기대된다.

신간 · 개정판 안내

책 명	저 자	정 가
1. 민법주석대전(전3권)	경 수 근 외	450,000
2. 민사소송집행실무총서(전2권)	정 상 태 외	320,000
3. 최신계약실무이론총서(전2권)	박 종 훈 외	320,000
4. 정석 민법총칙 · 물권법 정리	이 병 태 외	150,000
5. 정석 채권법 정리	이 기 옥 외	180,000
6. 정석 친족 · 상속법 정리	신 영 한 외	140,000
7. 행정소송 · 심판 실무총서(전2권)	이 순 태 외	280,000
8. 법률사례 · 해설 실무총서	이 창 범	160,000
9. 상사등기&설립절차총서(전2권)	정 재 명	320,000
10. 민사집행 · 경매 실무이론	이 재 천	140,000
11. 민사소송 · 집행 실무이론(전2권)	박 동 섭	340,000
12. 부동산 등기실무이론(전2권)	김 동 구 외	320,000
13. 형벌법총람	김 재 덕	130,000
14. 형사고소고발총람	장 승 재 외	160,000
15. 형사소송법실무	김 재 덕 외	160,000
16. 건축 · 건설 계약 회계총람	대한실무법령편찬회	120,000
17. 건설 · 부동산 판례 총람	대한실무법령편찬회	120,000
18. 건 축 · 건 설 실 무 총 람	대한실무법령편찬회	120,000
19. 재개발 · 재건축 등기 · 소송 임대차실무	이창범 · 양건식	120,000
20. 가족관계의 실무 · 소송총람	정 주 수	160,000
21. 법 률 학 사 전	이 병 태	180,000
22. 개인회생 법률실무	김 용 환 외	90,000
23. 개인파산 · 면책 법률실무	김 용 환 외	70,000
24. 어음 수표 법률실무	박 근 영	90,000
25. 행정 · 세무 · 가사 · 계약 · 상사 · 형사 · 소송 실무	정 상 태 외	160,000
26. 회계조세재정총람	고 성 삼	150,000
27. 신제도상업 등기(전2권)	김 용 환 외	340,000
28. 채무자 회생 및 파산에 관한 법률 실무	정 주 수 외	160,000
29. 법인등기 실무이론	정 주 수 외	160,000
30. 도산법 실무총서	김 용 환 외	160,000
31. 법률종합서식대전	오 시 영 외	150,000
32. 상업등기법실무(전2권)	김 용 환 외	320,000
33. 대 법 원 자 료 실 무 총 람(상, 하)	대한실무법령편찬회	240,000
34. 민사서식 · 절차총람(상, 하)	박 동 섭	250,000
35. 영어 명문 용례 대사전	서 재 순	120,000
36. 공탁 이론 · 절차 분석총람	오 금 도 외	140,000

■ 편 찬 ■

□ 대한실무법률연구회

자본시장과 금융투자업에 관한 법률에 의한

회사법과 등기 정가 48,000원

2013年 11月 5日 1版 印刷
2013年 11月 10日 1版 發行

편 찬 : 대한실무법률연구회
발행인 : 김 현 호
발행처 : 법문 북스
공급처 : 법률미디어

152-050
서울 구로구 구로동 636-62
대표전화 : 2636-2911   FAX : 2636~3012
등록 : 제12-235호
Home : www.bubmun.co.kr

• ISBN 978-89-7535-266-9 93360